中国与中国人

与中国人

杜占元 编著

序

这本书是专门为那些希望了解中国和中国人的读者准备的一本入门读物，帮助他们从一开始就能更自然更准确地理解中国和中国人，促进文化交流互鉴。

中国是一个具有悠久历史文化的国家，也是一个具有高度现代文明的国家。世界上越来越多的人都希望对中国和中国人有更多了解，特别是对于那些刚开始接触和了解中国的人来说，一本简明扼要而又通俗易懂的入门书显然是会有所帮助的。正是基于这一点，本书在编写时特别突出了以下几点：一是尽可能地让读者对中国和中国人有一个比较完整的了解，目的不是基于更多的知识，而是基于更好的理解；二是尽可能地把当代中国与传统文化结合起来进行介绍，因为中国是世界上唯一一个几千年传统文化没有中断并传承至今的国家，理解了中国传统文化的精华，就能更深刻地理解和把握中国文化的根脉和现状，甚至是未来发展的方向；三是在可能的情况下，适当地进行些许中西比较，但这种比较可能并不足够全面或严谨，目的是让读者能够从文化差异的角度来加深理解。

本书共分 7 篇，前 3 篇主要介绍中国及其历史文化；第 4 至 6 篇主要介绍中国人的生活与精神世界；第 7 篇则是解释中国与世界的关系。每个篇章的内容采用条目形式进行介绍，并选用了大量精美图片，以期删繁就简、突出重点，给读者以更强的直观体验，也便于读者根据需要选择阅读内容。尽管如此，书中尚存缺点和不足，但仍希望这本书能够带给读者真正的收获。

01 泱泱大国

- 002　这里是中国
- 016　新中国历程
- 026　地理与风光
- 040　国土与资源
- 062　行政区划
- 072　文化名城
- 094　人口、民族与语言
- 104　民主与法治
- 116　国家机构

02 文明古国

- 124　上古文明
- 134　神话与传说
- 140　上下五千年
- 156　近代历程
- 166　中国文字与文学
- 174　历史人物与思想文化名人
- 186　文化典籍
- 194　世界遗产

03 当代中国

- 230　伟大复兴
- 238　经济增长与社会发展
- 250　农业现代化
- 260　工业现代化
- 274　国防和军队现代化
- 284　科学技术现代化
- 302　国家治理现代化

04 中国人的生活

- 312　中国人的祖先
- 318　中国人的饮食
- 330　中国人的服饰
- 342　中国人的居住
- 354　中国人的礼仪
- 364　中国民俗与地域文化
- 382　中国人的文化与艺术生活
- 398　中国人的休闲与娱乐
- 418　中国人的节日

05 中国人的精神

- 432 中国人的世界观
- 444 中国人的社会观
- 452 中国人的道德世界
- 462 中国人的宗教世界
- 472 中国人的家庭观
- 484 中国人的人生观
- 494 中国人的事业观
- 502 中国人的审美情趣

06 中国人的智慧

- 516 创新思维
- 524 青铜艺术
- 532 科学发现
- 542 科技发明
- 554 建筑与工程
- 568 教育与科举
- 578 中医
- 590 书画与艺术

07 中国与世界

- 612 中国人的天下观
- 620 古代中国对外文化交流大事件
- 628 新中国的外交
- 636 与世界的经贸文化往来
- 644 中国与国际组织
- 652 外国人在中国
- 662 海外华侨
- 670 重大国际活动
- 680 国际名人看中国文化
- 688 人类命运共同体

704 参考文献
706 索引
719 后记

泱泱大国

中国与中国人

1

01 这里是中国

02 新中国历程

03 地理与风光

04 国土与资源

05 行政区划

06 文化名城

07 人口、民族与语言

08 民主与法治

09 国家机构

01
这里是中国

壹 这里是中国 /

中国位于亚洲大陆东部，太平洋西岸。几千年前的古代中国人认为天圆地方，而中国位于正中，故称之为"中国"，且一直沿用至今。

中国是世界上历史文化极其悠久的国家之一，也是一个现代文明高度发展的大国。在中国五千多年的文明历史进程中，多民族融合共同创造了无数珍贵的历史遗存。

1949年10月1日,毛泽东主席在开国大典上庄严宣告中华人民共和国中央人民政府成立

新中国的诞生

中华人民共和国,简称"中国",成立于1949年10月1日。1949年9月21日至30日,中国人民政治协商会议第一届全体会议召开,会议通过起临时宪法作用的《中国人民政治协商会议共同纲领》。10月1日下午3时,庆祝中华人民共和国中央人民政府成立典礼在北京天安门广场隆重举行。

《中华人民共和国宪法》规定,中华人民共和国是工人阶级领导的、以工农联盟为基础的人民民主专政的社会主义国家。

国庆日

1949年12月2日,中央人民政府委员会第四次会议接受全国政协的建议,通过了《关于中华人民共和国国庆日的决议》,决定每年10月1日,即中华人民共和国宣告成立的伟大的日子,为中华人民共和国的国庆日。

中国有多大

中华人民共和国的陆地面积约960万平方千米,仅次于俄罗斯和加拿大,位列世界第三。中国地域辽阔,南北相距约5500千米,东西相距约5200千米;陆地边界长度约2.2万千米;东部和南部大陆海岸线长约1.8万千米。中国也是一个海洋大国,海域总面积约473万平方千米;周边的海洋有渤海、黄海、东海、南海;中国的海域分布有大小岛屿7600个,其中台湾岛最大,面积3.5759万平方千米。

国旗

中华人民共和国的国旗为五星红旗,由曾联松设计。旗面为红色,象征革命。旗上的五颗五角星及其相互关系象征中国共产党领导下的中国革命人民大团结。五角星用黄色是为了在红底上显出光明,四颗小五角星各有一角正对着大星的中心点,表示围绕着一个中心而团结。1949年10月1日,第一面中华人民共和国国旗由毛泽东在天安门广场首次升起。

中华人民共和国国旗

国徽

中华人民共和国国徽的内容为国旗、天安门、齿轮和麦稻穗,象征中国人民自五四运动以来的新民主主义革命斗争和工人阶级领导的以工农联盟为基础的人民民主专政的新中国的诞生。

中华人民共和国国徽

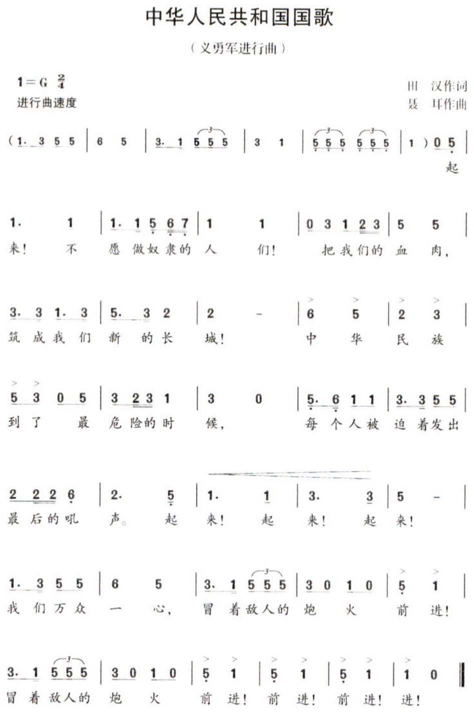

06 ▶ 中国与中国人

国歌

  中华人民共和国国歌为《义勇军进行曲》，由田汉作词、聂耳作曲，原为电影《风云儿女》的主题歌。《义勇军进行曲》诞生于1935年，当时中国正处于民族危亡的关头，歌曲对激励中国人民的爱国主义精神起了巨大的作用，被称为"中华民族解放的号角"。

《义勇军进行曲》

首都北京

北京，简称"京"，是中国的首都，是全国的政治中心、文化中心，是世界著名古都和现代化国际城市。北京位于北纬39°56′、东经116°20′，地处华北大平原的北部，地势西北高、东南低，东面与天津市毗连，其余均与河北省相邻。北京的气候属暖温带半湿润半干旱季风气候，四季分明，春季干旱多风，夏季炎热多雨，秋季凉爽宜人，冬季寒冷干燥。

截至 2023 年末，北京市下辖 16 个区，行政辖区总面积为 16410 平方公里，常住人口 2185.8 万人。2023 年全年，北京实现地区生产总值 43760.7 亿元。按常住人口计算，全市人均地区生产总值为 20.0 万元。

天安门广场

天安门广场位于北京市中心，是中国政治中心的重要象征。广场北起天安门，沿北京中轴线由北向南依次矗立着国旗杆、人民英雄纪念碑、毛主席纪念堂和正阳门城楼，广场西侧是人民大会堂，东侧是中国国家博物馆。

天安门原名"承天门"，始建于明永乐十五年（1417），进深五楹，面阔九楹，城楼通高 37.4 米，两侧是劳动人民文化宫和中山公园。

天安门城楼

中南海

中南海位于北京市西城区西长安街北侧，地处故宫和景山西侧，是中海和南海的统称，与北海合称为"三海"，是中国共产党中央委员会和中国国务院等重要机关办公所在地，是北京市地标建筑、中国政治生活的心脏。

中南海，古称西苑、太液池，始建于辽代，明清时期成为皇家御苑。中南海总占地面积约 100 万平方米，其中水域面积约 46 万平方米，主要由紫光阁、勤政殿、怀仁堂、蕉园、水云榭、瀛台、丰泽园、静谷等建筑及园林组成。中南海的正门为新华门，是中南海的标志，朝向长安街，门口一面五星红旗高高飘扬。穿过洞开的大门，可以看到毛泽东主席亲自书写的"为人民服务"五个熠熠闪烁的金色大字。中南海既有庄严肃穆的宫殿式建筑，又有灵活多变的园林式建筑，是中国现存较完整的皇家宫苑之一。

人民大会堂

人民大会堂位于北京天安门广场西侧，西长安街南侧，是中国全国人民代表大会开会地，是全国人民代表大会和全国人大常务委员会的办公场所，也是中国共产党和国家领导人以及人民群众举行政治、外交、文化活动的场所。每年举行的全国人民代表大会、中国人民政治协商会议以及五年一届的中国共产党全国代表大会都在此召开。人民大会堂也是国家领导人接待贵宾和国家主席接受外国新任驻华使节呈递国书的地方。

人民大会堂南北长 336 米，东西宽 206 米，高 46.5 米，占地面积 15 万平方米，建筑面积 17.18 万平方米，建筑风格庄严雄伟、壮丽典雅，富有民族特色。其建筑主要由三部分组成：进门是简洁典雅的中央大厅，厅后是宽达 76 米、深 60 米的万人大礼堂，大礼堂北翼是有 5000 个席位的大宴会厅。大会堂内还有以各省区市名称命名、富有地方特色的厅堂。人民大会堂的建设本身就是一个奇迹。如此大的建筑工程，从 1958 年 10 月 26 日开工打基础到 1959 年 9 月建成，仅用 10 个多月，高峰期现场工人超过 1.5 万人。

恢宏壮观的人民大会堂

中国国家博物馆官网

中国国家博物馆

中国国家博物馆,简称"国博",位于北京天安门广场东侧、东长安街南侧,是代表国家收藏、研究、展示、阐释能够充分反映中华优秀传统文化、革命文化和社会主义先进文化代表性物证的最高历史文化艺术殿堂,其前身可追溯至1912年7月9日成立的"国立历史博物馆筹备处"。2012年,中国国家博物馆改扩建完成并正式对外开放,建筑面积增加到近20万平方米,展厅48个,是世界上单体建筑面积最大的博物馆。

中国国家博物馆现有藏品数量143万余件,涵盖古代文物、近现当代文物、艺术品等多种门类。其中,古代文物藏品81.5万件(套),近现代文物藏品34万件(套),图书古籍善本24万余件(册),共有一级文物近6000件(套)。

中国国家博物馆的展览方式包括基本陈列、专题展览、临时展览三大系列,其中包括历史文化、馆藏文物、自主策划及对外交流等临时展览和巡展多个方面。2018年,中国国家博物馆观众人数达861万余人,创造观众参观人数历史新高;2023年,中国国家博物馆累计接待观众约676万人次,是世界上最受欢迎的博物馆之一。

10 ▶ 中国与中国人

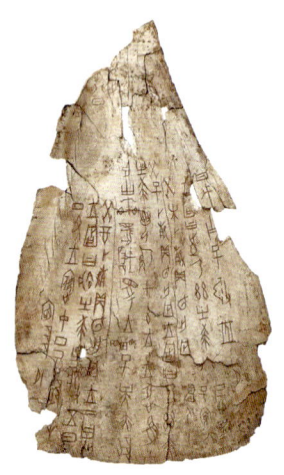

卜骨刻辞

壬宾中丁·王往逐兕涂朱卜骨刻辞是罗振玉旧藏著名的甲骨大版之一。其内容颇为丰富，涉及祭祀、田猎、天象等方面。

中国国家博物馆馆藏

四羊青铜方尊

四羊青铜方尊是中国现存最大的商代青铜礼器，用于盛酒祭祀，是中国青铜器艺术的杰作。

中国国家博物馆馆藏

人面鱼纹彩陶盆

人面鱼纹彩陶盆是新石器时代仰韶文化的彩陶器。1955年出土于陕西省西安市半坡遗址，被认为是仰韶彩陶工艺的代表作。

中国国家博物馆馆藏

三彩釉陶载乐骆驼

三彩釉陶载乐骆驼，是唐代的一件彩色釉陶，代表了唐三彩的最高水平。1957年出土于陕西省西安市鲜于庭诲墓。

中国国家博物馆馆藏

11 | 泱泱大国 ▶ 这里是中国

红山玉龙

红山玉龙是新石器时代晚期红山文化遗物。1971年出土于内蒙古自治区赤峰市翁牛特旗赛沁塔拉村的红山遗址。

中国国家博物馆馆藏

青铜人首

青铜人首高37.5厘米，是商朝后期的作品。1986年出土于四川省广汉三星堆遗址。

中国国家博物馆馆藏

陶鹰鼎

陶鹰鼎为新石器时代仰韶文化陶器。1958年出土于陕西省华县太平庄一座成年女性墓葬。

中国国家博物馆馆藏

人民币

人民币是中华人民共和国的法定货币。中国人民银行是国家管理人民币的主管机关,负责人民币的设计、印制和发行。人民币的单位为元,符号为元的拼音首字母大写Y加上两横,即"¥"。

截至2021年,人民币已发行五套,形成纸币与金属币、普通纪念币与贵金属纪念币等多品种、多系列的货币体系。目前流通的人民币,主要是1999年至2020年发行的第五套人民币。

2015年11月30日,国际货币基金组织(IMF)执董会决定将人民币纳入特别提款权(SDR)货币篮子,人民币的权重为10.92%。2016年起,中国人民银行开始探索发行数字人民币,并于2019年开展试点测试。中国是世界上较早发行和使用数字货币的国家之一。

度量衡

中国法定的度量衡制度采用的是国际单位制,即公制。公制亦称"米制"或"米突制",创始于法国,是1858年《中法通商章程》签订后传入中国的一种国际度量衡制度。清光绪三十四年(1908),清政府决定用米突制来确定营造尺和库平两的数值。

1976年,中国加入《米制公约》,成为当时米制公约组织的44个成员国之一,同年还参加了国际计量委员会(CIPM)和国际计量大会(CGPM)。从此,中国在计量科学方面进一步实现了与国际的接轨。1984年,中国国务院发布命令,采用以国际单位制为基础,同时选用一些非国际单位制单位的法定计量单位(简称"法定单位")。自1991年1月1日起,法定单位成为中国唯一合法的计量单位。

国家标准时间

  北京时间是中国国家标准时间，即采用国际时区东八时区的区时作为标准时间。北京时间由位于陕西西安的中国科学院国家授时中心计算得出。

  北京地处东经 116.4°，位于国际时区划分中的东八区（东经 112.5° — 东经 127.5°），同格林尼治时间（世界时）相差 8 小时，即北京时间 = 世界时 + 8 小时。

国家公祭日

  国家公祭日是一个国家为纪念曾经发生过的重大民族灾难而设立的国家纪念活动，由国家权力机关决定。2014 年，中华人民共和国第十二届全国人大常委会第七次会议全票通过决定：将 12 月 13 日设立为南京大屠杀死难者国家公祭日。每年 12 月 13 日，南京大屠杀死难者国家公祭仪式在南京市侵华日军南京大屠杀遇难同胞纪念馆举行。

中国国家大剧院

主要语言

2000年10月31日颁布的《中华人民共和国国家通用语言文字法》确定普通话为国家通用语言。

中国方言是汉语的分支。由于中国地域广阔，汉语的方言众多。现代汉语各方言之间的差异表现在语音、词汇、语法各个方面，语音方面尤为突出。当前，中国语言学界对现代汉语方言划分的意见还未完全一致，多数专家认为，汉语方言通常分为十大方言：官话方言、晋方言、吴方言、闽方言、客家方言、粤方言、湘方言、赣方言、徽方言、平话土话。各方言区内又分布着若干次方言和许多种"土语"。其中使用人数最多的官话方言可分为东北官话、北京官话、冀鲁官话、胶辽官话、中原官话、兰银官话、江淮官话、西南官话八种次方言。

此外，中国还有多种少数民族语言。

56个民族

中国是一个团结统一的多民族国家。在中国广大的土地上，居住着56个民族，它们共同组成了中华民族大家庭。56个民族即汉族、壮族、回族、满族、维吾尔族、苗族、彝族、土家族、藏族、蒙古族、侗族、布依族、瑶族、白族、朝鲜族、哈尼族、黎族、哈萨克族、傣族、畲族、傈僳族、东乡族、仡佬族、拉祜族、佤族、水族、纳西族、羌族、土族、仫佬族、锡伯族、柯尔克孜族、景颇族、达斡尔族、撒拉族、布朗族、毛南族、塔吉克族、普米族、阿昌族、怒族、鄂温克族、京族、基诺族、德昂族、保安族、俄罗斯族、裕固族、乌孜别克族、门巴族、鄂伦春族、独龙族、赫哲族、高山族、珞巴族、塔塔尔族。

中国的陆海邻国

中国是世界上陆海邻国最多的国家。中国陆地边界长度约2.2万千米，陆地接壤的国家多达14个。中国东邻朝鲜，北邻蒙古，东北邻俄罗斯，西北邻哈萨克斯坦、吉尔吉斯斯坦、塔吉克斯坦，西和西南与阿富汗、巴基斯坦、印度、尼泊尔、不丹相邻，南与缅甸、老挝和越南相邻。与中国海上相望的国家包括韩国、日本、菲律宾、文莱、马来西亚、印度尼西亚。

中华各民族

少数民族传统手作
蜡染手工绘图案

02

新中国历程

新中国历程 /

1949 年 10 月 1 日，中华人民共和国成立。新中国成功地在占全国农业人口总数 90% 以上的地区完成了土地改革，

近 3 亿无地少地的农民分到了 7 亿亩土地和大量的农具、牲畜和房屋等；农业、手工业和资本主义工商业完成了社会主义改造，奠定了社会主义工业化基础，至 1952 年底，基本完成国民经济恢复任务。1953 年，中国开始实施国民经济第一个五年计划，并且每隔五年制定一次，明确经济发展目标，至今已经制定到第十四个五年规划，社会经济发展取得巨大成就。以 1978 年底召开的中共十一届三中全会为标志，中国进入了改革开放这一新的历史时期，工作重点转移到现代化建设上。2012 年，中共十八大召开，标志着中国特色社会主义进入新时代。2021 年，中国宣布实现全面建成小康社会的第一个百年奋斗目标。经过中国人民不懈的奋斗探索和改革发展，今天的中国已经成为社会稳定、经济发展、充满活力、在世界上持续发挥重要影响力的发展中大国。

开国大典

1949 年 6 月，中国人民政治协商会议筹备会议决定，10 月 1 日在北京天安门广场举行庆祝中华人民共和国中央人民政府成立典礼。10 月 1 日下午 3 时许，天安门广场欢声雷动。在代国歌《义勇军进行曲》的乐曲声中，中央人民政府主席毛泽东庄严宣布"中华人民共和国中央人民政府今天成立了！"，毛泽东按动电钮，第一面五星红旗在天安门广场上冉冉升起，54 门礼炮齐鸣 28 响。

毛泽东宣读了《中华人民共和国中央人民政府公告》，紧接着举行了规模浩大的阅兵式和群众游行。开国大典也成为中国人民极为难忘的历史记忆。

《中国人民政治协商会议共同纲领》

1949 年 9 月 21 日至 30 日召开了中国人民政治协商会议第一届全体会议，会议通过了具有临时宪法性质的《中国人民政治协商会议共同纲领》，制定了《中国人民政治协商会议组织法》《中华人民共和国中央人民政府组织法》等，确定了中华人民共和国的国都、国歌、国旗、纪年等，选举产生了中国人民政治协商会议第一届全国委员会和中华人民共和国中央人民政府委员会。

会议通过的《中国人民政治协商会议共同纲领》，确定了中华人民共和国的国体和政体，确定了中国共产党领导的多党合作和政治协商制度，确定了在统一的国家内实行民族区域自治等基本政治制度，对新中国的建立和发展产生了重大积极影响。

抗美援朝战争

抗美援朝战争是 20 世纪 50 年代初爆发的朝鲜战争的一部分，仅指中国人民志愿军参战的阶段，也包括中国人民支援朝鲜人民抗击美国侵略的群众性运动。

1950 年朝鲜半岛爆发战争，美军越过三八线（朝鲜半岛上北纬 38°附近的一条军事分界线，是同为朝鲜民族但政治体制不同的大韩民国和朝鲜民主主义人民共和国两个政权的临时分界线），直接威胁中国安全。1950 年 10 月 8 日，朝鲜政府请求中国出兵援助。中国应朝鲜政府的请求，作出"抗美援朝、保家卫国"的决策，迅速组成中国人民志愿军入朝参战。10 月 19 日晚，彭德怀率领中国人民志愿军跨过鸭绿江，进入朝鲜北部地区。与此同时，全国掀起大规模的抗美援朝运动。10 月 25 日，志愿军打响了抗美援朝的第一仗。1953 年 7 月，中朝两国代表团与敌军代表团各方代表在板门店达成停火协议，历时三年的抗美援朝战争至此胜利结束。1958 年，志愿军全部撤回中国。1951 年，党中央决定将 10 月 25 日定为抗美援朝纪念日。

藏民在农田里劳作

西藏和平解放

　　西藏自古以来就是中国不可分割的一部分。早在公元前，居住在这里的藏族先民就与生活在中原的汉族有所联系。公元 7 世纪初，松赞干布建立吐蕃王朝，定都逻娑（今拉萨），在位期间两次派遣大臣赴唐廷求婚，于公元 641 年迎娶了唐太宗的宗女文成公主，奠定了吐蕃与唐朝二百余年频繁往来的"甥舅亲谊"。1247 年，萨迦派高僧班智达·贡噶坚赞同蒙古汗国皇子阔端在凉州（今甘肃武威）议定了西藏诸部归顺蒙古汗国和接受所规定的地方行政制度的内容，萨迦地方政权建立。1271 年，蒙古汗政权定国号为元，并于 1279 年建立了统一的中央政权，西藏成为元朝中央政府直接治理下的一个行政区域。明朝中央对西藏地方的治理，沿袭了元朝的办法。清朝对西藏的治理更加严密，1727 年设立驻藏大臣，代表中央监督西藏地方行政。中华民国时期，中央政府设蒙藏事务局（1914 年改称蒙藏院），主管西藏地方事务，1940 年，国民政府在拉萨设立蒙藏委员会驻藏办事处，作为中央政府在西藏的常设机构。

　　中华人民共和国成立后，中央人民政府根据西藏的历史和现实情况，决定采取和平解放的方针。1951 年 5 月 23 日，中央人民政府和西藏地方政府的代表就西藏和平解放的一系列问题达成协议，签订了《中央人民政府和西藏地方政府关于和平解放西藏办法的协议》，宣告西藏和平解放。

第一个五年计划

第一个五年计划，简称"一五"计划（1953—1957），于1955年7月经一届全国人大二次会议审议通过并实施。至1957年，"一五"计划胜利完成，实现了国民经济的快速增长，为中国的工业化奠定了初步基础。"一五"计划期间，国民收入年均增长率达8.9%以上，包括飞机、汽车、发电设备、重型机器、新式机床、精密仪表、电解铝、无缝钢管、合金钢、塑料、无线电等在内的工业制造部门，从无到有地建设起来，改变了中国工业残缺不全的状况。五年内，工农业总产值增长了67.8%；国民收入增长了53%；工业总产值超过原计划21%，增长了128.6%；钢产量增长了近3倍；农业总产值增长了25%，平均每年增长4.5%；粮食产量增长了19%；全国职工的平均工资增长了42.8%，农民的收入增加近30%；人民平均消费水平提高了34.2%。

第一个五年计划的制定与实施标志着中国系统建设社会主义的开始。制定和实施五年计划也成为中国经济建设的重要政策特色持续至今。

20世纪50年代，第一个五年计划期间，国营湘潭电机厂试制成功可以炼不锈钢、工具钢等高级优质钢的中国第一台电弧炼钢炉

第一届全国人民代表大会

1954年9月15日至28日，第一届全国人民代表大会第一次会议举行，人民代表大会制度在全国范围内正式实行。会议通过《中华人民共和国宪法》；选举毛泽东为中华人民共和国主席，刘少奇为全国人民代表大会常务委员会委员长；决定周恩来为国务院总理；决定设立国防委员会，毛泽东兼任国防委员会主席。

这次会议的1226名代表，包括了中国各民主阶级和民主党派的代表人物，包括了工农业劳动模范，军队的战斗英雄，著名的文学、艺术、科学、教育工作者，工商界、宗教界人士，还有少数民族、海外华侨代表。他们的年龄从18岁到90岁以上的都有。这是中国历史上几千年来空前未有的团结统一的一次盛会。

全国人民代表大会的成立和宪法的公布施行，开创了中国人民民主的全新阶段。

"文化大革命"

1966年5月至1976年10月的"文化大革命",使党、国家和人民遭到建国以来最严重的挫折和损失。1966年5月中央政治局扩大会议和同年8月八届十一中全会的召开,是"文化大革命"全面发动的标志。1976年10月上旬,中央政治局执行党和人民的意志,毅然粉碎了江青反革命集团,结束了"文化大革命"这场灾难。

1981年中共十一届六中全会通过的《关于建国以来党的若干历史问题的决议》指出,"实践证明,'文化大革命'不是也不可能是任何意义上的革命或社会进步","历史已经判明,'文化大革命'是一场由领导者错误发动,被反革命集团利用,给党、国家和各族人民带来严重灾难的内乱"。

"文化大革命"结束后,"中国向何处去"成为摆在党和人民面前头等重要的问题。中共十一届三中全会准确把握国内外形势变化,冲破长期"左"的错误的严重束缚,作出把党和国家工作中心转移到经济建设上来、实行改革开放的历史性决策。

1971年10月25日:联合国大会恢复中华人民共和国在联合国的一切合法权利

中国恢复联合国合法席位

1971年10月25日,第二十六届联合国大会以76票赞成、35票反对、17票弃权的压倒多数通过了阿尔巴尼亚、阿尔及利亚等23国的提案,决定恢复中华人民共和国在联合国的一切合法权利,并立即把台湾当局的"代表"从联合国组织及其所属一切机构中驱逐出去。11月15日,以外交部副部长乔冠华为团长的中国代表团首次出现在联合国大会上,受到大多数国家代表的热烈欢迎。乔冠华在大会上讲话,全面阐述了中国政府在一系列重大问题上的原则立场。

中国在联合国合法席位的恢复,是中国外交工作的一次重大突破,是世界上一切爱好和平和主持正义的国家共同努力的结果,对中国和世界都具有极为深远的意义。

中美建交

1972年2月，美国总统尼克松应国务院总理周恩来的邀请访华，中美交往的大门重新打开。尼克松访华期间，中美双方于1972年2月28日在上海发表了《中美联合公报》（即"上海公报"）。"上海公报"明确表示，"美国认识到，在台湾海峡两边的所有中国人都认为，只有一个中国，台湾是中国的一部分。美国政府对这一立场不提出异议"。1975年12月，美国总统福特应邀访华。1978年12月16日，中美两国发表了《中华人民共和国和美利坚合众国关于建立外交关系的联合公报》，美国"承认中华人民共和国政府是中国的唯一合法政府"，美国政府"承认中国的立场，即只有一个中国，台湾是中国的一部分"。1979年1月1日，中美两国正式建立大使级外交关系，美国宣布断绝同台湾的所谓"外交关系"，并于年内撤走驻台美军，终止美台《共同防御条约》（即"断交、废约、撤军"）。

改革开放

以1978年底召开的中共十一届三中全会为标志，中国进入了新的历史时期。中国开始推行改革开放政策，把工作重点放到现代化建设上。通过改革经济体制、政治体制、文化体制和对外开放，逐步确立了一条具有中国特色的社会主义现代化建设道路，开启了中国改革开放和社会主义现代化建设历史新时期。

1992年，中国改革开放的总设计师邓小平发表了南方谈话，精辟分析国际国内形势，科学总结了十一届三中全会以来党的基本实践和基本经验，明确回答了长期困扰和束缚人们思想的许多重大认识问题。这次谈话是把改革开放和社会主义现代化建设推向新阶段的又一个解放思想、实事求是的宣言书，掀起了新一轮改革高潮，对中国后来的经济改革与社会进步起到了关键的推动作用。

深圳经济特区

为了探索中国改革开放的新路子，1979年7月15日，中央政府决定先在深圳、珠海试办出口特区，待取得经验后，再考虑在汕头和厦门设置特区。1980年，中央正式将"出口特区"改名为"经济特区"，深圳经济特区于1980年8月26日正式成立。

深圳经济特区是中国最早实行对外开放的四个经济特区之一。深圳经济特区位于广东省的东南部沿海，东起大鹏湾边的梅沙，西至深圳湾畔的蛇口工业区，2010年延伸至全市，2011年延伸至深汕特别合作区。深圳毗邻香港，交通便利，在利用外资发展经济方面，具有得天独厚的条件。在40多年的时间里，深圳由一个小渔村发展成为中国改革开放的窗口和新兴移民城市，创造了举世瞩目的"深圳速度"，被誉为"中国硅谷"。2023年，深圳市实现地区生产总值约3.46万亿元人民币。

中国共产党第十八次、第十九次全国代表大会

2012 年 11 月 8 日至 14 日，中国共产党第十八次全国代表大会召开。大会对全面建成小康社会作出科学谋划，对夺取中国特色社会主义新胜利作出全面部署。从此次大会开始，中国特色社会主义进入新时代。

2017 年 10 月 18 日至 24 日，中国共产党第十九次全国代表大会召开。大会作出中国特色社会主义进入新时代，中国社会主要矛盾已经转化为人民日益增长的美好生活需要和不平衡不充分的发展之间的矛盾等重大政治论断，深刻阐述了新时代中国共产党的历史使命，确立了习近平新时代中国特色社会主义思想的历史地位，提出新时代坚持和发展中国特色社会主义的基本方略，确定了决胜全面建成小康社会，开启全面建设社会主义现代化国家新征程的目标。大会把习近平新时代中国特色社会主义思想确立为中国共产党必须长期坚持的指导思想。

中国共产党第二十次全国代表大会

2022 年 10 月 16 日至 22 日，中国共产党第二十次全国代表大会在北京人民大会堂开幕。大会的主题是：高举中国特色社会主义伟大旗帜，全面贯彻习近平新时代中国特色社会主义思想，弘扬伟大建党精神，自信自强、守正创新，踔厉奋发、勇毅前行，为全面建设社会主义现代化国家、全面推进中华民族伟大复兴而团结奋斗。中共二十大是在中国迈上全面建设社会主义现代化国家新征程、向第二个百年奋斗目标进军的关键时刻召开的一次十分重要的大会。大会明确对全面建成社会主义现代化强国两步走战略安排进行宏观展望，科学谋划未来五年乃至更长时期党和国家事业发展的目标任务和大政方针。中共二十大明确提出"从现在起，中国共产党的中心任务就是团结带领全国各族人民全面建成社会主义现代化强国、实现第二个百年奋斗目标，以中国式现代化全面推进中华民族伟大复兴"，精辟论述了中国式现代化的中国特色、本质要求和重大原则。中共二十大把推动构建人类命运共同体作为中国式现代化的一个本质要求，充分表明中国共产党人致力于人类和平与发展崇高事业的愿望和真诚。

深圳城市景观

03 地理与风光

叁 地理与风光 /

中国的陆地面积几乎与整个欧洲相当，但是各地的地形地貌差别较大，风光各异。

中国可分为东部季风区、西北干旱半干旱区、青藏高寒区三个自然大区。其中东部季风区由于南北纬度差别较大，以秦岭—淮河为界，又分为北方地区和南方地区。因此，中国实际上分为北方地区、南方地区、西北地区、青藏地区四大区域。北方地区和南方地区，在地形、气候、河流流量和植被类型等方面均有明显差异，在生产方式、生活习惯、文化传统等方面也形成较大差异。中国广袤的国土孕育了风姿多彩的地理风光。

珠穆朗玛峰——世界第一高峰

　　珠穆朗玛峰是世界第一高峰，在藏族神话中被认为是五位仙女中的第三女神。它以"地球之巅"的美誉，成为无数登山家心目中的"圣殿"。珠穆朗玛峰海拔 8848.86 米，是喜马拉雅山脉主峰。喜马拉雅山脉为中国境内最高的山脉，呈弧形分布在中国与印度、尼泊尔等国的边境上。它有 30 多座海拔 7300 米以上的高峰、11 座海拔 8000 米以上的高峰。珠穆朗玛峰常年覆盖冰雪，珠峰脚下的绒布寺是登山大本营。绒布寺建于 1899 年，是世界上海拔最高的寺庙。著名的绒布冰川就在这里。

珠穆朗玛峰

有多少中国人登上珠穆朗玛峰？

最早登上珠穆朗玛峰的是三位中国人。1960年5月25日，北京时间凌晨4时20分，藏族登山运动员贡布和队友王富洲、屈银华成功登上了世界最高山峰——珠穆朗玛峰，实现了从北坡攀登珠峰的壮举。1975年，中国登山队第二次攀登珠峰，9名队员登顶，其中藏族队员潘多成为世界上第一位从北坡登顶成功的女性。1988年，中国、日本、尼泊尔三国联合登山队首次从南北两侧双跨珠峰成功。2005年，中国第四次珠峰地区综合科考高度测量登山队成功攀登珠峰并测量珠峰高度数据。2022年5月，中国"巅峰使命"珠峰科考活动登顶科考队成功登顶珠峰，并开展对珠穆朗玛峰的综合科学考察。2023年5月23日，"巅峰使命"科考队再次成功登顶珠峰，继续开展峰顶综合科学考察。

30 ▶ 中国与中国人

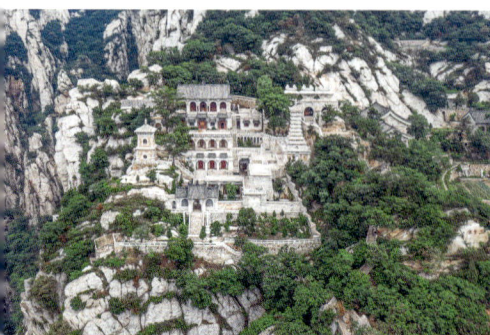

黄山

嵩山

武当山

华山

三山五岳与五湖四海

中国有许多名山，一般泛称"三山五岳"，但三山和五岳也有具体所指。对于三山所指，有不同的说法。古代传说中的三山是指华夏远古的"三条龙脉"，即喜马拉雅山脉、昆仑山脉、天山山脉，或是指道教传说中的三座仙山，即蓬莱、方丈山、瀛洲。今天的人们一般用三山指称三座旅游名山，即黄山、庐山、雁荡山。五岳是古代民间山神崇拜、五行观念和帝王巡猎封禅相结合的产物，指东岳泰山、西岳华山、南岳衡山、中岳嵩山、北岳恒山五座自然与文化名山。可以说，"三山五岳"是中华民族的摇篮，对中华民族的历史文化发展与研究有着重要的意义。

中国有五大著名的淡水湖泊和四大海域，故称"五湖四海"。五湖即洞庭湖、太湖、鄱阳湖、巢湖、洪泽湖；四海在古代指传说中的东、南、西、北海，如今一般是指渤海、黄海、东海、南海四大海域。

武当山——道教圣地

武当山又名太和山，是中国著名的道教圣地，位于湖北省丹江口市，主峰天柱峰海拔 1612 米。

武当山自唐代（618—907）开始，逐渐成为道教圣地。中国明朝皇帝于 1412 年开始大兴土木，修建了总面积达 160 万平方米、等级最高的道教古建筑群，具有很高的文物价值。今天，使武当山名扬天下的还有武当武术。武当武术是中国武术中的重要流派，包括太极拳、形意拳、八卦掌、武当气功、武当剑等。

黄土高原——世界最大的黄土地貌

黄土高原在内蒙古高原以南，秦岭以北，太行山以西，祁连山东端以东，位于中国第二级阶梯之上，海拔 1000—2000 米，是中国四大高原之一，横跨山西、陕西、甘肃、宁夏等省区。

黄土高原大部分为厚层黄土覆盖，由于流水长期强烈侵蚀，逐渐形成千沟万壑、地形支离破碎的特殊自然景观。黄土高原之上孕育了黄土地独特的文化，产生了以窑洞为代表的民居和以信天游、安塞腰鼓为代表的民间文艺。距今约 5500 年前，黄土高原西部史前人类已经开始从事以粟为主的旱作农业，是中国黄河文明发源的重要地区。

泰山

新疆吐鲁番盆地——世界上最低的盆地

吐鲁番盆地是中国新疆天山东部南坡的一个山间盆地,范围以吐鲁番市为主,面积约5万平方千米。"吐鲁番"是维吾尔语"低地"的意思。

吐鲁番盆地是一个典型的地堑盆地,也是中国地势最低和夏季气温最高的地方。它经历了地质年代的侏罗纪、白垩纪、第三纪、第四纪,是一个逐渐凹陷的古老盆地。盆底艾丁湖水面,低于海平面154.31米,是中国最低的洼地,也是世界上最低的盆地。吐鲁番盆地属大陆荒漠性气候,干旱炎热,年降水量约16毫米,蒸发量高达3000毫米,夏季最高气温有过49.6℃的纪录,6月至8月平均最高气温都在38℃以上,中午的沙面温度最高达82.3℃,因此这里自古就有"火洲"之称。

雅鲁藏布江——世界海拔最高的河流

雅鲁藏布江位于西藏自治区境内,是中国最长的高原河流,也是世界上海拔最高的大河。雅鲁藏布江发源于喜马拉雅山北麓的杰马央宗冰川,由西向东横贯西藏南部,经巴昔卡出中国境,再经印度、孟加拉国,最后注入孟加拉湾,形成世界上最大的三角洲。雅鲁藏布江在中国境内长2057千米,河床高度大都在海拔3000米以上,流域面积24.2万平方千米。雅鲁藏布江的南面耸立着世界上最高、最年轻的喜马拉雅山脉,北面为冈底斯山和念青唐古拉山脉,南北之间为藏南谷地,雅鲁藏布江就静静地躺在这一谷地里。与谷底地貌相一致,雅鲁藏布江流域东西狭长,南北窄短,东西最大长度约1500千米,而南北最大宽度只有290千米。

雅鲁藏布大峡谷——世界最深最长的峡谷

雅鲁藏布江大拐弯处的雅鲁藏布大峡谷是世界第一大峡谷,即世界最深、最长的大峡谷。峡谷长度达504.6千米,平均深度2268米,核心地段平均深度2673米,最深的地方位于南迦巴瓦峰、加拉白垒峰与雅鲁藏布江交汇处——宗容村,谷深6009米。

大峡谷地区是青藏高原最具神秘色彩的地区,整个峡谷冰川、绝壁、陡坡相映交错,各类生物汇聚,环境十分恶劣。因其独特的大地构造位置,被科学家称作"打开地球历史之门的锁孔"。

雅鲁藏布江

三江源——"中华水塔"

中国境内河流众多，流域面积在 1000 平方千米以上的河流达 1500 余条，而三江源是中国最重要的江河发源地。

三江源地区位于中国青海省南部，平均海拔 3500—4800 米，是世界屋脊——青藏高原的腹地，是长江、黄河和澜沧江（国外称湄公河）的源头汇水区。三江源地区总面积为 30.25 万平方千米，水资源极为丰富，被誉为"中华水塔"。长江总水量的 25%、黄河总水量的 49% 和澜沧江总水量的 15% 都来自这一地区。

为了保护三江源，2019 年 1 月，当地政府明确将永久性禁止三江源头水域的外来鱼种放生活动。三江源地区是中国海拔最高的天然湿地，是中国面积最大的自然保护区，也是世界高海拔地区生物多样性最集中的自然保护区。

黄河——中国人的母亲河

　　黄河是中国第二大河，发源于青海省巴颜喀拉山北麓的约古宗列盆地，自西向东分别流经青海、四川、甘肃、宁夏、内蒙古、山西、陕西、河南以及山东 9 个省区，最后注入渤海。从高空俯瞰，这条长 5464 千米、流域面积 75.24 万平方千米的大河，在中国北方蜿蜒流动，它恰似一个巨大的"几"字，更像是一条腾跃的"龙"。黄河上游多为地广人稀的山区，中游流经人口密集的黄土高原，携带着泥沙奔向下游。因此，黄河以其水质多泥沙而得名，成为最难治理的河流。

　　黄河是中华民族的主要文化起源地，故中国人称黄河是中华文明的摇篮即"母亲河"。从公元前 21 世纪开始绵延 3000 多年，历代王朝都在黄河流域建都。黄河流域有大量疏松的黄土，适宜种植耐旱的小麦、粟、黍等农作物。中国古代的"四大发明"——造纸术、印刷术、指南针、火药，都诞生在黄河流域。

长江——中国第一大河

　　长江是中国第一大河，也是世界第三大河，是中国东西水上运输的大动脉。长江发源于青藏高原东部唐古拉山脉各拉丹冬峰，从西北流向东南，全长 6300 千米。长江干流流经青海、西藏、四川、云南、重庆、湖北、湖南、江西、安徽、江苏和上海 11 个省区市，最后在崇明岛注入东海。长江支流数以千计，流域面积 180 万平方千米，流经近 200 座城市。长江上、中、下游景致各不相同，上游呈现出摄人心魄的山谷；中游从宜昌到湖口，分出众多支流；下游江阔水深。上海、南京、武汉、重庆和成都等大城市都在长江流域。长江流域还是中国古代文明的重要发源地。

长白山天池——美丽的火山口湖

　　长白山是欧亚大陆东缘的最高山系，地处吉林省东南部，是中国和朝鲜的界湖。因其主峰多白色浮石和积雪而得名，以其丰饶广袤、博大深厚、独特多样的自然资源和人文积淀而驰名天下。

　　天池位于长白山主峰火山锥体的顶部，是火山喷发后自然形成的火山口湖。长白山天池海拔 2189.1 米，天池略呈椭圆形，总蓄水量 20.4 亿立方米，水温为 0.7°C 至 11°C，是中国最高最大的高山湖泊，是东北三条大江——松花江、鸭绿江、图们江的发源地。长白山及其天池、瀑布、雪雕、林海等，曾多次入选"吉尼斯"世界之最纪录。长白山植被垂直景观及火山地貌景观是首批进入《中国国家自然遗产、国家自然与文化双遗产预备名录》的国家自然遗产地。长白山保护区曾先后被确定为首批国家级自然保护区、首批国家 5A 级旅游景区、联合国教科文组织"人与生物圈计划"自然保留地和世界自然保护联盟评定的国际 A 级自然保护区。

长白山天池

桂林山水——奇秀壮丽的山水画

  桂林是广西壮族自治区东北部的一个城市，它以山清、水秀、石美、洞奇而名动天下。尤其是发源于桂林东北兴安县猫儿山的漓江，流经桂林、阳朔等地，在奇峰秀山之间，宛如一条玉带。游客若划一叶扁舟游于漓江之上，就仿如置身于一幅中国山水画中。桂林山水呈现典型的喀斯特地貌，自古有"桂林山水甲天下"之称。

火焰山——中国夏季最热的地方

  火焰山是中国新疆吐鲁番市最著名的景点，位于吐鲁番盆地的北缘，古丝绸之路北道，山体主要由赤红色砂岩、砾岩和泥岩组成。当地人称火焰山为"克孜勒塔格"，意即"红山"。火焰山山脉呈东西走向，横亘于吐鲁番盆地中，山长100多千米，最宽处达10千米，海拔500米左右。火焰山山体沟壑林立，曲折雄浑，寸草不生。每当盛夏，红日当空，赤褐色的山体在烈日照射下，砂岩灼灼闪光，热浪升腾，恰似烈焰燃烧，故名火焰山。火焰山夏季最高温度高达47.8℃，地表温度最高可达80℃以上，是中国夏季最热的地方。

  火焰山还是中国著名小说《西游记》中的地名。唐僧师徒西天取经，火焰山是必经之路，由此引出"孙悟空三借芭蕉扇"的故事，被中国人所熟知。

罗布泊楼兰古城——西域古城遗迹

　　楼兰古城地处新疆巴音郭楞蒙古自治州若羌县北境罗布泊的西北角，最早见于《史记》，曾经为丝绸之路必经之地，现只存遗迹。楼兰是西域古国名，国都楼兰城。公元前77年，楼兰国更名鄯善国，并迁都扜泥城，向汉朝称臣，原都城楼兰城则由汉朝派兵屯田，西南通且末、精绝、拘弥、于阗，北通车师，西北通焉耆，东当白龙堆，通敦煌，扼丝绸之路要冲。由于孔雀河改道，罗布泊水萎缩，生存环境日益恶劣，约公元422年以后，楼兰城民众迫于严重干旱，遗弃楼兰城，逐渐南移。公元448年，北魏灭鄯善国。

香格里拉——心中的日月

　　云南不仅有连绵不绝的深翠峡谷，还有林立的雪峰、起伏的草原牧场，更有被誉为"世外桃源"的香格里拉。香格里拉别名"香巴拉""人间天堂"，地处举世闻名的"三江并流"风景区腹地，是云南省迪庆藏族自治州下辖市及首府所在地，中国极为神秘的地方之一。千百年来，藏、纳西、彝、白、回、普米和傈僳等民族在美丽的香格里拉一直过着宁静安然的生活。西方人对香格里拉这个神秘名称的了解来自詹姆斯·希尔顿风靡世界的小说《消失的地平线》，而对于居住在中国云南迪庆高原的藏族人来说，香格里拉是祖先传下来的名字。在藏语中，香格里拉意为"心中的日月"。

云南香格里拉　噶丹·松赞林寺

张家界——别具一格的"盆景""仙山"

张家界风景区位于湖南省武陵源风景名胜区南部,以其得天独厚的旅游资源闻名于世。张家界和天子山、索溪峪两个自然保护区组成的武陵源风景区,面积达 369 平方千米,区内以世界罕见的石英砂岩峰林峡谷地貌为主体,集桂林之秀、黄山之奇、华山之险、泰山之雄于一体,有"扩大的盆景、缩小的仙山"之美称。

20 世纪 70 年代末,张家界罕见的石英砂岩峰林奇观被世人发现,得以开发,并于 1982 年经国务院批准为中国第一个国家森林公园;1992 年被列入《世界自然遗产名录》;2004 年被列入首批世界地质公园。

钓鱼岛——中国东海宝岛

钓鱼岛及其附属岛屿位于中国台湾岛的东北部,是台湾岛的附属岛屿,是中国自古以来的固有领土。钓鱼岛距浙江温州市约 356 千米、距福建福州市约 385 千米、距台湾基隆市约 190 千米,周围海域面积约为 17.4 万平方千米。钓鱼岛长约 3641 米,宽约 1905 米,面积约 3.91 平方千米,最高海拔约 362 米,盛产山茶、棕榈、仙人掌、海芙蓉等珍贵中药材,栖息着大批海鸟,有"花鸟岛"和"深海中的翡翠"的美称。

据中国古代史书记载,中国人最早发现、命名和利用钓鱼岛。在明代的若干文献中,比如永乐元年(1403)的《顺风相送》,嘉靖十三年(1534)的《使琉球录》,以及嘉靖四十年(1561)郑若曾等人编著的《筹海图编》,都清晰地记载了钓鱼岛是中国的领土。

全球最大的国内旅游市场

随着中国改革开放进一步深化和国家整体经济水平的大幅提升,中国成为全球最大的国内旅游市场、世界第一大国际旅游消费国、世界第四大旅游目的地国家。无论是出游规模,还是出游人次,都显示出中国已经进入大众旅游时代。旅游休闲成为人们日常休闲娱乐生活的重要组成部分,成为大众追求美好生活、提升幸福指数的重要方式。

中国旅游资源丰富,有 100 多座千年历史文化名城、400 多个优秀旅游城市。中国有 56 个民族,民风民俗各异,尤以少数民族居民较多的云南、贵州、四川、广西、湖南、湖北、甘肃、宁夏、西藏、内蒙古、新疆最为丰富多彩。中国现有旅行社逾 2 万家,其中部分是国际旅行社。旅行社可以承揽境外游客在华旅游业务,还可以承揽中国居民赴境外旅游业务。2003 年开始,中国政府允许设立外商控股、外商独资旅行社。迄今为止,中国已有多家外商控股或外商独资旅行社。

中国的民航、铁路、内河及海洋客运、公路交通事业发展迅速,为旅游者提供了交通便利。各大中小城市和旅游景点都有设备齐全、服务周到的饭店接待国内外游客。2013 年,《中华人民共和国旅游法》颁布实施。

张家界南天门

钓鱼岛

04 国土与资源

肆　　　　　**国土与资源 /**

中国的版图像一只头朝东尾朝西的金鸡。中国位于地球的北半球，

经度范围为 73°33′E 至 135°05′E；纬度范围为 3°51′N 至 53°33′N。中国有广袤的国土，丰富的气候资源，因而也孕育了多样性的生态环境以及独具特色的自然风光。多年来，中国政府高度重视生态环境建设，美丽中国建设取得了巨大进展，自然生态的保护取得了积极的成果。

中国从哪里来

从地质学的视角来看，现今中国的地理格局是由一次地理大碰撞产生的。

大碰撞发生于约 6500 万年前，印度板块与欧亚板块相撞，撞击速度极快，能量极大。于是地球上海拔最高、最年轻的高原——青藏高原诞生了。青藏高原平均海拔超过 4000 米，地壳厚度可达 80 千米。其环境之独特，可与地球南、北极并列，被称为"第三极"。在青藏高原上，许多巨大的山脉次第隆起。青藏高原的山脉囊括了地球上 14 座 8000 米级山峰、绝大多数的 7000 米级山峰，以及数不胜数的 5000—6000 米级山峰。其中喜马拉雅山的珠穆朗玛峰高达 8848.86 米，为世界最高峰；乔戈里峰的海拔为 8611 米，为世界第二高峰。

中国地势西高东低，大致呈三级阶梯状分布。第一阶梯是平均海拔 4000 米以上的青藏高原；第二阶梯包括内蒙古高原、黄土高原、四川盆地等大型盆地和高原，平均海拔 1000—2000 米；第三阶梯主要分布着广阔的平原，间有丘陵和低山，海拔多在 500 米以下。从中国陆地的第三级阶梯继续向海面以下延伸，就是浅海大陆架，这是大陆向海洋自然延伸的部分，一般深度不大，坡度较缓，海洋资源丰富。中国近海大陆架比较广阔，渤海和黄海的海底全部、东海海底的大部分和南海海底的一部分，都属浅海大陆架。

广袤的国土

中国的陆地面积约为 960 万平方千米，排在世界第三位，仅次于俄罗斯与加拿大，几乎同整个欧洲面积相等。中国领土北起漠河以北的黑龙江江心，南到南沙群岛南端的曾母暗沙，南北相距约 5500 千米；东起黑龙江与乌苏里江汇合处，西到帕米尔高原，东西相距约 5200 千米。中国陆地边界长度约 2.2 万千米。中国的海域面积为 473 万平方千米，大陆海岸线长度约 1.8 万千米，海岸地势平坦，多优良港湾，且大部分为终年不冻港。中国大陆的东部与南部濒临渤海、黄海、东海和南海。渤海为中国的内海，黄海、东海和南海是太平洋的边缘海。中国陆地近 70% 的土地被山地、高原、丘陵所覆盖，其余则是盆地和平原。

黄河

四大海域

中国位于亚洲大陆东部，面向太平洋。毗邻中国大陆边缘的渤海、黄海、东海、南海连成一片，跨温带、亚热带和热带，自北向南呈弧状分布，属于中国的近海，是中国的四大海域，中国的海域总面积约 473 万平方千米。根据《联合国海洋法公约》的规定，中国主张管辖的海域面积约为 300 万平方千米，其中包括了内海、领海、毗连区、专属经济区和大陆架。

渤海是中国最北端的海域，被山东半岛、辽东半岛和华北平原环绕，仅东部以渤海海峡与黄海相通，是一个半封闭的大陆架浅海，海水平均深度约 18 米，面积约 7.7 万平方千米。

黄海位于中国大陆与朝鲜半岛之间，北在鸭绿江口，南以长江口北角到韩国济州岛的西南角连线与东海分隔，西北以辽东半岛南端的老铁山角到山东半岛北岸的蓬莱角连线与渤海分隔，为一半封闭的浅海，海水平均深度约 44 米，面积约 38 万平方千米。

东海位于中国大陆与台湾岛以及日本九州岛和琉球群岛之间，北与黄海相连，南以广东省南澳岛到台湾岛南端连线与南海分隔，是一个比较开阔的边缘海，海水平均深度约 370 米，面积约 77 万平方千米。

南海位于中国南部，南接加里曼丹岛和苏门答腊岛，东邻菲律宾群岛，西接中南半岛和马来半岛。南海海域辽阔，海水平均深度约 1212 米，最深处达 5559 米，面积约 350 万平方千米，是中国最深、最大的海，也是仅次于珊瑚海和阿拉伯海的世界第三大边缘海。

航拍喜马拉雅山脉

岛屿

在中国海域上，分布着大小岛屿 7600 个，其中台湾岛最大，面积 3.5759 万平方千米；海南岛次之，面积 3.39 万平方千米。中国最东的岛屿是位于台湾岛东北海面上的钓鱼岛、赤尾屿；分布在南海上的岛屿、礁、滩等总称南海诸岛，为中国最南的岛屿群，依照位置不同分为东沙群岛、西沙群岛、中沙群岛和南沙群岛。

山脉

中国的主要山脉有喜马拉雅山脉、冈底斯山脉、唐古拉山脉、横断山脉、昆仑山脉、天山山脉等。其中喜马拉雅山脉为中国境内最高的山脉，呈弧形分布在中国与印度、尼泊尔等国的边境上，它有 10 座海拔 8000 米以上的高峰，其主峰珠穆朗玛峰海拔 8848.86 米，是世界最高峰。昆仑山脉平均海拔 5500—6000 米，从西向东跨越新疆、西藏、青海、四川 4 省区，长 2500 多千米，南北最宽处达 350 千米，最窄处为 150 千米。东窄西宽，总面积达 50 多万平方千米。值得一提的还有唐古拉山脉和秦岭。青藏高原中部的唐古拉山脉山峰一般海拔 5500—6000 米，是怒江、澜沧江、长江的发源地。秦岭西起甘肃、青海两省边界，东到河南省中部，平均海拔 2000—3000 米，是中国南北之间一条重要的人文地理界线，也是南北气候的分水岭。

其他重要的山脉还有：大兴安岭、祁连山、阴山、贺兰山、巴颜喀拉山、太行山、巫山、雪峰山、南岭、怒山、大巴山、武陵山等。

四大高原

中国的四大高原集中分布在地势高的西部地区。由于高度、位置、成因、气候和受外力侵蚀作用不同，四大高原各具特色。

青藏高原是中国最大、世界海拔最高的高原，被称为"世界屋脊""地球第三极"，平均海拔 4000 米以上。青藏高原南起喜马拉雅山脉南缘，北至昆仑山、阿尔金山和祁连山北缘，西部为帕米尔高原和喀喇昆仑山脉，东及东北部与秦岭山脉西段和黄土高原相接。

内蒙古高原位于中国北部，包括内蒙古大部分地区和甘、宁、冀的一部分地区，在大兴安岭、阴山、祁连山之间，是中国第二大高原，平均海拔 1100 米。内蒙古高原地势起伏和缓，山脉少，东部多草原，西部多戈壁、沙漠。

云贵高原位于中国西南部，包括云南中东部、贵州大部分地区。在横断山脉以东，雪峰山以西，四川盆地以南。云贵高原地势崎岖不平，多峡谷，多小型山间盆地（即坝子），石灰岩分布广，呈典型的喀斯特地貌。云南与贵州地貌组合虽然相似，然而海拔高度差异较大，且梯状转折，有云南高原（约 2000 米）和贵州高原（1100—1400 米）之称。

黄土高原位于中国中部，在内蒙古高原以南，秦岭以北，太行山以西，祁连山东端以东。黄土高原海拔在 1000—2000 米之间，总面积 64 万平方千米，黄土高原是世界著名的大面积黄土覆盖的高原，包括山西和陕西、甘肃、宁夏的一部分。

三大平原

东北平原、华北平原、长江中下游平原是中国的三大平原。其中，面积最大的平原为东北平原，经济最为富庶的为长江中下游平原，人口最多的平原为华北平原。

东北平原或称松辽平原，位于中国东北部，地跨黑龙江、吉林、辽宁的一部分地区和内蒙古的小部分地区，地处大、小兴安岭和长白山脉之间，北起嫩江流域中游，南至辽东湾，南北长约 1000 千米，东西宽约 400 千米，面积达 35 万平方千米。

华北平原又称黄淮海平原，是中国东部大平原的重要组成部分，部分在渤海—华北盆地。北抵燕山南麓，南达大别山北侧，西倚太行山，东临渤海和黄海，地跨京、津、冀、鲁、豫、皖、苏 7 省市，面积 30 万平方千米。平原地势平坦，交通便利，经济发达，自古即为中国政治、经济、文化中心，平原人口和耕地面积约占中国的 1/5。

长江中下游平原是指中国长江三峡以东的中下游沿岸带状平原，地跨中国鄂、湘、赣、皖、苏、浙、沪 7 省市，素有"水乡泽国"之称，水陆交通发达，是中国重要的工业基地。长江中下游平原西起巫山东麓，东到黄海、东海之滨，北接桐柏山、大别山南麓及黄淮平原，南至江南丘陵及钱塘江、杭州湾以北沿江平原，东西长约 1000 千米，南北宽 100—400 千米，总面积约 20 万平方千米，地形的显著特点是地势低平、河渠纵横。

47 泱泱大国 ▶ 国土与资源

左上：青藏高原日照金山　　右上：内蒙古高原
左下：华北平原　　　　　　右下：黄土高原

四大盆地

中国的盆地数量很多，其中塔里木盆地、准噶尔盆地、柴达木盆地和四川盆地被誉为"四大盆地"。

塔里木盆地是中国最大的内陆盆地，位于新疆维吾尔自治区境内，天山山脉和昆仑山脉之间，南北最宽处520千米，东西最长处1400千米，面积40多万平方千米。盆地内有中国最大、世界第二的塔克拉玛干沙漠。

准噶尔盆地位于阿尔泰山与天山之间，西侧为准噶尔西部山地，东至北塔山麓。南北宽450千米，东西长700千米，面积达30多万平方千米，沙漠占30%。地势向西倾斜，北部略高于南部。

柴达木盆地属封闭性的巨大山间断陷盆地，位于青海省西北部，是中国最高的盆地。四周被昆仑山脉、祁连山脉与阿尔金山脉所环抱，面积约25万平方千米。"柴达木"为蒙古语，意为"盐泽"。

四川盆地是中国著名的红层盆地，位于四川省境内，也是中国最湿润的盆地，面积26万余平方千米。四川盆地西依青藏高原和横断山脉，北靠秦岭山地与黄土高原相望，东接湘鄂西山地，南连云贵高原，是中国各大盆地中形态最典型、纬度最南、海拔最低的盆地。

重要河流

中国境内河流众多，流域面积在1000平方千米以上的河流达1500余条，水力资源非常丰富，蕴藏量达6.8亿千瓦，居世界第一位。

中国河流分为外流河和内流河。注入海洋的外流河，流域面积约占全国陆地总面积的64%；流入内陆湖或消失于沙漠、盐滩之中的内流河，流域面积约占全国陆地总面积的36%。

长江是中国第一大河，为世界第三大河，全长6300千米，其上游穿行于高山深谷之间，蕴藏着丰富的水力资源；长江也是中国东西水上运输的大动脉，天然河道优越。黄河为中国第二大河，全长5464千米。黑龙江是中国北部的大河，全长4350千米，其中有3101千米流经中国境内。珠江为中国南部的大河，全长2214千米。新疆南部的塔里木河是中国最长的内流河，全长2179千米。

除天然河流外，中国还有一条著名的人工河，那就是贯穿南北的京杭大运河。它始凿于公元前5世纪，北起北京，南抵浙江杭州，沟通海河、黄河、淮河、长江、钱塘江5大水系，全长1801千米，是世界上最长、开凿最早的人工河。

湖泊

中国境内湖泊众多，长江中下游地区和青藏高原是湖泊最多的两个地区。长江中下游地区为淡水湖最集中的地区，主要有鄱阳湖、洞庭湖、太湖、洪泽湖等，其中江西省北部的鄱阳湖是中国第一大淡水湖，面积3600多平方千米；青藏高原主要分布着咸水湖，有青海湖、纳木错、色林错等，其中以青海省东北部的青海湖最大，目前水体面积达4540.98平方千米。

柴达木盆地戈壁地貌

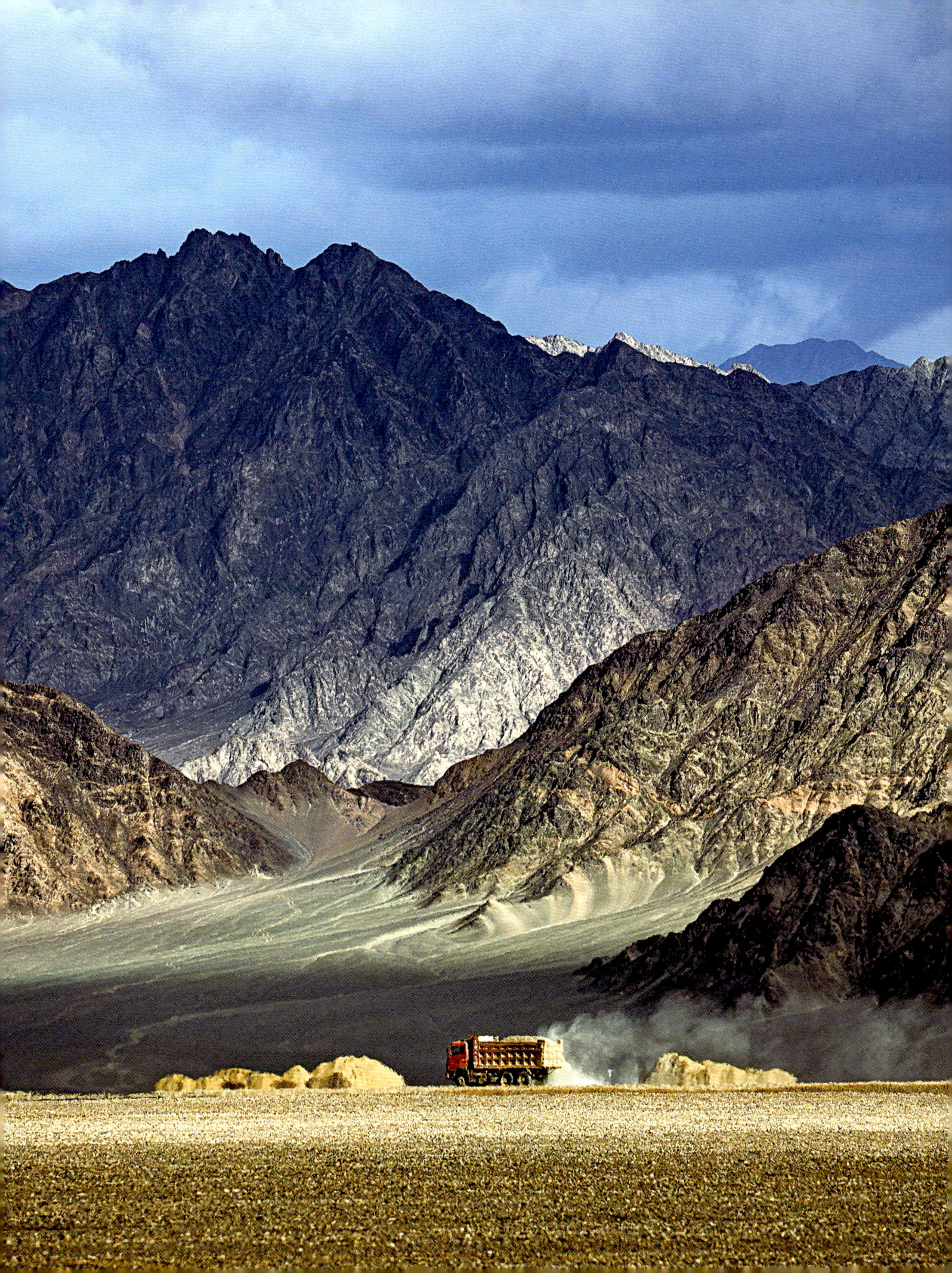

土地资源

中国的土地资源多种多样,土地形态可以分为耕地、林地、草地、荒漠、滩涂等。其中,耕地主要集中在东部,也是人口最密集的地区;林地大部分集中在东北和西南边远地区,人口相对稀少;草原多分布在北部和西部,大多是经济相对欠发达的地区。根据《2023年中国自然资源公报》,中国共有耕地约为128万平方千米,占国土面积约14%;草地面积约为264万平方千米,占国土面积的27.5%;林地面积约为284万平方千米,森林覆盖率为29.6%。中国耕地、森林、草原面积的绝对数量均居世界前列,但按人口平均的相对数量却很少,尤其是耕地,还不足世界人均水平的1/3。多年来,中国以不到全球9%的耕地,养育了全球近1/5的人口。

矿产资源

中国是一个矿产种类十分丰富的国家,世界上已知的矿产在中国均能找到,且储量丰富。截至2022年底,已发现矿产173种,探明储量的有168种,20多种矿的探明储量位居世界前列,总储量居世界第三位。特别是煤、铁、铜、铝、锑、钼、锰、锡、铅、锌、汞等主要矿产储量均居世界前列。煤炭基础储量约2070亿吨,是现阶段中国的重要能源资源,主要分布在华北、西北地区,尤以山西、内蒙古、陕西、新疆最为丰富;铁矿石的基础储量约162亿吨,主要分布在东北、华北和西南地区。中国的稀土金属储量极为丰富,约占世界总储量的23%。石油、天然气、油页岩等矿产也很丰富。石油主要蕴藏在西北地区,其次为东北、华北地区和东部沿海浅海大陆架。

气候

　　中国的气候资源十分丰富，从南至北呈现出赤道带、热带、亚热带、暖温带、温带、寒温带六个温度带，气候差异显著。中国的大部分地区位于北温带，气候温和，四季分明，适宜人类居住与生存。中国气候的主要特点是大陆性季风气候显著。每年9月至次年4月，干寒的冬季风从西伯利亚和蒙古高原吹来，寒冷干燥，南北温差较大。每年的4月至9月，暖湿的夏季风从东部和南部海洋吹来，普遍高温多雨，南北温差较小。中国的降水量从东南向西北逐渐减少，各地年平均降水量差异也很大，东南沿海可达1500毫米以上，而西北内陆不足200毫米。

　　中国还有温带季风气候、温带大陆性气候、热带季风气候、亚热带季风气候、高原和高山气候五种类型。最典型的莫过于东北地区处于隆冬季节，在海南岛却是热带风光。海南岛与美国的夏威夷处于同一纬度，是国际游客向往的度假胜地。漠河是中国最北端的城市，1月的平均气温为-30.6℃，是中国冬季最冷的地方，也是中国唯一可以欣赏到北极光的地方。重庆、武汉、南京号称中国"三大火炉"，每年35℃以上的炎热天数有15天至35天之多。

雪山下的大理古城

云南白马雪山国家级保护区金丝猴

生物多样性

中国野生动植物资源丰富，被誉为"动植物王国"。维护物种安全是中国可持续发展的重要目标。

农作物资源方面，东北平原、华北平原、长江中下游平原、珠江三角洲和四川盆地等主要农业区，物产十分丰富。东北平原盛产小麦、玉米、大豆、高粱、亚麻和甜菜；华北平原的农作物有小麦、玉米、谷子和棉花等；长江中下游平原地势低平，河流和湖泊众多，是中国最大的水稻、淡水鱼产区，素有"鱼米之乡"之称，并且盛产茶叶和桑蚕；被誉为"天府之国"的四川盆地气候暖湿，农作物可四季生长，盛产水稻、油菜和甘蔗；珠江三角洲盛产水稻，每年可收获两到三次。

林业资源方面，东北地区的大兴安岭、小兴安岭和长白山区是中国最大的天然林区，遍布针叶林与阔叶林。其次为西南天然林区，主要树种有云杉、冷杉、云南松。云南省南部的西双版纳是中国少有的热带阔叶林区，森林植物多达5000余种，有"植物王国"的美称。

中国的草原分布较广，从东北到西南绵延数千千米的草原带上，分布着多个畜牧业基地。其中内蒙古草原是中国最大的天然牧场，出产著名的三河牛、三河马和蒙古绵羊。新疆天山南北是中国重要的天然草场和牲畜良种基地，出产著名的伊犁马和新疆细毛羊。

中国也是世界上野生动植物种类极多且极为丰富的国家，仅脊椎动物就有 8000 多种，约占世界脊椎动物种类总数的 10%，其中陆栖脊椎动物 3200 多种，鱼类 4900 多种，特别是大熊猫、朱鹮、金丝猴、华南虎、扬子鳄等 400 多种陆栖脊椎动物是仅分布于中国的特有物种。有记录的鸟类 1445 种，哺乳类 687 种，两栖类 548 种，爬行类 552 种。

中国有高等植物 3.6 万余种，居世界前 3 位，其中木本植物 7000 多种（含乔木 2800 余种），食用植物 2000 余种，药用植物 3000 多种。特有植物种类约 1.7 万余种，如银杉、珙桐、银杏、百山祖冷杉、杜仲、香果树等，均为中国特有的珍稀濒危野生植物。水杉是一种高大乔木，被列为世界古稀名贵植物之一。金钱松产于长江流域山地，叶子簇生在短枝上，状如铜钱，春夏苍绿，秋天变黄，是世界珍贵庭园树种之一。银杏树是世界上极其古老的树种之一，2.5 亿年前侏罗纪时期，银杏已经是中国极为繁盛的植物之一。北半球寒、温、热各带的主要植被，在中国几乎都可以看到。

植树造林

根据美国国家航空航天局（NASA）的资料分析，全球绿叶面积自 21 世纪开始以来增加了 5%，这已经相当于一个亚马孙热带雨林，而在这当中至少 25% 的贡献来自中国。这些成果很大程度上要归功于中国植树造林的计划，这些计划约占绿化贡献的 42%，其目的在于减少土壤侵蚀、空气污染和抵御气候变化的影响。

中国高度重视林业生态建设，广泛开展全民义务植树活动，深入推进退耕还林、三北防护林、天然林保护和湿地保护等重点生态工程建设，持续加大生态保护和修复力度，印发《全国国土绿化规划纲要（2022—2030 年）》，为推进国土绿化事业高质量发展明确了时间表、路线图。2023 年，全国全年完成造林 3.998 万平方千米，种草改良 4.379 万平方千米，治理沙化石漠化土地 1.905 万平方千米。林业生态建设取得显著成效。

三北防护林

中国政府为改善生态环境，于 1978 年决定启动三北防护林工程。该工程是指在中国三北地区（西北、华北和东北）建设的大型人工林业生态工程。工程建设范围囊括了三北地区 13 个省（自治区、直辖市）的 725 个县（旗、区），总面积 435.8 万平方千米，约占中国国土总面积的 45%。三北工程建设 40 多年来，防风固沙林面积增加 154%，对沙化土地减少的贡献率约为 15%，2000 年后，中国土地沙化呈现出整体遏制、重点治理区明显好转态势。三北防护林以其建设规模之大、速度之快、效益之高，被誉为"中国的绿色长城""世界林业生态工程之最"。

荒漠治理

作为世界上受土地荒漠化危害较为严重的国家之一，中国长期以来非常重视沙地沙漠生态修复治理。政府主导与民众参与相结合，自然修复与人工治理相结合，法律约束与政策激励相结合，重点突破与面上推进相结合，讲求科学与艰苦奋斗相结合，治理生态与改善民生相结合，就是防沙治沙的中国方案、中国经验。

目前，中国已成功遏制荒漠化扩展态势。"十三五"以来，全国累计完成防沙治沙任务8.8万平方千米。昔日的"沙进人退"变成了如今的"绿进沙退"。从1990年至1994年，每年荒漠化面积增加2460平方千米。而2005年至2009年荒漠化面积减少了1717平方千米。荒漠化防治二期工程已从2013年开始实施，总投资900多亿元人民币，共涉及13个省区的约700多个县，约620万平方千米土地面积。据第六次全国荒漠化和沙化调查结果显示，全国荒漠化和沙化土地面积已经连续4个监测期保持"双缩减"，首次实现所有调查省份荒漠化和沙化土地"双逆转"。

大气治理

大气污染是指由于人类活动或自然过程引起某些物质进入大气中，当污染物含量达到有害程度以致破坏生态系统和人类正常生存与发展时，对人或物造成危害的现象。大气污染已成为世界各国面临的极大环境挑战之一。自20世纪70年代以来，随着社会经济发展和生态环境保护事业发展，中国大气污染治理主要经历了消烟除尘构建大气环境容量（1972—1990年）、分区管控防治酸雨和二氧化硫污染（1991—2000年）、总量控制二氧化硫排放量见顶下降（2001—2010年）、攻坚克难打赢蓝天保卫战（2011年至今）四个阶段。据来自中国生态环境部的数据显示，2023年，全国339个地级及以上城市平均空气质量优良天数比例为85.5%。

国家公园

国家公园是指由国家批准设立并主导管理，边界清晰，以保护具有国家代表性的大面积自然生态系统为主要目的，实现自然资源科学保护和合理利用的特定陆地或海洋区域。中国的国家公园具有保护国家或国际生物地理或生态资源的重要功能，也是中国政府保护生态环境的最新举措。

2013年11月，中国首次提出建立国家公园体制；2015年，国家印发的《生态文明体制改革总体方案》对建立国家公园体制提出了具体要求；2017年制定了《建立国家公园体制总体方案》。中国实行国家公园体制，目的是保持自然生态系统的原真性和完整性，保护生物多样性，保护生态安全屏障，给子孙后代留下珍贵的自然资产。2021年，中国正式设立三江源、大熊猫、东北虎豹、海南热带雨林、武夷山等第一批国家公园，保护面积达23万平方千米，涵盖近30%的陆域国家重点保护野生动植物种类。

青海玉树三江源国家地质公园

国家级自然保护区

国家级自然保护区是推进生态文明、构建国家生态安全屏障、建设美丽中国的重要载体，也是贯彻落实创新、协调、绿色、开放、共享新发展理念的具体行动，是保护生物多样性、筑牢生态安全屏障、确保各类自然生态系统安全稳定、改善生态环境质量的有效举措。

《中华人民共和国自然保护区条例（2018年修订）》第二条定义的"自然保护区"为"对有代表性的自然生态系统、珍稀濒危野生动植物物种的天然集中分布区、有特殊意义的自然遗迹等保护对象所在的陆地、陆地水体或者海域，依法划出一定面积予以特殊保护和管理的区域"。按照保护的主要对象来划分，自然保护区可以分为自然生态系统类、野生生物类和自然遗迹类。截至2023年末，中国国家级自然保护区有474个。

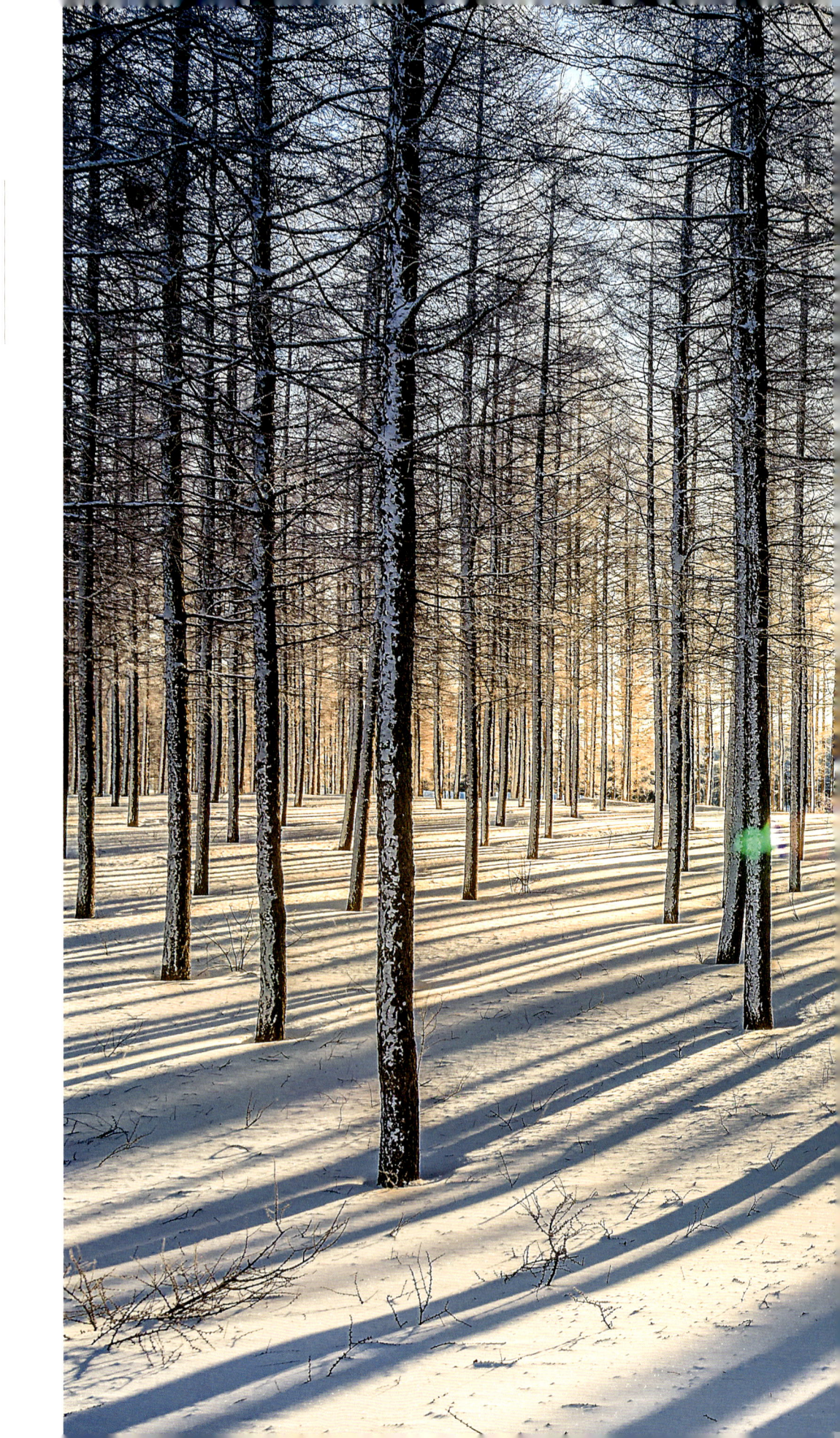

黑龙江大兴安岭

松树林

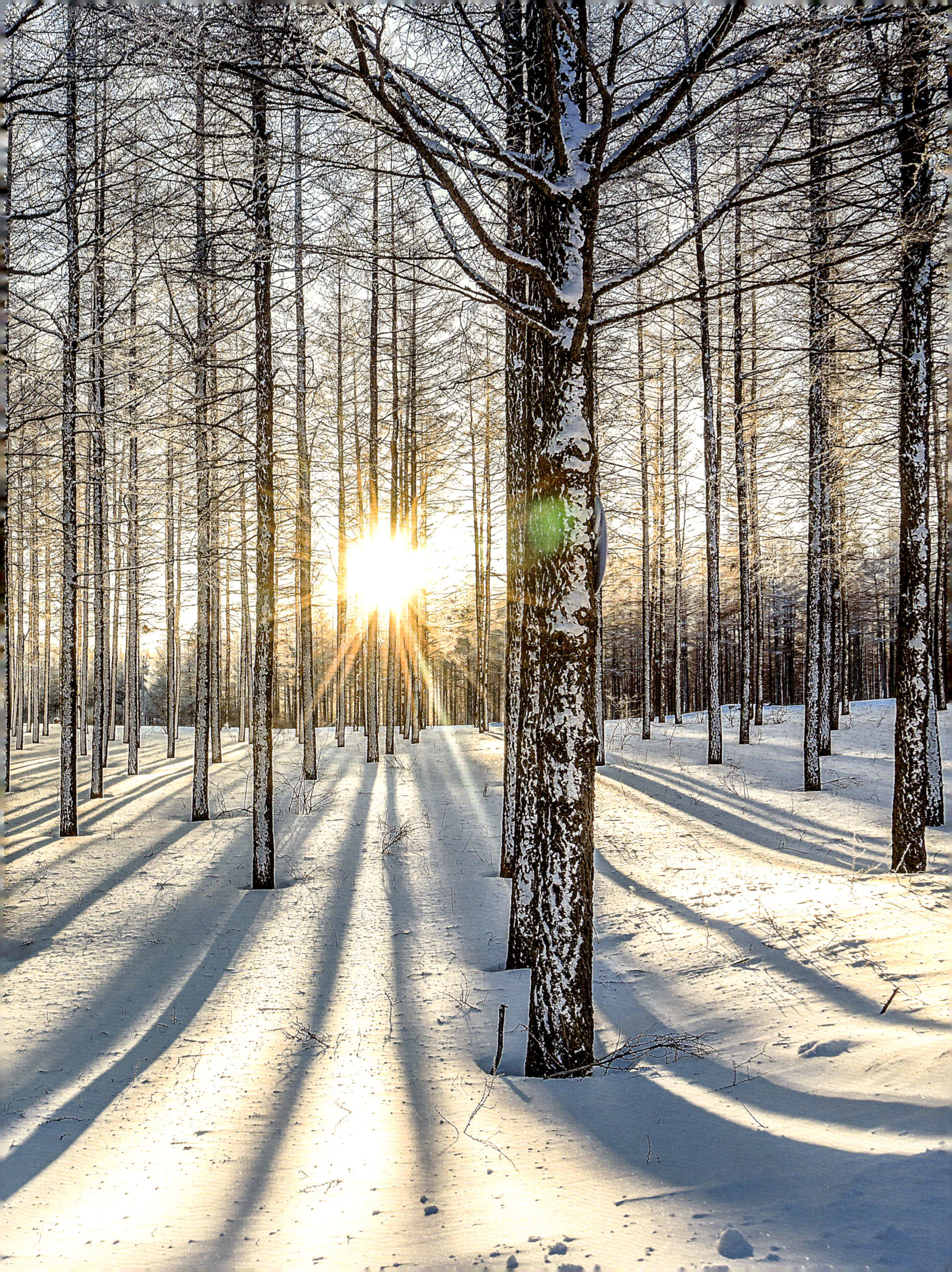

15 个国家重点野生动植物保护品种

1. **大熊猫**。大熊猫分布在四川、陕西和甘肃的狭小地带,野外种群数量 1000 只左右。中国现已建立 67 处大熊猫自然保护区,形成了大熊猫栖息地保护网络体系。

2. **朱鹮**。朱鹮是世界著名的濒危鸟类,20 世纪 60 年代后曾一度被认为已经灭绝。1981 年 5 月在陕西省洋县重新发现 7 只野生朱鹮,截至 2022 年 11 月,全球朱鹮数量已经由 41 年前的 7 只恢复到 9000 多只,其中陕西境内 7000 多只。

3. **老虎**。历史上曾有 5 个亚种广泛分布于中国,目前仅存 4 个亚种,即中国虎(又称华南虎)、东北虎、孟加拉虎和印支虎,野外种群数量不足百只。中国现有老虎自然保护区超过 20 个,总面积达 1.69 万平方千米。

大熊猫

59 | 泱泱大国 ▶ 国土与资源

朱鹮

东北虎

藏羚羊

大象

金丝猴　　　　　　　　　　　　　　　麋鹿　　　　　　　　　　　　　　　白颊长臂猿

4. **金丝猴**。金丝猴主要分布于四川、云南、贵州、西藏、陕西、甘肃、湖北 7 省区。截至 2019 年，中国已在金丝猴分布区建立自然保护区 30 多处，面积达 1.6 万多平方千米。

5. **藏羚羊**。藏羚羊是中国青藏高原特产动物。20 世纪 80 年代以来，藏羚羊种群总数急剧下降。中国现有藏羚羊保护区 3 处，藏羚羊野外种群数量已增至约 30 万只。

6. **扬子鳄**。扬子鳄仅分布于皖南山系以北，2003 年调查显示，野生扬子鳄种群数不足百条。经过努力，现已解决人工繁育等难题，每年可人工繁育 1000 条至 2000 条。安徽建有中国最大的扬子鳄国家级自然保护区，全国 99% 以上的野生扬子鳄都分布在保护区内。

7. **大象**。中国有野生亚洲象约 300 头，集中在云南西双版纳、思茅等地区。现有西双版纳和南滚河两处自然保护区，在保护区外约 1000 平方千米的亚洲象活动区域建立了保护站。

8. **长臂猿**。中国有黑长臂猿、白眉长臂猿、白掌长臂猿和北白颊长臂猿 4 个种类，主要分布在云南、海南等地，野外种群数量不足 1800 只。中国现有多处涉及长臂猿的保护区，其中广西邦亮长臂猿国家级自然保护区位于广西百色市靖西市境内，是中国陆地生物多样性保护关键地区之一。

9. **麝**。中国有原麝、林麝、马麝、黑麝和喜马拉雅麝 5 个种类，全国麝资源已由 20 世纪 60 年代的 250 万头下降到目前的 20 万至 30 万头。现在中国对麝类保护已采取了多种有效措施，包括建立多处自然保护区以及人工养殖。

丹顶鹤　　　　　　　　　　　　　　　　　　　普氏原羚

10. 普氏原羚。普氏原羚是中国特产濒危动物，目前仅分布于青海湖周围。截至 2021 年，种群数量从 2007 年不足 300 只增至 2500 余只，在持续保护下，种群栖息地也从最初的 7 个发展至 15 个。

11. 野生鹿类。中国从 1988 年就将 10 种鹿类列为国家重点保护野生动物，重点加强对海南坡鹿、麋鹿、梅花鹿、白唇鹿、驼鹿和马鹿的保护。目前已建设 13 处自然保护区，并在保护区周边区域约 15 万平方千米的栖息地建立了 140 处保护站。

12. 鹤类。世界鹤类现存 15 种，中国有记录的 9 种。现有鹤类自然保护区达 40 多个，其中位于黑龙江的扎龙国家级自然保护区有世界最大的芦苇湿地，栖息有 6 种鹤，有"世界大湿地、中国鹤家乡"之称。

13. 野生雉类。中国是雉类资源最丰富的国家，有 64 种，约 20 个特有种。中国正不断加强雉类自然保护区建设力度。

14. 兰科植物。兰科野生种均属《濒危野生动植物种国际贸易公约》的保护范围，约有 60—120 种兰科植物濒临灭绝。近年来，中国不断加强对兰科植物的保护力度，全国兰科植物种质资源保护中心建有兰科植物种质资源库，保存了野生兰科植物种质 1600 余种，保育 160 万余株，为濒危兰科植物保护和种群恢复奠定了基础。

15. 苏铁。苏铁是现存最古老的裸子植物。目前，苏铁属的野生植物全部为中国国家一级保护野生植物，被列入《世界自然保护联盟濒危物种红色名录（IUCN）》和《全国极小种群野生植物拯救保护工程规划（2011—2015 年）》范围。

05 行政区划

(伍) **行政区划 /**

中国广袤的国土上，分布着34个省级行政区，包括23个省、5个自治区、4个直辖市和2个特别行政区。

这些地方风貌各异，各具特色。4个直辖市分别是北京、上海、天津和重庆。东南沿海与西部边疆，东北平原与西南边陲，崛起的中部，还有民族风情浓厚的新疆维吾尔自治区、西藏自治区、内蒙古自治区、宁夏回族自治区、广西壮族自治区，特别是在"一国两制"原则下高度自治的特区香港、澳门，以及美丽的宝岛台湾，都是快速发展的中国的一部分。改革开放以来，城市发展带动了整个中国经济社会发展。当前，中国的城镇化正进入到以人为核心的新发展阶段，中国特色新型城镇化正在持续健康发展。

行政区划

中国宪法规定，行政区划有省（自治区、直辖市）、县（自治县、市）、乡（镇、街道）三级。乡镇和街道是中国的基层行政单位。自治区、自治州、自治县是少数民族聚居地区的民族自治区域，它们都是祖国不可分割的部分。国家在必要时得设立特别行政区。此外，为了便于行政管理和经济建设，加强民族团结，国家可根据需要对行政区划作必要的调整和变更。

省

省，是中国行政区划之一，行政地位与自治区、直辖市、特别行政区相同，是中华人民共和国省级行政区。元朝实行的行省制是现代省级行政区的开端。

目前，中国有34个省级行政区，其中包括23个省，它们分别是：河北、山西、辽宁、吉林、黑龙江、江苏、浙江、安徽、福建、江西、山东、河南、湖北、湖南、广东、海南、四川、贵州、云南、陕西、甘肃、青海、台湾。其中，面积最大的省是青海省，达72万多平方千米；陆地面积最小的省是海南省，只有3.54万平方千米。人口最多的省是广东省，有1.27亿常住人口（截至2023年末）。

台湾

  台湾是中国领土不可分割的一部分，台湾岛是中国的第一大岛。台湾位于中国东南沿海大陆架上。台湾地区，是指台湾当局控制下的台湾省（包括台湾本岛与兰屿、绿岛、钓鱼岛等附属岛屿及澎湖列岛），以及福建省的金门、马祖、乌丘等岛屿，陆地总面积为 3.6006 万平方千米，总人口约为 2342 万人（2023 年）。

  大量的史书和文献记载了中国人民早期开发台湾的情景。宋元以后，中国历代中央政府开始在澎湖、台湾设治，实施行政管辖。1885 年，清政府改设台湾为行省，是当时中国第 20 个行省。1894 年 7 月，日本发动侵略中国的甲午战争，次年 4 月迫使战败的清政府割让台湾及澎湖列岛。1945 年，抗日战争胜利后，中国政府收复台湾、澎湖列岛，重新恢复对台湾行使主权。1949 年中华人民共和国成立前夕，原在大陆的国民党当局退据台湾。

  1979 年 1 月 1 日，全国人大常委会发表了《告台湾同胞书》，郑重宣示了在新的历史条件下争取祖国和平统一的大政方针及一系列政策主张，开启了两岸关系发展的新阶段。1992 年 11 月，海峡两岸关系协会与台湾海峡交流基金会，就解决两岸事务性商谈中如何表述坚持一个中国原则的问题，达成了各自以口头方式表述"海峡两岸同属一个中国，共同努力谋求国家统一"的共识。1993 年举行的"汪辜会谈"，是 1949 年以后两岸双方首次以受权民间团体名义举行的高层会谈，标志着海峡两岸关系的发展迈出历史性重要一步。

  中国政府一直把解决台湾问题、实现祖国完全统一作为自己神圣的使命，并从国家和民族的根本利益出发，提出了"和平统一、一国两制"的基本方针。2005 年 3 月，第十届全国人民代表大会第三次会议通过了《反分裂国家法》，将关于解决台湾问题的大政方针以法律形式固定下来。2015 年 11 月 7 日，两岸领导人习近平与马英九在新加坡香格里拉大酒店进行"世纪之握"，就推进两岸关系和平发展交换意见，这是 1949 年以来两岸领导人的首次会面，具有重要意义。

台湾日月潭

自治区

  自治区，是中国行政区划之一，行政区划级别与省、直辖市、特别行政区相同，是中华人民共和国省级行政区，也是中国少数民族聚居地设立的省级民族区域自治地方。各民族自治地方都是中华人民共和国不可分离的部分。中国政府在自治区实行民族区域自治制度。

  中国现有：内蒙古自治区、广西壮族自治区、西藏自治区、宁夏回族自治区、新疆维吾尔自治区。5 个自治区的区域面积加起来约占全国总面积的 46%，人口约占全国总人口的 8%。

直辖市

直辖市，是中国行政区划之一，行政地位与省、自治区、特别行政区相同，是中华人民共和国省级行政区，是直接由中央人民政府所管辖的省级行政单位。中国共有4个直辖市，即北京、上海、天津、重庆。

特别行政区

特别行政区，是指在中华人民共和国行政区域内，根据宪法和法律的规定而设立的具有特殊法律地位，实行特殊的社会制度、政治制度、经济制度和文化制度等的行政区域。

中国目前有两个特别行政区：香港特别行政区、澳门特别行政区。

香港特别行政区位于珠江口东岸，陆地面积1113.76平方千米，海域面积1641.21平方千米，总面积2754.97平方千米。截至2023年末，香港人口临时数字为750.31万人。1840年鸦片战争后，香港被英国侵占。根据1984年中英签署的《关于香港问题的联合声明》，中国于1997年7月1日对香港恢复行使主权；与此同时，香港特别行政区正式成立。中国政府在香港特别行政区实行"一国两制"、"港人治港"、高度自治的基本方针。

澳门特别行政区位于珠江口西岸，土地总面积33.3平方千米，截至2023年末，总人口为68.4万人。1840年鸦片战争后，澳门被葡萄牙侵占。根据1987年中葡签署的《关于澳门问题的联合声明》，中国于1999年12月20日对澳门恢复行使主权；与此同时，澳门特别行政区正式成立。中国政府在澳门特别行政区实行"一国两制"、"澳人治澳"、高度自治的基本方针。

国家计划单列市

国家社会与经济发展计划单列市，即国家计划单列市，简称"计划单列市"，为中华人民共和国行政区名之一，是指省辖市在国家计划中单列户头，并赋予这些城市相当于省一级的经济管理权限。在财政上，计划单列市与中央财政挂钩，但不一定与所在省财政完全脱离关系。实际执行中，存在计划单列市仍需在不同时期以不同形式和比例向所在省区上缴一定的财政收入的情况，即"单列不脱钩"。各计划单列市的管理受中央和所在省的双重领导，但以省领导为主。

中国目前有5个计划单列市，分别为大连、青岛、宁波、厦门和深圳。

厦门双子塔

县（自治县、市）

　　县（市）级政府是指管理一个县（市）级行政区域事务的政府组织的总称，是中央政府、省级政府、地区级政府与乡镇政府、村联系的中间环节，是整个国民经济和社会发展的基础行政区域。县一般作为农业为主的行政区域；以城市为主要辖区的县级行政单位，通常改称为市或者市辖的区。自治县、旗是少数民族聚居地方的县级行政单位。

　　在中国的历史上，县已经存在了两千多年。早在秦朝时期实行的郡县制下，县就已经作为一种行政区域存在。中国现阶段的县（市）级政府，主要是指县、自治县、县级市、市辖区、旗、自治旗以及林区、特区政府等。从县（市）级政府的地位来看，它是县（市）级人大的执行机关，同时又是地方的行政机关。作为地方人大的执行机关，县（市）级政府由本级人大选举产生，对本级人大负责，并接受其领导和监督。截至2022年底，中国共设有2843个县级行政区划单位。

安徽黄山黟县柯村

城市街道社区

街道办事处，是中国城市中乡级行政区街道的管理机构。市辖区、不设区的市的人民政府，经上一级人民政府批准，可以设立若干街道办事处，作为政府派出机关。街道与乡和镇等同属乡级行政区。

由于近年来中国城市化进程的加快，有很多县也相继设置了若干街道作为行政区划单位。有些地级市辖区的行政机构用"区办事处"来代替区政府职能。此外，伴随经济快速增长，城市化进程加快，还有很多地区仍保留原来的乡镇建制，但乡镇政府加挂"地区办事处"牌子，乡镇以下的区划单位以社区为主。

乡（镇）

"乡制"始建于西周，已有3000余年的历史。乡、镇都是中国最基层的行政机构。乡、镇在农村乃至整个国家经济社会发展中发挥着基础性作用，是国家和政府联系人民群众的纽带。

乡的行政地位与街道、镇、民族乡、苏木、民族苏木、县辖区相同，属乡级行政区。由市辖区、县级市、县、自治县、旗、自治旗、林区、特区管辖或由地级市直接管辖。最早在周朝时期就有了乡的称呼。乡一般由若干个行政村组成，人口在5000至2万人之间，并以农业人口为主。

镇的设置一般由省、自治区、直辖市批准。镇的非农业人口一般占70%以上。

一般情况下，乡比镇区域面积小，人口规模小，经济发展弱。乡以农业为主，而镇既有农业也有工业。几千年来，中国乡镇设置不断演变。新中国成立以来，特别是改革开放以后，为适应经济社会发展和中国行政机构改革的需要，乡镇机构进行多次重大改革。

北京怀柔水库

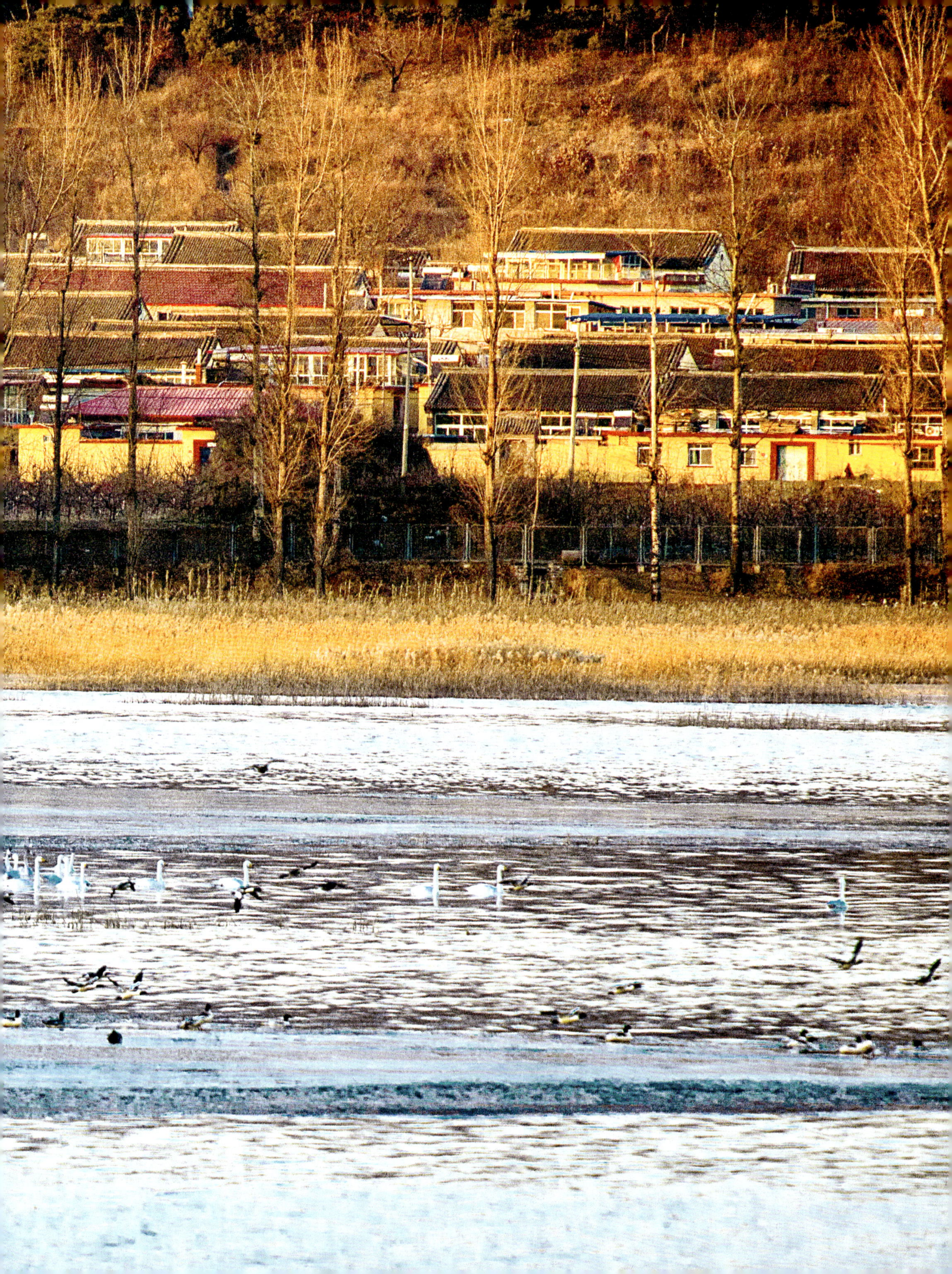

06 文化名城

陆

文化名城 /

中国的城市见证了中国历史和文化的发展，更见证了现代文明的进步和发展，尤其是北京、上海、深圳、广州等大城市，

引领着中国经济的发展。据预测，到 21 世纪中叶，中国的城市化水平将达到 65% 以上，中国将会形成十大城市群，城市将成为中国最有发展潜力的区域。

北京

　　北京，总面积 1.64 万平方千米，截至 2023 年末，常住人口 2185.8 万人。北京是中华人民共和国首都，中央四个直辖市之一，也是目前世界上唯一的"双奥城市"，即 2008 年第 29 届奥运会和 2022 年第 24 届冬奥会均在此举办。

　　北京名胜古迹众多，主要有皇家建筑、宗教庙宇、革命遗址等。故宫、天坛、景山、颐和园、香山、北海公园、明十三陵、八达岭长城、周口店古人类遗址等，均为举世闻名的游览胜地。天安门广场、沙滩红楼等地是多位伟人留下光辉足迹的革命遗址。

　　作为首都，北京持续疏解非首都功能，同时强化长期的战略定位，包括"四个中心"和"一个目标"。"四个中心"，即政治中心、文化中心、国际交往中心、科技创新中心；"一个目标"则是建设国际一流的和谐宜居之都。

　　2035 年，北京将建设成为"中国潮""国际范""烟火气"共融共生的国际消费中心示范城市。全市规划打造 4 片国际消费体验区、29 个城市消费中心、84 个地区活力消费圈和若干个社区便民生活圈，整体形成国际消费有魅力、城市消费有实力、地区消费有活力、社区消费高便利的全市商业消费空间新格局。

北京市人民政府官网

北京中央商务区（CBD）

上海市人民政府
官网

上海

上海，总面积 6340.5 平方千米，截至 2023 年末，常住人口为 2487.45 万人。上海是中国的直辖市之一，是中国最大的国际经济中心和重要的国际金融中心。上海与安徽、浙江、江苏构成的长三角城市群已成为全球六大世界级城市群之一。国际主流媒体将上海形容为"世界经济发展最快的典范"。

上海文化被称为"海派文化"，它是在中国江南传统文化的基础上，与开埠后传入的欧美文化等融合后逐步形成的，既古老又现代，既传统又时尚。上海的城市风光中西结合，独具特色，地标性建筑东方明珠广播电视塔与金茂大厦、上海环球金融中心等鳞次栉比的摩天大楼展现出上海的繁华发达。在现代化背后，上海也有枫泾古镇等历史古迹，展现出其独特的江南古典风情。外滩和石库门里弄是最具上海风情的中西合璧的杰作；浦西的外滩并列着一幢幢具有西欧古典风格的大楼，形成一派巍峨壮观的建筑风景，有着"万国建筑博览会"之称。

2023 年，上海港在全球前十大集装箱港口中位列第一，集装箱年吞吐量连续 14 年保持世界第一。上海还设有中国大陆首个自贸区——中国（上海）自由贸易试验区。从 2021 到 2023 年，上海口岸进出口连续 3 年超 10 万亿元人民币，上海作为"全球最大贸易口岸城市"的地位不断巩固。

上海陆家嘴

天津世纪钟

天津

  天津，总面积约 1.197 万平方千米，截至 2023 年末，常住人口为 1364 万人。天津是中国的直辖市之一，是中国北方的航运中心、物流中心和现代制造业基地，也是中国北方最大的港口城市。地标性建筑"天津之眼"是世界上唯一一座跨河建设、桥轮合一的摩天轮。

  天津是海河五大支流南运河、子牙河、大清河、永定河、北运河的汇合处和入海门，素有"九河下梢""河海要冲"之称。天津作为水陆枢纽城市，因漕运而兴起，唐朝中叶以后成为南方粮、绸北运的水陆码头；明永乐二年（1404）正式筑城，是中国唯一有确切建城时间记录的古代城市。天津也是中国近代工业的发源地。1860 年，天津被辟为通商口岸后，成为中国北方开放的前沿，造就了天津中西合璧、古今兼容的独特城市风貌。

  天津是夏季达沃斯论坛常驻举办城市，也是中蒙俄经济走廊主要节点、"一带一路"交汇点、亚欧大陆桥最近的东部起点，凭借优越的地理位置和交通条件，成为连接国内外、联系南北方、沟通中西部的重要枢纽。

重庆

重庆，总面积 8.24 万平方千米，截至 2023 年末，常住人口 3191.43 万人。重庆是中国的直辖市之一、长江上游地区经济中心、国家重要先进制造业中心、西部金融中心、西部国际综合交通枢纽和国际门户枢纽。

重庆地处中国内陆西南部，以"江城""桥都"著称，因为地理环境造成多山多雾，又有"雾都""山城"的别名。重庆境内的大足石刻和武隆喀斯特旅游区为世界遗产；长江三峡、吊脚楼是重庆最负盛名的自然与人文景观；火锅是重庆的代表性饮食。

重庆是国家历史文化名城，是巴渝文化的发祥地。在有文字记载的 3000 余年历史中，曾三为国都，四次筑城，史称"巴渝"。1189 年，宋光宗赵惇即帝位，升恭州为重庆府，重庆之名自此而定。中国抗日战争时期，重庆为国民政府的战时首都。

西安

西安，总面积 1.0752 万平方千米（含西咸新区），截至 2023 年末，常住人口 1307.82 万人。西安是陕西省省会，也是中国西部地区重要的中心城市，是中国重要的科研、教育和工业基地。

西安地处中国西北的关中平原中部，北濒渭河、南依秦岭，自古有着"八水绕长安"的美誉，是联合国教科文组织于 1981 年确定的"世界历史名城"，是中华文明重要发祥地之一，是古代丝绸之路的起点，历史上先后有 13 个王朝在此建都。秦始皇陵及兵马俑、汉长安城未央宫遗址、大雁塔、小雁塔、唐长安城大明宫遗址、兴教寺塔均被列入《世界遗产名录》。著名的旅游景点还有西安城墙、钟鼓楼、华清池、终南山、大唐芙蓉园、陕西历史博物馆、碑林等。

重庆洪崖洞

西安大雁塔

80 ▶ 中国与中国人

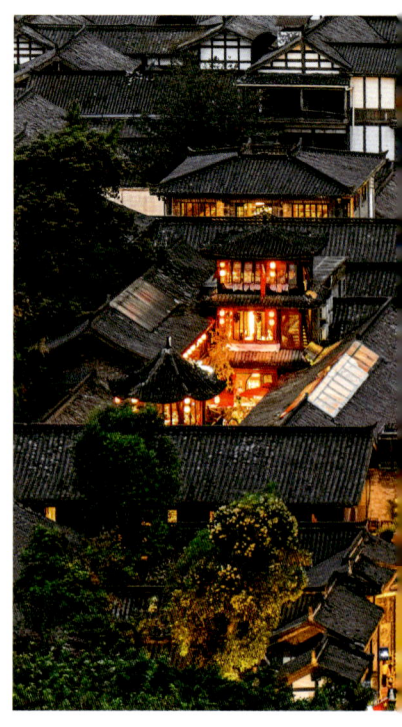

上：拉萨布达拉宫
左下：成都太古里
右下：成都宽窄巷子

拉萨

  拉萨，总面积 2964 平方千米，根据第七次人口普查数据，常住人口 86.79 万人。拉萨是中国西藏自治区的首府，也是藏传佛教圣地。拉萨全年日照时间在 3000 小时以上，素有"日光城"的美誉。

  拉萨是中国最有特色的高原历史文化名城。拉萨古称"惹萨"，藏语"山羊"称"惹"，"土"称"萨"。史籍上第一次出现"拉萨"二字，见于公元 806 年藏王赤德松赞所立《噶琼寺碑》。

  拉萨是具有雪域高原和民族特色的国际旅游城市。以风光秀丽、历史悠久、风俗民情独特、宗教色彩浓厚而闻名于世。藏历新年是藏族最具民族特色的盛大节日。藏历新年期间，在广场或空旷的草地上，大家围成圈跳锅庄舞、弦子舞，在六弦琴、钹、锣等乐器的伴奏下，手拉手、人挨人地踏地为节、欢歌而和。拉萨有许多古迹遗址，布达拉宫、大昭寺和罗布林卡均为世界文化遗产。

成都

  成都，总面积 1.4335 万平方千米，截至 2023 年末，常住人口 2140.3 万人。成都是四川省省会，中国西南地区的核心城市，也是西部地区商贸物流中心和综合交通枢纽。

  成都地处四川盆地西部、成都平原腹地，境内河网纵横、物产丰富、农业发达，自古有"天府之国"的美誉。成都是古蜀文明发祥地。境内金沙遗址有 3000 年历史，以周王迁都在此"一年成聚，二年成邑，三年成都"，故名成都；历史上蜀汉、成汉、前蜀、后蜀等政权先后在此建都。唐朝时，成都是中国极其富庶的城市之一，史称"扬一益二"（成都古称益州）。成都有丰富的历史文化资源，拥有都江堰、武侯祠、杜甫草堂等名胜古迹。在成都平原发掘的具有 3000 年到 5000 年历史的三星堆遗址，被称为 20 世纪人类最伟大的考古发现之一，也被誉为"长江文明之源"。

武汉

武汉，总面积 8569.15 平方千米，截至 2023 年末，常住人口为 1377.4 万人。武汉是湖北省省会、中国中部地区的中心城市，也是中国重要的工业基地、科教基地和综合交通枢纽以及中国人民解放军联勤保障部队机关驻地。

武汉地处江汉平原东部、长江中游，长江及其最大支流汉江在城中交汇，形成武汉三镇（武昌、汉口、汉阳）隔江鼎立的格局。武汉有"九省通衢"之称，是中国内陆最大的水陆空交通枢纽和长江中游航运中心，是华中地区可直航全球五大洲的城市。

武汉是中国的历史文化名城，是楚文化的重要发祥地，境内盘龙城遗址有 3500 年历史。春秋战国以来，武汉一直是中国南方的军事和商业重镇，明清时期为"楚中第一繁盛处""天下四聚"之一。武汉还是辛亥革命首义之地，近代史上数度成为全国政治、军事、文化中心。武汉作为长江经济带核心城市，是全国三大智力密集区之一。2015 年，武汉被国家定位为"国家创新型试点城市""全面创新改革试验区"。被誉为"中国光谷"的武汉东湖技术产业开发区致力打造有全球影响力的创新创业中心。

武汉黄鹤楼

长沙

　　长沙，总面积1.1819万平方千米，截至2023年末，常住人口1051.31万人。长沙是湖南省省会，是中国重要的粮食生产基地、长江中游城市群和长江经济带重要的节点城市，也是综合交通枢纽和物流枢纽，京广高铁、沪昆高铁、渝厦高铁在此交会。

　　长沙是中国国际形象最佳城市，有世界"媒体艺术之都"的美誉。近年来，长沙打造了"电视湘军""出版湘军""动漫湘军"等文化品牌。著名科学家袁隆平院士的杂交水稻育种研究机构也在长沙。

　　长沙是中国的历史文化名城，有"屈贾之乡""楚汉名城""潇湘洙泗"之称，有马王堆汉墓、四羊方尊、三国吴简、岳麓书院、铜官窑等历史遗迹，凝练出"经世致用、兼收并蓄"的湖湘文化。近代以来，长沙既是清末维新运动和旧民主主义革命策源地之一，又是新民主主义的发祥地之一，走出了一大批近代历史名人。毛泽东青年时期的革命活动主要在长沙。

位于长沙橘子洲头的毛泽东青年艺术雕塑

西湖及其周边有大量的自然及人文景观遗迹，是享誉世界的旅游风景区

杭州

　　杭州，总面积 1.685 万平方千米，截至 2023 年末，常住人口 1252.2 万人。杭州是浙江省省会，长江三角洲中心城市之一，也是环杭州湾大湾区核心城市、国际重要的电子商务中心。

　　杭州是首批国家历史文化名城，自秦朝设县治以来已有 2200 多年的历史，曾是吴越国和南宋的都城。因风景秀丽，素有"人间天堂"的美誉。杭州人文古迹众多，西湖是享誉世界的旅游风景区。西湖及其周边有大量的自然及人文景观遗迹，以西湖义化为代表的杭州文化集良渚文化、丝绸文化、茶文化和园林文化等之广博。

　　杭州历史上得益于京杭大运河和通商口岸的便利，以及自身发达的丝绸和粮食产业，曾是重要的商业集散中心。21 世纪以来，随着阿里巴巴等高科技企业的带动，互联网经济成为杭州新的经济增长点。

昆明街
Kun Ming St.
HAIR
-Noble you-
預約專線:
0903-626-856
2F
三媽臭臭鍋
HOTEL
吉宏
魯肉飯
FamilyMart
World Peace
故鄉
卡拉OK
晶鑽
音樂餐坊
丼飯專賣店
球鞋專賣
公益彩券

台北

台北，总面积 271.8 平方千米，截至 2022 年，户籍人口约 246 万人。台北历史悠久，历史遗迹众多，于旧石器时代晚期即有人类居住。台北设市历史可追溯至清末台北府成立。1875 年（清朝光绪元年），钦差大臣沈葆桢在此建立台北府，意为台湾之北，从此有"台北"之名，统管台湾军民政务，1885 年台湾建省，1894 年省会由桥孜图（今台中市）移至淡水县（今台北）。从此，台北逐渐成为台湾的政治中心。

作为台湾的第一大城市，台北被全球权威世界城市研究机构 GaWC 评为世界一线城市。台北都会区是台湾重要的都市圈之一，台湾地区规模最大的公司、企业、银行、商店的总部均设在这里。

广州

广州，总面积为 7434.4 平方千米，截至 2023 年末，常住人口为 1882.7 万人，是广东省省会，也是中国重要的中心城市、国际商贸中心和综合交通枢纽。广州地处中国南部的粤港澳大湾区、珠江下游，濒临南海，是中国首批沿海开放城市，也是中国通往世界的南大门。

广州是一座历史悠久的文化名城，从秦朝开始一直是郡治、州治、府治的所在地。从公元 3 世纪 30 年代起，广州就已经成为海上丝绸之路的主港，唐宋时期成为中国第一大港，明清时是中国唯一的对外贸易大港，也是世界唯一一个两千多年长盛不衰的大港。自 1957 年开始，每年在广州举办的中国进出口商品交易会（广交会）已举办了 100 多届，吸引了全世界的大量客商以及企业。

地理位置、气候特征以及多元文化的交融，形成了广州具有鲜明岭南特色的传统民俗文化，这体现在其社会习俗、民间文化、民间艺术、饮食生活习惯等各个方面。

上：台北城市街头
下：广州特色早茶

香港街头霓虹灯牌

香港

  香港是中国的特别行政区，其英文名称 Hong Kong 是由广东话音译而来。香港陆地面积 1113.76 平方千米，海域面积 1641.21 平方千米，总面积 2754.97 平方千米，截至 2023 年末，人口临时数字为 750.31 万人。

  香港位于中国南部、珠江口以东，西与澳门隔海相望，北与深圳相邻，南邻珠海万山群岛，区域范围包括香港岛、九龙、新界和周围 262 个岛屿。19 世纪中叶起，英国强迫清政府陆续签订 3 个条约租借香港，租期 99 年。1997 年 7 月 1 日，中国政府对香港恢复行使主权，香港进入了"一国两制"、"港人治港"、高度自治的历史新纪元。香港是一座高度繁荣的自由港和国际大都市，与纽约、伦敦并称为"纽伦港"，是全球第三大金融中心，是重要的国际金融、贸易、航运中心和国际创新科技中心，也是全球最自由经济体和极具竞争力城市之一。

  香港还是中西方文化交融之地，把华人智慧与西方社会管理经验合二为一，有"东方之珠""美食天堂"和"购物天堂"等美誉。香港通行"两文三语"（即中文、英文，普通话、粤语和英语），中、英文同属香港的法定语文。香港是成衣、钟表、玩具、游戏、电子和某些轻工业产品的主要出口地，出口总值位列全球高位。

澳门

澳门位于中国南部珠江口西侧,是中国大陆与中国南海的水陆交汇处,毗邻广东省,与香港相距60千米,距离广州145千米,由澳门半岛和氹仔、路环二岛以及路氹城(路氹填海区)组成,陆地面积32.9平方千米,截至2023年末,总人口为68.4万人。

澳门是一个风貌独特的城市,有大量的历史文化遗迹。早在新石器时代,中华民族的祖先已在这里劳动、生息。澳门历史城区于2005年7月正式成为联合国世界文化遗产。澳门是国际自由港、世界旅游休闲中心、世界四大赌城之一,也是世界上人口密度极高的地区之一。轻工业、旅游业、会展业和博彩业不断地为澳门注入经济发展活力,使这里成为全球发达、富裕的地区之一。东西方文化的融合共存使澳门成为一个独特的城市:既有古色古香的传统庙宇,又有庄严肃穆的天主圣堂,还有众多历史文化遗产以及沿岸优美的海滨胜景。

澳门大三巴牌坊

大连百年有轨电车

大连

  大连，总面积 1.2574 万平方千米，截至 2023 年末，全市常住人口 753.9 万人。大连是中国北方沿海重要的中心城市、港口及旅游城市，东北亚国际航运中心、物流中心、贸易中心和区域性金融中心。

  大连市地处北半球的暖温带、亚欧大陆的东岸，属暖温带半湿润大陆性季风气候，兼有海洋性气候特点，冬无严寒，夏无酷暑，四季分明。

洛阳

  洛阳，总面积 1.523 万平方千米，截至 2023 年末，常住人口 707.9 万人。因地处洛水之阳而得名，先后有 13 个王朝在此建都。

  洛阳有 5000 多年的文明史、4000 多年城市史、1500 多年建都史，是华夏文明的重要发祥地之一，也是丝绸之路的东方起点。在历史上，洛阳还是隋唐大运河的中心，洛阳市内有二里头遗址、偃师商城遗址、东周王城遗址、汉魏洛阳城遗址、隋唐洛阳城遗址等五大都城遗址和龙门石窟、汉函谷关、大运河等多处世界文化遗产。

  洛阳是儒学的奠基地、道学的产生地、佛学的首传地、玄学的形成地、理学的渊源地，各类文化思想在此相融共生、大放异彩，中国古代四大发明中的指南针、造纸术、印刷术均诞生于此。洛阳还是河洛之源、客家祖地，中国 70% 的宗族大姓起源于此，以"河图洛书"为代表的河洛文化是华夏文明的祖根文源。

青岛

　　青岛，总面积 1.1293 万平方千米，截至 2023 年末，常住人口 1037.15 万人。青岛是中国沿海重要中心城市和滨海度假旅游城市、国际性港口城市。青岛地处中国华东地区、山东半岛南部，东南濒临黄海，是山东省经济中心、国家重要的现代海洋产业发展先行区、东北亚国际航运枢纽，中日韩经贸合作的桥头堡和先行区，"一带一路"新亚欧大陆桥经济走廊主要节点城市和海上合作战略支点。

　　青岛因树木繁多、四季常青而得名。青岛是 2008 年北京奥运会和第 13 届残奥会帆船比赛举办城市，被称为"中国帆船之都""亚洲最佳航海城""世界啤酒之城"，还享有"东方瑞士"、中国品牌之都的美誉。

　　青岛是历史文化名城，旅游资源十分丰富。尤其是青岛的八大关建筑群，因异域建筑种类繁多，被称作"万国建筑博览会"，还荣膺"中国最美城区"称号。

青岛海滨

深圳

深圳，总面积 1997.47 平方千米，截至 2023 年末，常住人口为 1779.01 万人。深圳是一个快速崛起的超大城市，是中国南部的科技创新中心、区域金融中心、商贸物流中心。作为中国最早实施改革开放政策的地方，40 多年来，深圳从一个小渔村发展成为繁华的现代化大都市，创造了世界发展史上的奇迹。如今深圳已经逐渐建设成为一个环境优美的生态园林城市。

深圳地处中国华南地区、广东南部、珠江口东岸，东临大亚湾和大鹏湾，西濒珠江口和伶仃洋，南隔深圳河与香港相连，是粤港澳大湾区四大中心城市之一，也是国家物流枢纽、国际性综合交通枢纽。深圳前身为广州府宝安县，深圳之名于明朝永乐八年（1410）始见于史籍。1979 年中国改革开放初期建立深圳市，1980 年成为中国设立的第一个经济特区。深圳的发展不仅见证了中国改革开放的历史巨变，也创造了举世瞩目的"深圳速度"，被誉为"中国硅谷"。

三亚

三亚，地处海南岛的最南端，东邻陵水黎族自治县，西接乐东黎族自治县，北毗保亭黎族苗族自治县，南临南海，陆地总面积 1921 平方千米，海域总面积 3226 平方千米，截至 2023 年末，常住人口为 110.6 万人。

三亚的名字源自其地理特征。三亚河（古名临川水）由东河与西河两条支流汇合而成，交汇处呈现出明显的"丫"字形，因此人们形象地将此地命名为"三亚"，意为三条河流交汇之地。三亚历史悠久，早在一万年前，断发文身的先民们就在这里创造出灿烂的史前文明——"落笔洞文化"。先秦时期，三亚属百越诸部之骆越。秦始皇时期设置的南方三郡，崖州就属于其中之一的象郡。宋代时成为中国最南端的地级规模的州郡。因其远离帝京、孤悬海外，自古以来三亚又被称为"天涯海角"。

三亚地处低纬度，属热带海洋性季风气候区，是具有热带海滨风景特色的国际旅游城市，被称为"东方夏威夷"。美丽的自然风光和优良的生态环境造就了三亚人居、旅游、度假的美丽天堂。

三沙

三沙，是海南省地级市，地处中国南海中南部、海南省南部，辖西沙群岛、中沙群岛、南沙群岛的岛礁及其海域，陆地面积 20 多平方千米，陆海面积 200 多万平方千米，根据第七次人口普查数据，常住人口为 2333 人。三沙是中国最南端的地级行政区，同时也是全国总面积最大、陆地面积最小、人口最少的城市。三沙地处太平洋与印度洋之间的咽喉，素有"世界第三黄金水道"之誉。

三沙具有悠久的历史。据研究，3000 年前的殷周时代，南海沿岸的"骆越族"就与中原地区开始往来。从那时起，中国渔民便长年不断地在南海航行和从事捕捞作业，并最先发现了南海诸岛，详细记载在一种叫《更路簿》（或《水路簿》）的特殊手抄本中，作为航海指南世代相传。2012 年国务院正式批准，撤销西沙群岛、南沙群岛、中沙群岛办事处，设立地级三沙市，政府驻西沙永兴岛。

上：深圳
中：三亚湾凤凰岛
下：海南三沙银屿岛

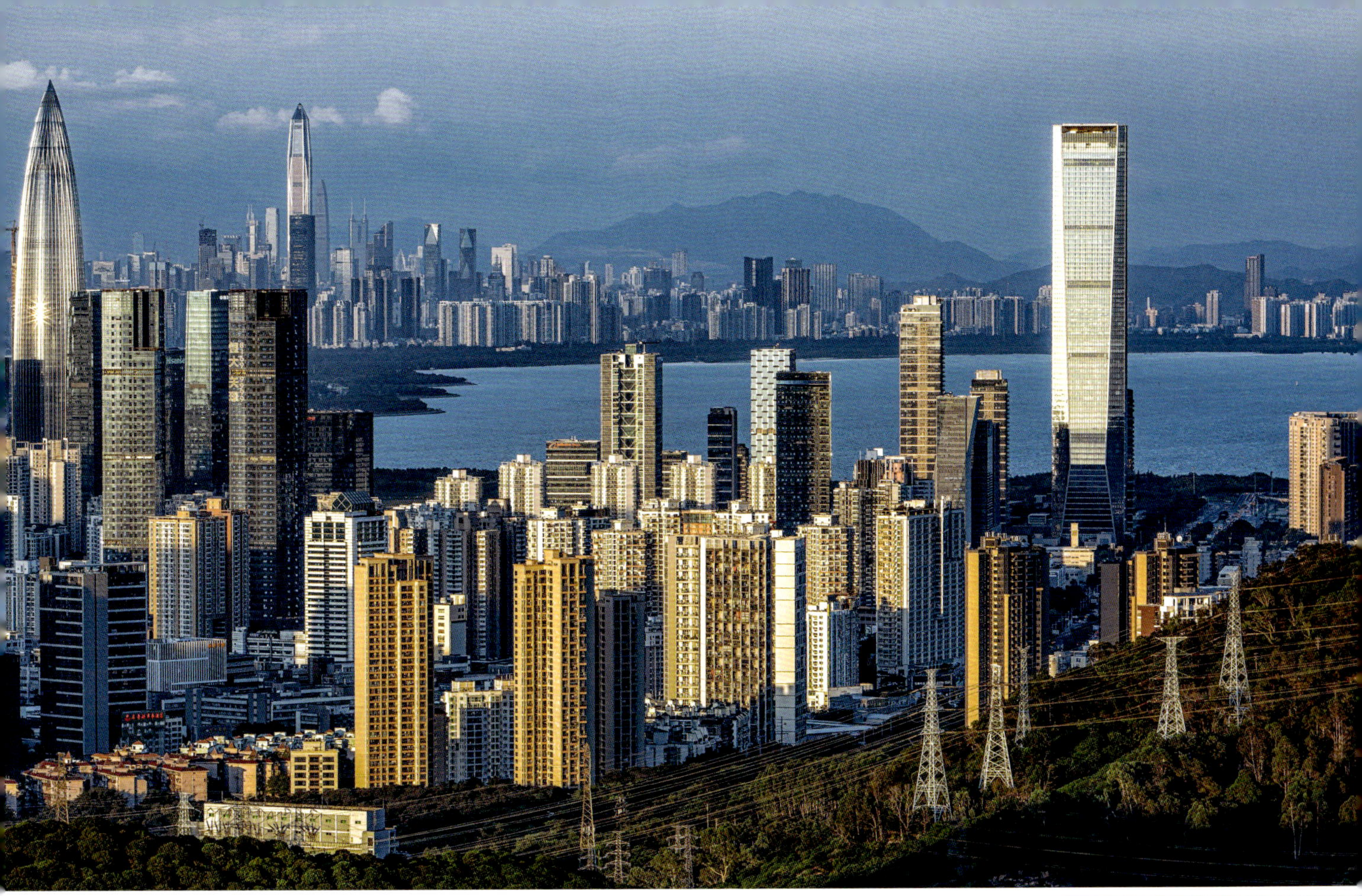
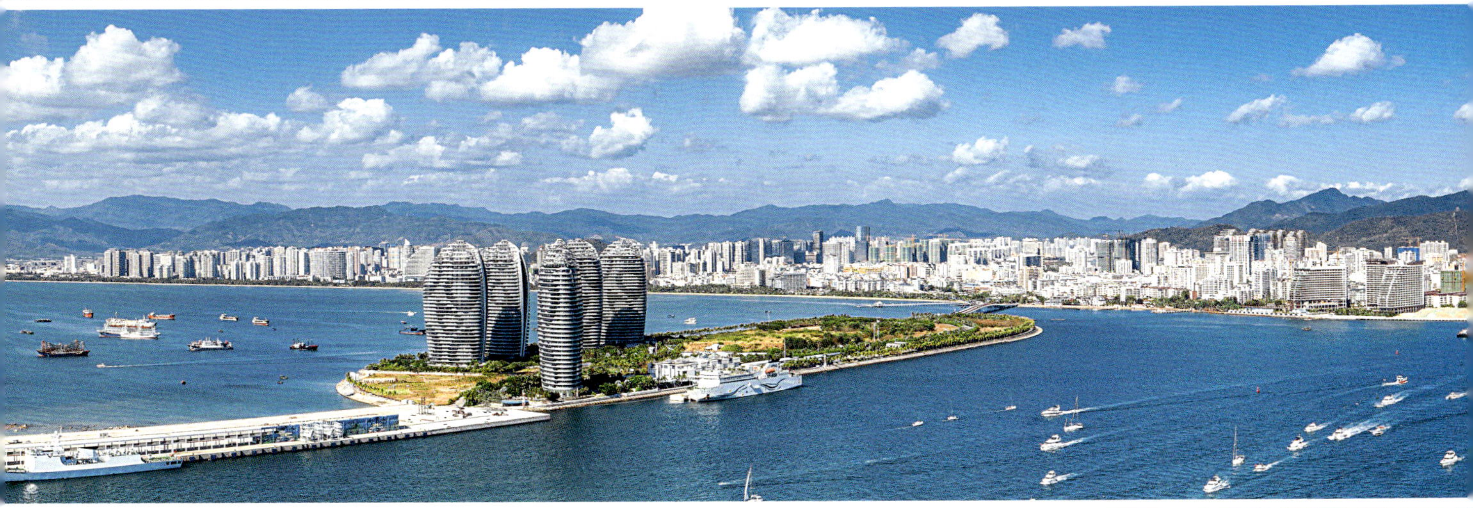
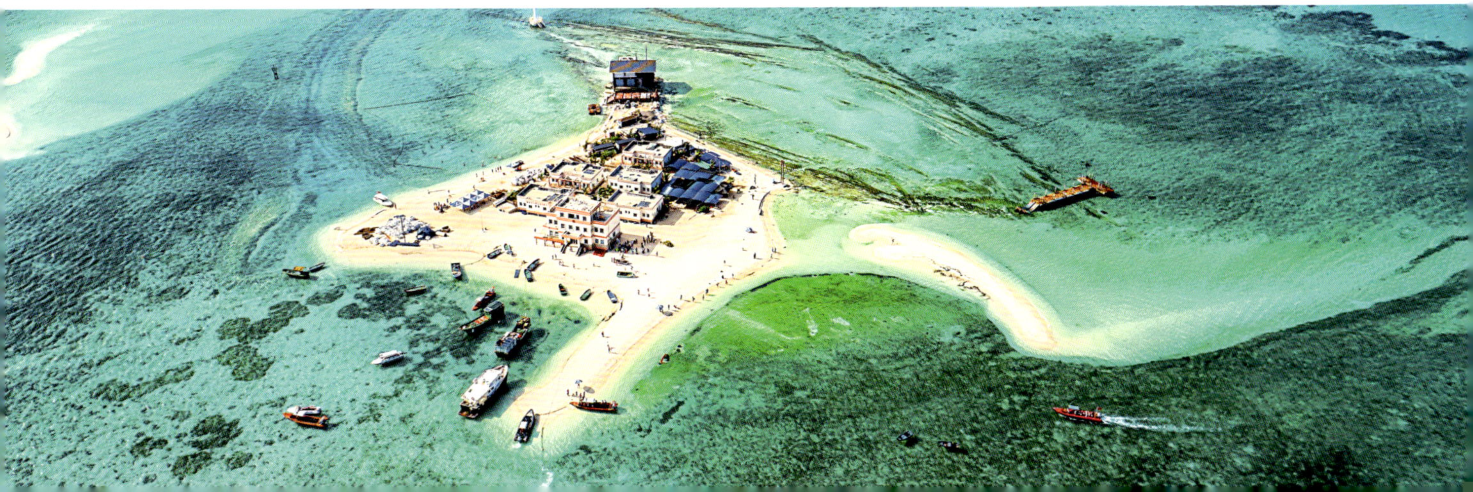

07 人口、民族与语言

柒 人口、民族与语言 /

中国是世界人口大国，约占世界人口的五分之一。新中国成立后，政治独立，经济发展，人民生活显著改善，人口迅速增长。

在中国，人口分布不均衡，东部沿海地区人口密度大，西部高原地区人口密度小。中国有56个民族，以汉族为主体，大杂居、小聚居。汉语是中国的通用语言，少数民族大都有自己的语言。

人口数量

2021年第七次人口普查数据显示，全国人口（普查登记的大陆31个省、自治区、直辖市和现役军人）共141178万人。其中，0—14岁人口为25338万人，占17.95%；15—59岁人口为89438万人，占63.35%；60岁及以上人口为26402万人，占18.70%，其中65岁及以上人口为19064万人，占13.50%。预计中国人口在未来10年将会继续保持低速增长态势。

社会阶层

社会阶层是由具有相同或类似社会地位的社会成员组成的相对持久的群体。社会阶层虽然是一种普遍存在的社会现象，但在不同的国家有着不同的表现形式。

中国的社会阶层自改革开放以来发生了巨大的变化。正确认识当代中国社会阶层结构发生的变化，各个社会阶层的地位特点以及它们之间的相互关系和发展趋势，以及各个社会阶层在社会主义现代化建设中的作用，有利于加深对当代中国基本国情的认识和理解。

改革开放以后，中国社会阶层不断分化，一直到20世纪末，中国社会结构开始发生新的变化，中等收入群体成为曝光量最高的阶层词汇。中国社会科学院曾对中国社会阶层结构进行研究分析，将当代中国社会大致划分为"十大阶层"，具体包括：国家与社会管理者阶层；经理人员阶层；私营企业主阶层；专业技术人员阶层；办事人员阶层；个体工商户阶层；商业服务业人员阶层；产业工人阶层；农业劳动者阶层；城乡无业、失业和半失业者阶层。

江苏海安村民划着菱桶在水面采菱

97　泱泱大国 ▶ 人口、民族与语言

汉族

汉族是中国的主体民族。根据第七次全国人口普查结果，全国人口中，汉族人口为 12.8631 亿人，占 91.11%。

汉族的族称，是在中国统一的多民族国家形成、发展过程中确立的。汉族以先秦华夏为核心，在秦汉时期形成统一民族。公元前 206 年汉朝继秦而兴，前后历 400 余年，经济、文化及国家的统一有了新的发展，原称华夏的中原居民称为汉人。在以后的历史发展中，汉人成为中国主体民族的族称，历代占中国人口绝大多数，在各方面发展中占主导地位。汉族历经与各族的共处、迁徙、融合，形成了在松辽平原及黄河、淮河、长江、珠江等农业发达地区及城市集中分布，在边疆与当地各族交错杂居的分布特点。

少数民族

"少数民族"是指多民族国家中除主体民族以外的民族。中国自古以来是一个多民族国家。

在古代，当华夏族（汉族旧称）开发黄河流域的时候，现代各少数民族的先民也同时开发了中国及中国周围的广大地区。各民族祖先在各个地区，以他们辛勤的劳动，为中华人民共和国这一统一的多民族国家的建立打下了基础。

新中国成立后，中央政府就开始制定和实施民族平等政策，并为实现各民族平等的权利，开始组织力量对民族名称与族群进行识别。自 1950 年起，由中央及地方民族事务机关组织科研队伍，对全国提出的 400 多个民族名称进行识别，经中央政府调查统计，正式确认共有 55 个少数民族。

国家统计局官网

少数民族人口

2021 年第七次全国人口普查结果显示，中国人口中，各少数民族人口为 1.2547 亿人，占 8.89%。与 2010 年相比，各少数民族人口增长 10.26%，少数民族人口比重上升 0.40%。

55 个少数民族中，100 万人口以上的有壮、满、回、苗、维吾尔、彝、土家、蒙古、藏、布依、侗、瑶、朝鲜、白、哈尼、黎、哈萨克、傣 18 个民族，其中壮族人口最多，达 1956.9 万人；10 万至 100 万人口的有畲、傈僳、仡佬、拉祜、东乡、佤、水、纳西、布朗、羌、土、锡伯、仫佬、柯尔克孜、达斡尔、景颇、撒拉、毛南 18 个民族；不足 10 万人口的有塔吉克、普米、阿昌、怒、鄂温克、京、基诺、德昂、乌孜别克、俄罗斯、裕固、保安、门巴、鄂伦春、独龙、塔塔尔、赫哲、高山（不含台湾地区高山族人口）、珞巴 19 个民族，其中高山族人口最少，仅 3479 人。

中国是一个多民族融合的大家庭。中国各民族分布的特点是：大杂居、小聚居、相互交错居住。汉族地区有少数民族聚居，少数民族地区有汉族居住。中国少数民族人口虽少，但分布很广。全国各省、自治区、直辖市都有少数民族居住。少数民族主要分布在内蒙古、新疆、宁夏、广西、西藏、云南、贵州、青海、四川、甘肃、黑龙江、辽宁、吉林、湖南、湖北、海南、台湾等省区。中国民族成分最多的是云南省，有 25 个世居少数民族。

语言文字

中国是一个多语言的国家。普通话是中国的通用语言，规范汉字是中国的通用文字。

汉字是中国人发明的表意文字书写系统，也是世界上最古老且唯一流传至今的表意文字，其源头可追溯到4000年以上。甲骨文是中国最早的、成熟的汉字体系。1994年出版的《中华字海》，收入了8.7万多个汉字。在2013年公布的《通用规范汉字表》中，收字8105个。其中一级字表收字3500个，满足基础教育和文化普及的基本用字需要；二级字表和三级字表分别收字3000个和1605个。

女书

"女书"又称"女字"，是迄今为止发现的唯一女性专用文字，主要流行于湖南江永县，故而又称"江永女书"。经过数千年的洗礼与变革，女书逐渐发展成为一种传统的女性文化，是我国珍贵的文化遗产。

女书书写载体形式主要有精制布面手抄本、纸片、扇面、布帕、花带，等等。根据女书文献来看，其内容有自传、书信、民歌、祭祀、纪事、转写翻译等，集中反映了地域性社会历史和民间生活，具有历史、民族、文学、语言文字等学术价值。女书有多种传承方式，如长辈女性传给晚辈女性的家传式；还有歌堂式，当地的妇女常常聚在一起，一边做女红，一边唱读、传授女书。妇女们唱习女书的活动被称作"读纸""读扇""读帕"，形成一种别具特色的女书文化。

2006年，"江永女书"被列入首批国家级非物质文化遗产名录。

中国洛阳博物馆存《正始石经》

少数民族语言文字

少数民族语言文字是中国文字史的重要组成部分,为中华民族文化的发展提供了重要支持。

中国政府始终重视少数民族语言的保护和发展。据统计,中华人民共和国成立前,有 21 个少数民族有自己的文字。从语言的亲属来看,全国 56 个民族使用的语音分别属于汉藏语系、阿尔泰语系、南岛语系、南亚语系和印欧语系五个语系。

中国的少数民族文字极其丰富,其中蒙古、藏、维吾尔、哈萨克、柯尔克孜、朝鲜、彝、傣、拉祜、景颇、锡伯、俄罗斯等均有本民族文字,且这些文字大都有较长的历史。

新中国成立以来,国家为促进少数民族文化教育事业的发展,帮助一些少数民族改进和创制了文字,先后对傣、彝、景颇、拉祜文字进行了改革,同时采用拉丁字母帮助壮、布依、苗、黎、纳西、傈僳、哈尼、佤、侗等十几个民族制订了文字方案,以便于书写、学习和印刷出版。如今,有 22 个少数民族使用 28 种文字。

东巴文

东巴文被认为是目前世界上唯一活着的象形文字,是研究人类文字起源和发展的"活化石"。东巴文是纳西族的古文字,已有 1000 多年历史。它最早是写画在木头和石头上的符号图像,后来把这些符号图像写在纸上成为文字。东巴文大约有 1400 个单字,词语丰富,能够表达细腻的情感,能记录复杂的事件,亦能写诗作文。至今仍为纳西族东巴使用。

东巴文源于纳西族的宗教典籍兼百科全书的《东巴经》。由于这种文字由东巴(智者)所掌握,故称东巴文。

2003 年,东巴古籍被联合国教科文组织列入世界记忆名录,并进行数码记录。2005 年,丽江市东巴文化研究院开始进行东巴文国际标准化工作,系统整理东巴文的书写、语音和语义等。

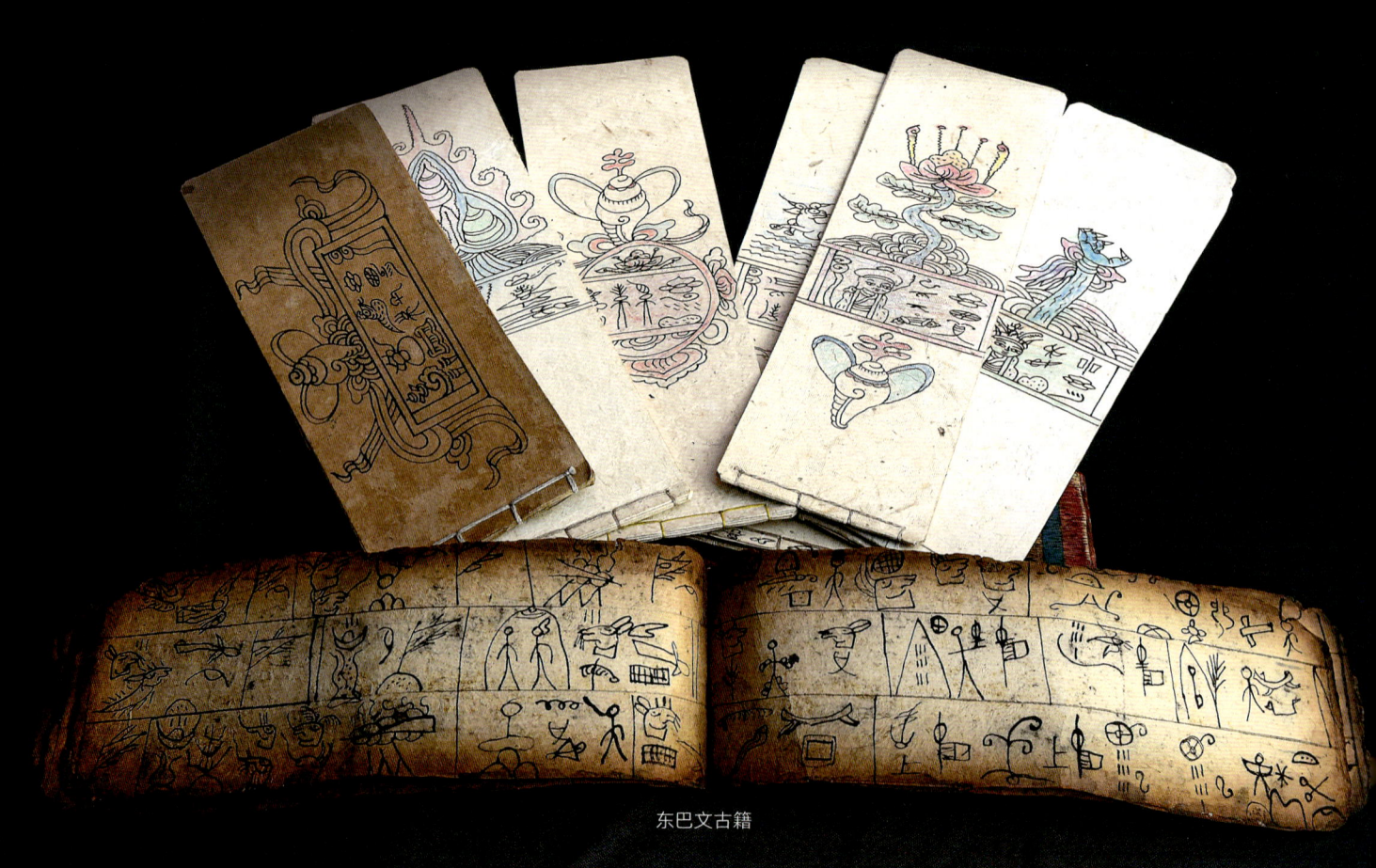

东巴文古籍

语言保护工程

为推广和规范使用国家通用语言文字，科学保护各民族语言文字，中国国家语言文字工作委员会、教育部制定了《国家中长期语言文字事业改革和发展规划纲要（2012—2020年）》，并于 2015 年启动了中国语言资源保护工程，在全国范围内开展以语言资源调查、保存、展示和开发利用等为核心的各项工作。一期工程已完成所有省份 1700 多个调查点语言资源调查，覆盖国内 120 余种语言和方言，建成世界上规模最大的语言资源库。重大标志性成果"中国濒危语言志"丛书正式出版。

中国语言资源有声数据库，是国家语言资源建设工程之一，它用现代信息技术采录语言数据，经转写、标记等加工程序将相关的文本文件、音频文件及视频文件整理入库，以数据库、互联网、博物馆、语言实验室等形式向学界和社会提供服务。

中国文字博物馆

中国文字博物馆，位于河南省安阳市，是一座集文物保护、陈列展示和科学研究功能为一体的国家一级博物馆，也是中国首座以文字为主题的博物馆。中国文字博物馆一期工程于 2009 年 11 月 16 日建成开放，续建工程和汉字公园于 2022 年 11 月 16 日建成开放。两期工程共占地 470 亩。共入藏文物 4123 件，其中一级文物 305 件，涉及甲骨文、金文、简牍和帛书、汉字发展史、汉字书法史、少数民族文字、世界文字等多个方面。

中国文字博物馆以世界文字为背景，以汉字为主干，以少数民族文字为重要组成部分，以翔实的资料、严谨的布局、科学的方法和现代化的呈现手段充分展示中华民族一脉相承的文字、灿烂的文化和辉煌的文明，荟萃历代中国文字样本精华，全面展现古汉字的构形特征和演化历程。

普通话

普通话是现代汉语的标准语，以北京语音为标准音、以北方话为基础方言、以典范的现代白话文著作为语法规范。推广普通话有利于消除语言隔阂，促进社会交往。2000 年，《中华人民共和国国家通用语言文字法》确立了普通话和规范汉字作为国家通用语言文字的法律地位。2017 年，《国家通用语言文字普及攻坚工程实施方案》提出，"到 2020 年，在全国范围内基本普及国家通用语言文字"，具体设定为全国普通话普及率平均达到 80% 以上。2020 年，全国普通话普及率达 80.72%。

普通话作为联合国工作语言之一，已成为中外文化交流的重要桥梁和外国人学习汉语的首选语言。

方言

中国地域广阔,汉族社会在发展过程中出现过程度不同的分化和统一,使汉语逐渐产生了方言。各方言之间的差异表现在语音、词汇、语法各个方面,语音方面尤为突出。

根据方言的特点,联系方言形成和发展的历史,以及方言调查的结果,现代汉语通常把方言分为十种:官话方言、晋方言、吴方言、闽方言、客家方言、粤方言、湘方言、赣方言、徽方言、平话土话。其中使用人数最多的官话方言可分为东北官话、北京官话、冀鲁官话、胶辽官话、中原官话、兰银官话、江淮官话、西南官话八种次方言。另外在复杂的方言区内,有的还可以再分裂为若干个方言片(又称为次方言),甚至再分为"方言小片",明确到一个个地点(某市、某县、某镇、某村)的方言,就叫作地方方言,如福州话、南昌话、广州话、长沙话等。其中:

官话方言，分布在长江以北广大地区，长江以南的镇江以上、九江以下的沿江地带，还有湖北、四川、云南、贵州等地。

吴方言，也叫江浙话、吴语。分布在江苏的南部和浙江、上海。

赣方言，也叫江西话。分布在江西大部分和湖北的东南角。

湘方言，也叫湖南话。分布在湖南一带。

粤方言，也叫广东话。分布在广东的中西部和广西的一部分，以及香港和澳门地区。

闽方言，也叫福建话。分布在福建、台湾、海南和广东的潮汕、惠州、汕尾一带。

客家方言，也叫客家话。集中分布在两广、江西、福建、台湾等地，湖南和四川等省也有分布（当地称"广东话"）。

08 民主与法治

捌 民主与法治 /

中国特色社会主义民主政治，其根本是真正让人民当家作主，这也是社会主义制度优越性的重要体现。

中国的民主法治建设是在中国人民建立和建设新中国的过程中逐步探索发展起来的。中共十八大以来，中国积极发展社会主义民主政治，推进全面依法治国，坚持党的领导、人民当家作主、依法治国有机统一的制度建设全面加强，全过程人民民主不断发展。中国特色社会主义法治体系日益完善，国家监察体制改革、行政体制改革、司法体制改革、权力运行制约和监督体系建设取得了重大进展。

宪法

《中华人民共和国宪法》是中华人民共和国的根本大法，拥有最高法律效力。中国人民政治协商会议第一届全体会议通过的《中国人民政治协商会议共同纲领》于 1949 年 9 月 29 日颁布，具有临时宪法的作用。中华人民共和国成立后，曾于 1954 年、1975 年、1978 年和 1982 年颁布过四部宪法，现行宪法为 1982 年宪法，并历经 1988 年、1993 年、1999 年、2004 年、2018 年五次修订。现行宪法为 1982 年宪法的 2018 年修正版，共 143 条。根据宪法规定，中华人民共和国全国人民代表大会为最高国家权力机关，是唯一有权修改宪法的机关。

宪法

政治制度

中国宪法规定，中华人民共和国是工人阶级领导的、以工农联盟为基础的人民民主专政的社会主义国家。

与这种国体相适应的政权组织形式是人民代表大会制度，与这种国体相适应的政党制度是中国共产党领导的多党合作和政治协商制度。人民代表大会制度、中国共产党领导的多党合作和政治协商制度、民族区域自治制度以及基层群众自治制度，构成了中国特色社会主义政治制度的核心内容和基本框架，是社会主义民主政治的集中体现。了解了这些制度，便能读懂包括中国共产党领导、"两会"、政治协商、民族区域自治、基层选举等一系列中国政治生活中的关键词。

位于北京的中国共产党历史展览馆，是一座社会科学类党史专题纪念馆

共产党员网

中国共产党领导

中国共产党的领导是中国特色社会主义最本质的特征，是中国特色社会主义制度的最大优势。

中国共产党成立于1921年，是中华人民共和国的执政党。中国共产党成立以来，领导中国人民艰苦斗争，取得了新民主主义革命的胜利，1949年建立了中华人民共和国。新中国成立后，中国共产党领导全国人民确立了社会主义基本制度，开展了大规模社会主义建设，为当代中国一切发展进步奠定了根本的政治前提和制度基础。1978年以来，中国共产党领导中国人民实施改革开放，开创和发展了中国特色社会主义，中国特色社会主义现代化建设进入新时期。中共十八大以来，中国共产党领导全国各族人民，推动中国特色社会主义事业进入了新时代。中共十九大将习近平新时代中国特色社会主义思想确立为党必须长期坚持的指导思想。十三届全国人大一次会议通过宪法修正案，郑重地把习近平新时代中国特色社会主义思想载入宪法。

中国共产党的最高领导机关是党的全国代表大会和它所产生的中央委员会。党的全国代表大会每五年举行一次，由中国共产党中央委员会召集。在全国代表大会闭会期间，中央委员会执行全国代表大会的决议，领导党的全部工作，对外代表中国共产党。

人民代表大会制度

人民代表大会制度是中国的根本政治制度。全国人民代表大会是最高国家权力机关，地方各级人民代表大会是地方国家权力机关。在中国，人民行使国家权力的机关是全国人民代表大会和地方各级人民代表大会。

人民代表大会的基本特点是：实行民主集中制的原则，既保证人民享受广泛的民主和权利，又保证行使国家权力的集中和统一；人民代表大会在统一行使国家权力的前提下，明确划分国家的行政权、审判权、检察权，使国家权力机关和行政、审判、检察等其他国家机关能够协调一致地工作。

各级人民代表大会的代表都是通过选举产生的，代表中有各界、各地区、各民族、各阶级和阶层的代表人物。人民代表大会举行会议之际，代表充分发表意见，也可向本级政府及其所属工作部门提出质询案，受质询的机关必须负责答复。选民或原选举单位有权依照法律规定的程序，罢免自己选出的代表。全国人大代表名额总数不超过3000人。全国人民代表大会组成人员每届任期五年。

中国人大网

中国共产党领导的多党合作和政治协商制度

中国宪法规定：中国共产党领导的多党合作和政治协商制度将长期存在和发展。这一制度符合中国国情，反映了中国共产党同各民主党派长期共存、互相监督、肝胆相照、荣辱与共的关系。

在中国，中国共产党为执政党，八个民主党派为参政党。多党合作和政治协商所采取的形式主要有两种。一是中国人民政治协商会议。中国人民政治协商会议是中国共产党领导的多党合作和政治协商的重要机构，是中国政治生活中发扬社会主义民主的重要形式。中国人民政治协商会议全国委员会由中国共产党、各民主党派、无党派人士、人民团体、各少数民族和各界的代表，香港特别行政区同胞、澳门特别行政区同胞、台湾同胞和归国侨胞的代表以及特别邀请的人士组成，每届任期五年。委员们在出席每年举行一次的全体会议时，还列席全国人民代表大会会议，履行政治协商、民主监督、参政议政的职能。二是中国共产党召开的民主党派和无党派人士协商会、座谈会。由中共中央领导人邀请各民主党派主要领导人和无党派人士代表参加的民主协商会，一般每年举行一次；座谈会大体每两个月举行一次。协商会主要对将要提出的国家的大政方针进行民主协商，而座谈会主要是通报或交流情况，听取政策性建议或讨论某些专题。

中国人民政治协商会议

中国人民政治协商会议是中国人民爱国统一战线的组织，是中国共产党领导的多党合作和政治协商的重要机构，是社会主义协商民主的重要渠道和专门协商机构，是国家治理体系的重要组成部分，是具有中国特色的制度安排。团结和民主是中国人民政治协商会议的两大主题。中国人民政治协商会议设全国委员会和地方委员会。人民政协全国委员会由中国共产党、各民主党派、无党派人士、人民团体、各少数民族和各界的代表，台湾同胞、港澳同胞和归国侨胞的代表以及特别邀请的人士组成。中国各省、自治区、直辖市、自治州、设区的市、县、自治县、不设区的市和市辖区，凡有条件的地方均可设立人民政协组织。人民政协全国委员会每届任期五年。

社会团体

社会团体是当代中国政治生活的重要组成部分。基于中国国情，按照中国现行的法律法规体系，民政部将社会组织分为社会团体、民办非企业单位（社会服务机构）以及基金会三个大类。

社会团体是指"由中国公民自愿组成，为实现会员共同意愿，按照其章程开展活动的非营利性社会组织"。社会团体的数量较多，民政部将其分为学术性团体、行业性团体、专业性团体以及联合性团体四类。学术性团体是指从事自然科学、社会科学以及交叉科学研究的团体。行业性团体是指由同行业的企业组织组成的团体。专业性团体是指由专业人员组成或依靠专业技术、专门资金从事某项事业而成立的社会团体。联合性团体是指人群的联合体或团体的联合体，比如工会。

中国人民政治协商会议会徽

中国政协网

民族区域自治制度

中国是一个多民族的国家，民族区域自治制度是中国的基本政治制度之一。中国宪法规定："中华人民共和国是全国各族人民共同缔造的统一的多民族国家。"中国实行民族区域自治制度，即在国家统一领导下，以少数民族聚居的地区为基础，设立相应的自治机关，行使自治权，由少数民族自己当家作主，管理本民族内部地方事务。中央政府在财力和物力上给予民族自治地方积极支援，以促进当地经济文化的发展。民族自治地方的自治机关除行使同级地方国家机关的职权外，还享有广泛的自治权利，包括：依照当地民族的政治、经济和文化的特点，制定自治条例和单行条例；自主地安排使用属于民族自治地方的财政收入；自主地安排和管理地方性的经济建设事业；自主地管理本地方的教育、科学、文化、卫生、体育事业，保护和整理民族的文化遗产，发展和繁荣民族文化。

1984年第六届全国人大二次会议通过的《中华人民共和国民族区域自治法》，是具体保障民族区域自治制度实施的基本法律。现在，中国已建立了5个自治区、30个自治州、120个自治县（旗）。此外，还建有1100多个民族乡。民族自治地方的自治机关为自治区、自治州、自治县（旗）的人民代表大会和人民政府。

基层群众自治制度

基层群众自治制度也是中国的一项基本政治制度。中国的基层群众自治制度，是指城乡居民群众以相关法律法规政策为依据，在城乡基层党组织领导下，在居住地范围内，依托基层群众自治组织，直接行使民主选举、民主协商、民主决策、民主管理和民主监督等权利，实行自我管理、自我服务、自我教育、自我监督的制度与实践。

中国宪法规定，城市和农村按居民居住地区设立的居民委员会或者村民委员会是基层群众性自治组织。城市居民委员会组织法和村民委员会组织法，为发展城乡基层民主，加强基层政权建设，保障城乡居民享有更多更切实的民主权利提供了法律依据。基层群众自治制度是在新中国成立后的民主实践中逐步形成的，并首先发育于城市。中共十七大将"基层群众自治制度"首次写入党代会报告，正式与人民代表大会制度、中国共产党领导的多党合作和政治协商制度、民族区域自治制度一起，纳入了中国特色社会主义制度范畴。

村委会

村民委员会是村民自我管理、自我教育、自我服务的基层群众性自治组织，实行民主选举、民主决策、民主管理、民主监督。

村民委员会办理本村的公共事务和公益事业，调解民间纠纷，协助维护社会治安，向人民政府反映村民的意见、要求和提出建议。

村民委员会由主任、副主任和委员共三至七人组成，由村民选举产生，任何组织或者个人不得指定、委派或者撤换村民委员会成员。村民委员会每届任期5年，其成员可以连选连任。

居委会

居民委员会是城市居民自我管理、自我教育、自我服务的基层群众性自治组织，是中国人民民主专政和城市基层政权的重要基础，也是党和政府联系人民群众的桥梁和纽带之一。

2018年12月，十三届全国人大常委会第七次会议通过了修改《城市居民委员会组织法》的决定，居民委员会每届任期由3年改为5年，其成员可以连选连任。在中国的城市地区，约有4亿多居民通过这一制度直接行使宪法赋予的自治权和民主管理经济、文化和社会事务的权利。

位于重庆特园中国民主党派历史陈列馆前的
"风雨同舟 共商国是"纪念雕塑

中国的民主党派

中国是一个多党派的国家。除中国共产党外，其他民主党派分别是：

中国国民党革命委员会（简称"民革"，1948年1月1日在香港成立），由中国国民党民主派和其他爱国民主人士所创建组成。

中国民主同盟（简称"民盟"，1941年3月19日在重庆成立），主要由从事文化教育以及科学技术工作的高、中级知识分子组成。

中国民主建国会（简称"民建"，1945年12月16日在重庆建立），主要由经济界人士以及相关的专家学者组成。

中国民主促进会（简称"民进"，1945年12月30日在上海成立），以从事教育文化出版传媒以及相关的科学技术领域工作的高、中级知识分子为主。

中国农工民主党（简称"农工党"，由1928年成立的中华革命党多次更名而来），以医药卫生、人口资源和生态环境以及相关的科学技术、教育领域高、中级知识分子为主。

中国致公党（简称"致公党"，1925年10月在旧金山成立），以归侨、侨眷为主。

九三学社（简称"九三"，1946年5月4日在重庆成立），以科学技术界高、中级知识分子为主。

台湾民主自治同盟（简称"台盟"，1947年11月12日在香港成立），主要由居住在中国大陆的台湾省人士组成。

中央政府与地方政府

在中国，按管辖权力范围，政府可分为中央政府和地方政府。根据宪法和国务院组织法、地方组织法的有关规定，中华人民共和国国务院，即中央人民政府，是最高国家权力机关的执行机关，是最高国家行政机关；地方各级人民政府是地方国家权力机关的执行机关，是地方各级国家行政机关；全国地方各级人民政府都是国务院统一领导下的国家行政机关，都服从国务院。

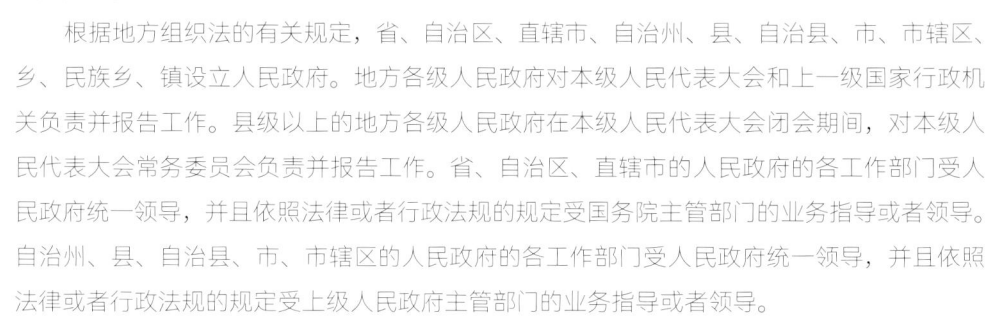

根据地方组织法的有关规定，省、自治区、直辖市、自治州、县、自治县、市、市辖区、乡、民族乡、镇设立人民政府。地方各级人民政府对本级人民代表大会和上一级国家行政机关负责并报告工作。县级以上的地方各级人民政府在本级人民代表大会闭会期间，对本级人民代表大会常务委员会负责并报告工作。省、自治区、直辖市的人民政府的各工作部门受人民政府统一领导，并且依照法律或者行政法规的规定受国务院主管部门的业务指导或者领导。自治州、县、自治县、市、市辖区的人民政府的各工作部门受人民政府统一领导，并且依照法律或者行政法规的规定受上级人民政府主管部门的业务指导或者领导。

中国政府网

全过程人民民主

西方国家大多数以选举作为普遍的民主形式，而中国实行的民主制度是全过程人民民主。

从历史发展看，全过程人民民主，是中国共产党团结带领人民追求民主、发展民主、实现民主的伟大创造，是党不断推进中国民主理论创新、制度创新、实践创新的经验结晶。

从民主的实质来看，全过程人民民主，是选举民主和协商民主这两种重要民主形式的结合，具有完整的制度程序和完整的参与实践。中国共产党的领导，是中国发展全过程人民民主的根本保证。在中国这样一个大国，真正把14亿多人民的意愿表达好、实现好并不容易，必须有坚强有力的统一领导。社会主义协商民主是中国民主制度的突出特色。有事好商量，众人的事情由众人商量，是人民民主的真谛。协商民主是实现中国共产党领导的重要方式，也是中国社会主义民主政治的特有形式和独特优势。

全过程人民民主，充分彰显了社会主义国家性质，充分彰显了人民主体地位，使人民意志得到更好体现、人民权益得到更好保障、人民创造活力进一步激发。全过程人民民主，既有鲜明的中国特色，也体现全人类共同价值，为丰富和发展人类政治文明贡献了中国智慧、中国方案。

依法治国

依法治国是中国共产党领导人民治理国家的基本方略之一，就是依照体现人民意志和社会发展规律的法律治理国家，而不是依照个人意志、主张治理国家；要求国家的政治、经济运作、社会各方面的活动通通依照法律进行，而不受任何个人意志的干预、阻碍或破坏。

依法治国是发展社会主义市场经济的客观需要，是社会文明进步的重要标志，也是国家长治久安的重要保障。依法治国，建设社会主义法治国家，是人民当家作主的根本保证。1997年，中共十五大明确把依法治国确立为党领导人民治理国家的基本方略，提出建设社会主义法治国家的重大任务。1999年第九届全国人大二次会议通过的宪法修正案规定：中华人民共和国实行依法治国，建设社会主义法治国家。2018年中共中央印发《深化党和国家机构改革方案》，提出：组建中央全面依法治国委员会，办公室设在司法部。

依法治国基本方略包括以下基本内涵：依法治国的主体是中国共产党领导下的人民群众；依法治国的本质是崇尚宪法和法律在国家政治、经济和社会生活中的权威，彻底否定人治，确立法大于人、法高于权的原则，使社会主义民主制度和法律不受个人意志的影响；依法治国的根本目的是保证人民充分行使当家作主的权利，维护人民当家作主的地位；依法治国是一切国家机关必须遵循的基本原则；立法机关要严格按照立法法制定法律，逐步建立起完备的法律体系，使国家各项事业有法可依；行政机关要严格依法行政，严格依法行使其权力，依法处理国家各种事务；司法机关要公正司法、严格执法。

中国的司法体制

国家在对司法权的配置中形成了以司法机关为核心的各有关机关之间职能划分、组织体系及相互关系，这种有机联系的整体，就是通常所称的司法体制，它是国家政治体制的重要组成部分。一般理解，国家的司法机关包括"公检法司安"机关。"公"指公安机关，"检"指检察机关（人民检察院），"法"指审判机关（人民法院），"司"指司法行政机关，"安"指国家安全机关。

2014年，中共十八届四中全会明确提出了全面推进依法治国的总目标，即：建设中国特色社会主义法治体系，建设社会主义法治国家。全面依法治国就是要实现"科学立法、严格执法、公正司法、全民守法"。到2035年，基本建成法治国家、法治政府、法治社会。

实现全面依法治国的总目标必须把握好中国特色社会主义法治体系，即完备的法律规范体系、高效的法治实施体系、严密的法治监督体系、有力的法治保障体系以及完善的党内法规体系。

人民调解

人民调解是中国法律所确认的一种诉讼外的调解形式，是中国法治建设中的一项创举，也是一项具有特色的法律制度。

人民调解具体就是指在人民调解委员会的主持下，依照法律、政策及社会主义道德规范，对纠纷当事人进行说服规劝，促其彼此互谅互让，在自主自愿情况下，达成协议，消除纷争的活动。人民调解有自己独特的组织形式，完整的工作原则、制度、程序，严格的工作纪律，方便灵活、形式多样的工作方法。人民调解委员会调解的民间纠纷，可以包括发生在公民与公民之间、公民与法人、其他社会组织之间涉及民事权利义务争议的各种纠纷。通过人民调解的方式，中国广大的人民群众可以间接参与管理国家和社会公共事务；同时，还能够起到政府以及审判机关的助手作用。许多国家把中国的人民调解誉为"东方经验"。

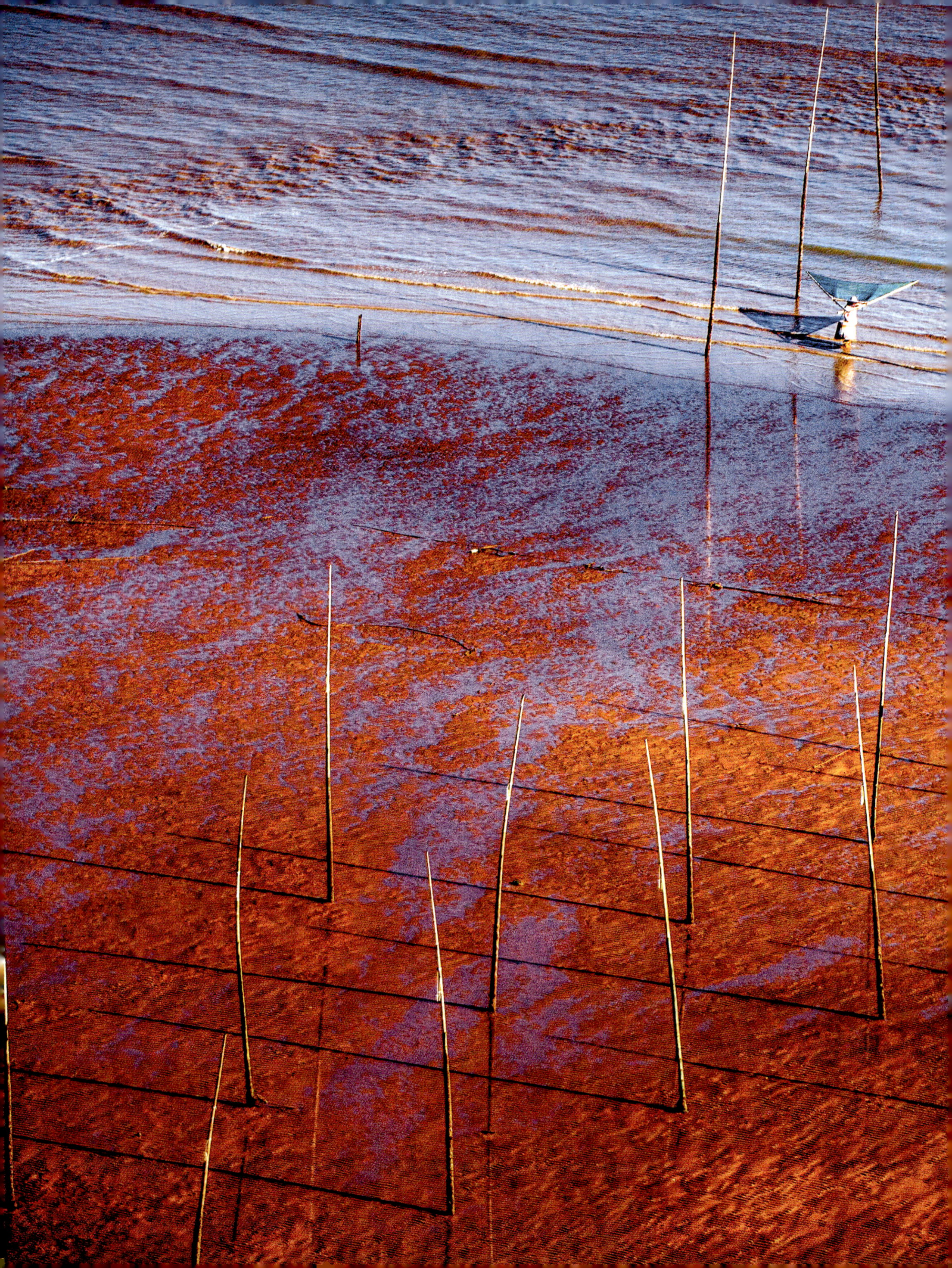

霞浦滩涂

09 国家机构

玖 国家机构 /

中国的行政机关包括中央行政机关和地方行政机关两级。中央一级主要包括国务院及其组成部门、直属机构、办事机构；地方一级包括地方各级人民政府、县级以上人民政府组成部门、县级以上人民政府的直属机构和特设机构，以及各级人民政府的派出机构。此外，中国地方行政机关还包括特别行政区政府。

中华人民共和国主席

中华人民共和国主席（简称"国家主席"），是中华人民共和国的国家代表，是中国国家对内对外的最高代表和最高政治领导者。中华人民共和国主席、副主席由全国人民代表大会选举产生，每届任期同全国人民代表大会每届任期相同。

有选举权和被选举权的年满45周岁的中华人民共和国公民可以被选为中华人民共和国主席、副主席。中华人民共和国主席根据全国人民代表大会的决定和全国人民代表大会常务委员会的决定，公布法律，任免国务院总理、副总理、国务委员、各部部长、各委员会主任、审计长、秘书长，授予国家的勋章和荣誉称号，发布特赦令，宣布进入紧急状态，宣布战争状态，发布动员令。中华人民共和国主席代表中华人民共和国，进行国事活动，接受外国使节；根据全国人民代表大会常务委员会的决定，派遣和召回驻外全权代表，批准和废除同外国缔结的条约和重要协定。

全国人民代表大会

中华人民共和国全国人民代表大会是最高国家权力机关。它的常设机关是全国人民代表大会常务委员会。全国人民代表大会和全国人民代表大会常务委员会行使国家立法权。

全国人民代表大会由省、自治区、直辖市、特别行政区和军队选出的代表组成。各少数民族都应当有适当名额的代表。全国人民代表大会代表的选举由全国人民代表大会常务委员会主持。全国人民代表大会代表名额和代表产生办法由法律规定。

全国人民代表大会每届任期五年。

全国人民代表大会会议每年举行一次，由全国人民代表大会常务委员会召集。如果全国人民代表大会常务委员会认为必要，或者有五分之一以上的全国人民代表大会代表提议，可以临时召集全国人民代表大会会议。

中华人民共和国国务院

中华人民共和国国务院，即中央人民政府，是最高国家权力机关的执行机关，是最高国家行政机关。国务院对全国人民代表大会负责并报告工作；在全国人民代表大会闭会期间，对全国人民代表大会常务委员会负责并报告工作。国务院应当自觉接受全国人民代表大会及其常务委员会的监督。

国务院由总理、副总理、国务委员、各部部长、各委员会主任、中国人民银行行长、审计长、秘书长组成。国务院实行总理负责制。总理领导国务院的工作。副总理、国务委员协助总理工作，按照分工负责分管领域工作；受总理委托，负责其他方面的工作或者专项任务；根据统一安排，代表国务院进行外事活动。

国务院行使宪法和有关法律规定的职权，统一领导全国地方各级国家行政机关的工作。

中南海新华门

国务院部门网站

国务院组成部门

《国务院行政机构设置和编制管理条例》第六条规定,"国务院行政机构根据职能分为国务院办公厅、国务院组成部门、国务院直属机构、国务院办事机构、国务院组成部门管理的国家行政机构和国务院议事协调机构","国务院组成部门依法分别履行国务院基本的行政管理职能"。

根据中共二十届二中全会审议通过的《党和国家机构改革方案》,国务院组成部门有26个,即外交部、国防部、国家发展和改革委员会、教育部、科学技术部、工业和信息化部、国家民族事务委员会、公安部、国家安全部、民政部、司法部、财政部、人力资源和社会保障部、自然资源部、生态环境部、住房和城乡建设部、交通运输部、水利部、农业农村部、商务部、文化和旅游部、国家卫生健康委员会、退役军人事务部、应急管理部、中国人民银行、审计署。

全国人大、人民政协和国务院三者之间的关系

全国人大通过选举、投票、表决行使权利,人民政协在选举、投票之前进行充分协商,这是中国社会主义民主的两种最重要的形式。人民政协与全国人大、国务院三者的关系是:人民政协在决策前协商,全国人大在协商后表决作决策,国务院在决策后执行。三者统一在中国共产党的领导下,分工协作,各司其职,互为补充,相辅相成。这是适合中国国情、具有中国特色的政治体制。

中华人民共和国中央军事委员会

中华人民共和国中央军事委员会是中国共产党领导下的最高军事领导机构，简称"（中共）中央军委"。其主要职能是直接领导全国武装力量，组成人员由中国共产党中央委员会决定。

中央军委由主席、副主席、委员组成，实行主席负责制。中国人民解放军的党组织，根据中央委员会的指示进行工作。中央军事委员会每届任期同全国人民代表大会每届任期相同。

地方各级人民代表大会和地方各级人民政府

根据2022年3月第十三届全国人民代表大会第五次会议修改通过的《中华人民共和国地方各级人民代表大会和地方各级人民政府组织法》，省、自治区、直辖市、自治州、县、自治县、市、市辖区、乡、民族乡、镇设立人民代表大会和人民政府。自治区、自治州、自治县设立自治机关。

地方各级人民代表大会是地方国家权力机关。县级以上的地方各级人民代表大会设立常务委员会。地方各级人民政府是地方各级国家权力机关的执行机关，是地方各级国家行政机关。地方各级人民政府每届任期同本级人民代表大会每届任期相同。全国地方各级人民政府都是国务院统一领导下的国家行政机关，都服从国务院。

民族自治地方的自治机关

民族自治地方的自治机关是自治区、自治州、自治县的人民代表大会和人民政府。

民族自治地方的自治机关行使宪法第三章第五节规定的地方国家机关的职权，同时依照宪法和本法以及其他法律规定的权限行使自治权，根据本地方的实际情况贯彻执行国家的法律、政策。自治州的自治机关行使下设区、县的市的地方国家机关的职权，同时行使自治权。

民族自治地方的自治机关必须维护国家的统一，保证宪法和法律在本地方的遵守和执行。

民族自治地方的自治机关领导各族人民集中力量进行社会主义现代化建设。民族自治地方的自治机关根据本地方的情况，在不违背宪法和法律的原则下，有权采取特殊政策和灵活措施，加速民族自治地方经济、文化建设事业的发展。民族自治地方的自治机关在国家计划的指导下，从实际出发，不断提高劳动生产率和经济效益，发展社会生产力，逐步提高各民族的物质生活水平。民族自治地方的自治机关继承和发扬民族文化的优良传统，建设具有民族特点的社会主义精神文明，不断提高各民族人民的社会主义觉悟和科学文化水平。

国家监察委员会

中华人民共和国各级监察委员会是国家的监察机关，设立国家监察委员会和地方各级监察委员会。

监察委员会由下列人员组成：主任，副主任若干人，委员若干人。监察委员会主任每届任期同本级人民代表大会每届任期相同。国家监察委员会主任连续任职不得超过两届。监察委员会的组织和职权由法律规定。

中华人民共和国国家监察委员会是最高监察机关。国家监察委员会领导地方各级监察委员会的工作，上级监察委员会领导下级监察委员会的工作。国家监察委员会对全国人民代表大会和全国人民代表大会常务委员会负责。地方各级监察委员会对产生它的国家权力机关和上一级监察委员会负责。监察委员会依照法律规定独立行使监察权，不受行政机关、社会团体和个人的干涉。监察机关办理职务违法和职务犯罪案件，应当与审判机关、检察机关、执法部门互相配合，互相制约。

最高人民法院官网

人民法院

中华人民共和国人民法院是国家的审判机关。中华人民共和国设立最高人民法院、地方各级人民法院和军事法院等专门人民法院。最高人民法院院长每届任期同全国人民代表大会每届任期相同，连续任职不得超过两届。人民法院的组织由法律规定。

人民法院依照法律规定独立行使审判权，不受行政机关、社会团体和个人的干涉。最高人民法院是最高审判机关。最高人民法院监督地方各级人民法院和专门人民法院的审判工作，上级人民法院监督下级人民法院的审判工作。最高人民法院对全国人民代表大会和全国人民代表大会常务委员会负责。地方各级人民法院对产生它的国家权力机关负责。

人民检察院

中华人民共和国人民检察院是国家的法律监督机关。中华人民共和国设立最高人民检察院、地方各级人民检察院和军事检察院等专门人民检察院。最高人民检察院检察长每届任期同全国人民代表大会每届任期相同，连续任职不得超过两届。人民检察院的组织由法律规定。

人民检察院依照法律规定独立行使检察权，不受行政机关、社会团体和个人的干涉。

最高人民检察院是最高检察机关。最高人民检察院领导地方各级人民检察院和专门人民检察院的工作，上级人民检察院领导下级人民检察院的工作。

最高人民检察院对全国人民代表大会和全国人民代表大会常务委员会负责。地方各级人民检察院对产生它的国家权力机关和上级人民检察院负责。

事业单位

事业单位，是指国家为了社会公益目的，由国家机关举办或者其他组织利用国有资产举办的，从事教育、科技、文化、卫生等活动的社会服务组织。事业单位接受政府领导，其表现形式为组织或机构的法人实体。

文明古国

中国与中国人

2

01
上古文明

02
神话与传说

03
上下五千年

04
近代历程

05
中国文字与文学

06
历史人物与思想文化名人

07
文化典籍

08
世界遗产

01 上古文明

（壹） 上古文明 /

中华文化起源于华夏文明，是指以华夏汉文化为主体的，包括藏族、蒙古族、回族、壮族、苗族文化等在内的中国 56 个民族文化的统称，其中也包含海外华人华侨继承并创造的文化。中华文明是世界上的古老文明之一，也是迄今为止唯一没有间断的文明。

四大文明古国之一

四大文明古国是中国对世界四大古代文明的统称，分别是指古巴比伦（位于西亚，今地域属伊拉克）、古埃及（位于西亚及北非交界处，今地域属埃及）、古印度（位于南亚，地域范围包括今印度、巴基斯坦等国）和中国（位于东亚）。世界四大文明的发源地，分别是两河流域、尼罗河流域、印度河流域、黄河流域。四大古文明的意义并不在于时间的先后，而在于它们是后来诸多文明的发源地，对其所在地区产生了巨大影响。

中国历史上虽经历过许多朝代更替和外族入侵，但是文化能从始至终一直传承，无论是语言、文字，还是宗教信仰、哲学思想、科学技术都被相对完整地保存下来了。所以，中国作为四大文明古国之一，是唯一没有出现过文明断层的国家。

"中国"的由来

在中国古代，"国"字的含义是城和邦，"中国"就是"中央之城""中央之邦"。"中国"一词最早见于西周初年的青铜器"何尊"铭文中的"余其宅兹中国"。汉语中的"中国"一词，最早指西周京畿地区，后演变为黄河流域黄河中下游的中原地区，中国以外则称为"四夷"，所谓"天子有道，守在四夷"。"中国"是居天地之中者，四夷是居天地之偏者。"中国"同时又以"华夏""中华""中原""诸夏""神州""九州""海内"等代称出现。

根据古文献记载，"中国"一词有五种不同的含义：一是专指帝王所在的国都，即首都；二是指天子直接统治的地区；三是指中原地区；四指国内、内地；五指古代华夏族、汉族居住的地区或建立的国家。汉朝以后，"中国"一词才逐渐演变为正统朝代的标志。1949 年，"中国"成为"中华人民共和国"的简称。世界上只有一个中国，就是中华人民共和国。

文物与考古

中国幅员辽阔，又有着数千年的文明史，深厚的文化沃土滋养孕育出独特的东方文明。目前，中国已知的地上地下不可移动文物约有 77 万处，已公布的国家重点文物保护单位有 5000 多处。这些文物和考古发现生动地记录着历史悠久、多元丰富的中华文明，以不同时期的各类玉器、陶瓷、铜器、雕塑、书画、典籍，以及古建筑、古遗址、古墓葬、古窟寺、石刻壁画等为代表的文物和考古发现共同绘制出一幅恢宏灿烂、生动立体的华夏历史文明画卷。

北宋《千里江山图》

中国的地下出土文物中，种类繁多的青铜器无疑让人瞩目。青铜时代在考古学上就是以使用青铜器为标志的，是人类文化发展的一个重要阶段。中国的青铜时代大致从 4000 多年前开始，持续了 1500 多年。青铜是有意识地将铜与锡或铅配合熔铸而成的合金，因埋在土里后颜色因氧化而青灰，故名青铜。青铜的发明和应用标志着石器时代终于被青铜时代所代替。

　　层出不穷的文物和考古发现无疑是中国乃至人类文明的珍贵宝库，记录着人类文明的发展历史，成为世界文化的重要组成部分。中国历来就有继承和保护历史文化的传统，并且不断建设和健全文物以及遗产保护体系，推动文物保护工作的不断完善和发展。

中华文明起源

中华文明是多种文化长期融合发展而成,因此它的文化起源也是多样的,其中最主要的文化起源中心有三个。

黄河文明:华夏文明的主体之一。形成于公元前 4000 年至公元前 2000 年之间,指凝聚在黄河中下游的大中原地区的历史沉淀产生的人文精神、发明创造以及公序良俗。据文献记载,中国历史上的五帝时代,即黄帝、颛顼、帝喾、唐尧、虞舜等,他们的部落主要在黄河中下游地区繁衍、生息、发展,并创造了灿烂的黄河早期文明。

长江文明:华夏文明的主体之一。始于公元前 5000 年,距今已经 7000 多年。长江文明是长江流域各区域文明的总称,包括吴文化、越文化、楚文化、江右文化、三星堆文化等,区域之广,文化遗址数量之多、密度之大,堪称世界之最。特别是长江文明中的"稻作文明",深远地影响着东亚文明乃至世界文明。

草原文明:中华文化的主源之一。中国北方广大地区是草原文化发祥地,不但分布有许多早期人类活动的遗迹,如大窑文化、萨拉乌苏文化、扎赉诺尔文化等,而且拥有很多可以认证中华文明起源的文化遗存,如兴隆洼文化、赵宝沟文化、红山文化等。草原文化不断为中华文化注入新的活力,成为中华文明发展的重要内在因素。

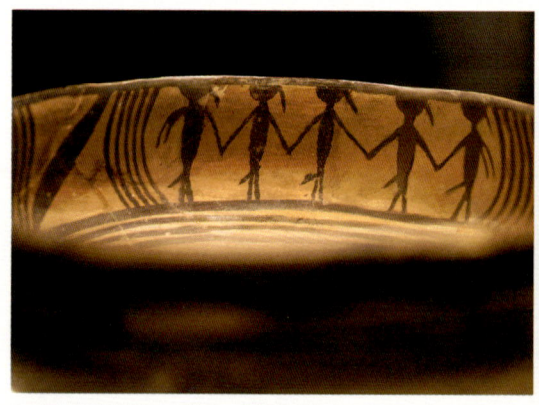

新石器时代马家窑文化彩陶舞蹈纹盆

春秋时期青铜器

农耕文化的传统

农耕文明，是指由人们在长期农业生产中形成的一种适应农业生产生活需要的国家制度、礼俗制度、文化教育等的文化集合。中国的大部分区域光照充足、降水丰沛、高温湿润的气候条件十分适宜农作物生长，是诞生农耕文明的重要物质条件。

目前国际学术界公认的古代农耕文明的发源地有五个：古巴比伦（前 2250 年）、古埃及（前 3500 年）、古希腊（前 800—前 146 年之间）、古印度（前 2000 年）、中国（上古至今）。聚族而居、精耕细作的农耕文明孕育了中华文化自给自足的生活方式、文化传统、农政思想、乡村管理制度等，与当今时代提倡的和谐、环保、低碳理念不谋而合。历史上，农耕文明的地域多样性、历史传承性和乡土民间性，是中华文化绵延不断、长盛不衰的重要原因。

旧石器文明

旧石器时代是以使用打制石器为标志的人类物质文明发展阶段。时间从距今约 300 万年前开始，延续到距今 1 万年左右止。中国已经发现了许多旧石器时代的遗址，积累了比较丰富的旧石器考古材料，初步建立起了中国旧石器时代文化发展的框架。

中国旧石器时代早期文化分布就已很普遍。距今 100 万年前的旧石器文化有西侯度文化、元谋人石器文化、匼河文化、蓝田人文化以及东谷坨文化。距今 100 万年以后的遗址有很多，在北方以周口店第 1 地点的北京人文化为代表，在南方以贵州黔西观音洞的观音洞文化为代表。中国旧石器时代中期文化可以山西襄汾发现的丁村文化为代表。另外比较重要的还有周口店第 15 地点文化和山西阳高许家窑人文化。旧石器时代晚期的遗址数量更多，文化遗物更加丰富，技术有明显进步，文化类型也更加多样。具有代表性的有峙峪文化、小南海遗址、山顶洞遗址、水洞沟文化、虎头梁文化等。

新石器文明

新石器时代是以使用磨制石器为标志的人类物质文明发展阶段。时间从 1 万多年前开始，结束时间距今 5000 多年至 4000 多年。新石器时代是原始社会氏族公社制由全盛到衰落的一个历史阶段。它以农业和养畜业的出现为划时代的标志，表明人类经济活动方式已逐渐从攫取型经济转变为生产型经济。磨制石器、制陶和纺织的出现，也是这一时代的基本特征。因而，新石器时代在中国历史上是古代经济、文化向前发展的新起点。由于地域辽阔，各地自然地理环境很不相同，新石器文化的面貌也有很大区别，大致分为三大经济文化区：

旱地农业经济文化区：包括黄河中下游、辽河和海河流域等地，这里是粟、黍等旱作农业起源地，饲养猪、狗，以后又养牛、羊等。

水田农业经济文化区：主要为长江中下游地区，这里很早就种植水稻，是稻作农业的重要起源地，饲养猪、狗，以后陆续养水牛和羊等。岭南地区农业则一直不发达，渔猎采集经济占有较重要的地位，可划为一个亚区。

狩猎采集经济文化区：包括长城以北的东北大部、内蒙古及新疆和青藏高原等地。这个区域除个别地方外基本没有农业，陶器工艺也不甚发达。

彭头山文化

彭头山遗址位于湖南省澧县澧阳平原中部,时间约在公元前 7500—前 5800 年。主要文化堆积为彭头山文化时期遗存,遗址出土了大量陶器,少量打制石器和磨制装饰品。彭头山文化是长江流域最早的新石器时代文化。

龙虬文化

龙虬文化,时间约在公元前 7000—前 5000 年,以江苏省高邮市龙虬庄遗址命名。龙虬文化属于中国新石器时代早期的文化,龙虬庄遗址的发掘证实在江淮流域存在着一支文化面貌独特且系列完整的原始文化,也是江淮地区东部同时期文化的典型,被誉为"江淮文明之花"。

裴李岗文化

裴李岗遗址位于河南省新郑市城西北约 8 千米的裴李岗村西,面积 2 万平方米,距今约 9000—7000 年。1977 年至 1979 年,裴李岗遗址先后经历多次发掘,发掘面积约 2400 平方米,发掘墓葬 114 座、陶窑 1 座、灰坑 10 多个。裴李岗文化是黄河中游具有代表性的新石器时代文化。

后李文化

后李文化遗址位于山东省淄博市临淄区齐陵街道后李官村西北约 500 米处、淄河东岸的二级台阶上,距今约 8500—7500 年。已发现的 8 处后李文化遗址主要有房址、灰坑和灰沟等,出土遗物以陶器为主。后李文化是黄河下游的新石器时代文化代表。

河姆渡文化

河姆渡遗址位于浙江省余姚市河姆渡镇,总面积约 4 万平方米,文化堆积厚度 4 米左右,叠压着 4 个文化层,遗址距今约 7000—5300 年。河姆渡文化遗址出土了生产工具、生活器具、艺术品 6700 余件,特别是发现了丰富的水稻栽培、大面积木结构建筑等遗迹及动物遗骸,是中国目前发现的较早的新石器时代文化遗址之一。

仰韶文化

仰韶文化遗址位于河南省三门峡市渑池县城北 9 千米处的仰韶村,距今约 7000—5000 年。经中国政府批准,1921 年瑞典地质学家安特生和中国考古学家袁复礼一起进行了首次发掘,发掘范围分布于河南、陕西及山西。由于以彩绘陶为特征的文化现象首先在仰韶村发现,故命名为"仰韶文化"。仰韶文化的发现也成为中国现代考古学诞生的起点。

红山文化

红山文化遗址主要分布在辽宁西部一带，距今约 6500—5000 年前，因最早发现于内蒙古自治区赤峰市郊的红山而得名。红山文化主要是燕山以北、大凌河与西辽河上游活动的部落集团创造的农业文化，是中国北方新石器时代重要遗存。

半坡文化

半坡文化遗址位于陕西西安东郊灞桥区浐河东岸，是关中腹地的一处新石器时代遗址，距今约 6000 多年前。半坡遗址是中国首次大规模发掘的一处新石器时代村落遗址，遗址面积约 5 万平方米，已发掘出 45 座房屋、200 多个窖穴、6 座陶窑遗址、250 座墓葬，出土生产工具和生活用品约万件，还有粟、菜籽遗存。

大汶口文化

大汶口文化遗址属新石器时代晚期遗址，位于山东省泰安市大汶口镇，距今约 6000—4500 年，是大汶口文化的发源地和命名地。大汶口文化空间分布以泰沂山为中心，包括黄、淮下游的山东全省、江苏和安徽北部以及河南东部等广大地区。遗址总面积 80 余万平方米，文化层堆积 2—3 米。大汶口时期农耕经济发达，农具有磨制石镰、石锄等；手工业进一步发展，黑陶乌黑发亮，白陶胎薄质硬、色泽明丽。由于社会生产力的发展，出现了私有财产和贫富分化。大汶口晚期的墓葬里，有的随葬有玉器等精美工艺品和日常器物多达百余件，有的一无所有，说明当时社会阶层分化十分明显。

屈家岭文化

屈家岭文化遗址发现于湖北省京山市屈家岭，距今约 5900—4200 年。屈家岭文化遗址主要分布于中国湖北、湖南、江西北部，以及河南南部，是长江中游地区发现最早、最具代表性的新石器时代大型聚落遗址，因它与其他文化相比具备特有的文化特征，属于一个新的文化系统，因此将这种文化定名为"屈家岭文化"。

屈家岭出土的大量稻作遗存、蛋壳彩陶、彩陶纺轮、陶鸡陶羊等陶塑装饰工艺品，都代表着当时最高的生产水平，是长江中游史前稻作遗存的首次发现地、农耕文明的发祥地，是楚文化发展的基础、荆楚文明高度发展之源。

良渚文化

良渚文化遗址位于浙江余杭区良渚、安溪、长命三个乡，距今约 5300—4300 年，是新石器时代晚期人类聚居的地方。遗址发现于 1936 年，出土的陶器以灰黑陶和泥质灰胎黑皮陶为主，器表装饰多素面，打磨光亮，少数有精细的刻花和镂孔纹饰，或施彩绘；常见的有鼎、豆、壶、簋、盘、杯、瓮等。玉器有璧、琮、璜、坠、环、珠等，雕琢精细，大部分出土于墓葬中。良渚文化玉器数量之众多、品种之丰富、雕琢之精美，达到了中国史前文化的高峰。

马家窑文化

马家窑文化遗址位于甘肃省临洮县的马家窑村，距今约 5000—4000 年，属新石器时代晚期，是仰韶文化向西发展的一种地方类型。马家窑文化的彩陶特别发达，被誉为中国史前彩陶艺术的巅峰。

三星堆文化

三星堆遗址位于四川省广汉市南兴镇，距今约 4800—2800 年，是迄今中国西南地区发现的范围最大、延续时间最长以及文化内涵最丰富的古城、古国、古蜀文化遗址。遗址面积约 12 平方千米，前后历时约 2000 年。出土文物中的青铜立人像、戴金面罩的青铜人头像等均为传世珍品。该遗址被称为 20 世纪人类最伟大的考古发现之一。

石家河文化

石家河文化遗址由邓家湾、土城、肖家屋脊等数十处遗址组成，遗址群位于湖北天门石家河，距今约 4500—4200 年。其中，邓家湾遗址发现了铜块和炼铜原料孔雀石，标志着冶铜业的出现。石家河文化表明，琢玉工艺崛起，且特色鲜明，出土的玉器有人面雕像、兽面雕像、玉蝉、玉鸟、玦、璜形器等，都属于小型玉器。邓家湾遗址的个别地段，集中出土了大批小型陶塑，塑有鸟、鸡、猪、狗、羊、虎、象、猴、龟、鳖以及抱鱼跪坐的人物等造型。这些陶塑可能供祭祀活动之用，邓家湾似为专门产地，通过交换输往各地。

龙山文化

龙山文化泛指中国黄河中下游地区约新石器时代晚期铜石并用时代的一类文化遗存，遗址因 1928 年发现于山东省济南市龙山镇而得名，距今大约 4300 年前后。龙山文化主要分布于黄河中下游的河南、山东、山西、陕西等省。

龙山文化源自大汶口文化，主要特征是黑陶，其中以蛋壳黑陶杯为主要代表。龙山文化主要是东夷族的文化，奉行鸟图腾，鸟是凤凰崇拜的前身和附属，龙山文化器物中大量的鸟形设计便是证明。在中国古代历史上，龙山文化处于文明社会的形成时期。

二里头文化

二里头文化是指以河南省洛阳市偃师二里头遗址一至四期所代表的一类考古学文化遗存，时间约在公元前 1800—前 1500 年，是华夏文明的重要组成部分。该考古文化主要分布于豫西、豫中及周边地区。二里头遗址是二里头文化的命名地，并初步被确认为是中国最早的朝代即"夏代"中晚期都城遗址，堪称"最早的中国"。

三星堆金面铜人头像

02
神话与传说

贰 神话与传说 /

中国历史悠久，有着灿烂的文化。古代中国的先民们想象和创造的丰富多彩和极具东方色彩的神话故事与传说，

是中华文化的重要源头，极大地丰富了中华文化的内涵。中国神话与传说的重要特点之一，就是绝大多数的神话和传说与中华文明的早期历史有某种程度的混同。由于时间久远，再加上历史资料和考古证据的缺乏以及各地传说的差异，至今难以辨别。

中国的神话体系

中国的神话复杂多样,其中隐含了中国哲学思想,如果从以下几个层次去理解,或许能更好把握中国神话故事的精要。一是太极,即用神话来表达古代先民对混沌世界的认识(倏即瞬间与忽即微隙),是本体的、模糊的世界。二是阴阳,是对有形的、可认识的神的世界的认识,例如盘古神话形成本应晚于女娲神话(母系社会),但后来的父系氏族社会重男轻女,于是把盘古开天辟地的神话加强并且前移,说成是早于女娲(造人、补天)。但从人类社会发展历程看,盘古神话比女娲神话的形成要晚是基本的事实。三是五行(对应于五帝),是对人间的圣人世界的认识。五方帝(伏羲、神农、黄帝、少昊、颛顼)通过婚姻、子孙的血缘关系、君臣关系、战争关系、事件关系、驯养关系等形成了系列神话。中国神话中的自然神论、自然宗教、自然理性、自然道德,最后都指向了天人合一的关系论。

三皇五帝

三皇五帝是对中国远古人物的合称。一般认为,原始意义上的三皇是指远古三皇(天皇氏、地皇氏、人皇氏),后增补伏羲氏等作为"三皇"。原始意义上的五帝是指远古五方上帝,后增补黄帝等五位上古部落首领作为"五帝"。后世关于三皇五帝在不同著作中有不同的说法。但不同的说法都有一个共同点,即把他们作为中国文化中最有影响的人物列入其中。

三皇:
燧人、伏羲、神农,出自《尚书大传》;
伏羲、女娲、神农,出自《春秋纬·运斗枢》;
伏羲、共工、神农,出自《白虎通义》;
伏羲、神农、黄帝,出自《三字经》。

五帝:
太昊、炎帝、黄帝、少昊、颛顼,出自《吕氏春秋》;
黄帝、颛顼、帝喾、尧、舜,出自《大戴礼记·五帝德》;
黄帝、少昊、颛顼、帝喾、尧,出自《资治通鉴外纪》。

盘古开天地

盘古,又称盘古氏,是中国传说中开天辟地创造人类世界的始祖。盘古开天的记载最早见于三国时徐整著《三五历纪》一书。

传说在天和地还没有开辟以前,宇宙混沌一片。有个叫盘古的巨人,在这个混沌的宇宙中沉睡了一万八千年。有一天,盘古醒了,他见周围一片漆黑,就抡起斧头,朝眼前的黑暗猛劈过去。一声巨响之后,黑暗的东西渐渐分散开来。缓缓上升的东西,变成了天;慢慢下降的东西,变成了地。天每天升高一丈,地每天加厚一丈,盘古每天长高一丈。如此万八千岁,天和地逐渐成形。盘古死后,他的身体发生了极大的变化。他呼出的气息,变成了四季的风和云;他发出的声音,化作了隆隆的雷声;他的双眼变成了太阳和月亮;他的四肢,变成了大地上的东、西、南、北四极;他的肌肤,变成了辽阔的大地;他的血液,变成了奔流不息的江河;他的汗水,变成了滋润万物的雨露。

女娲造人

女娲是中国上古神话中的创世女神,是华夏民族人文始祖,福佑社稷之正神。女娲造人在中国是家喻户晓的上古神话传说,可能起源于母系氏族社会的晚期。记载女娲神话的第一批古籍中有先秦时期的《山海经》和《楚辞》。女娲造人的神话,并非纯粹杜撰,而是对母系氏族社会中女性占据人口生产主导地位的反映。

相传女娲以黄泥仿照自己抟土造人,创造人类社会并建立婚姻制度。后因世间天塌地陷,女娲炼五色石以补苍天,断鳌足以立四极,留下了女娲补天的神话传说。

伏羲

伏羲是华夏民族人文始祖,被尊为"三皇之首",与女娲同为福佑社稷之正神。楚帛书记载其为创世神,是中国最早的有文献记载的创世神。伏羲风姓,有多个别名,燧人氏之子,生于成纪,定都陈地,封禅泰山。《史记》中称"伏牺",在后世与太昊、青帝等诸神合并,被朝廷官方称为"太昊伏羲氏",亦有青帝太昊伏羲(即东方上帝)一说。

伏羲所处时代约为旧石器时代中晚期。传说伏羲人首蛇身,与女娲兄妹相婚,生儿育女,并制定了人类嫁娶制度及中华姓氏。

相传,伏羲及其部族有许多发明创造,比如根据天地万物的变化,发明了八卦;创造了文字,结束了"结绳记事"的历史;结网罟,用来捕鸟打猎,教会了人们渔猎的方法。

炎帝

炎帝是中国上古时期姜姓部落的首领尊称,号神农氏。传说姜姓部落的首领由于懂得用火而得到王位,所以称为炎帝。从神农起,姜姓部落共有九代炎帝,传位共530年。

炎帝所处时代为新石器时代。炎帝部落的活动范围在黄河中下游,在姜水(今陕西省宝鸡市渭滨区的清姜河或岐山县的岐水)一带时部落开始兴盛。其故里目前有多地之争,有陕西宝鸡、湖南会同县连山、湖南株洲炎陵县、湖北随州、山西高平、河南柘城等。相传炎帝牛首人身,他亲尝百草,发展用草药治病;发明了刀耕火种的农作方式,教民垦荒种植;还领导部落人民制造了饮食用的陶器和炊具。

传说炎帝部落和黄帝部落结盟共同击败了蚩尤。中华民族的后裔自称炎黄子孙,将炎帝与黄帝共同尊奉为中华民族的"人文初祖",形成中华民族团结奋斗的精神动力。

黄帝

黄帝是中国古代部落联盟首领,五帝之首。据说他是少典之子,号轩辕氏。黄帝在位期间,播百谷草木,大力发展生产,始制衣冠、建舟车、制音律。许多学者认为,黄帝生于陕北黄土高原,炎帝生于今宝鸡市姜水一带。黄帝和炎帝的部落曾经顺河移动,发展到黄河中下游和长江中游。

尧

尧，又称"唐尧"，是传说中父系氏族社会后期部落联盟领袖。在万国争雄的乱世，他团结亲族，联合友邦，征讨四夷，统一了华夏诸族，被推举为部落联盟首领。尧在主政期间，派神箭手大羿射日，派鲧治水，并且制定历法，推广农耕，整饬百官。晚年，尧辟位，禅让于舜。

尧辟位二十八年后去世，安葬于谷林。

舜

舜是传说中父系氏族社会后期部落联盟领袖。姚姓，号有虞氏，名重华，史称"虞舜"。舜为东夷族群的代表。舜生而重瞳，孝顺友爱，善于制陶。经四岳推荐，通过重重考验，得到唐尧的认可与禅位，定都于蒲阪（今山西永济）。即位之后，虚怀纳谏，任贤使能，百业兴旺，开创了政通人和的局面，成为中原地区最强大的部落联盟首领。晚年禅位于禹。舜乘车巡行天下，卒于苍梧郡，葬于武陵源的九嶷山。

舜帝是中华道德文化的鼻祖。《史记》所载："天下明德，皆自虞舜始。"舜帝文化精神之魂，可称为"德为先，重教化"，成为由野蛮走向文明的历史转捩时期的重要推手。

禹

禹是上古时期夏后氏首领，史称大禹。大禹是黄帝的玄孙、颛顼的后代，鲧的儿子，母为有莘氏之女修己。

相传，禹治理洪水有功，接受舜的禅让，继承部落首领。以阳翟为都城，分封丹朱（尧的儿子）于唐国，分封商均（舜的儿子）于虞国。禹死后，葬于会稽山。

禹的重大功绩不仅在于治理洪水，他还划定了九州，注重发展生产，为中华民族的后续发展奠定了坚实的基础。

大禹治水

相传，上古时期的中华大地黄河泛滥，鲧、禹父子二人受命于尧、舜二帝，负责治水。鲧用障水法，也就是在岸边设置河堤，但水却越淹越高，历时九年未能平息水灾。接着禹被任命为司空，继任治水之事。禹总结了其父亲治水失败的教训，改革治水方法，疏导河川，利用水向低处流的自然趋势，疏通了九河。治水期间，他带领民工，疏通水道，引洪水入海。为了治理洪水，大禹"三过家门不敢入"，经过十三年的努力，终于消除了中原的洪灾。因为治水有功，人们为表达对禹的感激之情，尊称他为"大禹"。

故宫中国龙雕刻壁画（局部）

大禹铸九鼎

大禹是历史上第一个划分中国版图的部落首领。大禹继位后，建都阳翟（今河南禹州市），并召集夏和夷的部落首领会盟于涂山（今安徽蚌埠市禹会区），史称"涂山之会"。涂山之会一般被认为是中国夏朝建立的标志性事件。涂山大会之后，为表示敬意，各方诸侯常来阳城献金（即青铜），随着各地所贡之铜增多，大禹就将其铸成九个大鼎，即冀州鼎、兖州鼎、青州鼎、徐州鼎、扬州鼎、荆州鼎、豫州鼎、梁州鼎、雍州鼎，鼎上铸着各州的山川名物、珍禽异兽。九鼎象征着九州，集中到夏王朝都城阳翟，借以显示夏王大禹成为九州之主，天下从此一统。九鼎继而成为"天命"之所在，是王权至高无上、国家统一昌盛的象征。"九州"至今仍是华夏的象征。

龙图腾

龙作为中华民族的标志和象征，被历代统治者认同，加之凝聚着某种自然崇拜色彩，得以经久不衰。古代中国的各个部落都有自己的图腾，图腾文化中蕴含丰富且极具特色的文化内容，因而成为中国文化中的重要部分。而其中最具代表性、影响时间最长且最深远的中华民族共有的图腾就是龙。

关于龙图腾的起源有多种说法，传说在华夏九州第一次大结盟后，伏羲集中各部落图腾特色，以蟒蛇的身、鳄鱼的头、雄鹿的角、猛虎的眼、红鲤的鳞、巨蜥的腿、苍鹰的爪、白鲨的尾、长须鲸的须组成新的图腾，即龙图腾。

龙的形象来源也有多种说法，一说来源于鳄鱼，一说来源于蛇。1987年于河南濮阳西水坡仰韶文化遗址发现了6000多年前用蚌壳摆的龙，此龙昂首、曲颈、弓身、长尾，前爪扒、后爪蹬，状似腾飞，是目前发现的最早的龙文化遗存。

在中国的历史上，龙对中国政治权威的崛起发挥了极其重要的作用。在原始社会时期，部族的首领通过龙图腾来神化自身，树立权势和威望。伏羲、炎帝、黄帝、尧、舜等都称自己是"龙子"。龙作为皇权象征的历史始于秦王嬴政，他称自己为始皇帝，开始了以龙为皇帝独专、王权神授的真龙天子观。这一观念贯穿了整个中国封建社会。

随着时间的推移，龙逐渐成为大中华、大一统的象征，以及海内外中华儿女的情感纽带。中国人也自称为"龙的传人"。

嫦娥奔月

"嫦娥奔月"的神话源自古人对星辰的崇拜，据现存文字记载最早出现于《淮南子》等古书，讲述了嫦娥吃了西王母赐给丈夫后羿的不死之药，飞到月宫的故事。东汉高诱注解《淮南子》中说嫦娥是羿之妻。据说羿的妻子叫恒娥，因汉代人避当时皇帝刘恒的讳，之后名字改为"嫦娥"。2007年10月24日，中国首颗月球探测卫星被命名为"嫦娥一号"并成功发射，中国成为世界上第五个发射月球探测器的国家。

03

上下五千年

叁　　　　　　　　上下五千年 /

中国是世界文明古国之一，上下五千年的漫长积累铸就了悠久灿烂的历史文化。

20 世纪以来的考古学成果进一步论证并丰富了中国文字记载的历史。

悠悠五千年

中国的历史约 5000 年,其中有文字可考的历史将近 4000 年。在距今六七千年的浙江余姚河姆渡遗址和陕西西安半坡遗址,发现了人工栽培的稻谷和粟粒及农耕工具。大约在 5000 年前,中国人就已掌握了冶炼铜的技术。

中国史书记载的第一个朝代,是距今 4000 多年前出现的夏朝(约前 2070—前 1600)。夏朝是中国最古老的王朝,也是中国历史上的第一个国家。3000 多年前的商朝(约前 1600—前 1046)开始使用铁器。20 世纪初,考古学家在河南安阳的商朝都城遗址殷墟发现了甲骨文。而到了周朝(前

1046—前 256）已经出现制钢技术。春秋战国（前 770—前 221）时期，涌现出一批对后世产生深远影响的著名思想家，其中有老子、孔子、孟子、韩非子以及军事家孙子等人。公元前 221 年，秦始皇嬴政以武力攻灭各诸侯国，结束了几百年的战乱局面，建立了中国历史上第一个统一的、中央集权的多民族封建国家——秦。1912 年，中华民国成立。1949 年中华人民共和国成立，经过 70 多年的建设和发展，中国取得了世人瞩目的成就，正在由世界大国向世界强国迈进。

秦始皇陵兵马俑

夏（约前 2070—前 1600）

　　夏朝是中国最古老的王朝，距今已有 4000 多年。夏朝也是中国历史上第一个世袭制王朝。由于时间久远，关于夏朝的历史并不丰富。据历史文献记载，夏朝确立了王位继承制度，设置了官吏，制定了刑法，这说明夏朝的国家机构已经基本完备。

　　中国古代的原始社会实行禅让制，即在位的部落联盟首领自愿将统治权让给他人，目的是让更贤能的人管理部落事务。黄河流域的三位著名部落首领尧、舜、禹正是通过这种方式完成了他们之间的权力交接。中国上古时期的禅让制度，最早记载于《尚书》，但真实性一直存在争议。禹去世之后，他的儿子启自立为王，以世袭制代替了禅让制，开创了中国近 4000 年世袭制的先河，由此建立了中国历史上的第一个国家——夏朝，标志着漫长的原始社会被私有制社会所替代。夏朝统治延续了 400 多年，公元前 1600 年，汤灭夏建商。

夏朝镶嵌绿松石兽面纹铜牌饰

商（约前 1600—前 1046）

　　商朝，也称殷商，是中国历史上的第二个朝代，也是中国第一个有直接的同时期的文字（即甲骨文）记载的王朝。商朝大致经历了三个阶段。第一阶段是"先商"；第二阶段是"早商"；第三阶段是"晚商"，前后相传 17 世 31 王，约 600 年时间。

　　商的先世商族兴起于黄河中下游，传说其始祖契与禹是同时代的。夏朝末期，方国商国君主商汤率兵伐夏后，以"商"为国号，在亳（今商丘）建立商朝。之后，商朝国都频繁迁移，至其后裔盘庚迁殷后，国都才稳定下来，到公元前 1046 年帝辛亡国。因此商朝又被后世称为"殷"或"殷商"。在武丁统治期间，商朝达到鼎盛时期。商朝的末代君主帝辛于牧野之战被周武王击败后自焚而亡。当时，在商朝的势力范围以内和以外还分散有许多远较商族落后的方国。其中最为强大的是西北的邛方、鬼方、土方和羌方。在商朝时期，长江流域也平行存在发达的非中原文明。

　　商朝的王位继承制度，前期为兄终弟及，后期为典型的父死子继。商朝处于奴隶制鼎盛时期，成汤时期的国家权力已经初步确立，奴隶制的社会秩序亦已稳固。

商朝青铜爵

周（前1046—前256）

周朝是中国历史上第三个奴隶制王朝，共传国君32代37王，享国790年。

周朝的历史分为西周（前1046—前771）和东周（前770—前256）两个时期。周朝由周武王姬发创建，定都镐京（今陕西西安）。公元前771年镐京陷落，西周灭亡。公元前770年（周平王元年），平王东迁，定都洛邑（今河南洛阳），此后周朝的这段时期称为东周。东周又分为春秋和战国两个时期。

在周灭商之前，周部落因为遭到戎、狄等西北地区部落的侵扰，周部落的首领古公亶父率领周人迁移到岐山下的平原定居下来，生活于渭河流域，被商王朝册封为西伯（意即西部诸侯之长），是商朝的主要方伯之一，以姬为氏，周人嗣其姓。周朝立国后，实行分封制（封邦建国），周王则为"天下共主"。周王朝继承了夏商两代的文化，确立和完善了包括分封制、宗法制、井田制以及礼乐制度在内的一系列完整的国家制度，农业、手工业和商业较之前代也有了明显的进步，出现了制钢技术，是古代奴隶制度社会的鼎盛王朝。

西周大克鼎

夏商周断代工程

夏商周断代工程是中国的一项文化工程，于1996年启动，被列入中华人民共和国"九五"计划重点科技攻关项目，2000年结题。该计划组织来自历史学、考古学、文献学、古文字学、历史地理学、天文学和测年技术学等领域的170名科学家进行联合攻关，旨在研究和排定中国夏商周时期的确切年代，为研究中国五千年文明史创造条件。

夏商周断代工程对传世的古代文献和出土的甲骨文、金文等材料进行了系统的搜集、整理、鉴定和研究，对其中有关的天文现象和历法记录通过现代天文学进行计算，从而推定其年代，同时对有典型意义的考古遗址和墓葬材料做了整理和分期研究，并进行了必要的发掘，获取样品后进行碳-14测年。2000年11月夏商周断代工程正式公布了《夏商周年表》，确定夏朝约开始于公元前2070年，夏商分界大约在公元前1600年，盘庚迁都约在公元前1300年，将商周分界（武王伐纣之年）定为公元前1046年。依据武王伐纣之年和懿王元年的确立，建立了商王武丁以来的年表和西周诸王年表，初步为研究中国古代文明的起源和发展给出了一个时间上的标尺。

春秋（前 770—前 476）

春秋时期是指东周前期的一个特定历史时期。随着社会各个领域的进一步发展，铁器牛耕得到推广，兴修了水利工程，大片荒地被开垦。当时周王室势力逐渐衰微，随着一些诸侯大国的实力增强，周王室已经无法有效控制天下诸侯。于是，一些强大的诸侯国开始了激烈的争霸战争，前后有齐桓公、晋文公、楚庄王、吴王阖闾、越王勾践五位诸侯依次成为霸主，被称为"春秋五霸"。"春秋五霸"是春秋时期特定历史阶段的产物，也是春秋时期最典型的特征。此时的争霸战争已经为之后战国时期的兼并统一战争做了先期准备。这一时期还出现了两位影响深远的思想家，分别是儒家的创始人孔子和道家的创始人老子。

战国（前 475—前 221）

经过春秋时期旷日持久的争霸战争，周朝境内的诸侯国数量大大减少，公元前 453 年，韩、赵、魏推翻智氏，三家分晋。公元前 403 年，周威烈王册封魏斯、赵籍、韩虔为诸侯，公元前 386 年，田和被列为诸侯，最终出现了齐、楚、燕、韩、赵、魏、秦七个强大的国家，史称"战国七雄"。战国时期是中国历史上继春秋时期之后的大变革时期。公元前 221 年，秦国统一六国，标志着战国时代的结束。

战国时期虽然战伐频仍，但也是中国的农业、纺织业、思想、科技、军事和政治发展的黄金时期。为了图强求存，各诸侯国之间纷纷招揽贤才，展开了许多举世闻名的变法和改革，其中最有名、对后世有着深远影响的就是秦国的商鞅变法，它使秦国逐渐走向强大，为其最终统一中国奠定了基础。与此同时，在兼并战争过程中，诸侯国之间纵横捭阖，合纵连横，涌现出了大量为后世传颂的历史故事。战国时期正是中国在统一过程中，由君主专制社会逐步取代分封制社会的大变革时代，在中国历史上具有重要意义。德国思想家卡尔·雅斯贝尔斯在《历史的起源与目标》一书中，第一次把公元前 500 年前后，同时出现在中国、西方和印度等地区的人类文化突破现象称为"轴心时代"。

百家争鸣

指春秋战国时期知识分子中不同学派的涌现及各家族流派之间争芳斗艳的局面。春秋战国是中国古代思想文化辉煌灿烂、群星闪烁的时代，在中国思想发展史上占有重要地位。春秋战国时期的中国，经历了社会大变革、大发展，各阶层和社会集团都提出自己的见解和主张，产生了各种思想流派，他们著书讲学，互相论战，造就了学术上的繁荣，为中国文化和哲学发展奠定了宽广的基础，后世称为"百家争鸣"。这一时期的主要学术流派有：儒家、法家、道家、兵家、墨家、五行家、名家、阴阳家、纵横家、杂家、农家、小说家等。主要代表人物有老子、孔子、孟子、荀子、庄子、墨子、韩非子、孙子等。

秦（前221—前206）

秦朝是中国第一个统一帝国。公元前221年，秦王嬴政（前259—前210）兼并六国后，完成了统一中国的伟业，建立秦王朝。秦始皇自称"始皇帝"，确立"皇帝"制度。秦始皇统治期间，实行了一系列重大变革。他统一了文字、度量衡、货币，实行郡县制度，并颁布了律令。由他奠定的封建国家框架在以后的2000多年中一直被沿用。他还修筑了抵御外敌的长城和通往北方边地的直道。在中国北方崇山峻岭之上修建的秦长城，是由城墙、关城、营城、烽火台等多种防御工事组成的完整防御工程体系，至今仍是世界奇迹，也是中国的重要象征。统一后的秦朝，由于对管理一个庞大的帝国缺乏经验，加上滥用民力、刑法严厉、连年用兵，国力逐渐衰弱，秦朝仅仅维持了15年就被汉朝所取代。

春秋越王勾践剑

东汉 铜奔马，又名"马踏飞燕"

东汉 击鼓说唱陶俑

汉（前 206—220）

　　汉朝是继秦朝之后的又一个大一统王朝，分为西汉、东汉两个时期，共历 27 帝，享国 405 年。

　　由于对秦暴力统治不满，秦末爆发了大规模的起义，尤其以楚汉争霸而闻名，最后刘邦战胜项羽并称帝，建立汉朝，定都长安，史称西汉。汉文帝继位后，下令减免田租，实行轻徭薄赋、减省刑罚的政策，压缩工程项目开支，减省宫廷用度，不轻易用兵。景帝继位后，沿袭文帝休养生息的政策，从而出现了社会安定、经济繁荣的景象，史称"文景之治"。汉武帝继位后推行推恩令，罢黜百家、独尊儒术，加强中央集权，派张骞出使西域沟通中原与西域各国的联系，开辟丝绸之路，北击匈奴，东并朝鲜，开疆拓土，成就"汉武盛世"；至汉宣帝时期国力达到极盛，设立西域都护府，将西域纳入版图，开创"孝宣之治"。公元 8 年王莽革除汉室，定都长安，史称新朝，西汉灭亡。

　　公元 25 年刘秀重建汉朝，定都洛阳，史称东汉。刘秀统一天下后息兵养民，史称"光武中兴"。汉和帝继位后励精图治，选贤纳谏，劳谦有终。派班超经营西域，丝绸之路延伸至欧洲。公元 100 年罗马帝国遣使来朝，东汉国力趋于极盛，史称"永元之隆"。公元 190 年，军阀四起，天下大乱。公元 220 年曹丕废汉献帝，定都洛阳，史称曹魏，汉朝灭亡。

　　汉朝是当时世界上的强大帝国，有先进的文明，在科技领域也颇有成就。如蔡伦改进的造纸术，张衡发明了地动仪、浑天仪等。

唐（618—907）

唐朝，是中国历史上极度强盛的大一统王朝，共历 21 帝，享国 289 年。

隋末时期，天下群雄并起，唐国公李渊趁势在晋阳起兵，于公元 618 年称帝，建立唐朝，定都长安。唐太宗继位后，励精图治，使社会生产得到恢复和发展，并改善了与边疆民族的关系，促进了民族间的经济文化交流，由此开创了太平盛世的局面，史称"贞观之治"，为盛唐奠定了基础。公元 690 年，武则天（中国历史上第一个，也是唯一一个女皇帝）改国号为周。公元 705 年，李唐复辟，恢复唐国号。唐玄宗即位后，精简官僚机构，抑制奢侈之风，大力兴修水利工程，减轻百姓负担，发展农业生产，从而出现了社会安定、经济空前繁荣的景象，史称"开元盛世"，唐朝达到鼎盛。天宝末年，全国人口达 8000 万左右。到安史之乱后接连出现藩镇割据、宦官专权现象，唐朝国力渐衰。公元 907 年藩镇将领朱温篡唐，唐朝覆亡。

唐朝疆域空前辽阔，极盛时东起日本海、南据安南、西抵咸海、北逾贝加尔湖。唐朝接纳各国交流学习，经济、社会、文化、艺术呈现出多元化、开放性等特点，诗、书、画、乐等方面涌现出大量名家，如诗人李白、杜甫、白居易，书法家颜真卿，画家吴道子，音乐家李龟年等。

唐朝是当时世界上最强盛的国家，声誉远播，与亚欧国家均有往来。唐以后，海外多称中国人为"唐人"。

唐三彩人偶

隋唐古长安城

　　唐长安城，以隋大兴城为基础，是隋唐两朝的首都。隋唐长安城是当时世界上规模最大、建筑最宏伟、规划布局最为规范化的一座都城，渠水纵横、绿荫蔽城。唐长安城是按照中国传统思想和建筑风格规划建设起来的城市，城市由外郭城、皇城和宫城、禁苑、坊市组成，有2市108坊，面积约84平方千米，城内百业兴旺、宫殿参差毗邻，显示出古代中国民居建筑规划设计的高超水平。

　　唐朝末年，长安城被后梁太祖朱温下令拆毁，其遗址位于今陕西省西安市的城区、东郊、南郊（大部分）和西郊（小部分）等大片地带。1996年，隋大兴、唐长安城遗址被确定为全国重点文物保护单位。

西安大雁塔北广场

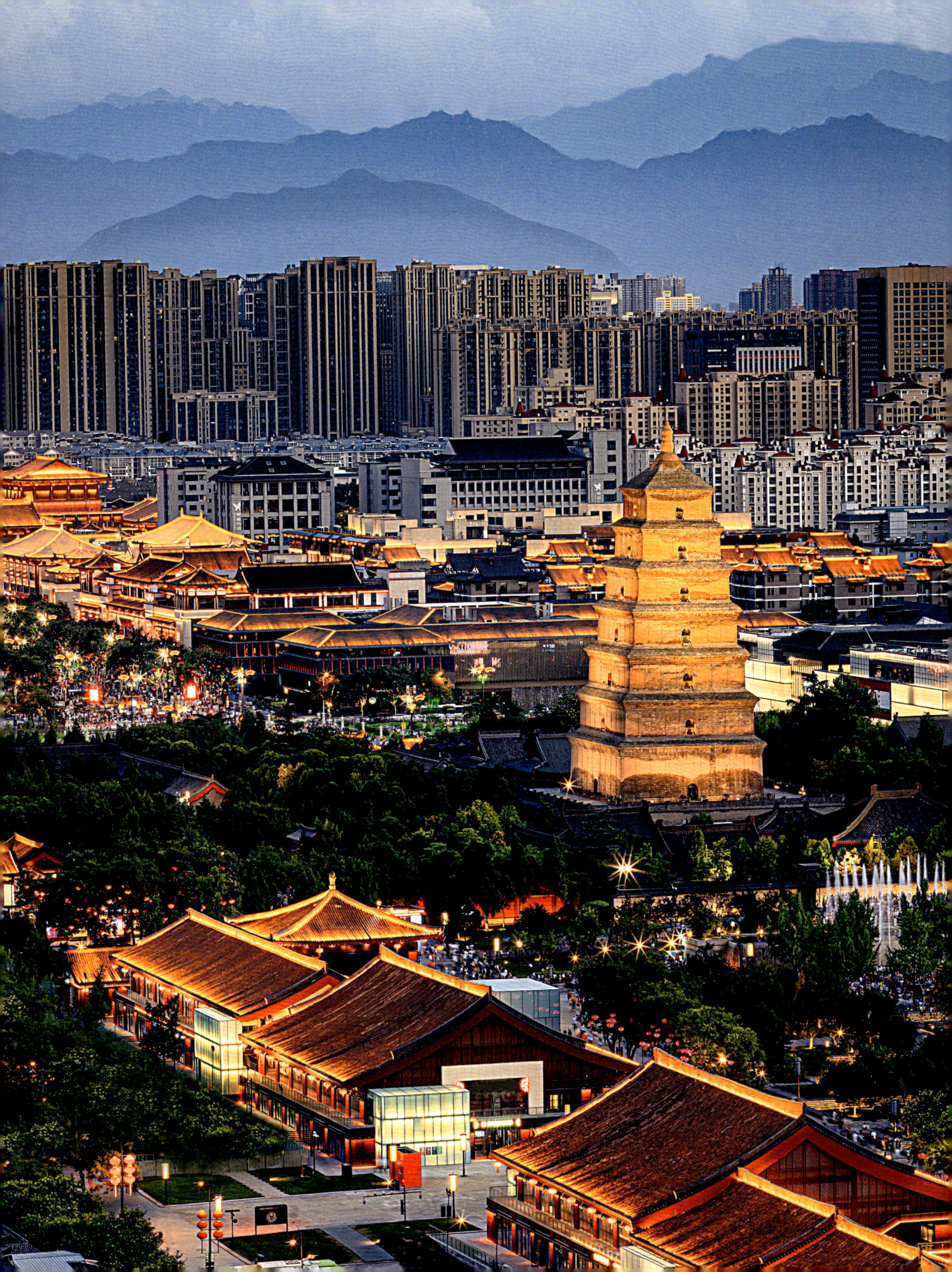

宋（960—1279）

公元 960 年，后周诸将发动"陈桥兵变"，拥立宋州归德军节度使赵匡胤为帝，建立了宋朝。赵匡胤为避免晚唐藩镇割据和宦官专权乱象，采取重文抑武的方针，加强中央集权。宋太宗继位后统一全国。1125 年金国大举南侵，北宋灭亡。康王赵构于南京应天府即位，建立了南宋，定都临安。1234 年宋、蒙联军灭金，同年爆发宋元战争。1276 年元朝攻占临安，1279 年南宋正式灭亡。

宋朝是中国历史上商品经济、文化教育、科学创新高度繁荣的时代。宋朝时期，儒学复兴，兴起程朱理学，科技发展迅速；政治开明，没有严重的宦官专权和军阀割据，兵变、民乱次数与规模在中国历史上也相对较少。北宋时因推广占城稻，人口迅速增长，从公元 980 年的 3700 多万增至 1124 年的 1.26 亿。宋代的城市迅猛发展、商品经济高度繁荣，使新兴的市民阶层地位日益上升，传统的农业社会逐步产生了变化。

宋朝手工业繁荣，古老的丝绸品类繁多，新兴的陶瓷成为西方热衷的物品，宋朝以来的海上贸易之路就被称作"陶瓷之路"。古代中国，城市的政治、军事职能比较突出，但到了宋代，由于商品经济的发展，城市作为地区经济中心的地位大大加强。另外，手工业特色城市（如景德镇）、对外贸易特色城市（如泉州）的大量涌现，更使得城市在经济生活中扮演越来越重要的角色。西方与日本史学界中有学者认为宋朝是中国历史上的文艺复兴与经济革命的时期。

中国十大传世名画之一　北宋《清明上河图》，

元 (1206—1368)

元朝是中国历史上首个由少数民族建立的大一统王朝，统治者为蒙古孛儿只斤氏，传5世11帝，从1206年成吉思汗建立蒙古政权起，共历162年；从1271年忽必烈改国号为大元起，共历98年。

1206年，成吉思汗统一蒙古各部，建立大蒙古国。先后攻灭西辽、西夏、花剌子模、金朝等政权。1260年忽必烈即位称帝，建元"中统"，定都开平府（上都）。1271年，忽必烈取《易经》"大哉乾元"之意改国号为"大元"，次年定都大都。1279年，元彻底清灭南宋流亡政权，结束了长期以来藩镇割据的混乱局面。元朝中期以后，皇位继承紊乱、政变频繁。1368年，朱元璋建立明朝，随后北伐驱逐元廷，攻占大都。此后元廷退居漠北，史称北元。1402年，元臣鬼力赤篡夺政权建立鞑靼，北元灭亡。

元朝时期，统一的多民族国家得到进一步巩固，疆域东起日本海、东海，西抵黑海、地中海地区，北跨西伯利亚，南临波斯湾，超越历代。元朝地方实行行省制度，开中国行省制度之先河。元朝商品经济和海外贸易繁荣，当时与各国外交往来频繁，各地派遣的使节、传教士、商旅等络绎不绝。

元代《富春山居图》，中国十大传世名画之一

明（1368—1644）

明朝，由明太祖朱元璋建立，初期建都南京，明成祖时期迁都北京，共传16帝，历276年。

元末时期爆发了红巾军起义，朱元璋加入起义队伍。1364年自称"吴王"，1368年初称帝，国号"大明"，定都南京；1421年明成祖朱棣迁都至北京，以南京为留都。明初历经"洪武之治""永乐盛世""仁宣之治"等治世，政治清明，国力强盛。1449年经"土木堡之变"由盛转衰。晚明政治腐败、东林党争和天灾外患导致国力衰退，爆发农民起义。1644年李自成攻入北京，崇祯帝自缢，明朝灭亡。明朝宗室在南方建立了多个政权，史称南明。清兵入关后，陆续击败诸政权。1661年永历帝被杀，南明覆灭。

明代疆域全盛时囊括汉地，东北抵日本海、外兴安岭，北达阴山，西至新疆哈密，西南到达缅甸和暹罗北境，并在青藏地区设有羁縻卫所，还曾收复安南。明朝时期君主专制空前加强，多民族国家也得到进一步统一和巩固。明代手工业和商品经济繁荣，大量商业资本转化为产业资本，出现商业集镇和资本主义萌芽。明朝的文化艺术发展空前繁荣，呈现出世俗化、平民化、多元化的特点。

清（1616—1911）

清朝是中国历史上最后一个封建王朝，统治者为爱新觉罗氏，传12帝，历296年。1616年，建州女真首领努尔哈赤建立后金。1636年，皇太极称帝，改国号为"大清"。1644年，驻守山海关的明将吴三桂降清，多尔衮率领清兵入关。入关后平定大顺、大西、南明等政权。后又平定"三藩"之乱、收复台湾，完成全国统一。

康雍乾三朝是清朝走向鼎盛的时期。在此期间，中国的封建社会取得了前所未有的发展成就。土地增垦，物产盈丰，小农经济的社会生活繁荣稳定，综合国力强盛；同时积极维护国家领土主权的完整，统一多民族国家得到巩固和发展，史称"康乾盛世"。极盛时期的清朝版图，西抵葱岭和巴尔喀什湖，西北包括唐努乌梁海，北至漠北和西伯利亚，东到太平洋（包括库页岛），南达南沙群岛。清朝时人口曾突破4亿大关，占当时世界总人口的近一半。

19世纪初，清王朝日渐衰败，最终走向没落。1840年，中国坚决抵制英国的鸦片贸易，爆发了中英鸦片战争。古老的东方农业帝国和新兴的西方工业帝国进行了一场交锋，中国以割地赔款告败。此后中国先后遭到多个列强入侵，逐步陷入半殖民地状态。虽然清政府进行了洋务运动和戊戌变法等近代化的探索和改革，但收效甚微。1911年，辛亥革命爆发，清朝统治瓦解。1912年2月12日，北洋大臣袁世凯迫使清帝溥仪逊位，颁布了清帝退位诏书，中国2000多年的封建帝制宣告结束。

收复台湾

　　1644 年清军入关,取代了明朝。忠于明朝的郑成功(1624—1662)在南方组建了一支庞大的海上舰队,与清军对抗。1661 年,他率领两万多人、数百艘船舰前往台湾。而此前台湾已被荷兰人占领。郑成功部队打败了荷兰占领军,收复了台湾及澎湖等岛屿。

　　郑成功在收复台湾后不久就病死了,其子郑经占据台湾。清康熙帝(1654—1722)对台湾实行以招抚为主的策略。1681 年,郑经死,郑克塽被立为延平郡王,实为傀儡,郑氏集团内部矛盾加剧。1683 年,康熙帝令福建水师提督施琅率两万余名士兵突袭澎湖。郑克塽派人到澎湖会见施琅,将印信簿册上缴施琅,表示愿意归降。1684 年,清王朝在台湾设立台湾府,隶属于福建省管辖。

北京正阳门,俗称前门,为明清两朝北京内城的正南门

04
近代历程

肆 近代历程 /

中国的近代历史充满了曲折，既是中国逐渐沦为半殖民地半封建社会的历史，也是中国人民追求国家独立和民族复兴的历史。

1840 年，英国对中国发动侵略战争，迫使清政府签订了丧权辱国的《南京条约》。此后，英、美、法、俄、日等国不断入侵中国，强迫清政府签订各种不平等条约以及割地赔款，中国逐渐沦为半殖民地半封建社会。1911 年孙中山领导的辛亥革命，推翻了清政府，结束了在中国延续几千年的君主专制制度。1919 年五四运动爆发，中国从旧民主主义革命阶段进入新民主主义革命阶段。五四运动后，马克思主义在中国传播开来，1921 年中国共产党诞生。中国人民在中国共产党的领导下，取得了抗日战争和解放战争的胜利。1949 年 10 月 1 日，中华人民共和国成立。

鸦片战争

鸦片战争始于 19 世纪初，一些西方国家想借鸦片打开中国市场的大门。1839 年，中国官员林则徐在虎门当众销毁 200 多万斤鸦片。1840 年 6 月 28 日，英国海军舰队借故封锁珠江口，先后攻占了厦门、上海等地的港口，并沿长江直逼中国内陆，威胁南京，史称"第一次鸦片战争"。1856 年至 1860 年，英法联军在俄、美的支持下，对中国发动第二次鸦片战争，迫使清政府与英、法、俄、美西方列强签订了更多的不平等条约。清朝除支付大量的战争赔款之外，还失去了大片国土。被誉为"万园之园"的北京圆明园也在战争中被英法联军焚毁。

《南京条约》

1842 年 8 月 29 日，英国军队兵临南京城下，清朝政府被迫签订了不平等条约《南京条约》。根据该条约，中国除支付大量的战争赔款之外，还将香港岛割让给英国，并开放广州、厦门、福州、宁波、上海五个港口城市作为对外通商口岸。后来，美、法等国纷纷以武力相威胁，逼迫清政府签订不平等条约，勒索特权，中国开始沦为半殖民地半封建社会。

北京圆明园遗址

甲午战争

甲午战争，指 19 世纪末日本侵略中国和朝鲜而发动的战争。以 1894 年 7 月 25 日丰岛海战爆发为开端，至 1895 年 4 月 17 日《马关条约》签字结束。按中国干支纪年，1894 年为甲午年，故称"甲午战争"。在这场战争中，中国军民奋起抗击，但日军很快控制了朝鲜半岛，又通过黄海海战掌握了制海权，继而分海陆两路进攻中国的东北和山东沿海城市，清朝北洋舰队覆没，中国战败。清朝政府迫于日本军事压力，签订了丧权辱国的不平等条约——《马关条约》，清政府因此背负沉重的外债，半殖民地半封建化程度大大加深，给中华民族带来空前严重的民族危机。钓鱼岛作为中国固有领土，在甲午战争中也被日本攫取。

洋务运动

洋务运动，又称"自强运动"，是 19 世纪 60 年代至 90 年代晚清洋务派以"自强""求富"为口号所进行的一场引进西方军事装备、机器生产和科学技术以挽救清朝统治的自救运动。1861 年 1 月 11 日，爱新觉罗·奕䜣会同桂良、文祥上奏《通筹夷务全局酌拟章程六条》，推行了一场以富国强兵为目标的洋务运动。1861 年辛酉政变后，慈禧重用洋务派，洋务派大规模引进西方先进的科学技术，兴办近代化军事工业和民用企业。1894 年在中日甲午战争中，北洋海军全军覆没，标志着历时 30 余年的洋务运动破产。洋务运动虽然在客观上刺激了中国资本主义的发展，并且在一定程度上抵制了外国资本主义的经济输入，但是并没有使中国走上富强之路。

戊戌变法

1898 年，以康有为、梁启超为代表的维新派通过光绪皇帝进行了一场资产阶级政治改革运动，旨在学习西方，提倡科学文化，改革政治、教育制度，发展农、工、商业等，希望在中国建立君主立宪政体，走上近代化道路。这次改革遭到以慈禧太后为首的守旧派的强烈反对，在持续了 103 天之后，以失败告终，史称"戊戌变法"。戊戌变法实际上是清王朝内部改良派与保守派的一场政治斗争。

魏源与《海国图志》

魏源（1794—1857），湖南省邵阳市隆回县司门前人，清代启蒙思想家、政治家、文学家。1822 年中举人，1845 年中进士。官高邮知州，晚年弃官归隐，潜心佛学，法名承贯，是近代中国"睁眼看世界"的首批知识分子的代表。

魏源认为，论学应以"经世致用"为宗旨，提出"变古愈尽，便民愈甚"的变法主张，倡导学习西方先进科学技术，开启了了解世界、向西方学习的新潮流。魏源所著《海国图志》详细叙述了世界舆地和各国历史政治、风土人情，"师夷之长技以制夷"的著名主张即出自这本著作。《海国图志》是中国近代第一部较为详尽、系统的世界历史地理著作，被誉为国人谈世界历史地理的开山之作。

三民主义

三民主义是孙中山所倡导的民主革命纲领，是其民主思想的精髓和高度概括，后成为中国国民党的基本纲领。孙中山设想通过三民主义的实施能够达到"人能尽其才，地能尽其利，物能尽其用，货能畅其流"，进而实现国富民强、天下为公的大同社会。

三民主义的发展过程分为两个阶段，即旧三民主义和新三民主义。三民主义由民族主义、民权主义和民生主义组成。民族主义，即反对清朝封建专制和列强的侵略，打倒与帝国主义相勾结之军阀，求得国内各民族之平等，承认民族自决权。民权主义，即实行为一般平民所共有的民主政治，其核心观念强调"直接民权"与"权能区分"，亦即政府拥有治权，人民则拥有政权。民生主义，其最重要的原则有两个，一为平均地权，二为节制资本（私人不能操纵国民生计）。三民主义是孙中山挽救民族危亡、探索中国近代化的一系列思考与实践经验的总结和高度概括，这种思考与经验上升为理论以后，对后来孙中山本人及其追随者的革命行动起到了十分重要的指导和促进作用。

辛亥革命

孙中山领导的辛亥革命是近代中国一次完全意义上的反帝反封建的民族民主革命。它是在清王朝日益腐朽、帝国主义侵略进一步加深、中国民族资本主义初步成长的基础上发生的，目的是推翻清朝专制统治，挽救民族危亡，争取国家独立、民主和富强。1911 年，湖北革命团体在同盟会推动下发动武昌起义。1912 年 1 月 1 日，中华民国南京临时政府成立；同年 2 月 12 日，清朝末代皇帝溥仪宣布退位。清王朝近 270 年的统治结束，2000 多年的封建君主专制制度也由此结束，中国开始走向共和。这是中国近代史上极为伟大的事件之一，史称"辛亥革命"。

中华民国

中华民国是中国从清朝灭亡至中华人民共和国成立期间的国家名称和年号。

1911 年辛亥革命爆发后，革命党在南京建立临时政府，各省代表推举孙中山为临时大总统。1912 年元旦，孙中山在南京就任中华民国临时大总统，创立了中国历史上第一个共和政体。但这一胜利果实很快为袁世凯所篡取，其后就是代表各帝国主义在华利益的军阀混战，封建割据。直至 1927 年的北伐战争，才结束了这种局面。1927 年，蒋介石发动四一二反革命政变后，在南京另行成立代表大地主大资产阶级利益的"国民政府"。1949 年，中国共产党带领中国人民，推翻了国民党反动统治，建立了中华人民共和国。

孙中山铜像

新文化运动

　　新文化运动是20世纪初中国一些先进知识分子发起的反对封建主义的思想解放运动，其基本口号是拥护"德先生"和"赛先生"，提倡民主科学，反对专制、愚昧和迷信；提倡新道德、反对旧道德；提倡新文学、反对旧文学。1915年9月，陈独秀在上海创办《青年杂志》，后改名《新青年》，新文化运动由此发端。这次运动有力地打击和动摇了长期以来封建正统思想的统治地位，使中国的知识分子尤其是广大青年受到一次民主和科学思想的洗礼，在社会上掀起思想解放潮流。这次运动的直接贡献是为马克思主义在中国的传播创造了有利条件。

"德先生"与"赛先生"

　　"德先生"和"赛先生"实际上就是"Democracy"和"Science"，即"民主"与"科学"。人们按照当时的语言习惯，根据英语发音起了非常中国化的名词。两个充满人性化的启蒙先生在风雨如晦的暗夜里为中国人点亮了耀眼的灯塔，照亮人们前行的目标和方向。中国共产党的许多早期领导人都曾在中国大力宣传和推广"德先生"和"赛先生"。

五四运动

五四运动是 1919 年 5 月 4 日发生在北京的一场以青年学生为主，广大群众、市民、工商人士等阶层共同参与的，通过示威游行、请愿、罢工、暴力对抗政府等多种形式进行的全民运动，是中国人民彻底的反对帝国主义、封建主义的爱国运动，又称"五四风雷"。五四运动被认为是中国近现代历史上许多重大事件的思想源头，是新民主主义革命阶段的开端，它深刻地改变了中国的近现代历史进程。1949 年 12 月，中央人民政府政务院正式将 5 月 4 日定为青年节。

中国共产党成立

1921 年 7 月 23 日，中国共产党第一次全国代表大会在上海法租界望志路 106 号（今兴业路 76 号）召开（最后一天的会议转移到浙江嘉兴南湖举行），毛泽东等各地共产主义早期组织的代表共 13 人，代表全国 50 多名党员出席了这次会议。这次会议正式宣告中国共产党成立，这被认为是中国历史上开天辟地的大事变。此后，每年的 7 月 1 日即被确定为中国共产党诞生纪念日。截至 2022 年末，中国共产党党员总数已经突破 9800 万人。

中国共产党诞生后，领导中国人民经历了北伐战争（1926—1928）、土地革命战争（1927—1937）、抗日战争（1931—1945）和解放战争（1945—1949）等历史阶段，取得了新民主主义革命的胜利，于 1949 年建立了中华人民共和国。

第一次国内革命战争

  第一次国内革命战争亦称"大革命"或"国民革命"，是指 1924 年至 1927 年中国人民在中国共产党和中国国民党合作领导下进行的、反对帝国主义和北洋军阀反动统治的战争。1923 年 6 月，中国共产党第三次全国代表大会召开，决定共产党员以个人身份加入孙中山领导的中国国民党，采取党内合作的形式与中国国民党建立革命统一战线，以完成反帝反封建的革命任务。1924 年 1 月，中国国民党第一次全国代表大会在广州举行，确立联俄、联共、扶助农工的三大政策，改组国民党，实现第一次国共合作。随后，创办黄埔军校，组建革命军队。此后，中国共产党领导了五卅运动和省港大罢工，在全国掀起群众性革命高潮。1925 年 2 月，以黄埔军校校军为主力组成东征军，开始北伐，大革命风暴迅速席卷全国，沉重打击了帝国主义在华势力，动摇了北洋军阀的统治。1927 年，蒋介石和汪精卫先后发动反革命政变，对共产党员和革命群众进行清洗和屠杀，第一次国共合作全面破裂，大革命失败。

嘉兴南湖红船

第二次国内革命战争

　　第二次国内革命战争，是指 1927 年至 1937 年中国共产党领导中国工农红军和中国人民为反对国民党蒋介石集团的反动统治、废除封建土地制度、建立工农民主政权而进行的一次国内革命战争。这场战争中，土地问题成为中国革命的中心问题，因此又被称为"土地革命战争"或"十年内战"。1937 年 7 月 7 日卢沟桥事变爆发后，国共两党实现第二次合作，一致抗日，土地革命战争即告结束。

八一起义纪念馆革命起义雕塑

红军长征

红军长征,是指土地革命战争时期中国工农红军主力撤离长江南北各苏区,转战两年,到达陕甘苏区的战略转移行动。1934年10月,中国工农红军第五次反"围剿"失败后,中央主力红军为摆脱国民党军队的包围追击,被迫实行战略性转移,退出江西中央革命根据地,进行长征。

长征是人类军事史上的伟大奇迹。红军在长征途中进行了600余次战斗,击溃国民党军数百个团。红军长征途径14个省份,翻越数十座大山,跨过几十条大河,走过荒草地,翻过大雪山,行程约二万五千里。红一方面军于1935年10月到达陕北革命根据地,与陕北红军胜利会师。1936年10月,红二、四方面军到达甘肃会宁地区,同红一方面军会师。红军三大主力会师,标志着红军长征的胜利结束。

西安事变

1936年12月12日,为挽救民族危亡、劝谏蒋介石改变"攘外必先安内"的既定国策、停止内战一致抗日,张学良、杨虎城毅然在临潼对蒋介石实行"兵谏",扣留来陕督战的蒋介石,发动了震惊中外的西安事变,亦称"双十二事变"。张、杨提出抗日救国八项政治主张,逼蒋介石抗日。1936年12月24日,在中共中央和周恩来等人的努力下,蒋介石接受"停止内战、联共抗日"等六项主张,为"西安事变"的和平解决奠定了基础。西安事变的和平解决也为后来的抗日民族统一战线的建立准备了必要的前提,成为由国内战争走向抗日民族战争的转折点。

抗日战争

从1931年九一八事变开始,至1945年日本投降,是中国人民反抗日本帝国主义侵略的正义战争,是近代以来中国抗击外敌入侵取得的第一次完全胜利,史称"抗日战争"。在以国共合作为基础的抗日民族统一战线旗帜下,全国人民和中国共产党、中国国民党领导的抗日武装共同抗击日本侵略者。据不完全统计,战争期间,中国军民伤亡3500多万人,按1937年的币值折算,中国直接经济损失1000多亿美元,间接经济损失5000多亿美元,无数珍贵的文化遗存毁于炮火或遗失。中国的抗日战争是世界反法西斯战争的重要组成部分,中国人民在战场上浴血奋战,有力地支援了其他国家的反法西斯斗争,对日本侵略者的彻底覆灭起到了决定性作用,为世界反法西斯战争的胜利作出了重大贡献。

第三次国内革命战争

1945年8月至1949年10月,中国人民解放军在中国共产党的领导和广大人民群众的支援下,为推翻国民党的反动统治、解放全中国而进行的革命战争,也就是解放战争,亦称"第三次国内革命战争"。1946年6月26日,国民党公然撕毁国共双方签订的停战协定,大举围攻中原解放区,全面内战爆发。1947年7月,解放军由战略防御转入战略进攻,从1948年9月至1949年1月先后打赢了辽沈、淮海、平津三大战役,基本上摧毁了国民党军队的主力。1949年4月,人民解放军横渡长江,23日解放南京。1949年10月1日,中华人民共和国在北京宣告成立。

05 中国文字与文学

(伍)

中国文字与文学 /

现代规范汉字是中国目前使用的通用文字。基于现存的古代文献记载和现已得到确认的考古发现，中国的汉字至少已有 5000 年的历史，

汉字起源的历史也可以说是中国古代文明的历史开端。汉字数量很多，常用的约为 3500 个，总量超过 10 万个。汉字从图画、符号到创造、定型，各种形体逐渐形成，经历了不断发展完善的过程。值得一提的是，在书写汉字过程中，逐渐产生了独特的书法艺术，这是世界上独一无二的以文字书写而形成的专门艺术形式。

汉字的起源

"汉字"是世界上唯一从古代演变过来且没有间断过的文字形式，是世界上使用时间最久、空间最广、人数最多的文字。汉字的创制和应用不仅推进了中华文化的发展，还对世界文化的发展产生了深远的影响。

关于汉字形成的源头，一般认为是原始人在生活中用来表达的"刻画符号"。象形文字的符号就是在这一阶段中逐渐积累的。大约在距今 6000 年的半坡遗址等地方，已经出现刻画符号，共达 50 多种。最早的文字是在约公元前 14 世纪的殷商后期出现的，这时形成了成熟文字符号体系，即甲骨文。甲骨文既是象形字又是表音字，汉字中至今仍有一些和图画一样的象形文字。考古证实，在商朝早期，中国文明已发展到相当高的水平，其主要特征之一就是甲骨文的出现。

汉字的象形

汉字是以象形为基础的文字，其字形和字义的联系非常密切，具有明显的直观性、表义性和关联性。传说黄帝的史官仓颉创造了象形文字，他通过观察天上星宿的分布情况、地上山川脉络的样子、鸟兽虫鱼的痕迹、草木器具的形状，描摹绘写，创造出种种不同的符号，并规定了每个符号所代表的意义。

古代中国文化记载脉络

结绳记事。中国的上古时代，有一个结绳记事的阶段。人们用不同粗细的绳子，在上面结成不同距离的结，结有大有小，每种结法、距离大小以及粗细表示不同的意思。中国古代对此有文献记载，《周易·系辞》云："上古结绳而治"。

甲骨文。甲骨文是中国的一种古老文字，又称"甲骨卜辞""契文""龟甲文"，是目前中国已发现存在最早、体系较为完整的文字，由于这种文字刻在龟甲、兽骨之上，故称之为"甲骨文"。甲骨文的产生与占卜有密切的关系。

金文。金文指的是一种铸刻在殷周青铜器上的铭文。因为周以前把铜称作金，所以凡铸刻在铜器上的铭文就叫作"金文"；而这类铜器以钟鼎上的文字居多，所以过去又称作"钟鼎文"。初始于商末，盛于西周，记录的内容与当时社会，尤其是王公贵族的活动息息相关，多为祀典、赐命、征伐、围猎以及契约之事。

简牍。简牍是造纸术发明之前主要的书写材料，在战国时已经出现，至魏晋时代消失。简牍是削制的狭长竹片或木片，用笔墨书写。

帛书。帛是丝织品，以丝织品作为文字载体而写成的书为帛书，又称缯书。丝织文化在中国起源甚早，将丝织品作为书写绘画材料也非常悠久，至迟在春秋时期，至西汉发展到高峰。1949 年 2 月，湖南省长沙市战国楚墓出土了帛画和帛书，考古实物证明了在纸发明之前，帛是中国古代重要的书画材料。

汉代医简《合阴阳》

竹简

　　竹简是指中国古代用来书写的竹片。战国至魏晋时代的主要书写材料是削制的狭长竹片（木片称札或牍）。早在商代，人们已用简书写，每片写字一行，用绳将一篇文章的所有竹片编连成册，称为"简册"。简牍是中国古代先民在纸张发明之前书写典籍、文书的主要材料，是中国十分古老的书籍形式。

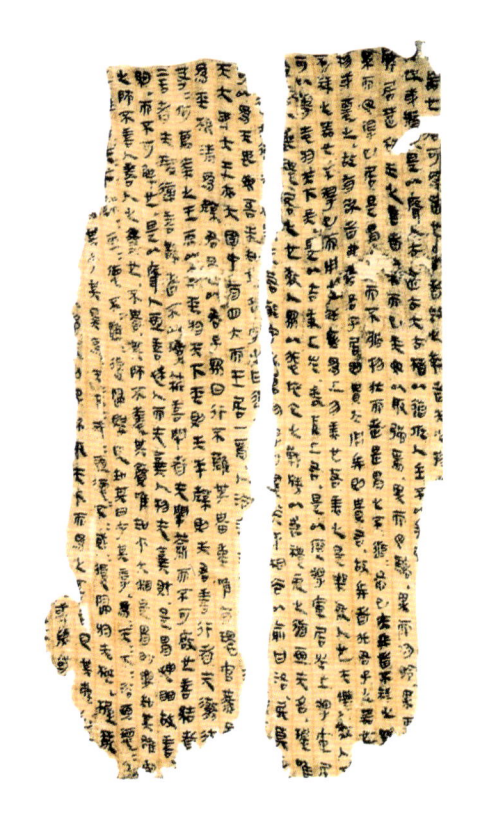

帛书

帛书

　　帛书以帛为书写材料，其起源可以追溯到春秋时期，目前已出土的帛书有楚帛书和汉帛书。楚帛书1942年在长沙子弹库楚墓被盗出，墨书楚国文字，计900余字，今存美国华盛顿弗利尔-塞克勒美术馆。汉帛书主要发现于长沙马王堆3号汉墓，计12万余字，具有重要的文献价值。此外，1979年在敦煌马圈湾汉代烽燧遗址也发现一件长条形帛书，是裁制衣服时留下的剪边，墨写隶书30字，记载边塞绢帛价格和来源。

秦始皇统一文字

在秦统一六国之前，各诸侯国通行文字在字形上或有差异，秦始皇统一六国后，下令李斯等人对文字进行整理，全国文字统一，称为"书同文"。李斯以战国时秦人通用的大篆为基础进行简化，创制了小篆。

文言文

文言文，即用文言写的文章。文言为"白话"的对称，是旧时在文学、历史、哲学、自然科学和政府文书等方面所使用的主要书面语形式。产生于先秦时期，一直沿用到近代。五四运动后，文言在书面语中的统治地位被白话所替代。文言在记录、传承古代文化方面起到重要作用，它的许多精华也为现代白话文所吸收。在当今的某些场合，文言也在一定程度上得到人们的使用。

印刷出版

雕版印刷是中国最早出现的印刷形式，在印刷史上有"活化石"之称。现存最早的雕版印刷品是公元 868 年的《金刚经》（现存英国国家图书馆）。扬州是中国雕版印刷术的发源地，是中国唯一保存全套古老雕版印刷工艺的城市。

活字印刷。北宋庆历年间（1041—1048），毕昇（约 970—1051）在黏土制成的一个个小方块上刻单字，再用火烧成陶字。排版时，把陶字放在一个铁盘里，排满一版。印完一版以后，陶字拆下来还可以再用，这就是泥活字。泥活字的发明，标志着活字印刷术的诞生，比德国人约翰内斯·古腾堡的铅活字印刷术早约 400 年。元代王祯成功创制木活字，又发明了转轮排字。明代中期，铜活字在江苏南京、无锡、苏州等地得到较多的应用。活字印刷被认为是人类印刷史上的一次革命。

电子排版。指采用计算机和激光照排等现代化设备排印报刊版面的新兴技术。用电子排版取代铅排，是印刷技术告别"铅与火"时代，迈进"光与电"时代的历史性变革。

网络出版。指互联网信息服务提供者将自己或他人创作的作品经过选择和编辑加工，登载在互联网上或者通过互联网发送到用户端，供公众浏览、阅读、使用或者下载的在线传播行为。主要包括已正式出版的图书、报纸、期刊、音像制品、电子出版物等出版物内容或者在其他媒体上公开发表的作品；经过编辑加工的文学、艺术和自然科学、社会科学、工程技术等方面的作品。

活字印刷术

中国文学

"文学"一词最早见于《论语·先进篇》。中国文学分为古典文学、现代文学与当代文学。

中国最早的文学作品是编纂于公元前6世纪的第一部诗歌总集——《诗经》，它收录自西周初年至春秋中叶（前11世纪—前6世纪）大约500年间的诗歌。此后，又有质朴的先秦散文、华丽的汉赋以及汉末的乐府民歌，分别代表了所在时代的文学风貌。中国古代的诗词文学极其发达，特别是国力强盛的唐代，对外交流频繁，文化上更加开放与包容，出现了诗歌的大繁荣，2300多位诗人留下了5万多首诗作。

经过唐宋诗词的繁荣，元代的曲获得了发展，明清时期，中国小说取得了辉煌的成就，《三国演义》《水浒传》《西游记》《红楼梦》，并称为"四大名著"。其中，《红楼梦》是中国古典小说的巅峰之作。

发端于"文学革命运动"的现代文学在20世纪三四十年代形成高潮。鲁迅、郭沫若、茅盾、巴金、老舍、曹禺、沈从文、张爱玲等人成为屹立中国文坛的巨匠。

20世纪八九十年代，一批具有世界影响的新作家及其作品问世，造就了中国当代文学的发展与繁荣。中国的网络文学经过十几年的发展，因其蕴含的巨大商业价值，成为中国文化创意产业中极具发展潜质的产业之一。

鲁迅雕像

古典小说四大名著

《三国演义》《水浒传》《西游记》《红楼梦》是中国古典小说的代表性著作,并称"四大名著"。

《红楼梦》,是中国古代章回体长篇小说,通行本共 120 回,一般认为前 80 回是清代作家曹雪芹(约 1715—1763)所著,后 40 回是无名氏所补。小说以贾、史、王、薛四大家族的兴衰为背景,以富贵公子贾宝玉为视角,贾宝玉与林黛玉、薛宝钗的爱情婚姻悲剧为主线,描绘了一批举止见识出于须眉之上的闺阁佳人的人生百态,展现了真正的人性美和悲剧美,可以说是一部从各个角度展现女性美以及中国古代社会世态百相的史诗性著作。《红楼梦》是一部具有世界影响力的人情小说,也是一部中国封建社会的百科全书。20 世纪以来,《红楼梦》以其异常出色的艺术成就和丰富深刻的思想底蕴,促使学术界产生了以其为研究对象的专门学问——红学。

《三国演义》,作者是罗贯中(约 1330—1400)。全书反映了三国时期的政治军事斗争,描写了三国时期各类社会矛盾的渗透与转化,概括了这一时代的历史巨变,塑造了一批叱咤风云的英雄人物,开创了历史小说的先河。

《水浒传》,作者是施耐庵(约 1296—1370)。全书叙述了北宋末年官逼民反,梁山泊英雄聚众起义的故事,再现了封建时代农民起义从发生、发展到失败的全过程。

《西游记》,作者是吴承恩(约 1510—1580)。全书描写的是孙悟空保唐僧西天取经、历经九九八十一难的故事,向人们展示了一个绚丽多彩的神魔世界。《西游记》是明代长篇小说的重要流派——神魔小说的代表作。

莫言 —— 中国首位诺贝尔文学奖获得者

莫言,本名管谟业,中国当代作家,2012 年 10 月成为首位中国籍诺贝尔文学奖获得者。瑞典学院为他拟定的获奖理由是:通过幻觉现实主义将民间故事、历史与当代社会融合在一起。

莫言从 1978 年开始进行文学创作,20 世纪 80 年代以后发表一系列乡土作品,如《透明的红萝卜》《红高粱家族》《丰乳肥臀》《红树林》等,充满着"怀乡"的复杂情感,被归类为"寻根文学"作家。莫言的系列小说打破宏观历史叙事,展示小人物的历史和人性的丰富,通过他们人性的自私、欲望和面对民族大义时冲锋陷阵的伟岸以及在历史的洪流面前无能为力的苍凉来展现历史的另类书写。其作品深受魔幻现实主义影响,构造出独特的主观感觉世界,天马行空的叙述、陌生化的处理,塑造出神秘超验的对象世界,带有明显的先锋色彩,其作品中的人文情怀和人类共同价值得到各国人民认可。

06 历史人物与思想文化名人

(陆) 历史人物与思想文化名人 /

5000多年的中华文明史中，

涌现了灿若星辰的重要历史人物和思想文化名人，他们对中国的文化繁荣和文明发展作出了独特的贡献。

周公
儒学奠基人

周公,姬姓名旦,亦称叔旦,是周文王姬昌第四子、周武王姬发的弟弟,是西周开国元勋,杰出的政治家、军事家、思想家、教育家,也是儒学先驱。因采邑在周,故称"周公"。

周公主要有三个方面的成就。军事上,周公在周王朝立足未稳的情况下,二次克殷,统一东方,建立以成周为中心的军事中心。政治上,提出以治绩考察选任官吏的原则,确立了以宗法制度为核心的嫡长制以及分封制。文化上,作为西周典章制度的主要创制者,主张"明德慎罚",以"礼"治国,奠定了"成康之治"的基础,也是孔子思想的主要源头。

老子
道家学派创始人

老子(约前571—前471),姓李名耳,字聃,春秋末期人。老子是中国古代思想家、文学家和史学家,道家学派创始人和主要代表人物,与庄子并称"老庄",后被道教尊为始祖,称"太上老君"。

老子曾担任周朝守藏室之史,以博学闻名,其著作《道德经》,是中国的本土宗教——道教的重要来源。老子思想对中国哲学发展具有深刻影响,其哲学的核心是"自然无为"。他认为万事万物都有自身运行的规律,也就是"道",人们要去发现它,遵循它,而不要违背。老子的思想充满辩证法,是古代辩证法思想的杰出代表。在政治上,老子主张无为而治、不言之教;在方法上,讲究物极必反之理;在修身方面,讲究虚心实腹、与人无争的修持。

孔子
儒家学派创始人

孔子（前551—前479），名丘，字仲尼，春秋时期鲁国陬邑（今山东省曲阜市）人。中国古代伟大的思想家、政治家、教育家，儒家学派创始人，被尊为"大成至圣先师"。

孔子学说的核心思想是"仁"和"礼"。大致意思是人与人相处，要彼此心怀仁义，互相要有礼节。人际交往中，孔子强调"忠"和"恕"。"忠"就是以忠实诚信的态度对人，以恪尽职守的态度待事；"恕"就是"己所不欲，勿施于人"。孔子还开创私人讲学之风，主张"有教无类"。传说孔子有弟子三千，其中贤人七十二。孔子晚年整理了《诗》《书》等文献，去世后，其弟子及再传弟子将他与门人的问答整理编成《论语》。孔子被列为"世界十大文化名人"之首，其思想对中国乃至世界都有深远的影响。

墨子
墨家学派创始人

墨子（前476或480—前390或420），名翟，春秋战国时期宋国人。中国古代思想家、教育家、科学家、军事家，墨家学派创始人和主要代表人物。

墨子提出"兼爱""非攻""尚贤""尚同""天志""明鬼""非命""非乐""节葬""节用"等观点，创立了以几何学、物理学、光学为突出成就的一整套科学理论，是中国古代科学思想的集大成者。墨家在先秦时期影响很大，与儒家并称"显学"。战国时期的百家争鸣，有"非儒即墨"之称。墨子弟子根据墨子生平事迹的史料，收集其语录，编成了《墨子》一书。

庄子
道家学派代表人物

庄子（约前369—前286），名周，宋国蒙人。庄子是道家学派代表人物，与老子并称"老庄"，是战国时期思想家、文学家。

庄子发展了老子的思想，尤其崇尚自由。他最早提出的"内圣外王"思想对儒家也影响深远。庄子的作品收录于《庄子》一书，代表作有《逍遥游》《齐物论》《养生主》等。庄子的著作想象丰富奇特，语言运用自如，哲学思想深邃，能把微妙难言的哲理写得引人入胜，被称为"文学的哲学，哲学的文学"。据传庄子常隐居南华山，卒葬于彼，故唐玄宗天宝初，被诏封为南华真人，《庄子》一书也因之被奉为《南华真经》。

孙子
百世兵家之师

孙武（约前545—前470），中国春秋时期著名的军事家、政治家，被尊称为"兵圣"，被誉为"百世兵家之师""东方兵学的鼻祖"。

孙武所著的《孙子兵法》是现存最早的兵书，有"兵学圣典"之誉，为《武经七书》之首。《孙子兵法》共十三篇，提出有"兵者，国之大事，死生之地，存亡之道，不可不察也"等观点。《孙子兵法》继承和发展了前人的军事理论，把政治作为决定战争胜败的首要因素，归纳出战争的原理原则；举凡战前之准备，策略之运用，作战之部署，敌情之研判等，无不详加说明；巨细靡遗，周严完备，具有朴素的唯物辩证思想。该书被译成多国文字广为流传，成为国际著名的兵学典范。

韩非子
法家学派代表人物

韩非（约前280—前233），战国时期法家的代表人物，是杰出的思想家和散文家。

韩非将商鞅的"法"，申不害的"术"和慎到的"势"集于一身，是法家思想的集大成者。韩非著有《韩非子》，此书共55篇，十万余字，其创立的法家学说为中国第一个统一专制的中央集权制国家的诞生提供了理论依据。

孟子
儒家学派代表人物

孟子（约前372—前289），名轲，字子舆，战国时期思想家、教育家，是孔子之后的儒家学派代表人物，与孔子并称为"孔孟"。

孟子的核心思想是"仁政"，最早提出"民贵君轻"思想，元朝追封其为仅次于孔子的"亚圣"。孟子的言论收录于《孟子》一书，其中《鱼我所欲也》《得道多助，失道寡助》《寡人之于国也》和《生于忧患，死于安乐》等为后人所高度推崇。孟子主张性善论，认为人生来就具备仁、义、礼、智四种品德，人可以通过内省去保持和扩充它。在价值观方面，孟子强调舍生取义，"生，亦我所欲也；义，亦我所欲也。二者不可得兼，舍生而取义者也"。

司马迁（约前145—前87），字子长，西汉史学家、文学家、思想家，任太史令，被后世尊称为"史迁""太史公"。

司马迁以"究天人之际，通古今之变，成一家之言"的史识创作了中国第一部纪传体通史《史记》（原名《太史公书》）。该书记载了从上古传说中的黄帝时期，到汉武帝太初四年，长达3000多年的历史。《史记》全书130篇，52万余字，包括十二本纪、三十世家、七十列传、十表、八书，开创了中国纪传体通史之先河。

司马迁
历史之父

董仲舒（前179—前104），西汉思想家、政治家。公元前134年，汉武帝下诏征求治国方略，董仲舒在著名的《举贤良对策》中把儒家思想与当时的社会需要相结合，并吸收其他学派的理论，创建了一个以儒学为核心的新的思想体系，深得汉武帝的赞赏。董仲舒提出的"天人感应""大一统"学说和"罢黜百家，独尊儒术"的主张被汉武帝采纳，推动儒学成为中国社会正统思想，影响长达两千多年。其学以儒家宗法思想为中心，杂以阴阳五行说，把神权、君权、父权、夫权贯穿在一起，形成帝制神学体系。

董仲舒
"罢黜百家，独尊儒术"的提出者

朱熹（1130—1200），字元晦，号晦庵，又号紫阳。南宋时期理学家、思想家、教育家、诗人。

　　朱熹19岁考中进士，一生主持书院，从教50余年，弟子众多。他是中国著名思想家"二程"（程颢、程颐）三传弟子李侗的学生，与"二程"合称"程朱学派"。朱熹是理学集大成者，闽学代表人物，被后世尊称为"朱子"。其著述甚多，有《四书章句集注》《太极图说解》《通书解》《周易本义》《楚辞集注》，后人辑有《朱子大全》《朱子集语象》等。其中《四书章句集注》成为钦定的教科书和科举考试的标准。朱熹的理学思想对后世影响很大，成为元、明、清三朝的官方哲学。

朱熹
中国理学集大成者

　　王守仁（1472—1529），本名王云，字伯安，号阳明。明朝杰出的思想家、文学家、军事家、教育家。王阳明于1499年中进士，自刑部主事历任贵州龙场驿丞、庐陵知县、右佥都御史、南赣巡抚、两广总督等职，接连平定南赣、两广盗乱及宸濠之乱，因功获封新建伯，成为明代凭借军功封爵的三位文臣之一。

　　王守仁是明代心学发展的集大成者，有《王文成公全书》传世。他反对把孔孟的儒家思想看成一成不变的戒律，反对盲目地服从封建的伦理道德，而强调个人的能动性。他还提出"致良知"的哲学命题和"知行合一"的方法论，具有要求冲破思想禁锢、呼吁思想和个性解放的意义。王守仁广收门徒，宣传他的思想主张，史称"阳明学派"。王守仁的阳明心学后传入日本、朝鲜等国，其心学思想被学术界评价为中国封建中世纪社会后期出现的最早的启蒙哲学。

王守仁
心学发展的集大成者

嬴政
千古一帝

秦始皇（前259—前210），嬴姓，赵氏，名政。中国古代杰出的政治家、战略家、改革家，首次建立了大一统的中央集权制国家，也是中国历史上第一个称皇帝的君主。

嬴政出生于赵国都城邯郸，后回到秦国。公元前247年继承王位，时年13岁。嬴政重用李斯、王翦等人，先后灭韩、赵、魏、楚、燕、齐六国，完成了统一中国大业。公元前221年，嬴政称帝，建立起中央集权的统一的多民族国家——秦。嬴政统一六国之后，自称"始皇帝"，在中央实行三公九卿，管理国家大事；地方上废除分封制，代以郡县制；同时推行书同文，车同轨，统一货币、度量衡。北击匈奴，南征百越，修筑万里长城；修筑灵渠，沟通长江和珠江水系。秦朝奠定的封建国家框架在以后的2000多年中一直被沿用。

刘彻
汉武大帝

汉武帝刘彻（前156—前87），是西汉第七位皇帝，7岁被立为皇太子，16岁继承皇位。他在位54年，是西汉杰出的政治家、战略家、文学家。

汉武帝在位期间，对内加强中央集权，颁行推恩令，严格禁止诸侯王参与政事；不拘一格录用人才，提拔有才能的士人；裁抑丞相职权，加强对郡国的控制；改革币制，实行盐铁官营、均输平准等制度；向商人征收重税；建立正规的察举制度；实行尊崇儒术的文化政策，兴建太学，立学官，为儒家思想成为中国的正统文化奠定了根基。汉武帝征服南越、闽越、东越、卫氏朝鲜等政权，降伏车师、楼兰、大宛、西羌、西南夷等地区，迫使匈奴远徙漠北，"所辟疆土，视高、惠、文、景时几至一倍"，使中国"千万年皆食其利"。汉武帝还命张骞出使西域，沟通汉与西域各族联系，进一步开辟了通往西域和欧洲的"丝绸之路"，把汉帝国推向鼎盛。

183 文明古国 ▶ 历史人物与思想文化名人

唐太宗李世民（599—649），唐朝第二位皇帝，著名的政治家、战略家、军事家、书法家、诗人。

李世民少年从军，曾往雁门关解救隋炀帝。他首倡晋阳起兵，领兵攻破长安。唐朝建立后，李世民领兵平定多地的割据势力，为唐朝的建立与统一立下赫赫战功。626年，李世民发动"玄武门之变"，杀死太子李建成和齐王李元吉。之后，唐高祖李渊退位，李世民即皇帝位，年号贞观。在位初期，李世民任用贤能，虚心纳谏。对内完善科举制度，厉行节约，劝课农桑，实现休养生息、国泰民安，开创"贞观之治"；对外开疆拓土，攻灭东突厥与薛延陀，征服高昌、龟兹和吐谷浑，重创高句丽，设立安西四镇，与北方地区各民族融洽相处，维护"丝绸之路"畅通，促进了中外经济和文化的交流，获得尊号"天可汗"，为唐朝后来一百多年的盛世局面奠定了重要基础。

李世民
贞观之治

孛儿只斤·铁木真（1162—1227），蒙古族乞颜部人，蒙古帝国可汗，尊号"成吉思汗"，世界史上杰出的军事家、政治家。

铁木真早年丧父，投奔克烈部首领脱里，积蓄实力，于1189年被推举为蒙古乞颜部可汗，后经一系列战争，统一蒙古高原诸部。1206年铁木真在斡难河源即皇帝位，建立大蒙古国。建国后，他实行千户制，建立护卫军，颁布《大扎撒》。此后，铁木真带领军队，经过多次对外战争，占领了东亚金朝的大片领土，并灭西夏、西辽及中亚的花剌子模，其征服足迹远抵东欧的黑海海滨。1227年，铁木真在西夏投降前夕病逝，终年66岁。临终前，他定下"联宋灭金"的战略，死后被秘密安葬于起辇谷。元朝建立后，累赠谥号为"法天启运圣武皇帝"，庙号太祖。

铁木真
成吉思汗

爱新觉罗·玄烨（1654—1722），顺治帝第三子，8岁登基，14岁亲政。是清朝第四位皇帝，年号"康熙"。他在位61年，是中国历史上在位时间最长的皇帝。

康熙帝少年时就挫败了权臣鳌拜，开始真正亲政，肃正朝纲，恢复内阁制度。他在政治上加强中央集权，笼络汉族士人，制定了由中央政府最终决定西藏地方领袖的一整套规章制度；同时治理河道，保证京杭大运河畅通，注重休养生息，发展经济；他平定"三藩"之乱，收复台湾，挫败沙俄侵略军，签订《尼布楚条约》，确保中国对黑龙江流域的主权；三征噶尔丹，并取得胜利；同时创立"多伦会盟"取代战争，联络蒙古各部。康熙是统一的多民族国家的捍卫者，奠定了清朝兴盛的根基，开创了康乾盛世的大好局面。

康熙帝
中国历史上在位时间最长的皇帝

屈原
楚辞之祖

屈原（约前340—前278），芈姓，屈氏，名平，字原，又自云名正则，字灵均。战国时期楚国诗人、政治家，被誉为"楚辞之祖"。

屈原博闻强识，志向远大。早年受楚怀王信任，任左徒、三闾大夫，兼管内政外交大事。因遭贵族排挤诽谤，屈原被先后流放至汉北和沅湘流域。楚国郢都被秦军攻破后，屈原自沉于汨罗江，以身殉楚国。

屈原是中国历史上一位伟大的爱国诗人，是中国浪漫主义文学的奠基人，是楚辞的创立者和代表作家，开辟了"香草美人"的传统。其主要作品有《离骚》《九歌》《九章》《天问》等。以屈原作品为主体的《楚辞》成为中国浪漫主义文学的源头之一，后人将《楚辞》中的《离骚》与《诗经》中的《国风》并称为"风骚"，对后世诗歌和文学都产生了深远影响。屈原作品标志着中国诗歌进入了一个由大雅歌唱到浪漫独创的新时代。

李白
唐代伟大的浪漫主义诗人

李白（701—762），字太白，号青莲居士。唐代伟大的浪漫主义诗人，被后人誉为"诗仙"，与杜甫并称为"李杜"。

李白爽朗大方，爱饮酒作诗，喜交友。其诗雄奇飘逸，常综合运用想象、夸张、比喻、拟人等手法，从而营造神奇异彩、瑰丽动人的意境，这正是其浪漫主义诗作给人以豪迈奔放、飘逸若仙的原因所在。他的代表作有《望庐山瀑布》《行路难》《蜀道难》《将进酒》《早发白帝城》等，著有《李太白集》。

苏轼
豪放词派代表人物

苏轼（1037—1101），字子瞻，又字和仲，号东坡居士，世称"苏东坡"。北宋时期著名的文学家、书法家、美食家、画家。

苏轼是北宋中期文坛领袖，在诗、词、散文、书、画等方面均有很高成就。其诗题材广阔、清新豪健，善用夸张比喻，独具风格；其词开豪放一派，成为豪放派代表；其散文著述宏富，豪放自如，为"唐宋八大家"之一。他还善书，为"宋四家"之一；擅长文人画，尤擅墨竹、怪石、枯木等，是中国文人画的先驱之一。苏轼被后人评价是全才式的艺术巨匠，作品有《东坡七集》《东坡易传》《东坡乐府》《潇湘竹石图》《枯木怪石图》等。

杜甫
唐代伟大的现实主义诗人

杜甫（712—770），字子美，自号少陵野老。唐代伟大的现实主义诗人，被后人称为"诗圣"，与李白并称"李杜"，其诗被称为"诗史"。

杜甫少年时代曾先后游历吴越和齐赵，目睹了唐朝上层社会的奢靡与社会危机。755年，安史之乱爆发，杜甫先后辗转多地。759年，杜甫弃官入川，躲避战乱，生活相对安定。杜甫一生创作了《登高》《春望》《北征》以及"三吏""三别"等名作。"三吏"是《新安吏》《潼关吏》《石壕吏》，"三别"是《新婚别》《无家别》《垂老别》。杜甫是中国诗歌史上现实主义诗人的代表，约有1500首诗歌被保留了下来，大多收于《杜工部集》。

07 文化典籍

柒 文化典籍 /

中华文化源远流长，几千年的历史积淀为后人留下无数灿烂的智慧结晶，

经史子集、诗词歌赋、史地名著、宗教经典、词曲小说等众多文化典籍浩如烟海，在历史的长河中如珍宝般流光溢彩，记录着中华儿女的成长历史，也承载着中华民族几千年来的精神基因。这些文化瑰宝世代相传，至今为人们所用。中国也因此成为世界上文化典籍极为丰富的国家之一。

《大学》

《大学》是儒家经典，"四书"之一，出自《礼记》，原是《礼记》四十九篇中的第四十二篇。《大学》是一篇论述儒家修身齐家治国平天下思想的散文，相传为春秋战国时期曾子所作，或为秦汉时期儒家作品，是中国古代一部讨论教育理论的重要著作。

《大学》提出"三纲领"（明明德、亲民、止于至善）和"八条目"（格物、致知、诚意、正心、修身、齐家、治国、平天下），强调修己是治人的前提，修己的目的是治国平天下，说明治国平天下和个人道德修养的一致性。《大学》全文文辞简约，内涵深刻，影响深远，主要概括总结了先秦儒家道德修养理论，以及道德修养的基本原则和方法，对儒家政治哲学也有系统的论述，对做人、处事、治国等有深刻的启迪。

宋元以后，《大学》成为学校官定的教科书和科举考试的必读书，对中国古代教育产生了极其重要的影响。

《中庸》

《中庸》是儒家经典，"四书"之一，是中国古代论述人生修养境界的一部道德哲学专著，相传为战国时期子思所作。

《中庸》所论乃天道、人道的最高深又最恒常的道理。中庸是循中和之道而为之。其通篇的主旨是论中和，探讨致中和的方法。中和是宇宙的本来状态。人的可教育，就在于能中和；政教的作用，就在于致中和。《中庸》一书认为用不偏不斜的、平常的中和之道对待所有事物就是中庸，以中和之道修养自己就是中庸。《中庸》的内容肯定中庸是道德行为的最高标准，认为"至诚"则达到人生的最高境界，并提出"博学之，审问之，慎思之，明辨之，笃行之"的学习过程和认识方法。因此，中庸既是最高的大道境界，也是处理问题最正确的思想方法。

宋元以后，《中庸》成为学校官定的教科书和科举考试的必读书。

《论语》

《论语》是记录孔子及其弟子言行而编成的语录文集，全书共20篇492章，成书于战国前期。自汉武帝"罢黜百家，独尊儒术"之后，《论语》即被尊为"五经之管辖，六艺之喉衿"，是研究孔子及儒家思想尤其是原始儒家思想的第一手资料。

作为儒家经典，《论语》内容博大精深，包罗万象，其思想主要有三个既各自独立又紧密相依的范畴：伦理道德范畴——仁，社会政治范畴——礼，认识方法论范畴——中庸。其中"仁"是《论语》的思想核心。《论语》还反映了孔子的教育思想，包括因材施教、诲人不倦、有教无类等。

宋代以后，《论语》被列为"四书"之一，成为古代学校官定教科书和科举考试必读书。

《孟子》

《孟子》是儒家经典，"四书"之一，战国中期由孟子及其弟子万章、公孙丑等著，全书共 11 篇，现存 7 篇 14 卷，总字数 3.5 万余字，260 章。书中记载有孟子及其弟子的政治、教育、哲学、伦理等思想观点和政治活动。

孟子的主要思想就是仁、义、善。《孟子》主张"民为贵，社稷次之，君为轻"，认为政府要保障人民的利益，君主应以爱护人民为先决条件。孔子论"仁"，是自觉的道德；孟子的"仁"，则兼具教化的功能。《孟子》主张"有德者执政"，反对霸政，提倡以德服人的仁政，反对武力服人的霸政。《孟子》认为要"得天下英才而教育之"，提倡人格和道德教育。在价值观方面，强调舍生取义，以"礼义"来约束自己的一言一行。

《诗经》

《诗经》是中国古代最早的诗歌总集，收集了西周初年至春秋中叶（前 11 世纪—前 6 世纪）的诗歌，共 311 篇（其中 6 篇为笙诗，即只有标题，没有内容），反映了周初至周晚期约 500 年间的社会面貌。

《诗经》在先秦时期称为《诗》，或取其整数称《诗三百》。西汉时被尊为儒家经典，始称《诗经》，并沿用至今。《诗经》的作者绝大部分已经无法考证，传为尹吉甫采集、孔子编订。

《诗经》内容丰富，反映了劳动与爱情、战争与徭役、风俗与婚姻、祭祖与宴会，甚至天象、地貌、动物、植物等方方面面，是周代社会生活的一面镜子。《诗经》六义一般指"风、雅、颂"三种诗歌形式与"赋、比、兴"三种表现手法。其中，《风》有 160 篇，多出自各地的民歌，是《诗经》中的精华部分；《雅》有 105 篇，分大雅和小雅，多为贵族祈丰年、颂祖德所作，一般看作"正声"；《颂》有 40 篇，是祭祀和颂圣的乐曲。《诗经》不仅具有文学价值，同时也具有极高的研究价值，特别是《雅》《颂》中的诗歌，对于考察早期历史、宗教与社会都有很大价值。

《尚书》

《尚书》是中国第一部上古历史文件和部分追述古代事迹著作的汇编，成书于先秦时期，最早书名为《书》，因是儒家"五经"之一，又称《书经》。

先秦时期的《书》有多少篇，并没有明确可靠的记载。战国时期流传的《尚书》大概有百篇左右。目前流传下来的有 28 篇。《尚书》所录为虞、夏、商、周各代典、谟、训、诰、誓、命等文献，即上古各代部分帝王有关政事和治国的言论。其最引人注目的思想倾向是以天命观念解释历史兴亡，以为现实提供借鉴。这种天命观念具有理性的内核：一是敬德，二是重民。《尚书》的文字诘屈艰深，晦涩难懂，但它标志着史官记事散文的进步。自汉以来，《尚书》一直被视为中国封建社会的政治哲学经典，既是帝王的教科书，也是贵族子弟及士大夫必修的"大经大法"。

《礼记》

《礼记》一般指《小戴礼记》，成书于汉代，为西汉礼学家戴圣所编，是中国古代一部重要的仪礼论著选集。自东汉郑玄作"注"后地位日升，至唐代时尊为"经"，宋代以后，位居"三礼"之首。共 20 卷 49 篇，内容主要写先秦的礼制，体现了先秦儒家的哲学思想（如天道观、宇宙观、人生观）、教育思想（如个人修身、教育制度、教学方法、学校管理）、政治思想（如以教化政、大同社会、礼制与刑律）、美学思想（如物动心感说、礼乐中和说），是研究先秦社会的重要资料。

《易经》

《易经》是中国古代阐述天地世间万象变化的最早经典，被誉为"诸经之首"，在中国思想史上有着深远影响。

《易经》在 3000 多年前就已成书，"易"有变易（事物不断变化）、简易（执简驭繁）、不易（永恒不变）三义。《易经》内容涵盖万有，广大精微，涉及哲学、政治、生活、文学、艺术、科学等诸多领域，蕴含着丰富深刻的自然法则和辩证思想，有着诸多方面的研究价值。其核心思想认为要从整体的角度去认识和把握世界，把人与自然看作是一个互相感应的有机整体，即"天人合一"；认为世界万物是发展变化的，其变化的基本要素是阴和阳，讲究阴阳互应、刚柔相济；提倡自强不息、厚德载物，等等。

《春秋》

《春秋》是中国古代儒家典籍"五经"之一，是中国现存的第一部编年体史书，记载了春秋时鲁国国史，相传由孔子整理修订而成。

《春秋》经文极为简练，但句句几乎都含褒贬之意，后世称为"春秋笔法""微言大义"。解释《春秋》的有被称为"春秋三传"的《左传》《公羊传》《榖梁传》。

《山海经》

《山海经》共 18 卷，约 3.1 万字，内容涵盖丰富，可以说是一部上古社会生活的百科全书，由民间口头文学流传而来，并在流传的过程中不断演变增益，最后才见之于文字，成书于战国时期至汉代初期，成书后仍不断经后人修改增订而成。《山海经》记录的是大荒时期的生活状况与人们的思想活动，勾勒出了上古时期的文明与文化状态。

《山海经》文本内部呈现为平面铺排式的网络状，其结构分为《山经》和《海经》两部分。其中《山经》主要记载山川地理、矿产，以及奇禽异兽、怪蛇怪鱼、奇异的花草树木等；《海经》主要记叙海内外各地的地理形势、奇异人物与风土人情，以及神奇事物、神话历史。

故宫脊兽

《道德经》

《道德经》亦称《老子》，春秋时期老子著，是道家的主要经典。

《道德经》流传本分上下两篇，《道经》37章在前，第38章之后为《德经》，共81章。出土的早期写本则是德经在前，道经在后。《道德经》文本以哲学意义之"道德"为纲宗，论述修身、治国、用兵、养生之道。主题思想为"道法自然"。哲学上，"道"是天地万物之始之母，阴阳对立与统一是万物的本质体现，物极必反是万物演化的规律。伦理上，主张纯朴、无私、清静、谦让、贵柔、守弱、淡泊等因循自然的德性。政治上，主张对内无为而治，不生事扰民，对外和平共处，反对战争与暴力。

《道德经》一书在逻辑上经由"物理至哲学至伦理至政治"层层递进，由自然之道进入到伦理之德，最终归宿于对理想政治的设想与治理之道，也就是从自然秩序中找出通向理想社会秩序的光明正道。《道德经》对传统哲学、科学、政治、宗教等产生了深刻影响。

《庄子》

《庄子》亦称《南华经》，是战国中后期庄子及其后学所著道家学说汇总。《庄子》一书主要反映了庄子的批判哲学、艺术、美学、审美观等，其内容丰富、博大精深，涉及哲学、人生、政治、社会、艺术、宇宙生成论等诸多方面。

《庄子》的文章，想象奇幻，构思巧妙，营造出多彩的思想世界和文学意境；文笔具有浪漫主义的艺术风格，瑰丽诡谲，意出尘外，乃先秦诸子文章的典范之作。庄子之语看似夸言万里，想象漫无边际，然皆有根基，重于史料议理，被誉为"钳揵九流，括囊百氏"。

《庄子》不仅是一部哲学名作，更是文学、美学上的寓言杰作，对中国文学、审美的发展有着深远影响。

清代任熊绘制的《老庄像》："庄生游逍遥"

《孙子兵法》

《孙子兵法》，又称《孙子》，由春秋时期军事家、政治家孙武所著，是中国现存最早的兵书，也是世界上最早的军事著作，早于克劳塞维茨《战争论》约2300年，被誉为"兵学圣典"。现存13篇，6000字左右。

《孙子兵法》是古代军事思想精华的集中体现。其核心思想为：要善于出奇制胜，形成良好的态势，不使敌人了解自己的虚实，使自己始终掌握战场的主动权。书中有丰富的辩证法思想，探讨了与战争有关的一系列矛盾的对立和转化，如敌我、主客、众寡、强弱、攻守、胜败、利害等。

《孙子兵法》在世界军事思想领域和管理学与商业竞争领域都拥有广泛的影响，被翻译成20多种语言文字，全世界有数千种关于《孙子兵法》的刊印本。

《史记》

《史记》初称为《太史公书》，是西汉史学家司马迁撰写的纪传体史书，是中国历史上第一部纪传体通史，被列为"二十四史"之首。

《史记》共130篇，约52.65万字，规模巨大，体系完备。全书包括十二本纪（记历代帝王政绩）、三十世家（记诸侯国和汉代诸侯、勋贵兴亡）、七十列传（记重要人物的言行事迹，主要叙人臣，其中最后一篇为自序）、十表（大事年表）、八书（记各种典章制度如礼、乐、音律、历法、天文、封禅、水利、财用），记述了上至上古传说中的黄帝时代，下至汉武帝太初四年间共3000多年的历史。

《史记》对后世史学和文学的发展都产生了深远影响。其首创的纪传体编史方法为后来历代"正史"所传承。《史记》也是一部优秀的文学著作，被鲁迅誉为"史家之绝唱，无韵之《离骚》"，有很高的文学价值。

《资治通鉴》

《资治通鉴》是北宋史学家司马光主编的一部多卷本编年体史书，共294卷，300多万字。该书主要以时间为纲，事件为目，上起公元前403年，下迄公元959年，涵盖16朝1362年的历史。

《资治通鉴》即为"鉴于往事，有资于治道"之意，是司马光以"为君亲政，贤明之道"为出发点编写而成的一部编年体通史，按时间先后叙次史事，用追叙和终言的手法，说明史事的前因后果。内容以政治、军事和民族关系为主，兼及经济、文化和历史人物评价，借以展示历代君臣治乱、成败、安危之迹，作为历史的借鉴。

《资治通鉴》自成书以来，历代帝王将相、文人骚客、各界要人争读不止，是历代君王的教科书。

08 世界遗产

(捌)

世界遗产 /

中国是世界上拥有世界遗产类别最齐全的国家，也是世界自然遗产数量、世界文化与自然双重遗产数量最多的国家。

中国于 1985 年 12 月 12 日正式加入《保护世界文化与自然遗产公约》。目前，中国共有世界遗产 59 项，其中世界文化遗产 40 项，世界文化与自然双重遗产 4 项，世界自然遗产 15 项。北京是中国拥有世界遗产项目最多的城市（8 项）。此外，中国还两次承办世界遗产大会，分别是 2004 年在苏州举行的第 28 届世界遗产大会和 2021 年在福州举行的第 44 届世界遗产大会。

世界文化遗产（40 项）

长城

长城是中国也是世界上修建时间最长、工程量最大的一项古代军事防御工程。长城不是单纯孤立的城墙，而是以城墙为主体，同大量的城、障、亭、标共同构成的防御体系，总计 4.3 万余处（座、段）。长城修筑的历史可上溯到西周时期，秦朝统一中国之后连接修缮万里长城，汉、明两代又曾大规模修筑，前后历时 2000 多年。长城分布于中国北部和中西部的 15 个省区市内，总计长度达 2 万多千米，有"上下两千多年，纵横十万余里"之誉。

长城如此浩大的工程，不仅在中国，就是在世界上也是绝无仅有的，与罗马斗兽场、比萨斜塔等被列为中古世界七大奇迹。登上长城遗址，不仅能目睹逶迤于群山峻岭之上的长城雄姿，还能领略到中华民族创造历史的智慧与勇气。

明清皇宫（北京故宫、沈阳故宫）

明清皇宫包括北京故宫和沈阳故宫。北京故宫又称紫禁城，位于北京市区中心，始建于 1406 年，是明、清两代的皇宫，有 24 位皇帝相继在此登基执政。北京故宫是世界上现存规模最大、最完整的古代木质结构建筑群，占地面积约 72 万平方米，建筑面积约 15 万平方米，拥有殿宇 9000 多间，不同宫殿有着不同的功能。其中太和殿（又称金銮殿）是皇帝举行盛大典礼的地方，如登基即位、皇帝大婚、册立皇后、命将出征。故宫黄瓦红墙，金扉朱楹，白玉雕栏，宫阙重叠，雄伟壮观，是中国古代宫廷建筑之精华。故宫博物院现收藏珍贵历代文物和艺术品约 180 余万件。

沈阳故宫位于辽宁省沈阳市，原是清代初期营建和使用的皇家宫苑，始建于 1625 年。沈阳故宫占地面积 6 万多平方米，有古建筑 114 座，殿宇 500 多间，至今保存完好。沈阳故宫的高台建筑、"宫高殿低"的建筑风格，在中国宫殿建筑史上绝无仅有。

故宫博物院官网

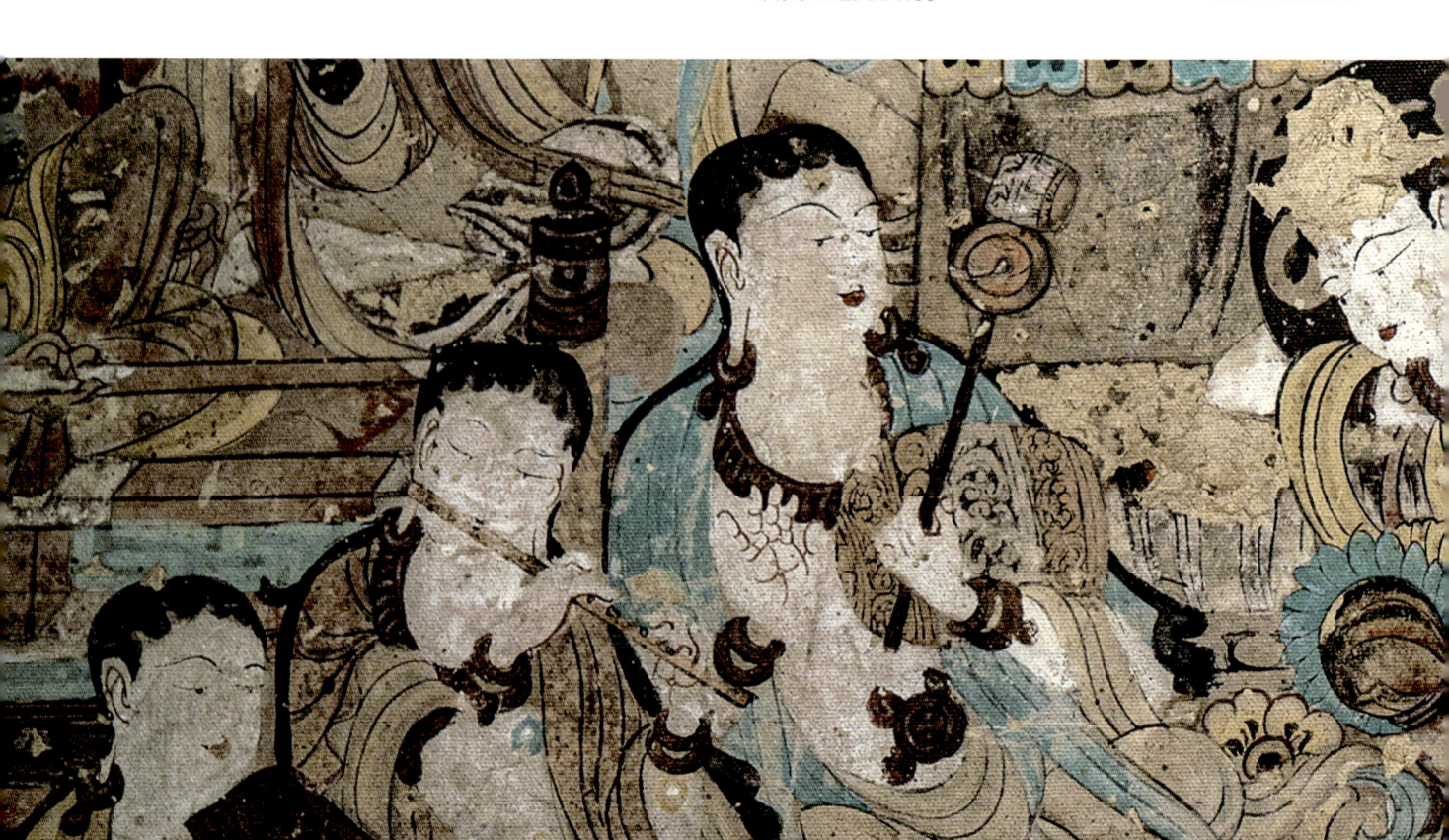

莫高窟

　　莫高窟俗称千佛洞，位于甘肃省敦煌市的鸣沙山东麓断崖上，上下五层，窟群长约 1600 米。莫高窟始凿于 366 年，后经十六国至元十几个朝代的开凿，形成一座内容丰富、规模宏大的石窟群。现存洞窟 735 个，壁画 4.5 万平方米，彩塑 2000 余身，唐宋木结构窟檐 5 座，莲花柱石和铺地花砖数千块。莫高窟是一处由建筑、绘画、雕塑组成的博大精深的综合艺术殿堂，是世界上现存规模最宏大、保存最完好的佛教艺术宝库，被誉为"东方艺术明珠"。莫高窟藏经洞内藏有从公元 5 世纪至 11 世纪初的经卷、文书刺绣及其他文物 5 万余件，吸引了国内外学者的研究关注，催生了著名的敦煌学。

秦始皇陵及兵马俑

　　秦始皇陵及兵马俑位于陕西省西安市临潼区东 5 千米，是中国历史上第一位皇帝嬴政的陵寝。陵区分陵园区和从葬区两部分。兵马俑是秦始皇陵众多陪葬坑中尤为著名的一处。1974 年以来，在陵园东 1.5 千米处发现从葬兵马俑坑三处，出土陶俑 8000 件、战车百乘以及数万件实物兵器等文物，1980 年又在陵园西侧出土青铜铸大型车马 2 乘。这些出土文物为研究秦代的军事、政治、经济、文化、科学和艺术等提供了实物材料，具有极高的历史、艺术以及科学研究价值。

跪射俑

敦煌莫高窟壁画

198 ▶ 中国与中国人

周口店北京人遗址

周口店北京人遗址位于北京市房山区的龙骨山，地处华北平原和燕山山脉的接壤处，这里充足的水源和天然洞穴，为远古人类的生存提供了优越的自然环境。自 1927 年进行大规模发掘以来，共发现不同时期的各类化石和文化遗物点 27 处，出土的古人类化石涵盖了人类演化史上的三个阶段，构成连续的古人类演化序列。遗址内同时还发现数百种动物化石、近 10 万件石制工具和丰富的人类用火遗迹。周口店遗址是世界范围内更新世古人类遗址中内涵丰富、材料齐全并且极具科研价值的遗址之一，是世界著名的古人类和古脊椎动物考古遗址，遗址的考古研究工作仍在进行中。

武当山古建筑群

武当山是中国道教圣地，耸立于中国西部地区湖北省十堰市境内，景区"绵亘八百里"。武当山古建筑群始建于唐贞观年间，宋元时进行规模建筑，明代又兴建了大批道教宫、观、祠、庙，形成了武当山的建筑群格局。在古代，武当山以"亘古无双胜境，天下第一仙山"的显赫地位成为千百年来人们顶礼膜拜的"神峰宝地"；在当代，武当山古建筑群与自然环境巧妙结合，塑造了"仙山琼阁"的意境，成为著名的游览胜地和宗教活动场所。武当山古建筑群现存较完好的 62 处古建和遗址中，有 49 处列入世界文化遗产构成。

拉萨布达拉宫历史建筑群（含罗布林卡和大昭寺）

布达拉宫历史建筑群由布达拉宫、大昭寺、罗布林卡三部分组成。布达拉宫建于山岩之上，海拔 3700 余米，总面积约 1.38 万平方米，宫殿高 115.703 米。布达拉宫是西藏地区现存规模最大、最完整的古代宫堡式建筑群，集中体现了藏民族传统的土、石、木结构和碉楼形式。布达拉宫历史建筑群的宏大规模和艺术价值，代表了西藏建筑的最高成就，是政教合一建筑的杰出典范，被誉为"世界屋脊明珠"。大昭寺总面积为 1.33 平方千米，包括八廓街历史文化街区和老城区，是一组极具特色的佛教建筑群。大昭寺内主供文成公主带去的释迦牟尼 12 岁等身像，对传播弘扬佛教、促进佛教在西藏的发展起了重要作用。罗布林卡由格桑颇章、金色颇章、达旦明久颇章等几组宫殿建筑组成，占地面积约为 0.36 平方千米，是历代达赖喇嘛消夏理政的地方。还是西藏人造园林中规模最大、风景最佳、古迹最多的园林。

三处遗产地建筑设计独特、精美绝伦，与周围的自然美景和谐统一，通过其位置、布局和建筑形式，完美表现了西藏政教合一统治下的行政、宗教和象征性功能。

武当山

承德避暑山庄及其周围寺庙

　　承德避暑山庄位于河北省承德市中心北部，是清代皇帝夏天避暑和处理政务的场所，由众多的宫殿及楼台亭榭等建筑构成一个庞大的建筑群，其最大特色是山中有园、园中有山。始建于 1703 年，竣工于 1792 年，是中国三大古建筑群之一，有大小建筑 120 多组，其中著名的有 72 景。在避暑山庄的东面和北面，武烈河两岸和狮子沟北沿的山丘地带共有 12 座寺院，其中的 8 座由清政府直接管理，由于都在古北口外，故被称为"外八庙"。避暑山庄主要分为宫殿区和苑景区两部分，后者又分为湖泊区、平原区、山峦区。建筑风格各异的庙宇和皇家园林同周围的湖泊、牧场和森林巧妙地融为一体，具有极高的美学研究价值。

曲阜孔庙、孔林和孔府

　　孔子是中国古代伟大的思想家、政治家和教育家，其庙宇、墓地和府邸均位于山东省曲阜市。孔庙是公元前 478 年为纪念孔子而兴建的，千百年来屡毁屡建，如今已经发展成超过 100 座殿堂的建筑群。孔林里不仅容纳了孔子的坟墓，而且他的后裔中，有超过 10 万人也葬在这里。当初小小的孔宅如今已经扩建成一个庞大显赫的府邸，整个宅院包括了 152 座殿堂。曲阜市的古建筑群之所以具有独特的艺术风格和历史特色，应归功于 2000 多年来中国历代帝王对孔子的大力推崇。

庐山国家公园

　　庐山位于中国第一大河长江中游南岸、中国第一大淡水湖鄱阳湖滨，是座地垒式断块山，发育有独特的第四纪冰川遗迹，河流、湖泊、坡地、山峰等多种地貌类型并存，地质资源丰富奇特。大山、大江、大湖浑然一体，险峻与柔丽相济，素以"雄、奇、险、秀"闻名于世，其自然美景与内涵丰富的历史遗迹完美结合，形成独特的文化景观，具有重要的科学、历史与美学价值。

平遥古城

　　平遥古城位于山西省中部，始建于西周宣王时期，是一座有着 2700 多年历史的文化名城。城内有各类遗址、古建 300 多处，有保存完整的明清民宅近 4000 座，是中国现存最完整的一座中国古代县城的原型。平遥古城历尽沧桑、几经变迁，迄今为止，古城的城墙、街道、民居、店铺、庙宇等建筑仍然基本完好，原来的形式和格局大体未动，被称作研究中国古代城市的活样本。城郊的镇国寺和双林寺也同属平遥古城现存历史文物的有机组成部分。

苏州古典园林

　　苏州是著名的历史文化名城和风景旅游城市，也是江南园林文化的典型代表，自古以来被人们誉为"园林之城"，盛名享誉海内外。苏州古典园林历史绵延2000余年，以写意山水的高超艺术手法，浓厚的传统思想文化内涵，成为东方文明的造园艺术典范，实为中华民族的艺术瑰宝，在世界造园史上有着独特的历史地位和价值。其拙政园、环秀山庄、留园、网师园、沧浪亭、狮子林、艺圃、耦园和退思园等9处园林被列入世界文化遗产。

苏州留园

丽江古城

丽江古城位于云南省丽江市纳西族自治县，海拔2400余米，由大研古城（含黑龙潭）、白沙民居建筑群、束河民居建筑群组成，是一座风景秀丽、历史悠久，有着灿烂文化的名城，也是中国罕见的保存相当完好的少数民族古城。其建筑历经800余年的洗礼，因融汇了多个民族的文化特色而声名远扬。丽江古城把经济和战略重地与崎岖的地势巧妙地融合在一起，真实完美地保存和再现了古朴的风貌。它还拥有古老的供水系统，这一系统纵横交错、精巧独特，仍在有效地发挥着作用。

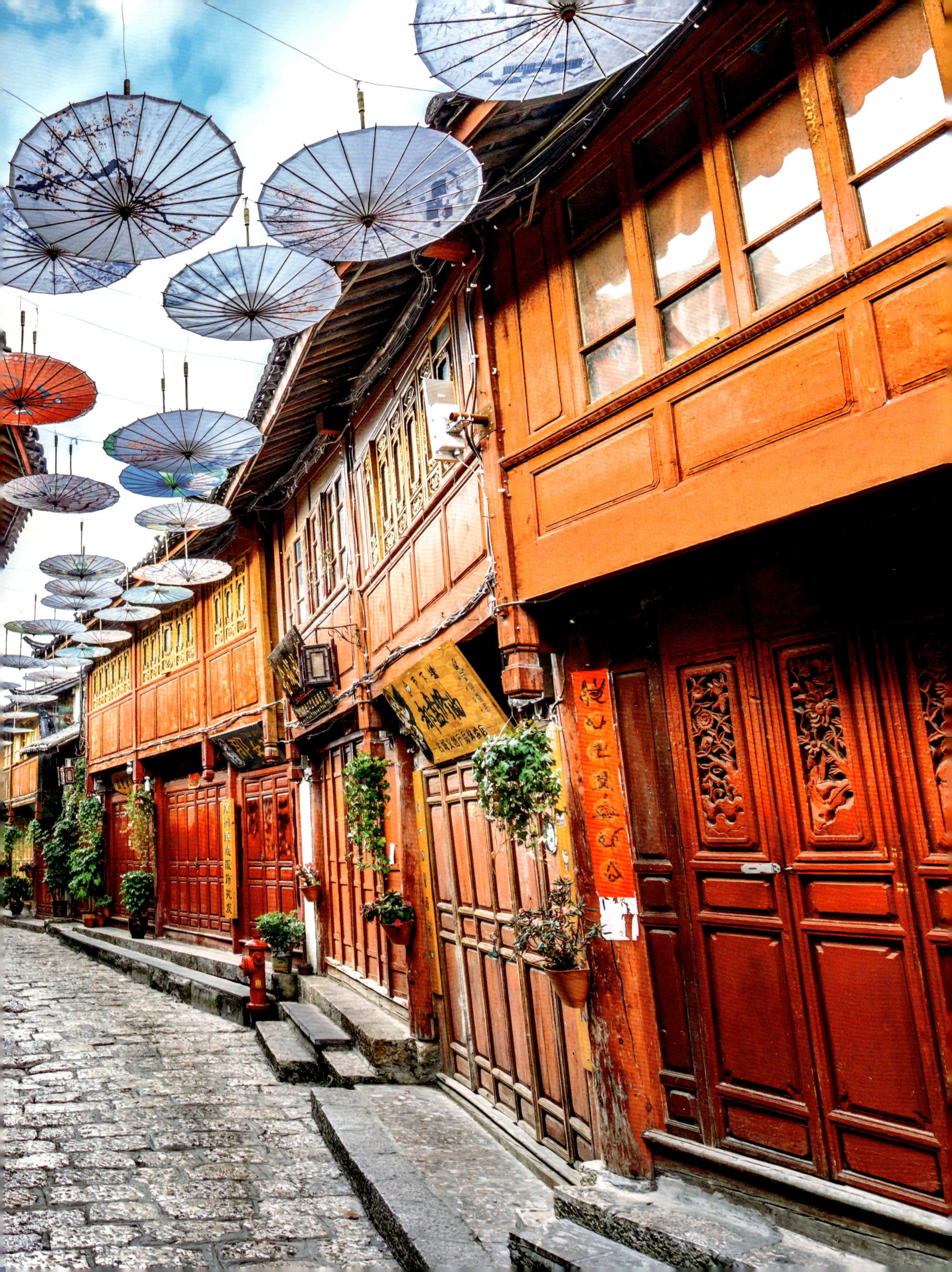

北京皇家园林——颐和园

  颐和园坐落在北京西郊,全园占地 3.009 平方千米,其中水面约占四分之三,是中国现存最完整的皇家园林。颐和园是以昆明湖、万寿山为基址,以杭州西湖为蓝本,汲取江南园林的设计手法而建成的一座大型山水园林,被誉为"皇家园林博物馆"。

  颐和园原为元代帝王行宫花园,明代改建为好山园,清乾隆时(1750)又改建为清漪园。1860年被英法联军焚毁,1886 年重建,后改称颐和园,作消夏游乐地。颐和园的亭台、长廊、殿堂、庙宇和小桥等人工景观与自然山峦和开阔的湖面和谐地融为一体,完美诠释了古代中国关于人与自然和谐统一的哲学思想、美学观念以及工艺造诣,具有极高的审美和艺术文化价值,堪称中国风景园林设计中的杰作。

北京皇家祭坛——天坛

  天坛位于北京的南端,是明清两代皇帝每年祭天、祈谷和祈雨的地方,建于明永乐十八年(1420),与故宫同时建成,面积约 270 万平方米,分为内坛和外坛两部分,主要建筑物都在内坛。南有圜丘、皇穹宇,北有祈年殿、皇乾殿,由一座高两米半、宽 28 米、长 360 米的甬道,把这两组建筑连接起来。其总体设计,从它的建筑布局到每一个细部处理,都强调了"天",把古人对"天"的认识、"天人关系"的认知等表现得淋漓尽致,是中国祭祀建筑的杰出范例。

大足石刻

大足石刻位于重庆市大足区境内,是对主要表现为摩崖造像的石窟艺术的总称。它以宝顶山、北山、南山、石门山、石篆山"五山"石窟为代表,境内石刻造像星罗棋布,公布为文物保护单位的摩崖造像多达 75 处,有造像 5 万余身,铭文 10 万余字。其规模宏大、刻艺精湛、内容丰富,有着鲜明的民族化、世俗化、生活化特色,在中国古代石窟艺术史上占有举足轻重的地位,是一座独具特色的世界文化遗产宝库。

皖南古村落——西递村、宏村

西递村、宏村是皖南古村落的典型代表。

西递村地处黄山南麓,始建于北宋年间,自古文风昌盛。村落四面环山,两条溪水穿村而过,环境独特优美。村内至今保存有明清民居 300 余座,这些民居布局工整,造型装饰优美、结构精巧,历经数百年社会的动荡、风雨的侵袭,从整体上仍保留着明清村落的基本面貌和特征,享有"中国明清民居博物馆"之誉。

宏村位于黄山市黟县城西北角,始建于南宋年间。村外自然环境到村内的水系、街道、建筑,甚至室内布置都完整地保存着古村落的原始状态。村内鳞次栉比的层楼叠院与旖旎的湖光山色交相辉映,既有山林野趣,又有水乡风貌,处处是景,步步入画,被人们称誉为"中国画里的乡村"。

颐和园南湖岛

明清皇家陵寝

明清皇家陵寝是指建于中国明清时期的皇家陵寝建筑群，是大型建筑群与自然环境有机融合的创造性杰作，也是中国历史上最后两个封建王朝文化和建筑传统的独特见证。2000年，明显陵、清东陵、清西陵被列入《世界遗产名录》。2003年，明十三陵和明孝陵作为明清皇家陵寝的一部分被列入《世界遗产名录》。2004年，清永陵、清福陵、清昭陵作为明清皇家陵寝的扩展项目列入《世界遗产名录》。

明朝的开国皇帝朱元璋对陵寝制度进行了重大改革，他将地上的封土堆由以前的覆斗式方形改为圆形或长圆形，又取消寝宫，并扩大了祭殿建筑。清代沿袭明代制度，更加注重陵园与周围山川形胜的结合，在典礼规制上更加完备。明清皇家陵寝充分运用了中国传统的风水理论，集中体现了传统的建筑和装饰思想，是中国古代陵寝制度的集大成，具有十分重要的思想文化和艺术建筑价值。

龙门石窟

龙门石窟位于河南省洛阳市，是世界上造像最多、规模最大的石刻艺术宝库，被联合国教科文组织评为"中国石刻艺术的最高峰"。始凿于北魏孝文帝年间，盛于唐，终于清末。石窟密布于伊水东西两山的峭壁上，南北长达1千米，现存洞窟像龛2300余个，造像近11万尊，碑刻题记2860余品。其石窟艺术呈现出中国化的趋势，是中国石窟艺术的"里程碑"。石窟中还发现有欧洲传统纹样、古希腊石柱等，堪称国际化水平最高的石窟。其"中原风格"与"大唐风范"艺术造型风格影响广泛，远传域外。

云冈石窟

青城山—都江堰

　　青城山位于四川省成都市的都江堰风景区，是中国著名的道教名山，以众多古建著称。山内古木参天，群峰环抱，景色优美，文物古迹众多，自然景物原始而华美，绮丽而又神秘。都江堰位于四川省成都市平原西部的岷江上，建于公元前 256 年，是中国战国时期秦国蜀郡太守李冰及其子率众修建的一座大型水利工程，也是世界上年代最久、唯一留存、以无坝引水为特征的宏大水利工程。都江堰 2200 多年来经久不衰，至今仍发挥着巨大作用，是人与自然相互融合的典范。

云冈石窟

　　云冈石窟位于山西省大同市城西的武州（周）山南麓，石窟依山开凿，东西绵延约 1 千米。现存主要洞窟 45 个，附属洞窟 209 个，造像 5.1 万余尊，雕刻面积达 1.8 万余平方米，是中国规模极为庞大的古代石窟群之一。云冈石窟形象地记录了印度及中亚佛教艺术向中国佛教艺术发展的历史轨迹，反映出佛教造像在中国逐渐世俗化、民族化的过程。多种佛教艺术造像风格在云冈石窟实现了前所未有的融会贯通，尤以胡风胡韵最为浓郁，还有印度、中西亚希腊、罗马的艺术元素等，实为中外文化交流碰撞、融合诞生的伟大艺术宝库。

高句丽王城、王陵及贵族墓葬

　　高句丽王城、王陵及贵族墓葬遗址包括 3 座王城（五女山城、国内城、丸都山城）和 40 座墓葬的考古遗迹，遗址属于高句丽文化。从公元前 37 年到公元 668 年，高句丽王朝一直统治中国东北部分地区和朝鲜半岛的北部。五女山城是唯一被部分挖掘的王城。国内城位于集安市内，在高句丽迁都平壤之后，与其他王城相互依附共为都城。丸都山城是高句丽王朝的都城之一，城内有许多遗迹，其中包括 1 座雄伟的宫殿和 37 座墓葬。作为中国古代东北地区极具特色与影响的民族与地方政权之一，高句丽曾创造了辉煌的历史与文明。这些珍贵遗存作为实物见证，具有十分重要的文化研究价值。

澳门历史城区

澳门历史城区位于澳门特别行政区澳门半岛，核心区由8个广场空间、20多处被评定的历史建筑以及连接它们的多条街道所构成。覆盖范围包括妈阁庙前地、亚婆井前地、耶稣会纪念广场等多个广场空间，以及妈阁庙、港务局大楼、圣老楞佐教堂、何东图书馆、圣奥斯定教堂、三街会馆（关帝庙）、大堂（主教座堂）、大三巴牌坊、哪吒庙、旧城墙遗址、大炮台、圣安多尼教堂、东望洋炮台等多处历史建筑。它是中国境内现存最古老、规模最大、保存最为完整的中西特色建筑共存的历史城区。

殷墟

殷墟考古遗址位于河南省安阳市，是中国商代晚期的都城，时间上处于中国青铜器时代最繁荣的时期，反映了中国早期文化、工艺和科学的黄金时代。出土有大量王室陵墓、宫殿以及早期建筑的原型遗址。遗址中的宫殿宗庙区有多达80处房屋地基，还有唯一一座保存完好的商代王室成员大墓"妇好墓"。还出土了青铜、玉器等大量工艺精美的陪葬品，显示出商代手工业的先进水平。殷墟还是甲骨文的发现地，有大量的甲骨窖穴，甲骨上的文字对于证明中国古代信仰、社会体系以及汉字这一古老书写体系的研究有着不可估量的价值。

开平碉楼与村落

开平碉楼与村落位于广东省开平市，以用于防卫的多层塔楼式乡村民居——碉楼而著称，展现了中西建筑和装饰形式复杂而完美的融合，表现了19世纪末及20世纪初在东南亚、澳洲以及北美等地的海外开平人与其故里的密切联系。遗产包括四组共计20座碉楼，是村落群中近1800座塔楼的代表，代表了近5个世纪塔楼建筑的巅峰。这些建筑按照功能分为三种：由若干户人家共同兴建的众楼，为临时避难之用，现存473座；由富有人家独自建造的居楼，具有防卫和居住的功能，现存1149座；出现时间最晚的更楼，为联防预警之用，现存221座。以建筑材料作区分，又有石楼、土楼、青砖楼、钢筋水泥楼。碉楼与周围的乡村景观和谐共生，构建出一道奇特美丽的人文景观，见证了明代以来的当地建筑传统的最后繁荣。

福建土楼

福建土楼

　　福建土楼建于 15 世纪至 20 世纪期间，主要分布在福建省西南部。通常为多层，建筑内沿为圆形或方形，外墙高大坚实，屋顶覆以瓦片，形成宽阔的屋檐；内部则为舒适性考虑而建造，具有极强的装饰性。作为集体建筑，每座土楼可供 800 人居住，实际上就形成了一个村寨，因此有"家族的小王国"和"繁华的小城市"之称。最初是为防御的目的而建造，围绕中央的开放式庭院，只有一个入口，一楼以上有对外侧的窗户，体现了一种特定类型的公共生活和防御组织。土楼以其建筑传统和功能作为典型范例被列入世界文化遗产，充分体现出人类居住与自然环境的和谐相处，也承载着丰富的历史和文化底蕴。

五台山

五台山

　　五台山地处山西省五台县东北部，是中国四大佛教名山之一，明代释镇澄在所撰《清凉山志》中说"五峰耸出，顶无林木，有如垒土之台，故曰五台"。自公元 68 年开始建庙，是中国唯一的一处由青庙（汉传佛教）、黄庙（藏传佛教）并居一山共同讲经说法的道场，被誉为"中国佛教的缩影"，是世界著名的佛教圣地。迄今仍保存着北魏、唐、宋、元、明、清等朝代的寺庙建筑 47 处，珍藏有大量佛像、牌匾、壁画、佛塔、藏经等宝贵文物，荟萃了不同朝代的彩塑、壁画，以及多处堪称典范的古建艺术，是研究中国古代佛教艺术和技术的活标本。

登封"天地之中"历史建筑群

　　登封"天地之中"历史建筑群位于中国河南省的嵩山，是一批具有悠久历史和文化价值的文物古迹，也是古代建筑中用于祭祀、科学、技术及教育活动的极佳典范。包括太室阙和中岳庙、少林寺建筑群、会善寺、嵩阳书院、观星台在内的有 8 处 11 座历史建筑被列入遗产项目。这些建筑物历经 9 个朝代修建而成，构成一部跨度 2000 年的建筑史，它们以不同的方式展示了"天地之中"的概念，体现了嵩山作为虔诚的宗教中心的力量，成为中国建筑类种类最多、文化内涵极为丰富的古代建筑群。

杭州西湖文化景观

　　西湖位于浙江省杭州市西湖区，南、西、北三面环山，湖中白堤、苏堤、杨公堤、赵公堤将湖面分割成若干水面。景区内遍布庙宇、亭台、宝塔、园林，其间点缀着奇花异木、岸堤岛屿，为江南的杭州城增添了无限美景。西湖有 100 多处公园景点，有 60 多处国家、省、市级重点文物保护单位和 20 多座博物馆，还有断桥、雷峰塔、钱王祠、净慈寺、苏小小墓等景点。

　　自公元 9 世纪以来，西湖就以其湖光山色引得无数文人骚客、艺术大师吟咏兴叹、泼墨挥毫。数百年来，西湖景区对中国其他地区乃至日本和韩国的园林设计都产生了影响。在景观营造的文化传统中，西湖是对"天人合一"这一理想境界的最佳阐释。

元上都遗址

元上都遗址位于今内蒙古自治区锡林郭勒盟正蓝旗境内，多伦县西北闪电河畔，是有文献记载并经考古发掘所证实的元朝的都城遗址。它融合了蒙古文化、华夏文明，是 13 至 14 世纪游牧文明的重要见证。保存良好的宫城、皇城、外城城墙，整齐对称的街巷、错落有致的建筑遗迹、自然生态良好的草原共同构成了这座大型古代都城遗址，成为中华文明和游牧文明交融进程中的独特典范，有着重要的历史、文化、科学和艺术价值。

红河哈尼梯田文化景观

红河哈尼梯田文化景观位于云南省元阳县的哀牢山南部，是勤劳智慧的哈尼族人千年来创造出的杰作。壮美的梯田广泛分布在哀牢山区，绵延整个红河南岸的红河、元阳、绿春、金平四县，仅元阳县境内就有 17 万亩梯田，是红河哈尼梯田的核心区。梯田的开垦随山势地形变化，因地制宜，坡缓地大则开垦大田，坡陡地小则开垦小田，因而梯田大者有数亩，小者仅有簸箕大，往往一坡就有成千上万亩。梯田隐于山林，森林、村寨、梯田和水系"四素同构"，通过长期以来形成的独特社会经济宗教体系得以加强，循环往复，生生不息，彰显了人与环境互动的一种重要模式。

丝绸之路：长安—天山廊道的路网

丝绸之路是中哈吉三国联合申报的世界文化遗产，是首例跨国合作而成功申遗的项目。路网线路跨度全长近 5000 千米，从中国到中亚的七河地区，涉及 3 个国家共计 33 个申遗点，其中中国境内有 4 省共 22 个申遗点，包括各帝国都城、宫殿群、佛教石窟及寺塔等古遗址和古建筑。丝绸之路是一个广泛的文化商旅交通网络，形成于公元前 2 世纪至公元前 1 世纪之间，并一直使用到 16 世纪，连接多个文明并推动彼此间的交流活动，在贸易往来、宗教传播、技术创新、科学知识、文化习俗和艺术交流方面发挥了重要作用。

大运河

大运河是中国古代劳动人民创造的一项伟大的水利工程，也是世界上开凿最早、空间跨度最大、使用最久的运河。广义上的大运河包括隋唐大运河、京杭大运河和浙东大运河三部分，隋朝大运河全长 2700 千米，跨越地球 10 多个纬度，纵贯在中国最富饶的东南沿海地区和华北大平原上，通达黄河、淮河、长江、钱塘江、海河五大水系，是中国古代南北交通的大动脉。后经元朝取直疏浚，全长 1794 千米，成为现今的京杭大运河。大运河世界文化遗产包括中国大运河河道遗产 27 段，以及运河水工遗存、运河附属遗存、运河相关遗产 58 处遗产。

泉州开元寺双塔

土司遗址

　　土司遗址位于中国西南山区，包括一系列古代部落领地，这些领地的首领曾被中央政府任命为"土司"，反映了13至20世纪初期中国在西南多民族聚居地区推行管理少数民族地区的政治制度，其目的是既保证国家统一的集权管理，又保留少数民族的生活和风俗习惯，在维护民族文化多样性传承方面具有突出的意义。中国土司遗产包括湖南永顺老司城遗址、贵州遵义海龙屯遗址、湖北恩施唐崖土司城遗址，三处遗址在选址特征、整体布局、功能类型等方面既展现出当地民族鲜明的文化特色，又基于此表现出显著的土司统治权力象征、民族文化交流和国家认同等土司遗址特有的共性特征，是该历史时期土司制度管理智慧的代表性物证。

左江花山岩画文化景观

　　左江花山岩画文化景观位于中国西南边境地区的广西壮族自治区崇左市宁明县、龙州县、江州区及扶绥县境内，由岩画密集分布的、最具代表性的3个文化景观区域组成，包含38个岩画点（共107处岩画，3816个图像），岩画所在的山体和对面的台地，以及约105千米左江、明江河段。左江花山岩画文化景观展现出独特的景观和岩石艺术，生动地表现出公元前5世纪至公元2世纪期间，当地古骆越人在左江沿岸一带的精神生活和社会生活。左江花山岩画中的铜鼓及相关元素是当时存在于中国南方的铜鼓文化传统的唯一例证。

鼓浪屿：历史国际社区

鼓浪屿位于福建省厦门市九龙江出海口，其遗产地范围包括鼓浪屿全岛及其近岸水域，一直延伸到厦门岛海岸线。岛上现留存有 931 座展现不同时期、风格多样的历史建筑、历史道路、历史花园等，体现了现代人居住理念与当地传统文化的融合。鼓浪屿展现了亚洲全球化早期多种价值观的碰撞、互动和融合，其建筑风格体现了中国、东南亚及欧洲在建筑、传统和文化价值观上的交融。这种交融的产生得益于岛上居住的外来多国侨民和归国华侨的多元性，并因此形成一种全新的建筑风格——厦门装饰风格，这一风格不仅在鼓浪屿盛行，还影响到广大东南亚沿海及更远地区。

良渚古城遗址

良渚古城遗址位于浙江省杭州市余杭区瓶窑镇、良渚街道境内，向人们展示了新石器时代晚期一个以稻作农业为支撑、具有统一信仰的早期区域性国家。遗址规模宏大、遗存类型复杂、内涵丰富，整体价值由城址、外围水利系统、分等级墓地（含祭坛）和以良渚玉器为代表的出土器物等人工遗存要素共同承载。遗址由 4 个部分组成：瑶山遗址区、谷口高坝区、平原低坝—山前长堤区和城址区。这些遗址被认为是早期城市文明的杰出范例，为实证中华五千多年文明提供了重要的实物依据。

泉州：宋元中国的世界海洋商贸中心

泉州位于福建省南部，在宋元时期是亚洲海洋贸易网络东端的商贸中心。泉州遗产地包括多座宗教建筑和造像，如始建于 11 世纪的清净寺、伊斯兰教圣墓，以及世界上仅存的摩尼教教主石刻造像。遗产地还有大量考古遗迹，如行政建筑、具有重要商贸和防御意义的石码头、制瓷和冶铁生产遗址、城市交通网道的构成元素、古桥、宝塔和碑文。遗产完整地呈现出宋元时期泉州多元共荣、富有特色的海洋商业经济和繁荣的社会景观。

普洱景迈山古茶林文化景观

"普洱景迈山古茶林文化景观"位于云南省普洱市澜沧拉祜族自治县，由 5 片古茶林、9 个古村寨以及 3 片分隔防护林共同构成，是公元 10 世纪以来，布朗族先民发现和认识野生茶树，利用森林生态系统，与傣族等世居民族一起，探索出"林下茶"种植技术，历经千年的保护与发展，形成的林茶共生、人地和谐的独特文化景观。该景观是保存完整、内涵丰富的人工栽培古茶林典型代表，至今仍保持着蓬勃生命力，是中国农耕文明的智慧结晶，也是人与自然良性互动和可持续发展的典范。

北京中轴线——中国理想都城秩序的杰作

北京中轴线位于北京老城中心，纵贯老城南北，是统领整个老城规划格局的建筑与遗址的组合体，始建于 13 世纪，成型于 16 世纪，此后经不断完善，形成了秩序井然、气势恢宏的城市建筑群，是中国传统都城中轴线发展至成熟阶段的典范之作。北京中轴线由 15 处遗产构成要素构成，分别是：钟鼓楼、万宁桥、景山、故宫、端门、天安门、外金水桥、太庙、社稷坛、天安门广场及建筑群、正阳门、南段道路遗存、天坛、先农坛、永定门。

九寨沟

黄龙风景名胜区

世界自然遗产（15项）

四川九寨沟风景名胜区

　　九寨沟位于四川省西北部岷山山脉南段，地处岷山南段弓杆岭的东北侧，系长江水系嘉陵江上游白水江源头的一条大支沟。其地势南高北低，山谷深切，高差悬殊，由于有九个寨子的藏民世代居住于此，故名为"九寨沟"。九寨沟绵延超过 720 平方千米，曲折狭长的九寨沟山谷海拔 4800 多米，具有典型的自然生态系统，以高山湖泊群、瀑布、彩林、雪峰、蓝冰和藏族风情并称"九寨沟六绝"。九寨沟是中国第一个以保护自然风景为主要目的的自然保护区，区内森林覆盖率超过 80%，有 24 种国家保护珍稀植物，以及包括大熊猫、四川扭角羚、金丝猴等在内的 18 种国家保护动物。

四川黄龙风景名胜区

　　黄龙风景名胜区位于四川省阿坝藏族羌族自治州松潘县境内，面积 700 平方千米，主要景观集中于长约 3.6 千米的黄龙沟，沟内遍布碳酸钙华沉积，并呈梯田状排列，仿佛一条金色巨龙，伴有雪山、瀑布、原始森林、峡谷等景观。黄龙景区以独特的岩溶景观著称于世，丰富的动植物资源更是让其享誉人间。黄龙沟从底部（海拔 2000 米）到山顶（海拔 3800 米）分布着亚热带常绿与落叶阔叶混交林、针叶阔叶混交林、亚高山针叶林、高山灌丛草甸等。黄龙景区以其雄、峻、奇、野风景特色，享有"世界奇观""人间瑶池"的美誉。包括大熊猫、川金丝猴在内的 10 余种珍贵动物在景区内活动，使黄龙景区的特殊岩溶地貌与珍稀动植物资源相互交织。

张家界国家森林公园

湖南武陵源风景名胜区

　　武陵源风景名胜区位于湖南省张家界市，以奇峰、怪石、幽谷、秀水、溶洞这"五绝"而闻名于世，由张家界国家森林公园、索溪峪自然保护区和天子山自然保护区三大景区组成。其主要景观为石英砂岩峰林地貌，境内共有海拔 300 米以上的石峰 3000 余座，姿态万千，蔚为壮观。景区沟壑纵横，溪涧密布，地下溶洞串珠贯玉，已开发的黄龙洞初探长度达 11 千米。区内植被覆盖率 99%，中、高等植物就有 3000 余种，可供观赏园林花卉多达 450 种，陆生脊椎动物 50 科 116 种，被誉为"自然博物馆和天然植物园"。

云南三江并流保护区

　　三江并流自然景观位于云南省青藏高原南部横断山脉的纵谷地区，由怒江、澜沧江、金沙江及其流域内的山脉组成，整个区域面积达 4.1 万平方千米。它地处东亚、南亚和青藏高原三大地理区域的交汇处，是世界上罕见的高山地貌及反映其演化的代表地区，也是世界上生物物种极其丰富的地区之一。区内汇集了高山峡谷、雪峰冰川、高原湿地、森林草甸、淡水湖泊、稀有动物、珍贵植物等奇异景观。同时，该地区还是 16 个民族的聚居地，是世界上罕见的多民族、多语言、多种宗教信仰和风俗习惯并存的地区，有着重要的科学价值、美学意义和丰富多彩的少数民族文化。长期以来，三江并流区域一直是科学家、探险家和旅游者的向往之地。

南方喀斯特地貌

四川大熊猫栖息地

　　四川大熊猫栖息地面积 9245 平方千米，包括邛崃山和夹金山在内的 7 个自然保护区，以及卧龙、四姑娘山等 9 个景区，为第三纪原始热带森林遗迹。这里有全球最大、最完整的大熊猫栖息地，生活着全世界 30% 以上的濒危野生大熊猫，是最重要的圈养大熊猫繁殖地，也是小熊猫、雪豹及云豹等全球严重濒危动物的栖息地。栖息地还是世界上除热带雨林以外植物种类极其丰富的地区之一，植物种数超过 5000 种。

中国南方喀斯特

　　中国南方喀斯特地形是全球湿润热带及亚热带喀斯特地形的典型代表，主要分布在贵州、广西、云南、重庆等省区。它发育了具有全球代表性的岩溶地貌类型，包括塔状岩溶、尖顶岩溶和锥形岩溶地层，以及其他罕见的特征，如天然桥梁、峡谷和大型洞穴系统。遗产主要分为三个区域：云南石林被公认为世界上最具参考价值的自然奇观；贵州荔波的锥体和塔状岩溶也被认为是同类型岩溶的世界参考点，形成独特而美丽的景观；重庆武隆喀斯特因其巨大的落水洞、天然桥梁和洞窟而入选。

江西三清山国家公园

三清山位于江西省上饶市东北部，古有"江南第一仙峰"之称，因玉京、玉虚、玉华三座山峰高耸入云，宛如道教玉清、上清、太清三个最高境界而得名。三清山东险西奇、北秀南绝，四季景色绮丽秀美，有独特的花岗岩石柱与山峰，丰富的花岗岩造型石与多种植被、远近变化的景观及震撼人心的气候奇观相结合，创造了世界上独一无二的景观美学效果。区内还拥有众多名花、古树、药材和珍贵动物。

中国丹霞

中国丹霞是中国境内由陆相红色砂砾岩在内生力量（包括隆起）和外来力量（包括风化和侵蚀）共同作用下形成的各种地貌景观的总称。遗产包括中国西南部亚热带地区的 6 处地貌风景区。它们的共同特点是显著的红色悬崖以及各种侵蚀地貌，包括雄伟的天然岩柱、岩塔、沟壑、峡谷和瀑布等。这些跌宕起伏的地貌，对保护包括约 400 种稀有或受威胁物种在内的亚热带常绿阔叶林和多种动植物物种起到了重要作用。

三清山国家公园

云南澄江化石遗址

澄江化石遗址位于云南省澄江市帽天山附近，是保存极其完整的寒武纪早期古生物化石群。澄江生物群已累计发现 200 余种物种化石。澄江化石遗址生动地再现了 5.3 亿年前海洋生命的壮丽景观和现生动物的原始特征，记录了早期复杂海洋生态系统的形成，为研究地球早期的生命起源、演化、生态等理论提供了珍贵证据。它的研究和发现，不仅为寒武纪生命大爆发这一非线性突发性演化提供了科学事实，同时对达尔文渐变式进化理论带来了重大挑战，为古生物学的学术研究打开了一扇重要窗口。

新疆天山

新疆天山，即天山山脉的东段，也是天山山脉的主体部分，延伸到塔克拉玛干沙漠，其托木尔峰、喀拉峻—库尔德宁、巴音布鲁克、博格达 4 个片区以"新疆天山"名称成功申请成为世界自然遗产。新疆天山拥有鲜明的自然地理特色和风景优美的地区，包括壮观的雪山和冰川覆盖的山峰、未受干扰的森林和草地、清澈的河流和湖泊，这些景观与相邻的广阔沙漠景观形成鲜明的对比，展现出无与伦比的自然美。此外，这里还是中亚山地众多特有种及珍稀濒危物种的重要栖息地。

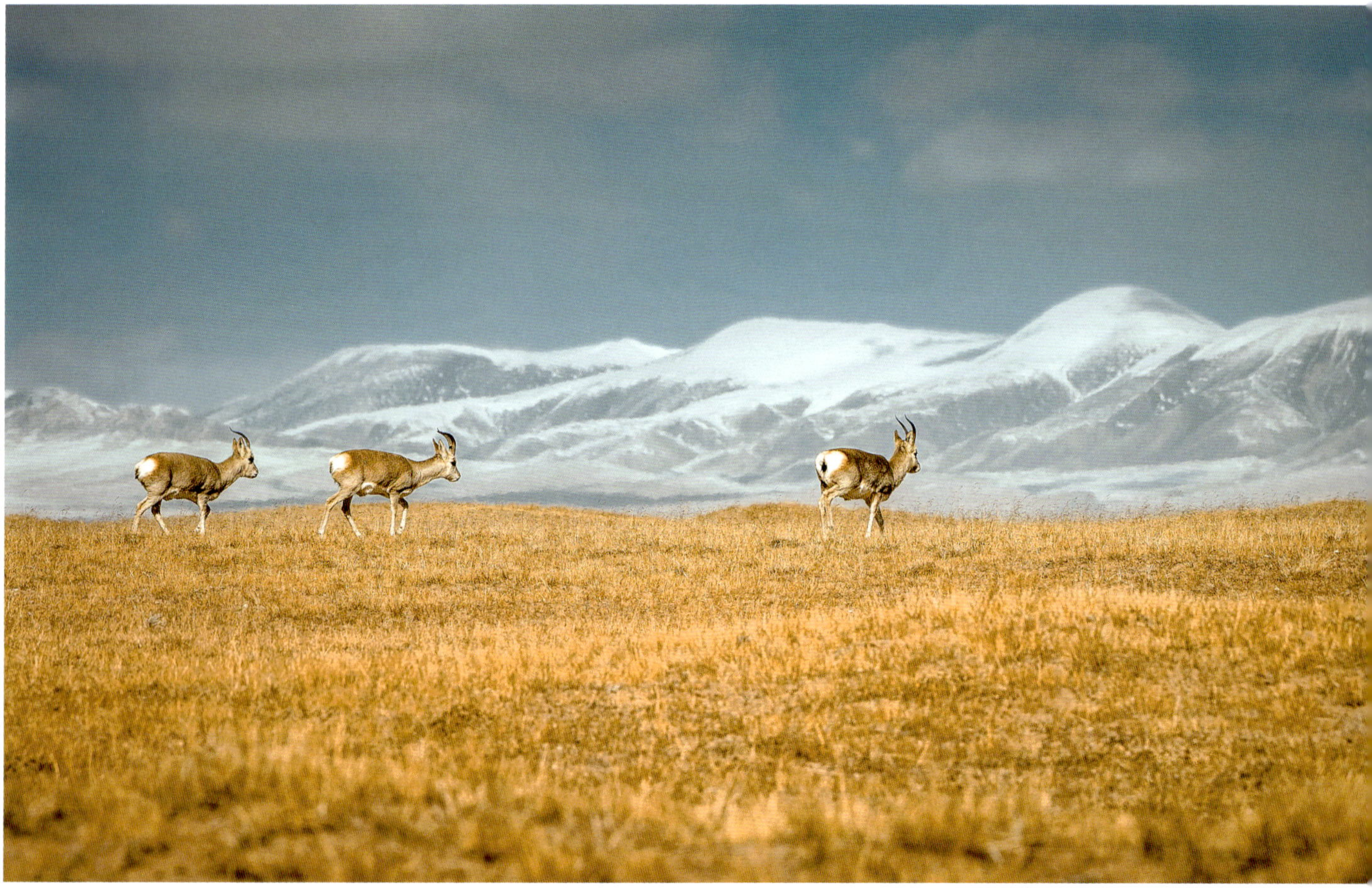

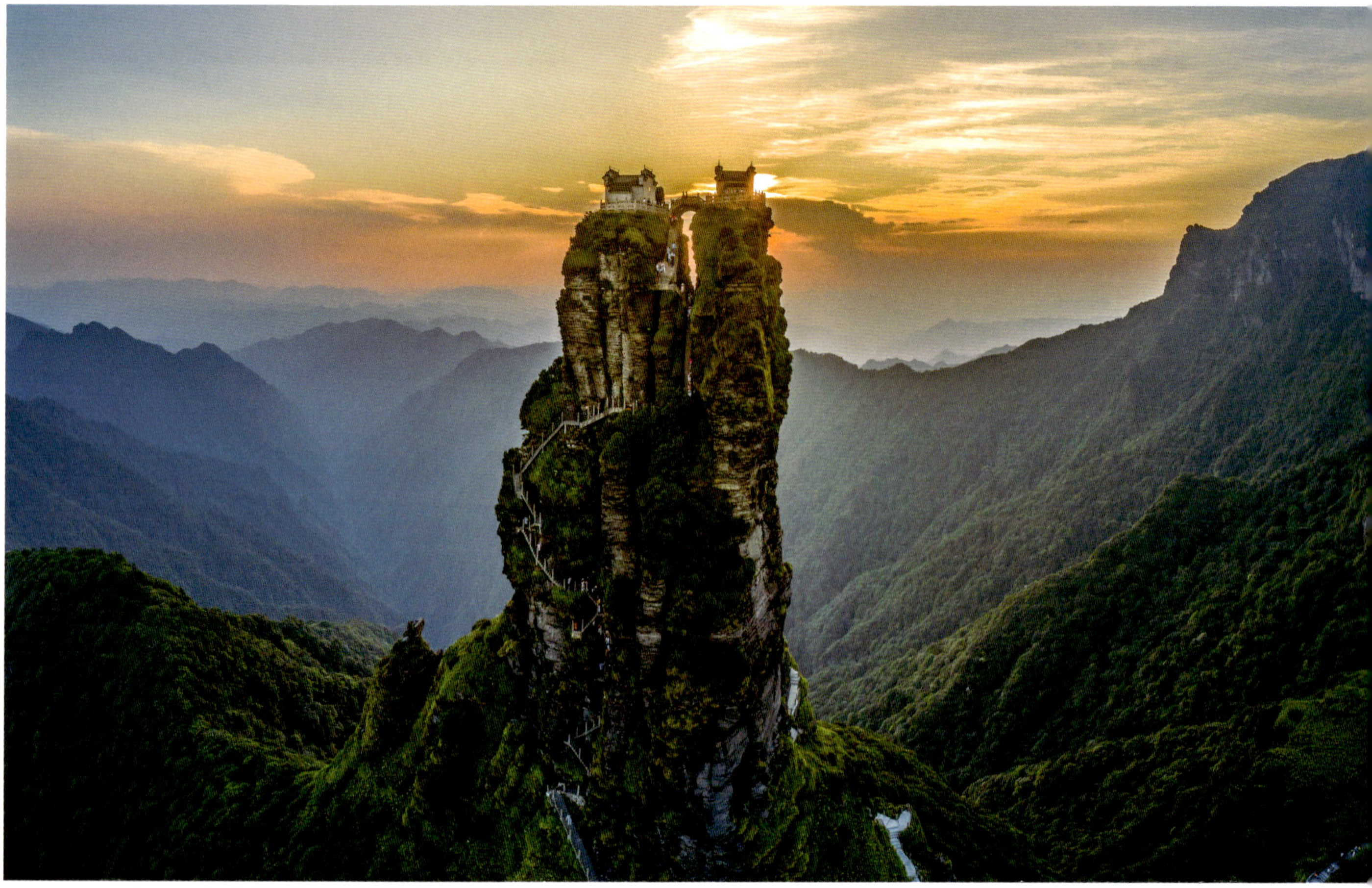

湖北神农架

神农架地处湖北省西部，分为西部的神农顶—巴东片区和东部的老君山片区。神农架地区是东部平原丘陵向西部高原山地的过渡区，也是亚热带气候向暖温带气候过渡区，独特的地理过渡带塑造了其丰富的生物多样性、独特的生态系统和生物演化过程，形成多种植被类型，拥有世界上最完整的垂直自然带谱。神农架植物多样性地区为大量珍稀和濒危动物物种保留了关键的生态系统，遗产地内有许多珍稀濒危物种，如川金丝猴湖北亚种、金钱豹、金猫、豺、黑熊、麂、中华鬣羚、金雕、白冠长尾雉和世界上最大的两栖动物大鲵等。神农架具有重要的物种生态学研究意义，被联合国专家称为"不可替代的世界级垄断性生态旅游资源"。

青海可可西里

可可西里位于青藏高原的东北角，遗产提名地囊括了位于海拔 4500 米以上的大面积的高山和草原系统。可可西里寒冷的高原气候在青藏高原上形成了独特的自然环境，区域内拥有青藏高原上最密集的湖泊，以及极其多样的湖泊盆地和高海拔内湖湖泊地形。其独特的生物多样性系统是大量高原特有动植物的重要庇护所，也是濒危野生动物藏羚羊种群的主要生存地，维系着其至关重要的迁徙路线，其中一条从三江源到可可西里的完整的迁徙路线，是迄今已知的藏羚羊所有迁徙路线中被保护得最好的路线。

贵州梵净山

梵净山位于贵州铜仁境内，是武陵山脉的主峰，最高海拔 2572 米，拥有许多珍稀濒危的保护物种和具有重要文物保护价值的人文资源。它拥有世界上同纬度带最大的、保护得很好的原始森林生态系统，有世界上最大的珙桐（鸽子树）林，是黔金丝猴的唯一栖息地，被誉为"地球绿洲""生物资源基因库"。遗产地内主要保护对象为森林生态系统和珍稀动植物物种（如黔金丝猴、梵净山冷杉）及其独特的景观资源。原始洪荒是梵净山的景观特征，云瀑、禅雾、幻影、佛光四大天象奇观，为梵净山添上了神秘的色彩。

黄（渤）海候鸟栖息地（第一期、第二期）

中国黄（渤）海候鸟栖息地（第一期）位于江苏省盐城市，主要由潮间带滩涂和其他滨海湿地组成，拥有世界上规模最大的潮间带滩涂，是全球鸟类多样性最丰富、濒危物种比例最高的东亚—澳大利西亚迁飞通道候鸟的重要栖身地，也是全球数以百万迁徙候鸟的停歇地、换羽地和越冬地。2019 年，中国黄（渤）海候鸟息地（第一期）成功列入《世界遗产名录》。2024 年中国黄（渤）海候鸟栖息地（第二期）顺利通过评审，将位于上海崇明、山东东营、河北沧州、辽宁大连和辽宁丹东等地的五处提名地扩展列入《世界遗产名录》。

巴丹吉林沙漠—沙山湖泊群

巴丹吉林沙漠地处阿拉善高原，属中国西北极干旱的温带荒漠地区，是中国第三大沙漠和第二大流动沙漠。该地区以连绵起伏的高大沙山和丘间众多湖泊而闻名，展示了沙漠景观不断变换的地质和地貌特征。巴丹吉林沙漠的重要标志包括世界最高的固定沙山（相对高度达 460 米）、最密集的沙漠湖泊、最广阔的鸣沙区域以及多样的风蚀地貌。如此独特的景观展现了巴丹吉林沙漠非凡的自然美学价值，展示着地球上重要、典型且持续的风沙地貌发展过程，同时也是丰富多彩的生物栖息地。

上：可可西里
下：梵净山金顶

世界文化与自然双重遗产（4项）

乐山大佛

泰山

　　泰山位于山东省泰安市，自然景观雄伟奇绝，被称为"五岳之首"。泰山有着数千年精神文化的渗透渲染和人文景观的烘托，是中华民族精神文化的缩影。几千年来，泰山都是历代帝王封禅祭天的神山，成为中国文学艺术家等学者的精神源泉。山中的人文杰景观和自然景观完美和谐地融合在一起，历史文化遗迹多达2000多处，泰山也因此成为古代中国文明和信仰的重要象征之一。

黄山

　　黄山雄踞风景秀丽的安徽省黄山市境内，是中国著名的山岳风景区，群峰竞秀，玲珑巧石，万姿千态，主峰莲花峰海拔1864米。黄山美在奇松、怪石、云海、温泉、冬雪"五绝"。自古以来，历游名山者多以为黄山之美不亚于五岳，称誉"五岳归来不看山，黄山归来不看岳"，"任他五岳归来客，一见天都也叫奇"。历代游客盛赞"天下名景集黄山"，谓泰山的雄伟、华山的峻峭、衡岳的烟云、匡庐的飞瀑、雁荡的怪石、峨眉的清凉，黄山兼而有之。

峨眉山—乐山大佛

　　峨眉山位于中国四川省峨眉山市境内，景区面积154平方千米，最高峰万佛顶海拔3099米，是著名的旅游胜地和佛教名山，也是集自然风光与佛教文化为一体的山岳型风景名胜区。乐山大佛，又名凌云大佛，位于四川省乐山市南岷江东岸凌云寺侧，濒大渡河、青衣江和岷江三江汇流处。大佛为弥勒佛坐像，通高71米，是中国最大的一尊摩崖石刻造像。

武夷山

　　武夷山位于福建省西北部与江西省的交界处，是中国东南部最高山脉，被称为"华东屋脊"，拥有110多座超过1000米的山峰（最高峰黄岗山，海拔2158米）。武夷山拥有多样性基本完整的林带，是中国亚热带森林和中国南部雨林多样性面积最大、最具代表性的例证；对于生物多样性的保护具有巨大的重要性。武夷山也是理学发展和传播的重要地区，有不少于35处北宋至清朝时期的古代儒家书院，为朱子理学的发展和传播提供了良好环境。此外，该地区还拥有大量的坟墓遗址、摩崖石刻，存放着可追溯到商朝的木制船棺的岩穴，有60多处道观和寺院遗迹，以及汉朝统治者于公元1世纪建立的行政首府，均极具考古价值。

世界非物质文化遗产（44项）

截至2024年12月，中国共有44个非物质文化遗产项目列入联合国教科文组织非物质文化遗产名录（册），居世界第一。

包括：

1. 古琴艺术（2003）
2. 昆曲（2001）
3. 蒙古族长调民歌（2005，与蒙古国联合申报）
4. 新疆维吾尔木卡姆艺术（2005）
5. 羌年（2009，急需保护的非物质文化遗产）
6. 中国木拱桥传统营造技艺（2009，急需保护的非物质文化遗产）
7. 黎族传统纺染织绣技艺（2009，急需保护的非物质文化遗产）
8. 中国篆刻（2009）
9. 中国雕版印刷技艺（2009）
10. 中国书法（2009）
11. 中国剪纸（2009）
12. 中国传统木结构建筑营造技艺（2009）
13. 南京云锦织造技艺（2009）
14. 端午节（2009）
15. 中国朝鲜族农乐舞（2009）
16. 格萨（斯）尔（2009）
17. 侗族大歌（2009）
18. 花儿（2009）
19. 玛纳斯（2009）
20. 妈祖信俗（2009）
21. 蒙古族呼麦歌唱艺术（2009）
22. 南音（2009）
23. 热贡艺术（2009）
24. 中国蚕桑丝织技艺（2009）
25. 藏戏（2009）
26. 龙泉青瓷传统烧制技艺（2009）
27. 宣纸传统制作技艺（2009）
28. 西安鼓乐（2009）
29. 粤剧（2009）
30. 麦西热甫（2010，急需保护的非物质文化遗产）
31. 中国水密隔舱福船制造技艺（2010，急需保护的非物质文化遗产）
32. 中国活字印刷术（2010，急需保护的非物质文化遗产）
33. 中医针灸（2010）
34. 京剧（2010）
35. 赫哲族伊玛堪（2011，急需保护的非物质文化遗产）
36. 中国皮影戏（2011）
37. 福建木偶戏后继人才培养计划（2012，保护非物质文化遗产优秀实践）
38. 中国珠算（2013）
39. 二十四节气（2016）
40. 藏医药浴法（2018）
41. 太极拳（2020）
42. 送王船（与马来西亚联合申报，2020）
43. 中国传统制茶技艺及其相关习俗（2022）
44. 春节——中国人庆祝传统新年的社会实践（2024）

世界记忆名录（15 份）

世界记忆名录，是指符合世界意义、经联合国教科文组织世界记忆工程国际咨询委员会确认而纳入的文献遗产项目。世界记忆文献遗产是世界文化遗产保护项目的延伸，侧重于文献记录，包括博物馆、档案馆、图书馆等文化事业机构保存的任何介质的珍贵文件、手稿、口述历史的记录以及古籍善本等。截至 2024 年 12 月，中国已有 15 份文献遗产入选。

殷墟甲骨文

甲骨文

甲骨文是中国发现最早的文字记录，出土于河南省安阳殷墟遗址，是距今 3000 多年的商代后期用于占卜祈祷的文字。由于有了从甲骨文起一脉相承发展的汉字，中华文明发展才没有中断，这为研究中国文明史和早期国家与社会形态提供了真实的第一手资料。甲骨文既是中华民族珍贵的文化遗产，也是人类共同的精神财富。

近现代中国苏州丝绸档案

近现代中国苏州丝绸档案是 19 世纪到 20 世纪末，苏州众多丝绸企业、组织在技术研发、生产管理、营销贸易、对外交流过程中直接形成的由纸质文字、图案、图表和丝绸样本实物等不同形式组成的、具有保存价值的原始记录，共 2.95 万余卷，在丝绸行业发展历程中具有典型意义和极高价值。它既是 100 多年苏州丝绸产业工艺技术和历史的珍贵记录，也见证了中国现代工业的成长和 1 个多世纪的东西方商贸交流。

…师团长谷寿夫、"百人斩"杀人比赛的日军少尉向井敏明和野田毅都被判死刑，分别于 1947 …和 1948 年 1 月 28 日被押赴南京雨花台刑场执行枪决。

…过两个审判日本战犯的军事法庭，一个是美军的军事法庭，另一个是中国第一绥靖区审判战…。该法庭于 1947 年 8 月 16 日改为国防部审判战犯军事法庭，也是国内审判日本战犯的主要…一。日军中国派遣军总司令官冈村宁次就是在上海受审的。

The Nanjing Military Tribunal subject to the Ministry of Defense was established on February 15, 1946 to mainly test Japanese war criminals involved in the Nanjing Massacre. The Japanese army lieutenant of the Lieutenant General of the Sixth Division of the Japanese Sixth Division, TANI Hisao and the Killers of "Killing 100 People competition", MUKAI Toshiaki and Noda Tsuyoshi, were sentenced to death, and were executed the shooting at Nanjing Yuhuatai execution ground on April 26, 1947 and January 28, 1948 respectively.

There have been two military courts in Shanghai that trialed Japanese war criminals. One was the US military court, and the other was the military tribunal for the first appeasement war zone in China. The court was changed to the Defense Ministry Tribunal of war criminals on August 16, 1947. It is also one of the main military courts for domestic trials of Japanese war criminals. The commander-in-chief of the Japanese Army dispatching army, OKAMURA Yasuji, was tried in Shanghai.

2019 年 9 月 18 日，"正义的审判——纪念东京审判宣判 71 周年图片展"在侵华日军南京大屠杀遇难同胞纪念馆正式开展。图中老人高文彬（1922—2020 年 9 月 7 日），是当时在世的最后一位东京大审判全程亲历者

清代澳门地方衙门档案（1693 — 1886）

清代澳门地方衙门档案是清代的官、私中文文书，主要形成于18世纪中叶至19世纪中叶，其主体是澳门同知、香山知县及县丞等地方官员在行使中国对澳门管治权的过程中，与澳门议事会理事官之间进行文书往来所形成的地方衙门档案，充分体现了中国对澳门拥有领土和统治主权。

南京大屠杀档案

南京大屠杀档案共分三部分，包括：1937年至1938年，日本侵略军占领南京期间大肆杀戮中国军民的档案；1945年至1947年，对日本战犯进行调查和审判的档案；1952年至1956年，中华人民共和国司法机构提供的文件。详细记载了侵华日军在南京制造大屠杀惨案的罪恶事实和日军侵占南京期间犯下的大量罪行。

侨批档案——海外华侨银信

海外侨胞通过民间渠道及后来金融邮政机构寄回国内、连带家书或简单附言的汇款凭证称为侨批。侨批档案包括"广东侨批"和"福建侨批"两部分。100多年前，大量国人前往东南亚谋生，由于通信相对闭塞，华侨们只能靠侨批传音信、寄钱回家。福建和广东保存的侨批档案及相关文献达16万件之多。侨批具有真实性、唯一性、不可替代性、罕见性和完整性等特点，作为珍贵的民间文书，有别于一般书信，它涵盖侨乡与世界各地的政治、经济和文化交流的信息，融汇中外商贸往来、邮传、驿递、金融、汇兑等方面的历史记录，是未经后来人刻意雕琢的史信，被盛赞为中国"20世纪的敦煌文书"。

元代西藏官方档案

元代西藏官方档案包含22份珍贵的元代历史档案。这些珍贵的元代档案文献大致时间为1304年至1367年，其中有4份文档是用八思巴文书写的元代皇帝给西藏地方寺院、官员等的圣旨，是元代中央政府与西藏地方政府之间来往的重要文书档案之一。由于八思巴文是曾在元代辉煌并流行近百年之后逐渐消失的文字，纸质版八思巴文档存世极为稀少。这些档案文书保存完好，在研究元代西藏地方政权变化、经济发展水平等方面具有极高的历史价值。

《本草纲目》

《本草纲目》是由中国明代医药学家李时珍（1518—1593）编著的一部药物学专著，内容涉及医学、植物学、动物学、矿物学、化学等诸多领域。英国生物学家达尔文称该书为"中国古代的百科全书"。在过去的4个多世纪里，《本草纲目》被全译或节译成英、法、德、俄、韩等20多种语言文字，再版100余次，在世界广泛流传，成为世界许多领域学者的研究对象。

《黄帝内经》

《黄帝内经》是中医学理论体系的奠基性著作，成书于距今2200多年的中国战国时期。该书系统总结了公元前2世纪以前中国古代传统医学的实践经验，揭示了中医学的基础理论和养生保健思想。它所构建的理论体系和医疗模式至今仍然被传统医药学运用和西方医学借鉴，是世界医学和人类文明发展的最好见证。

清代"样式雷"建筑图档

宫廷建筑匠师家族的始祖雷发达，于康熙初年参与修建宫殿，被"敕封"负责内廷营造工程。直至清代末年，雷氏家族有六代后人都在朝廷样式房任掌案职务，历时200余年，负责过北京故宫、北海、圆明园、颐和园、静宜园、承德避暑山庄、清东陵和西陵等重要工程设计的图样绘制、烫样制作，同行中称这个家族为"样式雷"。雷氏家族设计制作的建筑烫样独树一帜，是了解清代建筑和设计程序的重要资料。现存于世的"样式雷"图档逾两万件，中国国家图书馆收藏有1.5万余件，其余主要收藏在故宫博物院、中国第一历史档案馆、中国文物研究所。

清代科举大金榜

清代科举大金榜是中国古代封建科举制度的标志性文献档案，现存于中国第一历史档案馆。中国的科举制度始于公元605年，终于1905年，经历1300年的历史。清代科举考试一般每三年一次，分童试、乡试、会试和殿试四个等级。殿试是科考的最高规格，是由皇帝亲自出题考试，殿试的成绩榜就是"金榜"。金榜是黄纸墨字，书满、汉两种文字，以皇帝诏令的形式下达。金榜分大、小两种，大金榜加盖"皇帝之宝"用于张挂。清朝金榜现存有200多份，涵盖了从康熙六年（1667）到光绪二十九年（1903）期间科举考试的殿试成绩榜。

纳西东巴古籍文献

纳西东巴古籍文献是纳西族的东巴教祭司使用的宗教典籍，世代传承下来的尚存2万余卷，分别收藏于中国的丽江、昆明、北京、南京、台湾，以及美国、英国、法国、西班牙等十多个国家的多家博物馆和图书馆。古籍内容涉及历史、哲学、社会、宗教、语言文字，以及音乐、美术、舞蹈等许多传统学科，被国内外学术界誉为"古代纳西族的百科全书"。东巴古籍由东巴文字写成，东巴文字被称为"唯一活着的象形文字"。

清代内阁秘本档

清代内阁秘本档是有关17世纪在华西洋传教士活动的档案，该文献形成于17世纪中叶，共24件，现存于中国第一历史档案馆。这部分档案系统完整地反映了西洋传教士在华活动的情况，其核心内容是"汤若望案"，历史上称"历法之争"。

中国传统音乐录音档案

中国传统音乐录音档案现存于中国艺术研究院音乐研究所,档案收藏了中国 50 多个民族的传统音乐与民间音乐录音档案以及佛教、道教的宗教音乐,长达 7000 小时,其中包括家喻户晓的民间艺人阿炳创作的传世名曲《二泉映月》《听松》等。

《四部医典》

《四部医典》成书于公元 8 世纪至 12 世纪,是藏医学最为经典的奠基著作,是一部集实践与理论精华于一体的藏医学经典论著,全面反映藏医学的发展轨迹,对藏医学的传播发展发挥了不可替代的作用,也是西藏早期人文历史、文化交流、哲学思想和传统工艺的集中体现。

澳门功德林寺院档案文献(1645—1980)

澳门功德林寺由维新人士观本法师(张寿波,号玉涛)创办于 1924 年,为岭南地区首家女子佛学院,院内同时兴办女子义校。档案文献包括该寺收藏和形成的古籍、手稿、名人书信、字画、老照片、贝叶经等 2300 多种 6000 多件,反映了该寺乃至澳门在清末民初以及第二次世界大战期间担当的历史角色,在开展女性教育、提升女性地位、推动社会进步、传播佛教文化等方面具有重要意义,其中的梁启超等名人书信、吴昌硕等名家字画也具有重要的历史价值和文化艺术价值。

古琴

当代中国

中国与中国人

3

01
伟大复兴

02
经济增长与社会发展

03
农业现代化

04
工业现代化

05
国防和军队现代化

06
科学技术现代化

07
国家治理现代化

01 伟大复兴

壹

伟大复兴 /

追求民族复兴是中国人百年来的梦想，源自中国人对"落后就要挨打"的深刻体悟。中华民族在历史上成就辉煌，

但自近代以来，历经百年屈辱。因此，中国人有一个目标就是图强，并为此进行了不屈不挠的奋斗和艰苦卓绝的探索。中华人民共和国成立后，中华民族在中国共产党的领导下走上了实现伟大复兴的壮阔道路。70多年来，全国各族人民同心同德、艰苦奋斗，取得了令世界刮目相看的伟大成就，迎来了从站起来、富起来到强起来的伟大飞跃，迎来了实现伟大复兴的光明前景。

四个现代化

"四个现代化"是中国于 20 世纪 50 年代至 60 年代提出的国家战略目标。1964 年 12 月第三届全国人民代表大会第一次会议上,周恩来总理根据毛泽东主席建议,在《政府工作报告》中正式提出,在 20 世纪内,把中国建设成为一个具有现代农业、现代工业、现代国防和现代科学技术的社会主义强国,以及实现四个现代化目标的"两步走"设想。第一步,用 15 年时间,建立一个独立的、比较完整的工业体系和国民经济体系,使中国工业大体接近世界先进水平;第二步,力争在 20 世纪末,使中国工业走在世界前列,全面实现农业、工业、国防和科学技术的现代化。

社会主义初级阶段

1981 年中共十一届六中全会通过的《关于建国以来党的若干历史问题的决议》,第一次提出中国社会主义制度还处于初级阶段的论断。1987 年中共十三大上阐述了社会主义初级阶段理论。社会主义初级阶段理论是邓小平理论的重要组成部分,是邓小平理论的重要基石之一。社会主义初级阶段不是泛指任何国家进入社会主义都会经历的起始阶段,而是特指中国生产力落后、商品经济不发达条件下建设社会主义必然要经历的特定阶段,即从 1956 年社会主义改造基本完成到 21 世纪中叶社会主义现代化基本实现的整个历史阶段。

改革开放新时期

改革开放,是 1978 年 12 月中共十一届三中全会以来,中国开始实行的对内改革、对外开放的政策。改革开放是中国共产党在社会主义初级阶段基本路线的两个基本点之一。改革,即对内改革,就是在坚持社会主义制度的前提下,自觉地调整和改革生产关系同生产力、上层建筑同经济基础之间不相适应的方面和环节,促进生产力的发展和各项事业的全面进步,更好地实现广大人民群众的根本利益。开放,即对外开放,是加快中国现代化建设的必然选择,符合当今时代的特征和世界发展的大势,是必须长期坚持的一项基本国策。

中国的对内改革先从农村开始,1978 年 11 月,安徽省凤阳县小岗村实行"分田到户,自负盈亏"的家庭联产承包责任制,拉开了中国农村改革的序幕。1979 年 7 月 15 日,中共中央正式批准广东、福建两省在对外经济活动中实行特殊政策和灵活措施,迈开了改革开放的历史性脚步。1992 年初,邓小平视察南方并发表重要谈话,推动中国改革进入了新的阶段。

改革开放 40 多年来,中国共产党坚持解放思想、实事求是,探索并建立了社会主义市场经济体制,成功开辟了中国特色社会主义道路。

中国香港紫荆广场《永远盛开的紫荆花》雕塑

香港回归

香港是中国的固有领土，在 1997 年回归之前处于英国的殖民统治之下。第一次鸦片战争时清政府战败，于 1842 年 8 月 29 日与英国签订了《南京条约》，将香港岛割让给英国。1860 年 10 月，第二次鸦片战争时清政府再次战败，被迫签订《北京条约》，将九龙半岛（时称九龙司地方一区）界限街以南及昂船洲交给英国管治。1898 年，清政府与英国签订《展拓香港界址专条》，将深圳河以南、界限街以北的 230 块大小岛屿总计 975.1 平方千米的土地租借给英国，并将租借地称为"新界"，租期为 99 年。从 1898 年 7 月 1 日开始，至 1997 年 6 月 30 日期满。

香港回归是指中华人民共和国政府在 1997 年 7 月 1 日对香港恢复行使主权，大不列颠及北爱尔兰联合王国政府于 1997 年 7 月 1 日将香港交还给中华人民共和国的历史事件。从 1982 年 9 月起，中英双方经过两年多达 22 轮的谈判，最终在 1984 年 12 月 19 日正式签署了《中英联合声明》，决定从 1997 年 7 月 1 日起，中国在香港成立特别行政区，开始对香港岛、界限街以南的九龙半岛、新界等土地重新行使主权和治权。

1997 年 6 月 30 日午夜至 7 月 1 日凌晨，中英两国政府香港政权交接仪式在香港举行，宣告中国政府对香港恢复行使主权，中华人民共和国香港特别行政区成立。中央政府在香港实行"一国两制"、"港人治港"、高度自治的方针。

澳门回归

澳门近代史需要追溯到 400 多年之前。1553 年，葡萄牙人通过贿赂地方官吏，取得了停靠澳门码头进行贸易的权利，并于 1557 年正式在澳门定居。1582 年中葡签订澳门借地协约，澳葡每年缴纳地租 500 两白银。1840 年鸦片战争后，清政府战败，葡萄牙借此于 1849 年后相继占领了澳门半岛、氹仔岛和路环岛。1874 年葡人闯入香山筑新关闸，擅自以此为澳门之界。1887 年 12 月，清政府与葡萄牙王国签订《中葡和好通商条约》，确认葡萄牙可长驻澳门管理，葡萄牙因此得以占领澳门 400 多年之久。

1985 年 5 月，葡萄牙总统安东尼奥·拉马尔霍·埃亚内斯应邀访问中国，访问结束后发表联合公报，双方决定就澳门问题进行谈判。1986 年 6 月，中葡在北京就澳门问题举行首轮会谈。1987 年 4 月 13 日，签订了《中华人民共和国政府和葡萄牙共和国政府关于澳门问题的联合声明》，宣布澳门地区（包括澳门半岛、氹仔岛和路环岛）是中国的领土。1999 年 12 月 20 日零时，中葡两国政府在澳门文化中心举行政权交接仪式，中华人民共和国国旗和中华人民共和国澳门特别行政区区旗在这里庄严升起，中国政府对澳门恢复行使主权。历经 400 多年沧桑，澳门终于回归祖国。

澳门回归，是继 1997 年 7 月 1 日香港回归祖国之后，中华民族在实现祖国统一大业中的又一盛事，是中国共产党对于中华民族的历史性贡献。香港和澳门的回归，开创了港澳两地和祖国内地共同发展的新纪元。通过外交谈判并以"一国两制"方式解决香港、澳门问题，是中国人民为世界和平进步事业作出的新贡献。

中国特色社会主义

中共十一届三中全会后，以邓小平同志为主要代表的中国共产党人，深刻总结新中国成立以来正反两方面经验，明确提出走自己的路、建设有中国特色的社会主义，科学回答了建设中国特色社会主义的一系列基本问题，制定了到21世纪中叶分三步走、基本实现社会主义现代化的发展战略。

中国特色社会主义是改革开放以来党的全部理论和实践的主题，是科学社会主义理论逻辑和中国社会发展历史逻辑的辩证统一，是根植于中国大地、反映中国人民意愿、适应中国和时代发展进步要求的科学社会主义。在改革开放的伟大实践中，党团结带领人民在中国特色社会主义道路上奋勇前进，实现了从高度集中的计划经济体制到充满活力的社会主义市场经济体制、从封闭半封闭到全方位开放的历史性转变，实现了从生产力相对落后的状况到经济总量跃居世界第二的历史性突破，实现了人民生活从温饱不足到总体小康、奔向全面小康的历史性跨越，使中国大踏步赶上了时代。

中国特色社会主义新时代

中国特色社会主义进入了新时代，这是中国发展新的历史方位。2017年10月18日，习近平总书记在中共十九大报告中指出"中国特色社会主义进入了新时代"。进入新时代，是从中国共产党和国家事业发展的全局视野、从改革开放近40年历程和十八大以来5年取得的历史性成就和历史性变革的方位上，所作出的科学判断。新时代，是指承前启后、继往开来、在新的历史条件下继续夺取中国特色社会主义伟大胜利的时代。

"中国特色社会主义进入了新时代"的重大判断，以马克思主义时代观为理论指导，以中共十八大以来全方位的、开创性的成就和深层次、根本性变革为现实根据，实现了马克思主义同中国实际相结合的历史性飞跃，深刻认识这一重大判断的科学性，对于准确把握当代中国的历史方位，以坚定自信的姿态开启中国特色社会主义新时代建设的伟大征程，具有重要意义。

全面建成小康社会

"小康"一词最早出自《诗经·大雅·民劳》："民亦劳止，汔可小康"，意思是说老百姓太劳苦，也该稍稍得到安乐了。千百年来，"小康"一直是中国老百姓追求宽裕、殷实、稳定、安宁生活的代名词，表达着底层民众对美好安定生活的向往。

改革开放后，中国共产党确立了现代化建设"三步走"战略目标。第一步目标是解决人民的温饱问题，这在20世纪80年代末已经实现；第二步目标是使人民生活总体达到小康，这在20世纪末也已经实现；第三步目标是到新中国成立100年时基本实现现代化。中共十六大提出，21世纪头20年，要全面建设惠及十几亿人口的更高水平的小康社会，经过这个阶段的建设，再继续奋斗几十年，到21世纪中叶基本实现现代化。2021年7月，习近平总书记在庆祝中国共产党成立100周年大会上庄严宣布中国已经实现了全面建成小康社会的第一个百年奋斗目标。

中国式现代化

中共二十大报告指出，中国式现代化是中国共产党领导的社会主义现代化，既有各国现代化的共同特征，更有基于自己国情的中国特色。中国式现代化是人口规模巨大的现代化，是全体人民共同富裕的现代化，是物质文明和精神文明相协调的现代化，是人与自然和谐共生的现代化，是走和平发展道路的现代化。

中国式现代化的本质要求是：坚持中国共产党领导，坚持中国特色社会主义，实现高质量发展，发展全过程人民民主，丰富人民精神世界，实现全体人民共同富裕，促进人与自然和谐共生，推动构建人类命运共同体，创造人类文明新形态。

高铁列车穿过广西南宁农田

中国梦

中国共产党成立以来，特别是新中国成立以来，中国共产党领导中国人民自力更生、艰苦奋斗，发展经济，建立社会主义制度，进行大规模的经济建设，取得了巨大成就。当前，中国经济已由高速增长阶段转向高质量发展阶段，正处在转变发展方式、优化经济结构、转换增长动力的攻关期，建设现代化经济体系是中国发展的战略目标。在创新、协调、绿色、开放、共享的新发展理念统领下，中国发展不断朝着更高质量、更有效率、更加公平、更可持续、更为安全的方向前进。

2012 年 11 月 29 日，习近平总书记在参观《复兴之路》展览时首次提出"实现中华民族伟大复兴，就是中华民族近代以来最伟大的梦想"，开启了中国梦的伟大愿景。2021 年，在中国共产党成立 100 周年之际，中国宣布全面建成小康社会、实现第一个百年奋斗目标。中共十九大报告清晰擘画全面建成社会主义现代化强国的时间表、路线图，提出在全面建成小康社会的基础上，分两步走全面建成富强民主文明和谐美丽的社会主义现代化强国。中共二十大明确了新时代新征程党和国家事业发展的目标任务，号召全党全军全国各族人民为全面建设社会主义现代化国家、全面推进中华民族伟大复兴而团结奋斗。

江西南昌岗巷镇联圩村,连片种植的水稻由青转黄,房屋鳞次栉比,组成一幅绿色生态、和谐秀美的乡村田园画卷

02 经济增长与社会发展

贰　经济增长与社会发展 /

中华人民共和国成立以来的 70 多年，经济建设取得了辉煌成就。特别是 1978 年改革开放以来，中国经济飞速发展，

创造了许多世界之最。尤其是经济增长速度，从 1978 年到 2008 年的 30 年时间里，保持了年均 9.4% 的高速增长。进入 21 世纪以来，中国调整发展战略，步入高质量发展的新阶段。

人均收入

根据中国2023年国民经济和社会发展统计公报，2023年，全国居民人均可支配收入39218元，比上年增长6.3%，扣除价格因素，实际增长6.1%。全国居民人均可支配收入中位数33036元，增长5.3%。按常住地分，城镇居民人均可支配收入51821元，比上年增长5.1%，扣除价格因素，实际增长4.8%。城镇居民人均可支配收入中位数47122元，增长4.4%。农村居民人均可支配收入21691元，比上年增长7.7%，扣除价格因素，实际增长7.6%。农村居民人均可支配收入中位数18748元，增长5.7%。城乡居民人均可支配收入比值为2.39，比上年缩小0.06。按全国居民五等份收入分组，低收入组人均可支配收入9215元，中间偏下收入组人均可支配收入20442元，中间收入组人均可支配收入32195元，中间偏上收入组人均可支配收入50220元，高收入组人均可支配收入95055元。全国农民工人均月收入4780元，比上年增长3.6%。脱贫县农村居民人均可支配收入16396元，比上年增长8.5%，扣除价格因素，实际增长8.4%。

可持续发展

可持续发展是以保护自然资源环境为基础，以激励经济发展为条件，以改善和提高人类生活质量为目标的发展理论和战略。它是一种新的发展观、道德观和文明观。1994年3月25日，中华人民共和国国务院发表了《中国21世纪议程——中国21世纪人口、环境与发展白皮书》，提出可持续发展的总体战略、对策和行动方案。为了支持《议程》的实施，同时还制定了《中国21世纪议程优先项目计划》。1995年，中共中央把"可持续发展"作为国家发展的重大战略，号召全国人民积极参与这一伟大实践。

可持续发展包括三个方面的内容：经济可持续发展、生态可持续发展和社会可持续发展。

区域协调发展战略

实施区域协调发展战略是新时代中国重大战略之一，是贯彻新发展理念、建设现代化经济体系的重要组成部分。当前，中国正以"一带一路"建设、京津冀协同发展、长江经济带发展、粤港澳大湾区建设等重大战略为引领，以西部、东北、中部、东部四大板块为基础，促进区域间相互融通补充。

西部地区包括甘肃、贵州、宁夏、青海、新疆、陕西、四川、重庆、西藏、云南、广西、内蒙古等地，拥有全国约 70% 的国土面积和近 30% 的人口，与 10 多个国家接壤，被认为是继东部沿海地区后的第二个对外开放黄金地带。

振兴东北主要是加快产业结构调整和国有企业改革改组改造。发展现代农业，强化粮食基地建设；发展高技术产业；加强东北东部铁路通道和跨省区公路运输通道等基础设施建设，促进区域经济一体化；加快老工业基地的振兴；等等。

中部崛起将依托现有基础，提升产业层次，推进工业化和城镇化，在发挥承东启西和产业发展优势中加快崛起。

东部发展主要通过提高自主创新能力，实现经济结构优化升级和增长方式转变，完善社会主义市场经济体制，在率先发展和改革中带动帮助中西部地区发展。

京津冀一体化着力于推动中国的"首都圈"加快发展，其中，北京、天津、保定、廊坊为中部核心功能区，京津保地区将率先联动。雄安新区建设是继深圳经济特区和上海浦东新区之后又一具有全国意义的新区。设立雄安新区，对于集中疏解北京非首都功能，探索人口经济密集地区优化开发新模式，调整优化京津冀城市布局和空间结构，培育创新驱动发展新引擎，具有重大现实意义和深远历史意义。

江西吉安遂川县的筑峰顶，云雾缭绕，风电机组在山巅上运行发电

国有企业

国有企业是中国国民经济发展的中坚力量，是中国特色社会主义的支柱。中国的国有企业是按照《中华人民共和国企业法人登记管理条例》登记注册，由国务院和地方人民政府分别代表国家履行出资人职责的国有独资企业、国有独资公司以及国有资本控股公司，包括中央和地方国有资产监督管理机构和其他部门所监管的企业本级及其逐级投资形成的企业。对于中国的国有企业，一般是指国有资产投资或持股超过 50% 的企业。

国有企业作为一种生产经营组织形式，同时具有商业性和公益性的特点，其商业性体现为追求国有资产的保值和增值，其公益性体现为国有企业的设立通常是为了实现国家调节经济的目标，发挥调和国民经济各个方面发展的作用。

民营企业

民营企业，一般是指民间私人投资、民间私人经营、民间私人享受投资收益、民间私人承担经营风险的法人经济实体，也就是通常所说的个体企业和私营企业。改革开放 40 多年来，民营企业在推动发展、促进创新、增加就业、改善民生和扩大开放等方面发挥了不可替代的作用。民营经济已经成为中国以公有制为主体、多种所有制经济共同发展的重要组成部分。

中小企业

中小企业是在中国的改革开放中发展和壮大起来的，是中国经济社会发展的生力军。所有制的改革为中小企业提供了前所未有的发展空间，使中小企业的活力得到了充分释放。40 多年来，中国的中小企业、民营企业蓬勃发展，从小到大，由弱到强，在增加就业、稳定增长、促进创新方面发挥了独特的重要作用，作为国民经济生力军的作用也日益凸显。

当然，中小企业发展有自身的难点痛点，中国政府正努力推动并加快激励政策落地落实，包括清理拖欠中小企业的账款，推动缓解小微企业融资难、融资贵等问题；提升中小企业竞争力，加强对专精特新"小巨人"企业培育；提高中小企业服务实效等。这样，中小企业发展将会拥有更多的机会、更大的空间和更强的活力。

数字经济

发展数字经济的主要目的之一，是实现产业智能化。关于数字经济的通俗说法是"数字产业化"+"产业数字化"，作为一个内涵比较宽泛的概念，凡是直接或间接利用数据来引导资源发挥作用，推动生产力发展的经济形态都可以纳入数字经济的范畴。在技术层面，包括大数据、云计算、物联网、区块链、人工智能、5G 通信等新兴技术；在应用层面，"新零售""新制造"等都是典型代表。

1994 年，中国正式接入国际互联网，进入互联网时代。以互联网行业崛起为显著特征，伴随着互联网用户数量的高速增长，一大批业内先锋企业相继成立。新浪、搜狐、网易三大门户网站先后创立，阿里巴巴、京东等电子商务网站快速发展，百度、腾讯等搜索引擎和社交媒体得到空前发展。随着互联网用户数量持续快速增长，以网络零售为代表的电子商务带动数字经济进入新的发展阶段。

当前的中国数字经济呈现两大特征：第一，数据将成为最核心的生产要素；第二，数字基础设施成为新基建的重要组成部分。此外，中国数字经济顶层战略规划体系也渐趋完备，形成了横向联动、纵向贯通的数字经济战略体系。

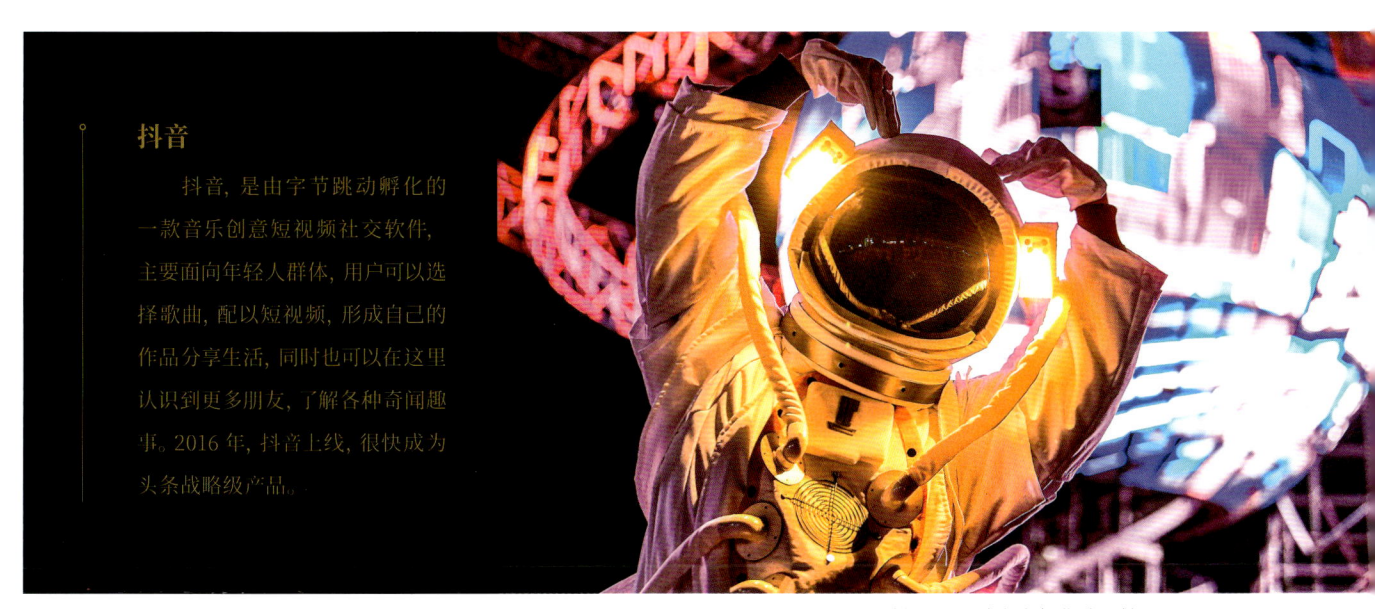

抖音

抖音，是由字节跳动孵化的一款音乐创意短视频社交软件，主要面向年轻人群体，用户可以选择歌曲，配以短视频，形成自己的作品分享生活，同时也可以在这里认识到更多朋友，了解各种奇闻趣事。2016年，抖音上线，很快成为头条战略级产品。

2021 抖 inCity 城市嘉年华沈阳站

金融体系

中国已经基本形成由中央银行调控和监督、国家银行为主体、政策性金融与商业性金融相分离，多种金融机构分工合作、功能互补的现代化金融中介机构体系。同时，中国的互联网金融也呈现快速发展势头。

银行业在中国金融业中处于主体地位。按照银行的性质和职能划分，中国现阶段的国有银行可以分为三类：中央银行、商业银行、政策性银行。中国人民银行行使中央银行职能，负责管理货币政策、货币发行和外汇黄金储备。中国工商银行、中国银行、中国农业银行和中国建设银行为国有商业银行。中国农业发展银行、国家开发银行、中国进出口银行是政策性银行，2015年国家开发银行被定位为开发性金融机构。除此之外，中国还有一大批城市商业银行、城市信用社、农村信用社，以及在华营业性外资金融机构。目前，中国四大国有商业银行的市值、盈利能力、资本、品牌、规模以及存款均在世界各大银行中位列前茅。

2003年，支付宝的诞生开启了第三方网络支付的时代；2013年，微信支付上线，壮大了移动支付市场，人们只需手机和二维码，就能完成近乎零现金的日常生活。中国的移动支付已遍布各行各业，在给人们生活带来便利的同时，也成为推动经济发展的新动能。互联网金融的创新以人们意想不到的速度，让整个行业焕发新的活力，出现了大数据金融、互联网金融门户、第三方支付、在线金融信息服务等多种模式。

住房

据《中国人口普查年鉴-2020》,中国人均住房建筑面积为41.76平方米,平均每户居住面积达到111.18平方米。城市家庭人均居住面积为36.52平方米,平均每户居住面积达到92.17平方米。由于各国对住宅面积的统计口径不一致,平均居住面积无法直接进行比较。发达国家低居住面积的背后是其保障房供给和建设的完备,而中国城镇居民住房自有率达90%以上。

就业

就业是民生之本，是人民改善生活的基本前提和基本途径。中国有 14 亿多人口，是世界第一人口大国。在中国，解决就业问题任务繁重、艰巨、紧迫。中国政府依据《中华人民共和国劳动法》等法律法规，从国情出发，通过实践探索并借鉴国际经验，制定和实施了一系列积极的就业政策。目前，中国已建立起市场导向的就业机制，在经济发展和经济结构调整中，就业规模持续扩大，就业结构逐步优化，就业渠道不断拓宽，就业形式更加灵活，总体上保持了就业形势的基本稳定。2023 年，全国城镇新增就业 1244 万人，全年全国城镇调查失业率平均值为 5.2%，全国企业就业人员周平均工作时间为 49 小时。

按照相互尊重、平等互利的原则，中国政府积极参加国际劳工事务。中国批准了《准予就业最低年龄公约》等国际劳工公约。在劳动就业领域，中国与国际劳工组织、联合国开发计划署、世界银行、亚洲开发银行等众多国际机构以及许多国家进行了行之有效的交流与合作。

社会保障

从世界范围看，社会保障已有 120 多年的发展历史。中国的社会保障制度是新中国成立以后从零起步的。经过多年的努力，到 2020 年，中国已经基本建立覆盖城乡居民的社会保障体系，包括各项社会保险、最低保障制度、救助制度、慈善事业以及商业保险等。全国所有城市和县城均建立了最低生活保障制度，为所有家庭人均收入低于当地最低标准的居民提供基本生活保障。从 2002 年起，为解决广大农村居民健康保障问题，中国开始建立新型农村合作医疗（简称"新农合"）制度。新农合是指由政府组织、引导、支持，农民自愿参加，个人、集体和政府多方筹资，以大病统筹为主的农民医疗互助共济制度。其采取个人缴费、集体扶持和政府资助的方式筹集资金，是世界上覆盖人口最多的一个保障制度。

医疗卫生与健康

医疗卫生领域是中国政府的重要公共服务领域之一。2018 年，国际著名医学杂志《柳叶刀》发布了 1990 至 2016 年全球 195 个国家和地区的"医疗服务可及性和质量指数"，中国的指数排名从 2017 年第 60 位提高到第 48 位。"健康中国"正成为实现中国梦的有力支撑。

"预防为主"是中国卫生工作的重要经验之一。各级行政区域均建立起以卫生防疫站等预防保健机构为主、具有卫生监督管理和防病职能的机构，形成全国性的卫生监督和防疫网络。2020 年，覆盖城乡居民的基本医疗卫生制度基本建立，实现人人享有基本医疗卫生服务。各省区的中等城市中均设有现代化设施完备的综合医院或专科医院，县有中心医院，乡镇有卫生院，行政村设有医疗点。截至 2023 年底，中国基本医疗保险参保人数 133389 万人，参保覆盖面稳定在 95% 以上。

江西泰和国家森林公园

教育体系

中国实施九年免费义务教育。上小学前有幼儿园学龄前教育,义务教育以后有普通高中教育和中等职业教育,还有包括大专以上学历的高等教育,以及各种形式的继续教育。

九年免费义务教育是中国教育的基础。中国已经在全国城乡实行了免费义务教育,把义务教育经费全面纳入国家财政保障范围。下一步将逐步解决义务教育资源配置不均衡问题,在全国或省(区、市)范围内,教育资源逐步向农村地区、民族地区、边疆地区、贫困地区倾斜;在同一城市和县域范围内,教育资源逐步向薄弱学校倾斜,逐步实现师资、设备、图书、校舍等均衡配置。

继续完善非义务教育。中国建立了以国家奖学金、国家励志奖学金、国家助学金、国家助学贷款、勤工助学、校内奖助学金、特殊困难补助、伙食补贴、学费减免等多种方式并举的资助政策体系,同时实施家庭经济困难新生入学"绿色通道"以及毕业生赴基层就业、应征入伍服义务兵役学费补偿和国家助学贷款代偿等政策措施。

重视开展农村教育。从 2006 年开始,国家免除了农村义务教育阶段学生的学杂费,还向农村义务教育阶段学生免费提供教科书,义务教育实现了全部免费。

注重保障残疾人受教育权利。除了设立特殊教育学校外,凡能适应正常学习的残疾少年儿童,都可进入普通中小学随班就读。国家还将进一步保障残疾孩子平等地接受教育,并加快特殊教育学校建设,创造条件让更多的残疾学生在普通学校上学。

教育发展迅速的一个重要原因是教育投入的明显增长,其中政府投入是教育经费的第一大来源渠道。自 2012 年起,中国财政性教育经费支出占国内生产总值(GDP)的比例一直保持在 4% 以上,教育支出成为一般公共预算的第一大支出。

环境保护

中国是一个发展中国家,目前正面临着发展经济和保护环境的双重任务。中国在全面推进现代化建设的过程中, 把环境保护作为一项基本国策,把实现可持续发展作为一个重大战略,在全国范围内开展了大规模的污染防治和生态环境保护工作。中国宪法明确规定:"国家保护和改善生活环境和生态环境,防治污染和其他公害。"1980 年,中国政府把保护环境确立为基本国策。1989 年,首部环境保护法正式颁布。《2012 年中国人权事业的进展》白皮书中,首次提及生态人权保障,将生态文明纳入中国人权保障范畴,强调"中国坚持树立尊重自然、顺应自然、保护自然的生态文明理念,将生态文明建设放在突出地位"。作为国际社会的成员之一,中国在致力于保护本国环境的同时,积极参与国际环境事务,努力推进环境保护领域的国际合作,认真履行所承担的国际义务。所有这些,都充分反映了中国政府和人民保护全球环境的诚意和决心。

杭州西湖

水资源保护

中国是世界上13个贫水国家之一，淡水资源不足世界人均水量的1/4。近年来，中国采取了一系列措施保护水资源。先后启动"引黄工程""南水北调"等跨流域调水工程，解决部分地区水资源短缺问题。科学开发地表水资源和地下水资源，提高水资源利用率，利用"中水"，实现水资源重复利用。另外，利用经济杠杆促进水资源的有效利用。实行城市用水定额管理，在科学核定用水量的前提下，坚持分类定价的原则，以培养公民节约用水的习惯。随着经济社会的发展和城市化进程的加快，除了抓好节约和保护水资源工作，还大力开展水资源污染防治，严格执行环保一票否决制度，推进污水治理工作开展，最终实现水资源综合利用。

土壤污染治理

土壤系统是人类赖以生存发展的主要生态系统之一。中国在进入21世纪后开始进行土壤治理工作，并采取了一系列有效措施。一是制订防治规划。2005年开展全国土壤现状调查，并于2014年发布了《全国土壤污染状况调查公报》，为科学治理土壤污染奠定了一定的基础；2016年发布《土壤污染防治行动计划》，提出了到21世纪中叶土壤环境保护方面的任务，明确了防治目标和主要指标，对全国土壤污染防治工作做了全面的部署。二是依法保障。1979年颁布的《中华人民共和国环境保护法（试行）》，对土壤污染情况作出相关规定；2017年7月1日起施行的《污染地块土壤环境管理办法（试行）》，明确实行土壤污染治理与修复终身责任制；2019年1月正式施行《土壤污染防治法》，这是中国第一部土壤污染防治专项法律。三是推进农用地分类管理及污染风险管控。如强化源头防控，关闭重金属污染企业；实施农药、化肥零增长行动，切断污染物进入农田链条等。

体育大国

新中国成立以来，中国的体育事业得到全面发展，特别是竞技体育实现历史性跨越。1956 年，举重运动员陈镜开成为新中国第一个打破世界纪录的运动员。1959 年，乒乓球运动员容国团为新中国赢得第一个世界冠军。1984 年，中国体育代表团在美国洛杉矶举行的第 23 届夏季奥运会上一举获得 15 枚金牌，实现了中国在奥运会金牌榜上零的突破。1986 年，中国女排获世界女排大赛五连冠，这象征着 20 世纪 80 年代中国体育的腾飞。2000 年悉尼夏季奥运会，中国首次进入奥运会金牌榜前三名，金牌总数位居第三，取得了历史性突破；2008 年，北京成功举办了第 29 届夏季奥运会，中国代表团创造历史，以 51 枚金牌名列奥运金牌榜榜首。2022 年，北京成功举办了 2022 冬奥会和冬残奥会，成为奥运历史上首个"双奥城市"。中国为国际奥林匹克事业的发展作出了卓越的贡献。

此外，中国的全民健身运动蓬勃发展，越来越多的人投入到健身强体的体育运动和锻炼中，体育产业迅速发展，人民体质不断增强。

中国品牌

中国品牌是指由中国企业原创，产权归中资企业所有的品牌，也称作"国产品牌"。改革开放 40 多年来，催生出一大批具有世界影响力的中国企业，打造出一批中国名牌甚至是世界名牌。由世界品牌实验室独家编制的 2023 年度（第二十届）《世界品牌 500 强》排行榜显示，中国有 48 个品牌入选，包括国家电网、腾讯、海尔、华为、中国人寿、五粮液、青岛啤酒、中化、中国南方电网、恒力、徐工、国贸控股等。

2022 年北京冬奥会闭幕式上各国代表团入场

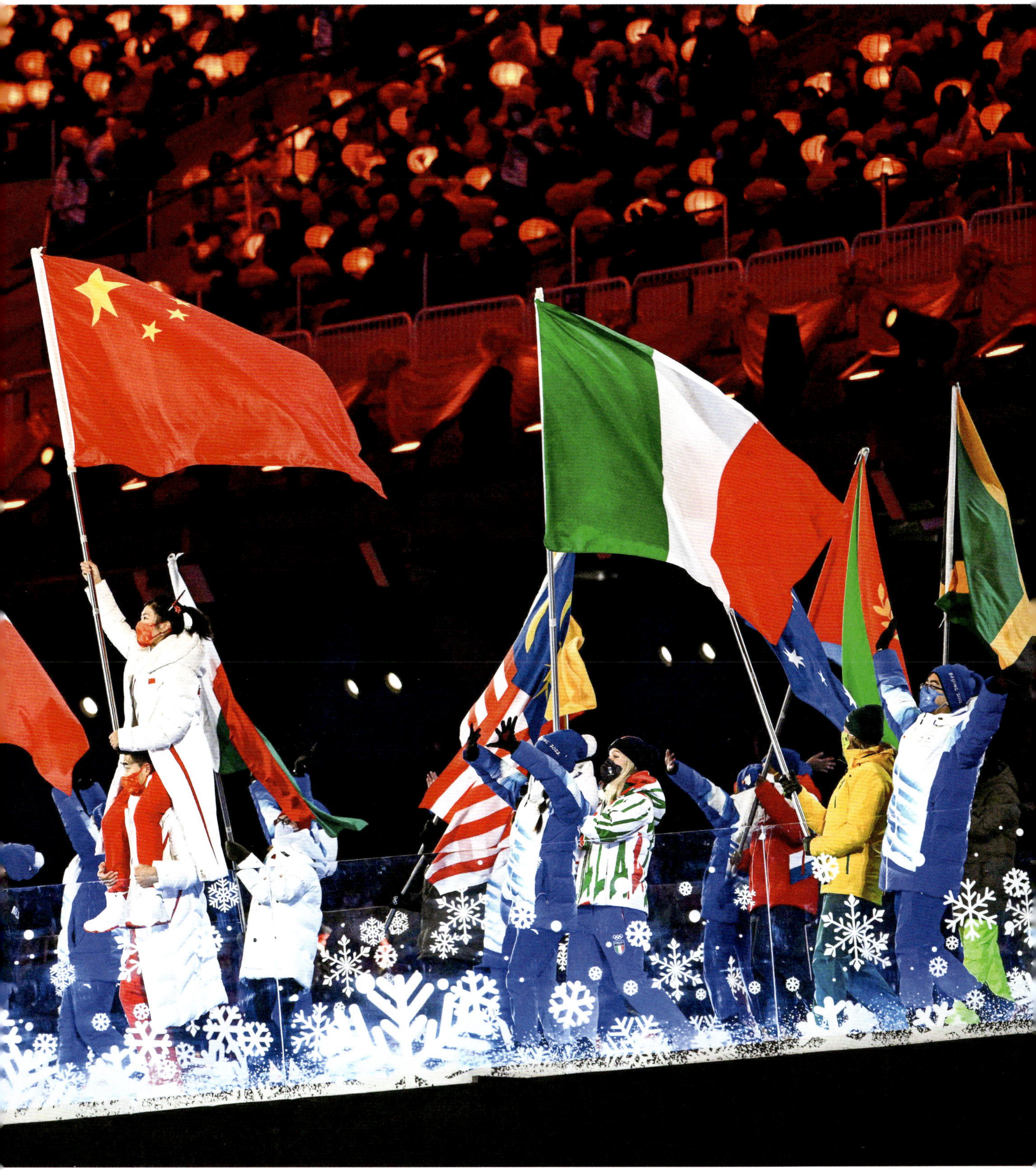

03
农业现代化

叁

农业现代化 /

中国是传统农业大国，农耕文明悠久深厚。实现农业现代化，一直是中国追求的重要目标。

新时代以来，中国共产党带领全国各族人民，打赢脱贫攻坚战，大力实施乡村振兴战略，用有限资源解决了 14 亿多人口的吃饭问题。立足中国国情，中国正在从提高土地产出率、劳动生产率、资源利用率和农业增收贡献率等方面，加快中国特色农业现代化进程，增进中国农民福祉。

农村居民可支配收入

农村居民可支配收入是指农村住户获得的经过初次分配与再分配后的收入。可支配收入是可用于住户的最终消费、非义务性支出以及储蓄的总和。

据统计，2019年，中国农村居民人均可支配收入达到16021元，提前1年实现比2010年翻一番的目标。2020年，农民收入达到17131元，特别是贫困地区农民收入增长较快，达到12588元。"十三五"期间年均增长7.87%，高于全国农村平均水平1.87个百分点。2023年，农村居民人均可支配收入达到21691元，比2022年增长7.7%，扣除价格因素，实际增长7.6%；农村居民人均可支配收入中位数18748元，增长5.7%；城乡居民人均可支配收入比值为2.39，比2022年缩小0.06，城乡居民收入差距正在不断缩小。

中国农业科技发展

新中国成立以来，中国农业科技发展发生了从小到大、由弱到强的历史性变化，2023年中国农业科技进步贡献率超过63%，为保障国家粮食安全、促进农民增收和农业绿色发展发挥了重要作用，已成为促进中国农业农村经济增长最重要的驱动力。目前，中国农业科技创新整体水平已迈入世界第一方阵。

当前，中国农业科技创新体系从中央到地方层级架构完整，机构数量、人员规模、产业和学科覆盖面均为全球之最。从"靠天吃饭"的传统生产，发展成良种良法配套、农机农艺融合的现代农业技术体系。粮食单产从新中国成立初期69公斤/亩增加到2023年390公斤/亩，良种覆盖率达到96%以上；打破了水、温、光等自然条件对农业生产的限制，实现了新鲜蔬菜和水果的周年供应。从依靠"一把尺子一杆秤"的科研手段，发展成设施完备、装备精良的科技创新条件平台体系。建设了农作物基因资源与基因改良国家重大科学工程、国家动物疫病防控高等级生物安全实验室等一大批国家重大科技基础设施，以及国家实验室、国家重点实验室和部省级农业重点实验室，拥有了一批农业领域的"国之重器"。从"人扛牛拉"的传统生产方式，发展成机械化、自动化、智能化的现代生产方式。截至2023年，中国农作物耕种收综合机械化率超过73%，智能农机与机器人、无人机植保服务、农业物联网、植物工厂和农业大数据等板块占全球农业科技市场比例，均达到30%以上。全面推广了测土配方施肥、水肥一体化的施肥模式和资源节约环境友好的绿色发展方式，科技在农业生产中的推动作用日益增强。

粮食增产最主要的是依靠科技进步，加快科教兴粮步伐，走高产、优质、高效、低耗的路子。新中国成立后，取得较大的农业科技成果3万多项，其中获得国家或部级奖励的6000多项，杂交水稻等成果处于国际领先水平，主要粮食作物品种更新了3到5次，每次增产幅度均达到10%以上，仅杂交水稻一项，近10年就累计推广160万平方千米，增产稻谷2.4亿吨；多种综合栽培技术大面积推广应用，对粮食增产发挥了重要作用；在生物工程等高技术领域，两系法杂交稻新组合等一批重大技术已显示出良好的发展前景。中国政府还将持续实施科教兴农战略，采取各种措施，进一步提高粮食增产中的科技含量。

山西运城农机技术人员操作自助打药机在麦田喷洒农药

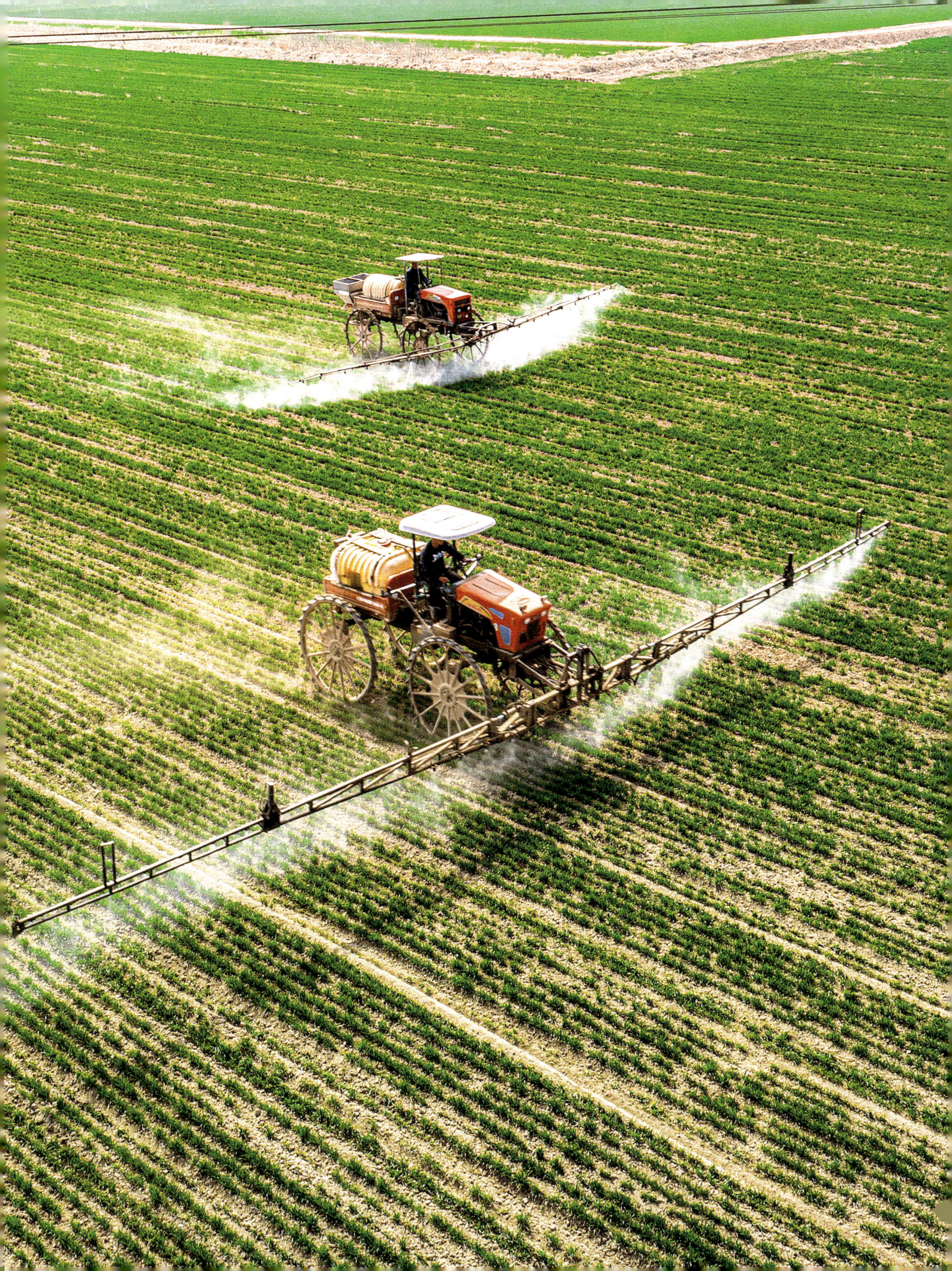

中国的粮食安全

粮食是关系国计民生的重要战略物资，中国人的饭碗任何时候都要牢牢端在自己手上。中国是人口大国，粮食安全问题长期以来一直是中国所面临的重大考验，随着中国生物农业技术的发展，中国粮食不足的问题逐渐得以解决，中国已经实现了粮食基本自给。

从粮食生产来看，新中国成立之初，全国粮食总产量仅有 2000 多亿斤，经过 20 多年的发展，1978 年全国粮食总产量为 6000 多亿斤。改革开放以来，家庭联产承包责任制的建立和农产品提价、工农产品价格"剪刀差"缩小，激发了广大农民的积极性，解放了农业生产力，促进粮食产量快速增长。2012 年中国粮食产量首次突破 1.2 万亿斤大关，2023 年全国粮食总产量达 1.39 万亿斤，连续 9 年站稳 1.3 万亿斤台阶，再创历史新高。

中国解决粮食供需问题的基本方针是立足国内资源，实现粮食基本自给。在正常情况下，中国的粮食自给率不低于 95%，净进口量不超过国内消费量的 5%。据统计，2013 年中国人均粮食消费量已达到 148.71 千克每年，2023 年，人均粮食占有量达到 493 千克，持续高于国际公认的 400 千克粮食安全线，国家粮食安全保障能力不断提升。

食物种类极大丰富

肉类：中国人均肉类消费量 70 年来增长 13 倍以上。1980 年改革开放之初，中国肉类产量仅 1205 万吨，2023 年已升至 9641 万吨。影响肉类消费的因素主要包括居民收入水平、肉类价格，以及消费偏好等引起的区域差异和人群差异。

蛋类：联合国粮农组织统计部门发布的数据显示，全球鸡蛋总产量已从 2008 年的 6170 万吨增长到 2018 年的 7680 万吨。中国的禽蛋产量遥遥领先，2023 年末，禽蛋产量达到 3564 万吨。

奶制品：数据显示，2023 年，全国牛奶产量为 4197 万吨，全国居民人均奶类消费量约 41.3 千克。

果蔬：中国无疑是世界果蔬消费的最大国。2001 年起，果蔬就成为中国人饮食中的主要部分，2021 年中国人均蔬菜消耗量为 109.8 千克，水果人均消费量为 52.7 千克，呈不断增长的趋势。

脱贫攻坚

新中国成立以来，中国政府带领人民持续向贫困宣战，成功走出了一条中国特色扶贫开发道路，使 7 亿多农村贫困人口成功脱贫。中国成为世界上减贫人口最多的国家，也是世界上率先完成联合国千年发展目标的国家。

中共十八大以来，中国政府把脱贫攻坚摆在治国理政的突出位置，把脱贫攻坚作为全面建成小康社会的底线任务，组织开展了声势浩大的脱贫攻坚人民战争。在 8 年的时间里，经过全党全国各族人民共同努力，现行标准下 9899 万农村贫困人口全部脱贫，832 个贫困县全部摘帽，12.8 万个贫困村全部出列，区域性整体贫困得到解决，完成了消除绝对贫困的艰巨任务，中国脱贫攻坚战取得了全面胜利。

乡村振兴

  中国政府一直把解决好农业、农村、农民问题（"三农"问题）作为各项工作的重中之重。2017年10月，中共十九大正式提出实施乡村振兴战略，并确定了实施乡村振兴战略的目标任务：到2020年，乡村振兴取得重要进展，制度框架和政策体系基本形成；到2035年，乡村振兴取得决定性进展，农业农村现代化基本实现；到2050年，乡村全面振兴，农业强、农村美、农民富全面实现。

  乡村振兴战略的内涵就是：产业兴旺、生态宜居、乡风文明、治理有效、生活富裕。随着2018年《乡村振兴战略规划（2018—2022年）》发布，乡村振兴作为"三农"工作的重点任务加快实施步伐。2021年《中共中央国务院关于全面推进乡村振兴加快农业农村现代化的意见》发布，这是21世纪以来第18个指导"三农"工作的中央一号文件。2021年3月，中共中央、国务院发布了《关于实现巩固拓展脱贫攻坚成果同乡村振兴有效衔接的意见》。2021年4月，十三届全国人大常委会第二十八次会议表决通过《中华人民共和国乡村振兴促进法》，乡村振兴走上了法治化轨道。

让农民喝上安全水

中国农村地区的饮用水安全问题，是中国农村多年来面临的重大问题。自 2007 年开始，国家开始投入专项资金，启动"水体污染控制与治理"项目，突出饮用水安全，加强农村饮水安全工程建设，尽快解决 4 亿多农村人口饮水安全的问题。到 2015 年底，中国农村饮水安全问题基本得到解决。2021 年 8 月，水利部联合国家发展改革委等 8 个部门印发《关于做好农村供水保障工作的指导意见》，要求各地在"十四五"期间稳步推进农村饮水安全向农村供水保障转变。到 2025 年，全国农村自来水普及率达到 88%；到 2035 年基本实现农村供水现代化。截至 2023 年底，全国农村自来水普及率已达到 90%。

城镇化与新型城镇化

城镇化是衡量一个国家或地区发展程度、现代化水平的重要标志。从"乡土中国"到"城市中国"，中国的城镇化既有曲折中的不懈探索，也有与本土实际相结合的制度、模式创新，走出了一条具有中国特色的新型城镇化道路。

1949 年新中国成立之初，中国的常住人口城镇化率只有 10.64%，大规模工业化虽然吸纳了大量农民进入城市，但是到 1978 年，城镇化率仅提高到 17.92%。改革开放以后，中国城镇化进程开始加速。经济特区逐步设立，沿海城市陆续开放，户籍管理制度开始放松，农村人口快速向城镇流动。2011 年末，常住人口城镇化率达到 51.27%，工作和生活在城镇的人口比重超过 50%。2012 年，中共十八大提出"走中国特色新型城镇化道路"，中国城镇化开始进入以人为本、规模和质量并重的新阶段。2013 年召开第一次中央城镇化工作会议。2014 年印发《国家新型城镇化规划（2014—2020 年）》。2015 年召开了中央城市工作会议。近年来，为推动新型城镇化建设，户籍、土地、财政、教育、就业、医保和住房等领域配套改革相继出台，农业转移人口市民化速度明显加快，大城市管理更加精细，中小城市和特色小城镇加速发展，城市功能全面提升，城市群建设持续推进，城市区域分布更加均衡。2023 年末，中国城镇常住人口达到 9.3267 亿人，乡村常住人口 4.77 亿人，常住人口城镇化率为 66.2%。

目前中国正从速度城镇化向深度城镇化转变。其宗旨是坚持以创新、协调、绿色、开放、共享的新发展理念为引领，以人的城镇化为核心，更加注重提高户籍人口城镇化率，更加注重城乡基本公共服务均等化，更加注重环境宜居和历史文脉传承，更加注重提升人民群众获得感和幸福感，实现中国特色新型城镇化持续健康发展。

农村社会养老保险

中国的农村社会养老保险，采取个人缴费、集体补助和政府补贴相结合的方式，其中中央财政将对地方进行补助，并且直接补贴到农民身上。养老金待遇由基础养老金和个人账户养老金组成，基础养老金由国家财政全部保证支付，这意味着中国农民 60 岁以后都将享受到国家普惠式的养老金。根据规划，中国已于 2020 年前基本实现此项保险对农村适龄居民的全覆盖。

农业机械化

新中国成立 70 多年来，农业机械化从无到有、从小到大，取得了巨大成就，为农业发展作出了历史性贡献。2022 年，中国农业机械总动力已发展到 11 亿多千瓦，农用大中型拖拉机 520 多万台，农产品初加工作业机械、畜牧机械、水产机械保有量在 2021 年分别达到 1580、860、490 多万台，2023 年植保无人机近 20 万架，现代农业装备已在农业生产中大量应用。

中国也从 2012 年起跃升为世界第一农机制造大国，农机制造业体系基本建立。中国农机产品已有 4000 多种，基本能满足国内市场 90% 以上需要，并日益增多地进入国际市场。全国乡村农机从业人员已形成 5100 多万人的现代农业生产大军。产业从业人员中乡村农机从业人员已占 1/4 多。中国农作物耕种收综合机械化水平 2010 年已超过 50%，截至 2023 年末已达到 73% 以上。

农业机械化使农业综合生产能力大大提高，为中国解决温饱、实现小康提供了强有力的物质技术支撑。近年来，中国的农业机械化更加注重发展质量和效益，坚持创新驱动和内涵式发展，走上稳步发展的道路。

农业农村信息化

近年来，农业农村信息化建设快速发展，在促进农民增收、改善农村生活条件和生活水平方面发挥了重要作用。

中国各地围绕物联网、大数据、智能控制、卫星导航定位等在农机装备和农机作业上的应用进行了有益探索，在大田精准作业、设施农业智慧管理、畜禽智慧养殖等方面涌现出很多成功案例。同时，电商、冷链物流等的快速发展，在农业产后加工流通环节中，进一步推动了中国智慧农业的发展，为农业打开了广阔的市场。比如，北京在 2020 年之前，电商农产品销售的占比为 11% 左右，两年之后这个比例已经超过 40%。2023 年，北京网上零售额达 5400 多亿元。

当前，农业农村信息化发展已经到了关键时期，存在关键核心技术装备研发薄弱、缺乏成熟的产品和解决方案、研发创新体系不健全等短板。政府将进一步加大政策支持力度，吸引社会各方的资金、技术等资源参与农业农村信息化建设。针对农业、农村、农民的实际需求，研发推广信息化产品和解决方案，为农民提供用得上、用得起、用得好的技术和服务。

草原风光

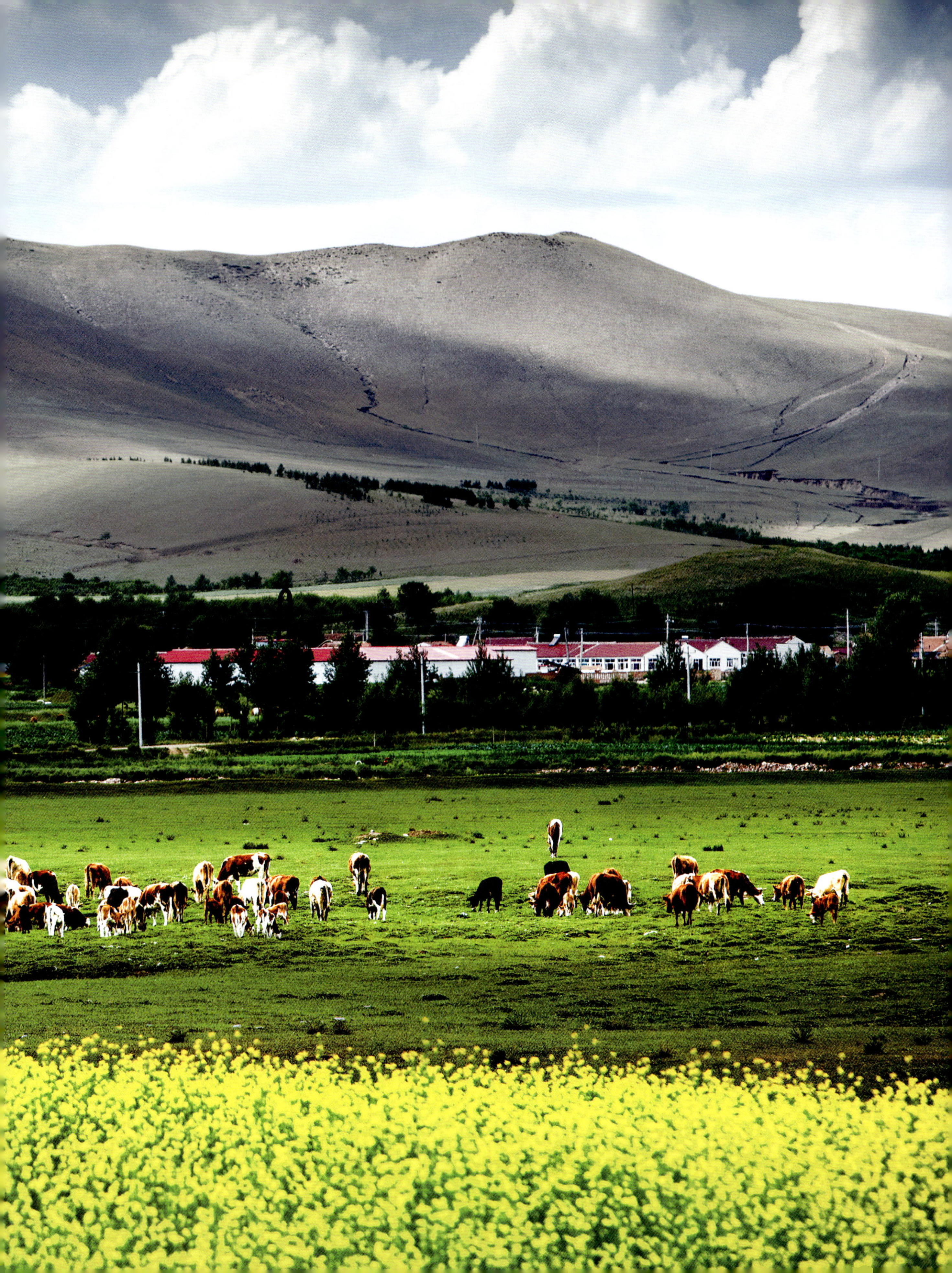

04 工业现代化

肆　　　　　　　　工业现代化 /

工业是国民经济中规模最大、创新最活跃的物质生产部门。新中国成立 70 多年特别是改革开放以来，

中国的工业发展实现历史性跨越。世界银行数据显示，按现价美元测算，2010 年中国制造业增加值首次超过美国，成为全球制造业第一大国。2023 年，中国制造业增加值占全世界比重约 30%，制造业总体规模连续 14 年位居全球第一。中国工业体系的完整优势进一步巩固，现代化水平正不断得到提升。

完整的工业体系

中国高度重视工业体系的建设,从第一个五年计划开始就把有限的资源重点投向工业部门,为此后的工业化发展奠定了坚实的基础。中国工业增加值从 1952 年的 120 亿元增加到 2023 年的 39.91 万亿元,按不变价计算,增长近 1000 倍。中国拥有 41 个工业大类、207 个工业中类、666 个工业小类,是全世界唯一拥有联合国产业分类中全部工业门类的国家,用几十年走过发达国家几百年所走过的工业化历程。在全世界 500 种工业品种中,中国有 4 成以上工业产品产量位居全球第一。

鞍钢

工业化和新型工业化

工业化指一个国家和地区国民经济中，工业生产活动取得主导地位的发展过程。所谓新型工业化，就是坚持以信息化带动工业化，以工业化促进信息化，就是科技含量高、经济效益好、资源消耗低、环境污染少、人力资源优势得到充分发挥的工业化道路。新中国成立后，中国政府就把发展工业作为经济建设的重中之重，确立了工业立国的长期战略。经过 70 多年的努力，把一个落后的农业大国建设成为拥有独立的、比较完整的、有一部分达到现代化水平的工业体系和国民经济体系的工业大国。作为当前世界第一制造业大国，2023 年，中国全部工业增加值达到 39.91 万亿元，占 GDP 比重达到 31.7%；其中制造业规模占全球比重约 30%，制造业规模连续 14 年居世界首位。142 家企业入围 2023 年《财富》世界 500 强企业榜单，累计培育专精特新中小企业 10.3 万家。高技术制造业占规模以上工业增加值比重 15.7%，装备制造业占规模以上工业增加值比重 33.6%。新能源汽车、光伏产量连续多年保持全球第一。传统产业改造升级、数字基础设施建设加快。中国已建成全球规模最大、技术领先的移动通信网络。截至 2023 年 6 月底，全国在用数据中心超过 760 万标准机架，算力总规模位居世界第二。重点领域关键工序数控化率达到 62.2%，数字化研发设计工具普及率达到 79.6%。

制造业大国

制造业是国民经济的主体，是立国之本、兴国之器、强国之基。2015 年，中共十八届五中全会通过的《中共中央关于制定国民经济和社会发展第十三个五年规划的建议》明确指出，加快建设制造强国，实施《中国制造 2025》，到 2049 年，力争实现跻身制造强国的目标。

据统计，从 2012 年到 2023 年，中国制造业增加值由 16.98 万亿元增长到 33 万亿元，占全球比重由 22.5% 提高到约 30%。在世界 500 种主要工业品中，中国有超过四成的产品产量位居世界第一位。中国工业产品供给的数量、质量和档次都有了全面提升。光伏、新能源汽车、家电、智能手机、消费级无人机等重点产业跻身世界前列，通信设备、工程机械、高铁等一大批高端品牌走向世界。嫦娥五号采样地外天体返回、天问一号开启火星探测、奋斗者号探底万米海沟成功，刷新了中国深空深海探测新纪录。特高压输变电、大型掘进装备、煤化工大型成套装备、金属纳米结构材料等跻身世界前列。北斗三号全球卫星导航系统全面建成，世界首台百万千瓦级水轮发电机组正式投产，首艘国产航母列装，C919 大型客机试飞成功，等等。这些都标志着中国制造水平不断提升，正从"中国制造"向"中国创造"迈进。

汽车工业

作为中国国民经济重要的支柱产业，汽车产业在促进经济发展、增加就业、拉动内需等方面发挥着重要的作用。1950 年 4 月，重工业部成立汽车工业筹备组。经过调查研究和反复比较，中央财经委员会批准第一汽车制造厂在吉林长春兴建。1953 年 7 月 15 日，第一汽车制造厂奠基典礼在长春西南孟家屯附近举行。1958 年 4 月，中国历史上第一辆国产轿车在一汽诞生，取名"东风"。中国汽车制造业的发展也由此开始。1983 年生产上海牌轿车的上汽开始组装德国大众汽车公司的 1.8L 桑塔纳轿车，成为中国公务用车的主导车型。1997 年 6 月上汽和美国通用汽车公司合资建立上海通用汽车公司，生产 3 升系列别克轿车；1998 年 5 月广州汽车工业公司和日本本田技研工业公司合资建立广州本田汽车公司，生产雅阁系列轿车。2001 年 12 月中国正式加入 WTO，加快了中国汽车工业融入全球化的步伐。2002 年中国人均 GDP 接近 1000 美元，预示着轿车进入家庭的起步期，当年中国轿车产销量分别为 109.28 万辆和 112.65 万辆。至 2003 年，全球"6 + 3"汽车集团全部进入中国并角逐轿车市场。这期间，国内民营轿车企业浙江吉利集团先后开发投产了吉利等轿车，成为民营轿车企业先驱。2005 年以后，中国汽车工业形成了自主开发、联合开发、引进技术及委托开发等多种科技创新方式，汽车产品升级换代不断提速。2009 年，中国首次超过美国，成为全球汽车市场产销量第一的国家，并保持至今。截至 2023 年底，中国全国机动车保有量达 4.35 亿辆，其中汽车 3.36 亿辆；全国新能源汽车保有量达 2041 万辆，占汽车总量的 6.07%。全国有 94 个城市的汽车保有量超过百万辆，其中北京、成都、重庆、上海、苏州等 5 个城市超过 500 万辆。

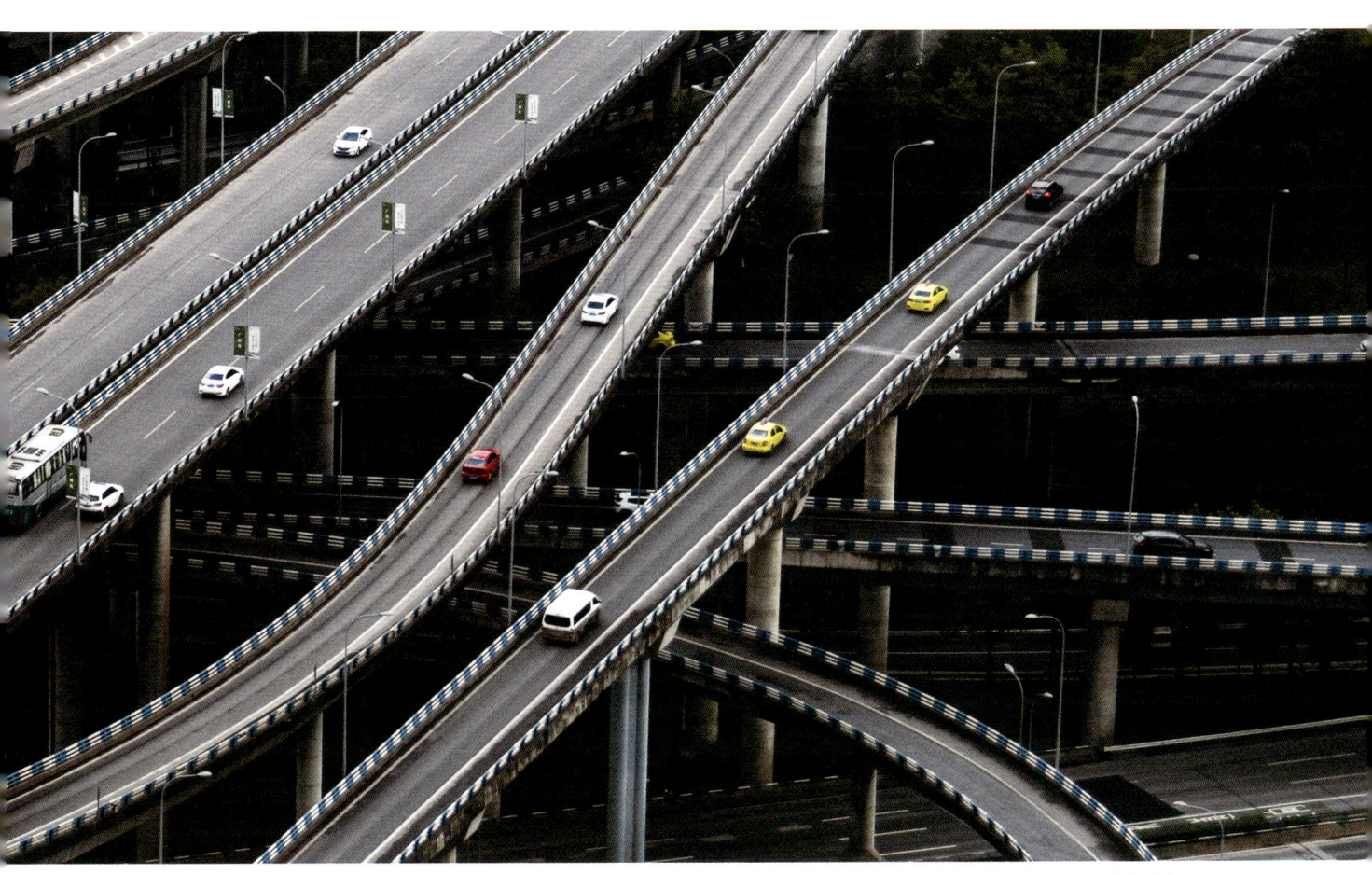

重庆盘龙立交桥

交通大国

改革开放以来，中国交通基础设施建设取得了巨大成就，各种运输方式都实现了快速发展，高速铁路、高速公路、城市轨道运营里程以及港口万吨级泊位数量等均位居世界第一，机场数量、管道里程均位居世界前列。中共十八大以来，中国加快建设高速铁路主通道、高速公路主线、世界级港口群、世界级机场群，综合交通网突破 600 万千米。其中，公路广泛覆盖，高速公路通车里程超过 17 万千米；公路网密度达到每百平方千米 55 千米；铁路四通八达，全国铁路营业里程达到 15.5 万千米，基本形成了布局合理、覆盖广泛、层次分明、安全高效的铁路网络；有 55 个城市开通运营城市轨道交通线路 306 条，运营里程约 1.02 万千米；民航快速发展，民航机场总数超过 250 个，定期航班航线总数达到 4670 条，京津冀、长三角、粤港澳大湾区和成渝等四大世界级机场群初具雏形，与 129 个国家和地区签署了双边航空运输协定，开通国际航线 895 条，国际货运航班通达全球 62 个国家的 123 个城市，有力保障了产业链供应链安全稳定；水运基础设施体系加速完善，内河航道的通航里程达 12.8 万千米。2023 年全球排名前十的集装箱港口中有 7 个位于中国，基本形成了长三角、津冀、粤港澳等世界级港口群。便捷顺畅、经济高效、开放共享、绿色智能、安全可靠的现代综合交通运输服务体系逐步建立。

铁路

中国在清朝末年就开始了铁路建设,但总体发展缓慢。新中国成立后,特别是改革开放以来,中国的铁路进入高速发展阶段。截至 2023 年底,全国铁路营业里程达到 15.9 万千米,其中高铁 4.5 万千米,连续稳居世界第一。从 1997 年到 2023 年,中国铁路列车最高运行时速从 140 千米提高到 350 千米。2004 年,中国铁路进入了快速发展阶段,世界上海拔最高的青藏铁路于 2006 年建成。2008 年,中国第一条具有完全自主知识产权和世界一流水平的高速铁路——京津城际铁路通车并实现安全平稳运营。中老铁路、亚吉铁路、蒙内铁路、雅万高铁相继开通运营。中欧班列通达欧洲 25 个国家 200 多个城市,中国铁路建设与运营进入了一个新时代。

青藏铁路

青藏铁路——世界上最长的高原铁路

　　青藏铁路由青海的西宁至格尔木段和格尔木至西藏的拉萨段合成，全长 1956 千米，设计最高时速 160 千米，是中国新世纪四大工程之一，是通往西藏腹地的第一条铁路，也是世界上海拔最高、线路最长的高原铁路。

　　青藏铁路分两期建成，一期工程东起青海省西宁市，西至格尔木市，于 1958 年开工建设，1984 年 5 月建成通车；二期工程东起青海省格尔木市，西至西藏自治区拉萨市，于 2001 年 6 月 29 日开工，2006 年 7 月 1 日全线通车。青藏铁路的建成是中国铁路史上的一项壮举，从此，西藏不再是难以进入的内陆地区了。

公路

　　新中国成立之初，全国能通车的公路仅 8.08 万千米；2013 年，西藏墨脱公路建成通车，中国至此真正实现"县县通公路"。到 2023 年末，中国公路总里程 544.1 万千米，其中高速公路 18.4 万千米，稳居世界第一。7 条首都放射线、9 条南北纵线和 18 条东西横线的高速公路网已基本建成，高速公路覆盖 97% 的 20 万人口城市及地级行政中心，二级以上公路通达 96.7% 的县，全国通公路乡（镇）达 99.99%，通公路建制村达 99.98%。

　　中国高速公路发展创造了世界高速公路史上的多个奇迹。1984 年 12 月 21 日，中国首条按标准设计、施工的高速公路——沪嘉高速公路破土动工；1990 年，全长 375 千米的沈大高速全线通车，成为当时通车里程最长的高速公路；2017 年，北京到新疆的京新高速公路全线贯通，总里程约 2768 千米，成为目前世界上穿越沙漠、戈壁里程最长的高速公路。2023 年，西藏公路通车里程达到 12.32 万千米。

位于西藏林芝的拉林高等级公路多布特大桥路段，被誉为西藏"最美水上公路"

桥梁

在世界桥梁界流传着这样一种说法：世界桥梁建设20世纪70年代以前看欧美，90年代看日本，21世纪看中国。中国作为桥的故乡经过不断的创新发展，完成了从追赶到领跑的惊人转变，成为世界桥梁建设强国。

中国既保留着像赵州桥那样历史悠久的古代桥梁，也在不断地建造刷新世界纪录的公路、铁路新桥。近年来，中国陆续建成一批世界级大跨径桥梁：全球最长跨海大桥——港珠澳大桥主体桥梁在2016年正式贯通，总长55千米；世界第一高桥——贵州花江大峡谷大桥，桥面距谷底达625米；世界首座六线铁路桥——南京大胜关长江大桥，双跨连拱为世界高速铁路跨度最大；世界首座高速铁路悬索桥——江苏五峰山长江大桥，在研究建立高速铁路悬索桥的设计方案、计算理论和技术标准上具有里程碑意义；世界首座跨度超千米的公铁两用斜拉桥——沪苏通长江公铁大桥，主跨达1092米。这些举世瞩目的桥梁工程是中国桥梁快速崛起的一个个缩影。截至2022年底，中国拥有公路桥梁103.3万座，总长约8576万延米，其中特大桥8816座，总长约1621万延米。

上海洋山深水港

大型港口

近年来，中国港口智能化水平明显提速。2023 年，全球排名前十的集装箱港口中有 7 个位于中国，其中，上海港吞吐量位居世界第一，宁波舟山港、深圳港、青岛港、广州港排 3 至 6 位，天津港和香港港分列第 8 和 10 位。中国现代化的大型港口在"一带一路"建设中扮演着重要角色。2017 年建成的上海洋山四期自动化码头，是全球最大单体自动化智能码头和全球综合自动化程度最高的码头；2023 年，中国有 16 个港口位居全球前 50 大集装箱港口，其中上海港集装箱吞吐量连续 14 年全球第一，海运服务覆盖"一带一路"沿线绝大部分沿海国家。

大坝

从 20 世纪 50 年代开始，中国兴建了超过 2.2 万个高度超过 15 米的水坝，约占世界总数的一半。世界上最高的水坝中有许多都位于中国境内，部分坐落在西南内腹，横跨的河流包括澜沧江、长江及其上游的金沙江和多条支流。黄河在西部的河段也有几个非常高的水坝。中国最高的土石坝是雅砻江两河口水电站大坝，高 295 米。中国最高的重力坝是位于广西的龙滩水电站大坝，高 216.2 米。中国还拥有世界上最高的混凝土面板堆石坝——高 239 米的拉哇水电站大坝。四川省境内的双江口水电站大坝设计高达 315 米，建成后将成为新的世界第一高坝。修建这些大型水坝是出于多种目标考量，例如防洪、灌溉以及最主要的水力发电。

通畅的黄金水道

中国有流域面积 50 平方千米及以上河流约 4.5 万条，现已辟为航道的里程 10 万多千米，其中 7 万多千米可通航机动船只，几乎是英、法、德 3 国内河航道总长的 3 倍；另有可通航的大小湖泊 900 多个。这些河流、湖泊，水量一般都较充沛，大多终年不冻。主要通航河流大都分布在经济发达、人口稠密的地区，且都由西向东流入大海，极利于实行河海联运。中国作为世界海洋大国之一，有漫长的海岸线，港湾众多，尤其是横贯东西的大河入海口，非常有利于建设富于经济价值的河口港。改革开放以来，中国内河航道如长江干线、京杭运河、西江、湘江等相继得到了比较系统全面的治理。长江黄金水道实现了南京至长江出海口全程通航 5 万吨级及以上船舶，能够江海联运。长江则成为世界上运量最大、航运最繁忙的通航河流。京杭运河整治工程也已启动，将实现千吨级船舶的航运。

中国隧道"世界之最"

近年来，中国相继建成一批"世界之最"隧道：世界最长的双洞高速公路隧道——天山胜利隧道；世界最大直径水下盾构隧道——济南黄岗路穿黄隧道；世界海拔最高的超特长公路隧道——川藏北线雀儿山隧道；世界最长的高原铁路隧道——青藏铁路新关角隧道；世界海拔最高的高铁隧道——祁连山隧道；世界最大断面的公路隧道——港珠澳大桥拱北隧道；世界最长的海底沉管隧道——港珠澳大桥海底隧道；等等。

航空工业

1951年4月《关于航空工业建设的决定》颁发，新中国的航空工业由此启航。70余年来，中国航空装备实现了从无到有、从机械化到信息化、从陆基到海基、从中小型到大中型、从有人到无人的五大跨越，见证了中国航空工业与世界强国"同代对抗、同场竞技"的斗志和能力。1954年，中国制造的首架飞机初教-5在南昌飞机制造厂下线飞上蓝天。1969年7月5日，歼-8战机首飞成功，中国结束了不能自主研制高空高速战机的历史。1998年，中国自主研制的第三代战斗机歼-10首飞成功。2011年，中国自主研制的第四代隐形战斗机歼-20首飞成功。2017年，中国自主研制的喷气式大型客机C919飞机首飞成功。歼-8系列飞机的研制、试飞和使用，促进了中国航空电子设备、航空机载设备、航空发动机的发展，带动了一批新材料、新技术、新工艺的出现，创新出一大批科研成果，推动了中国航空工业的科研生产体系的健全。目前，中国已经形成以飞机、直升机、发动机等主机制造企业为中心的集群式产业布局。

航天工业

航天事业可以分为三部分：一是空间技术，也就是各种火箭、卫星、飞行器的制造和发射技术等；二是空间应用，是让航天技术产生实际应用，比如提供通信和气象观测服务等；三是空间科学，即不以技术和应用为目的，而是探索和发现新规律、新现象。1956年10月8日，中国第一个火箭导弹研究机构成立，中国航天事业就此起步。

1970年4月24日，中国第一颗人造地球卫星东方红一号发射成功，拉开了中国人探索宇宙奥秘、和平利用太空、造福人类的序幕。长征系列运载火箭是中国自行研制的航天运载工具，起步于20世纪60年代，目前已经拥有退役、现役共计4代20种型号。2016年，最大推力运载火箭长征五号首飞成功，标志着中国运载火箭实现升级换代，运载能力进入国际先进行列。2020年12月22日，长征八号首次飞行试验取得圆满成功。

富有诗意的中国人，将载人航天飞船命名为神舟，1999年11月20日，中国第一艘无人试验飞船神舟一号发射成功。2003年10月15日，中国第一艘载人航天飞船神舟五号发射成功，航天员杨利伟完成中国首次载人航天飞行。从1999年到2024年，从神舟一号到神舟十八号，从无人飞行到载人飞行，从一人一天到多人多天，从舱内实验到出舱活动，从单船飞行到组合体稳定运行，"神舟"系列飞船的研制，标志着中国开始迈向空间站时代。

"嫦娥"承载着中国人的探月梦想。2004年，中国正式开展月球探测工程（即"嫦娥工程"）。嫦娥工程分为"无人月球探测""载人登月"和"建立月球基地"三个阶段。2007年至2020年，从嫦娥一号到嫦娥五号，从撞向月球预定地点到开启中国首次地外天体采样返回之旅，标志着中国探月工程"绕、落、回"三步走收官之战取得圆满胜利。

2011年9月29日发射的天宫一号是中国第一个目标飞行器，天宫二号是继天宫一号后中国自主研发的第二个空间实验室，也是中国第一个真正意义上的空间实验室。中国行星探测任务被命名为"天问系列"，2020年7月23日，中国首次火星探测任务天问一号探测器，飞向4亿千米外的火星；2021年5月15日，天问一号成功着陆火星。

70多年来，中国在载人航天、卫星通信、火箭技术等多领域全面开花。作为世界上第五个独立自主研制和发射人造地球卫星、第三个掌握卫星回收技术的国家，中国建成了酒泉、西昌、太原、文昌等航天发射场，在卫星回收、一箭多星、火箭技术以及静止轨道卫星发射与测控多个重要技术领域已跻身世界前列，"北斗""长征""悟空""墨子"等系列为中国航天事业续写新的篇章。

为了纪念中国航天事业成就，每年4月24日被确定为"中国航天日"。

国家航天局官网

中国空间站天和核心舱发射

移动通信

  中国是世界上移动电话用户最多的国家，截至 2023 年底用户总数 17.27 亿户。中国也是 GSM 和 CDMA 网络容量全球最大的国家。2016 年，国际移动通信标准化组织采纳华为的极化码方案为全球标准。截至 2023 年 12 月的数据显示，中国网民规模 10.92 亿。在信息基础设施建设方面，实现"县县通 5G，村村通宽带"。

  1982 年，中国第一部万门程控电话交换机从国外引进，当时中国大部分县城和乡村都是人工手摇电话。到了 1991 年，中国第一台自主研制的大型数字程控交换机"HJD04"诞生。新世纪之后，由中国主导的 TD-LTE 标准成功入围 4G 国际标准。在 5G 时代，以华为等为代表的中国通信设备制造企业又站在了全球技术创新的最前列。

智能手机

  智能手机具有独立的操作系统，独立的运行空间，可以由用户自行安装软件、游戏、导航等程序，并可以通过移动通信网络来实现无线接入。中国市场拥有超过 9.5 亿智能手机用户，远超世界其他国家，原因除了手机成为购物支付的主要工具外，短视频和手机游戏的使用需求，也让智能手机的需求量不断增长。

  5G 手机是指使用第五代通信系统的智能手机。相对 4G 手机，5G 手机有更快的传输速度，低时延，通过网络切片技术，拥有更精准的定位。截至 2023 年底，中国 5G 移动电话用户达 8.05 亿户。

05 国防和军队现代化

伍　国防和军队现代化 /

国防和军队现代化是中国式现代化的重要组成部分。中共二十大开启了全面建设社会主义现代化国家、全面推进中华民族伟大复兴新征程，发出了实现建军一百年奋斗目标、开创国防和军队现代化新局面的动员令。

"强军梦"分三步走：到 2027 年实现建军一百年奋斗目标；到 2035 年基本实现国防和军队现代化；到本世纪中叶全面建成世界一流军队。

国防政策

中国始终不渝奉行防御性的国防政策。依照宪法和法律，中国武装力量肩负对外抵抗侵略、保卫祖国，对内维护社会大局稳定、保卫人民和平劳动的神圣职责。建设同国际地位相称、同国家安全和发展利益相适应的巩固国防和强大军队，是中国特色社会主义现代化建设的战略任务，是坚持走和平发展道路的安全保障，是总结历史经验的必然选择。

站在新的历史起点上，面对国家安全环境的深刻变化，面对强国强军的时代要求，中国的国防和军队建设正在全面贯彻新时代党的强军思想，贯彻新形势下的军事战略方针，建设强大的现代化陆军、海军、空军、火箭军和战略支援部队，打造坚强高效的战区联合作战指挥机构，构建中国特色现代作战体系，即坚持政治建军、改革强军、科技兴军、依法治军，更加注重聚焦实战、更加注重创新驱动、更加注重体系建设、更加注重集约高效、更加注重军民融合。

中国人民解放军

  中国人民解放军自诞生以来,在中国共产党的领导下,不断发展壮大,逐渐由单一的陆军发展成为一支诸军兵种合成的革命化、现代化、正规化的人民军队。中国人民解放军是中华人民共和国最主要的武装力量,其名称于1946年开始使用。1948年中央军委发出《关于统一全军组织及部队番号的规定》,要求团和军分区以上各部队番号均冠以"中国人民解放军"字样。2024年4月,中国人民解放军信息支援部队成立,同时撤销战略支援部队番号。这次改革后,中国人民解放军总体形成中央军委领导指挥下的陆军、海军、空军、火箭军等军种,军事航天部队、网络空间部队、信息支援部队、联勤保障部队等兵种的新型军兵种结构布局,中国特色现代军事力量体系进一步完善。

国防部官网

南海大阅兵中在太平洋上行驶的受阅航母编队

三军仪仗队

陆军

中国人民解放军陆军是人民解放军的主要军种，是陆地作战的主力。中国人民解放军陆军诞生于 1927 年 8 月 1 日，是中国共产党最早建立和领导的武装力量，也是解放军历史最久的军兵种。在战争时期，由于受客观条件的限制，从土地革命战争时期的中国工农红军，抗日战争时期的八路军、新四军，到解放战争时期的人民解放军，基本上一直是单一陆军体制。到了解放战争后期，我军才开始着手组建海军和空军。

陆军对维护国家主权、安全、发展利益具有不可替代的作用。根据《新时代的中国国防》白皮书，陆军包括机动作战部队、边海防部队、警卫警备部队等，下辖 5 个战区陆军、新疆军区、西藏军区等。东部战区陆军下辖第 71、72、73 集团军，南部战区陆军下辖第 74、75 集团军，西部战区陆军下辖第 76、77 集团军，北部战区陆军下辖第 78、79、80 集团军，中部战区陆军下辖第 81、82、83 集团军。按照机动作战、立体攻防的战略要求，加快实现区域防卫型向全域作战型转变，提高精确作战、立体作战、全域作战、多能作战、持续作战能力，努力建设一支强大的现代化新型陆军。

空军

中国人民解放军空军于 1949 年 11 月 11 日正式成立，是以航空兵为主体的军种，是进行空中作战、对空作战和从空中对地面目标实施攻击的主要军事力量。根据《新时代的中国国防》白皮书，空军包括航空兵、空降兵、地面防空兵、雷达兵、电子对抗部队、信息通信部队等，下辖 5 个战区空军、一个空降兵军等。战区空军下辖基地、航空兵旅（师）、地空导弹兵旅（师）、雷达兵旅等部队。按照空天一体、攻防兼备的战略要求，加快实现国土防空型向攻防兼备型转变，提高战略预警、空中打击、防空反导、信息对抗、空降作战、战略投送和综合保障能力，努力建设一支强大的现代化空军。

空军是战略性军种，其战略能力正与不断拓展的国家利益和不断变化的安全形势相适应。空军在改革强军中深化体系重塑，领导指挥体制、军队规模结构和力量编成改革焕然一新。近年来，歼-20、运-20、歼-16、歼-10C 和轰-6K、空警-500，以及红旗-9 防空导弹等一大批新型武器装备投入新时代练兵备战，加快了空天战略打击、战略预警、空天防御和战略投送等能力建设，全力打造制胜空天的体系作战群和主导话语的舆论攻防群，实现硬实力和软实力协调发展。

海军

中国人民解放军海军是中华人民共和国的海上武装力量，是中国人民解放军的海上军种。根据《新时代的中国国防》白皮书，海军包括潜艇部队、水面舰艇部队、航空兵、陆战队、岸防部队等，下辖东部战区海军（东海舰队）、南部战区海军（南海舰队）、北部战区海军（北海舰队），海军陆战队等。战区海军下辖基地、潜艇支队、水面舰艇支队、航空兵旅等部队。按照近海防御、远海防卫的战略要求，加快推进近海防御型向远海防卫型转变，提高战略威慑与反击、海上机动作战、海上联合作战、综合防御作战和综合保障能力，努力建设一支强大的现代化海军。

火箭军

中国人民解放军火箭军是中国人民解放军新的军种，是维护国家安全的重要基石，于2015年12月31日正式成立。

中国人民解放军火箭军的前身第二炮兵成立于1966年7月1日，由毛泽东主席批准创建，始终由中央军委直接掌握，是中国实施战略威慑的核心力量，主要担负遏制他国对中国使用核武器、遂行核反击和常规导弹精确打击任务。这支掌握着"大国利剑"的神秘部队从诞生伊始便肩负着保障中华民族根本生存利益的重任。2015年12月31日，中央军委举行仪式，将第二炮兵正式命名为"中国人民解放军火箭军"部队，并授予军旗，第二炮兵也由原来的战略性独立兵种，上升为独立军种。从"二炮"到"火箭军"，这反映了中国核力量的发展历程。火箭军按照核常兼备、全域慑战的战略要求，不断增强可信可靠的核威慑和核反击能力，加强中远程精确打击力量建设，增强战略制衡能力，正在成为一支强大的现代化火箭军。

战略支援部队

中国人民解放军战略支援部队是中国陆、海、空、火箭军之后的第五大军种，是维护国家安全的新型作战力量，是中国新质作战能力的重要增长点。战略支援部队主要是将战略性、基础性、支撑性都很强的各类保障力量进行功能整合后组建而成的。成立战略支援部队有利于优化军事力量结构、提高综合保障能力。战略支援部队属于独立军种部队，按照军种主建的原则，仅负责相关部队的军政管理工作，不具备作战指挥功能。2024年4月19日，中国人民解放军信息支援部队正式成立，根据中央军委决定，新组建的信息支援部队由中央军委直接领导指挥，同时撤销战略支援部队番号。

五大战区

中国人民解放军五大战区，指的是东部战区、南部战区、西部战区、北部战区、中部战区，归中国共产党中央军事委员会建制领导。五大战区作为本战略方向的唯一最高联合作战指挥机构，按照平战一体、常态运行、专司主营、精干高效的要求，履行联合作战指挥职能，担负应对本战略方向安全威胁、维护和平、遏制战争、打赢战争的使命。五大战区臂章图案中混合了钢枪（陆军）、飞翅（空军）、铁锚（海军）、导弹（火箭军）、指挥刀（原总部元素）等元素。

东部战区，与原南京军区辖区相同，加上军区内的东海舰队、空军、火箭军、武警，司令部驻南京，陆军机关驻福州。领导和指挥江苏、浙江、安徽、福建、江西五省和上海市的所属武装力量。南部战区，包括原广州军区（除湖北省）和原成都军区的云、贵两省及所辖的南海舰队、空军、火箭军、武警，司令部驻广州，陆军机关驻南宁。领导和指挥湖南、广东、广西、海南、云南、贵州的所属武装力量。西部战区，由原成都军区、原兰州军区合并而成(除云、贵、陕三省)，司令部驻成都，陆军机关驻兰州。领导和指挥四川、西藏、甘肃、宁夏、青海、

新疆和重庆的所属武装力量。北部战区,辖东三省和内蒙古、山东及所辖的北海舰队、空军、火箭军、武警,司令部驻沈阳,陆军机关驻济南。领导和指挥辽宁、吉林、黑龙江、内蒙古和山东的所属武装力量。中部战区,包括原北京军区和原济南军区,剔去原属北京军区的内蒙古和原属济南军区的山东,加上原属广州军区的湖北和原属兰州军区的陕西,司令部驻北京,陆军机关驻石家庄。领导和指挥河北、山西、陕西、河南、湖北、北京和天津的所属武装力量。

在中国人民抗日战争暨世界反法西斯战争胜利70周年纪念大会上的英模部队方队

2016 年 12 月 26 日，海南三沙，辽宁舰航母编队

航空母舰

  2012 年，中国第一艘航空母舰按计划完成建造和试验试航工作后，正式交接入列，标志着中国航空母舰发展建设正式启航。2017 年，中国首艘完全自主研发制造的国产航母在大连正式下水。2019 年，中国第一艘国产航母被命名为"中国人民解放军海军山东舰"，舷号为"17"，在海南三亚某军港交付海军。这是一个里程碑事件，标志着中国海军正式迎来国产航母时代。2024 年，中国第三艘航空母舰"福建舰"顺利完成首次航行试验任务。从无到有，从一到三，新时代的人民海军迈入"三航母"时代。

中国人民武装警察部队

中国人民武装警察部队是中华人民共和国武装力量的重要组成部分，在维护国家安全和社会稳定、保卫人民美好生活中肩负着重大职责。自 2018 年 1 月 1 日起，中国人民武装警察部队由党中央、中央军委集中统一领导，实行中央军委－武警部队－部队领导指挥体制，武警部队根本职能属性不变，不列入解放军序列。

人民武装警察部队由内卫部队、机动部队、海警部队和院校、研究机构等组成。人民武装警察部队担负执勤、处置突发社会安全事件、防范和处置恐怖活动、海上维权执法、抢险救援和防卫作战以及中央军事委员会赋予的其他任务。

兵役制度

中国兵役制度是国家关于公民参加军队和其他武装组织、承担军事任务或在军队外接受军事训练的一项重要的军事制度。中国兵役制度分为两种：一种是义务兵役制，又称征兵制。这种制度是国家利用法律形式规定公民在一定的年龄内必须服一定期限的兵役，带有强制性。另一种是志愿兵役制，又称募兵制。这种制度是公民凭自愿应招到军队服兵役，并与军方签订服役合同。

2021 年修订通过的《中华人民共和国兵役法》第一章第三条规定：中华人民共和国实行以志愿兵役为主体的志愿兵役与义务兵役相结合的兵役制度。平时征集：全国每年征集服现役的士兵的人数、次数、时间和要求，由国务院和中央军事委员会的命令规定。征集程序：包括兵役登记、体格检查、政治审查等。中国的兵役分为现役和预备役。在中国人民解放军服现役的称军人；预编到现役部队或者编入预备役部队服预备役的，称预备役人员。现役是指公民自入伍之日起至退伍之日止，在军队中所服的兵役。在现阶段，凡是在中国人民解放军各军兵种和人民武装警察部队中服役的公民，都属于服现役。现役士兵包括义务兵役制士兵和志愿兵役制士兵。预备役是指公民在军队外所服的兵役，是国家储备后备兵员的形式。

军民融合

军民融合就是把国防和军队现代化建设深深融入经济社会发展体系之中，全面推进经济、科技、教育、人才等各个领域的军民融合，在更广范围、更高层次、更深程度上把国防和军队现代化建设与经济社会发展结合起来，为实现国防和军队现代化提供丰厚资源和可持续发展后劲的制度性设计。

2015 年，习近平总书记首次提出把军民融合发展上升为国家战略，并强调指出："必须立足国情军情，走出一条中国特色军民融合路子，把军民融合发展理念和决策部署贯彻落实到经济建设和国防建设全领域全过程。"军民融合要强化贯彻落实和改革创新，坚持法治思维，向重点领域聚焦用力。各地区各部门坚持党中央领导，强化使命担当。各省（区、市）要加快设置军民融合发展领导机构，完善职能配置和工作机制。

06 科学技术现代化

陆 **科学技术现代化 /**

中国古代科技曾为人类文明发展作出了卓越贡献，但近代以来，中国科技远远落后于西方世界。新中国成立后，大力发展科学技术，取得了巨大成就。

20 世纪五六十年代，中国明确要建设成一个强大的社会主义国家，并提出基本实现"四个现代化"的"两步走"战略。改革开放后，中国领导人邓小平提出"科学技术是第一生产力"，科技发展进入了一个新的时代。中国瞄准世界科技前沿，加强应用基础研究，拓展实施国家重大科技项目，突出关键共性技术、前沿引领技术、现代工程技术、颠覆性技术创新，为建设科技强国、质量强国、航天强国、网络强国、交通强国、数字中国、智慧社会提供了有力支撑。

科教兴国战略

科教兴国，是指全面落实科学技术是第一生产力的思想，坚持教育为本，把科技和教育摆在经济社会发展的重要位置，增强国家的科技实力及向现实生产力转化的能力，提高全民族的科技文化素质，把经济建设转移到依靠科技进步和提高劳动者素质的轨道上来，加速实现国家繁荣强盛。

1993 年中国颁布实施的《中华人民共和国科学技术进步法》成为指导中国科学技术发展的基本法典。1995 年，中共中央、国务院颁布了《关于加速科学技术进步的决定》，首次提出在全国实施科教兴国的战略，并把实施科教兴国战略列为今后 15 年直至 21 世纪加速中国社会主义现代化建设的重要方针之一。2006 年国务院发布的《国家中长期科学和技术发展规划纲要（2006—2020 年）》，确定了未来 15 年力争突破的 16 个重大科技专项，涉及信息、生物等战略产业领域，能源、资源、环境和人民健康等重大紧迫问题，以及大型飞机研发、载人航天与探月工程等，开启了科教兴国的新征程。

今天，中国整体科技发展水平已经处于世界前列，多项农业科技成果居于世界领先地位，中国还开发应用了一批产业关键共性技术，攻克了一批有重大作用的关键技术，在微电子等前沿技术领域取得了多项原创性成果。

截至 2023 年 7 月，中国已与全球 160 多个国家和地区建立了科技合作关系，签订了 116 个政府间科技合作协定，加入了 200 多个国际组织和多边组织机制。

教育部官网

科技人员

数据显示，中国已拥有超过 1.01 亿科学技术人才，连续多年保持着全球最大的研发人员储备。目前，国际上通常用 R&D（研究与试验发展）人员全时当量作为比较科技人力投入的指标。R&D 人员是指单位内部从事基础研究、应用研究和试验发展等三类活动的人员。R&D 人员全时当量则是指全年 90% 以上工作时间从事 R&D 活动的人员的工作量与非全时人员按实际工作时间折算的工作量之和。中国 R&D 人员全时当量快速增长，从 2016 年的 387.8 万人年，增至 2023 年的 635.4 万人年。中国的研发人员总量在 2013 年已超过美国，连续稳居世界第一位。具备中级及以上职称或博士学历（学位）的 R&D 人员也持续增长。中国的科技人才队伍仍在持续壮大。

科技投入

  2023 年，中国共投入研究与试验发展（R&D）经费 33357.1 亿元，比上年增加 2574.2 亿元，增长 8.4%；研究与试验发展（R&D）经费投入强度（与国内生产总值之比）为 2.65%，比上年提高 0.09 个百分点。分活动类型看，2023 年中国基础研究经费 2259.1 亿元，比上年增长 11.6%；应用研究经费 3661.5 亿元，增长 5.1%；试验发展经费 27436.5 亿元，增长 8.5%。分活动主体看，各类企业研究与试验发展（R&D）经费 25922.2 亿元；政府属研究机构经费 3856.3 亿元；高等学校经费 2753.3 亿元。

20 世纪 50 年代，中国医学研究人员用野生植物牵牛花进行杀灭钉螺的试验

科研产出

据 2022 自然指数年度榜单显示，中国机构科研产出大幅增加，2021 年科研产出增长 14.4%，是增速最快的国家。目前美国仍在首位，中国居第二位，但差距在不断缩小。

《2023 年中国科技论文统计报告》统计结果显示，中国高水平国际期刊论文数量及被引用次数均排名世界第一；热点论文数量排名世界第一，高被引论文保持世界排名第二。截至 2023 年 7 月，中国高被引论文数为 5.79 万篇，占世界份额为 30.8%；热点论文数为 1929 篇，占世界总量的 45.9%。

2023 自然指数年度榜单发布，中国科学院继续位列全球首位。在美国哈佛大学和德国马普学会等强大科研机构的竞争之下，中国科学院已经连续 11 年在全球科研机构综合排名中高居榜首。中国科学院在化学、物理科学、地球与环境科学 3 个学科领域继续排名全球第一，在生命科学领域上升 1 位，排名第四。

中国科学院量子信息与量子科技创新研究院

高新技术产业

高新技术产业是中国多年来发展的重点产业，是中国经济增长的重要增长点。20世纪90年代以来，中国高新技术产业园区对促进科技成果的转化、培育创新型的高科技企业和企业家、孕育新的技术革命和新兴产业、推进新型经济的发展进程发挥了根本性的推动作用，成为实现高新技术产业化、促进经济增长和社会持续发展的有效方式和重要手段。1988年，中国国家高新技术产业化发展计划——火炬计划开始实施，创办高新技术产业开发区和高新技术创业服务中心被明确列入火炬计划的重要内容。在火炬计划的推动下，各地纷纷结合当地特点和条件，积极创办高新技术产业开发区。

国家重点支持的高新技术领域有：电子信息技术领域，生物与新医药技术领域，航空航天技术领域，新材料技术领域，高技术服务业领域，新能源及节能领域，资源与环境领域，先进制造与自动化领域。近年来高新技术产业发展势头良好。2023年，初步核算中国全年国内生产总值126.0582万亿元，高技术制造业增加值增长2.7%。高技术产业投资增长10.3%，增速比全部固定资产投资高7.3个百分点。其中，高技术制造业、高技术服务业投资分别增长9.9%、11.4%。高技术制造业中，电子及通信设备制造业投资增长11.1%；高技术服务业中，科技成果转化服务业增长31.8%。

高新技术产业开发区

中国高新技术产业开发区，是国务院批准成立的国家级科技工业园区。截至2023年11月，国家高新区总数达178家，中国高新技术产业开发区得到了大力发展。中国高新技术产业开发区一般建立在一些知识与技术密集的大中城市和沿海地区，以智力密集和开放环境条件为依托，主要依靠国内的科技和经济实力，充分吸收和借鉴国外先进科技资源、资金和管理手段，通过实施高新技术产业的优惠政策和各项改革措施，实现软硬环境的局部优化，最大限度地把科技成果转化为现实生产力。2023年前三季度，国家高新区实现工业生产总值12.33万亿元，同比名义增长7.11%。

知识产权保护

5000 多年前，中国半坡村陶制尖底瓶和鱼尾纹盆就有了生产者的名字。自 2008 年《国家知识产权战略纲要》颁布之后，中国陆续出台了商标法、专利法、技术合同法、著作权法和反不正当竞争法等法律法规文件，知识产权保护已经成为全社会的共识。

2018 年在首届中国国际进口博览会开幕式上，中国宣布坚决依法惩处侵犯外商合法权益特别是侵犯知识产权行为，提高知识产权审查质量和审查效率，引入惩罚性赔偿制度，显著提高违法成本。2019 年《关于强化知识产权保护的意见》出台，2020 年颁布了修正后的《中华人民共和国专利法》，2021 年出台了《关于加强协作配合强化知识产权保护的意见》。这些都表明，中国知识产权保护正在步入新阶段。

专利产出

1978 年，中央作出"我国应建立专利制度"的决策，并从 1979 年开始制定专利法。根据世界知识产权组织划分的 35 个技术领域统计，截至 2023 年底，中国国内有效发明专利增速排前三位的技术领域为信息技术管理方法、计算机技术和基础通信程序，分别同比增长 59.4%、39.3% 和 30.8%，增速远高于国内平均水平，为中国数字经济创新发展提供了有力支撑。与此同时，中国申请人向外知识产权申请更加活跃。截至 2023 年底，中国有关部门受理国内申请人提交的 PCT 国际专利申请 7.4 万件，与 2022 年基本持平，马德里商标国际注册申请 6196 件，保持马德里联盟成员国第三位。自 2022 年 5 月加入海牙协定以来，中国申请人月均提交外观设计国际申请超过 150 件，位居全球前列。

创新能力

全球创新指数是世界知识产权组织、美国康奈尔大学、欧洲工商管理学院于2007年共同创立的年度排名，衡量全球120多个经济体在创新能力上的表现。根据《2023年全球创新指数报告》，中国排名第12，是前30名中唯一的中等收入经济体。该报告从创新周期的四个阶段捕捉关键创新趋势：科学与创新投资、技术进步、技术采用和社会经济影响。在80个独立指标中，中国有6个位居全球首位。此外，中国拥有的全球百强科技创新集群数量首次跃居世界第一。

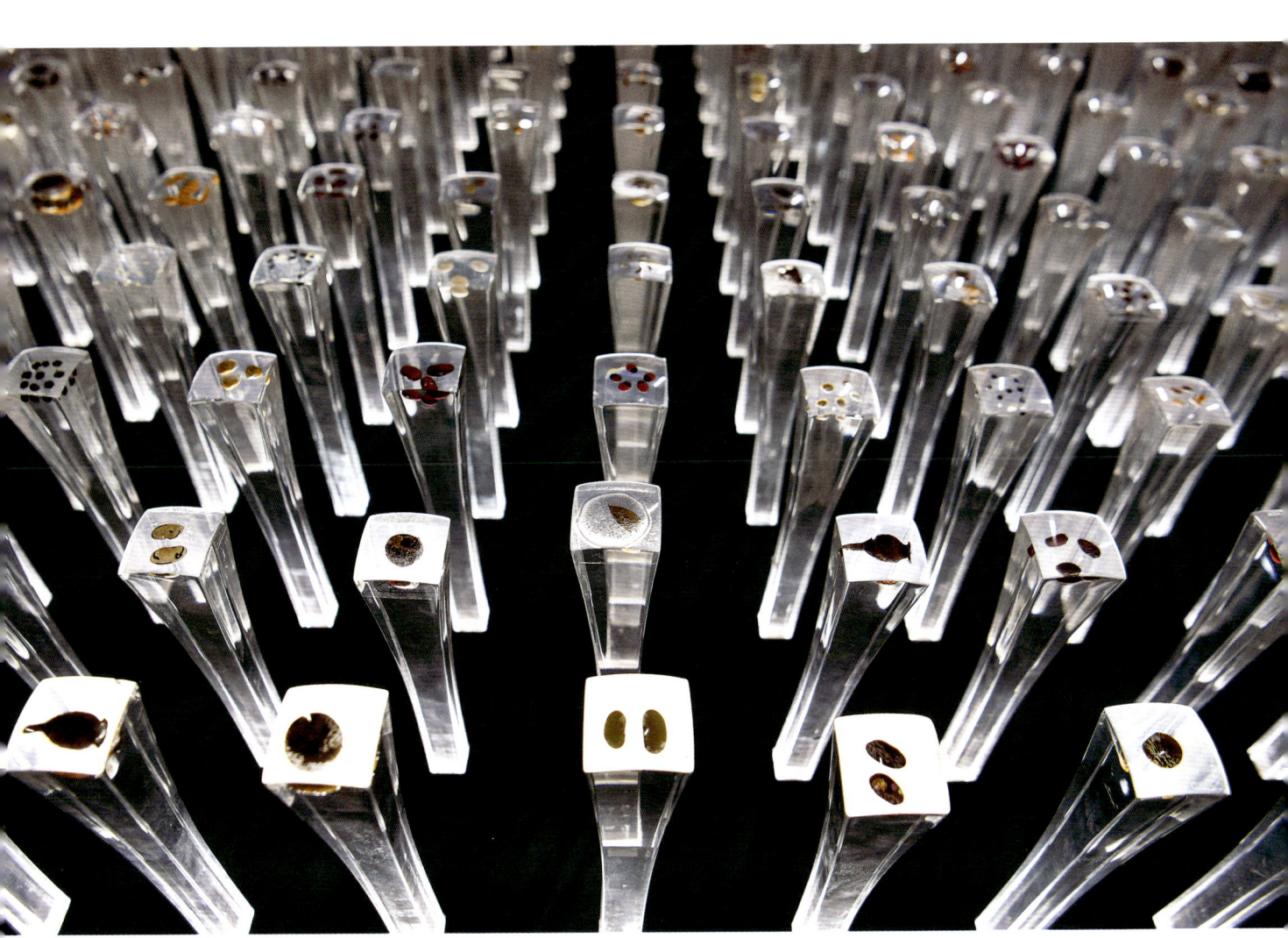

中科院昆明植物研究所"扶荔宫"温室群内种子博物馆的种子墙

极地考察

中国极地科学考察起步于 20 世纪 80 年代初期。1984 年，中国政府首次组队开展南极科学考察，截至 2024 年 4 月顺利完成 40 次南极科考任务；1999 年，中国政府首次组织开展北极科学考察，截至 2023 年 9 月，中国圆满完成了 13 次北极科学考察。中国南极科考站包括长城站、中山站、昆仑站、泰山站，以及罗斯海新站。中国在北极建有中国北极黄河站以及与冰岛合作建成的中 – 冰北极科学考察站。1983 年中国政府加入《南极条约》，1990 年中国成为国家南极局局长理事会（COMNAP）成员国。1996 年中国成为国际北极科学委员会（IASC）成员国。中国在极地科学考察中取得了突出成果，不仅有对国际极地事务的发言权和决策权，同时也发挥着越来越大的影响和作用。

中国科学院

中国科学院成立于 1949 年 11 月，是中国自然科学最高学术机构、科学技术最高咨询机构、自然科学与高技术综合研究发展中心。中国科学院先后实施了知识创新工程、"创新 2020"，提出了《迎接知识经济时代，建设国家创新体系》《创新促进发展，科技引领未来》《创新 2050：科学技术与中国的未来》《科技发展新态势与面向 2020 年的战略选择》等战略研究报告。

截至 2024 年 4 月，中国科学院有院士 866 人，其中数学物理学部 161 人，化学部 138 人，生命科学和医学学部 154 人，地学部 145 人，信息技术科学部 112 人，技术科学部 156 人；此外中国科学院还拥有外籍院士 151 人。

中国科学院官网

中国工程院

中国工程院于 1994 年 6 月 3 日在北京成立，是中国工程技术界最高荣誉性、咨询性学术机构，国务院直属事业单位。中国工程院先后实施了教育部工程科技人才培养研究专项、工程科技人才培养课题研究、"中国制造 2025"，举办国际工程科技发展战略高端论坛、中国工程管理论坛、冶金与材料工程学术会议等论坛会议。

截至 2024 年 4 月，中国工程院共有院士 966 人、外籍院士 124 人，建有 6 个专门委员会、9 个学部。

中国工程院官网

大科学工程

大科学工程是指为了进行基础性和前沿性科学研究，大规模集中人、财、物等各种资源建造大型研究设施，或者多学科、多机构协作的科学研究项目。大科学工程是科学技术高度发展的综合体现，是一个国家科技和经济实力的重要标志。中国已经建成正在运行的部分重大科学工程包括：北京正负电子对撞机、中国地壳运动观测网络、中国大陆科学钻探工程、国家农作物基因资源工程、高性能计算机工程、国家蛋白质科学中心、500 米口径球面射电望远镜（FAST）、东半球空间环境地基综合监测子午链、海洋科学综合考察船等。

人工合成牛胰岛素

1965年9月,世界上第一个人工合成的结晶蛋白质——牛胰岛素由中国科学院上海生物化学研究所、中国科学院上海有机化学研究所和北京大学化学系共同制备获得成功。从1958年开始,3个单位联合,研究人员共同组成一个协作组,在前人对胰岛素结构和肽链合成方法研究的基础上,开始探索用化学方法合成胰岛素。经过周密研究,他们确立了合成牛胰岛素的程序,并获得成功。这是世界上第一次人工合成与天然胰岛素分子相同化学结构并具有完整生物活性的蛋白质,标志着人类在揭示生命本质的征途上实现了里程碑式的飞跃,被誉为中国"前沿研究的典范",是当年接近获得诺贝尔奖的重大成就。

原子弹与氢弹

1964年10月16日,中国第一颗原子弹爆炸成功。中国政府同时发表声明:在任何时候、任何情况下,都不会首先使用核武器。1967年6月17日,中国第一颗氢弹空爆试验成功。中国"两弹"的试验成功,极大振奋了全国人民。

"两弹"的研制基地——原子城,位于青海省海北藏族自治州,这里有片草原,因盛开金露梅、银露梅两种花而得名"金银滩"。而从20世纪50年代末起,这里有了另外的名字——原子城,对外是青海矿区221工厂。1995年5月15日退役,又有了新名字——西海镇,是青海省海北藏族自治州州府所在地。

1964年,中国第一颗原子弹爆炸成功

太空探索

1970年4月24日，中国自行设计制造的第一颗人造地球卫星东方红一号发射成功。2003年10月15日，中国第一艘载人航天飞船神舟五号在酒泉卫星发射中心发射升空，航天员杨利伟顺利完成了中国第一次载人航天飞行任务。2008年，神舟七号载人航天飞船成功发射升空，并实现中国人首次太空漫步。2013年，嫦娥三号探测器在四川西昌卫星发射中心发射升空，在月球正面的虹湾以东地区着陆。嫦娥三号着陆器与巡视器分离，玉兔号巡视器顺利驶抵月球表面，五星红旗首次亮相月球。2022年4月16日，随着神舟十三号载人飞船返回舱在东风着陆场成功着陆，航天员安全顺利出舱，为期六个月的"太空出差"取得圆满成功。目前，中国在卫星回收、一箭多星、低温燃料火箭技术、捆绑火箭技术、静止轨道卫星发射与测控、载人航天等多个重要技术领域已跻身世界前列。

"神舟"系列飞船

从1999年中国第一艘无人试验飞船——神舟一号首飞成功，到2024年神舟十八号成功发射，从无人飞行到载人飞行，从一人一天到多人多天，从舱内实验到出太空行走，从单船飞行到组合体稳定运行……天地往返、出舱活动、交会对接，随着完整掌握载人航天三大基础性技术，中国开始迈向空间站时代。

空间实验室

中国空间实验室的雏形天宫一号于2011年发射升空。中国首个真正意义上的空间实验室——天宫二号于2016年成功发射，先后与神舟十一号、天舟一号进行对接。

探月工程

2004年，中国正式开展月球探测工程，并命名为"嫦娥工程"。20年来，从嫦娥一号到嫦娥五号，探月工程"六战六捷"，至今已顺利完成"绕月探测、落月探测、采样返回探测"（简称"绕、落、回"）三个阶段战略目标，并开始实施探月四期工程。

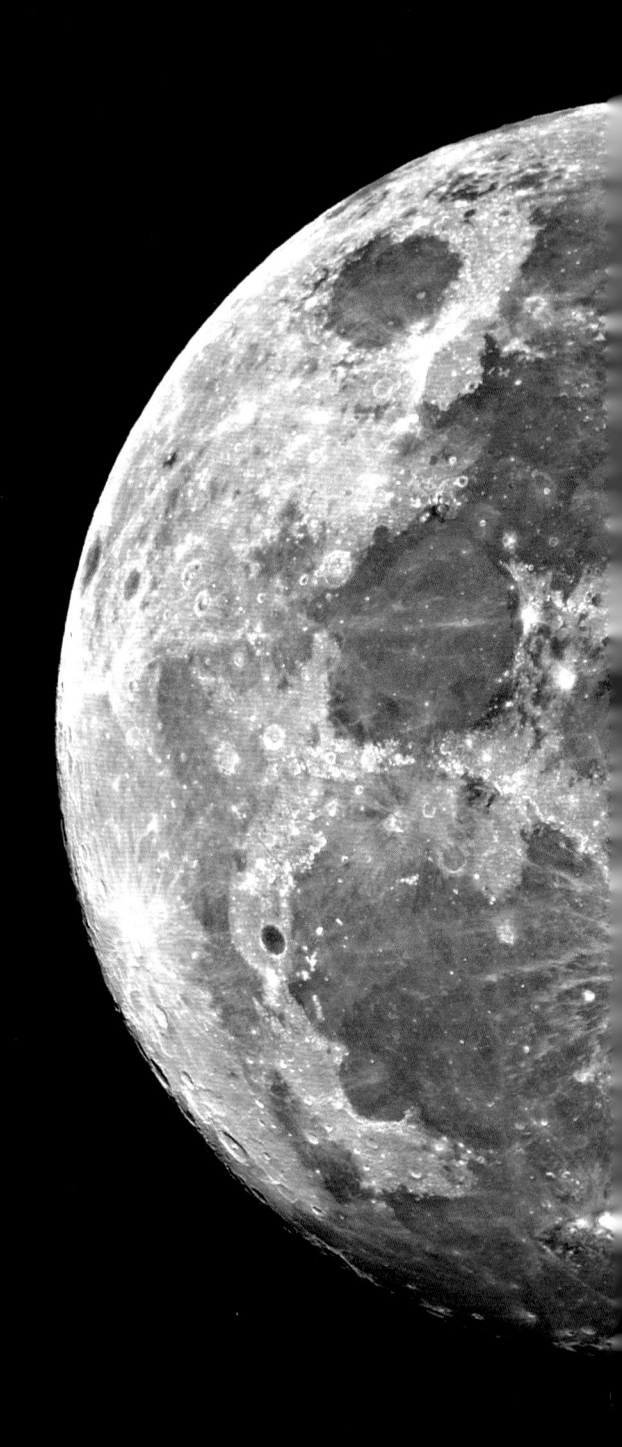

2019年中秋节，于苏州拍摄的月球图像

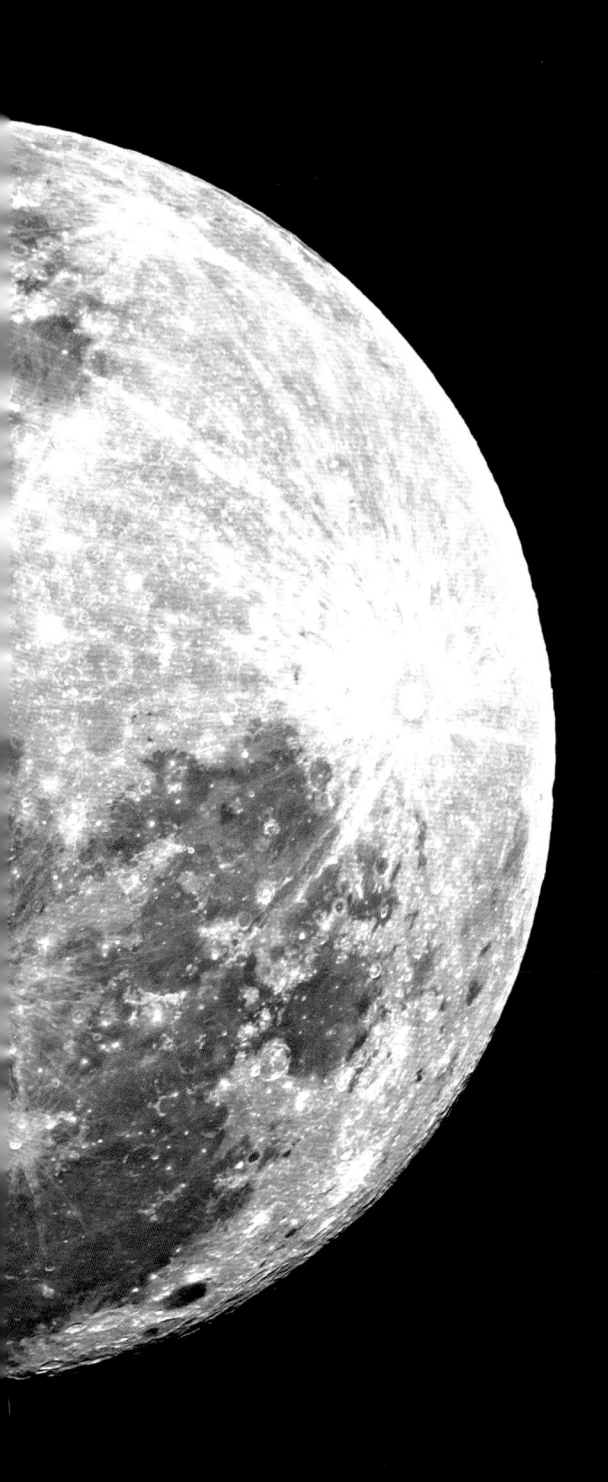

科学实验卫星

近年来，从悟空号暗物质粒子探测卫星到实践十号返回式科学实验卫星，从墨子号量子科学实验卫星到"慧眼"硬 X 射线调制望远镜，中国成功发射多颗科学实验卫星，取得了一批先进科研成果。

火星探测

2016 年，中国正式批复首次火星探测任务，中国火星探测任务正式立项。2020 年，中国行星探测任务被命名为"天问系列"，首次火星探测任务被命名为"天问一号"，2020 年 7 月 23 日，长征五号遥四运载火箭托举着中国首次火星探测任务天问一号探测器，在中国文昌航天发射场点火升空。2021 年 3 月 4 日，国家航天局发布了 3 幅由中国首次火星探测任务天问一号探测器拍摄的高清火星影像图。2021 年 5 月 15 日，科研团队根据祝融号火星车发回遥测信号确认，天问一号着陆巡视器成功着陆于火星乌托邦平原南部预选着陆区。2021 年 5 月 22 日，祝融号火星车已安全驶离着陆平台，到达火星表面，开始巡视探测。这标志着中国首次火星探测任务着陆火星取得圆满成功。

北斗卫星

北斗卫星导航系统是中国自行研制的全球卫星导航系统，也是继 GPS、GLONASS 之后的第三个成熟的卫星导航系统。

北斗卫星导航系统由空间段、地面段和用户段三部分组成，可在全球范围内全天候、全天时为各类用户提供高精度、高可靠定位、导航、授时服务，并且具备短报文通信能力。

2000 年，中国首先建成北斗导航试验系统，成为继美、俄之后的世界上第三个拥有自主卫星导航系统的国家。为了更好地服务于国家建设与发展，满足全球应用需求，中国启动实施了北斗卫星导航系统建设。2017 年，中国成功发射两颗北斗三号全球组网卫星，标志着中国北斗卫星导航系统步入全球组网新时代。2018 年，北斗三号基本系统建成，开始提供全球服务。2023 年中国在西昌卫星发射中心用长征三号乙运载火箭，成功发射第 56 颗北斗导航卫星。

5G 通信技术

第五代移动通信技术(简称5G)是具有高速率、低时延和大连接特点的新一代宽带移动通信技术，5G通信设施是实现人机物互联的网络基础设施。2016年，中国5G技术研发试验正式启动。目前，中国已建成全球规模最大、技术最先进的宽带网络基础设施。截至2023年底，中国已累计建成5G基站337.7万个，三家基础电信企业发展蜂窝物联网用户23.32亿。网络建设方面，5G基站覆盖所有地级市城区和县城城区。建成5G行业虚拟专网3.16万个。5G移动电话用户数达8.05亿户，占移动电话用户的46.6%。融合应用方面，5G应用已融入97个国民经济大类中的71个，应用案例数累计超9.4万个。

深海探测

深海作为天然基因资源库，蕴藏着巨大的应用开发潜力，是国家重要的战略资源。近年来，中国在深海生物勘探、深海微生物资源库规范化建设、深海生物学基础研究、生物资源应用潜力评估与开发利用等方面取得了重要成果。其中，深海生物资源探测成效显著，获得了大量深海微生物资源；系统开展了资源应用潜力评估，获得了一批深海知识产权，在医药、环保、工业、农业等领域展现出美好应用前景。目前，中国逐步形成了以"蛟龙""海龙""潜龙"为代表的"三龙"深海装备体系，深海探测能力大幅跃升。2020年，中国自主研制的全海深载人潜水器奋斗者号完成了万米级海试，首次探底全球海洋最深处——马里亚纳海沟"挑战者深渊"，下潜深度达到1.0909万米，创造了中国载人深潜新纪录。同时，中国积极参与海洋领域国际合作，国际影响力日益提升。

科学普及

中国科学技术协会是中国科学技术工作者的群众组织。根据中国科学技术协会发布的2022年度事业发展统计公报，各级科协所属学会2.3209万个，其中中国科协所属全国学会214个，省级科协所属省级学会4470个，市级科协所属市级学会8879个，县级科协所属县级学会9646个。科协机构已经形成从中央到地方有系统的、完善的科普组织。中国科协拥有中国科学技术馆、中国科学技术出版社、中国科普研究所等从事科普事业的16个直属单位。每年的全国科普日是为纪念《中华人民共和国科学技术普及法》的颁布而开展的活动。

数据显示，2022年，各级科协和两级学会编著科技图书6605种，主办科技期刊1711种，主办科技（普）传播网站1622个，主办科普类微信公众号3149个。20年来，中国公民科学素质水平有效提升，公民具备科学素质的比例从21世纪初的不到2%提高到超过10%。

教育信息化

中国推动教育信息化有两层含义：一是把提高信息素养纳入教育目标，培养适应信息社会的人才；二是把信息技术手段有效应用于教学与科研，注重教育信息资源的开发和利用。教育信息化的核心内容是教学信息化，使教学手段科技化、教育传播信息化、教学方式现代化。教育信息化，要求在教育过程中较全面地运用以计算机、多媒体、大数据、人工智能和网络通信为基础的现代信息技术，促进教育改革，从而适应正在到来的信息化社会提出的新要求。

蛟龙号载人潜水器

屠呦呦与青蒿素

屠呦呦，药学家，1930 年 12 月 30 日出生于浙江宁波。1951 年考入北京大学医学院药学系生药专业，1955 年毕业后一直在中国中医科学院中药研究所工作。现为中国中医科学院首席科学家、终身研究员兼首席研究员，青蒿素研究开发中心主任。2019 年，屠呦呦被授予"共和国勋章"。

屠呦呦多年从事中药和中西药结合研究，突出贡献是创制新型抗疟药青蒿素和双氢青蒿素。20 世纪 60 年代，在氯喹抗疟失效、人类饱受疟疾之害的情况下，屠呦呦接受了国家疟疾防治项目的研究任务。1969 年，屠呦呦担任中药抗疟研究组组长。1972 年，屠呦呦团队成功提取分子式为 $C_{15}H_{22}O_5$ 的无色结晶体，命名为青蒿素。青蒿素的发现，为世界带来了一种全新的抗疟药。如今，以青蒿素为基础的联合疗法（ACT）是世界卫生组织推荐的疟疾治疗的最佳疗法。2011 年 9 月，屠呦呦因发现青蒿素，挽救了全球特别是发展中国家数百万人的生命，获得拉斯克奖和葛兰素史克中国研发中心"生命科学杰出成就奖"。2015 年 10 月，屠呦呦获得诺贝尔生理学或医学奖，成为第一位获诺贝尔科学奖项的中国本土科学家。屠呦呦的获奖理由是她发现了青蒿素，该药品可以有效降低疟疾患者的死亡率。

高锟与光纤通信

高锟（1933—2018），出生于江苏省金山县（今上海市金山区），华裔物理学家、教育家，光纤通信、电机工程专家，香港中文大学前校长，被誉为"光纤之父"。2009 年因在"有关光在纤维中的传输以用于光学通信方面"作出突破性贡献，获得诺贝尔物理学奖。

钱学森与"两弹一星"

钱学森（1911—2009），出生于上海，空气动力学家、系统科学家，中国载人航天奠基人，中国科学院院士、中国工程院院士，"两弹一星"功勋奖章获得者。

钱学森于 1934 年从国立交通大学机械工程系毕业；1935 年赴美进修，之后转入加州理工学院航空系，师从世界著名空气动力学教授西奥多·冯·卡门；1956 年出任中国科学院力学研究所所长；1986 年当选中国科学技术协会主席。曾任中国人民政治协商会议第六届、七届、八届全国委员会副主席。

钱学森对中国的"两弹一星"研究作出了突出贡献。1956 年初，钱学森提出《建立我国国防航空工业的意见书》，同年，他受命组建了中国第一个火箭、导弹研究所——

右：屠呦呦诺贝尔奖获奖证书
左：诺贝尔奖得主屠呦呦领奖

国防部第五研究院，并担任首任院长。他主持完成了"喷气和火箭技术的建立"规划；参与了近程导弹、中近程导弹和中国第一颗人造地球卫星的研制；直接领导了用中近程导弹运载原子弹"两弹结合"试验；参与制定了中国第一个星际航空的发展规划；发展建立了工程控制论和系统学。钱学森在空气动力学、航空工程、喷气推进、工程控制论、物理力学等技术科学领域作出了开创性贡献，是中国近代力学和系统工程理论与应用研究的奠基人和倡导人。

陈景润与哥德巴赫猜想

陈景润（1933—1996），福建福州人，中国著名数学家。毕业于厦门大学数学系，1953年9月被分配到北京四中任教。1955年2月由时任厦门大学校长王亚南先生举荐，回母校厦门大学数学系任助教。1957年10月，被调到中国科学院数学研究所。1973年发表了"1＋2"的详细证明，被公认为是对哥德巴赫猜想研究的重大贡献。1981年3月当选为中国科学院学部委员（院士）。

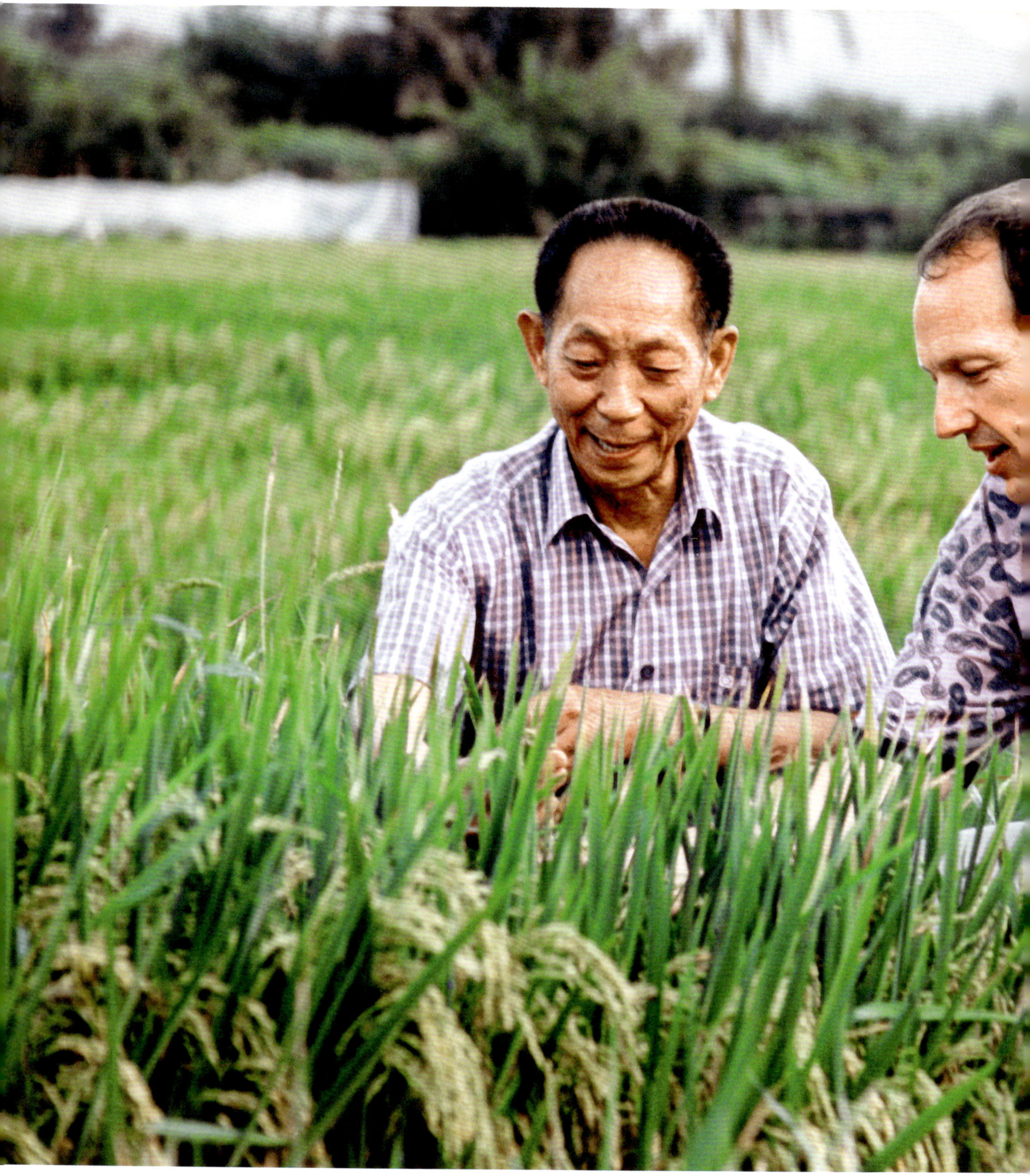

袁隆平与杂交水稻

袁隆平（1930—2021），江西省九江市德安县人，是享誉海内外的著名农业科学家，中国杂交水稻事业的开创者和领导者，"共和国勋章"获得者，国家杂交水稻工程技术研究中心原主任，中国工程院院士。

袁隆平1953年毕业于西南农学院，长期致力于杂交水稻技术的研究、应用与推广，发明"三系法"籼型杂交水稻，成功研究出"两系法"杂交水稻，创建了超级杂交稻技术体系，提出并实施"种三产四丰产工程"。2004年袁隆平获得"沃尔夫"农业奖，2006年当选美国国家科学院外籍院士。袁隆平在杂交水稻方面的研究成果改写了20世纪后半叶中国水稻耕作的历史，为中国粮食安全、农业科学发展和世界粮食供给作出了杰出贡献，被誉为"杂交水稻之父"。

海南三亚荔枝沟南繁育种基地，
袁隆平（左一）带领专家考察杂交水稻新品种

07 国家治理现代化

柒　国家治理现代化 /

国家治理现代化是中国式现代化的基本组成部分。在中国特色社会主义建设中，中国对国家治理体系进行了创造性探索，

成功地走出了一条不同于西方的自己的路子，这是对人类文明进步的一个重大贡献，受到世界各国的高度重视，特别是为发展中国家提供了有益的借鉴。

远眺北京城市景观

"第五个现代化"

国家治理现代化被视为是继 1964 年提出的"四个现代化"——工业现代化、农业现代化、国防现代化、科学技术现代化之后的"第五个现代化"。

2013 年，中共十八届三中全会公报指出，全面深化改革的总目标是完善和发展中国特色社会主义制度，推进国家治理体系和治理能力现代化。"第五个现代化"是现代化视野下的概念，它强调"国家治理"而非"国家统治"，强调"社会治理"而非"社会管理"。

如果说"四个现代化"所要面对的是中国长期一穷二白的现状，旨在大力发展生产力，那么"第五个现代化"则是从上层建筑的层面来减少"四个现代化"在新的阶段进一步发展的阻碍。所以说，"第五个现代化"是建立在"四个现代化"基础上的现代化。

国家治理现代化，回答了坚持改革总目标必须解决好制度模式选择、价值体系建设等重大问题，是中国政治发展的重要里程碑，是实现中国梦的关键。

中国共产党执政

中国宪法规定："中国共产党领导是中国特色社会主义最本质的特征。"

中国共产党执政的意义在于：为世界特别是发展中国家提供"政党治理"的中国经验；为国际社会提供"国家治理"的中国智慧；为人类贡献"全球治理"的中国方案。在当前充满不确定性的国际局势下，中国治理为世界提供了巨大的稳定性和确定性，为人类社会追求美好未来注入强大正能量。

科学执政

科学执政，就是要结合中国实际不断探索和遵循共产党执政规律、社会主义建设规律、人类社会发展规律，以科学的思想、科学的制度、科学的方法领导中国特色社会主义事业。中共十六届四中全会提出，必须坚持科学执政、民主执政、依法执政，不断完善党的领导方式和执政方式。党的执政能力理论要有创新，执政能力建设是关系中国社会主义事业兴衰成败、关系中华民族前途命运、关系党的生死存亡和国家长治久安的重大战略课题。科学的领导方式、执政方式对实现党的领导、完成执政目标至关重要。

民主执政

民主执政，就是要坚持为人民执政、靠人民执政，支持和保证人民当家作主，坚持和完善人民民主专政，坚持和完善民主集中制，以发展党内民主带动人民民主，壮大最广泛的爱国统一战线。民主执政的核心问题是正确认识和处理执政党和人民群众的关系。坚持民主执政必须牢牢坚持立党为公、执政为民，真正把最广大人民的根本利益作为一切工作的出发点和落脚点，切实做到权为民所用、情为民所系、利为民所谋。要进一步健全民主制度，保证人民依法实行民主选举、民主决策、民主管理、民主监督，充分发挥人民群众和社会各方面的积极性、主动性、创造性，共同做好改革发展稳定的各项工作。要不断完善和扩大党内民主，加强对权力的监督，保证把人民赋予的权力真正用来为人民谋利益。

依法执政

依法执政，就是要坚持依法治国，领导立法，带头守法，保证执法，不断推进国家经济、政治、文化、社会生活的法治化、规范化。执政党要紧紧抓住制度建设这个带有根本性、全局性、稳定性、长期性的重要环节，从制度上、法律上保证党的路线方针政策的贯彻实施，使这种制度和法律不因领导人的改变而改变，不因领导人的看法和注意力的改变而改变。依法执政是中国共产党在新的历史条件下领导方式和执政方式的重大转变，是实行依法治国基本方略、发展社会主义民主政治、建设社会主义政治文明的战略性举措。依法执政与科学执政、民主执政之间是辩证统一的：科学执政是基本前提，民主执政是本质所在，依法执政是基本途径。三者相互联系、有机结合，构成了中国共产党执政方式的基本理论框架。科学执政与民主执政必须通过依法执政的途径来实现。

中国特色社会主义制度

中国特色社会主义制度是由人民代表大会制度这个根本政治制度，中国共产党领导的多党合作和政治协商制度、民族区域自治制度以及基层群众自治制度等基本政治制度，中国特色社会主义法律体系，公有制为主体、多种所有制经济共同发展和按劳分配为主体、多种分配方式并存，把社会主义制度和市场经济有机结合起来的基本经济制度，以及建立在这些制度基础上的经济体制、政治体制、文化体制、社会体制、生态文明体制等各项具体制度所构成的。

新中国 70 多年来的实践证明，中国特色社会主义制度是在中国共产党的领导下，将马克思主义的基本原理同中国革命、建设、改革的具体实践相结合的产物，是中国共产党执政经验的总结，是从中国的土壤上产生出来的、适合中国国情的好制度。这些制度之所以能够发挥作用并长期坚持下来，是历史的选择、人民的选择。

多种经济成分并存

1978 年以前，中国只有单一的公有制经济，国有企业占 77.6%，集体企业占 22.4%。改革开放后，中国对所有制结构进行了调整，形成了以公有制为主体、多种所有制经济共同发展的格局。自此，在发展壮大公有制经济、坚持以国有经济为主导的前提下，民营企业、个体工商户、外资企业等非公有制经济大量涌现，推动社会经济不断向前发展。

中共十九大报告强调，"毫不动摇巩固和发展公有制经济，毫不动摇鼓励、支持、引导非公有制经济发展"。公有制经济和非公有制经济都是社会主义市场经济的重要组成部分，正是在公有制经济和非公有制经济相互促进、共同发展下，中国经济发展取得了举世瞩目的成就。

"两个一百年"奋斗目标

1997 年，中共十五大报告首次提出："再经过十年的努力，到建党一百年时，使国民经济更加发展，各项制度更加完善；到世纪中叶建国一百年时，基本实现现代化，建成富强民主文明的社会主义国家。" 2012 年，中国进一步明确了全面建成小康社会、加快推进社会主义现代化的宏伟蓝图。"两个一百年"成为一个固定关键词，成为中国未来几十年的奋斗目标。2017 年，中共十九大清晰擘画全面建成社会主义现代化强国的时间表、路线图：在 2020 年全面建成小康社会、实现第一个百年奋斗目标的基础上，再奋斗 15 年，在 2035 年基本实现社会主义现代化。从 2035 年到本世纪中叶，在基本实现现代化的基础上，再奋斗 15 年，把我国建成富强民主文明和谐美丽的社会主义现代化强国。

大庆油田王进喜和石油工人雕像

人民至上

  人民至上是中国共产党治国理政的核心理念之一。党执政的根基在人民、血脉在人民、力量在人民，人民是党执政兴国的最大底气。中共十九届六中全会通过的《中共中央关于党的百年奋斗重大成就和历史经验的决议》把"坚持人民至上"概括为党百年奋斗的十条历史经验之一，揭示了中国共产党永葆旺盛生命力和强大战斗力、始终立于不败之地的重要原因。一百年来，中国共产党为增进人民福祉而奋斗，以造福人民为最大政绩。正是因为始终坚持人民至上，才能"唤起工农千百万，同心干"；一百年来，中国共产党用科学理论、更用实际行动赢得了人民的衷心拥护，党与人民心心相印、同甘共苦、团结奋斗，形成了不可分割的紧密联系。新征程上，中国共产党将始终坚持全心全意为人民服务的根本宗旨，坚持党的群众路线，始终牢记江山就是人民、人民就是江山，坚持一切为了人民、一切依靠人民，坚持为人民执政、靠人民执政，坚持发展为了人民、发展依靠人民、发展成果由人民共享，坚定不移走全体人民共同富裕道路。

发展才是硬道理

  "发展才是硬道理"是邓小平在1992年南方谈话中提出的经济发展思想，即将发展作为国家建设的第一要务，以经济建设为中心不放松，坚持解放思想，抓住机遇，从而不断增强国力，增强国际竞争力。邓小平主张把是否有利于发展社会主义社会的生产力、是否有利于增强社会主义国家的综合国力、是否有利于提高人民的生活水平的"三个有利于"作为衡量一切工作是非得失的标准。"发展才是硬道理"，既是一个非常深刻的命题，又是一个非常普遍的真理，是在总结了中国近半个世纪以来社会主义建设经验以后，得出的具有深远意义的结论，为中国如何建设中国特色社会主义指明了前进的方向。

总体国家安全观

2014 年 4 月 15 日，习近平总书记在中央国家安全委员会第一次会议上创造性提出总体国家安全观。习近平总书记指出，贯彻落实总体国家安全观，必须既重视外部安全，又重视内部安全，对内求发展、求变革、求稳定、建设平安中国，对外求和平、求合作、求共赢、建设和谐世界；既重视国土安全，又重视国民安全，坚持以民为本、以人为本，坚持国家安全一切为了人民、一切依靠人民，真正夯实国家安全的群众基础；既重视传统安全，又重视非传统安全，构建集政治安全、国土安全、军事安全、经济安全、文化安全、社会安全、科技安全、信息安全、生态安全、资源安全、核安全等于一体的国家安全体系；既重视发展问题，又重视安全问题，发展是安全的基础，安全是发展的条件，富国才能强兵，强兵才能卫国；既重视自身安全，又重视共同安全，打造命运共同体，推动各方朝着互利互惠、共同安全的目标相向而行。

社会治理

社会治理是指在中国共产党领导下，由政府组织主导，吸纳社会组织等多方面治理主体参与，对社会公共事务进行治理的活动，是"以实现和维护群众权利为核心，发挥多元治理主体的作用，针对国家治理中的社会问题，完善社会福利，保障改善民生，化解社会矛盾，促进社会公平，推动社会有序和谐发展的过程"。中共十八届三中全会首次提出"社会治理"的全新概念；中共十九大提出打造共建共治共享的社会治理格局；中共十九届四中全会提出建设社会治理共同体；中共十九届五中全会进一步明确了"十四五"期间的社会治理创新任务和 2035 年社会治理创新的远景目标。

基层组织

基层群众性自治组织的建设是中国治理体系的重要组成部分，具体是指中国在城市和农村按居民的居住地区建立起来的居民委员会或者村民委员会，是城市居民或农村村民自我管理、自我教育、自我服务的组织。基层群众性自治组织是建立在中国社会的最基层、与群众直接联系的组织，是在自愿的基础上由群众按照居住地区自己组织起来管理自己事务的组织。基层群众性自治组织的主任、副主任和委员由居民选举。基层群众性自治组织负责人民调解、治安保卫、公共卫生等事务，办理本居住地区的公共事务和公益事业，调解民间纠纷，协助维护社会治安，并向人民政府反映群众的意见、要求和提出建议。

反腐败斗争

反腐败是新时代中国治国理政的重要举措。中共十八大以来，习近平总书记就党风廉政建设和反腐败斗争多次作出重要部署，强调"夺取反腐败斗争压倒性胜利"。在中共十九届中央纪委三次全会上，习近平总书记郑重提出"取得全面从严治党更大战略性成果，巩固发展反腐败斗争压倒性胜利"的新要求。中共二十大报告深刻分析管党治党面临的新形势新任务，发出坚决打赢反腐败斗争攻坚战持久战的动员令，为在新时代新征程上坚定不移推进全面从严治党，继续把反腐败斗争引向深入指明了前进方向、提供了重要遵循。

政党合作交流

政党合作交流是中国践行人类命运共同体的重要形式之一。政党在国家政治生活中发挥着重要作用，也是推动人类文明进步的重要力量。

2017年12月，习近平总书记在人民大会堂出席中国共产党与世界政党高层对话会开幕式，并发表题为《携手建设更加美好的世界》的主旨讲话，强调政党要顺应时代发展潮流、把握人类进步大势、顺应人民共同期待，志存高远、敢于担当，自觉担负起时代使命。中国共产党将一如既往为世界和平安宁、共同发展、文明交流互鉴作贡献。2021年，中国共产党与世界政党领导人峰会在北京举行，来自世界各国500多个政党和组织的领导人齐聚北京。会议通过了《中国共产党与世界政党领导人峰会共同倡议》，强调政党间应增进互信、加强沟通、密切协作，汇聚构建人类命运共同体的强大力量，携手建设一个更加美好的世界。

全球治理

积极参与全球治理是中国国家治理现代化的重要内容。中共十九大规划了中国从现在到21世纪中叶的发展蓝图，宣示了中方愿同各方推动构建人类命运共同体的真诚愿望。2017年1月，习近平主席在联合国日内瓦总部发表《共同构建人类命运共同体》的演讲，向世界郑重宣布了中国方案，在构建人类命运共同体理念的带领下，中国开始倡导并积极实施"一带一路"倡议，从而把人类命运共同体理念付诸行动。在理念和行动上共同推进全球治理，是中国道路探索出来的全球治理方案中最具代表性的成果。中国道路的成功不仅关乎中华民族的伟大复兴，它也肩负着世界历史所赋予它的独特责任。这个责任就是要变革旧有全球治理模式，超越现代性规定下的国家秩序与人的交往方式，去探索一种能够容纳世界更多主体参与、扩大更为普遍的世界历史性交往，形成合作共赢的世界格局。

中国人的生活

中国与中国人

4

01
中国人的祖先

02
中国人的饮食

03
中国人的服饰

04
中国人的居住

05
中国人的礼仪

06
中国民俗与地域文化

07
中国人的文化与艺术生活

08
中国人的休闲与娱乐

09
中国人的节日

01 中国人的祖先

壹 中国人的祖先 /

早在 200 多万年前，中国这片土地上就生活着远古居民，是中国人创造了中国。200 万年前的巫山人，170 万年前的云南元谋人，

115 万年前的蓝田人，50 万年前的北京人，28 万年前的辽宁金牛山人，10 万年前的许昌人，3 万年前的北京山顶洞人……这几乎已经是古人类一个完整的进化体系。

河姆渡人

1973年，在浙江省余姚市河姆渡村发现距今7000多年生活在长江下游的古人类遗址。河姆渡人过定居生活，住干栏式房屋，后期出土的大批榫卯木构件及干栏式建筑的遗迹，显示了河姆渡文化的住房特点。河姆渡人用船、筏载人和物，浮水采集，使用刀、匕、锤、铲、矛、碗、筒、小棍、器柄、纺轮、蝶形器等木器，栽培人工水稻，家养猪、狗和水牛等牲畜，还会挖掘水井。河姆渡文化的发现与确立，扩大了中国新石器时代考古研究的领域，说明在长江流域同样存在着古老灿烂的新石器文化。

云南元谋人

1965年5月1日，为配合成昆铁路的修建工作，中国地质科学院地质力学研究所钱方先生在元谋考察的过程中发现两枚疑为猿人的牙齿化石，后被命名为"直立人元谋新亚种"，简称"元谋直立人"。经古地磁测定距今约170万年，是中国乃至亚洲最早的直立人化石。这一重大发现，把中国人类历史向前推进了100多万年，表明长江流域的云南是人类起源与发展的关键地区。

在云南元谋一带榛莽丛生的亚热带的草原和森林中，已经解放双手的元谋人开始使用粗陋的石器捕猎。与此同时，元谋人还学会了用火，摆脱了茹毛饮血的时代。

陕西蓝田人

1963年7月，中国科学院古脊椎动物与古人类研究所的调查队，在蓝田县城西北约10千米的泄湖镇陈家窝发现了一老年女性下颌骨化石。之后，在公王岭地层中又发现一个基本保存完整的中年女性头骨化石，经对此头骨化石进行室内修复，复原出一完整的猿人头骨化石，命名为"蓝田中国猿人"，简称"蓝田人"。蓝田人距今约115万年，属中国早期人类化石，其特征是：前额低平、较宽，眉骨粗壮隆起，骨壁较厚，眼眶略方，嘴部前伸。

洛南猿人

1977年，在陕西省洛南县东河村一洞穴内灰黄色钙质砂土中发现一人牙化石，地质时代属中更新世早期，也可能到早更新世晚期。化石为右上第一臼齿，牙根全部断失，牙冠保存完好，齿尖有磨损痕迹。前尖比后尖略大，原尖和后尖连脊明显，其化石属直立人的范畴，被称为"洛南猿人"。与洛南猿人化石伴出的动物化石有大熊猫和貘，反映出洛南猿人生活时期的气候环境比现在更为温暖湿润。

辽宁金牛山人

1984年，考古学家在辽宁省营口市永安乡金牛山山洞，发现了生活在旧石器时代早期的原始人化石，将其命名为"金牛山人"，据考证，年代约为距今28万年前。中国考古专家对属于个体的金牛山原始人的头骨和骨架化石与北京人头骨骨架化石相对比后发现，金牛山原始人脑量增大，约为1390毫升，已接近现代人。在金牛山山洞还发现了大批打制的石器和部分骨器，以及许多燃烧过的哺乳动物残骨，这是金牛山原始人使用过天然火，并食用熟食的证明。在文化意义上，北京猿人与金牛山人共存，即直立人与早期智人共存，是镶嵌进化的一种形式。

河南许昌人

　　1965 年，许昌市建安区灵井村驻队的中国科学院古脊椎动物与古人类研究所的周国兴在村民挖井挖出的堆积物中，采集到一批中石器时代的动物化石和打制石器，引起了史前考古界的高度重视。2007 年 12 月 17 日，考古队在此发掘出一块人类顶骨化石，将此化石命名为"许昌人"。这块化石距今 10.5 万至 12.5 万年，是中国第四纪晚更新世早期地层中首次经科学发掘的古人类头盖骨化石，填补了中国古人类进化的一项空白，对研究东亚古人类演化和中国现代人起源具有重大学术价值。另外，与许昌人化石伴出的还有大量的动物化石、石器、骨器等。

周口店北京人遗址

　　周口店北京人遗址位于北京市房山区周口店镇龙骨山，是中国旧石器时代的重要遗址。周口店遗址是 50 万年的北京猿人、20 万至 10 万年的新洞人、3 万至 1 万年的山顶洞人生活的地方。自 1927 年进行大规模系统发掘以来，周口店北京人遗址共发现不同时期的各类化石和文化遗物地点 27 处，发现 40 多个北京人的化石遗骸、10 多万件石器、近 200 种动物化石及大量的用火遗迹等，成为举世闻名的人类化石宝库和古人类学、考古学、古生物学、地层学、年代学、环境学及岩溶学等多学科综合研究基地。

北京山顶洞人

　　山顶洞人生活在远古时期的北京周口店，属于直立人。1929 年，中国考古学者裴文中在北京周口店的龙骨山上的山洞里发掘出第一个完整的头盖骨化石，遗址堆积层厚 40 多米。经考证，山顶洞人生活在距今约 70 万年至 20 万年前，还保留了猿的某些特征，但手脚分工明显，能打制和使用工具，会使用天然火。山顶洞人还会用骨针缝制衣服，懂得爱美，他们的群居生活是由血缘关系结合起来的氏族关系。

重庆巫山人

　　1985 年，考古工作者在重庆市巫山县庙宇镇龙坪村龙骨坡，发掘出一段带有 2 枚臼齿的残破能人左侧下颌骨化石以及一些有人工加工痕迹的骨片。1986 年又发掘出 3 枚门齿和一段带有 2 个牙齿的下牙床化石。此外，遗址中还出土了包括步氏巨猿、中国乳齿象、先东方剑齿象、剑齿虎、双角犀、小种大熊猫等 116 种早更新世初期的哺乳动物化石。经学者研究，龙骨坡遗址出土的遗物代表了一种直立人的新亚种，后被定名为"直立人巫山亚种"，一般称之为"巫山人"，距今约 214 万年。此次出土的大量有清楚人工打击痕迹的石器，以及大量的古人类生活遗迹表明，200 多万年前，巫山人已经产生了文化，而文化是区别"是人还是猿"的重要标准。所以，巫山人是人而不是猿，比云南元谋人还早 30 万年。

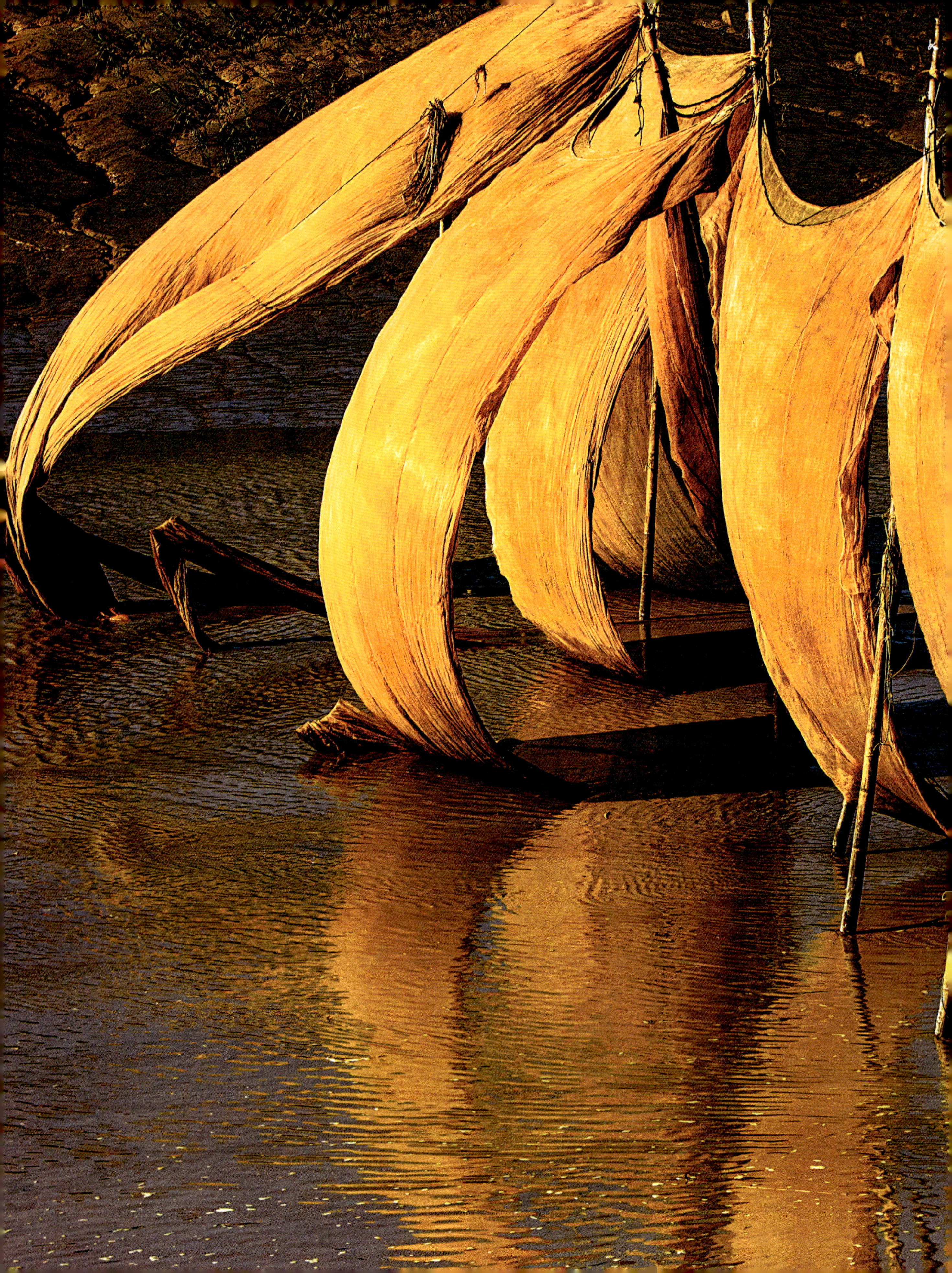

霞浦飘网

02
中国人的饮食

贰 中国人的饮食 /

中国美食闻名全球。很多中国人都通过吃饭交流感情。如果要问现在中国人吃什么，可以用"吃遍天下"来概括。因为在中国，除了有国内各地的风味美食，还汇聚了异国他乡的特色菜肴。

中国菜的烹饪方法丰富多样，形成了不同的菜肴特色。中国人常说的八大菜系指的是鲁菜、川菜、粤菜、闽菜、苏菜、浙菜、湘菜、徽菜。至于喝的就更多样了。中国是世界上较早酿酒的国家之一，喝酒一直是中国人在喜庆、团聚时的乐事；中国人也喜爱饮茶，中国有着历史悠久的茶文化。

中国饮食文化

饮食文化是中国人精神文化的一种体现,也是人们饮食活动实践的观念史、精神史。五味调和的观念早在殷商时代即已形成,它揭示了味觉美创造的规律和中国烹饪的本质特征。进入春秋战国时代,如何达到太平治世以及如何提升人生境界,包括确立人在饮食生活中的文化意识,是社会的主要追求。公元5世纪,北魏崔浩撰写的《食经》问世,标志着文人个人自觉地进行食谱记录的开端。魏晋时期,除了专门的烹饪书,农书、医药书、方志和笔记等非饮食著作也都热衷于记录食谱,对饮食文化的形成发挥了重要的作用。唐宋两代是中国古代饮食文化发展的第二次高峰。明清之际,商品经济的繁荣和城市经济的发展极大地刺激了人们的生活欲望,进一步促成饮食精神生产群体的主体意识的凸显与张扬,纷纷从"遵生"出发进行饮食养生的探讨。饮食养生研究以中医学为学科基础,滥觞于先秦,兴盛于唐宋,至明清达到顶点,反映了在近代科学和营养学出现以前中国饮食文化发展的科学诉求。

美食的秘诀

中国饮食文化极其丰富。由于地域和口味的差异,中国有不同的菜系,口味各不相同。比如淮扬菜和川菜,一个清淡悦目,一个香辣厚重。中国人对饮食十分讲究,要求色、香、味俱佳。比如北京全聚德烤鸭,采用挂炉、明火烧果木的方法烤制,鸭体丰盈饱满,呈枣红色,油光亮泽,外焦里嫩,加上葱、酱,用荷叶饼包着吃,非常美味,广受国内外美食家好评。

中国饮食追求美味。美味的产生在于调和,要使食物的本味,加热以后的熟味,加上配料和辅料的味,交织融合在一起,恰到好处。当然,中国美食的秘诀远远不止这些。

民以食为天

中国有句家喻户晓的成语,叫作"民以食为天"。唐代的司马贞为《史记》作注释时,注明此话最早是管仲说的。管仲曾说:"王者以民为天,民以食为天,能知天之天者,斯可矣。"后人将此提炼为成语"民以食为天"。民以食为天,意思就是民众把粮食看成自己生活当中最重要的必需品,以此强调饮食对于民众生计的重要性。中国古人认为天是最大的,所以用天来比喻人类赖以生存的最重要的东西。

北京全聚德"盛世牡丹"烤鸭

食物来源

中华民族的先祖们以丰富的经验和超人的智慧，探索并总结出最适宜人类生存需要的饮食结构，将其发展形成世代相传的饮食文化，这为《黄帝内经》中饮食养生学思想的形成，奠定了坚实而深厚的理论基础。

《黄帝内经》这样描述中国人的食物结构："五谷为养，五果为助，五畜为益，五菜为充。"谷、果、菜都是植物性食物，古人称粮食作物为"五谷"或"六谷"，大致包括黍、稷、麦、菽、粱、稻六大类。学者研究发现，黍和稷都是原生于中国的植物，并且在史前就传至欧洲。稻与麦则不是中国的原生作物，虽然稻的起源地在印度和东南亚地区，但在中国新石器早期的文化遗址中发现了世界上最早的稻米栽培。麦的原生地在中亚及西亚一带，约在新石器时期麦由西北传入中国。此外，高粱也是中国原生的农作物，在公元1世纪时传至印度和波斯（今伊朗）。中国人每逢春节都会用"五谷丰登"这句成语祝福新的一年国泰民安，可见在这个"民以食为天"的大国，粮食生产自古以来就有着特别重要的意义。

长期的农耕文化使中国人认识了许多可食用的植物，还发现大部分人类所必需的营养成分都可以从植物中获取。中国是世界上食物种类最多的国家，中国人经常食用的豆类、大米、黍、小米等食物富含蛋白质、脂肪和碳水化合物。用粮食做成的食品有很多花样，中国北方人的传统食物以小麦为主，餐桌上有各种面食，人们将小麦磨成的面粉做成馒头、饼、面条、包子、饺子、馄饨等面食；而以稻米为主食的南方地区，餐桌上常见的主食除了米饭外，还有米线、米粉、米糕、麻糍、汤圆等各类米制食品。稻米自南而北、麦类自西而东的传播，对中国人饮食习惯的形成产生了巨大的影响。

宴会

宴会又称燕会、酒会，是因习俗或社交礼仪需要而举行的宴饮聚会，是社交与饮食结合的一种形式。中国宴会较早的文字记载，见于《周易·需卦》中的"饮食宴乐"。早在农业出现之前，原始氏族部落就在季节变化的时候举行各种祭祀、典礼仪式，这些仪式往往有聚餐活动。农业出现以后，因季节变换与耕种和收获的关系更加密切，人们也要在规定的日子里举行盛宴，以庆祝自然的更新和人的更新。如今，随着菜肴品种不断丰富，宴饮形式向多样化发展，宴会名目也越来越多。人们通过宴会，不仅获得饮食艺术的享受，还可增进人际交往关系。

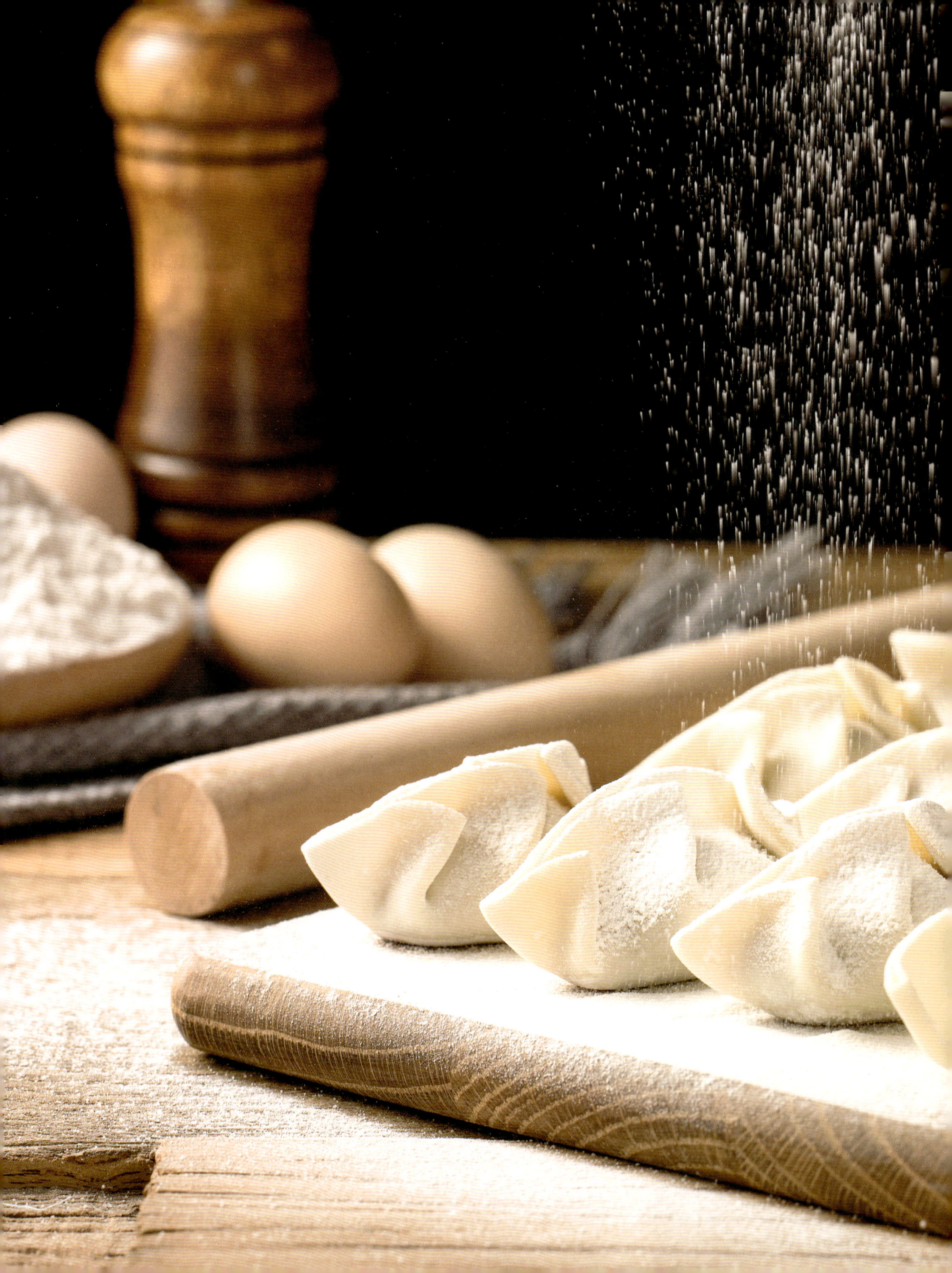

饺子

八大菜系

　　中国饮食文化的菜系，是指在一定区域内，由于气候、地形、历史、物产及饮食风俗的不同，经过漫长历史演变而形成的一整套自成体系的烹饪技艺和风味，并被全国各地所承认的地方菜肴。早在商周时期，中国的膳食文化已具雏形，至春秋战国时期，饮食文化中南北菜肴风味就表现出差异。唐宋时期，南食、北食各自形成体系。南宋时期，南甜北咸的基本格局形成。清朝初年，川菜、鲁菜、淮扬菜、粤菜成为当时最有影响的地方菜，被称作"四大菜系"；到了清朝末年，浙菜、闽菜、湘菜、徽菜四大新地方菜系分化形成，与前者共同构成汉民族饮食的"八大菜系"。

饺子

　　饺子，是一种包成半圆形的有馅儿的面食，煮、煎或蒸熟后食用，是中国饮食中极具国际知名度的美食。考古工作者在中国新疆阿斯塔纳古墓群发现了唐朝时期的饺子，其大小为长 5.7 厘米，宽 2.4 厘米。难以置信的是，这些距今约 1200 年的饺子几乎没有破损的痕迹。

　　饺子在漫长的发展过程中，名目繁多，每个时期几乎都有不同的名称，直到清朝时才被正式称为"饺子"。饺子深受中国人民喜爱，是中国北方民间的主食和地方小吃。吃饺子也是中国人在春节时特有的民俗传统，因为取"更岁交子"之意，所以每逢新春佳节，饺子就成为一种必不可少的佳肴。

北京烤鸭

　　烤鸭是享有世界声誉的北京著名菜式，起源于中国南北朝时期，《食珍录》中已记有炙鸭，在当时是宫廷食品。北京烤鸭分为挂炉烤鸭和焖炉烤鸭两大流派，以优质肉食鸭北京鸭为原料烤制而成，色泽红润，肉质肥而不腻，外脆里嫩，被誉为"天下美味"。烤鸭之美的一个重要原因是北京鸭这一品种，它是当今世界最优质的一种肉食鸭，这一特种纯北京鸭的饲养起源于 1000 年前左右，一直延续下来，才得此优良纯种，被培育成如今名贵的肉食鸭种。

药食同源

"药食同源"是指许多食物同时也是药物，它们之间并无绝对的分界线。古代医学家将中药的"四性""五味"理论运用到食物之中，认为每种食物也具有"四性""五味"。《淮南子·修务训》称神农"尝百草之滋味，水泉之甘苦，令民知所避就。"可见神农时代药与食不分，无毒者可就，有毒者当避。唐代的《黄帝内经太素》一书中写道："空腹食之为食物，患者食之为药物"，即反映出"药食同源"的思想。

五味调和

烹饪离不开调味品，古人用天然食物来调味。饮食文化中的五味是指酸、甜、苦、辣、咸，不仅和五脏相对应，也与五行中的金、木、水、火、土相匹配。五行相生相克，五味亦是如此。五味调和是一门很大的学问，中国烹饪技术的基本原理、核心是五味调和。五味平衡，能让人产生丰富的味觉体验，在调味的技术中运用调味料的化学性质，并运用烹饪的技术手段，特别是加热的手段，调制出变化精微的、适口的多种口味，满足人们的味觉需要。

主食

主食是人体所需能量的主要来源，主食是碳水化合物、特别是淀粉的主要摄入源，因此以淀粉为主要成分的稻米、小麦、玉米等谷物，以及土豆、甘薯等块茎类食物多被不同地域的人当作主食。一般来说，南方人常常选择大米作为主食，而北方人则更喜欢馒头、面条一类的面食。此外，谷类和薯类食物也是中国传统膳食的主食，是人体能量的重要来源。

食器

中国人在创造不同的食物时也创造了不同的器具。美器与美食相搭配，可以把食物之美展现得淋漓尽致。大约一万年前，中国最早的容器——陶制的鼎就被当时的人们当作煮食器。鼎作为烹煮肉和盛贮肉类的器具，从夏商周到秦汉，共延续2000多年。在古代，食器最初的含义并非仅仅是容器，它亦象征着王权、理法及制度。西周末期，王权衰弱，礼崩乐坏，原本只属于最高统治阶层的器物逐渐进入百姓家。秦代以后，代表礼仪与秩序的豆、簋、簠等食器逐渐退出人们的生活。

筷子

　　筷子是中华饮食文化的标志，也是常用餐具，发明于中国，后传至朝鲜、日本、越南等国。筷子通常由竹、木、骨、瓷、象牙、金属、塑料等材料制作而成。

　　中国发现的最早的筷子是河南省安阳市殷墟出土的铜筷子。《韩非子·喻老》中有言，"昔者纣为象箸而箕子怖"，可见3000多年前的中国就已经出现了象牙筷子。中国使用勺子的历史大概有8000年，用叉子的历史约4000年，用筷子的时间上限还不确定，但至少有3000年的历史。勺子和筷子在先秦时期的分工很明确，勺子用来吃饭，筷子用来吃羹里面的菜。最著名的筷子是湖南长沙马王堆一号墓1973年出土的一双竹箸，长17厘米，直径0.3厘米，这双2100多年前的西汉圆箸实物现藏于湖南博物院。世界上最长的筷子以百年以上的老红松木为原料，历时一年制作完成，其长度为6.295米，方头宽11厘米，圆头直径7.5厘米，重达53.7千克，现保存在沈阳某饮食文化博物馆。

烹饪方法和艺术

　　烹饪是中国膳食的艺术，影响着中国一代代人的味蕾。中国的烹饪艺术享誉全球，具有鲜明的民族特色和浓郁的东方魅力，主要表现为以味的享受为核心、以饮食养生为目的的和谐统一。中国烹饪既讲究生理味觉的美，也注重心理味觉即味外之味的美，从而使人们在饮食之中得到物质与精神交融的满足。烹饪艺术之美反映了中国人的智慧、技能与才干。

　　中国的烹饪技法繁多且复杂多变。从宏观上来看，有烹调2序，包括原料选择、初步加工、刀工刀法、配菜、火候、调味等环节，还有红案、白案等各种烹饪分工。从微观方面来分析，中国饮食的烹饪方法可以说是成百上千，仅就烹制方式而言，就有烹、炸、炒、滑、爆、炖、氽、蒸、烤、涮、熬、焖、煨、烧、扒、煮、煎、贴、拔丝、蜜汁、焗、炮、拌、腌、卤、酥、熏、腊、酱、挂霜、过油、走红、焯水、勾芡、制汤、挂糊、上浆等50多种方法；单纯以烧这种烹制方式来看，还有红烧、白烧、葱烧、酱烧、生烧、熟烧、干烧等10多种，不一而足。这也是中国饮食受到世界各地的人们普遍欢迎的一个重要原因。

饮食基本礼仪

中国人十分注重礼仪，特别是在比较正式的宴请和聚餐时，大家都会自觉遵守饮食礼仪。重要的礼仪包括：

座位：座次的安排是饮食礼仪最重要的部分，以区别主宾、尊卑、长幼等。古代传统宴会，无论是在家还是在酒楼举行，主人多会迎客于门，然后邀请客人一一入席。一席的座次以左为上，称为首席，相对者为二座，依次递推。现代饭店中的宴会，借鉴了西方宴会中以右为上的习俗，第一主宾就座于主人的右侧，第二主宾就座于主人的左侧或坐于第二主人的右侧。总之，宴会座次的礼仪在各个时期并不完全相同，不同民族的习俗也不完全一致。

菜肴：宴会菜肴的精致体现了主人对客人的基本态度和自身的品位。除了外观精致，菜肴的组合需有高度的科学性、艺术性和技术性，还会根据不同的风俗习惯，制定选择不同风味的菜肴。

顺序：宴会开始前，主客人休息时可按上宾、宾客、主人的顺序先后送上香巾、茶、烟。客人到齐后可请客人入席，并帮助客人熟悉菜单、斟酒。主宾发表讲话时，要保持肃静，停止上菜、斟酒。正式的宴席，上菜也需要按照一定的程序进行，不能随意安排。

时间：正式宴会的时间一般以一个半小时为宜，朋友聚餐则根据大家的兴致可长可短。正式宴会要掌握好宴会节奏，宾客喝酒、品尝冷菜的节奏是缓慢的，待酒过三巡时开始上热菜，宴会进入高潮。宴会快要结束时，及时端上水果，同时送上毛巾等。客人离席、出门，主人要主动道别，一般送出门外以示热情。

青团与酒

酒文化

酒文化是中国饮食文化中不可缺少的部分。饮酒的意义远不止口腹之乐,在许多场合,它是一个文化符号,用来表示一种礼仪,一种气氛,一种心境。酒与诗,从来就有不解之缘,饮酒也表现了生活态度和人生情调。

关于中国酒的起源,民间传说在仰韶文化时期的黄帝时代,人们便已经开始酿酒了,《神农本草》亦载有酒的性味。这些传说和文献表明,早在夏朝或者更早以前,酿酒就已经存在。在罗山蟒张乡天湖商代墓地,发现了中国现存最早的古酒,其被装在一件青铜所制的容器内,密封良好。中国古文中,"酒"字作"酉",写法像极了仰韶文化的小口尖底瓶的模样。考古学者通过对仰韶文化出土的尖底瓶进行植物残留物分析,证实早在 7000 年前,仰韶人就以黍为主要原料,掺以薏苡和山药等块根植物酿造出了中国最早的谷芽酒,揭开了中国酒起源的神秘面纱。

古人饮酒有酒礼,要"拜而后饮"。中国古代最重要的祭祀礼器很大部分来自酒器。如今,彝族、苗族等少数民族都还保留着酒礼这一习俗,比如彝族饮酒时唱《酒礼歌》,苗族给客人喝拦路羊角酒等。

中国的酒不同于西方的酒,主要是白酒和黄酒,醇厚芳香。中国的名酒也非常多,白酒有茅台酒、五粮液、汾酒、西凤酒、泸州老窖以及洋河大曲等;黄酒主要有绍兴黄酒、花雕等。

茶文化

茶是多年生常绿木本植物茶树的芽。中国是茶树的原产地,是世界上制茶、饮茶最早的国家。茶是中国人的生活必需品,俗语说"开门七件事,柴米油盐酱醋茶",足见茶在中国人生活中的重要性。茶与艺术也结有不解之缘,中国文人大多以饮茶为乐,以茶会友,品茶谈艺,在品茶过程中追求精神世界的净化和超越,由此形成了独特的茶艺、茶道和茶文化。

现代科学证实,茶叶有益人体健康,具有提神清心、清热消食等药理作用。根据制造方法不同和品味上的差异,茶叶可分为绿茶、红茶、乌龙茶、白茶、黄茶和黑茶六大类,进一步还分不同品种,如绿茶中的龙井茶和碧螺春,都属于中国名茶。

中国人饮茶讲究器具相配。饮茶的器具中,紫砂茶具久负盛名。紫砂陶的原料紫砂泥含铁量较高,有良好的透气性,因而能较长时间地保持茶汤的色香味,人们把紫砂茶具推崇为"世间茶具之首"。

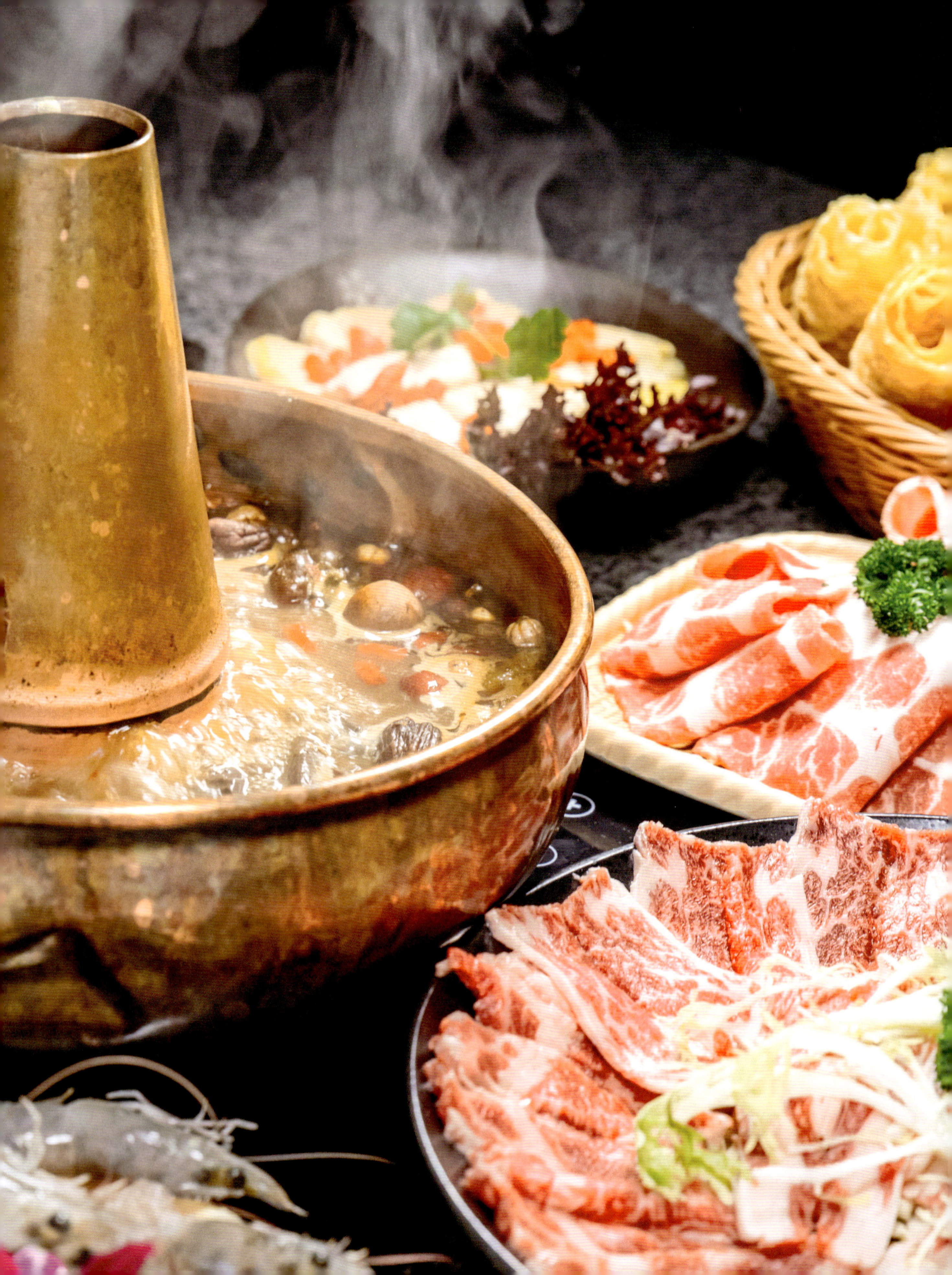

早茶

早茶习俗多见于中国南方地区，尤其是江苏和广东等地区。谈及广东的传统文化，早茶是其中浓墨重彩的一笔。

"食在广州，味在西关"，西关是广州美食文化的核心区域，也是最正宗广式点心的发源地，广州的十大名小吃皆是出自西关地区。广东人每逢周末或假日，便扶老携幼，或约上三五亲友，齐聚茶楼"叹早茶"。"叹"在广东话中是享受的意思，可以见得，吃早茶在广东人的心目中是一种享受。喝茶、看报、会友、聊天、谈生意，早茶既是美食，也是文化。

夜宵

夜宵，又称宵夜、消夜，是指每日三顿正餐以外，于晚间安排的一次加餐。夜宵形式多样，涵盖多种美味佳肴。今天的城市当中，夜宵跟正餐的选择几乎没有分别，夜宵较晚餐更多了一些不容易吃饱的小吃，例如烧烤、糖水以及小炒，陪伴着人们把酒谈天、放松心情或观看夜间赛事。

一日三餐

"一日三餐"是现代流行的吃饭习惯，"按时吃饭"是人们饮食文明进步的标志。早在商代时中国人就已形成"按时吃饭"的习俗，但从史料上看，秦汉及以前，民间百姓一天只吃早、晚两顿饭，流行"两餐制"。隋唐时期，"午食"的概念才逐渐形成，一天吃三顿饭成为寻常人家的基本用餐习惯。

少数民族饮食风俗

中国少数民族多、分布广，在饮食上也保留了许多本民族的文化特点。从事畜牧业为主的藏族、蒙古族、哈萨克族、塔吉克族、柯尔克孜族、乌孜别克族、塔塔尔族、裕固族等民族，以动物的肉乳为主要食品，粮食为辅助食物。南方农业民族虽主食稻米，但也有差别。白族、哈尼族、纳西族、壮族、苗族、布依族、土家族、畲族、黎族、高山族、拉祜族、瑶族等民族多吃粳米，而傣族、侗族、水族、仡佬族等民族则喜爱糯米。不论南方还是北方，农业民族都有食用蔬菜、肉类、蛋类的习惯。赫哲族、京族以渔业为主，所以食物中海鲜水产占重要地位。鄂伦春族、鄂温克族、独龙族、基诺族等民族过去主要靠狩猎和采集获取食物。

火锅食材包括各种肉、海鲜、蔬菜、豆制品、菌菇，将其放入煮开的清水或特制的高汤锅底烫熟后食用

03 中国人的服饰

叁 中国人的服饰 /

中国服饰一向被赞誉具有东方神韵,是中国文化的重要代表。中国的服饰文化从古代开始就非常丰富,

制衣材质包括丝绸、棉布、麻布、呢绒、皮革等。如今,中国已成为世界上最大的服装生产和出口国。

中国服装简史

中国的服饰历史源远流长，可以上溯至原始社会旧石器时代晚期。商、西周、春秋战国、秦汉、魏晋南北朝、隋唐、宋、元、明、清，到近现代，每个时期的中国服饰都有着其鲜明的特色。

关于衣服的发明，《吕氏春秋》《世本》及稍晚的《淮南子》都提到，黄帝、胡曹或伯余创造了衣裳。商代到西周时期，逐步确立了区分等级的上衣下裳形制、冠服制度以及服章汉服制度。春秋战国时期，百家争鸣对纺织材料、服装剪裁工艺和装饰艺术产生重大影响，形成了百花齐放的服饰局面和推陈出新的深衣服式，在当时不仅王侯本人一身华服，即便从臣客卿也是足饰珠玑。秦代的衣料选择较春秋战国时期更为丰富。随着汉代舆服制度的建立，服饰的官阶等级区别也更加严格。魏晋时期，服饰特点主要是自然洒脱、清秀空疏。隋唐时期，中国经济、文化繁荣，无论衣料还是款式，都呈现出一派空前灿烂的景象。宋代官员公服、制服之外的日常便服，主要是小袖圆领衫和帽带下垂的软翅幞头，依然唐式，脚下却改为平时起居所穿的便鞋。元代于延祐元年（1314），参酌古今蒙汉服制，对上下官民服色等作了统一规定，汉官服式仍多为唐式圆领衣和幞头；蒙古族官员则穿合领衣，戴四方瓦楞帽，中下层时兴腰间多褶的辫线袄子、戴笠子帽。明代以汉族传统服装为主体，清代则以满族服装为主流。清代官服主要品种为长袍马褂，满族妇女着"旗装"，梳旗髻，穿"花盆底"旗鞋。中华人民共和国成立后，服饰崇尚简朴实用。改革开放后，体现时代精神、具有中华民族特色的服饰如雨后春笋般发展起来，时尚服饰成为新潮流。

丝绸之乡

丝绸是将蚕茧抽丝后取得的天然蛋白质纤维经过精心编织而成的纺织品。中国是世界上最早饲养家蚕和缫丝织绸的国家，被誉为"丝绸的故乡"。

蚕丝是一种天然纤维，具有其他纤维及加工品无可替代的独特性能，经过织染而成的各种色彩绚丽的丝绸面料，更易缝制加工成各种高级成衣和室内装饰品。国外消费者将丝绸誉为"美的源泉"。中国的西汉时期（前202—25），因丝绸贸易形成了著名的"丝绸之路"，这条路从古长安（今西安）出发，经过中亚、西亚，把丝绸运抵欧洲。

旗袍

333 | 中国人的生活 ▶ 中国人的服饰

染坊

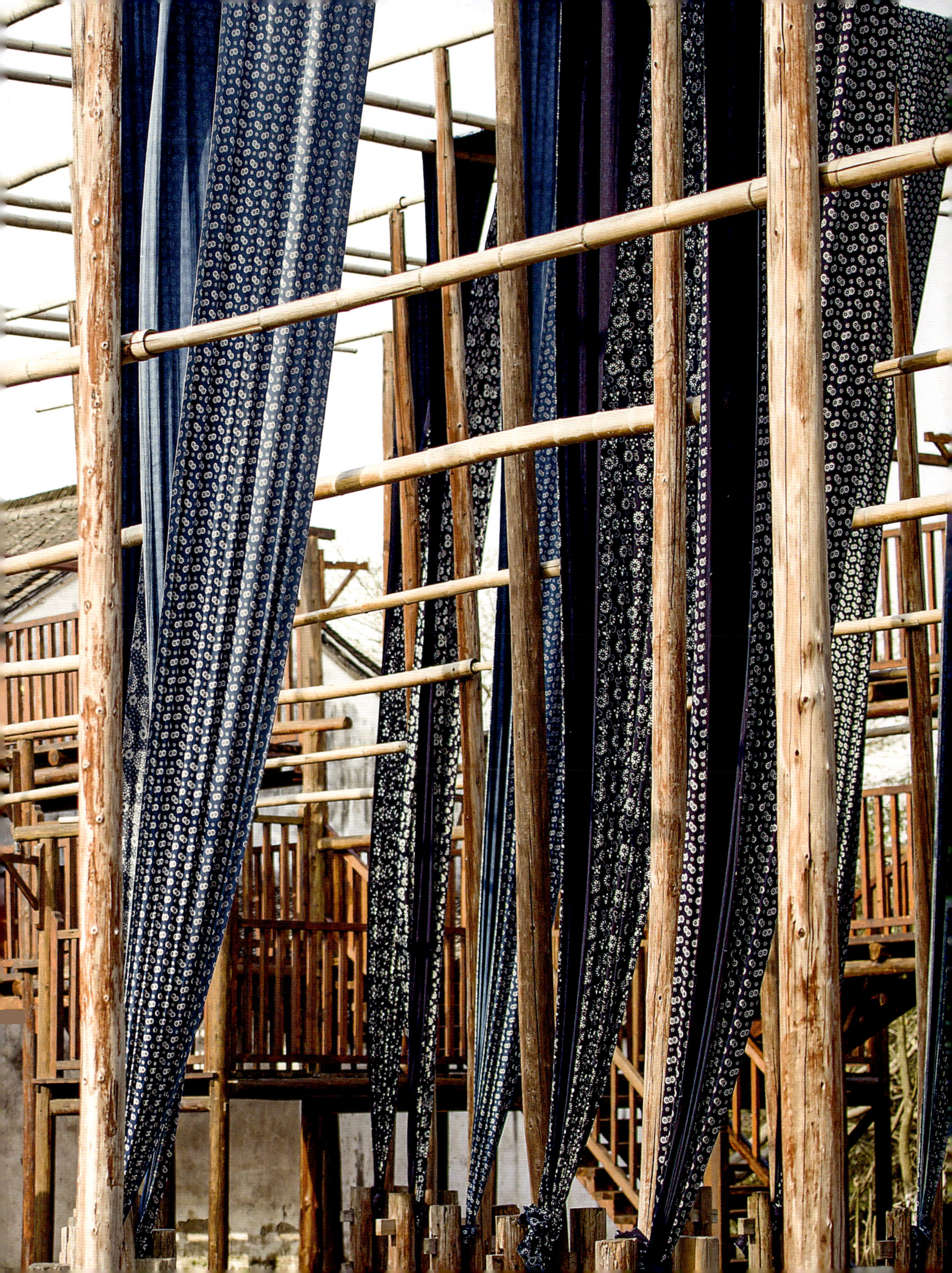

汉服

汉服，即汉民族传统服饰，是从黄帝即位到 17 世纪中叶（明末清初），在汉族的主要居住区，以华夏礼仪文化为中心，通过自然演化而形成的具有独特汉民族风貌性格，又明显区别于其他民族的传统服装和配饰体系，是中国"礼仪之邦"的重要体现，承载了汉族的染织绣等杰出工艺和美学文化。

与汉人一词类似，汉服中的"汉"字的词义外延亦存在着由汉朝扩大为整个民族指称的过程。据传，汉服"始于黄帝，备于尧舜"，源自黄帝制冕服。汉服在周朝，形成完备的冠服体系。汉服影响了整个汉文化圈，亚洲各国如日本、朝鲜、越南、蒙古、不丹，这些国家的服饰均具有借鉴汉服的特征。

明制汉服

唐装

唐装是汉族服饰系统中一种传统款式，其特点有：一是对襟，女式多是斜襟，体现优雅的风韵；二是立领，从上衣前面的中心开口，立式领型；三是连袖，即袖子和衣服整体没有接缝，以平面裁剪为主；四是盘扣，扣子由纽结和纽襻两部分组成，有浓郁的民族特点；五是面料讲究，主要使用织锦缎面料。在 2001 中国 APEC 峰会上，各国领导人就身着唐装。唐装充满浓郁的民族特色，吸引着全球的目光。

唐末五代贵族女性装扮

旗袍

　　旗袍，原指旗人（满人）所穿的长袍，是具有中国文化特色的女性服装款式，它的款式几经变化，如领子高低、袖子短长、开衩深浅。旗袍可以充分体现出女性的曲线美，是中国悠久的服饰文化中极为绚烂的形式之一，被誉为"女性国服"。

　　中国的旗袍兴起于20世纪20年代，兴盛于20世纪30年代的上海，是当时最普遍的女子服装。1929年，旗袍曾被确定为国家礼服。20世纪80年代后，由于传统文化被重新重视，以及影视文化、时装表演、选美等活动带来的影响，旗袍逐渐复兴，成为许多重要活动的官方指定礼服。1984年，旗袍被国务院指定为女性外交人员礼服。从1990年北京亚运会起，在中国举行的奥运会、亚运会、国际会议、博览会等多个重要国际活动中，旗袍多作为礼仪服装。2014年，在北京举行的亚太经合组织第二十二次领导人非正式会议上，中国政府选择旗袍作为与会各国领导人夫人的服装。

中山装

　　中山装是孙中山先生在广泛吸收欧美服饰特色的基础上，综合日式学生服装与中式服装的特点，设计出的一种立翻领、有袋盖的四贴袋服装。

　　1929年4月，中山装经国民政府明令公布为法定制服。20世纪50年代以后，中山装成为从国家领导人到普通老百姓的正式服装。20世纪80年代以后，国家领导人在出席重大活动时，依旧习惯穿着中山装。

中山装

清代 黄绸彩绣夹龙袍

古代帝王服饰

  中国传统服饰是中华民族创造的宝贵财富，被誉为"中国国粹"之一。冠服之中，以帝王衮冕最为华丽。

  先秦衮冕之制，分上衣与下裳。衣多黑色（玄衣），以象征天；裳多黄色（黄裳），以象征地。玄衣广袖，上面用朱（赤红）、白、苍（青）、黄、玄（黑）五彩丝绘，绣或织出日、月、星辰、山、龙、花、虫等图像；裳画也用五彩丝绣出宗彝（礼器）、藻（水草）、火等图案，这些图画和图案的花样合称为十二章纹。裳前有皮制的市，朱色，上面绘龙、火、山三章，系于腰间革带，蔽之于裳面膝前，裳旁佩玉，裳后系组绶，腰间还用大带系束。发束于头顶，着冠（帽子），冠卷有纽，纽中贯以玉笄，扣紧冠与发。冠上加冕，冕延前后均匀地垂有十二旒，每旒十二玉，前后共二十四旒，共用玉珠288颗，称为玉藻。冠冕旁悬玉，名"充耳"。足着赤舄。

  后世衮冕都遵照先秦制度，略有变化。诸侯、公、卿、大夫之冕服，其冕旒数严格按等级规定依次减为九旒、七旒、五旒、三旒有差，每旒用玉数也依次减为九玉、七玉、五玉、三玉不等，衣裳上的章纹也严格按等级递减，有九章、七章、五章、三章之别。冕服种类名称有衮冕、山冕等数十种。

少数民族服饰

中国有 55 个少数民族，各少数民族都保留着独具自身特色的民族服饰。中国少数民族服饰绚丽多彩、精美绝伦，是各民族优秀历史文化的重要组成部分。

少数民族服饰制作从原料、纺织工艺，以至样式、装饰都保持着鲜明的民族和地区特色。例如：以捕鱼为主要经济生活来源的赫哲族早年以兽皮、鱼皮制服；曾长期从事狩猎的鄂伦春族、鄂温克族等民族用狍皮、兽筋等材质缝制衣服；经营畜牧业的蒙古族、藏族、哈萨克族、柯尔克孜族、裕固族等民族的穿戴多取自牲畜皮毛；从事农业的少数民族则多以当地出产的棉麻丝为原料，纺织布帛丝绸来缝制衣服。

百褶裙是苗族妇女的主要下装款式

服装产业

改革开放 40 多年来，中国服装业取得了骄人的成果。服装行业作为中国国民经济的传统支柱型产业，在 2022 年，市场规模已经超过两万亿元。

服装产业链包括原材料供应、纺纱、织布、印染、成衣生产、品牌服装管理等环节。自中国加入 WTO 以来，中国服装制造企业快速提高产量以应对日益增长的海外出口订单。2001 年以来，中国服装出口贸易额翻了四番，使得中国纺织服装行业在国际贸易中的市场份额大幅提升。2023 年，中国纺织服装累计出口 2936.4 亿美元。

中国国际时装周

改革开放以来，中国的服装业飞速发展，时装文化得到普及，国际时装周是中国时尚产业的重要推动者。经过 20 多年的发展，中国国际时装周现已成为中外知名时装、成衣及配饰品牌展示新设计、新产品、新技术的主流渠道和国际窗口，成为时尚品牌和设计师形象推广、市场开拓、商品交易、专业评价的国际化综合服务平台。中国国际时装周每年分春夏、秋冬两季在北京举办，每季涵盖时装、定制礼服、运动休闲、童装亲子装等各类时尚发布，还有专业大赛、DHUB 设计汇、中国国际时尚论坛、中国时尚大奖评选等超百场专业活动。每季中国国际时装周参加品牌数量超过 200 个，到场观众数量超过 5 万人次，全媒体总浏览量超过 20 亿次。

服装文化节

中国国际服装服饰博览会（CHIC）是亚洲地区极具规模与影响力的服装服饰专业品牌博览会。CHIC 始终是集商贸洽谈、资源整合、潮流发布、跨界合作、资本对接等多种功能于一体的优质综合资源平台。自 1993 年创办以来，CHIC 一直依据行业和市场的变化，不断创新，与中国服装品牌共同成长，被业界公认为是中国服装品牌和市场发展的推动者和见证者。

浙江宁波国际服装节创办于 1997 年，2019 年全新提升为宁波时尚节，是宁波市政府会同中国纺织工业联合会等权威机构联合打造的国际性、专业化、平台型活动。宁波时尚节以服务时尚产业为核心，以时尚引领、绿色低碳、智造支撑为服务方向，以做强创新链、做实供应链、做大价值链、做活市场链为主线，力争把时尚节办成行业盛会、城市窗口和市民节日。

中国兰州国际服装节创办于 2012 年，每年一届，由中国服装协会、兰州市人民政府等共同主办。

中国重庆国际服装节创办于 1998 年，每两年举办一届。

多元消费

在如今的中国，人们可以买到全球知名品牌的服装，中国本土的服装品牌也逐渐成长起来，特别是一些带有东方传统元素的服装成为中国服装市场的一大特色。在中国，多元的消费市场既能满足广大消费者追求高品质的消费需求，又能满足普遍居民的一般消费需求。

昆曲表演者

04
中国人的居住

(肆) 　　　　　　　　**中国人的居住 /**

中国人的民居建筑丰富多样，蕴含着深刻的文化传统和哲学思维。

中国古人在 5000 多年前就发明了具有鲜明中国文化特色的干栏式建筑。中国的木结构建筑在世界上独树一帜，宫廷建筑和园林建筑更是享誉世界。

居住文化

中国建筑文化的重要特征，不仅反映在建筑技术上，更反映在思想观念上。在中国遗存的古建筑中，最大的宫廷建筑——北京故宫是体现"礼制"的代表，其规划参照《周礼》布置，遵从"天子择中而处""左祖右社""前朝后寝""三朝两宫"的天子营国之制；至于各建筑制式，如体量、屋顶、开间、进深、台阶、色彩等亦按礼制规定。

中国传统哲学思想对民居文化有深刻的影响。儒家"中和"思想在建筑审美上，表现为一种整体意识的和谐美、含蓄美，所谓"乐而不淫，哀而不伤"。"天人合一"思想对居住文化的影响主要体现在"师法自然""顺其自然""回归自然"三方面。"师法自然"是中式园林建造最重要的原则，"虽由人作，宛自天开"，并非简单模仿，而是将道家由自然中提炼的哲学思想融入造园中。如有无、虚实、美丑、动静、繁简、轻重等，在有限的空间里创造无限的天地，构筑中式园林独特的审美文化。儒家的"天"为"伦理之天"，运用"比德"方式，将自然事物或现象与其提倡的伦理道德相结合，在自然环境中毗邻山水而居，在园林中堆山理水明志趣，花木种植取其"德"，这种思想观念也直接影响中国人的民居风格。

辩证思维在中国传统居住建筑中也被广泛地运用。比如阴阳思想，住宅选址上讲究"负阴抱阳"，以阴阳平衡为风水宝地，建筑屋顶、门头的阳刚与阴柔结合；"虚实"在居住建筑中体现为黑与白、墙与廊、实体与水影、建筑与庭院、虚窗与实景等；"藏与露"既有艺术性也有实用性，保护隐私、半藏半露，引人遐思，体现神秘美、朦胧美；"小中见大"也是一个重要的造园思想。

城市居住

中国目前主要实行住宅商品化制度，同时积极探索住房保障制度。贷款买房已成为居民常见的购房方式，居民享有住房公积金等许多政策上的优惠。城市房地产的开发也越来越注重细节，关注小区绿化、配套设施、文化氛围、交通状况等。

在大城市里，租房一族的队伍也在逐渐壮大。租房的人群多样，有的是刚毕业的大学生，有的是在某个城市短期工作的人，有的是在中国工作的外国人。

上海第一座外廊式公寓大楼——武康大楼

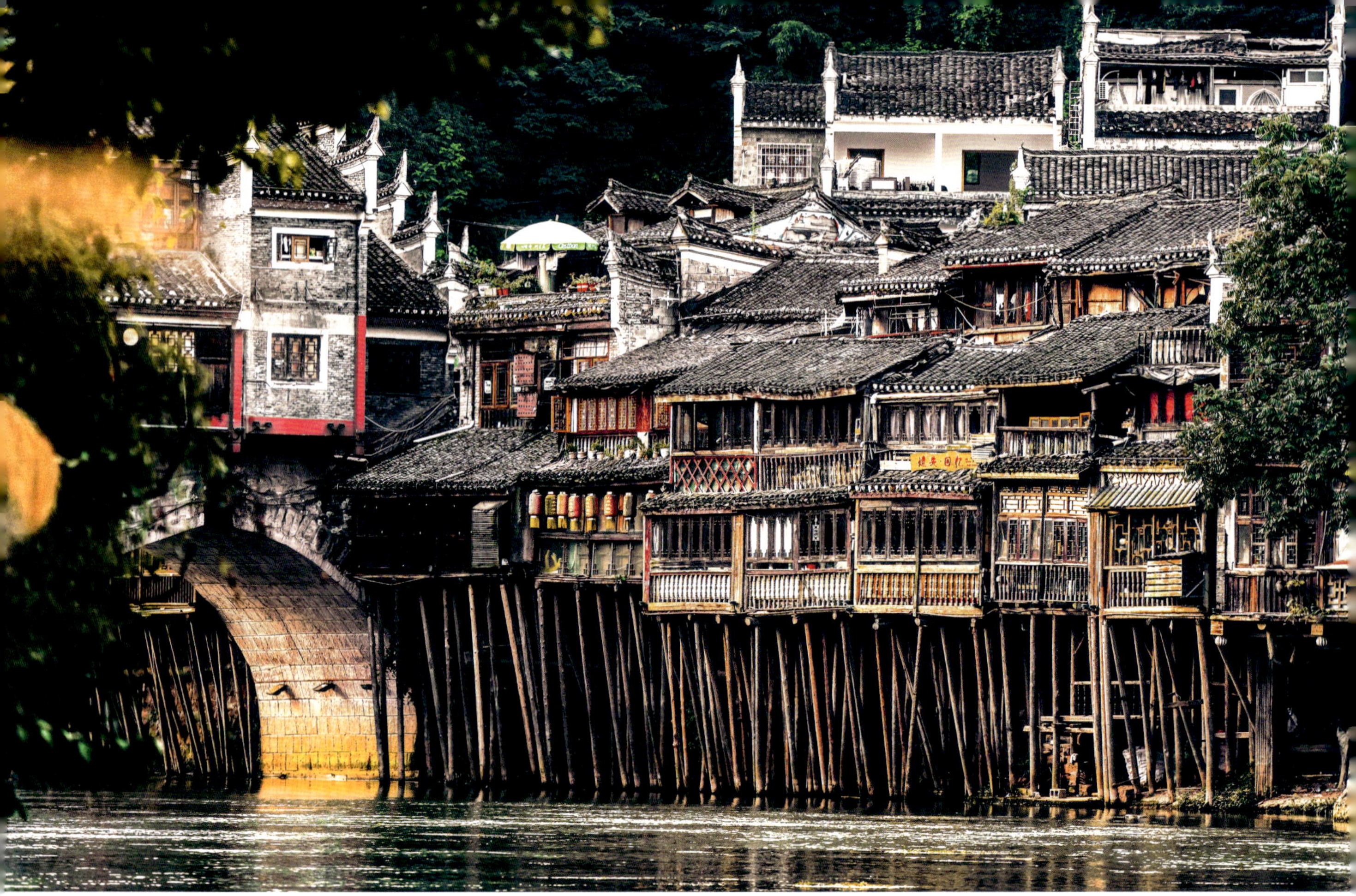

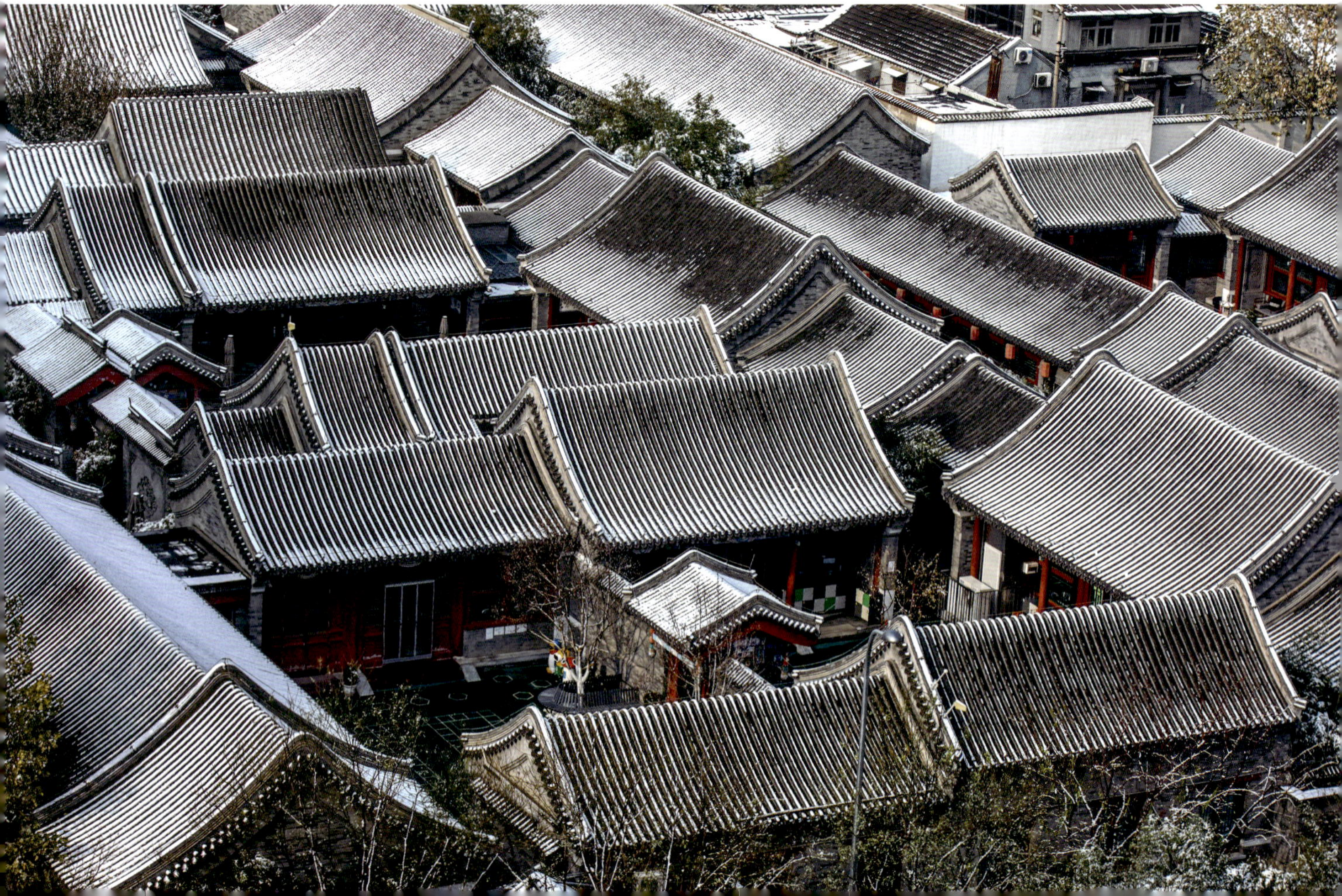

传统民居

中国疆域辽阔，自然环境多种多样，经济社会环境不尽相同，在漫长的历史发展过程中，逐步形成了各地不同的民居建筑形式。这些传统的民居建筑被深深地打上了地理环境的烙印，生动地反映着人与自然的关系。

中国木构架体系的房屋萌芽于新石器时代后期，浙江省余姚市河姆渡文化遗址能反映出当时的木构技术水平。洞房也是传统民居，陕西省西安半坡遗址和临潼姜寨仰韶文化遗址显示出当时村落布局和建筑情况，依南北向轴线、用房屋围成院落的建筑布局方式已经萌芽。先秦时代，"帝居"或"民舍"都称为"宫室"，从秦汉起，"宫室"才专指帝王居所，而"第宅"专指贵族住宅。汉代规定，列侯公卿食禄万户以上、门当大道的住宅称"第"，食禄不满万户、出入里门的称"舍"。近代则将宫殿、官署以外的居住建筑统称为民居。

在如今的城市中，人们主要居住在楼房中，但也有一些传统民居隐映其中。由于各地区、各民族生活习俗的差异，住宅呈现出丰富多彩的形态。中国少数民族地区的居住建筑形式多样，比如藏族典型民居"碉房"用石块砌筑外墙，内部为木结构平顶；蒙古族通常居住于可移动的蒙古包内；西南各少数民族常依山面水建造木结构干栏式楼房，楼下空敞，楼上住人，以云南傣族的竹楼最具特色。

北京四合院

四合院是北京地区乃至华北地区具有代表性的传统住宅，建筑的基本特点是：按南北轴线对称布置房屋和院落，坐北朝南，大门一般开在东南角，称"坎宅巽门"，寓意吉祥；门内建有影壁，外人看不到院内的活动；各房以"抄手游廊"相连，不必经过露天，在廊内也可坐赏院中花树。这种庄重的布局，亦体现了华北人民正统、严谨的传统性格。

四合院总体布置按"北屋为尊，两厢次之，倒座为宾，杂屋为附"的位置序列。内院的正房为主人房，两边厢房供儿孙居住，前院倒座为客房和男仆房，后罩房是女仆房及厨房、杂物间，充分体现出封建社会父权统治、主仆有别的家庭伦理秩序的要求。四合院设计还注重保温防寒避风沙，外围砌砖墙，整个院落被房屋与墙垣包围，硬山式屋顶，墙壁和屋顶都比较厚实。

四合院之所以有名，还因为它蕴含着深刻的文化内涵。四合院的营建是极讲究风水的，从择地、定位到确定每幢建筑的具体尺度，都要按风水理论来进行。风水学说，实际是中国古代的建筑环境学，是中国传统人居建筑理论的重要组成部分，千百年来一直指导着中国古代的营造活动。四合院的装修、雕饰、彩绘也处处体现着民俗民风和传统文化。如以蝙蝠、寿字组成的图案，寓意"福寿双全"，以花瓶内安插月季花的图案寓意"四季平安"，而嵌于门簪、门头上的吉辞祥语，附在檐柱上的抱柱楹联，以及悬挂于室内的书画佳作，更是集贤哲之古训，采古今之名句，或颂山川之美，或铭处世之学，或咏鸿鹄之志，充满浓郁的文化气息。

门墩

左上：湖南凤凰古镇
左下：北京四合院

北方窑洞

　　窑洞是中国北部黄土高原上的民居形式，历史悠久。在陕甘宁地区，黄土层非常厚，有的厚达几十米，聪明的中国人利用高原有利地形，凿洞而居，创造出被称为绿色建筑的窑洞。窑洞主要分布在陕西、甘肃、河南、山西等地区，具有冬暖夏凉、不破坏生态、不占用良田、经济实用等优点，将自然图景和生活图景有机结合，是因地制宜的完美建筑形式，也渗透着人们对黄土地的热爱和眷恋，被当地人民群众广泛采用。据统计，目前仍以窑洞为居屋的人口达 4000 万。

江南水乡

　　江南地区的主要城市包括上海、南京、杭州、绍兴、苏州、扬州、无锡等。因为环境温暖、降水充沛，江河湖泊星罗棋布，江南地区历来是中国最富足的鱼米之乡，同时也形成了不同于北方的"江南水乡"风韵，体现在生活、文化、建筑、物产等各个方面。江南水乡的民宅以苏州、绍兴最具代表性，其住宅规模和布局也很有文化特色。南方的房子大多是较高的二层楼房，所以水乡住宅外围的墙壁一般高大、粗犷，民居经常房房相连，中间以风火墙隔断，主要是为了防火的考虑。庭院的面积不大，再加上高高的楼房，一宅中采光通风口——天井就显得分外高深。

江苏无锡清名桥古运河景区

古镇周庄

中国南方河汊众多，人们喜欢沿河修建住房集镇。周庄是中国保存古建筑最多的水乡名镇，周庄古镇位于苏州城东南部，是世界文化遗产预选地。在众多的江南水乡古镇中，周庄面积不大，却处处体现着江南水乡的精华，800多户居民枕河而居，多数民居依旧保留着明清时期的建筑风貌。周庄的石板路狭窄，两边夹峙着高高的古宅，屋顶铺青瓦，如水墨晕染的图画。漫步周庄，过街骑楼，穿竹石栏，古朴幽雅。空中俯瞰，周庄黑瓦高墙，屋脊起翘，不见车辆，只闻橹声。想要领略水乡的韵味，还得坐船，船慢悠悠地摇橹前行，有横卧水巷上的石桥，青石驳岸的河道连着粉墙黛瓦的民居，形成一条平坦光滑的水巷。

瓜岭古村寨

瓜岭古村寨是广州唯一建在水上的清代建筑民居，距今已有 500 多年的历史，2003 年发现后被广州市设为内控历史文化保护区。瓜岭古村寨是典型的岭南水乡风格，水道、荔枝林、碉楼、祠堂、民居的布局有战略性意义，水道环绕全村，在战乱的年代，可以起到护村的作用。对岸有生长上百年的荔枝林，相当茂密，丰收的季节，场面十分热闹；民居在村的最中央，祠堂以及大型的建筑在水道的岸边呈一字排开，能防御外敌入侵，起到保护村民的作用。

徽州民居

徽州民居是徽州地区的传统民居，是中国传统民居的一个重要流派，具有实用性与艺术性相结合的特点，形成独树一帜的徽派民居建筑风格。徽州是今黄山市的前身，以徽州为雏形，还包括周边部分泛徽地区。

徽州古民居大都依山傍水，山可以挡风，又给人以美感；村落建于水旁，既可以方便饮用、洗涤，又可以灌溉农田、美化环境。天井民居以横长方形天井为核心，四面或左右后三面围以楼房；各屋都向天井排水，外围耸起马头山墙，可防火势蔓延；墙头高出屋顶，作阶梯状，覆以青瓦墙檐，白墙黛瓦，明朗而素雅，是南方建筑一大造型特色，具有独特的美感。

徽州住宅多为砖木结构的楼房，一明（厅堂）两暗（左右卧室）的三间屋和一明四暗的四合屋。大门饰以山水人物石雕砖刻，门楼重檐飞角，各进皆开天井，通风透光，雨水通过水枧流入阴沟。四周高筑马头墙，远远望去，犹如古城堡。徽州山区气候湿润，人们一般把楼上作为日常生活的主要栖息之处，保留土著山越人"巢居"的遗风。此外，在徽州古民居建筑中，儒家严格的等级制度，以及尊卑有别、男女有别、长幼有序的道德观也表现得十分明显。

土楼

土楼是分布于福建和广东两省的特色民宅，是独一无二的山区大型夯土民居建筑。代表有龙岩市境内的永定土楼，漳州市境内的南靖土楼、华安土楼、平和土楼、诏安土楼、云霄土楼、漳浦土楼以及泉州土楼等。

福建土楼产生于宋元时期，成熟于明末、清代和民国时期。土楼以石为基，以生土为主要原料，分层交错夯筑。土楼呈圆形、方形等形状，圆形土楼是其中的典范，常常如珍珠般洒落在闽西南的绿水青山间。土楼属于集体性建筑，体形庞大，体现了当地客家人聚族而居的民俗风情。2008 年，福建土楼被列入《世界遗产名录》，在被评为世界文化遗产的土楼群中，最古老和最年轻的均在永定初溪土楼群，直径 66 米的集庆楼已届 600 岁"高龄"，直径 31 米的善庆楼则仅有 30 年历史。

蒙古包

蒙古包是蒙古族牧民居住的一种房子。普通的蒙古包，高约 3 至 5 米，大小主要根据主人的经济状况和地位而定。蒙古包呈圆形尖顶，顶上和四周以一至两层厚毡覆盖；周围用柳条交叉编成 1.6 米高、2.3 米长的菱形网眼内壁。蒙古包的包门朝南或东南开，包内四大结构为：哈那（即围墙支架）、天窗、椽子和门。蒙古包外形看起来很小，但包内使用面积却很大，而且室内空气流通，采光条件好，冬暖夏凉，不怕风吹雨打。由于其建造和搬迁都很方便，非常适合于经常转场放牧民族居住和使用。

藏族碉房

碉房是中国西南部青藏高原地区以及内蒙古部分地区常见的居住建筑形式。从《后汉书》的记载来看，碉房在汉元鼎六年（前 111 年）以前就有存在。碉房多为石木结构，房子外墙厚实，风格古朴粗犷；外墙向上收缩，依山而建者，内坡仍为垂直。碉房一般分两层，以柱计算房间数，底层为牧畜圈和贮藏室，层高较低；二层为居住层，大间作堂屋、卧室、厨房，小间为储藏室或楼梯间；若有第三层，则多作经堂和晒台之用。当地并无专名，因其用土或石砌筑，形似碉堡，故被称作"碉房"。

碉房民居的墙体下厚上薄，外形下大上小，建筑平面都较为简洁，一般多方形平面，也有曲尺形的平面。因青藏高原山势起伏，建筑面积过大将会增加施工上的困难，故一般建筑平面占地面积较小，而向上层空间发展。

内蒙古乌兰布统景区蒙古包

吊脚楼

  吊脚楼是中国西南地区的一种民居形式，适合于多雨潮湿与河沟较多的地方。吊脚楼一般二三层高，像空中楼阁"吊"在水面和山腰，建造起来并不容易。所谓"脚"者，其实是几根支撑楼房的粗大木桩，建在水边的吊脚楼，伸出两只长长的前"脚"，深深地插在江水里，与搭在河岸上的另一边墙基共同支撑起一栋栋楼房；建在山腰上的吊脚楼，前两只"脚"则稳稳地顶在低处，与另一边的墙基共同把楼房支撑平衡；也有一些建在平地上的吊脚楼，是由几根长短一样的木桩把楼房从地面上支撑起来。苗族的吊脚楼通常建造在斜坡上，分两层或三层。吊脚楼最上层很矮，只放粮食不住人；楼下堆放杂物或作为牲口圈。吊脚楼一般以竹编糊泥作墙，以草盖顶。据湖南地方志记载，吊脚楼这种构造最早是为了防避毒蛇猛兽的侵扰。

竹楼

  竹楼大多分布于中国西南的民族地区。竹楼虽叫"楼"，实际只有一层，整个房子被一根根木桩高高地撑起，看起来就像是空中楼阁。竹楼下面的木桩一般有 50 根左右，木桩之间的空地是堆放杂物的仓库，有的人家还用来养猪圈牛。傣族人自古以竹楼为家，至今仍保留着多幢竹楼傍水而居。因为亚热带地区温度高，住在高悬于地面之上的地方，一来可以透风防潮，二来可以防野兽。

畲族土堡

  土堡是具有明显防御功能的民居。公元 7 世纪初，畲族人民就已经劳动、生息在闽、粤、赣三省交界地区。畲族人历史上频繁迁徙，他们自称"山哈"，意思是山里的客人。福建三明市是土堡最集中、数量最多、最具代表性的地区。三明市的土堡始于隋唐，成熟于两宋，是福建、江西、广东等地防御性乡土建筑的"鼻祖"，是"土楼之母"。在三明市大田县东坂畲族村内，依山而建的安良堡于 1806 年动土，历时 5 年建成，迄今已有 200 多年的历史。这是一座以防御性为主的城堡，据专家考证，其布局、结构、通风、排污和防盗都相当科学合理。

北方地区传统建筑中式窗格

中国家具

说到民居，不能不提家具。中国家具跟随时代的脚步不断发展创新，到如今门类繁多、品种齐全，用料各异、用途不一。

夏商西周的家具原始古拙、质朴浑厚；春秋战国时期，以楚式漆木家具为典型代表，形成中国漆木家具体系；秦汉时期，家具品类繁多、精美绝伦；三国两晋时期，家具崭露清新秀逸的新风；隋唐的家具缤纷夺目、华丽润妍；五代时期，家具风格逐渐成熟，趋于简朴；宋辽金时期，家具风格简洁隽秀；元代家具形体粗大、雕饰华美；明代家具汇集精粹、古雅精妙，是中国古典家具发展史上的辉煌时期；从明代起，中国传统民族家具进入了一个前所未有的以"硬木家具"为代表的新纪元，明式家具造型上的特色是特别讲究线条美，它不以繁缛的花饰取胜，而着重于家具外部轮廓的线条变化，因物而异，各呈其姿，给人以强烈的曲线美；清代的家具呈现出盛世风度，雍容华贵；近现代的家具中西结合、丰富多彩。

05 中国人的礼仪

伍 中国人的礼仪 /

在 5000 年的历史长河中，古老的中华民族创造了璀璨的文化，形成了崇高的道德准则、完整的礼仪规范和优秀的传统美德。

中国古代的"礼"和"仪"，实际是两个不同的概念。"礼"是制度、规则和一种社会意识观念；"仪"是"礼"的具体表现形式，是依据"礼"的规定和内容，形成的一套系统而完整的程序。在当今时代，现代礼仪与古代礼仪已有显著差异，在摒弃过时礼仪规范的同时，吸取了在今天仍有积极、普遍意义的传统文明礼仪，如尊老敬贤、仪尚适宜、礼貌待人、容仪有整等，对传统礼仪加以改造与传承，使其具有了现代价值。

尊老敬贤

尊老敬贤在中国有着悠久的历史，也是中国礼仪的文化基础。一方面，在古代中国，人际关系以氏族、家庭的血缘关系为纽带，故此在家庭里面遵从祖上，在社会上尊敬长辈；另一方面，由于中国古代社会推崇礼治和仁政，敬贤已成为一种时代的要求。孟子说："养老尊贤，俊杰在位，则有庆"，"庆"就是赏赐。

古代的敬老，并不是只停留在思想观念和说教上，上至王公贵族，下至平民百姓，都在身体力行，并且形成了一套敬老的规矩和养老的礼制。《礼记》也记载："古之道，五十不为甸徒，颁禽隆诸长者"，意即五十岁以上的老人不必亲往打猎，但在分配猎物时要得到优厚的一份。英国哲学家弗朗西斯·培根曾感慨："哺育子女是动物也有的本能，赡养父母才是人类的文化之举，这个，全世界数中国人做得最好。"

关于敬贤，三国时期有个典故叫"三顾茅庐"，说的是刘备仰慕诸葛亮的才能，要请他帮助自己打天下，便不厌其烦地亲自到诸葛亮居住的草庐请他出山，一而再，再而三，诸葛亮才答应。从此，诸葛亮得以充分发挥雄才大略，为刘备的事业"鞠躬尽瘁，死而后已"。纵观中国古代历史，历来有作为的君主，大多非常重视尊贤用贤，视之为国家安定的决定性因素。

如今，中国实施人才强国战略，提倡发扬古代"敬贤之礼"，赋予现代新人才观的内容，就是要尊重知识，尊重人才。大至国家民族，小到公司企业，要在激烈的竞争中占据优势地位，都必须拥有强大的人才队伍。

长幼有序

中国人自古讲孝道，尊重长者，不仅体现在家庭，也体现在社会生活的多个方面。以餐桌上的礼仪为例，长者的位置一定是在幼者的上首（尊位）。有时主人甚至把主位让给客人长者，以示对客人的尊敬，尤其是在家族聚会时，年长的客人会受到特别的尊重，同为客人，年轻的、辈分小的客人，即使在社会上有更高的地位，也不享受相同的礼节。

礼貌待人

礼貌待人有丰富的内容，并不是只限于形式上的礼节，其核心是与人相处，为善当先。这个"善"，应是出自内心的诚意，是诚于中而形于外，而不是巧言令色和徒具形式的繁文缛节。《礼记》中记载："夫礼者，自卑而尊人"。这句话的意思是礼仪的作用是要使自己谦恭，尊重他人，表里一致，才能从根本上消除人与人之间的隔阂、摩擦，进而互敬互爱、友好相处，特别是要尊重他人，平等待人，不分贵贱等级，一视同仁。

礼尚往来是礼貌待人的一条重要准则，接受别人的好意，必须报以同样的礼敬。这样，人际交往才能平等友好地在一种良性循环中持续下去。因此，《礼记》中记载："礼尚往来。往而不来，非礼也；来而不往，亦非礼也。"对于受恩者来说，应该滴水之恩，涌泉相报。在古人眼中，没有比忘恩负义更伤仁德的了。孔子说："以德报德，则民有所劝；以怨报怨，则民有所惩。"可见，有恩必报是待人接物的基本道德修养。

当然，礼貌待人也包括容仪有整。一个人的仪表、仪态常常被看作是其修养的表现形式之一。中国人认为，言谈举止是个人修养的真实体现。言谈更多反映知识储备，举止更多反映修为。出类拔萃的人，应该是二者皆美。良好的言谈举止有助于成就个人事业，也有利于人际关系的和谐。

个人修养与家国观

中国的儒家文化高度重视个人修养的重要性。古人有云：修身、齐家、治国、平天下。强调个人修养是成就事业的基础。凡事都要从小做起，从微做起，乃至积少成多，积小成大。修养身心，对自己有高要求、高标准，才能感染家人，家庭和睦，乃可感动他人，从一人到众人，从个人到社会。

现代人认为，家是最小国，国是千万家。国是由无数家庭组成的，是人的集合，是人为生存发展组成的社会结构。个人属于家庭，没有家，也不会有国；没有国，也成就不了家。

面子问题

在中国，"面子"一词有非常丰富的内涵。从社会层面看，面子的基本意思，是指人的体面或尊严，也可指表面的虚荣，如爱面子、留面子、驳面子、看某人的面子等。中国人的面子观念很类似"受尊重"的含义，但也有中外文化差别。面子观念可以说是根植于文化的社会心理建构，面子是在人际交往中形成与表现的，因而具有情境性和可变性。面子关系一个人的自尊与尊严，也是一个人的自我心像。

当中国人用"面子"来解释和调节社会心理和行为时，其含义就引申为一种既有形又无形的社会心理存在。面子的实质是个体对自我在他人心中的价值与地位的关注，自我价值是面子的核心，对自我价值的肯定有积极的社会意义，但过分地突出自我价值也不利于个人发展和社会和谐。

称呼礼仪

日常生活和社交中，称呼可以说是最基本的礼仪。在中国，"先生"称谓，始见于春秋《论语·为政》："有酒食，先生馔"。到了战国时期，"先生"泛指有德行、有学问的长辈。历史上第一次用"先生"称呼老师，始见于《曲礼》。"小姐"的称谓，最早是宋代王宫中对地位卑微的宫婢等的称谓；到了元代，"小姐"逐渐上升为大家贵族未婚女子的称谓；至明清两代，"小姐"一词发展成为贵族大家未婚女子的尊称，并逐渐传到了民间。"女士"的称谓，始见于《诗经·大雅·既醉》篇："厘尔女士"，指有德行的女子，和后来说的"千金"一样，用以对妇女和未婚女子的敬称。

日常生活中，由于称谓过于复杂，难以准确把握，可以应用一些简化的原则：一是泛尊称，如"您""女士""先生"等；二是称呼行政职务，如"局长""董事长""主任"等；三是称呼衔级，如"教授""博士""将军"等；四是行业性称呼，如"老师""大夫""警官"等。对长者要用尊称，也可以其姓氏冠之"老"前，如"李老"等，以示尊重；对于年轻人或晚辈，也可以直接称呼其名字，显得亲切自然。

婚礼

在传统的中国式婚礼中,古人认为黄昏是吉时,所以会在黄昏行娶妻之礼,后来演化为婚礼。婚礼在"五礼"之中属嘉礼,是继男子的冠礼或女子的笄礼之后的人生第二个里程碑。中国人喜爱红色,认为红是吉祥的象征,所以传统婚礼习俗总以大红色烘托喜庆、热烈的气氛。吉祥、祝福、孝敬是婚礼的主旨,婚礼中的几乎每一项礼仪都渗透着中国人的哲学思想。

相传中国最早的婚姻关系和婚礼仪式从伏羲氏制嫁娶、女娲立媒妁开始。《通鉴外纪》中记载:"上古男女无别,太昊始设嫁娶,以俪皮为礼。"从此,俪皮就成了经典的婚礼聘礼之一。到了夏商,又出现了"亲迎于庭""亲迎于堂"的仪节。周代是礼仪的集大成时代,彼时逐渐形成一套完整的婚姻礼仪,《仪礼》中有详细规制,整套仪式合为"六礼"。"六礼"从此成为华夏传统婚礼的模板,奠定了中国传统婚礼的基础。中国各个少数民族都有自己丰富多彩的婚礼风俗。当代年轻人的婚礼更是呈现出多样化的特点。

葬礼

葬礼礼仪是世界各民族传承下来的一种特殊文化,各个地区差距很大。丧葬文化,因与死亡相关,其涵盖内容涉及实物、信仰、心理、伦理、道德、艺术等多个方面,并由此而延伸展开,形成了临终关怀、殡仪习俗、祭祀文化以及其他相关活动。

请客与买单

中国是礼仪之邦,请客吃饭,既是工作或商务的需要,更有交朋结友的需要。中国人请客吃饭除了一般的餐饮礼仪以外,还有涉及谁买单的问题。一般来说,中国人讲究谁请客,谁买单。买单时也会注意不让客人看到账单金额。如果客人要向请吃饭的主人道谢,应在饭馆外而不是付账时进行。

现在的年轻人普遍采用平均分摊账单的 AA 制,这种一般更适合于与朋友、同学的聚会。

职场礼仪

职场礼仪是在职场交往中应当遵循的礼仪规范,包括交谈、电话、用餐、商务接待等多个方面。在职场中,最重要的原则莫过于,将体谅和尊重别人当作行为指导。职场形象不仅体现了个人的内在修养,一定程度上也代表着所属单位的外在形象。

电子礼仪

　　随着信息时代的到来，通过手机和网络进行交流成为最普遍的人际交往方式，随之就出现了"电子礼仪"，即人们在电子通信交往中应该注意的礼仪规范。如今，手机几乎成了万能的交际工具，可以随时找到人们想要找的人。应该特别注意的是，手机可能会干扰到对方的工作，因此，手机电话与微信沟通要注意时间和内容。开会关机或将手机转为振动模式也是基本的职场礼仪。

电梯礼仪

　　电梯是一个特别的公共空间，电梯空间虽然小，却是人们生活工作中经常停留的空间。比如，伴随客人来到电梯厅门前时，主人可主动先按电梯按钮，以示礼貌；电梯到达门打开时，主人可先行进入电梯，一手按开门按钮，另一手按住电梯侧门，请客人们进入；行进中有其他人员进入，可主动询问要去几楼，帮忙按下；电梯内，主人尽可能侧身面对客人，不用寒暄；上下班时，电梯里面人非常多，先上来的人，要主动往里走，为后面上来的人腾出地方；后上的人，要视电梯内人的多少而进，不要超载。

道歉礼仪

　　在日常生活中，不管有意或无意，每个人都会有做事失当的时候。这时，真诚地道歉是非常重要的，可以化解很多矛盾或问题，防止不必要的争议。一般情况下，只要是真诚地表达出歉意，就能被他人所接受。特别是在职场，工作中难免有过失，道歉行为能很好地体现一个人的修养。

送客礼仪

中国人做事讲究善始善终，只有让客人愉快地返回，事情才算是办得圆满了。一般情况下，宴请客人后，主人要把客人送到餐厅门口，或等客人上车离开。职场中送客到公司门口也是最基本的礼貌。若是很熟的朋友，也要起身送到办公室门口，或者请同事帮忙相送。面对一般客人，主人要送到电梯口，帮客人按电梯，目送客人进了电梯，等门完全关上，再转身离开。若是重要客人，主人更应询问是否需要帮忙叫车，车来后帮忙开关车门，目送对方离开再走。送客时，一般先送主要客人或贵宾离开。

手势

手势具有语言交往的功能，因此，理解不同文化的手势很重要，不仅可以避免闹笑话，更能防止出现重大失误。

比如，竖起大拇指，在中国一般表示顺利或夸奖别人，但在美国和欧洲部分地区则表示要搭车，在德国表示数字"1"，在日本表示"5"，在澳大利亚就表示骂人。OK手势源于美国，在美国表示"同意""顺利""很好"的意思，在中国也基本是这个含义，但在法国表示"零"或"毫无价值"，在日本是表示"钱"，在泰国表示"没问题"，在巴西有粗鄙之意。V形手势，是第二次世界大战时的英国首相丘吉尔首先使用的，表示"胜利"；但如果掌心向内，就变成骂人的手势了。挥手致意，在中国用来向他人表示问候、致敬、感谢。当人们看见熟悉的人时，就举手致意，可以表示亲切。

握手礼

握手礼是在一切交际场合最常被使用、适应范围最广的见面致意礼节，它表示致意、亲近、友好、寒暄、道别、祝贺、感谢、慰问等多种含义。通常，应该用右手和人相握，左手不宜使用，双手相握也不必常用。从握手中，往往可以了解一个人的情绪和意向，还可以推断一个人的性格和感情。两人之间握手的次序是：上级在先，长辈在先，女性在先；而下级、晚辈、男性、客人应先问候，见对方伸出手后，再伸手与他人相握。在上级、长辈面前不可贸然先伸手；若两人之间身份、年龄、职务都相仿，则先伸手为礼貌。与多人握手时，也是先与尊者、长者、女性握手，以示尊重。

鞠躬礼

鞠躬礼是人们用来表示对别人的恭敬而使用的一种致意礼节，在中国，鞠躬礼使用的场合比握手少得多。

鞠躬礼既可以应用在庄严肃穆或喜庆欢乐的仪式中，也可以应用于一般的社交场合；既可应用于社会，也可应用于家庭，如下级向上级、学生向老师、晚辈向长辈行鞠躬礼表示敬意；上台演讲、演员谢幕等。此外，各大商业大厦和饭店宾馆也应用鞠躬礼向宾客表示欢迎和敬意。一鞠躬礼：适用于社交场合、演讲、谢幕等。行礼时身体上部向前倾斜约15°—20°，随即恢复原态，只做一次。三鞠躬礼：又称最敬礼，只用于特别庄重严肃的场合。行礼时身体上部向前下弯约90°，然后恢复原样，如此连续三次。一般情况下，鞠躬要脱帽。

拱手礼

拱手礼是中国传统文化中的礼仪，常用于表示敬意、问候或道别时。拱手礼的核心动作是"拱手"。行礼时，双腿站直，上身直立（一般适于对平辈）或微俯（一般适于对尊长），双手相互握合于胸前，形成一个拱形，也可一手虚握，另一只手包住，不高于颚，不低于胸，有节奏地晃动两三下。

需要注意的是，拱手礼男女有别。中国古人以"左"为敬，因此男子行拱手礼时，左手包右手，以左示人，表示真诚、友善与尊重；女子行礼时，右手在外，左手在内。简单来说，就是"男左女右""男抱拳女压手"，约定俗成。如遇丧事，则正好相反。

抱拳礼

抱拳礼是指将两手握成一个拳头，并将拳头沿垂直方向稳稳放在胸前的仪式。这种手势一般伴随着微微低头，表示敬意和谦恭。抱拳礼至今在武术界、长者之间和一些民族风格浓郁的场合常常使用。有时也在一些非正式场合或气氛比较融洽的场合使用，如春节团拜、宴会、晚会之时。抱拳礼的标准姿势是右手握实拳，左手抱住或遮住右拳，置于胸前或偏上，离开胸部20厘米左右，两肘稍抬。

名片礼仪

在人际交往中，名片不仅可以用作自我介绍，还可作祝贺、答谢、拜访、慰问、赠礼附言、备忘、访客留话等用途。交换名片意味着双方希望加强联系。名片的内容、分类、设计也有一定的讲究，主要是简洁大方。名片的递送先后虽说没有太严格的礼仪讲究，但也有一定的顺序。一般是地位低的人先向地位高的人递名片，男性先向女性递名片。当对方不止一人时，应先将名片递给职务较高或年龄较长者；或者由近及远，依次进行。现在越来越多的人以留微信的方式代替了交换名片，更加方便联络。

交谈礼仪

　　人与人之间交谈是最基本的社交活动，因此交谈礼仪也显得十分重要。首先要注意交谈时的面部表情和动作，在与同事或上司谈话时眼睛要注视对方，并且要注意注视的部位，不能斜视和俯视。交谈时要学会微笑，可以在对方心中留下良好的印象，也可以使自己感到自信。另外，要尽量避免不必要的身体语言，当与别人谈话时不要双手交叉，身体晃动，或是摸摸头发、耳朵、鼻子，给人以不耐烦的感觉。当谈话者超过三人时，应不时同其他人都谈上几句话。

　　谈话最重要的一点是话题要适宜，当选择的话题过于专业，或不被众人感兴趣应立即止住，不宜我行我素。当有人出面反驳自己时，不要恼羞成怒，而应心平气和地与之讨论。交谈时要善于倾听，谈话中不可能总处在"说"的位置上，倾听是尊重的表现，有利于双向交流。不要在别人讲得正起劲的时候，突然去打断别人。在聆听中积极反馈是必要的，适当赞美也是必要的。

黑天鹅　　　　　　　　　　　　　　　　　　　　　　　鸳鸯

问候语

　　中国人最常见的问候语包括：

　　欢迎！（用于对客人或对来访者）

　　早晨好！（上午10点以前说早晨好；10点以后说中午好；13点以后说下午好）

　　您好！（可用于首次与不熟悉的人见面）

　　请/请问……（求助时）

　　请帮忙。（多用于请人帮助）

　　谢谢！/麻烦您了，非常感谢！/谢谢您支持我们工作。（感谢语）

　　别客气，不用谢。（用于别人表示感谢时的礼貌性回应）

　　我能为您做些什么吗？/您还有什么别的事情吗？/这样会不会打扰您？（用于征询别人的相关意见）

　　很抱歉！/这件事实在没有办法做到。/真不好意思。（用于表达歉意）

感谢礼仪

中国人认为，感恩是一种美德，感谢也成为一种习惯，因为生活中总会遇到需要别人帮助的情况。

感谢礼仪的原则是说出口。社会交往中，人们出自善意，常常去关照弱者或需要帮助的人，自觉自愿地付出。这正是社会的温情所在，体现的是人类高尚的情操和美好的心灵。也许那些好心人并不指望回报，但是每一位受惠者作出的感谢回应都是对施助者好意的回馈。

日常交往中，可供选择的致谢方式很多。但由于需要考虑感谢时机、分寸，以及彼此之间的关系等诸因素，有时颇费脑筋。一事一谢，事毕即当面口头致谢，及时、自然常常是首选。比较郑重的口头致谢有时需要登门拜访。当面致谢的好处是，真挚情感可直接温暖对方。而不太重要的事，若来不及当面致谢，事后打个电话，也未尝不可。感谢时，往往使用尊称，并说出感谢的理由。为隆重起见，有时会写信表彰，或制作锦旗，送给个人或单位。以书面形式（书信、邮件、短信、名片）向他人道谢，既让人感到郑重和真诚，又可长期保存。另外托付他人转告，通过曲折方式表达谢意也很常见。

排队礼仪

现代城市人口密集，公共场合经常需要排队以维持良好秩序。排队礼仪最重要的是自觉排队，即排队的时候，要保持耐心，不要起哄、拥挤、插队或破坏排队。排队的基本顺序是：先来后到、依次而行，排队时一定要遵守并维护这一秩序。排队时还应保持适当间隔，大家均应缓步而行，人与人之间最好保持 0.5 米左右的间隔。如果别人排好了队，不要从别人的队伍里横穿过去，不得已的情况下，请先说声"对不起"，征得其他人的同意。

送礼礼仪

中国人讲究礼尚往来，请客送礼也是人们日常交往的重要部分。送礼的礼仪包括：送礼时要讲究语言的表达，平和友善、落落大方的动作配合着得体的语言表达，才能使受礼方乐于接受礼物。一般来说，在呈上礼物时，送礼者应站着，双手把礼品递送到受礼人手中，并说上一句得体的话。送礼时的寒暄一般应与送礼的目的相吻合，如送生日礼物时，说一句"祝您生日快乐"，送结婚礼物时说一句"祝两位百年好合"等。一般而言，送礼时运用谦和得体的语言，会营造出一种祥和的氛围，无形中增加相互间的友谊。在对所赠送的礼品进行介绍时，应该强调自己对受赠一方所怀有的好感与情义，而不是强调礼品的实际价值。送礼要选准时机，一般进门寒暄几句就奉上，或者在收礼人倒茶的时候再送也可以。挑选礼品重在心意，礼物并不是越贵重越好，也不要买让对方有压力的礼物，结合自己的实际情况量力而行，才是挑选礼品的正确操作。

挑选礼品时，对方的性别、年龄、婚否、习俗、教养、爱好和实际需要等都应考虑，还应尽量选择新颖、别致、富有创造性、实用的礼品，如果是对方喜爱的东西就更好了。

接受礼品之后，应当回赠给对方适当的礼品，回礼一般包括下述三种形式：用实物作为回赠；用感激作为回赠；用"不忘"作为回赠。

06 中国民俗与地域文化

（陆） 中国民俗与地域文化 /

中国地域广大、历史悠久，再加上多民族的特点，使得中国的民俗与地域文化极其丰富多样，

也极具东方色彩，是中国文化中的重要组成部分。走到哪里，都可以看到或体验到中国民俗与地域文化的巨大魅力。

元宵节特色食物——汤圆

中国结

  中国结是一种手工编织工艺品，有多种结式，它所显示的意趣与智慧正是汉族古老文明中的一个侧面。中国结起源于旧石器时代的缝衣打结，后推展至汉朝的礼仪记事，再演变成今日的装饰工艺品。当代的中国结多用来做室内装饰、亲友间的礼物馈赠及个人的随身饰物。"结"字是一个表示力量、和谐，充满情感的字眼，无论是结合、结交、结缘、团结、结果，还是结发夫妻、永结同心，"结"给人的都是一种团圆、亲密、温馨的美感。此外，"结"与"吉"谐音，寓意吉祥。

  在中国，无论是庆祝节日，还是办理喜庆活动、装饰日常生活，中国结都会被广泛使用，并受到欢迎。

二十四节气

  二十四节气是中国古代历法中表示自然节律变化以及确立"十二月建"的特定节令，是中国古代人民智慧的重要成果。一岁四时，春夏秋冬各三个月，每月两个节气，每个节气均有其独特的含义。二十四节气准确反映了自然节律变化，它不仅是指导农耕生产的时节体系，更是有着丰富民俗事象的民俗系统，成为中华民族悠久历史文化的重要组成部分。

  二十四节气科学地揭示了天文气象变化的规律，它将天文、农事、物候和民俗进行了巧妙的结合，衍生了大量与之相关的岁时节令文化。在传统的农业社会，古人相当重视立春岁首，在其间会举行多种民俗活动。上古时代，礼俗所重的不是阴历正月朔日，而是立春日；重大的拜神祭祖、驱邪消灾、祈年纳福、迎新春等活动均安排在立春日及其前后几天举行。这一系列的节庆活动构成了后世岁首节庆的框架，民俗功能也一直遗存至今。从节气规律来说，立春是"阴阳"之气中阳气生发的起始，自立春起阴阳转化，阳气上升，立春标示着万物更生、新轮回开启；而冬至则是太阳回返的始点，自冬至起太阳高度回升、白昼逐日增长，冬至标示着太阳新生、太阳往返运动进入新的循环。在国际气象界，二十四节气被誉为"中国的第五大发明"。2016年，二十四节气被正式列入《人类非物质文化遗产代表作名录》。

  二十四节气分别是：立春、雨水、惊蛰、春分、清明、谷雨、立夏、小满、芒种、夏至、小暑、大暑、立秋、处暑、白露、秋分、寒露、霜降、立冬、小雪、大雪、冬至、小寒、大寒。

十二生肖

十二生肖，又叫十二属相，与十二地支相配，用以记录人的出生年份，即鼠、牛、虎、兔、龙、蛇、马、羊、猴、鸡、狗、猪。

十二生肖的起源与动物崇拜有关。据湖北云梦睡虎地和甘肃天水放马滩出土的秦简可知，先秦时期即有比较完整的生肖系统。最早记载与现代相同的十二生肖的传世文献是东汉王充的《论衡》。十二生肖原本只是十二地支的形象化代表，随着历史的发展逐渐融合了相生相克的民间信仰观念，反映在婚姻、人生、年运等方面。每一种生肖都有丰富的传说，并以此形成一种观念阐释系统，成为民间文化中的形象哲学，如婚配上的属相、庙会祈祷、本命年等。现代，更多人把生肖作为春节的吉祥物，成为娱乐文化活动的象征。生肖作为中国悠久的民俗文化符号，历代留下了大量描绘生肖形象和具有象征意义的诗歌、春联、绘画、书法和民间工艺作品。除中国外，世界多国在春节期间也发行生肖邮票等，以此来表达对中国新年的祝福。

十二时辰

古代中国人根据一日间太阳出没的自然规律、天色的变化以及日常生产生活习惯而归纳总结了独创于世的十二时制。十二时辰制，中国西周时期就已开始使用。

十二时辰用十二地支分别表示一天的时间，每个时辰为两小时，以夜半二十三点至一点为子时，一至三点为丑时，三至五点为寅时，依次递推为卯时、辰时、巳时、午时、未时、申时、酉时、戌时、亥时。《新唐书·历表》中明确指出："古历分日，起于子半"，即以子时的中点，即现今零时（24时），为一日之始。

不仅如此，中国人还在《黄帝内经》中提出了十二时辰养生法，无疑具有重要意义。

庙会

庙会，是许多地方起集的一种民俗活动，逐渐成为中国民间宗教及岁时风俗。庙会一般在农历新年、元宵节、二月二等节日举行，是节日期间的集市贸易形式之一，其形成与发展和寺庙的宗教活动有关，会在寺庙及其附近定期举行，这也是其名称的由来。每逢祭祀之日，为渲染气氛，人们还会演出一些精彩的歌舞，即社戏，也称庙会戏，庙会便由此形成。

如今，庙会流行于中国的广大地区。在庙会上，有不少有特色的民俗活动，诸如摸石猴等。随着时代变化，古老的庙会亦增添了不少新内容，有舞狮、传统民族花会、现代舞、民俗人物造型、传统商业"幌子"展、民间手工艺展、特价书市、京剧、武术、杂技专场等。庙会已经成为集旅游观光、休闲娱乐、购物餐饮于一体，具有鲜明传统民族特色的活动。

随着时代的发展，每逢春节各地都会有一系列的庙会活动。妙峰山庙会、晋祠庙会、上海龙华庙会、武当山庙会、火宫殿庙会、佛山祖庙庙会、药王山庙会等庙会均已被列入国家级非物质文化遗产名录，是闻名全国的庙会。

赶集

赶集是中国的一种民间风俗，南方称作"赶场"。在民间，集市就是定期聚集进行商品交易活动的市场。在交通不发达的时代，或在偏远地区，买卖货物有一定地点、日期，到时商贩、居民都赶往交易，称为赶集。

集市是一种周期性的市场，其周期主要受周边地区人口密度的影响。此外，还受到星期或农历的约束，中国的集市大多按阴历周期循环。集市交易的商品一般是包括蔬菜禽蛋在内的日用品和易耗品，为集市附近的居民服务。

祝寿

祝寿是指过生日，但只能用于年龄较长的人，以示对其健康长寿的祝福。在古代，老人过寿时，晚辈会举办特别的活动进行庆贺，如设寿庆宴席、敬献书画艺术品，祝愿长辈长寿。祝寿一词在现代已发展成庆祝生日的代名词。祝寿时，行祝寿礼要有"寿筵"，要吃寿面，俗称"长寿面"，亲朋好友通常会送寿桃、寿联，有些地方晚辈要给长辈行跪拜礼等。一般寿宴活动由子孙发起，寿礼活动根据家庭情况而定，邀请亲朋好友来共同庆贺。

新生儿满月酒或百日庆

满月酒是指婴儿出生后一个月设立的酒宴。古代，汉族人认为婴儿出生后存活一个月就是渡过了一个难关，因此，家长为了庆祝这一时刻，祝愿新生儿健康成长，通常会举行满月礼仪式。该仪式多邀请亲朋好友参与见证，为孩子祈祷祝福。这就是"满月酒"的来源。满月酒也称为"吃满月蛋"。与其他酒会宴席不同的是，主家会将染成红色的鸡蛋作为伴手礼送给出席宴会的来宾。一般主家会给每位宾客发4个"红鸡蛋"让宾客带回去食用。这种习俗延续至今，出现了多种红鸡蛋的表现形式，在农村地区更为流行。随着现代生产技术的提高，已经出现丰富多样的红鸡蛋替代品，例如报喜红蛋、蛋黄酥等。满月习俗中的红鸡蛋是地道中国礼的一种体现。此外，许多地方在婴儿出生100天的时候，举行类似的活动，称为"百日庆"。

陕西榆林安塞腰鼓表演

中原文化

　　中原地区是中国农耕文化极为重要的发祥地之一，孕育出了具有农耕文明特质的民俗活动，如太昊伏羲祭典在中原部分地区具有较强的民众自发性。中原婚嫁礼俗从古代的纳采、问名、纳吉、纳征、请期和亲迎"六礼"逐步演变为今天的提亲、定礼、迎娶的婚俗礼仪。节令民俗如春节的祭灶、岁末守岁、贴春联、吃饺子和拜年，农历正月十五元宵节点灯盏，三月清明节祭祖扫墓，七月七观星乞巧，八月中秋节赏月、吃月饼，九月重阳节登高等大多起源于中原地区。中原民俗还衍生了具有特色的民俗活动以及工艺品，太昊陵庙会、洛阳花会、信阳茶叶节、马街书会、开封夜市等古代的民间节会流行至今，开封的盘鼓和汴绣、信阳罗山皮影戏、朱仙镇木版年画、南阳玉雕、濮阳和周口的杂技等民间艺术享誉中外。中原地区因其"中天下而立"，其民俗文化对周边地区乃至华夏和世界华人族群产生了广泛影响。比如饮食方面，广东人在豆腐上挖个洞，填满肉馅，蒸熟后食用，其实就是客家人从中原带去的吃饺子风俗的变异，中原民俗的广泛影响可见一斑。

吴越文化

　　吴越文化又称江浙文化，是江浙的地域文化，也是中华文明的重要组成部分。吴越文化区以太湖流域为中心，其范围包括今上海、江苏南部、浙江、安徽南部、江西东北部等地区。吴越文化有其鲜明的标志形式，如舟楫、农耕、印纹硬陶、土墩墓、悬棺葬等，先秦典籍多有记载。吴越文化历史悠久，可以追溯到河姆渡文化、良渚文化，如今风采依旧。吴越为邻，同俗并土；吴越二邦，同气共俗。"吴文化"和"越文化"逐渐在相互交融、激荡、流变与集成中形成统一的文化体系。

　　吴王阖闾定都于姑苏，越王勾践定都于会稽。早期吴越民众以尚武逞勇为风气，晋室南渡（即永嘉南渡）后士族文化的特质改变了吴越文化的审美取向，注入了"士族精神、书生气质"，吴越文化开始成为中国文化中精致典雅的代表。例如，吴语温柔优雅，有"吴侬软语"的美称；吴越饮食香甜可口；吴越地区人才辈出，涌现了很多文人墨客和科学家，古代状元和现代中国院士中吴越人要占2/5。南宋以来，吴越文化愈发向精致的方向发展，南宋和明朝时期，吴越人开始赶超中原及北方地区的人，成为官场主流。随着近代工商业的萌芽，吴越文化注重经济发展，成为当代商业文明的代表。吴越人性格外柔内刚，为人谦逊，注重礼节。

西部文化

中国西部地区的人们在久远的历史长河中创造了语言、宗教信仰、神话传说、歌谣、舞蹈、手工艺、礼仪习俗,以及生存理念、生产和生活方式等在内的西部文化。西北地区历史悠久、地域广大,它孕育的文化在质朴中藏着博大;西南地区民族众多,山川纵横,这里的文化细腻,人们善于抒情;青藏高原起伏跌宕,庄严静穆,它的文化则处处透着神秘。

中国西部文化具有鲜明的地域性、民族性、多元性等特征。西部文化是一个多元文化的综合体,它在本土文化的基础上,吸收了许多外来文化的因素,从而变得生机勃勃。历史上有三条重要通道贯穿西部,将西部向东与中原地区紧密相连:一条是穿越大西北并一直延伸至欧洲地中海沿岸的古丝绸之路;一条是贯通黄土高原和青藏高原的唐蕃古道;另一条是穿过西南云贵高原并经青藏高原通往尼泊尔、印度甚至更远方的茶马古道。通过这三大道路,中原汉文化源源不断传入西部,古欧洲地中海文化、古阿拉伯文化、古印度文化、中亚文化等也纷纷汇集于这里。佛教、伊斯兰教、基督教在西部的发展就是由此而来,特别是佛教在青藏高原本土化,形成了藏传佛教,流传千年的英雄史诗《格萨尔王传》依旧在藏族民间传诵。西部文化还以其浓厚的乡土气息而著称,古老的歌舞与服饰仍在质朴地表达着西部各地人们对生活的向往。西部文化所表现出的原生态具有浓重的人性化、情感化的色彩,这正是西部文化最具魅力的一面。

西藏拉萨转经筒

左、右：新疆喀什古城

东北文化

　　东北地区作为中华文化的发源地之一，人类活动的遗址较多，旧石器早期遗址广泛分布在辽河、松花江流域，遗址文化类型与北京猿人、山顶洞人的基本特质完全相符。到了周代，东北各地的原始部族经过融合、迁徙，逐渐形成了很多分支。

　　东北地区各民族文化区划可分为：汉满农耕文化区、蒙古草原游牧文化区、北方渔猎文化带以及朝鲜族丘陵稻作文化区。汉满农耕文化区位于辽宁北部到黑龙江北部的广大区域内，是东北地区最大的民族文化区。蒙古草原游牧文化区位于东北地区西部，是东北地区第二大民族文化区。北方渔猎文化区位于汉满农耕文化区和蒙古草原游牧文化区之间，一直延伸到俄罗斯从贝加尔湖到鄂霍次克海的广大地区。朝鲜族丘陵稻作文化主要分布在吉林省东部地区，以这一地区为中心，呈扇形向北、东、南三面扩散。

　　清初至新中国的 300 年间，华北地区的大量人口迁移至东北地区，被称为"闯关东"。这不仅促进了各民族间的交流与融合，也给东北文化带来了深远影响。

新疆文化

　　新疆自古以来就是多民族聚居地区，同时又是多宗教信仰地区，古丝绸之路的开通等使新疆文化呈现出多元化、开放性等特点。

　　成书于战国时期的《山海经》和《穆天子传》中有关于周穆王西巡昆仑会见西王母的故事。新疆境内考古发掘出土的大量陶器，其中不少彩陶的图案纹饰与中原内地同期出土的陶器图案纹饰相同或相似。新疆出土的距今 3000 年前的三角纹彩陶等文物说明甘肃和内地彩陶艺术已影响到新疆彩陶文化的发展。1995 年，新疆和田地区民丰尼雅遗址 8 号棺木出土的织锦护臂上有篆书文字："五星出东方利中国"，揭示了汉晋时期尼雅地区与中原王朝密切的政治和经济关系。盛唐是边塞诗创作的鼎盛时期，涌现了大量的边塞诗人，代表诗人有高适、岑参。《大唐西域记》是由唐代玄奘口述、辩机编撰的地理史籍，记载的是玄奘从长安（今西安）出发西行亲身游历西域的所见所闻。吐鲁番市考古发掘出土的大量汉文文书、契约等文物表明唐代前后汉文在高昌地区文字使用方面的主体地位。龟兹石窟和高昌石窟中的佛教内容的壁画，显示出中外绘画技艺荟萃交融的特点。龟兹乐、高昌乐、疏勒乐等音乐在隋唐时期乐曲中占有重要地位。除乐曲外，琵琶、箜篌、鼓、角等西域传统乐器也传入内地，成为唐代以及后世音乐演奏中的主要乐器。西域舞蹈如胡腾舞、胡旋舞、柘枝舞等传入中原宫廷乃至民间。如今，新疆文化在继承的基础上不断丰富发展。

草原文化

中国是世界上草原资源较丰富的国家之一，草原文化与长江文化、黄河文化一样，是以自然环境和生态系统为主要特征的一种地域文化。

草原是中国面积最大的陆地生态系统，因此，在以自然环境和生态系统为主要特征的文化中，草原文化是比长江文化、黄河文化地域分布更广阔、生态功能更全面的文化。奋发进取、自强不息是草原文化昂扬激越的主旋律，质朴天然、本性纯真是草原文化的突出特点。草原文化具有丰富广博的文化内涵，有着深厚的历史底蕴，多个民族都曾在草原创造过灿烂的文明。林胡、楼烦的"胡服骑射"；从嘎仙洞中走出来的拓跋鲜卑，雅好凿岩开窟，礼佛弘法，大同云冈、洛阳龙门、敦煌莫高窟等均肇兴于北魏，使石窟文化艺术成为中华文明的一朵奇葩；契丹、突厥等草原民族都曾叱咤风云，在中华历史上浓墨重彩地留下了自己威武雄壮的身姿。

大草原

青藏高原文化

　　青藏高原文化是指历史上活动在青藏高原上的各个民族的传统文化的综合，是这些民族所创造的物质财富和精神财富的总和。今天的青藏高原上生活着藏、汉、羌、回、土、撒拉、蒙古、门巴、珞巴等民族。作为一种地域文化，青藏高原文化包含了高原居民各自的民族文化。从历史看，藏族文化是青藏高原文化的主体和代表，但无论是世居高原的民族，还是迁入高原的民族，都对青藏高原文化的发展起了重要的作用。

　　青藏高原与周边地区文化交流对青藏高原文化的发展有着重要影响。从远古时期到公元7世纪初，青藏高原的对外交流主要是青藏高原东部的游牧部落群向东、向北、向东南的迁徙和发展，在这个过程中与黄河流域的中原文化、北方草原的游牧文化、四川盆地的巴蜀文化、云贵高原的滇黔文化发生了密切的联系，进行了长达几千年的交流。这种交流主要是以部落或部落联盟为单位分散进行的，以物质交换为主要的形式，与部落的迁徙、分化、融合交织在一起。这一时期青藏高原的古代文化和物质生产水平与周边地区相比并不落后，甚至在某些方面还高于周边地区，例如麦类作物的种植和麦种的培育、动物的驯化和畜群的牧养、引河水灌溉农田的技术以及砌石建筑技术等，成为青藏高原文化向周边地区传播以及进行文化交流的基础，可以说这一阶段青藏高原的对外文化交流输出大于输入。根据文献记载，虽然青藏高原部落较为分散，没有形成较大的政权而影响了文化交流的规模，但是青藏高原文化对中华文化的形成和发展贡献了自己的力量。时至今日，西藏等地的藏传佛教文化在中国乃至世界都有重大影响。

黄土高原文化

　　黄土高原对于中国文化具有较强的象征意义。从商朝到周朝的漫长岁月里，黄土高原地区一直处在动荡之中，各族人民在战争的一次次冲击下，不断解体，又不断组合。经过多次大的分合，最终以较为固定的形式存在下来。黄土高原社会流动性强却又趋于封闭，保持着较为原始的宗教信仰习惯及民情风俗，民间文艺具有自己独特的形式和风格。

　　从历史上看，黄土高原是一个对外相对封闭、内部结构紧密的区域。从内部来看，几千年来形成的自给自足和自产自销的传统生产、生活方式，使它产生了极大的内聚力，继而增强了这个地域的独立性。千百年来，这片土地上的人们祖祖辈辈生活在同一自然环境中，其经济方式、交通方式、居住方式、饮食习惯等风俗均大体相同，连语言都基本一样。多方面的共性，既增强了这块土地的有机性和统一性，又增强了它的独立性，逐渐形成了其自身的文化模式，这种文化模式属于一种综合性文化模式。

　　近年来，黄土高原文化越来越受到海内外的关注，许多人涉足这片土地进行文化考察，"西北风""西部电影"在中国引发了长期的文艺风潮，黄土地的民间文学、民间艺术在海内外产生了广泛影响。

山西临县
碛口镇李家山村窑洞

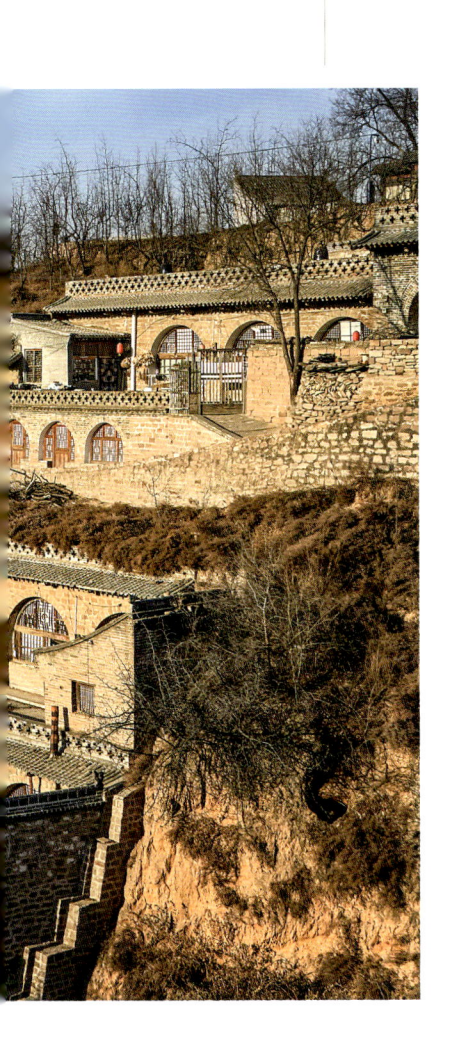

华北平原文化

华北平原物华天宝、人杰地灵，自古以来即为中国人口、城市高度密集和工农业较发达的地区。早在距今七八千年前，在黄河下游洪积冲积扇顶端就出现了颇为发达的原始农牧业生产，从那以后，经历了长期的农业开垦、伐木取材、战火焚毁以及游牧民族入主中原后重牧轻农等政策改易。自西周时期开始，华北平原就已经成为中国版图的一部分，匈奴、鲜卑、羯、氐、羌以及契丹都有过在这里割据称王的历史，金元明清各朝都把燕赵的腹地北京设为国都，北京成为全国的政治与文化中心，更是各代皇族政权统治的核心。这些都体现出华北平原在中华文明的历史进程中举足轻重的地位。

华北平原作为中国古代文化的摇篮，有许多历史悠久的城市，如开封、北京、安阳、郑州、商丘、邯郸、徐州等。华北平原也是当今中国的政治、经济、文化、交通中心。

齐鲁文化

齐鲁文化是"齐文化"和"鲁文化"的合称。东临滨海的齐国产生了以姜太公为代表的道家思想学说，又吸收了当地文化（东夷文化）并加以发展。两种文化在发展中逐渐有机地融合在一起，形成了具有丰富历史内涵的齐鲁文化。

自远古时代，齐鲁地区就确立了堂室、栏厩、宅院为结构的家庭居住模式，孟子称作"五亩之宅"。数千年来，以家庭副业、树艺木果、饲养六畜为内容的庭院经济在自给自足家庭经济中占有相当大的比重。齐鲁地区自给自足的经济传统始于齐鲁立国，姜尚、管仲、孟子的富国思想中都有发展经济的主张，反映着鲜明的富民意识。管仲认为："养桑麻，育六畜，则民富"。很显然，管仲已把富民经济纳入他治齐的经济政策之中。孟子把富民经济纳入其"仁政"措施。作为齐鲁文化核心的儒学产生于春秋时期的鲁国，由孔子开创，孟子、荀子等人继往开来，但儒学复古和崇尚仁义的思想观点并不被崇尚法治、专权的秦始皇所重视。直至西汉，汉武帝在位时采纳儒生董仲舒的建议，实行"罢黜百家，独尊儒术"，把儒家思想确立为中国文化的主流思想。

齐鲁文化的基本精神包括：自强不息的刚健精神、崇尚气节的爱国精神、经世致用的救世精神、人定胜天的能动精神、民贵君轻的民本精神、厚德仁民的人道精神、大公无私的群体精神、勤谨睿智的创造精神等。这些都对中华民族优秀传统精神的形成起到了重要作用。

巴蜀文化

巴蜀文化指四川盆地的地域文化，是中华优秀传统文化的一部分。

巴文化以四川省东北部地区为中心，主要活跃于如今的四川东部、湖北西部、重庆三峡库区、陕西南部及贵州北部。蜀文化由三个古族融合而成，以如今的德阳、成都地区为中心。巴、蜀文化交融在战国之后。公元前316年巴、蜀两国被秦灭，促进了巴蜀文化的融合。巴蜀文化具有很强的辐射能力，除与中原、楚、秦文化相互渗透影响外，主要表现在对滇黔夜郎文化和昆明夷、南诏文化的辐射，还通过南方丝绸之路远达东南亚地区，在金属器皿、墓葬形式等方面对东南亚产生了深远的影响。

巴蜀文化的代表——皮影戏

江南水乡文化

江南，自古就享有人间天堂之美誉，这里河湖交错、水网纵横、小桥流水、古镇小城、田园村舍、如诗如画。"江南好，风景旧曾谙。日出江花红胜火，春来江水绿如蓝。能不忆江南？"这首小词，总是把人们的思绪带到风景如画的江南。

江南水乡所处的长江三角洲和太湖水网地区，气候温和，季节分明，雨量充沛，因此形成了以水运为主的交通体系。居民的生产生活依赖着水，自然环境和功能诉求塑造了极富韵味的江南水乡文化。江南水乡的民居最具江南文化的代表性。江南水乡的古村与民宅盛于明清时期，表现为借景为虚、造景为实的建筑风格，强调空间的开敞明晰，又要求充实的文化氛围。建筑上着意于修饰乡村外景，力图使环境达到完善、优美的境界。在艺术风格上别具一番纯朴、敦厚的乡土气息。在大的江南文化区域中，东南地区无疑是其中最具代表性的文化区域。特别是唐宋以后，东南地区逐渐成为全国财赋的主要来源地和士大夫的聚集之地。有专家认为，"中国的经济文化重心也从'开封—长安'东西向轴线彻底移向江南地区，最终落在'杭州—苏州'南北向轴线上"。因此，文人学者提及"江南"一词之时，大多指称为东南地区。今天，江南地区既是中国经济非常发达的地区之一，也是科学技术与文化十分发达的地区之一。

云贵高原文化

从距今约 200 万年前开始，延续到距今 1 万年左右，云贵高原生活着元谋人、昭通人、西畴人、丽江人、昆明人等早期人类种族。秦灭蜀直接推动了蜀民族迁徙云南。战国至西汉时期，岭南地区的越人在中央王朝大力开发长江以南的军事压力下，继续进入云南。南诏、大理国时期，除了逐渐被其他民族同化的汉族人外，还有一些汉族人从内地通过逃亡、战争俘掠以及边民逃难等途径进入云南，并有部分苗族、瑶族先民迁入云南东南部。西南夷文化包含滇文化、昆明文化、古羌人文化、夜郎文化等。其中，滇文化是战国中后期至西汉末，以滇池为中心分布的一种高度发达的青铜文化。滇文化以其造型精美奇特、纹饰细腻丰富的青铜器闻名于世，具有较强的写实性和极高的艺术价值。

中国 55 个少数民族中，有 30 余个生活在云贵高原。云贵高原是中国少数民族种类最多的地区，是南方四大族系——氐羌、百越、苗瑶和濮人分布相对密集的地区，同时也是汉族移民较多的地区。在云南和贵州，汉族约占两省人门总数的 2/3，少数民族占 1/3。云贵的少数民族多为该地区独有，各民族在发展过程中保留了自己原有的文化传统,使得云贵高原上的民族与其他地区的民族产生异质性。云贵高原地区除回族、水族、满族 3 个民族使用汉语外，其他 22 个少数民族使用 26 种语言。云贵地区的民族语言基本属汉藏语系，各族语言内部在语音、词汇上有小的差异，从而在同一民族语言里又分为若干方言和土语，其中尤以苗语的方言土语最多。此外，云贵高原地区众多的民族形成了复杂多样的服饰种类，不仅每个民族都有不同于其他民族的独特服饰，而且在一个民族内部，不同支系之间的服饰也有区别。

华南妈祖文化

妈祖文化是中国沿海地区人民千百年来尊崇、信仰妈祖历史中遗留和传承下来的物质及精神财富,是中华民族传统文化的瑰宝。

妈祖文化肇于宋、成于元、兴于明、盛于清、繁荣于近现代,体现了中国海洋文化的一种特质。中国民间信仰在海上航行要先在船舶启航前祭妈祖,在船舶上立妈祖神位供奉,祈佑安全,这就是"有海水处有华人,华人到处有妈祖"的真实写照。妈祖因航海关系演变为"海神""护航女神",传播到世界各地,成为连接华人社群的纽带和弘扬中华文化的载体。

妈祖是两岸同胞共同尊奉的神祇。2021年农历正月初二,"天佑中华 两岸合和"——海峡两岸妈祖宫庙携手辛丑年迎春祈年大典活动,分别在福建宁德市霞浦县松山天后行宫、台湾嘉义新港奉天宫和台湾新北板桥慈惠宫同时举行,两岸妈祖信众"云端"共同祈福。妈祖文化近千年来与中国诸多和平外交活动、海上交通贸易都有着密切关联。妈祖文化不仅是中国的,也是世界的。据不完全统计,全世界共有妈祖宫庙5000多座,全球有超过两亿人信仰妈祖,其中以海上丝绸之路沿线国家为甚,仅直接记载妈祖信仰的历史文献资料保守估计超过100万字。

20世纪80年代,联合国授予妈祖"和平女神"称号。2009年,"妈祖信俗"被列入《人类非物质文化遗产代表作名录》。

湘楚文化

湘楚文化始于春秋早期,春秋中期即已形成独特风格,成为华夏文化的表率。它成长于辽阔富饶的三湘大地,在这片土地上孕育起来的湘楚文化,对中国历史产生了重要的影响。

湘楚文化主要体现在哲学思想、文学艺术、史学、教育、民俗民风等方面。楚人的祖先是具有较高文明程度的华夏族中的一支。楚族的南迁,不仅给荆湘地区带来了中原先进的生产技术,还将优秀的华夏文化与当地三苗、杨越等早期楚文化相糅合,创造出具有鲜明独特品格的楚文化,从而形成了与中原周文化并驾齐驱的中华民族传统文化的另一发展源头。湘楚文化的爱国主义情怀是其精神世界的重要特征之一。楚人具有强烈的爱国情感,家国意识强,最大的特点就是"勇武耐劳苦"。宋代范仲淹在《岳阳楼记》中写道:"居庙堂之高则忧其民,处江湖之远则忧其君。是进亦忧,退亦忧。"激励人们把更多的人文关怀投向社会,树立先忧后乐的世界观。经世致用也是湘楚文化的一大特点,务实是湖南人办事的基本态度。

379 | 中国人的生活 ▶ 中国民俗与地域文化

岳阳楼,位于湖南岳阳,是湘楚地区文化的代表性建筑

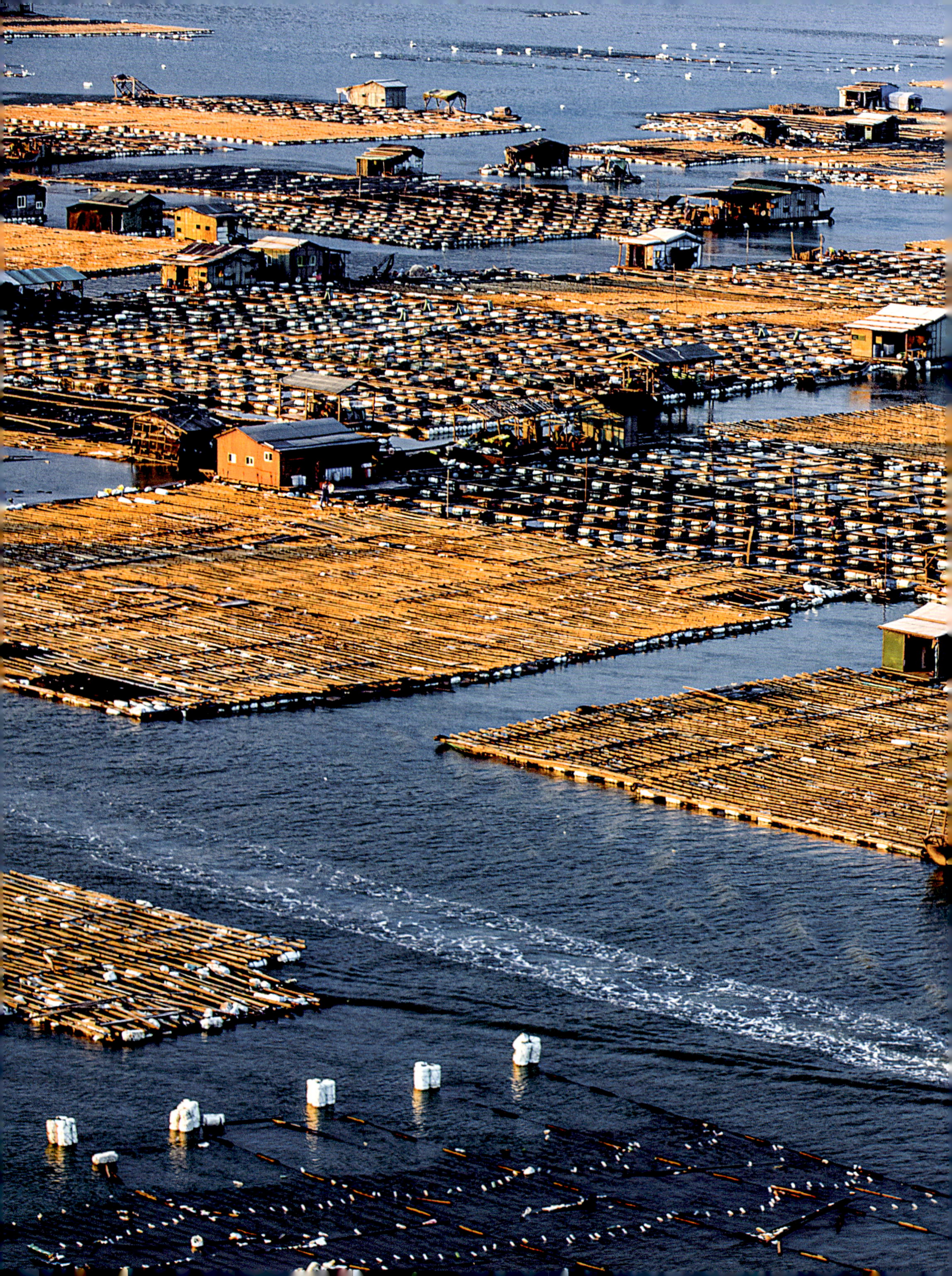

霞浦渔村

07 中国人的文化与艺术生活

柒　中国人的文化与艺术生活 /

中国是一个热爱艺术的国度，古老的岩画、彩陶无不展现了中国人悠久的艺术传统。

中国人不仅创造了无数的艺术瑰宝，还形成了独特的审美观念，丰富了世界文明的内涵。

佛像艺术

  中国的巨型雕塑多是佛像雕刻，主要有山西大同的云冈石窟大佛、河南洛阳的龙门石窟佛像、甘肃敦煌的莫高窟佛像、四川乐山大佛、重庆的大足石刻等。其中，敦煌莫高窟、云冈石窟、龙门石窟和麦积山石窟被并称为"中国四大石窟艺术宝库"。

  佛教在公元1世纪左右就传入中国，对中国文化产生了很大影响，中国境内有许多珍贵佛教艺术品。新疆的克孜尔千佛洞是中国历史上开凿时间最早、地理位置最西的大型石窟群，大约开凿于公元3世纪。从这个时候起，佛像逐渐开始在佛教的伽蓝中普遍地被供奉起来，并由大月氏经过疏勒、高昌、于阗、龟兹等地逐渐地传到河西四郡（敦煌、张掖、武威、酒泉）和中国其他地区。当时，佛的形象系雅利安人的特征，同古代新疆本土居民是不同的。当佛教东进阳关以后，佛的面庞也逐渐中国化了，这种转变过程在敦煌、云冈和龙门三个石窟中表现得十分明显。自北魏孝文帝迁都洛阳以后，佛像都是短衫长裙，同汉人的服饰一样了。到了唐代，洛阳龙门营造佛像的活动达到了高潮。龙门石窟奉先寺的本尊大佛以十余米的高大形象、亲切动人的美丽神情成为中国古代雕塑作品中的最高水平的代表。在青海塔尔寺中的藏传佛教释迦牟尼像，则迥然不同于汉地佛教的佛像，更符合藏族佛教信徒心目中的佛的形象。

河南洛阳龙门石窟

石窟艺术

莫高窟：莫高窟地处丝绸之路的战略要点，位于敦煌市东南鸣沙山东麓的断崖上。莫高窟现存石窟735洞，壁画约为4.5万平方米，彩塑雕像2000余尊。洞窟曾发现从4世纪到14世纪的珍贵文物5.6万件。莫高窟是世界上现存规模最庞大、保存完好的石窟艺术宝库，其艺术特点表现于建筑、塑像和壁画三者的有机结合上。

麦积山石窟：麦积山石窟地处甘肃省天水市小陇山中的一座孤峰上，现存窟龛221个，其中有从4世纪到19世纪以来的历代泥塑、造像7000余尊，壁画900多平方米。麦积山石窟艺术，以其精美的泥塑艺术闻名中外，其中第44窟造像被称为"东方的维纳斯"。

云冈石窟：云冈石窟位于山西省大同市，约有佛龛1100余个，造像5.1万余尊，代表了5世纪至6世纪时中国杰出的佛教石窟艺术。云冈石窟中的昙曜五窟，布局设计严谨统一，是中国佛教艺术第一个巅峰时期的经典杰作。云冈石窟是石窟艺术"中国化"的开始，多种佛教艺术造像风格在云冈石窟实现了前所未有的融会贯通。

龙门石窟：龙门石窟和佛龛展现了北魏晚期至唐代期间最具规模和最为优秀的造像艺术。石窟密布于伊水东西两山的峭壁上，南北长1000多米，窟龛2300余个，佛塔70多座，佛像近11万尊。其中最大的佛像高达17.14米，最小的仅有2厘米，另有历代题记2860余品，这些都体现出中国古代劳动人民的艺术造诣。龙门石窟的造像艺术一开始就融入了对本民族审美意识和形式的悟性与强烈追求，使石窟艺术呈现出中国化、世俗化的趋势，堪称展现中国石窟艺术变革的里程碑。

浙江大学艺术与考古博物馆收藏的19世纪藏传佛教绿度母坐像

中国瓷器

在英文中，瓷器与中国同为一词，这表明中国瓷器的影响之大。中国是瓷器的故乡，瓷器是古代中国劳动人民的一个重要创造。

中国瓷器是在陶器技术不断发展的基础上产生的。相比陶器，瓷器的烧成温度更高，敲击时声音清脆，胎体表面用一般钢刀划都很难划出沟痕，胎体无论薄厚，都具有半透明的特点。中国瓷器的前身是原始青瓷，它是由陶器向瓷器过渡阶段的产物。中国最早的原始青瓷，发现于山西夏县东下冯龙山文化遗址，距今约 4200 年。

青花瓷是中国传统名瓷，釉质透明如水，胎体质薄轻巧，洁白的瓷体上敷以蓝色纹饰，素雅清新。青花瓷早年通过海上丝绸之路远销欧洲各国。景德镇是世界闻名的"瓷都"，这里的瓷器"白如玉，明如镜，薄如纸，声如磬"，青花瓷、玲珑瓷、粉彩瓷、色釉瓷并称为景德镇四大传统名瓷。除了景德镇，淄博、醴陵也是中国著名的瓷器产地。

青花瓷

中国电影

世界电影与电影业起源于19世纪末法国、英国、美国等地。1896年8月11日，上海徐园内的又一村放映了"西洋影戏"，这是中国第一次电影放映，拉开了中国电影发展的序幕。中国的电影诞生于1905年，北京丰泰照相馆创办人任庆泰拍摄了由著名京剧演员谭鑫培主演的《定军山》片段，这是中国人自己摄制的第一部影片，标志着中国电影的诞生，任庆泰也因此被誉为"中国电影之父"。1934年，《渔光曲》在上海首映，该影片参加莫斯科国际电影节，获得第九名，成为中国首部获得国际荣誉的影片。改革开放后，中国的电影事业获得快速发展，1980年至1984年平均年产量达120部左右，每年观众人次平均在250亿左右。2023年，中国影片总产量高达971部，全年电影票房超过549亿元。

中国电影奖项

中国四大电影节：上海国际电影节、北京国际电影节、金鸡百花电影节、长春国际电影节。中国电影四大奖：中国电影金鸡奖、大众电影百花奖、中国电影华表奖、中国电影童牛奖。华语电影最高成就三大奖：中国电影金鸡奖、香港电影金像奖、台湾电影金马奖。

中国的电视事业

中国的电视事业是在20世纪50年代末诞生的。1958年5月1日，中国第一家电视台、中央电视台的前身——北京电视台开始试验播出黑白电视。早期的中国电视播放影片和转播戏剧占很大比重，新闻节目主要是纪录性的电视片。20世纪70年代以后，新闻节目成为受观众欢迎的栏目。由于具有传播及时，形象逼真，节目内容多样，观众不受文化、职业、地区、年龄限制等优点，电视越来越成为最普及的传播媒介。

现今，电视剧、电视纪录片、电视动画片、综艺益智类电视节目是普遍受到欢迎的电视类节目。

春节联欢晚会

春节联欢晚会是中国家喻户晓的电视节目。中国的电视台播放春节联欢晚会节目始于1978年春节前夕，在北京电视台首次播出。1983年春节，中央电视台正式确立了每年一度的现场直播。1996年春节联欢晚会实现了北京、上海、西安三地的联合直播，节目主持人串联全场。春节联欢晚会的主要内容有歌舞、小品和相声等，国内收视率高达90%以上，同时也在世界各地进行实况转播。一年一度的春晚晚会节目与中国人过春节的习俗结合在一起，成为中国人欢庆春节的一个重要组成部分。

敦煌壁画中的反弹琵琶舞乐图

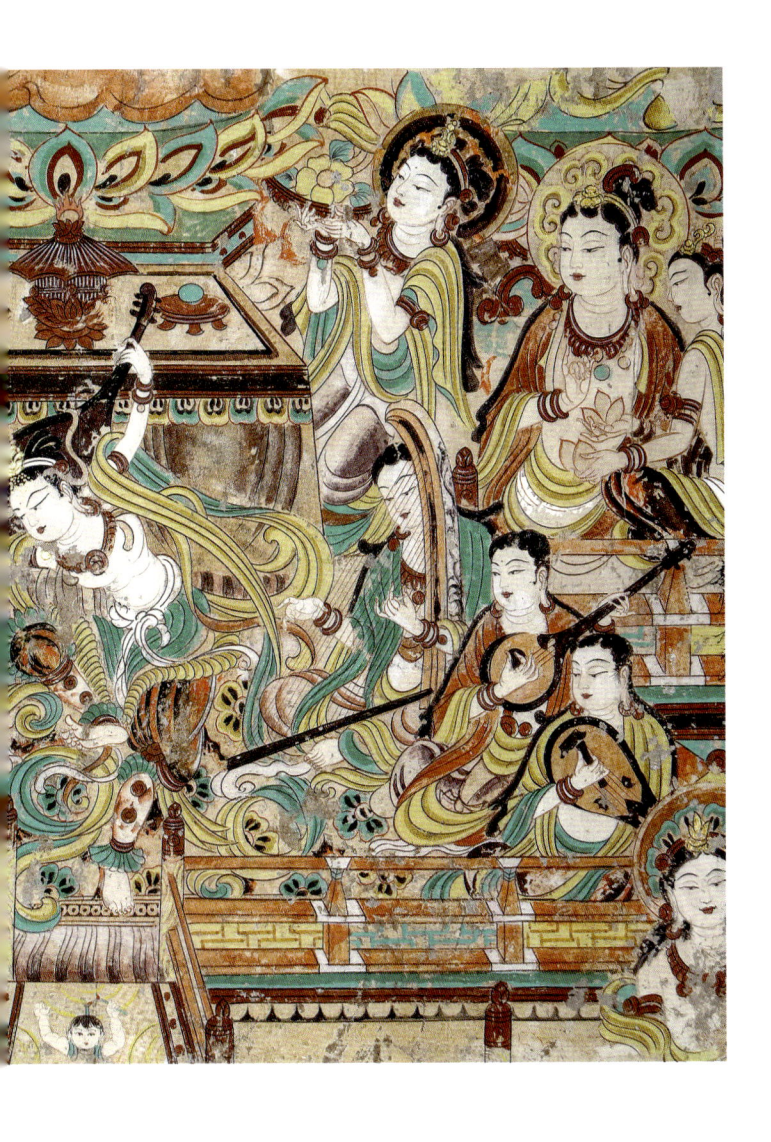

中国音乐

中国音乐特指中国器乐与中国声乐，其历史可以追溯到黄帝时代。中国被称为"礼乐之邦"，古代音乐在人格养成、文化生活和国家礼仪方面有着很重要的作用。新石器时代，中国先民们已经可以烧制陶埙，挖制骨哨。河南舞阳县贾湖遗址的骨笛可溯源至 8000 年前左右，是全世界最古老的吹奏乐器，其中的一支七孔骨笛保存得非常完整，专家们进行过实验，发现仍然能使用该骨笛演奏音乐，能发出七声音阶。

从西周的六艺再到近代的西方音乐，中国音乐在吸收外来音乐要素的过程中不断充实发展，对中国周边地区的音乐也产生了深远的影响。中国音乐很早已经掌握七声音阶，但一直偏好比较和谐的五声音阶，重点在五声中发展音乐，同时将重心放在追求旋律、节奏的变化上。中国的少数民族音乐有着更为丰富的样式和内容，如藏族音乐、蒙古族音乐等。如今在中国，音乐节成为文化消费市场的一道新景观。中国各地每年会定期举办大型音乐节，诸如上海国际艺术节、北京国际音乐节和北京国际戏剧演出季等艺术盛会，吸引着大批世界著名音乐家和一流的音乐艺术表演团体来华访问演出。

贾湖遗址骨笛

河南省舞阳县的贾湖遗址骨笛是中国迄今发现的最早的古代乐器实物，距今已有 7800 到 9000 年的时间。贾湖骨笛，不仅远远早于美索不达米亚的乌尔古墓出土的笛子，也比古埃及第一王朝时期陶制器皿状笛子和在化妆版上刻画的类似后世阿拉伯竹笛的笛子形象早约 2000 年，被许多专家认定为世界上最早的吹奏乐器，也把中国七声音阶的历史提前到 8000 年前。

贾湖遗址共出土了 26 支骨笛，由仙鹤（丹顶鹤）尺骨（翅骨）制成，分散在不同的墓葬，其年代先后相差很大。根据地层关系和碳 -14 测年，其中 18 支骨笛可以分为三种类型，与贾湖文化的分期基本一致。贾湖遗址中出土的中期骨笛，在公元前 6600 至前 6200 年期间，这个时期出土的骨笛都是管开七孔，它们不但能吹奏出完备的五声音阶，而且已经能够吹奏出六声音阶和七声音阶，表明已进入成熟期，标志着贾湖音乐文化的高峰。贾湖晚期的骨笛，大约在公元前 6200 年至前 5800 年之间，这一时期的骨笛除了一部分为七孔骨笛之外，还出现了八孔骨笛，不仅能吹奏出七声音阶，还出现了变音，反映出贾湖先民多姿多彩的精神生活。

舞蹈艺术

中华民族的舞蹈文化源远流长，上下五千年，记录中华民族舞蹈发展轨迹的文物图像和文字，连绵不断，这在世界文化史上也是罕见的。新石器时代舞蹈纹彩陶盆的出土，显示了原始舞蹈整齐的队式及其群体性、自娱性的特点。"帝俊有子八人，是始为歌舞"，远古传说说明了歌舞的创造者是群体。中国的当代舞蹈在广泛吸收各种舞蹈元素时又运用多种表现手段将舞蹈的思想感情充分表达，融合了丰富的传统舞蹈与外来舞蹈元素，将民族审美、民族精神融合在每一个肢体动作中，形成了具有中国特色的舞蹈。值得一提的是，中国少数民族大多能歌善舞，其舞蹈具有独特的文化魅力和艺术价值。

美术

中国美术是以汉民族为主体的华夏民族共同创造的。在中国，美术这种古老的艺术形式，大约产生在史前时代。早在红山文化时期，就已经有玉雕的龙形及其他佩饰作品出土。从半坡遗址中可以发现，仰韶文化时期已经有陶艺存在。新石器时代的彩陶，从几何纹饰进展到动植物纹样，具有独立审美价值。商、西周和春秋时期以富有想象力和装饰性的青铜器作为这一时期美术成就的标志。中国目前发现最早的绘画为长沙楚墓出土的帛画《人物龙凤图》以及战国时期的《人物御龙图》。在漫长的历史进程中，中国美术不仅演化出建筑、雕刻、绘画、工艺造型等门类，还形成了不同于西方美术的独特传统与体系，尤其是中国的书法艺术和写意绘画，在世界美术中独树一帜。中国艺术产生的影响在整个东亚文化圈都有所体现，尤其在曾经与中国交往密切的地区，像朝鲜、越南等周边国家，或者有较多华人移民的地方，如新加坡、马来西亚和印度尼西亚等。日本艺术同样受到中国艺术的巨大影响。

戏曲

中国戏曲十分丰富，主要是由民间歌舞、说唱和滑稽戏三种不同艺术形式综合而成。中国戏曲起源于原始歌舞，是一种历史悠久的综合舞台艺术样式，有360多个种类。它的特点是将众多艺术形式以一种标准聚合在一起，在共同具有的性质中体现其各自的个性。

中国戏曲与希腊悲剧和喜剧、印度梵剧并称为世界三大古老的戏剧文化。中国民族戏曲，从先秦的"俳优"、汉代的"百戏"、唐代的"参军戏"、宋代的杂剧、南宋的南戏、元代的杂剧，到清代地方戏曲空前繁荣和京剧形成。经过长期的发展演变，逐步形成了以京剧、越剧、黄梅戏、评剧、豫剧五大戏曲剧种为核心的中华戏曲百花苑。中国戏曲，剧种繁多有趣，表演形式载歌载舞，有说有唱，有文有武，集"唱、念、做、打"于一体，在世界戏剧史上独树一帜。其主要特点，以集古典戏曲艺术大成的京剧为例，一是男扮女（越剧中则常见为女扮男）；二是划分生、旦、净、丑四大行当；三是有夸张性的化妆艺术——脸谱；四是"行头"，即戏曲服装和道具，有基本固定的式样和规格；五是利用"程式"进行表演。

京剧

　　京剧是中国国粹之一，也是中国影响最大的戏曲剧种。清乾隆五十五年（1790）起，原在南方演出的四大徽班陆续进入北京，与来自湖北的汉调艺人合作，同时接受了昆曲、秦腔的部分剧目、曲调和表演方法，又吸收了一些地方民间曲调，通过不断地交流、融合，最终形成京剧。京剧在文学、表演、音乐、舞台美术等各个方面都有一套规范化的艺术表现形式。京剧的唱腔属板式变化体，以二黄、西皮为主要声腔。京剧的角色分为生、旦、净、丑、杂、武、流等行当。各行当都有一套表演程式，唱念做打的技艺各具特色。京剧经过200多年的实践，以历史故事为主要演出内容，传统剧目有1300多个。

　　京剧流播全国，影响甚广。京剧表演体系被视为东方戏剧表演体系的代表，为世界三大表演体系之一，其中的多种艺术元素被用作中国传统文化的象征符号。2010年，京剧被列入联合国教科文组织《人类非物质文化遗产代表作名录》。

昆曲

　　昆曲是中国古老的戏曲声腔、剧种。昆曲是汉族传统戏曲中极古老的剧种之一，发源于14世纪的苏州昆山，后经改良走向全国，自明代中叶以来独领中国剧坛近300年。昆曲糅合了唱念做打、舞蹈及武术等艺术形式，以曲词典雅、行腔婉转、表演细腻著称。昆曲以鼓、板控制演唱节奏，以曲笛、三弦等为主要伴奏乐器，其唱念语音为"中州韵"。昆曲表演的最大特点是抒情性强、动作细腻，唱腔以缠绵婉转、柔曼悠远见长。昆曲的经典剧目有《牡丹亭》《长生殿》等。

　　昆曲在2001年被联合国教科文组织列入首批"人类口头和非物质遗产代表作"名录，2008年被列入《人类非物质文化遗产名录》。

地方戏

　　地方戏指流行于一定地区，具有地方特色的戏曲剧种。地方戏凝结着某一地域的民风习俗，由于地方特色明显，地方戏深受当地群众欢迎。

　　中国地域辽阔，民族众多，各地的方言不同，所以就形成了丰富多彩的地方戏。据统计，中国的地方戏遍及全国各地，有300多种，其中影响较大的有晋剧、豫剧、越剧、黄梅戏、评剧、曲剧、粤剧、淮剧、吕剧等。地方戏的特色体现在音乐、舞蹈、服装、化妆、方言、剧情等多个方面。

京剧刀马旦扮相

摄影

摄影术于 19 世纪 30 年代诞生于法国，数年后由西方传入中国。多年来，许多摄影家在摄影艺术创作中追求民族形式和东方神韵，使中国摄影艺术根深叶茂。

摄影的本体特征是纪实，这一点表现在中国摄影家与西方摄影家的艺术创作方式是相同的。由于中国与西方所处的自然地理环境不同、历史发展进程不同以及文化传统不同，中国与西方摄影艺术的审美意识、艺术理论产生了差异性，呈现出鲜明的民族特色。当今中国艺术摄影的题材非常广泛。在中国的艺术摄影活动中，风光摄影成为数量最为庞大、地位最为重要的摄影主流。与此产生反差的是，西方摄影史上，风光摄影却从未有过如此重要的地位。中西方艺术反映世界的方式不同，造成艺术摄影的表现手法各有侧重，中国摄影注重写意，而西方更多注重写实。

中国摄影爱好者数量为世界第一。据估计，中国的摄影爱好者约有 3 亿人，仅持有单反和微单的摄影爱好者就超过 1 亿人，这还不包括无所不在的手机拍摄者。

民间艺术

民间艺术，就是普通老百姓所制作的艺术、手工艺和装饰性装饰物。广义上说，民间艺术包括了民间工艺美术、民间音乐、民间舞蹈和戏曲等多种艺术形式；狭义上说，民间艺术指的是民间造型艺术，包括了民间美术和工艺美术各种表现形式。按照材质分类，有纸、布、竹、木、石、皮革、金属、面、泥、陶瓷、草柳、棕藤、漆等不同材料制成的各类民间手工艺品。它们以天然材料为主，就地取材，以传统的手工方式制作，带有浓郁的地方特色和民族风格，与民俗活动密切结合，与生活密切相关。中国传统的工艺美术门类繁多，技艺精湛。利用剪、扎、编、织、绣、雕、塑、绘等技艺制作的各种民间工艺品，如剪纸、风筝、苏绣等，充满了浓郁的民族风格和乡土气息。

曲艺

中国曲艺是中华民族各种说唱艺术的统称，是中国独特的民间艺术。曲艺是由民间口头文学和歌唱艺术经过长期发展演变形成的一种独特的艺术形式，以"说、唱"为主要的艺术表现手段；说的如小品、相声、评书等；唱的如京韵大鼓、单弦牌子曲、湖北大鼓等；似说似唱的如山东快书、锣鼓书等；又说又唱的如山东琴书、徐州琴书等；又说又唱又舞的如二人转、凤阳花鼓等。

中国曲艺发展的历史源远流长。早在古代，中国民间的说故事，讲笑话，宫廷中俳优（专为供奉宫廷演出的民间艺术能手）的弹唱歌舞、滑稽表演，就含有曲艺的艺术因素。到了唐代，大曲和民间曲调的流行，使说话伎艺、歌唱伎艺兴盛起来，自此，曲艺作为一种独立的艺术形式开始形成。宋明以来，曲艺以小说、演义形式表现在民间，如日中天。曲艺包括的具体艺术品种繁多，根据调查统计，除去历史上曾经出现但是业已消亡的曲种，存在并活跃于中国民间的曲艺品种约有 400 个。

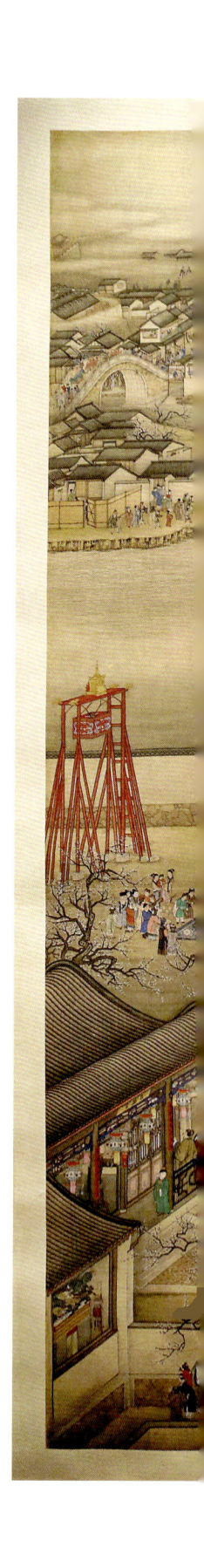

清代宫廷画家郎世宁作《雍正十二月行乐图》

剪纸

中国剪纸是一种用剪刀或刻刀在纸上剪刻花纹，用于装点生活或配合其他民俗活动的民间艺术。古代人们运用薄片材料，通过镂空雕刻的技法制成工艺品，即以雕、镂、剔、刻、剪的技法在金箔、皮革、绢帛，甚至在树叶上剪刻纹样。战国时期，人们就用皮革镂花，银箔镂空刻花，方法与剪纸如出一辙。

在中国，剪纸具有广泛的群众基础，交融于各族人民的社会生活中，是各种民俗活动的重要组成部分，其传承赓续的视觉形象和造型样式蕴含了丰富的文化历史信息，表达了广大民众的社会认知、道德观念、实践经验、生活理想和审美情趣，具有认知、教化、表意、抒情、娱乐、交往等多重社会价值。剪纸源于普通百姓日常生活和劳动对审美的需要，除随处可见的花鸟虫鱼之外，有些剪纸还采取谐音、象征、隐喻的手法剪出如连（莲）生贵子、福（蝠）自天来、吉祥（鸡羊）如意等图案。

2009年，中国剪纸项目入选《人类非物质文化遗产代表作名录》。

年画

中国年画是中国画的一种，始于古代的"门神画"，是中国特有的一种绘画体裁，也是农村老百姓喜闻乐见的艺术形式。年画大都用于新年时张贴，装饰环境，含有祝福新年吉祥喜庆之意。旧时，各地对年画的称谓南辕北辙，如今，各地对年画的称谓逐渐约定俗成，简称为"年画"。

年画已经流传了几千年，由民间艺人将图案刻在模板上，然后涂上鲜艳喜庆的颜色，再用彩纸拓印而出。图案多为中国古代的著名神话人物以及娃娃、风俗等吉祥图案。传统年画以木刻水印为主，追求拙朴的风格与热闹的气氛，因而线条单纯、色彩鲜明。内容有花鸟、胖孩、金鸡、春牛、神话传说与历史故事等，表达人们期望丰收的心情和对幸福生活的憧憬，具有浓郁的民族特色与乡土气息。中国著名的四大"年画之乡"是：四川绵竹，苏州桃花坞，天津杨柳青，山东潍坊。这些地方所生产的年画深受城乡人民喜爱。

风筝

　　风筝外形主要是模仿飞鸟、昆虫，以及采用几何形状等，材料主要是丝绢、纸张和竹篾等。

　　中国的风筝发明于春秋时期，已有 2000 多年历史。相传墨子以木头制成木鸟，研制三年而成，是最早的风筝起源。后来鲁班用竹子，改进风筝材质。直至东汉蔡伦改进造纸术后，坊间才开始以纸做风筝，称为"纸鸢"。

　　到南北朝时，风筝开始成为传递信息的工具。从隋唐开始，由于造纸业的发达，民间开始用纸来裱糊风筝。到了宋代的时候，放风筝成为人们喜爱的户外活动。北宋张择端的《清明上河图》、宋代苏汉臣的《长春百子图》里都有放风筝的生动景象。放风筝的习俗一直延续至今，山东潍坊是中国风筝的故乡，每年还举办国际风筝节。

景泰蓝

　　景泰蓝，中国著名传统瓷器工艺品，起源于宋朝，盛行于明代景泰年间（1450—1457）。北京是景泰蓝的发祥地，也是最重要的产地。因其多用宝石蓝和孔雀蓝色釉作为底色，故称为"景泰蓝"。景泰蓝的制作以紫铜作坯，制成各种造型；再用柔软的扁铜丝，掐成各种花纹，牢牢地焊接在铜胎上；最后把珐琅质的色釉填充在花纹内烧制而成。

广东省博物馆展出的景泰蓝作品

如意

如意是一种中国传统工艺珍品，是中国人喜爱的吉祥之物，外形和灵芝相似，一般由玉或黄金材料制成，象征着顺心如意。据有关资料记载，如意大约出现于战国之时，而在东汉之后，便开始流行于中国大部分地区，及至清代，已成为宫廷的珍宝。据故宫博物院资料，如意的起源与我们日常生活中俗称"不求人"的搔背工具有着密切的关系。最早的如意，柄端作手指之形，以示手所不能至，搔之可如意，故称"如意"。后来，其形态发生分化，一支保留实用功能，在民间流传；另一支强调吉祥寓意，向纯粹的陈设珍玩方向演化。

在现代社会，如意常常出现在艺术品、装饰品中。无论是送礼还是装饰，如意都以其独特的寓意赢得了大众喜爱。

苏绣

苏绣是苏州地区刺绣产品的总称，是江苏省苏州市民间传统美术。苏绣发源地在苏州一带，现已遍布无锡、常州等地。清代确立了"苏绣、湘绣、粤绣、蜀绣"为中国四大名绣，当时正处苏绣的全盛时期，可谓流派争春，名手竞秀。

苏绣具有图案秀丽、构思巧妙、绣工细致、针法活泼、色彩清雅的独特风格，地方特色浓郁。苏绣以苏州刺绣研究所的镇湖刺绣最为有名。苏绣能够绣出山水、亭台、花鸟、人物等各种丰富图案，能创造出正反两面画面相同的作品，还吸收西洋画的特点，形成了光线明暗强烈、富有立体感的风格，有极强的艺术魅力。

唐三彩

唐三彩是中国古代陶瓷烧制工艺的珍品，盛行于唐代。三彩是一种低温釉陶器，釉彩有黄、绿、白、褐、蓝、黑等色彩，而以黄、绿、白三色为主的珍品，人们习惯称之为"唐三彩"。

1905年，陇海铁路洛阳段修筑期间，在古都洛阳北邙山发现一批唐代墓葬，发现了为数众多的唐三彩随葬品。唐三彩的诞生已有1300多年的历史，它吸取了中国国画、雕塑等工艺美术的特点，采用堆贴、刻画等形式的装饰图案，线条粗犷有力，造型生动逼真，色泽艳丽，富有生活气息。

皮影戏

皮影戏是一种以兽皮或纸板做成的人物剪影来表演故事的民间戏剧。表演时，艺人们在白色幕布后面，一边操纵影人，一边用当地流行的曲调讲述故事，同时配以打击乐器和弦乐，有浓厚的乡土气息。其流行范围极为广泛，并因各地所演的声腔不同而形成多种多样的皮影戏。

皮影戏是中国民间古老的传统艺术。据史书记载，皮影戏始于西汉，兴于唐代，盛于清代，元代时期传至西亚和欧洲，可谓历史悠久，源远流长。

建筑艺术

中国建筑艺术在世界建筑史上是延续时间最长、分布地域最广、有着特殊风格与体系的造型艺术。中国古代建筑艺术在文化层面上表现出三大特质：注重审美性与伦理性的高度统一；具有鲜明的人文主义品格；在变化中注重综合性的整体空间意象。

中国建筑艺术的形式特征主要表现为：多以群体组合的形式构成丰富的空间序列，如以十字轴线展开的坛庙建筑，以纵轴为主横轴为辅的民居和宫殿建筑，以曲折轴线展开的园林建筑。不管哪种展开方式都形成抑扬顿挫，有前序、高潮、尾声的空间序列。单体建筑造型注重规格程式，如殿、亭、廊等形制都由台基、屋身和屋顶组成，同时各部分之间都有一定的比例。木结构的梁架组合形式所形成的体量巨大的屋顶，其坡顶、正脊和翘起飞檐组成的柔美曲线，使屋顶成为中国建筑最突出的特色构件。室内空间处理灵活多变，常用板壁、隔扇、帐幔、屏风、博古架隔为大小不一并富有变化的空间，产生含蓄的空间意象，注重建筑构件的色彩和谐以及装饰彩绘的表现性。

安徽宏村民居

雕塑艺术

中国古代雕塑作品主要是陵墓雕塑、宗教雕塑和民俗雕塑，其发展高峰是秦汉至隋唐时期。

中国原始雕塑主要以人和各种动物形象的陶塑为主，还有石、骨、玉等材料的雕刻。人物形象大多是附加在实用器物上的装饰物，多以捏塑、贴塑、锥刺等手法制成，随意性很强，形象粗简、稚拙。5000 年前的原始先民们已有了木架支撑、层层敷泥等最初的雕塑方法。商代青铜礼器造型奇特，多富于神秘、威慑的色彩。西周以后，其风格趋于写实而富于理性。至春秋战国时期，雕塑变得繁丽、华美。秦汉时期的雕塑空前繁盛，最具典型意义的是秦始皇陵兵马俑雕塑群，以体量巨大、数量众多、形象真实产生了震撼人心的艺术魅力。汉代的雕塑作品众多，造型古朴、神态夸张而强调动势。随着佛教的盛行，佛像雕塑成为魏晋南北朝时期雕塑艺术的主流，著名的云冈石窟、敦煌石窟、龙门石窟、麦积山石窟均开凿于这个时代。隋唐时期是中国古代雕塑的鼎盛期，其成就首先表现在石窟雕塑上，其雕刻手法流畅而娴熟，创造了完全民族化的造型风格，最能代表唐俑艺术水平的是三彩俑。世俗题材的增多和写实风格的发展是宋、辽、金时期雕塑艺术的主要特点，如山西晋祠宋塑，生动传神地表现出了世人情态，有很强的写实性。元、明、清时期的雕塑成就主要体现在宫廷、园林中的雕塑作品上，在点缀环境、烘托氛围上起了很重要的作用。20 世纪以后，中国雕塑在题材内容和形式风格上产生了新的变化，出现了一批雕塑家和纪念性的写实雕塑作品。20 世纪 80 年代以后，雕塑艺术向着多样化发展，并且在艺术观念、创作手法和材质的探索上都有了长足的进步。

竹雕工艺品是中国传统雕刻艺术品之一，中国也是世界上极早和极善用竹的国家之一

798 艺术区

798 艺术区，位于北京市朝阳区酒仙桥路 2 号，是北京的文化创意产业集聚区。原身是重点工业项目 718 联合厂，从 2002 年开始，由于租金低廉，诸多艺术家工作室和当代艺术机构开始聚集于此，逐渐形成了一个艺术群落。

798 艺术区总面积 60 多万平方米，一部分厂区建筑作为工业遗产完整地保留下来，并根据其内部车间的大尺度空间，改造成现当代艺术展示空间，其艺术空间的装修不拆毁原有窗户、屋顶、墙体等，尽量保持厂房的原汁原味。798 艺术区汇集了画廊、设计室、艺术展示空间、艺术家工作室、时尚店铺、餐饮酒吧以及动漫、影视传媒、出版、设计咨询等各类文化机构 400 余家。如今，中国大量的现代艺术区与过去的历史痕迹在这里相映成趣。

08 中国人的休闲与娱乐

捌　中国人的休闲与娱乐 /

中国人的日常生活丰富多彩，充满乐趣。中国实行每周5天工作制，在各个重要节日，都会有假期，在职职工每年还享有不同时长的带薪假期。

中国人喜欢交友。好友相聚时，一边喝茶，一边玩棋牌游戏。大江南北的中国人闲暇时都喜欢进行打扑克、下棋、打麻将等娱乐活动。随着各地商场和各种购物场所的增多，逛街购物已成为许多人钟爱的日常休闲方式。此外，各大城市都有分门别类的博物馆，定期举办展览活动，大多数可以免费参观。假日一般是旅游的高峰期，各地的旅游景点都会非常火爆。

体育健身

如今,越来越多的中国人为了健康而运动。过去,说起中国体育,主要是乒乓球。如今,中国体育百花齐放,从游泳到田径,从网球到篮球,许多顶尖的中国运动员在世界上有极大的影响力。

为了满足广大人民群众日益增长的体育需求,以及纪念2008年北京奥运会成功举办,从2009年起,每年的8月8日被确定为中国公民的"全民健身日"。城市居民热衷于跑步,民间组织的马拉松比赛也纷纷涌现。在城市的公园里,随处都能看到打太极拳、放风筝、踢毽子、跑步、滑旱冰、跳街舞和唱歌的人,既充满现代感,又带有传统韵味。更多的年轻人进入体育馆、健身房挥洒汗水,中老年人则热衷于在小区健身区或者公园里慢跑怡情。如今,全国各地的武术班、跆拳道班、足球班等兴趣班如雨后春笋般涌现,为中国的体育事业培养优秀后备人才。

中国功夫

中国功夫即武术。说起中国功夫,就让人联想起李小龙的功夫电影。李小龙在拳术、棍术等方面都技艺精湛,尤其是三节棍等功夫让人眼花缭乱。李小龙是将中国功夫传播到全世界的第一人,推动了功夫电影的发展。

在中国武术界,少林寺久负盛名。少林功夫内容丰富,套路繁多,有少林七十二艺的说法。中国功夫中的少林拳,就是少林寺的僧人世代练习的拳法。中国的武术,不管哪种拳术,都强调基本功。少林童子功更要求习武者从小接受严格的训练,这样才能练成"罗汉睡觉""朝天蹬"等复杂招式。太极拳是中国功夫的一种,其重点是以意念引导动作,意动身随,动作柔中有刚,拳姿优美,作为一种强身健体的方式至今仍然受到人们的喜爱。中国功夫注重内外结合,外练身手,内练心气,因此能够调节人体的神经系统、呼吸系统以及心理状态等,从而达到防病治病、健身强体的作用,兼具防身与健身两大功能。总体来说,中国功夫都是主张尚德、立足防守的功夫。练武是为了防身健身,而不是攻击,这和中国军事思想的特点是相通的。

健身房

健身房作为健身康复和锻炼活动的场所,近年来非常流行。大部分的健身房都有齐全的器械设备,有健身及娱乐项目,还有专业的教练进行指导。

从城市分布看,健身房数量基本与城市规模和发达程度成正比,北京与上海遥遥领先。中国健身行业市场规模接近4000亿元,根据《"健康中国2030"规划纲要》中的远景规划和国家体育总局所公开发布的数据推算,预计2025年中国的基础阶段体育健身人口可能会增长至3.25亿至3.5亿左右。

蹴鞠

蹴鞠在古代有许多不同的名字,"蹴"有用脚蹴、蹋、踢的含义,"鞠"最早就是以皮革包裹、内填米糠的球。因此,"蹴鞠"就是指古人以脚蹴、蹋、踢皮球的活动,与现代足球十分相似。

在中国,蹴鞠所用之"鞠",可上溯到石球。石球在约十万年前的丁村文化遗址首先出土,4万年前的许家窑文化遗址大量出现。石球最早是狩猎工具,原始社会后期出现了用脚踢的石球及镂空的陶球。据史料记载,早在战国时期,中国民间就流行娱乐性的蹴鞠游戏,而从汉代进一步发展为兵家练兵之法,宋代又出现了蹴鞠组织与蹴鞠艺人,清代开始流行冰上蹴鞠。因此可以说,蹴鞠是中国古代流传久远、影响较大的一项体育运动。

明代《明宣宗行乐图》(局部)

图书出版与报纸

图书与报纸在中国人的生活中长期占有重要的地位,特别是近年来,中国成为"书海",报刊由"两报一刊"增至成千上万,传播方式由单一纸质变成多样载体,数字化出版物走向千家万户。根据《中华人民共和国 2023 年国民经济和社会发展统计公报》,截至 2023 年末,全国出版各类报纸 258 亿份,各类期刊 18 亿册,图书 119 亿册(张),人均图书拥有量 8.40 册(张)。

中国的各类图书也受到了国际关注,尤其是外文出版社出版的《习近平谈治国理政》一书,被誉为"国际社会读懂中国的一把钥匙",除中文版外,还被译成英、法、俄、阿等多个语种版本。为鼓励图书"走出去",中国推出了"图书对外推广计划"以及"中国文化著作翻译出版工程"等工程,以传播中国优秀文化为宗旨,支持国内外出版机构在国际市场出版中国主题的图书,让各国读者能更真实地认识和了解中国。

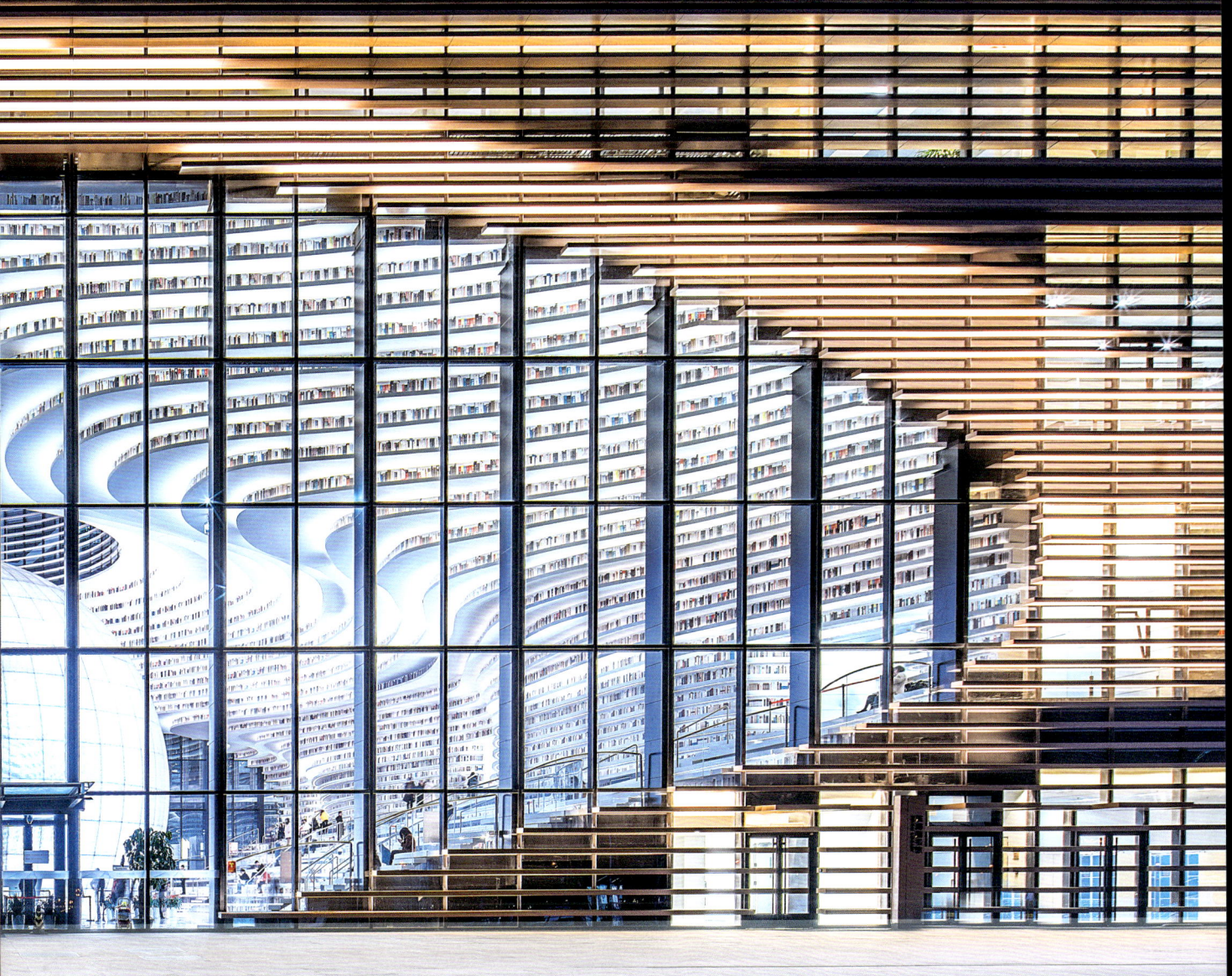

杂志

  中国地大物博，有着悠久的历史文化，这个特点在杂志期刊的数量和种类上也有所体现。中国杂志期刊品种丰富，数目繁多，现有期刊上万种。

  中国杂志期刊面临着激烈的市场竞争环境与较大的行业压力，一些杂志在竞争中被残酷淘汰，一些杂志顺应时代发展潮流，以电子版转型成功。调查分析表明：相比较来说，高端杂志及专业性极强的杂志受众较少；反之，大众型杂志期刊更受读者的关注与青睐。随着杂志期刊行业逐渐细分化，新兴行业数量逐渐增多，专业型杂志期刊数量也不断增多。专业型期刊很大程度上依赖于行业的发展，发展情况良好的行业，则该行业的杂志期刊数量占比更大，更受读者关注，反之亦然。此外，杂志发行周期越短，往往越容易吸引读者的关注，会使读者对杂志产生一定的依赖性，提升杂志的整体影响力和知名度。除了纸质杂志的发行，电子杂志的出版发展已是大势所趋。

天津滨海新区图书馆

公共图书馆

中国的公共图书馆是指向社会公众免费开放，收集、整理、保存文献信息并提供查询、借阅及相关服务，开展社会教育的公共文化设施。按照中国行政区划，公共图书馆已基本实现全覆盖。2011年之后，中国所有公共图书馆实现了无障碍、零门槛进入。据统计，截至2023年底，全国共有公共图书馆3309个。位于北京的国家图书馆馆藏资源丰富，是亚洲规模最大的图书馆，居世界国家图书馆第三位。

城市书房

城市书房一般由政府主导、社会力量合办，依托各级中心图书馆，采用自动化设备和无线射频技术，实现一体化服务，具备24小时开放条件，是自助公共图书馆。2014年，温州就率先建成第一家24小时免费开放的城市书房，人们可以选择任何时候来到这里，取一本书，享受一段宁静的读书时光。温州市图书馆将法人治理结构引入公共文化服务运行管理，成立了由各界代表组成的"图书馆理事会"，将全自助、不打烊的图书馆开进了社区。倡导全民阅读，便利的公共阅读服务在全国各地蔚然成风。在北京，三联韬奋等24小时书店拓展了读者的阅读空间，城市书房已成为城市文化新时尚。

农家书屋

农家书屋是为满足广大农民文化需求，在行政村建立的、农民自己管理的、能提供农民实用的书报刊和音像电子产品阅读视听条件的公益性文化服务设施。每一个农家书屋原则上可供借阅的实用图书不少于 1000 册，报刊不少于 30 种，电子音像制品不少于 100 种（张），具备条件的地区，可增加一定比例的网络图书、网络报纸、网络期刊等出版物。2019 年，中宣部、中央文明办等 10 部门联合印发了《农家书屋深化改革创新提升服务效能实施方案》，要通过深化改革，提升服务效能，做强做优一批示范书屋。目前，中国正在大力推动农家书屋工程，加快构建农村公共文化服务体系。

网络

网络已经成为中国人休闲娱乐的十分重要且应用广泛的平台。中国网民规模超过 10 亿，相当于全球网民的 1/5。

1994 年，一根细细的网线把中国接入了另一个世界——网络世界。无数人在互联网带来的信息高速流转中受惠，人与人的交往也拥有了一种全新方式。从 1994 年到现在，互联网在中国的发展极其迅速。目前中国的互联网普及率达 77.5%，超过全球平均水平。尤其值得注意的是，中国手机网民规模超过 10.91 亿人，占网民总数的 90% 以上。截至 2023 年 12 月，中国网络直播用户规模达 8.16 亿人，其中电商直播用户规模为 5.97 亿人，具有极大的商业潜力。中国的网络购物用户规模达 9.15 亿人，交易规模在 2019 年即超过 10 万亿元，并持续快速增长。中国在线政务服务用户规模达 9.73 亿人。中国网络游戏用户规模已达 6.68 亿人。

中国网

中国网是由国务院新闻办公室领导，中国外文出版发行事业局管理的国家重点新闻网站。自 2000 年成立以来，陆续实现了用中、英、法、西、德、日、俄、阿、韩、世界语 10 个语种 11 个文版，24 小时对外发布信息，访问用户覆盖全球 200 多个国家和地区，成为中国进行国际传播、信息交流的重要窗口。

中国网是国家重大活动、各大部委新闻发布会、全国两会新闻中心指定的网络报道和直播媒体，是国务院新闻办公室新闻发布会独家中英文网络直播发布网站。中国网坚持以新闻为前导，以国情为基础，通过精心整合的即时新闻、翔实的背景资料和网上独家的深度报道，以多语种、多媒体形式，向世界及时全面地介绍中国。

天津滨海新区图书馆内景

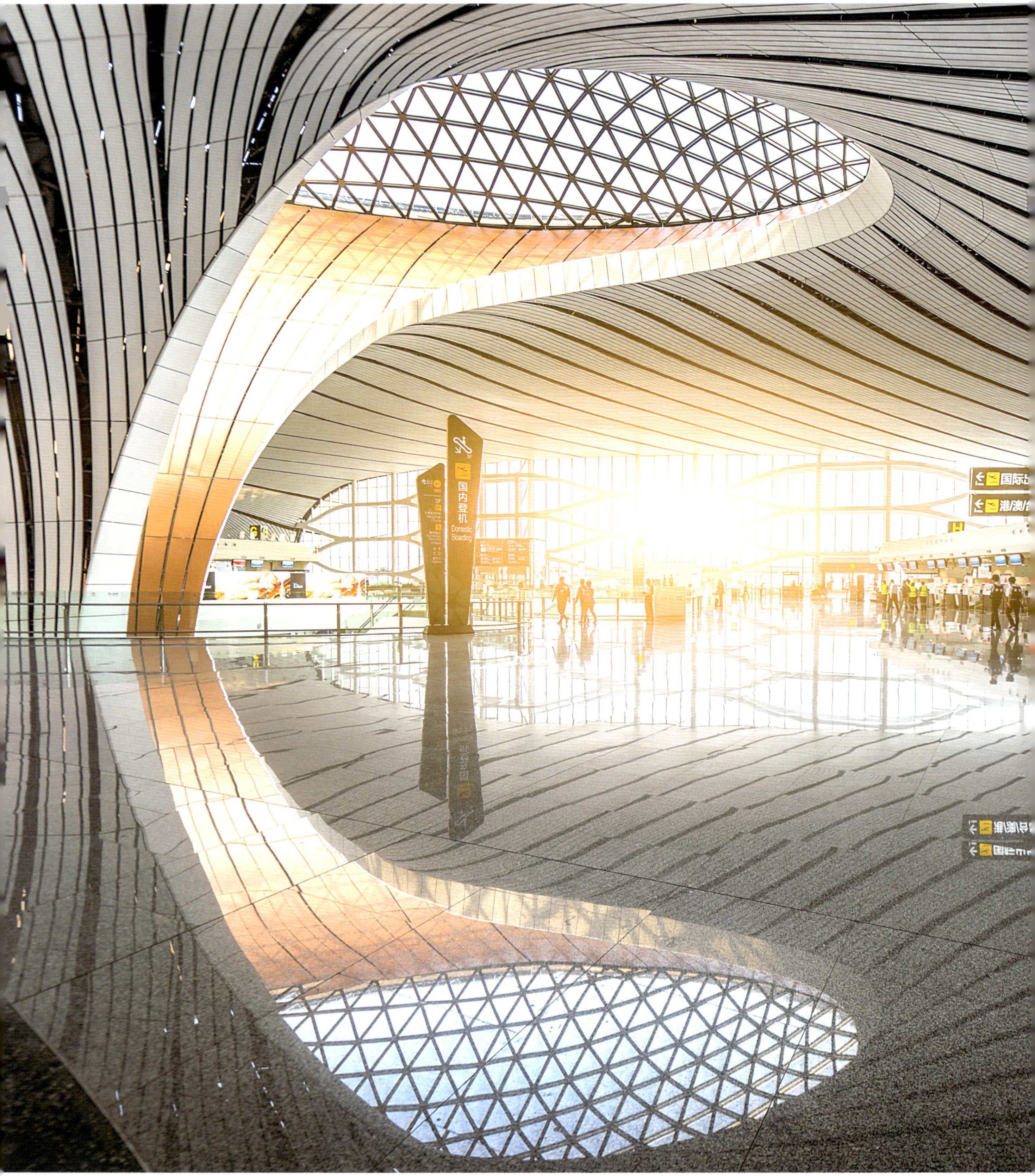
国内登机
Domestic Boarding

旅游

中国是一个旅游资源十分丰富的国家，每年都吸引着大批的国内外旅游者。自改革开放以来，旅游业已经成为中国第三产业中最具活力与潜力的新兴产业。目前，中国已形成世界上规模最大、增速最快、潜力最强的入境旅游市场。

近年来，中国旅游业发展迅速，旅游的形式越来越多样化，除了传统的节假日探亲旅游外，还有休闲旅游、短途旅游和自驾旅游，城市郊区的农家旅游和生态旅游等也成为新风尚。"全家游"属性进一步凸显，一家三口、三代同堂甚至四代同堂成为出游主力。此外，越来越多的年轻人把旅游作为一种生活爱好或生活方式，不少人尝试探险旅游。

根据《中华人民共和国2023年国民经济和社会发展统计公报》，2023年全年国内出游48.9亿人次，比上年增长93.3%。国内游客出游总花费49133亿元，增长140.3%。入境游客8203万人次，其中外国人1378万人次，香港、澳门和台湾同胞6824万人次。入境游客总花费530亿美元。国内居民出境10096万人次，其中因私出境9684万人次，赴港澳台出境7704万人次。

中国环球飞行第一人

环球飞行，是由同一个飞行员驾驶同一个飞行器，从地球的某一地起飞，穿过地球所有的经线，绕地球一周后回到出发点的飞行，整个飞行距离还必须超过南北回归线长度36787.6千米。

2016年8月7日13时，张博博士单独驾驶TBM700单引擎涡轮螺旋桨飞机，从北京首都国际机场出发一路从西向东飞行。9月24日15时30分，飞机降落在北京首都国际机场。至此，张博用49天飞行40818千米，途经俄罗斯、美国、加拿大、英国、哈萨克斯坦等23个国家，起降44次，完成了中国首次环球飞行，他也由此成为中国环飞第一人。

2019年4月2日，张博驾驶DA42活塞式螺旋桨飞机，从美国芝加哥起飞，进行了2050专题环球飞行，也是张博人生的第二次环球飞行。张博驾机飞越三大洲三大洋，于6月9日成功返回降落芝加哥。这次环球飞行用时68天，飞行41000多千米，途经21个国家50次起降和经停。由此，张博成为中国唯一有两次环球飞行经历的人。

2023年12月24日，张博从美国KLOT出发，于2024年3月11日抵达KLOT，历时79天，总飞行时间176小时，总飞行距离52572千米，经停和飞越了21个国家。此次环球飞行飞经了东、西、南、北四个半球，飞越了大西洋、印度洋、南太平洋、北太平洋。由此，张博完成了他第三次环球飞行，成为世界环球飞行史上第一位完成三次环球飞行的人。

张博完成第三次环球飞行

北京大兴国际机场

休闲娱乐

当今中国人的休闲娱乐方式变得越来越多元化与个性化。春天去郊外郊游、露营；夏天去游乐园戏水、玩极限运动；秋天外出野餐、骑马；冬天滑雪、看冰灯……这些已经成为中国人流行的休闲娱乐方式的剪影。都市的生活更是丰富多彩，任何人都可以找到自己的爱好所在。喜欢待在家里的"宅男宅女"把看电视和社交网络作为自己休闲娱乐的最佳方式，电视娱乐节目异军突起，特别是不断推陈出新的唱歌选秀节目给无数人带来了欢声笑语。微信、微博等社交媒体已经成为许多中国人最重要的通信与休闲娱乐工具。手机不仅仅是一个通信工具，更是中国年轻人重要的休闲娱乐平台。

棋牌曾经是中国人非常喜欢的娱乐项目之一，现在阅读逐渐成为受欢迎的都市休闲方式，很多人将图书馆作为周末休闲的去处。看电影、听音乐会、看话剧、玩"剧本杀"等娱乐活动也逐渐成为潮流。在中国的大多数城市都有专门的音乐厅或剧院，这些地方经常迎来世界各地的演出团体，门票往往供不应求。入夜后，咖啡厅、KTV和酒吧灯光摇曳，是年轻人的娱乐场。北京的三里屯、香港的兰桂坊、上海的徐汇区、云南的丽江，这些都是现代中国城市夜生活的地标，给城市增添了无限的活力。

广场舞

广场舞是人们普遍参与的健身舞，因多在公园、广场聚集而得名，融自娱性与表演性为一体，以集体舞为主要表演形式，以健身为主要目的。舞蹈形式多种多样，包括民族舞、现代舞、街舞、拉丁舞等，通常有节奏感强的音乐伴奏。

广场舞在公共场所由群众自发组织，参与者多为中老年人，其中又以50岁以上的妇女居多。广场舞不仅在大中城市流行，在一些城镇也拥有广大的爱好者。大部分广场舞是非专业舞者创造的舞蹈，是属于老百姓的舞蹈。

广播操

广播操是指学生或企业职工在广播的指挥和音乐伴奏下，按一定节拍做徒手操的一种形式。广播操多在课间或工间休息时进行。广播体操在不同时间做有不同的效果。如清晨做操，能使人很快进入兴奋状态，身体各部分机能积极活动起来，以便更好地去迎接一天的工作和学习任务。课间或工间做操，可以调节生活，消除工作和学习中产生的疲劳，又可以预防长时间工作和学习对身体各器官的有害影响。

新中国成立以后，政府大力推广广播体操活动。1951年，中央人民广播电台和各地人民广播电台创办广播体操节目，并公布了第一套成人广播体操。1954年、1955年，先后公布了第一套少年和儿童广播体操。从1954年开始，中国一共推出了9套广播体操。

棋牌

中国人素有弈棋的文化。弈棋不仅是一种"斗智"艺术，也是一种锻炼智力的娱乐活动。棋牌项目，根据其对身心作用的强弱程度可分为简单棋牌游戏和复杂棋牌游戏。简单棋牌类消遣性强，游戏作用大于思维活动，令人轻松。复杂棋牌类项目一般都伴有较为复杂和强烈的心智活动，思维活动大于游戏作用，并具有较强的竞赛性。例如围棋、中国象棋、国际象棋，已被列入体育运动竞赛项目。麻将牌、扑克牌都是非常有趣且深受大众喜欢的娱乐活动。这两种游戏不仅具有休闲性，而且有很强的趣味性，以致人们久玩不厌。

围棋

围棋，是一种策略型两人棋类游戏，中国古时称"弈"，可以说是棋类之鼻祖，西方名称"Go"。围棋主要流行于东亚国家（中、日、韩、朝），属中国传统的琴棋书画四艺之一。

围棋起源于中国，传说为帝尧所作，距今已有4000多年的历史，春秋战国时期即有记载。据先秦典籍《世本》记载："尧造围棋，丹朱善之。"西晋政治家张华在《博物志》中继承并发展了这种说法："尧造围棋，以教子丹朱。若曰：舜以子商均愚，故作围棋以教之。"

围棋使用正方形格状棋盘及黑白二色圆形棋子进行对弈，正规棋盘上有纵横各19条线段，将棋盘分成361个交叉点，棋子必须走在交叉点上，双方交替行棋，落子后不能移动，以围地多者为胜。围棋的形式和规则看起来都非常简单，但被认为是世界上最复杂的棋盘游戏，其可能的变化数超过3的361次方。

围棋最大的特点是，围棋中的黑白棋子及其多样的对弈策略，蕴含着中华文化丰富的阴阳互补和辩证转化的哲学内涵，是中国文化与文明的一种生动体现。外国人学习围棋不仅可以娱乐、益智，还能够加深对中华文化的深层次理解。

围棋在隋唐时经朝鲜传入日本，围棋传到欧洲的时间有不同的说法，一般认为是17世纪中叶。围棋在中、日、韩等国广受欢迎，每年都有十余种国际大赛，引发众多棋迷的关注。

麻将

麻将是一种四人骨牌博戏，流行于华人文化圈中。麻将起源于中国的博弈游戏，一般用竹子、骨头或塑料制成小长方块，上面刻有花纹或字样。

关于麻将起源，一般认为是江苏太仓"护粮牌"。有关资料记载，在江苏太仓市曾有皇家的大粮仓，常年囤积稻谷，以供"南粮北调"。粮多自然雀患频生，管理粮仓的官吏为了奖励捕雀护粮者，便以竹制的筹牌记捕雀数目，凭此发放酬金，这就是太仓的"护粮牌"。这种筹牌上刻着各种符号和数字，既可观赏，又可游戏，也可作兑取奖金的凭证。这种"护粮牌"，其玩法、符号和称谓术语无不与捕雀有关。如"碰"即"嘭"的枪声，又如成牌叫"和"，和"鹘"谐音，"鹘"是一种捕雀的鹰。除此还有"吃""杠"等术语也与捕鸟有关。麻将的玩法多且复杂，与西方的扑克牌不同的是，麻将的所有牌虽然不同，但相互之间并没有固定的大小关系，其输赢完全取决于各种牌的组合关系及其变化，反映了中国传统文化和哲学的思想方法。

国际标准麻将，简称国标麻将，是麻将的一种玩法，其规则由中国国家体育总局于1998年制定，应用在众多国际及国内麻将竞赛中，故被称为国标麻将。

麻将牌

宠物

饲养宠物可以让人类亲近自然，满足人类的心理需求，是非常健康的爱好。早在 1.5 万年前，中国古人就开始驯养狗，猫也被人类驯化了 3500 年，而原产于中国的金鱼至少在 1500 年前就被人们饲养了。近年来，随着人们生活水平的不断提高，人们不仅养起了狗、猫、鸟、兔、鱼等宠物，有的人还将豚鼠、蜥蜴、蛇等野生动物驯化后当宠物来养。过去，人们养狗主要是为了保障安全，看家护院；养猫主要是为了消灭鼠害，保护粮食。如今，饲养宠物作为人类的伙伴，让人们的生活更加充实，舒缓人们的精神压力。随着时代的发展，宠物的范围越来越广，包括动物、植物、虚拟宠物、电子宠物等。

逛公园

在中国古代，公园是指官家的园子，而现代一般是指政府修建并经营的作为自然观赏区和供公众休息游玩的公共区域。公园有较完善的设施和良好的绿化环境，具有改善城市生态、防火、避难等作用。公园一般可分为城市公园、森林公园、主题公园、专类公园等。

现代的公园以其环境幽深和清凉避暑的优点受到人们的喜爱，也成为情侣们、老人们、孩子们的休闲场所，因此，很多的书籍、电影、电视剧的背景都选在公园。公园规划和设计就是综合考虑植物、地形、地貌这些自然条件的影响，因地制宜、因时制宜，创造不同公园的特点和风格。20 世纪初以来，随着公园建设的发展，又增加了很多活动内容，综合性的公园一般有观赏游览、安静休息、儿童游戏、文娱活动、文化科学普及、服务设施等多种功能。公园内通常是将造景与功能分区结合，将植物、水体、山石、建筑等元素按园林艺术的原理组织起来，并设置适当的活动区域，组成景区或景点，形成内容与形式协调、多样统一、主次分明、自然轻松的艺术空间。

自驾游

　　自 20 世纪 90 年代以来，中国的汽车数量以惊人的速度增长。汽车不仅是人们日常的交通工具，也成为人们出游旅行的基本方式。如今，不管是城市，还是农村，人们都会自驾车去周边的旅游点进行短途旅游。采摘、钓鱼、烧烤、吃野菜等项目特别受欢迎。长途旅游者有跟团旅游、自助休闲旅游、自驾游或徒步旅游等各种选择。自助休闲游是年轻人最喜爱的出游方式，自己规划行程，不仅能深入地领略当地的风土人情，还能增加旅途中的乐趣。越来越多的热爱探险和喜欢挑战的人选择自驾方式，出行前做好充分的食物和生活用品的准备，夜晚住在自带的帐篷里，享受大自然的美好。

卡拉 OK

　　卡拉 OK 本来是一种伴奏系统，演唱者可以在预先录制的音乐伴奏下参与歌唱。20 世纪 90 年代，卡拉 OK 自日本传入中国，备受年轻人的喜爱。卡拉 OK 能通过声音处理使演唱者的声音得到美化与润饰，再与音乐伴奏有机结合时，就变成了浑然一体的立体声音效。这种伴奏方式给歌唱爱好者们带来了极大的方便，是常见的休闲娱乐的方式，现多叫 KTV。

泡吧

　　"吧"是 21 世纪才在中国流行的词，如陶吧、书吧、布吧等。中国的"泡"字，有沉浸的意思，在互联网世界里，集中体现在运用网络、手机沉浸在各种贴吧、各类社交网站、网络游戏里等。如今，泡吧逐渐成为人们的一种生活方式。

电游

　　如今的中国，电子游戏基于网络技术的产业链，产生了多样的产业。在这条产业链上，汇集了软件、硬件、娱乐、创意艺术、电竞等诸多领域的企业，甚至还涉及影视、动漫、文学领域。可以说，电子游戏生态惠及了众多产业链上的企业和个人，影响着社会经济的发展。

　　虽然中国的电子游戏产业起步晚，但发展迅猛。据统计，中国电子游戏产业总体收入超过 3000 亿元。虽然中国电子游戏产业的规模并不是世界第一，但中国电子游戏产业未来的发展空间巨大。随着 5G 技术和虚拟现实技术的不断完善和普及，未来十年人们的娱乐方式将发生巨大的转变，电子游戏的内容将越来越与人们的日常生活融为一体，更多的日常生活场景将成为电子游戏的背景。

北京北海公园

购物

购物，既是经济消费与服务的行为，也可视为一种休闲活动。近年来，超大规模购物中心逐渐以其购物、餐饮、休闲、娱乐、旅游等综合性经营模式与完美的环境配套设施席卷中国，迅速在北京、上海、深圳、广州等地发展壮大。超市是如今中国人选购食品的主要场所。对很多人来说，购物是一种休闲活动，可以逛不同的商店选购产品。近年来，网上购物成为一种潮流，购物方式越来越多样。

网上购物是指购物者通过互联网检索商品信息，并通过电子订购单发出购物请求，然后以电子支付方式支付，厂商通过邮寄的方式发货，或是通过快递公司送货上门，具有简便实用的突出特点。中国国内的网上购物，一般付款方式是款到发货。《消费者权益保护法》有七日无理由退货的规定，保障消费者的合法权益，促进电子商务健康发展。

"双11"狂欢

11月11日，因为电商网络的促销活动成为中国电子商务行业的年度盛事，"双11"被称为购物狂欢节并不夸张。近年来，天猫、京东等电商交易规模不断刷新着人们的想象。"双11"网购狂欢节源于淘宝商城（天猫）2009年11月11日举办的促销活动，当年销售额为0.52亿元，有27家品牌参与；2018年销售额为2135亿元，有18万家品牌参与；2020年的11月11日0点，天猫平台订单创建峰值达到58万笔/秒，这个数字是2009年"双11"的1457倍；2021年"双11"交易额：天猫是5403亿元，京东是3491亿元。2021年11月11日截至0点45分，天猫有411个中小品牌销售额突破千万，40个千万级的品牌成交额突破1亿元大关。2023年11月11日截至零点，天猫共有402个品牌成交破亿。

垂钓

垂钓是中国人普遍喜好的休闲活动。中国的垂钓活动最早可追溯到旧石器时代，距今大约6000年的陕西西安半坡遗址出土的骨质鱼钩，是中国发现的最早的垂钓文物。此外，在全国各地的新石器时代文化遗址中都发现了许多骨质鱼钩。可见，当时内陆地区淡水水域钓鱼活动不仅十分普遍，而且已有较高的技术水平。关于垂钓活动确切的文字记载，则见于2000多年前的诗歌总集《诗经》，人们已经在江河中垂钓了。在先秦时期的古文献中有关钓鱼的记载，多是从文化角度而言的，如《列子·汤问》记载了詹何以钓鱼之事论述治国安邦之道。

如今，中国有巨大的垂钓爱好者群体。中国不仅是一个渔具加工大国，也是一个巨大的渔具消费市场。根据相关数据，在各钓鱼协会有记录的中国钓鱼人数就超过1亿人，由此可见，中国国内渔具消费市场的潜力是不可估量的。

体育彩票

中国体育彩票是专门为筹集体育事业发展资金发行的彩票，供人们自愿购买并按照特定规则获取中奖权利，不记名，不挂失，不返还本金，不计付利息，不能流通使用。其销售方式主要有两种：规模销售即开型体育彩票方式和电脑辅助销售传统型体育彩票方式。

过去，体育彩票是随着西式赛马产生的，当时主要在上海、天津、武汉等大城市进行。之后赛马被停止，彩票在中国沉寂了半个世纪之久。1994 年才恢复在全国范围内统一发行体育彩票，1994 至 1995 年，共发行 10 亿元体育彩票，筹集的 3 亿元资金主要用于补充第 43 届世乒赛等 13 项大型赛事举办经费的不足。如今，传统型彩票采用电脑辅助销售。2023 年，中国共销售彩票 5794.96 亿元，其中体育彩票机构销售 3852.55 亿元。

城市公共交通

自 1949 年以来，中国城市公共交通事业发展迅速。客运量平均年增长率约为 8%。1983 年客运量已经超过 200 亿人次。中国于 20 世纪 70 年代设立了多个公共交通研究单位，从事城市公共交通方针政策、技术方案和发展规划等方面的研究。公共交通是中国城市交通的主体。2023 年末，中国城市公共汽电车运营线路 8 万余条，运营线路总长度 170 余万千米。

以北京市为例，北京公交拥有运营车辆 2.8 万辆，运营线路超过 1600 条。2020 年北京公交启用银联卡刷卡乘车，并推出"一码通乘"服务，乘客使用北京公交、亿通行、北京一卡通等 APP 中任意一款均可刷码乘坐北京地面公交及轨道交通。到 2025 年，北京公交客运线路总数将达 2200 条，常规线路达到 1247 条，线路长度 2.86 万千米。

影音风尚

如今的中国，影音风尚具有非常丰富的内容。在中国，既可以欣赏到原汁原味的戏剧、二胡演奏，也可以去电影院欣赏新上映的国产科幻大片。例如，代表着中国话剧最高水平的北京人民艺术剧院已推出剧目近百种，其中《茶馆》作为经典作品之一享有国际声誉。公元前 1 世纪时，中国的民族乐器就已有 80 多种，历史上中国曾多次出现音乐文化的繁荣昌盛时期，琵琶曲《十面埋伏》、民族管弦乐曲《春江花月夜》等乐曲至今广受欢迎。20 世纪中叶以来，随着西方乐器与音乐融入中国传统音乐，音乐家们创作出一批民族特色浓郁的现代音乐佳作，如小提琴协奏曲《梁祝》、钢琴曲《黄河》，这些佳作都拥有广泛的听众和影响力。

颐和园雪景

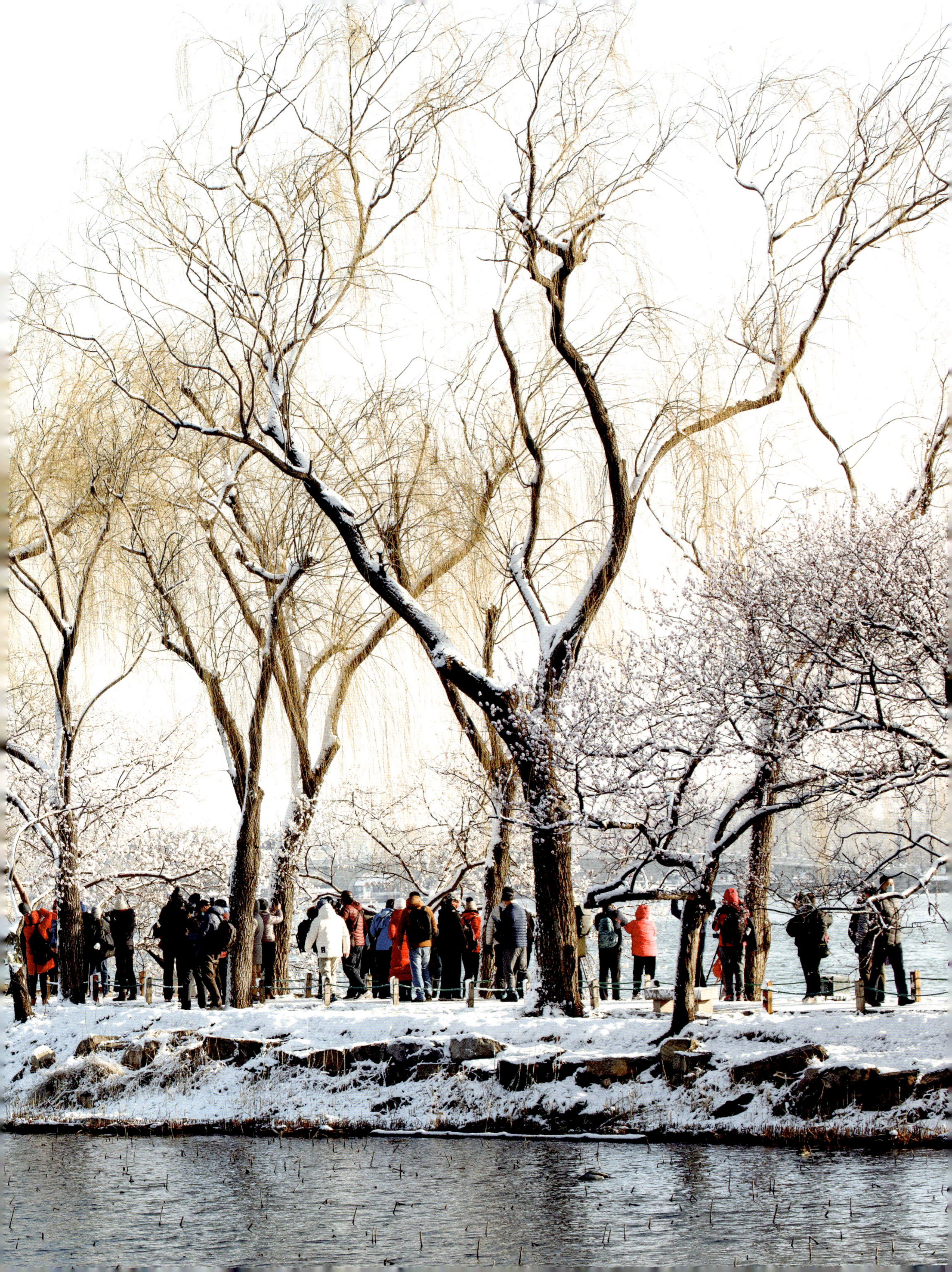

广播与电视

中央人民广播电台，是中国的国家广播电台，隶属于中央广播电视总台，成立于 1940 年 12 月 30 日，是中国极为重要的、极具有影响力的媒体。中国国际广播电台为中国唯一对外广播的国家电台，用外语、汉语普通话、中国方言和少数民族语言等 65 种语言向世界各地播出，每天播音 3000 多个小时。新媒体用户数超过 3 亿，多媒体阅听量日均 3200 万。

中国电视业已经形成结构比较完整的电视制作、播出、覆盖体系。中国中央电视台是全球唯一一个每天用 6 种联合国工作语言进行传播的电视媒体，其节目信号经卫星传送已覆盖全球。上海电视节、北京国际电视周、中国国际广播电视信息网络展览会、四川电视节等大型国际电视展示活动定期举办，除评比、颁奖外，还进行电视学术交流和电视节目的进出口交易。截至 2023 年 11 月，中国共有 389 家地级以上广播电视播出机构、34 家教育电视台、2099 家县级广播电视台。2009 年，中国网络电视台正式开播，该台不仅汇集全国电视机构每天播出的 1000 多个小时的视频节目，同时也还是中国规模最大、影响最大的以网络视频为核心的多媒体数据库，已覆盖全球 210 多个国家及地区的互联网用户。中国新华新闻电视网（CNC）是新华社主办的跨国新闻电视台。开通的中文台、英文台 24 小时不间断播出新闻节目，内容涵盖以突发事件、重大政治、经济、文化事件为主的世界新闻资讯。CNC 通过卫星电视、有线电视、手机电视、网络电视在亚太、北美、欧洲、中东、非洲等地区播出。

声色中国

中国电视用户和电视机数量约占全球总数的 1/3，堪称世界广播电视大国。中国的有线电视网已经成为世界规模最大的用户网。2019 年全国电影总票房 642.66 亿元，其中国产电影总票房 411.75 亿元，市场占比 64.07%；城市院线观影人次 17.27 亿。2021 年，中国电影总票房和银幕数量均稳居世界首位，全国银幕数达 81317 块，巨型银幕规模位居世界第一。2023 年，中国全年票房过亿元影片共 73 部。流行音乐文化在中国很发达，强大的造星能力造就了一批又一批让歌迷为之狂热的明星。

中央广播电视总台

中央广播电视总台是中国的国家广播电视媒体机构。1940 年，延安新华广播电台开始播音，1949 年改名为"中央人民广播电台"。1941 年，延安新华广播电台日语广播开办。1947 年，陕北新华广播电台英语广播开办。1958 年，北京电视台开播，并于 1978 年更名为中央电视台。同年，中国国际广播电台成立。2000 年，中央电视台英语国际频道（CCTV International, CCTV-9）正式开播。2016 年，中国对外电视传播机构中国国际电视台（中国环球电视网）成立。2018 年 4 月 19 日，整合了中央电视台（中国国际电视台）、中央人民广播电台、中国国际广播电台，新组建的中央广播电视总台正式揭牌。2021 年，中央广播电视总台奥林匹克频道及其数字平台开播上线。

中国国际广播电台

中国国际广播电台是中国面向全球广播的新闻国际传播机构，创办于 1941 年 12 月 3 日，起源于延安新华广播电台，现使用 65 种语言全天候向世界传播，是全球使用语种最多的国际传播机构。中国国际广播电台的宗旨是"向世界介绍中国，向中国介绍世界，向世界报道世界，增进中国人民与世界人民之间的了解和友谊"。2011 年，中国国际广播电视网络台（CIBN）正式成立。2018 年，中央组建中央广播电视总台，撤销中国国际广播电台建制。

中央广播电视总台大楼

09
中国人的节日

玖　　**中国人的节日 /**

中国有许多传统节日，主要有春节、元宵节、清明节、端午节、中秋节等，这些节日集中体现了中国传统文化的魅力和风俗人情。

此外，各少数民族也都保留着自己的传统节日，如中国穆斯林的开斋节、古尔邦节，傣族等少数民族的泼水节、蒙古族的那达慕大会、彝族的火把节、瑶族的达努节、白族的三月街民族节、壮族的三月三歌节、藏族的藏历新年和望果节、苗族的跳花节等。

元旦

元旦,通常指历法中的首月首日,即公历的 1 月 1 日,是世界多数国家通称的"新年"。元,谓"始";旦,谓"日";"元旦"即"初始之日"的意思,引申为新年开始的第一天。

在中国,"元旦"一词古已有之,最早见于《晋书》。但中国历史上的"元旦"指的是传统农历的"正月一日"。"正月"的计算方法,在汉武帝以前是不统一的,因此,历代的元旦(首月首日)日期也并不一致。汉武帝太初元年时,司马迁创立了"太初历",这才又以正月初一为元旦,一直沿用到辛亥革命。辛亥革命后,孙中山为了"行夏正,所以顺农时,从西历"定农历正月初一为春节,以西历的 1 月 1 日为新年。1912 年决定使用公历,并规定公历 1 月 1 日为"新年",但并不叫"元旦"。1949 年后,中华人民共和国以公历 1 月 1 日为元旦,因此"元旦"在中国也被称为"阳历年""新历年"或"公历年"。

国际妇女节

国际妇女节,在中国又称"三八节",是在每年的 3 月 8 日为庆祝妇女在经济、政治和社会等领域作出的重要贡献和取得的巨大成就而设立的节日。国际妇女节是全世界许多国家都庆祝的节日。

在中国,国际妇女节前夕,中华全国妇女联合会开展"全国三八红旗手标兵""全国三八红旗集体"等评选活动,表彰中国妇女作出的贡献。

国际劳动节

国际劳动节,又称"五一国际劳动节",是世界上 80 多个国家的全国性节日,定在每年的 5 月 1 日。它是全世界劳动人民共同拥有的节日。

1889 年 7 月,由恩格斯领导的第二国际在巴黎举行代表大会。会议通过决议,决定在 1890 年 5 月 1 日组织游行示威,以便所有国家的劳动者在同一天里要求执政当局从法律上把工作日限制在 8 小时以内,并把这一天定为国际劳动节。1949 年 12 月,中央人民政府政务院作出决定,规定 5 月 1 日为中国的劳动节。

国际儿童节

国际儿童节定于每年的 6 月 1 日,故又称"六一儿童节"。"儿童节"的设立是为了悼念 1942 年 6 月 10 日的利迪策惨案和全世界所有在战争中死难的儿童。1949 年 11 月,国际民主妇女联合会在莫斯科举行理事会议,会议决定每年的 6 月 1 日为国际儿童节。"儿童节"的宗旨是保障世界各国儿童的生存权、保健权、受教育权、抚养权,改善儿童的生活,反对虐杀和毒害儿童,因此世界上许多国家都将 6 月 1 日定为儿童的节日。

教师节

中国政府设立教师节，旨在肯定教师为教育事业所作的贡献。在中国近现代史上有多个日期曾作为教师节，直至 1985 年，第六届全国人大常委会第九次会议通过了关于建立教师节的议案，决定每年的 9 月 10 日为教师节。每年的教师节，各地都会有不同的庆祝活动，主要有以下几种形式：政府、学校举行教师节庆祝表彰大会，为教师颁发奖金、证书；各界人士组织学校学生、歌舞团等团体为教师献上歌舞表演；领导走访、慰问教师代表；学校组织新入职教师进行集体宣誓等活动。

国庆节

中华人民共和国国庆节，又称"十一"。中华人民共和国中央人民政府宣布自 1949 年起，以每年的 10 月 1 日，即中华人民共和国宣告成立的日子，为国庆日。国庆节是一种新的、全民性的节日形式，承载了反映中华民族凝聚力的功能。同时在国庆节举行的大规模庆典活动，也是政府动员与号召力的具体体现，具有显示国家力量、增强国民信心、体现凝聚力、发挥号召力四个基本特征。

2019 年 10 月 1 日，中华人民共和国成立 70 周年国庆阅兵式空中梯队

春节

　　春节是中华民族最重要的传统佳节，它体现了中华民族的思想信仰、理想愿望、生活娱乐和文化心理，是集除旧布新、祭祀祖先、祈福辟邪、合家欢聚、欢庆娱乐和饮食于一体的民俗大节。农历是中国的传统历法，春节就是农历正月初一，即农历新年，一般在公历 1 月下旬到 2 月中旬之间。春节期间，传统的文娱活动有舞狮、舞龙、游神、庙会、逛花街、赏花灯、游锣鼓、游标旗、放烟花、祈福、掼春、踩高跷、跑旱船、扭秧歌等。春节有一些较为固定的风俗习惯，如奉祀神灵，以应天时；崇宗敬祖，维护亲情；驱邪祛恶，以求平安；休闲娱乐，放松心情。春节期间的庆祝活动极为丰富，春节期间贴年红、守岁、吃团年饭、拜年等习俗各地皆有，但因风土人情的不同，细微处又各具特色。

　　受到中华文化的影响，世界上一些国家和地区也有庆贺新春的习俗。据不完全统计，已有近 20 个国家和地区把中国春节定为整体或者所辖部分城市的法定节假日。

除夕

　　除夕为农历十二月最后一天的夜晚。谈到过年，人们印象中最深的是除夕要吃的年夜饭，全家人团聚在一起，是一年之中难得轻松与享受的时刻，也是传统习俗的魅力所在。

　　过年的时候，吃年夜饭是很讲究的，这一天吃的菜式都需要"讲意头"（寓意吉祥）。比如，广东过年必不可少的一道菜就是"盆菜"，为的是求新的一年可以赚得"盆满钵满"（收入丰厚），而一家人齐齐围坐在一起来品尝盆菜，又赋予了它喜庆团圆的意义；有些地方过年还必须吃年糕，因为汉语中"糕"与"高"发音相同，代表祝福"步步高升"；中国大部分地区过年会吃饺子，因为饺子音同"交子"，古时指的就是新年与旧年相交的时刻，此外还预示着新的一年交上好运；过年也讲究吃鱼，寓意"年年有余"……所以每次吃年夜饭，不仅是在品尝美食，更重要的是重温每一道菜背后所代表的传统习俗。

　　年夜饭当然少不了酒文化。早在西周就有春节饮酒的习俗，因此在除夕这样特别的日子里，自然要与亲友举杯共饮，庆祝团圆，传承文化。年夜饭一般安排在晚餐时间，持续时间较长，许多人通宵不眠，称为"守岁"。

春节传统小吃——冰糖葫芦

豫园灯会是上海松江地区传统元宵民俗活动，属国家级非物质文化遗产

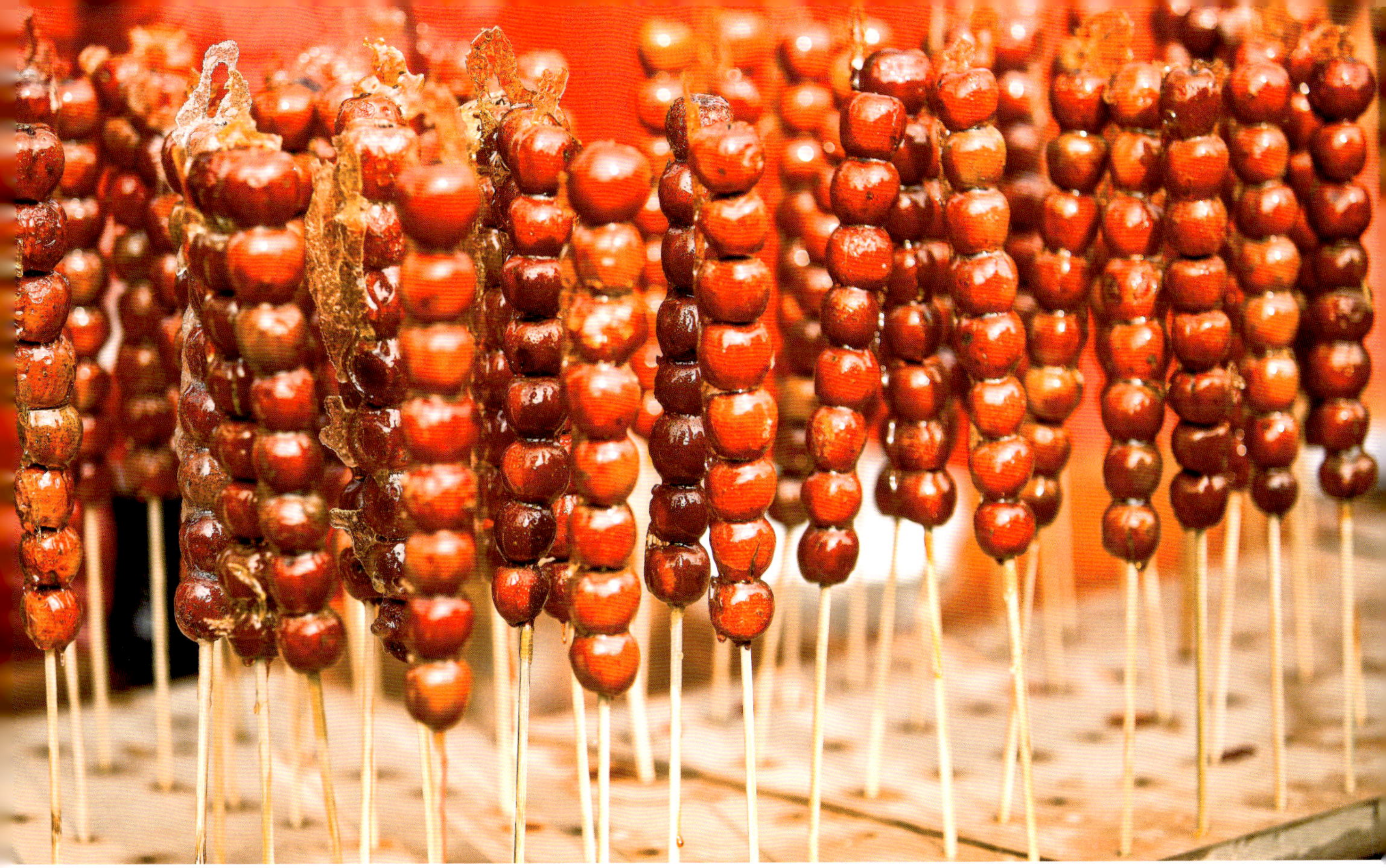

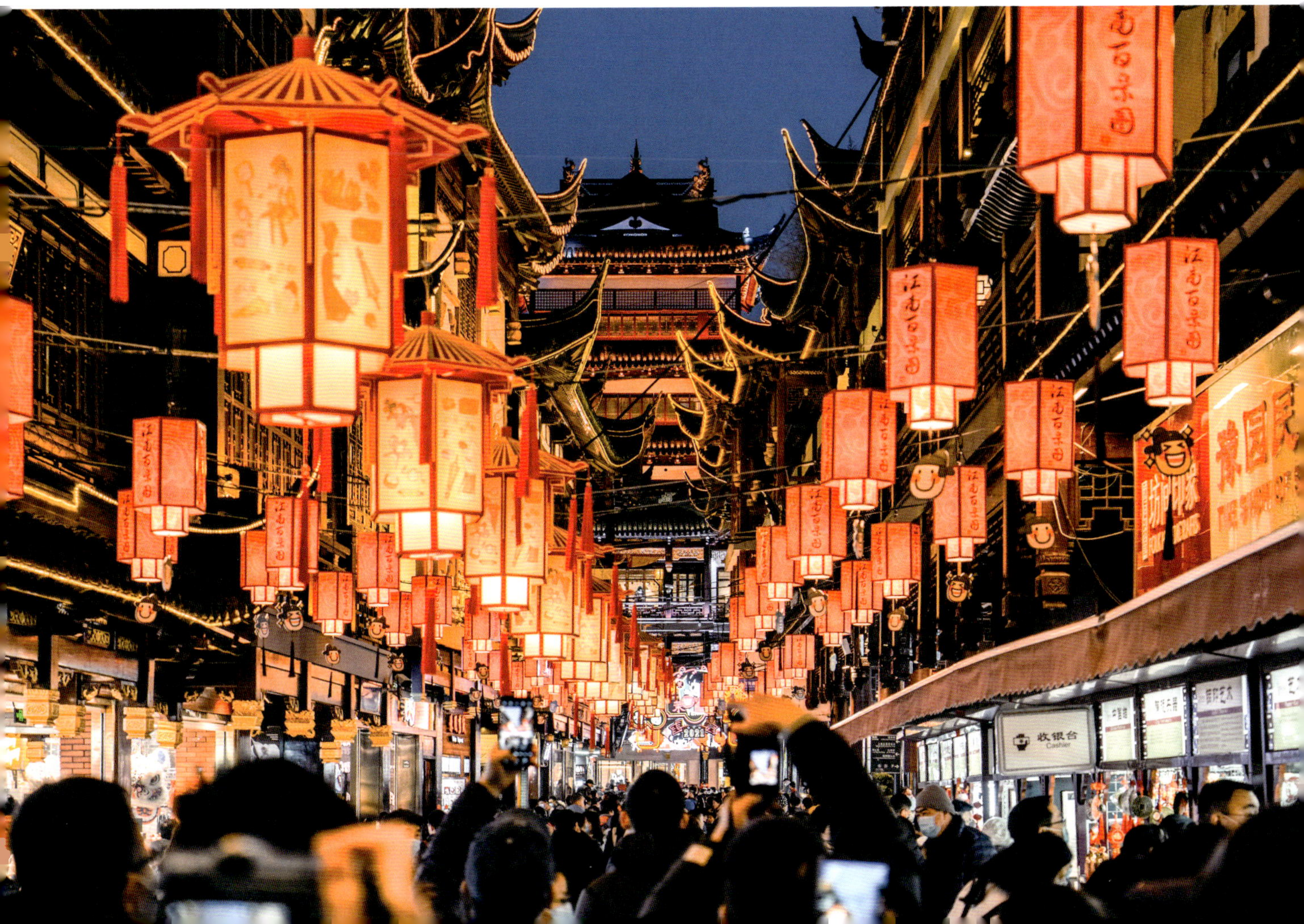
江南百景图
收银台
Cashier

424 ▶ 中国与中国人

元宵节

　　元宵节，时间为农历正月十五，亦称"灯节"，是春节后的第一个月圆之夜。全国各地元宵习俗不尽相同，其中吃元宵、赏花灯、舞龙、舞狮子等是较为重要的元宵节习俗。

　　元宵作为食品，在中国由来已久。宋代，民间即流行一种元宵节吃的新奇食品，最早叫"浮元子"，后称"元宵"，生意人还美其名曰"元宝"。元宵以玫瑰、芝麻、豆沙等食材为馅儿，以糯米粉做成皮儿。元宵的味道可荤可素，风味各异；可汤煮，也可油炸和蒸食，有团圆美满之意。赏花灯也是元宵节的传统习俗，始于西汉，盛于隋唐。大街小巷张灯结彩，火树银花。舞龙，最早见于文字记载是在汉代张衡的《西京赋》。中华民族崇尚龙，把龙作为吉祥的象征，至今仍在各地盛行。

清明节

　　清明节既是自然节气，也是传统文化节日，时间在春分后的第15日，一般是公历4月5日前后。清明节源自上古时代的祖先信仰与春祭礼俗，在唐宋时期融汇了寒食节与上巳节的习俗，杂糅了多地多种民俗，兼具自然与人文两大内涵。清明节礼敬祖先、慎终追远，既凝聚着民族精神，又传承了祭祀文化。扫墓，即为"墓祭"，谓之对祖先的"思时之敬"。清明节期间，人们会踏青郊游、放风筝，以此亲近自然，愉悦身心，是"天人合一"理念的生动体现。

端午节

　　端午节，即农历五月初五，是集拜神祭祖、祈福辟邪、欢庆娱乐和饮食于一体的民俗大节。端午节的习俗主要有划龙舟、祭龙、采草药、挂艾草、打午时水、洗草药水、拜神祭祖、浸龙舟水、吃龙舟饭、食粽子、放纸龙、放纸鸢、佩香囊等。

　　端午节始于春秋战国，已有2000多年的历史。关于其由来，说法不一，但较流行的说法是纪念伟大诗人屈原。据记载，魏晋南北朝后，端午节便与纪念屈原结合起来。通过设坛祭拜、游江、龙舟竞渡、粽子寄情、乡里"闹晚"，端午节在屈原故里延续至今，并形成一种传统。龙是中国最古老、最重要的图腾，端午是"飞龙在天"吉祥日，龙及龙舟文化贯穿在端午节的历史传承中。

中秋节

　　中秋节，即农历八月十五。八月十五居秋季之中，故名"中秋"。在古代，每逢中秋节，民间就以圆如满月的精致糕饼祭奉月神。祭奉之后，全家人分吃，表示阖家团圆欢聚。此种风俗，一直流传至今。

　　中秋节作为民俗节日，普及于汉代，定型于唐朝初年，盛行于宋朝以后。中秋节是秋季时令习俗的综合，其所包含的节俗因素，大都有古老的渊源。中秋节以月之圆兆人之团圆，寄托思念故乡、思念亲人之情，祈盼丰收、幸福，成为丰富多彩、弥足珍贵的文化遗产。发展至今，吃月饼已经是中国南北各地过中秋节的必备习俗，月饼象征着大团圆，人们用它祭月、赠送亲友。除月饼外，各种时令鲜果干果也是中秋夜的美食。在品尝美食之余，人们还举行赏月、吃甜薯、提灯笼、舞草龙、树中秋、砌宝塔等一系列的节庆活动。

　　受中华文化的影响，中秋节也是东亚和东南亚一些国家，尤其是当地华人华侨的传统节日。

泼水节

　　泼水节是中国傣族、阿昌族、布朗族、佤族、德昂族等少数民族和中南半岛一些民族的新年节日。泼水节一般在傣历六月中旬（即农历清明前后十天左右）举行。节日期间，人们相互泼水祝福，并举行拜佛、赛龙舟、放高升、点孔明灯等活动。中华人民共和国成立后，泼水节增加了游行、文艺会演、电影晚会、展览和物资交流等新内容。泰国、缅甸、老挝等国都在每年公历4月中旬欢度此节。

　　泼水节是傣族一年中最隆重的传统节日，是展现傣族水文化、音乐舞蹈文化、饮食文化、服饰文化和民俗活动等传统文化的综合舞台。泼水节展示的章哈演唱、白象舞等艺术表演体现了傣族人民亲近自然、爱水敬佛、能歌善舞的民族特性。

藏历新年

　　藏历新年是藏族人民的传统节日，与汉族的农历新年大致相同，流行于西藏自治区等藏民居住地，是国家级非物质文化遗产之一。藏历新年是根据藏历推算出来的，从藏历元月一日开始，到十五日结束，持续15天。在这期间，献"切玛"、喝青稞酒、跳锅庄、赛马等传统活动都是庆祝新年必不可少的活动。

　　相传大约在公元前，西藏便出现了由"白玛"老妇所创的历算法，根据月亮的圆缺和星辰的转动来预测四季的更替。每当春暖花开之际，人们便聚在雅砻亚桑举行庆祝新春的"亚桑节"。根据记载，当时藏王布德恭嘉也会亲临附近的神山，这种活动逐渐形成了一种定期的庆祝活动，成为藏历新年之始。到了13世纪，在萨迦王朝统治年代，元月一日被定为新年之始，从此藏历新年正式成为西藏重要的传统节日并延续至今。

望果节

　　望果节是中国藏族传统节日。"望"意为田地，藏语叫"望卡"或"兴卡"，"果"意为转圈，望果即绕着丰收在望的庄稼转圈，是藏族农民欢庆丰收的民俗，最早流行于雅鲁藏布江河谷地区，后广泛分布在西藏的农区及林区，如拉萨、山南、日喀则、林芝、昌都、阿里等地。

　　据传，2000多年前，望果节就流行于西藏的雅砻一带，是大地崇拜仪式，祭祀土地神的庆典。一般在秋收前（藏历七八月间）择日举行，节期1—3天。节日里，男女老幼穿上盛装，抬着用青稞、麦穗编成的"丰收塔"，举着标语、彩旗，活动在田间地垄。之后，举行赛马、表演、歌舞等活动。

开斋节

　　开斋节是伊斯兰教的主要节日之一，是阿拉伯语"尔德·菲图尔"的意译，波斯语称"肉孜节"。

　　斋月期间，穆斯林只许在每天日出前和日落后进餐。老人、病人、孕妇和小孩可以不用守斋（亦称封斋、把斋）。在斋月里，按伊斯兰教教义要求，穆斯林要做到静心寡欲，白天戒绝饮食，即使是不守斋的人也要尽力节制自己的食欲，不可在公共场所吃喝。每年斋月始于伊斯兰教历9月初新月出现，结束于教历10月初见到新月时为止。

　　斋月结束的第二天，便是穆斯林的开斋节。节日当天，人们要去清真寺做礼拜，亲朋好友之间也要相互登门道贺，许多青年男女也特意安排在此时举行盛大婚礼，更为节日增添了喜庆气氛。开斋节的主要礼仪有3种：忙食一物，即穆斯林于该日晨礼后速进少许饮食，以示戒满开斋向真主感恩之意；交纳开斋捐，即穆斯林按家庭人口，在开斋节前3日，每人施舍给贫穷者一定份额的粮食或现金；举行会礼，即是日上午，穆斯林沐浴盛装，心口默诵赞词，聚集在当地最大的清真寺或郊野举行规模盛大的会礼仪式。此外，穆斯林还要宴会亲友宾客，邻里之间相互馈赠节日食品。开斋节是信仰伊斯兰教的回族、维吾尔族、哈萨克族、东乡族、柯尔克孜族、撒拉族、塔吉克族、乌孜别克族、保安族、塔塔尔族等少数民族共同的民族节日。

古尔邦节

　　古尔邦节是伊斯兰教的主要节日之一，亦称宰牲节。中国的穆斯林又将古尔邦节称"忠孝节"。"古尔邦"意为"献牲"，是朝觐功课的主要仪式之一，时间是伊斯兰教历12月10日，即朝觐期的最后一天。当日，朝觐者要进行宰牲。中国穆斯林特别重视古尔邦节，节日当天，沐浴盛装、游坟诵经、缅怀先人、宴请宾客。中国新疆地区的穆斯林还会举行丰富多彩的歌舞活动以示庆祝。

查干萨日

中国蒙古族的春节。蒙古语中,"查干"含有"白色"和"初始"之意,查干萨日意为"白色的新年"。蒙古族以白色为纯洁、吉祥之色,故也称这一节为"白节"。自元朝起,蒙古族开始使用中原历算法,由此,蒙古族白节时间与汉族春节时间相合。

查干萨日内容包括"庆小年""度除夕""迎初一""闹十五""终二月二"等与汉族春节节庆习俗类似的内容。同时,也保留了萨满祭火、除夕吃手把肉等蒙古族习俗,体现出蒙古族传统节日习俗的特色。

那达慕大会

那达慕大会是蒙古族历史悠久的传统节日,也是蒙古族人民喜爱的一种传统体育活动大会,在蒙古族人民的生活中占有重要地位。"那达慕"为蒙古语,有"游戏"之意,是蒙古族人民在长期的游牧生活中创造和流传下来的具有独特民族色彩的集竞技、游艺等项目的节日集会。

那达慕大会在每年七八月这一水草丰茂、牲畜肥壮的黄金季节举行。那达慕大会上有惊险刺激的赛马、摔跤、棋艺、射箭比赛,还有引人入胜的歌舞。赛马是大会上非常重要的活动之一,比赛开始,骑手们一字排开,个个扎着彩色腰带,头缠彩巾,洋溢着青春的活力。赛马的起点和终点插着各种鲜艳的彩旗,一听到号角长鸣,骑手们便纷纷飞身上鞍,扬鞭策马,一时红巾飞舞,如箭矢齐发。前五名到达终点者,成为草原上最受人赞誉的健儿。有的地方还有田径、拔河、篮球等现代体育项目。

火把节

火把节是彝族、白族、纳西族、基诺族、拉祜族等民族的传统节日,有着深厚的民俗文化内涵,被称为"东方的狂欢节"。不同的民族举行火把节的时间也不同,大多是在农历的六月二十四,人们在火把周围唱歌、跳舞,还有赛马、斗牛、斗羊、斗鸡、摔跤、选美等娱乐活动。在新时代,火把节被赋予了新的民俗功能,产生了新的形式。如今人们借集会欢聚之机,进行人情交往,并在节日开展商贸活动。

各民族关于火把节的传说,异彩纷呈,与各民族的原生崇拜有关,其中最直接的联系是对火的信仰。各民族的火把节活动中仍保持着以火熏田除祟、逐疫去灾、灭虫保苗、催苗出穗、祈求丰年、招引光明、迎接福瑞的民俗功能,体现出的民俗心理和信仰观念就是趋吉避凶。凉山彝族的火把节传说即反映了把火作为具有神秘因素的超自然力的原始崇拜,凝聚着原生态的民俗基因,属于早期形态的火把节节俗,与古代氐羌系统的彝语支民族崇火尚日的文化传统一脉相承。

达努节

达努节是广西马山、都安、巴马、平果、隆安、大化等地自称"布努"的瑶族传统节日。达努,瑶语意为老慈母。传说农历五月二十九日是瑶族始母密洛陀的生日,后人出于崇拜,定该日为祝寿日。

达努节时,家家户户杀猪宰羊,宴请宾客,同时还举行铜鼓舞、斗画眉、赛弓箭、赛马等文娱活动。达努节经历史变迁,逐渐从民间宗教节日变成丰收节和平安节。

那达慕大会摔跤比赛　　　　　　　　　　　　　　　　彝族群众欢度火把节

三月三歌节

　　三月三歌节也称歌圩节，因为在八桂大地无处没有歌，无人不会歌，唱歌已经成为广西人民的生活必需。而歌圩是歌海最典型、最集中的表现形式。据不完全统计，全区共有50多个县有歌圩流行。尽管叫法不同，但在形式上都是以集体对唱山歌为主，结合进行各种各样的文娱、体育活动。歌圩也是各族群众娱乐的场所，是青年物色伴侣的方式之一。

　　歌圩主要流行于广西壮族自治区的壮族地区，是当地群众每年在特定时间、地点举行的节日性聚会歌唱活动形式，壮语称为"圩欢""圩逢"等。凡是壮族较大的聚居区都有歌圩，举办歌圩的时间主要在春秋两季。春季歌圩以三四月间为最盛，农历三月初三举办的次数最多，也最为有名；秋季歌圩集中于农历八九月，尤以中秋节为最佳日期。

跳花节

　　跳花节主要流行于贵州省苗族居住地，是苗族群众为祝愿风调雨顺、五谷丰登、六畜兴旺而举行的一种民俗活动，每年有5万多人到坡上参加跳花，安顺市瓦窑村每年正月初七至初九举行的跳花坡活动最具规模。

　　传说，跳花节是苗族英雄人物杨鲁兴起的，安顺北门外跳花山仍以其名命名。"跳花"一词乃汉名，因坡上栽有花树而得名，现有24处固定跳花坡。节日期间，苗族人民尤其是男女青年，穿上节日盛装，男子吹笙舞蹈，女子摇铃执帕起舞附和，围绕花树翩翩起舞。有爬花杆比赛，有比射弩、比针线手艺，有武术表演、倒牛、斗牛等文体活动。每个花坡跳花日期为3天。第一天栽花树，苗家人遥见花树而做准备，次日清晨空寨前往，第三日，跳花结束，客人在苗寨食宿，饮酒吹笙弄弦欢乐，通宵达旦。男女青年借此联谊，老人吹笙奏笛，以庆丰年。如今跳花节已成为各族人民参与的盛大节日。

中国人的精神

中国与中国人

5

01
中国人的世界观

02
中国人的社会观

03
中国人的道德世界

04
中国人的宗教世界

05
中国人的家庭观

06
中国人的人生观

07
中国人的事业观

08
中国人的审美情趣

01 中国人的世界观

壹　　中国人的世界观 /

中国文化体现出丰富与包容的特点。关怀现实的儒家思想受到中国人的尊崇，崇尚自由人生的老庄哲学也是抚慰人们心灵的一剂良药。在这些活跃的思想氛围里，

产生了多彩的文化。自强不息与厚德载物的完美结合铸造了中国人独特的精神品格。西方著名哲学家罗素曾表示，中国人的基因从来没有包含任何敌视科学的东西。他还表示，中国人有勤奋向上的精神，民族复兴的热情。

天人合一

"天人合一"是中国重要的哲学思想,历代儒、道等诸家对此都有大量阐述。这里的"天"是指天道,还指自然大道。天人合一,即指人与道合而"天地与我并生,而万物与我为一"的境界,也指天人相合相应。

儒家以一种"入世"的心态,确立人依于自然、顺应自然的伦理,是为了维护农业社会稳定和人际关系的和谐,但儒家学派同时又说天不是绝对的神,不是绝对超越性的精神实体,天被赋予了意志和主宰性,是形而上和形而下的有机统一。

天人合一,也是易学中的一个重要概念。《易经》强调三才之道:天、地、人,三者并立起来,将人放在三者中的核心地位。天有天道,天道就是万物之始,孕育万物;地有地道,地道就是生养万物;人有人道,人道就是成就万物。具体来说:天道是阴阳,地道是柔刚,人道是仁义。三者紧密联系在一起,缺一不可。

道家的《道德经》说:"人法地,地法天,天法道,道法自然",讲的也是"天人合一"。但道家的天人合一,更强调自然规律的不可违背,人应该遵道而行,无为而治,不可妄行。

和文化

和文化是中华民族在历史的长河中不断形成并发展的重要文化精神。"和"是中国哲学中一个很重要的概念,本身已经包含了"合"的意思,就是由相和的事物融合而产生新事物。"和文化"是对中国哲学尤其是儒家"和"精神的总结。和为贵,是儒家倡导的道德实践的原则,出自《论语·学而》:"礼之用,和为贵"。意思是,礼的作用,贵在能够和顺。按照礼来处理一切事情,就是要使人和人之间的各种关系恰到好处,能够调解适当,使彼此融洽。

和为贵,乃中国文化的优秀传统和重要特征。不仅儒家,构成中国传统文化有机部分的其他流派,如佛教、道家、墨家,也大都主张人与人之间、族群与族群之间的"和"。佛教反对杀生,主张与世无争;道家倡导"不争",以"慈""俭""不敢为天下先"为"三宝";墨家主张"兼相爱,交相利",尤为反对战争。所以,"和"是宽容主义精神的表现,也是伦理理性的体现。

和而不同

"和而不同"是中国人认识世界万物本质特性的一个基本观点,具有哲学本体论的理论价值。这种思想在中国古代很早就产生了。据记载,周太史史伯和晏婴所阐述的"和同之辩",使孔子受到启发,于是在继承前人"和同"理论的基础上,将其进一步拓展延伸,提出了"和而不同"思想,把"和同之辩"由政治论说提升到人格的高度,拓宽了应用领域,强化其普遍意义,并将"和而不同"归入中庸的范畴,进而演变成"中和"的思想观点。"和而不同"思想包含着丰富的辩证法思维,"和"中包含着"异","同"则排斥"异",事物相"和"才可实现统一。世间万物千变万化、多种多样,要达到"和"的统一需要建立在尊重万物"不同"的基础之上,只有在此基础上,事物之间才可以平等相处、互相包容,在求同存异、和而不同中共存共融,达到和谐的美好状态。

"和而不同"思想在现实生活中有很多应用,它主张与自然和谐共处,在尊重自然的基础上合理开采资源,这为当代的生态文明建设提供了极为有益的思想资源。"和而不同"思想也对当代国际政治和文明互鉴具有重要启示作用,是促进不同文明和谐发展、各国之间和平共处的智慧。

道

道,是中国道家学说认识自然的一个重要哲学概念,是万事万物的运行轨道或轨迹,也可以说是事物变化运动的终极法则。一切事物和非事物皆是如此,日月无人燃而自明,星辰无人列而自序,禽兽无人造而自生,风无人扇而自动,水无人推而自流,草木无人种而自生,等等,不可尽言。

"道"作为哲学概念源自《道德经》一书。老子认为,世间万物,统一遵循某种东西,无有例外,过而变之又亘古不变。"道"不仅是有形的"物质"、思虑的"精神"、理性的"规律",而且是造成这一切的无形无象、至虚至灵的宇宙本根。"道"是先天一炁,混元无极,其大无外、其小无内、至简至易、至精至微、至玄至妙。"道"是自然之始祖、万殊之大宗,是造成宇宙万物的源头根本。可以说,道的概念比较类似于西方的本体论,2000多年来,在东西方都产生了巨大的影响。据联合国教科文组织统计,《道德经》是被译成外文传播较广的中国典籍之一。

南京夫子庙雪景

中庸

中庸是指儒家的道德标准，待人接物不偏不倚，调和折中，为历代儒客遵循与推崇的道德标准。中庸又称"中用"，"庸"古同"用"，出自《论语·雍也》："中庸之为德也，其至矣乎。"何晏集解："庸，常也，中和可常行之道。"意为待人接物保持中正平和，因时制宜、因物制宜、因事制宜、因地制宜，儒家的理论源于人性。

《中庸》是中国古代论述人生修养境界的一部道德哲学专著，儒家经典之一，相传为战国时期子思所作。《中庸》是儒家修身的学问，核心要义可以总结为两个字："用中"。达到"用中"的途径有二，一是"慎独"，二是"诚"。儒家认为，君子要有独立的人格和坚定的信念，在任何环境中都要坚持原则，不同流合污。只有在个人道德修为上做到择善固执，不自欺，不欺人，才能通过"道中庸"达到"极高明"的境界，成为万众景仰的圣人。还提出"博学之，审问之，慎思之，明辨之，笃行之"的学习过程和认识方法。《中庸》倡导的方法论，就是内外协调一致，合二为一，体用不二。

天命观

天命观既是中国传统哲学的一种特殊理论，也是构成儒家思想的重要组成部分。在儒学创始人孔子之前就有关于"天命"的传统观念，从孔子开始，历代儒者继续阐发这一观念，不断丰富和发展天命观的内容，使其成为富有深刻的人生和社会意义的哲理。中国古代的天命观主要有三方面内容：相信神灵具有干预包括自然进程和社会人事在内的特殊能力；相信神灵具有高度的智慧，能够通过适当的方式显示他的意愿；相信神灵具有实现其意图的超自然力量。

灵隐寺里游客在烧香祈福

天理

  天理是儒家理学的重要概念，即道德神学，它也是儒家神权和王权的合法性依据。天理有时亦指自然的法则，类似于天道。《礼记·乐记》说："人生而静，天之性也。感于物而动，性之欲也。"中国的儒学发展到宋代，理学成为儒学正统。宋代的理学突出强调"存天理，去人欲"。程朱理学将"天理"引申为"天理之性"，是"仁、义、礼、智"的总和，即封建的伦理纲常。尤其是理学把"天理"与"人欲"相对立，成为一种禁欲主义的压抑人性的主张。在明清之后，理学的禁欲主义思想受到许多进步思想家的批判。

良知

  "良知"这一概念是王阳明心学思想的核心，体现了王阳明哲学的独特价值。王阳明曾说："吾平生讲学，只是'致良知'三字。""良知"这一概念，最早出自《孟子》。孟子说："人之所不学而能者，其良能也；所不虑而知者，其良知也。"孟子所指"良知"是人所具有的那种"不虑而知"的道德认识能力和道德实践能力，这种"知"不用思索就可以自然地反映在人的行为之中。王阳明借用"良知"一词，在用意上和孟子相通，但又强调指出"良知即是天理"，这无疑是对孟子学说的发挥。同时他把《大学》里的"致知"结合进来，遂诞生"致良知"一说。他从理论上否定了在"人心"中存在"天理"与"人欲"对立的观点，而把现实的人视作健康的、可以进步的教育对象。

整体观

  在中国人的思维方式中，整体观占有重要的地位。中国人的整体观深受儒家、道家等思想流派的影响，尤其典型地体现在儒家和道家的生命观方面。儒家和道家的生命观，是一种整体的生命观，其认为生命是自然形成的，而不是任何神创造的。《论衡·自然篇》中的"天地合气，万物自生，犹夫妇合气，子自生矣"，讲的就是"阴阳和合"这一自然现象。从纵向看，这种生命观认为，生命不是独立的，而是相互关联、前后相续的，个体生命只是整个生命链中的一段。在中国古人看来，西方人建立在分析思维基础上的哲学都是"有为"层次上的哲学，缺少更高层次的整体世界观和思想架构体系。正如《周易·系辞》所言"形而上者谓之道，形而下者谓之器"，用概念的范畴逻辑来组建的这个"世界"只能是"形而上学"意义上的哲学，而实际上站在全局层次来看，这样的"哲学"仍旧是"形而下者谓之器"的层次，是整个宇宙万物生生不息过程中的某些片段，是宇宙万物整体状况的冰山一角。中国人的整体思维尤其注重事物在时间维度上的发展变化。

太极是中国文化史上的一个重要概念。《易传》中说"易有太极，是生两仪。两仪生四象，四象生八卦"。太极观念包含着清醒睿智的哲思，其终极目的是希望人类活动顺应大道至德和自然规律，不为外物所拘，"无为而无不为"，最终到达一种无所不容的宁静和谐的精神领域。太极观念不仅包含了古老的阴阳思想，也由此衍生出系统的思想方法。《周易·系辞》记载有"古者包牺氏之王天下也，仰则观象于天，俯则观法于地，观鸟兽之文与地之宜，近取诸身，远取诸物，于是始作八卦"的内容。《易经》的形成离不开太极思维方式的运用，后来被宋代的理学家以哲理方式进一步阐释。

"太极"一词，除见于《周易·系辞》外，还见于《庄子·大宗师》："夫道……在太极之先而不为高；在六极之下而不为深。"由于太极一词具有哲学本体论上的蕴意，从而导致了历代学人众说不一。在清代朱彝尊编写的《经义考》中，就收录宋代以来相关"太极"的专论和著作60余家。

阴阳

阴阳是一个简朴而博大的中国古代哲学概念。一般意义上的理解，阴阳哲理至少包含三个方面的内涵，即统一、对立互补和转化。

阴阳代表了中国古代文明中对蕴藏在自然规律背后的、推动自然规律发展变化的根本因素的描述，是各种事物孕育、发展、成熟、衰退直至消亡的原动力。世间万物，皆有阴阳之道。阴阳也是中国文化的根源之图——河图、洛书的理论基础。简单说来，中国古代哲学的阴阳论，引申出一系列涵盖诸领域的阴阳知识，成为中国人在哲学、自然、社会、生命、精神等领域的基本范畴。

五行

五行，也叫五行学说，是中国古人认识世界的基本方式和理论，并广泛用于中医、堪舆、命理、相术和占卜等方面。五行的源头是上古时代"万物有灵"图腾观念和祖先崇拜。

古人把宇宙万物划分为五种性质的事物，即木、火、土、金、水五行，最早见于《尚书·洪范》记载的箕子与周武王的对话。后人根据对五行的认识，又创造了五行相生相克理论。相生，是指两类属性不同的事物之间存在相互帮助、相互促进的关系，具体是：木生火，火生土，土生金，金生水，水生木。相克，则与相生相反，是指两类不同五行属性事物之间关系是相互克制的，具体是：木克土，土克水，水克火，火克金，金克木。从这个意义上说，五行理论就是万物相互关联与相互转化的理论。

中国古代哲学家用五行理论来说明世界万物的形成及其相互关系，它强调整体，旨在描述事物的运动形式以及转化关系。如果说阴阳是古代的对立统一学说，五行则是原始的系统论。五行并不是简单地指五种元素，而是将万事万物按照润下、炎上、曲直、从革、稼穑的性质归

中国古代传统风格太极八卦屋顶室内结构

八卦

八卦是中国古老文化中的深奥概念，是一套表示事物自身变化的阴阳系统，见于《周易·系辞》："古者包牺氏之王天下也，仰则观象于天，俯则观法于地；观鸟兽之文与地之宜；近取诸身，远取诸物，于是始作八卦，以通神明之德，以类万物之情。"

八卦用"—"代表阳，用"--"代表阴，按照大自然的阴阳变化，组成八种不同形式。每一卦形代表一定的事物，乾代表天，坤代表地，巽代表风，震代表雷、坎代表水，离代表火，艮代表山，兑代表泽。

八卦其实是最早的文字表述符号。它在中国文化中与"阴阳五行"一样，是用来推演世界空间时间各类事物关系的工具。八卦互相搭配还可以演绎出六十四卦用来象征各种自然现象和人事现象。

气

  气，是常见的中国哲学术语，作为人们对世界物质本质及其现象的高度概括，是天地万物统一的基础，天地万物存在的根据，如古代王充提出"天地合气，万物自生"。中国古代哲学对气的认识，带有朴素直观的特性，以具体物质形态的气体为模型，构想了气的聚散、升降、振荡等运动形式，把气又规定为具有动态功能的客观实体。因此，气的范畴具有抽象与具体、一般与个别的双重意义，这是中国古代哲学气范畴的重要特点。

人学

  越来越多的学者以"人学"来概括中国古典哲学的突出特征，以示中国哲学重人文，与重自然的西方哲学在研究内容和方法上均有很大不同。人学，一般指以整体的人作为研究对象的学问，主要研究人的本质、人的形成和进化、人的存在和发展、人的现代图景和未来等问题。

  人学思想在中国历史上源远流长。中国古代"天人合一"的思想，讲求天与人的统一，始于春秋战国时代的关于人性善恶的争论，在中国延续了2000多年。《论语》作为儒家经典，重点记载了孔子对于人生问题的观点，而很少涉及自然的议题。中国哲学几千年来以人为核心研究对象，因此，在天人关系、道德修养、人际关系、社会和谐等方面，留下了宝贵的思想财富。

  西方思想家中，有不少人重视"人"的研究。伏尔泰、洛克、卢梭、康德等启蒙思想家对人的本质和人的地位问题进行了深入探讨，其基本思想是把自由、平等、理性和爱情看作人的本质，但至今并未建立起能被大多数学者认同的人学体系，其主因是西方哲学的主流是建立在本体论的基础之上的。

清华大学校训：自强不息，厚德载物

自强不息与厚德载物

"天行健，君子以自强不息；地势坤，君子以厚德载物"，是中国古代经典《周易》的思想精华。

天行健，君子以自强不息。意思是说：天体的运行规律，一日复一日，从无休止，显示着它的刚健有力和周而复始的反复性。比如从春到夏，再到秋，最后到冬，然后又重新开始这个过程。这个规律是恒久不变的。君子就应当效法天，不休止地强制自己，努力不懈，力求进步，造福天下。

地势坤，君子以厚德载物。"坤"象征大地的形势，什么样的负荷都能承载得起。做懂得事物发展规律的君子，应当效法大地，以宽厚的德行，负载万物。因为大地有无穷的德行，它的包容、广阔、光明、远大，使万物都能顺利生长。

总之，天创生万物，地负载完成生命。天以自强而不息，周而复始；地以安详纯正、柔顺地遵循天的法则而刚毅行动。这些都是正道，是自然规律，所以长久。

仁义

仁义，是儒家的重要伦理范畴，其本义为仁爱与正义。《礼记·曲礼》说："道德仁义，非礼不成"。战国时的孟子更是推崇此概念。此后汉儒董仲舒继承其说，将"仁义"作为传统道德的最高准则。宋代以后，由于理学家的阐发、推崇，"仁义"成为传统道德的别名，而且常与"道德"并称为"仁义道德"，与"礼、智、信"合称为"五常"。

孔子曾曰："仁者人（爱人）也，亲亲为大；义者宜也，尊贤为大；亲亲之杀，尊贤之等，礼所生焉。"仁以爱人为核心，义以尊贤为核心。孟子的"性善说"认为"恻隐之心，人皆有之；羞恶之心，人皆有之……恻隐之心，仁也；羞恶之心，义也"。仁义是儒家提倡的做人道德准则，为历代儒士推崇，成为中国价值体系中最核心的因素。

己所不欲，勿施于人

出自《论语·颜渊》，意思是，自己不愿意的，不要施加给别人。

孔子的这一重要思想，对于处理当下的国际关系也有重要借鉴意义。一个国家应当以对待自身的行为作为参照物来对待其他国家。倘若自己所不欲的，硬强加给其他国家，必然招致反抗，造成国家之间的冲突和对抗，破坏世界的和平发展。正因如此，"己所不欲，勿施于人"被镌刻在联合国总部走廊，被载入法国的《人权和公民权宣言》。

崇尚知识和智慧

中国自古就有崇尚知识和智慧的传统。古代的"尚贤"就是指尊重有才德的人，这一主张在墨子的思想中表现得尤为突出。中国历史上的科举制度可以说是尊重知识和人才的重大制度性创新，虽然后来因为僵化而遭淘汰，但中国尊重知识和人才的传统一直保留至今，并得到发扬光大。新中国成立后，历代领导人都强调要"尊重知识，尊重人才"。当前，中国实施"人才强国战略"，重视"尊重知识，尊重人才"。

"共和国勋章"，是中华人民共和国最高荣誉勋章，授予在中国特色社会主义建设和保卫国家中作出巨大贡献、建立卓越功勋的杰出人士

君子

"君子"是一个具有鲜明中国传统文化特色的概念,一般特指有学问、有修养、品德高尚的人。

君子的高尚品格包括:德才兼备,文质彬彬,有内涵,有所为有所不为等。"穷则独善其身,达则兼济天下",是 2000 多年来中国人追求的理想人格的集中体现。儒家认为,君子处世,应像天一样,刚毅坚卓,发愤图强,永不停息;君子为人,应如大地一般,厚实和顺,仁义道德,容载万物。"君子"一词早在《易经》中就已出现了,被全面引用到士大夫及读书人的道德品质层面则始自孔子,且之后被儒家学派不断完善,成为道德典范。后世儒家对"君子"做了更多的规范和要求,比如君子有"四不":君子不妄动,动必有道;君子不徒语,语必有理;君子不苟求,求必有义;君子不虚行,行必有正。君子的理想人格至今仍然是中国人推崇的道德标准。

孔子雕像

梅兰竹菊,占尽春夏秋冬,中国文人将其誉为"四君子"

02 中国人的社会观

贰　中国人的社会观 /

中国传统文化高度重视人际关系和社会关系。不管是思考问题，还是为人处世，

人们都特别注重与所在社会群体的互动关系，看重他人对自己的评价，尊重权威和才能，以达各得其所，努力形成良好的人际关系。

爱国主义

中国文化中有强烈的爱国主义传统。爱国主义精神，体现为对国家的忠诚与热爱，对国民同胞福祉的关切，是中华民族的一种崇高思想品德。

在古代历史上，曾涌现出许多著名的爱国者和民族英雄。屈原的爱国主义诗篇，对中国文学和文化的发展产生了重要影响。保卫国家的戚继光，收复台湾的郑成功，虎门销烟的林则徐等，他们的爱国献身精神至今仍具有巨大的感召力。在近现代史中，从孙中山、黄兴、何子渊、邹容、秋瑾等资产阶级革命家，到李大钊、毛泽东、周恩来等无产阶级革命家，都继承了中华民族"以天下为己任"的爱国主义优良传统，将振兴中华的责任置于肩上。这种爱国主义情感在历史的长河中，经过千百年的凝聚，无数次的激发，不断得到升华，成为一种高尚的精神道德力量。

集体主义

集体主义，主张个人从属于社会，个人利益应当服从团体、民族和国家利益，其最高标准是一切言论和行动符合人民群众的集体利益。

在中国文化中，集体主义具有深厚的土壤。中国的集体主义精神源自农耕文明的集体合作精神。中国传统社会中集体主义的核心内容也与家族血缘和宗法（或者拟宗法）有关联。以血缘关系为纽带，与国家制度相结合，在思想文化和价值观领域的表现就是以维护国家、民族为中心的集体主义。

民本思想

中国的民本思想，有深厚的历史和文化基础，是中华优秀传统文化的重要内容。民本思想，是相对于君本（国本）、官本而言的，即中国古代的明君、贤臣治理国家的一种理念，体现为重民、贵民、安民、恤民、爱民。

民本思想源远流长，最早可追溯至夏商周时期，发展于春秋战国时期，汉代逐渐进入主流意识形态，此后历朝历代虽有所演变，然而其思想主旨始终没有大的变化。民本思想一直是儒家学

湖北秭归其屈原祠，为纪念爱国主义诗人屈原而建

派的重要组成部分。孔子提出"节用而爱人，使民以时"的思想，其德政的基础是以民为本的政治体现；孟子提出"民为贵，社稷次之，君为轻"的仁政思想；荀子认识到"政之所兴，在顺民心；政之所废，在逆民心"等，标志着民本思想的真正确立。今天，中国"以人民为中心"的理念，正是继承和发扬了中国传统的民本思想。

平等观

平等观，在西方思想体系中具有重要地位。其实，在中国传统思想文化中，平等观极其丰富，且自古有之。早在秦朝末年，陈胜、吴广农民起义，就曾向不平等的专制制度发出"王侯将相宁有种乎"的呐喊。南宋钟相、杨幺等农民领袖，进一步提出"等贵贱，均贫富"的口号。太平天国运动将"有田同耕，有饭同食，有衣同穿，有钱同使，无处不均匀，无人不饱暖"作为基本社会纲领。

中国共产党人在马克思主义理论指引下，把平等纳入社会主义核心价值观，科学发展社会主义各项事业，为最终实现共同富裕的理想而不懈奋斗。

和谐理念

和谐理念是中国文化中具有全人类价值的思想观念。和谐观念首先体现在人与自然关系上，寻求人与自然和谐相处。中国古人普遍认为，人是自然的产物和重要组成部分，只有顺应自然、尊重自然规律，才能实现人与自然的和谐相处。儒家指出，人与自然（天）是一个和谐的整体；自然包容万物、永远在发展变化之中，人也应体现这一特点。道家强调人需要顺应自然，以自然为最高法则，为人处世皆以自然为师，即"人法地，地法天，天法道，道法自然"。

中国古人主张珍惜自然资源、保护生态环境，对自然资源进行合理利用。例如，儒家提出"钓而不纲，弋不射宿"，即钓鱼不要用网截住水流一网打尽，打猎射鸟时不要射鸟巢等，都体现了"取物不尽"的朴素生态道德和可持续发展思想。和谐观念同样体现在人际关系和社会关系方面。儒家的"礼"，在一定程度上就是实现社会和谐的基本规范。

和谐思想几千年来一直得到传承和发展。中国的现代化建设始终以人民和谐相处、社会更加和谐作为重要目标，并明确提出要建设和谐文化，倡导和谐理念，培育和谐精神，使之成为当代中国人共同的道德规范和思想基础。

仁爱

仁爱，是孔子首先倡导的儒学重要思想，也是儒家最核心的概念，甚至可以说，"仁"是儒家义、礼、智、信的基础。儒家的仁，强调的是"以人为本"。儒家认为人之所以有别于万物，就是因为人有情感，正所谓"天命之谓性，率性之谓道"。或许正因为儒家倡导以人为本，讲究"有情"，它才能够源远流长，传承几千年从未断绝。

仁的本义是对人宽宏，富有爱护、同情之心。孔子认为仁是理想人格的根基，并为历代儒者所推崇。《淮南子·修务训》有："尧立孝慈仁爱，使民如子弟"；《史记·袁盎晁错列传》有："仁爱士卒，士卒皆争为死"；等等。仁爱更多的时候表示上对下或强对弱的一种爱。从这个意义上讲，仁爱思想是打破弱肉强食、丛林法则的思想智慧，对今天的人们有借鉴意义。

兼爱

兼爱，是中国古代墨家的核心理念，基本含义是指同时爱不同的人或事物。春秋战国时期，墨子针对儒家"爱有等差"的说法，主张爱无差别等级、不分厚薄亲疏的一种伦理学说。《墨子》中有《兼爱》三篇，阐述其主张。

墨子认为当时社会动乱的原因就在于人们不能兼爱，因此，他提出"兼相爱，交相利"，主张人们互相帮助，共谋福利，创造良好的社会环境。墨子的其他思想，如尚贤、尚同、节用、节葬、非攻等主张均以兼爱为出发点，希望通过提倡兼爱解决当时社会的种种矛盾。兼爱的思想，引导出天爱万物，养万物，包容万物，得出人也该爱万物，养万物，包容万物的结论。在这一点上，中国的兼爱与西方的博爱有许多共通之处。

义

义，在中国传统美德中占有重要地位，至今仍是人们普遍认同的道德准则。义，意为仁义、道义。墨家是较早提出这一思想的学派，主张"爱人不外己，己在所爱中"；认为"仁"为"爱"，"义"为"利"，"爱"和"利"都是价值行为主体的行为结果，可以统一起来。但义的内涵随着社会历史的发展变化而不断发展变化。孔子说："见义不为，无勇也。"意思是见到应当做的事而不去做，是怯懦的表现。孟子说："羞恶之心，义之端也。"羞恶之心是指对自己以及别人做不应当做的事感到羞耻和憎恶。人有正义感，便会努力实现种种可达到平等的社会理想，甚至以牺牲生命来表现义。由此，义成为一种人生观、价值观，如"义不容辞""舍生取义"等。义还是人生的责任和奉献，如义诊、义演、义务等，至今仍是中国人崇高道德的表现。

礼

礼是儒家思想的核心概念。礼字最早见于甲骨文，其本义是，击鼓奏乐，奉献美玉美酒，敬拜祖先神灵。在儒家思想体系中，礼与仁互为表里，仁是礼的内在精神，重礼是中国"礼仪之邦"的重要传统美德。从狭义说，礼是个体修养德行、待人接物的表现，即所谓"礼节""礼仪"；从广义说，礼就是讲文明，是一个人、一个社会、一个国家文明程度的一种表征和直观展现。

"礼之用，和为贵"，表明其价值取向为"和谐"。因此，礼的深层含义就是要讲究用正确的方式方法来处理人际关系问题。礼也包含有高尚、仁慈的意思。礼还是一种态度，比如"克己复礼"，就是要求学会克制自身，约束自己，以达到最佳的心态，使每件事都回归到礼。

处世哲学

中国人有丰富的处世哲学，这里仅列出几条作为参考：

为人做事讲究低调。中国人认为，低调为人做事才能看到更高的人生境界。低调，不是压抑自身的欲望，而是自然而然，修养品性，所谓"路径窄处，留一步与人行"，既要成就自己，也要成全他人。

外圆内方。中国文化历来讲求方圆之道，无论是传统视角下天圆地方的宇宙观，或是存世古铜钱外圆内方的独特外形，方与圆蕴含着最中国的待人处事智慧，既有原则，又善灵活。

"君子爱财，取之有道"，只有依靠自己的劳动所得，才能得到真正的尊重。

抱朴守拙，勤奋务实，这是做人最稳健的进取之道。抱朴守拙，看似不思进取，实则以退为进。说话要守拙，也就是要少说话，多做实事。如果没有把握是对的，最好不要说。

友谊观

中国人的友谊观强调的是人与人之间的真诚、信任、互助和共同进步。在中国的历史长河中，友谊一直是人们所崇尚的价值观念，不仅影响中国人的生活方式和社会行为，也深刻地影响了中国的政治、经济和文化发展。下面是传统常见的一些中国友谊观。

1. 诚信为本。认为诚信是人与人之间建立友谊的基础。只有在诚信的基础上，人们才能建立起真正的友谊关系，才能相互信任、相互支持。

2. 互助共赢。认为人与人之间应该相互帮助、共同发展、共同进步。只有在互助的基础上，人们才能建立起真正的友谊关系，才能共同面对困难和挑战。

3. 以德为先。认为人们应该以道德为准则来行事，以德为先，才能建立起真正的友谊关系。以德为先，人们才能相互尊重、相互理解、相互包容。

三思而后行

三思而后行是指导中国人日常行事的一条重要原则，出自《论语·公冶长》。著名佛学家南怀瑾对"三思"的分析是：谨慎是要谨慎，过分谨慎就变成了小器。其实，三思而后行作为特定的做事风格在特定的环境下可褒可贬。现在多为赞颂某人做事认真仔细，属于褒义。但是在其出处《论语》中，也就是它第一次出现时，被用作贬义。"季文子三思而后行。子闻之，曰：'再，斯可矣。'"孔子说季文子做事想人多，想两次也就够了。古代学者经常讲"知易行难"。任何事情，是非、利害、善恶都是相对的，没有绝对的，每个人考虑问题的角度、方式都不一样，要达到真知已经不容易，而付诸行动则要更难，因此，也要更加谨慎。决定做一件事的时候，特别是重大问题时，必须进行全方位地考虑，拿不准的时候多听听旁人的意见，也很有好处。

这与快速地把握时机并不矛盾，做事情要学会把握时机，同时在决策的时候还要多去思考。这样的人才有希望到达成功的彼岸。

雪挂枝头

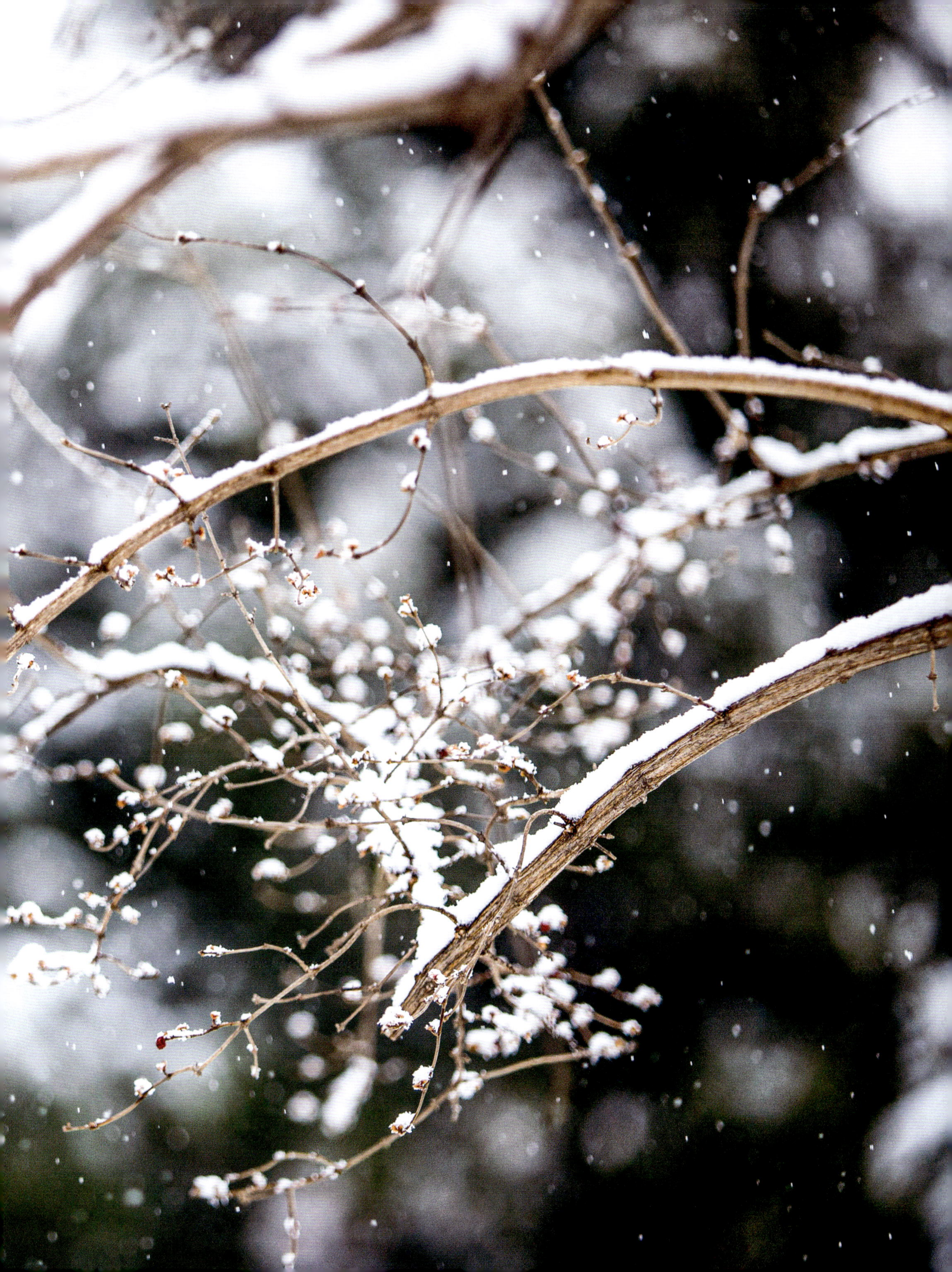

03 中国人的道德世界

叁　中国人的道德世界

富强、民主、文明、和谐，自由、平等、公正、法治，爱国、敬业、诚信、友善，

是社会主义核心价值观的基本内容。其中，富强、民主、文明、和谐是国家层面的价值目标，自由、平等、公正、法治是社会层面的价值取向，爱国、敬业、诚信、友善是公民个人层面的价值准则。

"道德"的起源

"道德"一词，在汉语中最早可追溯到先秦思想家老子所著的《道德经》。老子曰："道生之，德畜之，物形之，势成之。是以万物莫不尊道而贵德。道之尊，德之贵，夫莫之命而常自然。"其中"道"指自然运行与人世共通的真理；而"德"是指人世的德性、品行、王道。在当时，道与德是两个概念，"道德"二字连用始于《荀子·劝学》："故学至乎礼而止矣。夫是之谓道德之极"。

在西方古代文化中，"道德"（morality）一词起源于拉丁语的"mores"，意为风俗和习惯。相较于西方文化自古希腊以来把道德视为一个独立分离的单元（哲学中的伦理学），中国古代并没有特别把道德领域跟非道德领域切割开来，两者之间界限模糊又经常融为一体。

德

德的古字形从彳（或从行）、从直，以示遵行正道之意。"德"常用于指道德、品德，引申为有道德的贤明之士。"德"是美好的，故又引申为恩惠、感恩，还引申为客观规律等意义。

儒家以"温、良、恭、俭、让"为修身五德。春秋时期，子禽问孔子学生子贡，为什么孔子每到一个国家都能听到该国的政事，子贡回答：他老人家温和、善良、恭敬、俭朴、谦让，他用这样的态度去对待别人，别人自然会把政事告诉他，这是他与众不同的品德，也是与别人得知政事方式不同的原因。《荀子·非十二子》中说："不知则问，不能则学，虽能必让，然后为德。"意思是说：一个人不知道就要向别人请教，不会干就要学习，虽然会干了，一定要谦让，这才算是有"德"之人。这里的"德"，就与"道德"是一个意思了。

杭州胡雪岩故居，家训"修德延贤"

伦理

儒家最重视伦理道德问题的研究，试图以道德作为治国平天下的主要手段。因此，伦理思想是儒家学说的核心，并与其哲学、政治思想融为一体，构成完整的理论体系。

儒家伦理思想的核心价值可简单归纳为五个字：仁、义、礼、智、信。儒家重视探讨道德的本源，孔子一方面强调"天命"是道德的本源，另一方面又提出"性相近也，习相远也"的命题，承认后天的"习"对个人道德品质形成的作用。孟子把道德的本源主要看作是人之性善。荀子认为"人之性恶"，强调世俗教化的必要性。后来的《中庸》把天命论与孟子、荀子抽象的人性论综合起来，提出"天命之谓性，率性之谓道，修道之谓教"。儒家伦理重义轻利，强调道德的社会作用，重视道德教育和道德修养。儒家的伦理思想在中国历史上产生了极为深刻的影响，使得中国社会形成了独特的道德体系，成为中国传统文化的重要组成部分。

性善论

性善论，是儒家关于人的本性理论的基本观点，最早是由战国时期孟子明确提出并加以论述的。

《孟子·告子上》曰："恻隐之心，人皆有之；羞恶之心，人皆有之；恭敬之心，人皆有之；是非之心，人皆有之。恻隐之心，仁也；羞恶之心，义也；恭敬之心，礼也；是非之心，智也。仁义礼智，非由外铄我也，我固有之也。"孟子认为，既然这种心理活动是普遍的，因此性善就是有根据的，是出于人的本性、天性的，孟子称之为"良知""良能"。因此，孟子把道德规范概括为四种，即仁、义、礼、智，同时把人伦关系概括为五种，即父子有亲、君臣有义、夫妇有别、长幼有序、朋友有信。

推己及人

《论语·卫灵公》中记载："己所不欲，勿施于人。"后人由此提炼出成语"推己及人"。该成语的本义是用自己的心意去推想别人的心意，后引申指设身处地替别人着想。孔子所说的"己欲立而立人，己欲达而达人"，也是推己及人的具体表现。

在修养道德的过程中，自觉运用推己及人的方法，能促使人们设身处地为他人着想，有利于社会的和谐稳定。

诚信

诚信,是中国古代五种基本道德规范之一,指人要对自己说过的话负责任,即信守诺言,这是做人的根本。诚信一般包括两个方面:一是指为人处世真诚、诚实,尊重事实,实事求是;二是指信守承诺。"诚"主要是从天道而言,是儒家为人之道的中心思想,也是儒家中庸思想的理论基础;"信"主要是从人道而言。中国古人认为,诚信不仅是个人修养之道,也是兴业之道、治世之道。守信用、讲信义是中华民族公认的价值标准和基本美德。

尊尊

亲亲、尊尊是中国西周时期立法和司法的根本原则和指导思想,其意思是要亲近亲属,尊重在尊位的人,这一思想被儒家所继承。《礼记·大传》里讲:"圣人南面而治天下,必自人道始矣……亲亲也,尊尊也,长长也,男女有别,此其不可得与民变革者也。"据传,商朝灭亡之后,周王和大臣总结商的教训,认为纣王灭亡的原因是众叛亲离,没有地方势力支援。所以,西周才施行分封制,周王将自己的兄弟和儿子分封到各地建立封国,层层掌握国家政权,这就是西周著名的宗法制。可以说,亲亲、尊尊是西周政治制度所依据的思想道德基础。在早期中国封建社会中,亲亲、尊尊被社会所认同,其目的是要求人们都遵守这种原则所确定的礼制,各安其位,不超越自己的地位等级,百姓做顺民,百官做顺臣,这样国家就会长治久安。事实上,这种制度与法治社会的思想显然是不适应的,因此在几千年的封建社会中逐渐淡化。

尊贤

尊敬贤者,就是尊重有德行有才能的人。《礼记·中庸》:"义者,宜也,尊贤为大。"《孟子·万章下》:"用下敬上,谓之贵贵;用上敬下,谓之尊贤。"这个"义"和"适宜"的"宜"是相通的。怎么样做才叫适宜的呢?什么样的行为才叫合宜的呢?这就是必须符合于"礼"的规定。尊贤对于治国者来说是非常重要的。

尊老爱幼

尊敬长辈，爱护幼小，是中国优良的传统道德。孟子云："老吾老，以及人之老，幼吾幼，以及人之幼。天下可运于掌。"从原始社会起，就已有尊老爱幼的思想。当时生产力低下，在氏族公社内部，为了人类繁衍和文明延续，对丧失劳动能力的老人和尚无劳动与生活能力的小孩都一样分配劳动果实，实行义务抚养。由此逐渐形成了尊老爱幼这种朴素的道德观念，并传承下来。

商道

儒家虽不明确倡导经商，但也不反对经商。孔子的学生中就有善于经商者，并得到孔子的肯定。但儒家认为，经商之道，首先就是为人之道。一旦心中只有钱而没有人，为了钱而伤天害理，便是奸商。这种人哪怕钱再多，也会为人所不齿。所谓"君子爱财，取之有道"，具体来说，就是要依靠自己的胆识、能力、智慧，依靠自己勤勉而诚实的劳动心安理得地去挣取，而不是靠旁门左道的钻营去"诈"取。经商之道也体现人品，体现为人之道。

晋商文化传承代表——乔家大院

458 ▶ 中国与中国人

友善

　　友善，是中国人的优秀品格。友善是中国人做人、做事、成家、立业，以及走向成功的重要法宝。孟子曰："故君子莫大乎与人为善。"佛家也劝导世人"诸恶莫作，众善奉行"。每个人在这个世界上生存，由于悟性不同，选择的道路自然也不同。但毋庸置疑的是，一个人总是做坏事，不仅给别人带来伤害，自己同样收获不到快乐；一个善于做善事的人，他的人生是充满阳光的，不但会给别人带来快乐，自己也会幸福。选择友善的人生态度，正是我们做一个快乐人的开始。内心充满友善能使人时刻保持冷静，不会轻易对别人动怒，也会多给自己留点思考的时间，该坚持的坚持，该宽容的宽容，这便是一种莫大的人生智慧。

2022年北京冬奥会开幕式节目《闪亮的雪花》

安徽包公祠，
包拯是中国历史上著名的清官

法治与德治

儒家思想自汉武帝"罢黜百家，独尊儒术"之后统治中国达 2000 余年。儒家的法律思想融合了先秦诸子各家中有利于维护长治久安的因素，逐渐取代了法家的法律思想，成为中国正统法律思想的主导，对中国法律思想和法律制度的发展产生了重大的影响。

儒家法律思想的基础是"为国以礼"的礼治论。在春秋时期，孔子等要求恢复和加强以贵族政体为核心的一整套宗法等级制度，即"复礼"。儒家其实只是在形式上沿用了西周的礼，从内容上对西周的礼进行了改造和发展，并在后来融入了法家思想。

儒家重视"为政以德"。在西周时期，"德"还是一个融道德、政治、信仰、策略为一体的综合概念，既包括基本原则，又包括具体的行为要求。儒家继承了西周的"德"，同时也对它进行了改造，突出了"德"的政治意义，将"德"上升为政治统治的方法，如宽惠使民、实行仁政等；儒家同时也提升了"德"的地位，认为德高于君主的权力，高于国家和法律。

儒家强调"为政在人"。自古以来，关于"人治"与"法治"一直是争论的焦点。儒家是主张"人治"的。孔子和孟子认为政治就是道德的扩大，"其人存，则其政举；其人亡，则其政息"。实际上，"人治"是"礼治"和"德治"所派生出来的，并且以"礼治"和"德治"为主要内容。"礼治"必然导致"人治"。同时，"德治"必须是道德高尚的人才能真正地实行，所以"德治"也必然导致"人治"。

打官司

"官"和"司"旧时本义都指"官方""官府""官吏""掌管"等。发生利害冲突的双方到官府或官员那里去请求裁决是非时，官府或官员根据查明的事实作出裁断的整个活动，民间就称之为"官司"。

耻感文化

耻感文化，源于中国传统的儒家文化。对耻感这种心理感受加以发掘、升华，使之成为一种文化积淀，对中国人的行为和中国的文化产生了深远的影响。

中国的"耻感文化"并不是完全他律的，在中国文化尤其是传统文化里，"耻"既有他律性，也有自律性。

发扬光大传统美德需要"知"作基础，"耻"作外在的规范，传统文化的继承从侧面反映了"知耻"对传统文化的渗透。因此，重申知耻文化的重要性，有利于在社会上形成是非善恶的标准，为公民教育提供良好的群众基础。

04 中国人的宗教世界

肆 中国人的宗教世界 /

中国是个多宗教的国家，主要有佛教、道教、伊斯兰教、天主教和基督教等。

尊重和保护宗教信仰自由是中国共产党和中国政府对待宗教的基本政策。中国公民可以自由地选择、表达信仰和表明自己的宗教身份。

尊祖

中国自古以来就有对原始祖先的崇拜传统，也可以认为是原始宗教的遗痕。史前时期的巢氏、燧人氏、伏羲氏、炎帝、黄帝等被尊奉为中华民族的人文始祖。祖先崇拜，或敬祖，是基于死去的祖先的灵魂仍然存在，会影响到现世，并且对子孙的生存状态有影响的信仰。对祖先的崇拜也是一种孝道文化的体现。狭义的祖先崇拜，只是对本族始祖和先人的崇拜，其特点首先是将本族的祖先神化并对之祭拜，这种行为不仅体现了对本族的认同感，而且排除异族；其次是深信其祖先神灵具有超凡的神奇力量，会庇佑后代族人并与之沟通；最后是超越了原始图腾崇拜和生殖崇拜的认识局限，不再用动植物等图腾象征或生殖象征来作为其氏族部落的标志，而以其氏族祖先的名字取代，标志着古代宗教从自然崇拜上升为人文崇拜。祖先崇拜在中国封建社会的宗教传统中尤为突出。

多神论

中国人的多神信仰与传统神话有关联。从进入原始社会开始，就是英雄人物率领族人进行战天斗地的生存之战。如盘古开天、女娲补天、夸父逐日、后羿射日、精卫填海、大禹治水等传说。在这一系列的神话中，中华民族之所以能生存，是因为自己战天斗地的精神气魄，传承下来了自强不息的信念。西方的神灵是天生的，但是中国人的神除了天地日月形成的神之外，还能由凡人修炼而成。所以，中国宗教中的许多神就是中国历史上最受人崇拜的圣人或英雄人物，这与祖先崇拜有某些共同之处。

中国保障宗教信仰自由

中国实行宗教信仰自由政策，依法管理宗教事务，坚持独立自主自办原则，积极引导宗教与社会主义社会相适应，最大限度团结广大信教公民和不信教公民。

每个公民既有信仰宗教的自由，也有不信仰宗教的自由；有信仰某一种宗教的自由，也有在同一宗教中信仰某个教派的自由；有过去不信教而现在信教的自由，也有过去信教而现在不信教的自由。信教公民同不信教公民一样，享有同等政治、经济、社会文化等方面的权利，不会因信仰不同造成权利上的不平等。国家尊重公民宗教信仰自由，保护正常宗教活动；公民行使宗教信仰自由权利，不得妨碍其他公民的合法权利，不得强制他人信仰宗教，不得歧视不信教或者信仰其他宗教的公民，不得利用宗教妨害公民合法权益。行使宗教信仰自由权利必须尊重公序良俗，尊重文化传统和社会伦理道德。

宗教文化是人类文明的有机组成部分。保障宗教信仰自由，妥善处理宗教关系，使之与时代相适应，遏制宗教极端主义，是世界各国面临的共同课题。中国结合宗教发展变化和宗教工作实际，汲取国内外正反两方面的经验，走出了一条依法保障宗教信仰自由、促进宗教关系和谐、发挥宗教界积极作用的成功道路。

藏于中国国家博物馆的彩绘木雕观音菩萨坐像

宗教团体

根据 2018 年《中国保障宗教信仰自由的政策和实践》白皮书，中国的宗教团体约 5500 个，其中全国性宗教团体 7 个，分别为中国佛教协会、中国道教协会、中国伊斯兰教协会、中国天主教爱国会、中国天主教主教团、中国基督教三自爱国运动委员会、中国基督教协会。各宗教团体按照各自的章程选举、产生领导人和领导机构。

中国各宗教团体自主办理教务，并根据需要开办宗教院校，印刷发行宗教经典，出版宗教刊物，兴办社会公益服务事业。中国与世界许多国家一样，实行宗教与教育分离的原则，在国民教育中，不对学生进行宗教教育。部分高等院校及研究机构开展宗教学的教学和研究。在各宗教组织开办的宗教院校中，根据各教需要进行宗教专业教育。宗教教职人员履行的正常教务活动，在宗教活动场所以及按宗教习惯在教徒自己家里进行的一切正常的宗教活动，如拜佛、诵经、礼拜、祈祷、讲经、讲道、弥撒、受洗、受戒、封斋、过宗教节日、终傅、追思等，都由宗教组织和教徒自理，受法律保护，任何人不得干涉。

国家宗教事务局官网

佛教

佛教是当今三大世界宗教之一，产生于公元前 6 至前 5 世纪的古印度，创始人为古印度迦毗罗卫国（今尼泊尔南部）释迦族的乔答摩·悉达多。佛教在中国有三大语系：汉传佛教（汉语系）、藏传佛教（藏语系）和南传上座部佛教（巴利语系）。中国佛教的主要节日有佛诞节、佛成道日、盂兰盆节等。

汉传佛教：佛教开始传入中国内地，目前有文献记载的，最早是在公元前 2 年。隋唐时期，汉传佛教进入鼎盛时期，形成了天台宗、净土宗、禅宗等独具特色的中国汉传佛教宗派，并传播到朝鲜、日本、越南等地。过去中国佛教出现过许多派别，现在流行的主要有八宗：三论宗（又名法性宗）、瑜伽宗（又名法相宗）、天台宗、贤首宗（又名华严宗）、禅宗、净土宗、律宗、密宗（又名真言宗）。这就是通常所说的性、相、台、贤、禅、净、律、密八大宗派。其中禅宗和净土宗是中国流传最广的宗派。

藏传佛教：公元 7 世纪松赞干布建立王朝时，佛教正式由印度和内地传入西藏。藏传佛教由于传承不同形成了不同的教派，较大的有宁玛派（红教）、萨迦派（花教）、噶举派（白教）、格鲁派（黄教）等，还形成了活佛转世的传承继位制度。其中格鲁派是 15 世纪初宗喀巴在原噶当派基础上创立的，之后成为藏传佛教中影响最大的宗派。达赖喇嘛和班禅额尔德尼两个活佛转世系统都属于此派。

南传上座部佛教：中国云南西双版纳、德宏等地的南传上座部佛教，有史料记载约在 7 世纪由缅甸传入。云南的南传佛教有润、摆庄、多列、佐底四派，主要在傣族、布朗族、阿昌族等少数民族中传播。

新中国成立后，中国佛教经过民主改革，走上了与社会主义社会相适应的道路。1953 年 5 月 30 日，成立了全国性的佛教组织——中国佛教协会，1956 年成立了中国佛学院，1987 年成立了中国藏语系高级佛学院。各地也陆续建立了分会、地方性佛教协会和地方性佛学院。

福州旗山万佛寺

禅宗

禅宗,亦称佛心宗。最早由菩提达摩传入中国,下传慧可、僧璨、道信,至五祖弘忍下分为南宗惠能,北宗神秀,时称"南能北秀"。南宗传承很广,成为禅宗正统,以《楞伽经》《金刚经》《大乘起信论》为主要教义根据,代表作为《六祖坛经》。惠能著名的弟子有南岳怀让、青原行思、荷泽神会、南阳慧忠、永嘉玄觉,形成禅宗的主流。

达赖喇嘛与班禅额尔德尼封号

达赖喇嘛和班禅额尔德尼是藏传佛教格鲁派创始人宗喀巴的两大弟子。公元15世纪格鲁派形成后,经过几个世纪的发展,成为藏传佛教主要流派。

公元1652年,第五世达赖喇嘛进京入觐,次年被清朝顺治皇帝册封为"西天大善自在佛所领天下释教普通瓦赤喇怛喇达赖喇嘛",赐以金册、金印。公元1713年,第五世班禅被清朝康熙皇帝册封为"班禅额尔德尼",亦赐金册、金印。

自此,清中央政府正式确立了达赖、班禅在西藏的政治、宗教地位,以后历世达赖喇嘛、班禅额尔德尼的封号和地位必须由中央政府册封才得以确立,成为一项历史定制。

1959年民主改革以后,西藏实行了政教分离。

道教

　　道教是中国土生土长的宗教，是在汉代黄老道家思想基础上，吸收古代神仙家的方术和民间巫术及鬼神信仰，于东汉末年形成的。道教在魏晋南北朝时期走向成熟，在隋唐北宋达到鼎盛。南宋金元时期，道教出现新的教派，教义和道法都有改变。元代后期，道教各宗派逐渐合流，最终形成了全真和正一两大派并立的格局，延续至今。全真派由金代王重阳创立，全真道士必须受戒方能名登"仙籍"。全真派道士为出家道士，不结婚、素食，住在道观里。正一派源远流长，于元代最终形成。授箓是正一派传承的重要方式，也是道士"修真成仙"的重要条件，只有受箓才能"名登天曹"。正一派道士可以结婚、吃荤，绝大部分不出家。明清时期，道教随着中国封建社会进入晚期而日益衰微。

　　新中国成立后，道教界进行了宗教制度民主改革，使道教的面貌焕然一新。1957年4月，中国道教协会成立，实现了全国道教徒的大联合、大团结。

　　道教继承和发展了先秦道家思想，将"道"作为最高信仰，从中演化出最高的神灵，构建了庞大的神仙体系。道教认为道可以修得，修炼的最终目的是得道成仙。

　　道教尊老子为教主，奉老子的著作《道德经》为主要经典。

伊斯兰教

　　伊斯兰教由穆罕默德创立。伊斯兰教在中国旧称"回教""清真教""天方教"等。一般认为，伊斯兰教传入中国的标志性事件是史载唐朝永徽二年（651年）大食始遣使朝贡，其后主要通过经商往来逐渐传播。至宋代，随着来华穆斯林人数增多，与当地居民通婚，其子孙久居国内与汉民族逐渐融合，成为中国回族穆斯林的先民。从伊斯兰教的传入到回族地区的形成，经历了几百年的时间。新疆地区从10世纪伊斯兰教开始传入至18世纪，也经历了大约七八百年的时间。中国有回族、维吾尔族、塔塔尔族、柯尔克孜族、哈萨克族、乌孜别克族、塔吉克族、东乡族、撒拉族、保安族等十个少数民族传统上基本信仰伊斯兰教。此外，汉族、蒙古族、藏族及傣族中也有部分人信仰。中国穆斯林基本上属于逊尼派，在新疆有极少数穆斯林信奉什叶派。中国穆斯林大多数聚居在新疆维吾尔自治区、宁夏回族自治区、甘肃、青海、河南、云南等地。

　　中国伊斯兰教协会是中国各民族穆斯林的全国性宗教团体，于1953年由穆斯林知名人士在北京发起成立，是中国历史上第一个空前统一的全国性伊斯兰教组织，它的成立标志着实现了中国各族穆斯林的大团结。

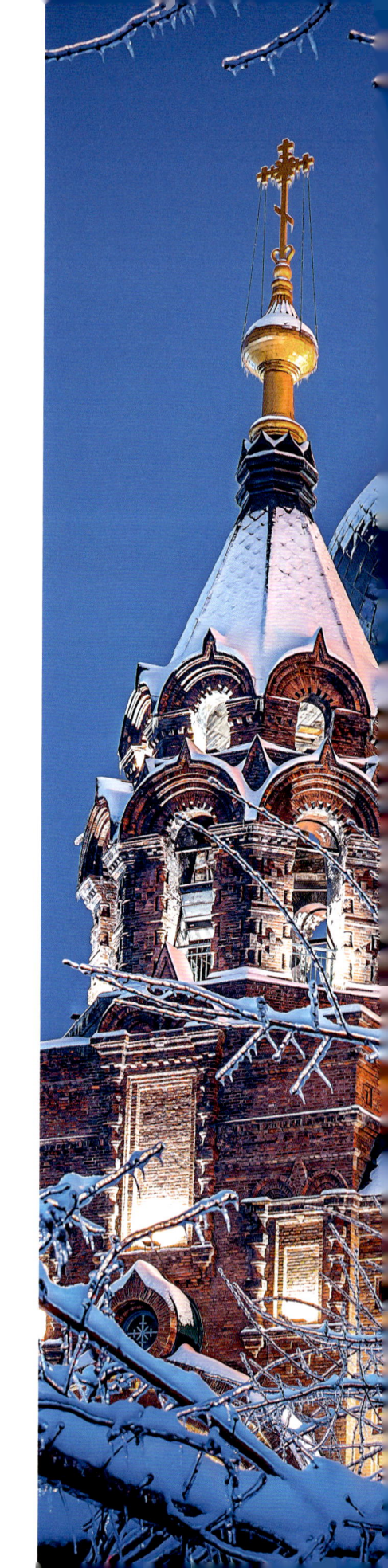

黑龙江哈尔滨圣·索菲亚教堂

469 | 中国人的精神 ▶ 中国人的宗教世界

天主教

　　天主教是基督教的三大派别之一，亦称公教、罗马公教、罗马天主教。

　　元代时，罗马教皇尼古拉四世派传教士来中国传教，30余年中教徒发展至3万余人，元朝覆灭后，天主教在中国绝迹。明代和清代前期，以利玛窦为代表的天主教传教士入华传教获得成功。到清康熙年间，教徒已达15万人，但天主教会因中国人祭祖祀孔问题产生了"礼仪之争"，导致"百年禁教"。1840年鸦片战争之后，清政府被迫签订一系列不平等条约，取消了"教禁"，天主教在中国得到很大发展。

　　新中国成立后，中国天主教界的爱国人士号召广大天主教徒行动起来，清除中国天主教界的帝国主义分子及其影响，实现中国天主教的自立革新。1957年，中国天主教爱国会成立。同年开始，中国天主教实行了自选自圣主教，使长期以来被国外势力操纵的中国天主教成为中国天主教界自办的宗教事业。1980年，中国天主教教务委员和中国天主教主教团在北京成立，中国天主教独立自主、自办教会事业向前推进。中国天主教爱国会和中国天主教主教团是全国性天主教团体，简称"一会一团"。

基督教

　　第一个来华传教的基督教传教士是英国人马礼逊，他于清仁宗嘉庆十二年（1807）来到中国。马礼逊完成了两项重要的翻译和编纂工作，即汉文基督教经典《圣经》和《华英字典》。之后，英、美、俄、德、法陆续派遣教士来华。鸦片战争之后，基督教借助一系列不平等条约大规模传入中国。据不完全统计，到19世纪末，分布在中国各地的基督教差会达80个，其中较有影响的有信义会、长老会、圣公会、伦敦会、公理会、浸礼会、美以美会等。

　　新中国成立后，以吴耀宗为代表的几十位中国基督教领袖发表《中国基督教在新中国建设中努力的途径》，即"三自宣言"，号召广大基督教徒在党和政府领导下开展反帝爱国运动，肃清基督教内的帝国主义影响，实现中国基督教的自治、自养、自传。1954年，中国基督教三自爱国运动委员会成立。1980年，中国基督教协会宣告成立。现在，中国基督教坚持中国化方向，坚持按"三自"方针办好教会。

中国少数民族对宗教的信仰

中国是一个统一的多民族国家。中国政府执行各民族平等、团结、互助的民族政策，尊重和保护少数民族宗教信仰自由的权利和风俗习惯。《中华人民共和国民族区域自治法》规定："民族自治地方的自治机关保障各民族公民有宗教信仰自由。"

中国政府在致力于促进少数民族地区经济、文化、教育等各项事业的进步，提高包括信教群众在内的广大少数民族群众物质文化生活水平的同时，特别注意尊重少数民族的宗教信仰，保护少数民族文化遗产。对各民族包括宗教文化在内的文化遗产和民间艺术进行普查、收集、整理、研究和出版。国家投入大量资金用于维修少数民族地区具有重要历史、文化价值的寺庙和宗教设施。

中国少数民族信仰的宗教主要有佛教、伊斯兰教、基督教、天主教、萨满教和东正教等。

宁夏中华回乡文化园

萨满教

萨满教是世界性原始宗教，曾在北欧和北美诸多国家和地区的民族中广为流传。中国北方民族如满族、蒙古族、维吾尔族、哈萨克族、柯尔克孜族等均曾普遍信仰。

萨满教相信万物有灵和灵魂不灭，认为宇宙有上、中、下三界。上界为天上，神灵所居；中界即人间，人类所居；下界为阴间，鬼魔和祖先神所居。宇宙万物，人世祸福，皆由神鬼主宰，神灵赐福，鬼魔布祸。"萨满"作为保护族人的通神者，可为族人消灾求福。

05 中国人的家庭观

伍 中国人的家庭观 /

中国文化从一定意义上讲源于以血缘为基础的宗族关系，因此，家庭在中国文化中始终具有特殊的地位和作用。中国人重视家庭，正所谓

"天下之本在国，国之本在家"。尊老爱幼、妻贤夫安，母慈子孝、兄友弟恭，耕读传家、勤俭持家，知书达礼、遵纪守法，家和万事兴等中华民族传统家庭美德，铭记在中国人的心中，融入中国人的血脉中，是支撑中华民族生生不息、薪火相传的重要精神力量。

浓厚的家庭观

中国人以家庭为重,重视血亲关系,中国人家庭结构的主要特点就是大家庭,包括核心家庭与延伸家庭,可以说家庭就是社会的核心。中国人认为为自己的家庭奋斗是理所当然的事,甚至可以把自己的努力都归于一个终极目标:为了家庭。

相较而言,西方人的家庭权利义务分得十分明白,通常18岁以上的孩子就需要完全独立,这在普通中国家庭中是很少见的。在中国家庭中,子女年幼时依赖父母,父母为家庭作出很多的个人牺牲,子女会更多地服从家长。子女成人后则对父母负有赡养责任,但在某些情况下还会依赖父母帮忙,如哺育下一代。

家族观念

在中国,家族是指由具有血缘关系的人组成的一个特殊社会群体,通常包括几代人。《管子·小匡》曰:"公修公族,家修家族。使相连以事,相及以禄。"可以说,以婚姻和血缘关系结成的亲属集团,是中国社会的基本单位。家庭用夫妻关系与亲子关系构成了最小的社会生活共同体,它不断维持着人类社会的延续性,并形成家族体系。

家族具有对内和对外两种职能,能将人与人之间紧密地联系起来,形成不可分割的团体。中国家族的对内职能包括维持共同生计,即同吃、同住、同劳动的家族经济职能,这为家族物质生产与消费提供保障,维持家族的延续和扩大;同时还要维护家族成员间的感情,调整内部成员行为,以维系家族的和谐。家族对外的职能包括向社会提供劳动力、智力、财力,履行对社会上老、弱、病、残、孤、寡的扶养义务。家族对外关系的维系是发展社会关系的重要的机能,它所结成的错综复杂的社会关系,成为促进社会发展的纽带。

家和万事兴

家庭和睦是中国家庭文化的核心追求。家和万事兴,意思就是家庭和睦就能使各项事业兴旺发达。家庭中的每个成员之间相处融洽、夫妻互爱、长幼互亲,给家庭带来欢乐、祥和的氛围,自然是其乐融融。

中国人认为,人世间有三种"和":天时和,风调雨顺;地利和,五谷丰登;人和,百业兴旺。如果能够"天时、地利、人和"全占,那么就会繁荣昌盛,家和万事皆兴。《论语》也讲"礼之用,和为贵"。人生活在世间,不能离开群体而独自生存,与社会大众相处就要和睦。小至家庭、公司、社团,大至国家,只要做到"和",就没有不兴旺的。家和万事兴,寄托了人们对美好家庭生活的追求与向往。今天,家庭规模日渐式微,家庭成员在情感和陪伴上彼此深深依赖,提供情感和陪伴也是中国现代家庭的核心功能。

亲戚

中国人重视家庭关系,自然就会看重亲戚关系。中国亲属系统,传统以男系为核心,亲属分为宗亲、外亲和妻亲。亲属间,根据每个人的辈分、宗族、年纪与性别,有特定的亲属称谓。一般而言,亲属称谓指的是以本人为中心确定亲族成员和本人关系的名称。比如,比自己长一辈的称呼有姨姑舅叔伯等,同辈的有姊妹兄弟等,下一辈有甥侄等。

亲亲

《诗·小雅·伐木序》曰："亲亲以睦，友贤不弃，不遗故旧，则民德归厚矣。"君主亲人爱人，友爱贤达，不轻言放弃，不忘故交，那么百姓的品德就会淳厚了。"亲亲而仁民，仁民而爱物"出自《孟子·尽心章句上》，意思是亲爱亲人而仁爱百姓，仁爱百姓而爱惜万物。亲亲对于物而言，主要是爱惜，就是要"取之有时，用之有节"；对于民，也就是老百姓，需要仁爱，仁爱的具体表现，即"老吾老，以及人之老；幼吾幼，以及人之幼"，是推己及人的仁爱；对于亲，也就是自己的亲人，则不是爱惜和仁爱的问题，而是一种以血缘关系为纽带的亲爱，是爱之中最自然最亲密的一个层次。亲亲的观念表明，爱虽然有亲疏，有差等，但这些亲疏差等之间却又有着内在的必然的联系。从亲爱自己的亲人出发，推向仁爱百姓，再推向爱惜万物，这就形成了儒学的"爱的系列"，这个系列又正好是和《大学》所开创的"修身、齐家、治国、平天下"的阶梯相统一。这表明，亲亲也是成就天下大事的基础。

2018年12月31日，深圳坪地街道四方埔村露滚堂祖祠重光五周年庆典举行，近千名来自海内外的萧氏家族子孙们欢聚一堂，辞旧迎新，祈福新年

婚姻

《中华人民共和国婚姻法》规定，实行婚姻自由、一夫一妻、男女平等的婚姻制度。

中国的传统婚姻观，一般都讲百年好合，白头偕老。中国人注重从一而终，所以对待婚姻都相当谨慎，往往会想得更长远，考虑得更周到，也有一整套繁复的礼仪。古代中国人把父母放在很重要的位置，所以婚姻大事必须由父母做主，婚后也必须对父母尽孝。

在今天的现实生活中，婚姻观发生了一些变化，大多数人把家庭生活幸福作为婚姻的参考标准。结婚的基础是感情，而不是物质。相似的人生观和共同的兴趣爱好成为年轻人建立良好婚姻关系的基础。

子女教育

中国文化重视家庭,也重视家庭教育。"养不教,父之过",出自中国的传统启蒙教材《三字经》,意思是仅仅供养儿女吃穿,而不好好教育,是父母的过错。《三字经》还说,"子不学,非所宜。幼不学,老何为",意思是,小孩子不肯好好学习,是很不应该的。一个人倘若小时候不好好学习,到老的时候既不懂做人的道理,又无知识,到老都很难有所作为。"玉不琢,不成器。人不学,不知义",意思是,玉不经过打磨雕刻,不会成为精美的器物;而人要是不懂得学习,不以自己的知识、技能来实现自己的价值,就不懂得礼仪,不能成才。这些都强调子女从小进行学习的重要性。

家长制

家长制也是中国古代家庭文化的一部分,源于家庭、家族、宗族、氏族等血缘群体和亲缘群体。在母权制和父权制的家庭中,家庭的主要权力集中于家长一人手中,权力不划分,其他成员均须服从家长一人。当社会群体规模有所扩大时,这种方式又被推广到更大的范围,如手工业作坊、店铺、行会等。封建帝王把国家看成一家私有,他们治国常常采用家长式的统治方法。

家长制是在生产力水平低下、社会分工不发达、群体规模相对狭小、结构相对简单的传统社会中存在的一种组织管理方式。随着现代工业社会和现代社会组织的出现,这种管理方式逐渐被淘汰。

性别分工

在旧石器时代晚期至新石器时期的母系氏族社会,妇女在氏族公社中居于支配地位,实行母系继承制及男嫁女、从女居的婚姻居住制度。及至青铜器时代和铁器时代早期父系氏族社会确立,开始实行父系继承制及从夫居的婚姻居住制度。黄帝(华夏)部落时期至周代,宗法社会形成,男子从属于家族,女子从属于男子。东周以后,贵族阶级实行多妻的媵妾制,严格分别嫡庶,至春秋以儒家的礼教对女子的行为作了种种的规定和限制,形成了以男性为中心的封建伦理观念,属于传统封建思想,即男尊女卑。近代以来,中国开始妇女解放运动,逐步实现了男女平等。

中国宪法总纲的第四十八条就男女平等问题明确规定:"中华人民共和国妇女在政治的、经济的、文化的、社会的和家庭的生活等各方面享有同男子平等的权利。"

传统中式婚礼婚房布置

孝道

"孝"作为一个伦理观念正式提出是在西周。在西周，孝的含义主要包括：尊祖敬宗，施孝的方式主要是祭祀，尽孝的对象是死去的人，带有一定的宗教形式。在周朝的人们看来，祖先是我辈的生命之所生，因此，崇拜祖先就是把祖先的生命延续下去，生生不息。后来儒家倡导的孝道，主要是子女对父母尽责任和义务的一种关系。所谓孝道文化，就是关于关爱父母长辈、尊老敬老的一种文化传统，是中华民族传统美德的基本元素。孝道文化包括敬养父母、生育后代、推恩及人、忠孝两全、缅怀先祖等，是一个由个体到整体，对"修身、齐家、治国、平天下"延展攀高的多元文化体系。"母慈子孝"，是一种理想状态。孝道和世间万法一样，也是有条件的，有因有缘，需要父母和子女共同维系，从而使得每一个人都从中有所收获，如此才能长久稳定。

赡养老人

在中国，赡养老人是子女的法定义务，也是中国孝文化的体现。中国的宪法规定，成年子女有赡养扶助父母的义务。中国的婚姻法也规定，子女对父母有赡养扶助的义务，子女不履行赡养义务时，无劳动能力或生活困难的父母，有要求子女支付赡养费的权利。

赡养扶助的主要内容包括，子女在经济上为父母提供必要的生活用品和费用，在生活上、精神上、感情上对父母应尊敬、关心和照顾，有经济负担能力的成年子女，不分男女、已婚未婚，在父母需要赡养时，都应依法尽力履行这一义务直至父母死亡。子女对父母的赡养义务，不仅发生在婚生子女与父母间，而且也发生在非婚生子女与生父母间、养子女与养父母间和继子女与履行了抚养教育义务的继父母之间。

家国情怀

中国人的家国情怀，是指国民对国家共同体的一种认同感，其基本内涵包括家国同构、共同体意识和仁爱之情，现实中强调个人修身、重视亲情、爱国爱家、心怀天下等。家国情怀既与行孝尽忠、民族精神、爱国主义、乡土观念、天下为公等传统文化有重要联系，又是对这些传统文化的一种超越，主要体现为一种文化精神，有赖于文化传承，而不是某种具体的行为模式。因此，家国情怀在增强民族凝聚力、增强公民意识等方面都有重要的时代价值。

家国情怀起源于士大夫的人文信仰和人文精神，中国古代文学作品中有许多经典的名言，如《礼记》里"修身、齐家、治国、平天下"的人文理想；《岳阳楼记》中"先天下之忧而忧，后天下之乐而乐"的大任担当；陆游"家祭无忘告乃翁"的忠诚执着；等等。这种与国家民族休戚与共的壮怀，以百姓之心为心、以天下为己任的使命感，正是家国情怀的精华。家是最小国，国是千万家，每个人的生命体验都与家国紧密相连，这正是当下对家国情怀的一种通俗表达。

家乡观念

中国人的家乡观念强，与农耕文明传统有关。几千年来，中国人绝大部分在从事农业生产，他们的劳动群体和劳动场地都是稳定的，对地域文化有很强的认同感，其生活习惯、行为习惯、语言习惯，甚至思维习惯等都顺应了当地文化。所以，当一个人在外不习惯时，自然会想到故乡；当一个人遇到困难时，也自然会想到故乡。

中国人的敬祖文化也是家乡观念的重要源头。一个人的祖先和出生地是无法改变的，这使得敬祖文化与家乡故土的关系密不可分。这种深厚的家乡观念影响深远，超越其他文化。家乡观念首先就表现在对故乡的饮食习惯和风俗的影响，家乡的味道和习俗总能引起人们心中的共鸣。家乡观念还与家的概念紧密相关。中国人"家"的观念很强，即使本人离开了家乡，但其亲友很可能还留在家乡，成为情感的重要纽带。在欧美人看来，一个人脱离家庭呵护是自由和成熟的标志。但中国人的脱离家庭和欧美人的概念是有本质区别的。中国人即使离开了家和家乡，仍把自己的根扎在家"文化"之中。

为重唤"母城"记忆而修缮一新的十八梯传统风貌区，位于重庆渝中区

家族祠堂

祠堂，又称家庙，是供奉与祭祀祖先或先贤的场所，记录着家族的传统与辉煌，可以说是家族的圣殿，也是中华民族悠久历史之象征与标志。

中国古代社会等级森严，最能体现这种等级差距的就是对祖先的祭祀。宗祠是宗族血脉所系，也是宗族盛衰的标志。历代帝王都将宗祠看作国家权力的象征，建造宗祠是皇室的特权。祠堂的出现与家庙、神庙有极大的联系。按照《周礼》规定，庶民没有资格建家庙，只能路祭。民间祠堂是从西汉开始出现并逐渐兴起的，是建筑在墓前的祭祀场所，多为石质，又称石室。民间被允许正式建立宗祠始于 1536 年，明代嘉靖皇帝允许民间"联宗立庙"诏令的颁布，使宗祠与家谱一起成为家族最重要的象征。祠堂内，一般都供有祖先的牌位。宗祠还要定期集会和祭祖，祭祖一般在清明节举行，俗称办清明会。祭祖礼仪十分隆重庄严。祭祖完毕后，族长还要当众处理族中的公共事务和救济事宜等，如有违犯族规的人，也要在这时处罚。这种习俗至今在民间许多地方仍有保留。

他乡遇故知

他乡遇故知，指的是在远离家乡的地方碰到了自己的老朋友，是一件特别令人高兴的事情。中国人本来就有很强的家乡观念，对来自家乡的人更是有特别的情感。孔子曰："有朋自远方来，不亦乐乎？"更何况是来自家乡的人。常言道，人生有四大喜，即久旱逢甘霖，他乡遇故知，洞房花烛夜，金榜题名时。当然，随着现代交通的畅通发达，人员流动不断加大，在异国他乡遇见老朋友的事并不少见，但这种对家乡和朋友的情感文化依然保留了下来。

落叶归根

落叶归根，表面的意思是飘落的枯叶，总是会掉在树木根部。一般用来比喻事物总会有一定的归宿，多指客居他乡的人，终要回到本乡，也是家乡观念的一种具体体现。宋代释道原撰写的《景德传灯录》卷五中写道："叶落归根，来时无口。"

落叶归根是一种文化现象，它代表了大多数中国人的心理，是乡土情结的一种表现，它的形成有着很深的中国传统文化根源。以农耕自然经济为基础的生存方式使中国人对土地有着很深的依恋，"天人合一"思想使人们对本民族的生存环境相依相适，而"人道亲亲"的观念使中国人具有对亲人、对家族、对国家都难以割舍的责任感和群体感，造就了中国人文化心理的自我认同感和超地域、超国界的文化群体归属感，也是一种对"母体"的回归感。

广东"开平碉楼与村落"是中国首个华侨文化的世界遗产项目

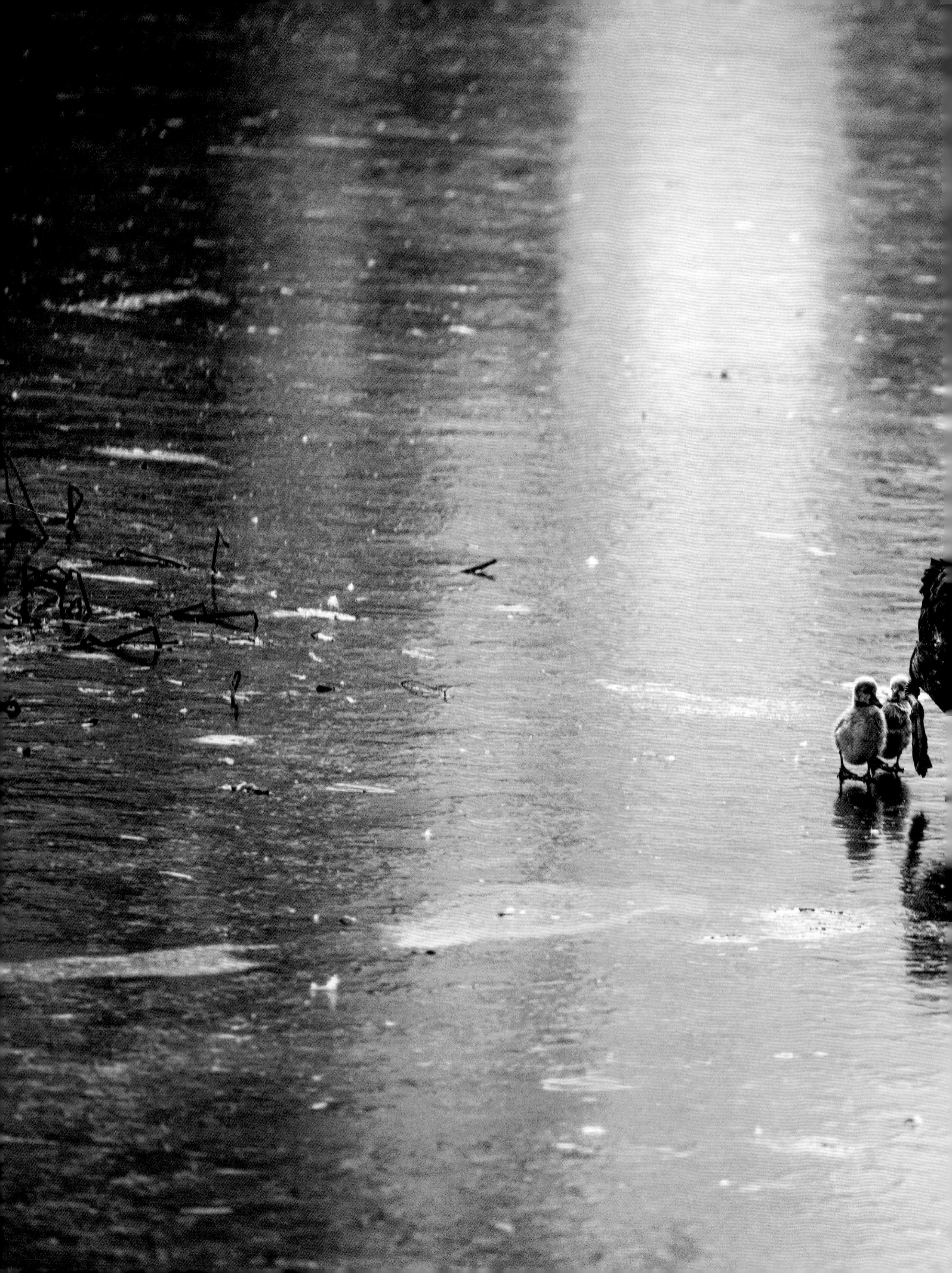

黑天鹅一家

06 中国人的人生观

(陆) **中国人的人生观 /**

中国人的人生观主要受儒家文化的影响。儒家思想在人生观方面主张入世，

即要主动融入社会，以成就天下大事，以"修身、齐家、治国、平天下"为代表，具有积极向上的进取精神。

立德、立功、立言

儒家倡导人生目标"三不朽",即指立德、立功、立言。《左传·襄公二十四年》曰:"太上有立德,其次有立功,其次有立言,虽久不废,此之谓不朽。"孔颖达对此阐释:"立德,谓创制垂法,博施济众;立功,谓拯厄除难,功济于时;立言,谓言得其要,理足可传。"

在转瞬即逝的时间之流中,人总想抓住永恒的东西,这是儒家"三不朽"的精要,是仁人志士孜孜以求的一种凡世的永恒价值。现实中,社会上充斥着追名逐利的短期行为,熙来攘往奔竞于名利场上的人们根本无暇顾及不朽之名的诉求。急功近利如果不幸成了一代人的集体无意识或社会的潜规则,那真是莫大的讽刺和悲哀。因此,"三不朽"虽然是古人崇高的目标,但在今天仍有积极意义。

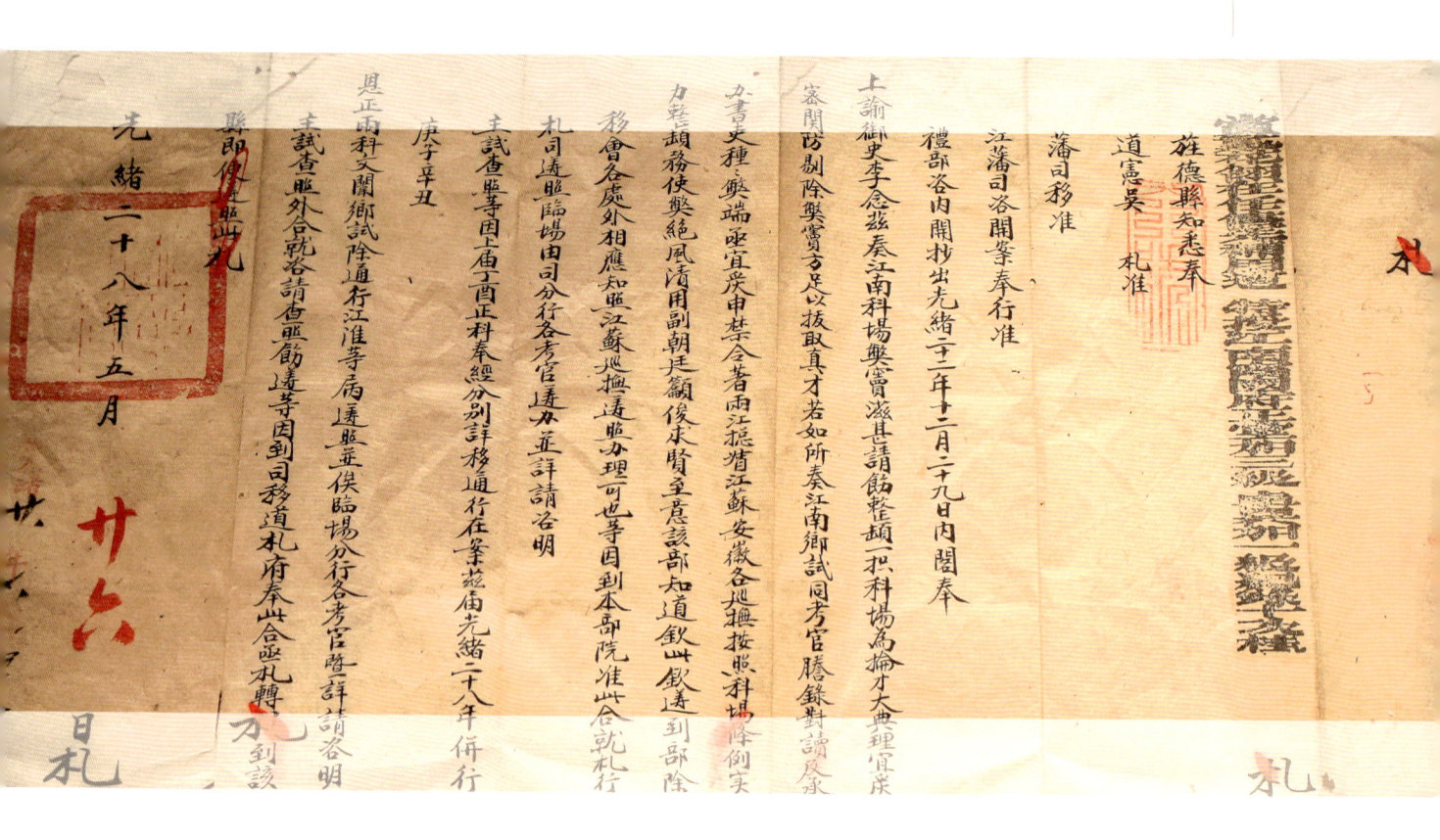

藏于江南贡院的《整顿江南科场札》

功成名就

功成名就，是古代中国人个人奋斗的目标，意思是人生的意义在于对于社稷有功和有名，以实现自己的抱负和理想。古代中国人认为，物质需要不是人生的意义所在，人生的根本意义是精神追求，功和名才是人的立身之本，是活下去的精神前提。人要对社会有所贡献才能得到生存所需，才能得到别人的认同和肯定。这是一种"自我实现"，是与社会联系在一起的，是人生的最高价值。

圣人

圣人，一般指品德最高尚、智慧最高超的人，在儒家思想体系中具有重要作用。汉代《白虎通义》中说："圣者，通也。"

在中国传统文化中，圣人具有知行完备、至善之品德，是有限世界中的无限存在。圣人这个词语最初出于对"至善""至美"的人格追求，在中国人的眼里尤其是在儒生的眼里是至高无上的，孟子说："圣人，人伦之至也。"在中国古典文献中记载的著名的儒家圣人只有尧、舜、孔子等少数几个人，而颜子、孟子、子思和曾子等一些先贤大儒，被儒家弟子视为境界接近圣人的人。

学习与教育

中国人历来高度重视学习与教育，尤其是儒家，其丰富的教育思想影响至今。孔子本人就是中国历史上早期的教育家，也是世界上十分伟大的教育家。据记载，中国在夏商周时代，就已经有不同形式的官学。战国时期的稷下学宫造就了中国历史上辉煌的诸子百家时代。隋唐以来，中国的科举取士制度普遍实行，可以说是人才制度的一次重大革命，影响了中国1000多年的历史。科举制度下，平民通过科举考试可以封侯拜相，这也保障了普通平民阶层可能凭借读书改变自己的命运。

中华民族是世界上极其注重教育的民族。古时候"孟母三迁"，就是为了给孩子一个好的学习环境。书中自有黄金屋，书中自有颜如玉，是用朴实的语言告诉人们，知识就是力量，知识能够改变命运。今天，教育更成为国人追求生存与发展的一个重要途径。

成人礼

成人礼在西方许多国家都有，是一种普遍存在的文化现象，是为承认年轻人具有进入社会的能力和资格而举行的人生仪式。

在中国，成人礼是青年跨入成年阶段时举行的仪式，因民族不同而各具特点。中国古代汉族的成人礼是指冠礼和笄礼，这个传统从西周一直延续到明朝。古时汉族男子满20岁时行冠礼，即加冠，表示其已成人，被族群承认，之后可以娶妻。女子则是在满15岁后行笄礼，及笄之后可以嫁人。古代男子成年先行冠礼，然后才行婚礼，所以冠婚二字常常一起使用。男子冠礼与女子笄礼既是青年作为成人的标志，更为重要的是通过成年礼仪培养起受礼者的家庭责任感以及社会责任心和义务感，对个人和社会均有积极意义。

职业观念

西方的社会分工有明显的精英意识。比如西方人认为律师、医生、教师、科技行业等创造社会财富的职业是社会精英，即白领阶层。很多中国人的职业价值观会受到光宗耀祖、荣归故里等传统观念的影响。

今天，人们的职业观发生了根本性的变化。年轻一代更多地强调职业生涯的目标是心理成就感，他们对地位并不十分看重，更希望工作丰富化，具有灵活性，并渴望从工作中获得乐趣。心理成就感更大程度上由自我主观感觉认定，而不仅仅来源于组织对个人的认可，如晋升、加薪。因此，年轻人在职业选择上也表现出多元性和主动性。在传统的职业模式中，职业发展的主动权在组织手中，职业生涯管理的责任主要由组织承担。在新的职业环境中，就业者可以频繁地在组织的不同部门、不同组织和不同专业间流动。近年来的数据显示，在找到第一份工作后，50%的大学生选择在一年内更换工作；两年内大学生的流失率接近75%；33%的大学生选择"先就业后择业"。

养生与健康

"养生"一词，原出《管子》，乃保养生命以达长寿之意。在漫长的人类发展历史中，健康与长寿一直是人们所向往和追求的。相对于世界其他地区的养生文化而言，中国的养生理论与实践汇集了中国历代劳动人民防病健身的众多方法，糅合了儒、道、佛及诸子百家的思想精华，显得尤为博大精深。

中国养生学文化认为，人们所处的自然环境和社会环境与人们的健康有着直接的关系。庄子以恬淡虚无主导精神养生和精神调养，后来主要发展于佛、道两家；儒家主张以无私无畏的浩然正气为根本，也可以达到养生之目的。《黄帝内经》则明确地提出了地理环境与长寿密切相关，认为优美的环境、适宜的水土有利于健康长寿。现代社会，人们越来越重视健康，养生之道深入人心。

用中医药材来养生

死亡观

在对待死亡问题上，中国人重视生的价值，都期望能够好好活着，延年益寿。同时也很敬畏死亡，把人生彼岸看作是一个神秘而充满希望的地方，对死寄予最后的希望。中国人也认为人固有一死，但要活得有价值有追求，所以有很多仁人志士从容面对死亡，因为他们相信他们的行为可以推动历史，贡献社稷。

孔子讲："君子疾没世而名不称焉。"意思是说，君子最不愿意看到的是，一个人死了以后，所有的人就不提起他了，就像没有过这个人一样。也就是说，君子活在世上，要让人们有所震撼，要对人世有所影响。

民族性格

中国人的民族性格一般被描述为拥有热情、勤奋、谦虚、忠诚、坚韧、群策群力、节俭等特点。中国人以谦虚、朴实和团结精神为核心，以诚实守信、勤劳智慧、热心助人为特点，以勤俭持家、群策群力、追求卓越为原则，以爱国忠诚、正直廉洁为精神，以友善乐观、公平正义为行为准则。

快乐观

在中国，儒家、道家和佛家都主张以减低物质欲望的方式来追求幸福感。古人云，知足常乐，自得其乐，助人为乐。中国人的快乐观，不是停止进步，不是放弃理想，而是没有太多的欲望和私心；是对自己拥有的一切，心怀感恩，无比珍惜；是对生活的一种态度，是一种智慧，也是一种宽容。

财富观

财富观是中国文化中有独特价值的思想精神。"君子喻于义，小人喻于利"，意思是君子看重的是道义，小人看重的是利益，出自《论语·里仁》，这是儒家财富观的精髓。

在中国人的传统观念中，"不义而富且贵，于我如浮云"。儒家的财富观始终如一强调，积累财富过程最重要的是积累"德"和"人"，财是次要的；积累财富是为了提高"自身"体验，决不能靠无原则地利用不正当的手段去谋取财富；"达则兼善天下"，即使是有了财富，也是要为天下人做善事，而不是个人挥霍奢侈。财富观，正在成为"三观"之外重要的"第四观"。

借钱与借物

在西方世界里，向朋友借钱或借物似乎是一个很敏感、很忌讳的事情，但在中国，邻里之间，亲朋好友之间，难免会有借钱借物之事。

向别人借钱借物时，也应该有所注意。一是要看情势，借别人东西，先要看会不会给人造成不方便；二是要适量，借钱时既考虑自己目前所需，又要考虑他人的承受能力。作为被借的一方，也应谨慎处理。一般原则是看自己是不是有能力；当然也要看和对方的关系是不是值得信赖。因此，向朋友借钱，最重要的是讲究信誉。

慈善观

自古以来，中国人就有"乐善好施""扶贫济困"的传统慈善美德。直到近代，民间还有许多慈善捐助形式，如大户人家逢年过节给贫民施粥等。

不同文化都给予行善极高的道德价值。就中国社会而言，要了解中国人的社会心理与人际行为，需要从本土文化中分析慈善观念的社会环境。比如说，现代多年实施的"希望工程"帮助了成千上万的失学儿童。当今社会条件下，"好人好事"与中国人的慈善观是一致的。在普通人的生活世界中，慈善不一定就是捐助，也可以是直接帮助他人。这种慈善实践是中国土生土长的，与做人、修养等多种社会因素融合在一起，是一种有效的慈善形式。

爱情观

爱情没有国界，爱情在任何文化里都是一个永恒而古老的话题。不同的文化，对生命和爱情有不同的理解和追求。西方人拥有感性的爱情观，追求浪漫，爱得奔放自由。而中国人的爱情相对保守和传统，也可以说是比较理性的爱情。

在中国人传统的爱情观中，门当户对是普遍观念，其核心是双方彼此的家庭条件、社会地位等外在因素的匹配。人们相信，在这样匹配与相似度一样的环境中诞生的爱，更合适也更长久。随着时代变迁，中国的年轻人也越来越追求浪漫爱情，追求自由爱情。

停在枝头的一对红耳鹎

含蓄

　　中国人含蓄的特点主要是受儒家文化的影响。其实，在先秦时期，中国民风开放，各诸侯国虽然互相征战，但是无论是诸侯大夫还是大侠平民，大多都有着快意恩仇的豪侠性格。这时期的国人是不大讲究含蓄和谦让的。儒家倡导的"礼"制，显然对形成收敛含蓄的民风发挥了重要作用。自汉朝"独尊儒术"之后，在汉文化中，含蓄文化渐成风尚。"内敛含蓄""喜怒不形于色""深藏不露"被认为是一种能力，甚至是美德。

　　中国人表达情感的方式比较含蓄。不仅亲密伴侣之间，而且父母与孩子之间，亲人、朋友、同事之间，对于"爱"与"关切"的流露，很少是直接表达。主要原因是，儒家文化不主张个性张扬，束缚了部分自然人属性的天然表达。此外，集体潜意识的期待，要求人们的行动、表现都遵从"礼"，久而久之含蓄表达自然就适应了这种集体社会型的文化。

　　随着中国与世界各个国家之间的文化交流、经济贸易的往来不断加强，中国人的性格慢慢开始发生变化，变得热情开放，不再像以前那样内敛保守。

幽默

　　中国人的幽默感是一种特殊的情绪表现，有自己的民族特性，中国人表达幽默的方式与西方是有明显不同的。

　　早在 2000 年前，司马迁在《史记》里就有了《滑稽列传》。数千年前陶器上的"尴尬"表情，青铜俑的憨稚笑容，猛虎可笑而不可怕的"蹒跚"造型，兽猎纹镜上虎豹的前倨后恭等，都表现了中国人普遍充沛、源远流长的幽默感。古代中国人认为，真正的幽默是一种高明的处世哲学。

修齐治平

　　修齐治平即修身、齐家、治国、平天下是儒家伦理哲学和政治理论的精华，意思是说，一个人要努力提高自身修为，管理好家庭，治理好国家，最终担负起安抚天下苍生的重任。

　　修齐治平的思想，出自《礼记·大学》。强调以"修身"为中心，个人道德修养与治国、平天下的一致性，主张由近及远，由己及人，把"格物""致知""诚意""正心"，作为"修身""齐家""治国""平天下"的基础，形成儒家的伦理政治哲学体系。"修齐治平"概括了修身与社会和谐之间的关系，主张由身修到家齐、国治、天下平，这是一个具有内在逻辑联系的过程。

勤劳为本

在中国，勤劳作为一种传统美德，被时时称颂、代代相传。中国人的勤劳可以说是刻在骨子里、刻在传统里的精神，在中国人的血脉中流传。若是细究来说，中国人的这份勤劳是从传统农耕文明而来，可以追溯到遥远的小农社会。依靠农业发展起来的中华民族，需要面对严格的季节节气划分，做出相应的变化，一旦因为慵懒错过，就会颗粒无收。因此，中国人可以忍耐艰难的工作环境，并用自己的勤奋来克服。改革开放以来，中国经济能够在40多年的时间里，达到如今的高度，也是和中国人的勤劳肯干分不开的。

节俭文化

勤俭节约是中华传统美德。古人云："俭，德之共也；侈，恶之大也"；"历览前贤国与家，成由勤俭破由奢"。足见"勤俭节约，艰苦奋斗"的品格，一直流淌在中华民族的血液里。事实上，今天提倡勤俭节约，也并不是限制消费。勤俭节约，是要求一个人学会勤劳致富、自我管理、理性思考，保持一个理智消费的精神状态。法国18世纪启蒙思想家卢梭曾说："勤勉与节约是人类的两个名医。"消费固然会推动生产，但过度消费不但会消耗财富，还会让虚荣奢侈的观念侵蚀人们的心灵。勤俭节约，让人守住的，不仅仅是物质财富，更是心灵的净土。此外，勤俭节约与绿色环保理念是一脉相承的。

江苏昆山，立秋将至，农民们在农业园区水稻田清除杂草，确保水稻丰收

07
中国人的事业观

(柒) **中国人的事业观 /**

在中国人的传统观念里，个人修养固然重要，但还要在事业上有所成就，对社会有价值，

对国家人民有贡献，是最高的理想追求。对待事业积极进取，是古今中国人的基本事业观。

天下为公

"大道之行也,天下为公"出自《礼记·礼运》,告诉世人天下是人们所共有的,把品德高尚的人、有才能的人选出来,同时每个人都讲求诚信,培养和睦气氛,这就是一种大同的理想社会。因为天下是人们所共有的,人们不单奉养自己的父母,不单抚育自己的子女,还要使老年人能终其天年,中年人能为社会效力,幼童能顺利地成长。人们在共同劳动中不为私利。这样一来,就不会有盗窃、造反和害人的事情发生,家家户户夜不闭户,这就是所谓的理想社会。

"天下为公"原本是孔子的社会政治理想,近现代以来,得到越来越多人的继承和发扬。孙中山先生就以"天下为公"为政治理想。在他为之奋斗的未来社会,只有实现"主权在民",才能实现"天下为公"。"天下者,天下人之天下也"。当今,社会主义民主的实质是人民当家作主,管理者是"人民的公仆"。

光宗耀祖

光宗耀祖,是中国宗族文化的重要价值观,意思是做了使整个家族获得荣誉的事。在当代,"光宗耀祖"更强调成就事业,在重要的工作岗位上发挥作用,推动国家发展,或者在一个地方、一个单位、一个企业、一个公司的发展中,为社会为群众作出贡献。

择业观

时代不同,择业观的内容也不同。了解今天中国人特别是年轻人的择业观,对理解中国社会无疑有积极的帮助。中国年轻人今天的择业观主要体现在:既要工作也要生活;既要薪水也要自由;既要考虑工作自己是否喜欢,专业是否对口,事业是否有发展前景,也要考虑自己的个人爱好与感情,以及公司的氛围、工作自由度等;要选择一份有利于自身价值实现的职业,而不仅仅是为了挣钱;等等。改革开放以来,青年人的择业观发生了巨大的改变,择业的多元化成为普遍的趋势。

知识分子

"知识分子"的概念来自西方，一般是指具有较高知识水平、有独立思考能力、以阐发或者运用知识工作的脑力劳动者，大多分布在教育、科技、文化艺术等领域。在中国，知识分子是与工人、农民等概念相关联的，是中国社会劳动者"工农商学兵"之一。

在中国古代，知识分子大多数情况下都是社会精英，称为"士"，成为为统治者或贵族服务的官员或谋士。在今天的中国，政府实施人才强国战略，把科教兴国作为国策，为知识分子发挥才能提供了广阔的空间。

农民

中国是一个农业文明大国，不仅有悠久的历史，还取得了灿烂的成果。《穀梁传·成公元年》中写道："古者有四民，有士民，有商民，有农民，有工民"，即士农工商四民。农民是人类最早的职业与身份，是社会进步的基础支撑者。

农民占据中国人口的绝大多数。如今，中国正在大力实施乡村振兴战略，以提高农民收入，提升农民社会地位，让农民都过上幸福生活。

白领

  "白领"与"蓝领"都是从西方引进的新名词。白领即是对在企业中不需要做大量体力劳动的工作人员的通称，有较高的教育背景和较丰富的工作经验，他们工作时多穿白色衬衫，因此得名。在中国，白领一般都有稳定收入，多从事脑力劳动，如管理人员、技术人员、政府公务人员、自由职业者、中下级技术人员、企业管理和财会人员、医务人员、办公室工作人员，以及其他各类专业人员等。这些人员一般脱离较重的体力劳动，并且掌握一定的技术知识。随着经济社会发展，白领阶层作为一个掌握知识和技术的生力军正在壮大。现阶段，白领阶层更多的是一个经济范畴的概念。

蓝领

  蓝领，这一概念是美国在20世纪50年代进入信息化时被提出的，指从事体力劳动的工人，他们劳动时一般穿蓝色工作服。

  数据显示，中国的蓝领人口规模正在迅猛增长，甚至已经大大超过白领。特别是电脑、空调、手机等新型工业领域的发展，蓝领就业的范围已经从"生产线"，延伸到了售后服务领域。中国的蓝领越来越多的具有统一的生产技能和职业规范，存在于各个产业当中，比如高级技术工人、服务规范化的出租车司机与物流运输工人、高标准卫生条件约束下的餐饮人员、具备现代农技知识进行机械化作业的农民、能够大量运用新技术的建筑工人等。现阶段，中国劳动力市场高级技术工人严重短缺。

自主创业

  在中国，自主创业似乎已经成为一种择业时尚。劳动者主要依靠个人的资本、资源、信息、技术、经验以及其他因素自己创办实业，解决就业问题，特别是大学生自主创业得到政府的大力支持。

  中国第一次自主创业高潮，是在改革开放初期，集中发生在南方省市，以待业青年和返城知青为主力军，他们之后成为改革开放后第一批择业领头人和先富起来的人。中国第二次自主创业高潮是1990年到1996年，以科技等高素质人才为主，俗称"下海"；这期间，各行各业精英纷纷以自己的能力获取财富，创立了一大批技术类的民营企业和改制企业。中国第三次自主创业高潮是1999年到2005年，以互联网行业的兴起为标志，阿里巴巴、百度、搜狐等著名企业都在这一时间创业成功；这一时期创业主体人群有两类，一是网络精英，再是下岗人群。现阶段，中国正迎来第四次自主创业潮，每年上千万的大学生进入劳动力市场，使高校毕业生成为这一阶段自主创业主体。大学生有着较为丰富的知识储备和创造力，但因为社会实践经验与实践能力相对欠缺，给大学生创业带来了较多挑战。

自由职业

  自由职业是中国改革开放以来慢慢发展形成的新事物，特别是信息技术的快速发展，促使中国的自由职业者人数大幅增长。

  改革开放之后，在某些经济与文化领域，一些人表现出强烈的独立择业需要，于是一大批"自由职业"破土而出，诞生了许多签约作者、签约演员、专栏主持人等。自由职业者更多地出现在21世纪以后，关键因素是信息技术与网络平台的发展为自由职业者提供了便利条件。随着社会发展的需要，自由职业群体在不断丰富与扩充。

敬业

  中华民族历来有"敬业乐群""忠于职守"的传统，可以说，敬业是中国人的传统美德。早在春秋时期，孔子就主张人在一生中始终要勤奋、刻苦，为事业尽心尽力。孔子提出"执事敬""事思敬""修己以敬"等。北宋程颐进一步指出："所谓敬者，主之一谓敬；所谓一者，无适之谓一。"可见，"敬"是指一种思想专一、不涣散的精神状态。古往今来，事业上有所成就者，大凡离不开两条：一是有强烈的事业心和责任感，二是有锲而不舍的勤奋精神和坚韧不拔的毅力。二者的本质即为敬业精神。孟子说："天将降大任于是人也，必先苦其心志，劳其筋骨，饿其体肤，空乏其身，行拂乱其所为，所以动心忍性，曾益其所不能。"意思是，干一番事业，必定要呕心沥血，意志坚强，甘于吃苦，勇于奉献，才能有所成就。

  今天的中国社会，把敬业精神作为一种基于热爱，对工作、事业全身心忘我投入的精神境界，其本质就是奉献。具体地说，敬业精神就是在职业活动领域，树立高度的责任感、事业心，追求崇高的职业理想；培养认真踏实、恪尽职守、精益求精的工作态度；干一行、爱一行、专一行，努力成为本行业的行家里手；摆脱单纯追求个人和小集团利益的狭隘眼界，具有积极向上的劳动态度和艰苦奋斗精神。

中国古代普遍使用的计时仪器——日晷

守时

　　不管是东方人还是西方人都讲究守时，守时是一种可贵的美德，尤其是在职场中。快节奏的生活步伐中，拥有时间观念是每个人都应该养成的好习惯。

　　在中国人的观念中，守时代表着一个人的人品、诚信及对他人的尊重。一般情况下，守时的人更让人放心、让人信赖，人们也愿意与之交往。相反，缺乏时间观念的人，给人的感觉就是随性、懒散，不值得信任，更不值得交往。因此，不论是办公务，还是私人活动，守时都是基本的要求。对于约定的时间，一般都提前五到十分钟，对于特别重大或重要的活动，需要提前留有更充裕的时间。

08 中国人的审美情趣

捌　中国人的审美情趣 /

中华民族自古就是一个热爱美和创造美的民族，有着独特的美学思想、

审美情趣和艺术形式。从古代岩画、彩陶、青铜器，到中国传统建筑、雕塑，再到中国独特的书法、绘画艺术、戏曲表演以及音乐演奏等，无不闪耀着中华文明的灿烂光辉。

以善为美

中国传统审美的一大特点就是以善为美。儒家以善为美，和是善、仁是善、义是善、礼是善，都是由伦理、道德等思想境界的修为而出现的感受。儒家的仁爱思想可以说是对人启发至深的一种思想，让人形成一种博爱的胸怀与处世态度，拥有一种"闲看庭前花开花落；去留无意，漫随天外云卷云舒"的闲适心境，以一颗宽容的心包容一切，并且始终对生活怀有美好的向往与希冀。

"以善为美"最突出地体现在诗歌审美上。中国古代诗歌自《诗经》起至今，都对中国的社会有着一定的教化作用。"诗三百，一言以蔽之，曰：思无邪"，其中"以善为美"的美学思想对中国诗学的发展产生了不可替代的作用，"善"成为评价艺术作品审美价值的首要标准。文艺作品的成功与否在于其对社会发挥的作用是否积极。文艺作品形式以"美"来评价，而内容方面则以"善"为评价标准。

热爱自然与自然美

"自然"一直是中国传统美学，特别是道家美学思想的核心范畴。"天人合一"是中国传统文化的一个基本精神，它探讨的就是"天"与"人"的关系，抑或自然与人的关系、环境与文明的关系。

"天人合一"美学的终极指向是"和谐"，尤其表现为人与自然之间的和谐。中医学就是中国人重视人与自然的和谐关系的一个明证，可看作是"天人合一"思想在医疗保健方面的一大成就。"天人合一"美学更是一种生命美学，它从一开始就体现了对生命的极大热情与终极关怀。它将和谐推广到宇宙间的一切事物，认为人与自我、人与社会、人与自然绝无矛盾对立，是交感俱化、浑然一体的。由此，中国艺术家，尤其是中国历代的山水诗人，最能在自然中参透人类与宇宙内在生命精神，并使自己的生命与宇宙大化生命悠然结合，在艺术意境创造中深刻展示其广大和谐的美学精神。

三七开

"三七开"，也可以称为"三七法则"，即按三比七的比例进行配置是优美的，甚至是最佳的。这一法则现在已经被运用到包括技术、管理、营销等许多领域之中，类似于"黄金分割率"。

实际上，三七法则是中国人的一种广义美学比例法则，是中国人的"黄金比例"。三七法则与中国人思维中的"中庸中和"思想是一致的。中国人认为，"物极必反"，万事皆有度，超过一定度，事物就会走向反面。而"三七开"正是中国人从辩证思维中总结出的量化规律，不仅适用于形式美学，也适用于对世界万事万物的理解，是一种把握生活规律的完美智慧。

山西应县木塔，是现存世界上最古老、最高的一座全木构塔式建筑

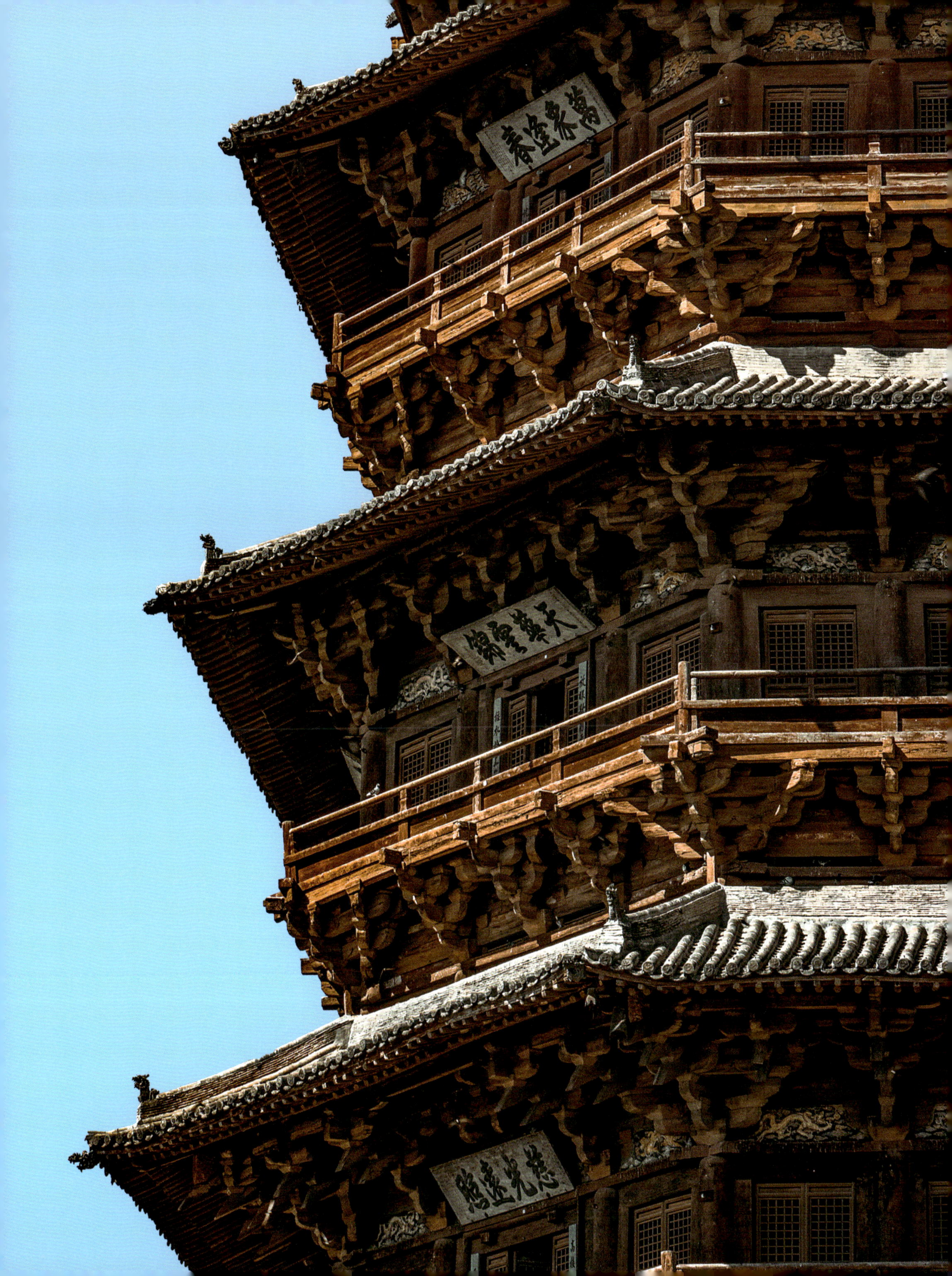
萬象垂春
天華雲錦
慧光遠照

尚简

中国人讲大道至简，意思是大道理是极其简单的，简单到一两句话就能说明白。所谓"真传一句话，假传万卷书"。朱熹曾说："为学之道至简至易，但患不知其方。"

"道"在中国哲学中是一个重要的概念，表示"终极真理"。"道"这一概念，不单为诸子百家所重视，也被宗教流派道教等所使用。在中国传统文化中，"大道至简"对美学的追问与探索有着悠久的历史，远早于20世纪西方简约主义。中国文化对简约美的崇尚，可追溯到春秋战国时代。"朴素""无为"的道家思想奠定了中国简约文化和尚简审美的哲学基础；而墨家提倡的简约的礼乐文化和佛教禅宗，又开创了内心简化的体悟论，从而将尚简文化进一步深化。受尚简文化的影响，中国古代的文学、绘画、园林设计等都形成了尚简的审美思想和趣味。文学创作也讲究文唯简贵，绘画艺术更是崇尚用笔简洁。简单、朴素的文化艺术创作传统代代传承、延续，造就了中国人独特而影响深远的尚简文化艺术传统。

花与鸟相映成趣（组图）

和谐美

当古希腊哲学家、美学家谈论"美的和谐"时，中国的思想家们也在探讨这个主题。中国儒家、墨家、道家、法家的思想都是从"中和"思想发展而来的。不同的是，儒家侧重于政治品德和社会方面的协调有序；墨家侧重于物质利益方面"我"与利的和谐统一；道家从人与自然的关系上强调"天地与我并生，而万物与我为一"的自然和谐；法家从个人与社会的关系上，主张个体行为和社会功利的和谐统一。特别是道家的审美思想，注重个体顺应自然，达到清静无为的境界，使人与自然和谐统一，对中国"和谐美"的审美取向影响深远。

"美是和谐的统一"，这是古希腊著名的美学命题。古希腊美学家所讲的和谐偏重于形式元素关系的和谐，而中国美学家则偏重于人际关系和整个社会的和谐。中国人的"和谐美"不仅重视美本身，更重视美在促进社会和谐方面的功能。"夫美也者，上下、内外、小大、远近皆无害焉，故曰美"，这句话道出了中国人对美的本质特征的认识——美在形式上的和谐以及对社会"无害"。

中国的"和谐美"在园林建筑美学方面表现尤为突出，譬如在园林中，花草树木与楼台亭阁分布得体、互相照应，就给人一种赏心悦目，即"和谐美"的感觉。中国传统建筑在坐落、安排的结构上，一直受古代儒道哲学对世界的认识和观念的影响，讲究与宇宙、气象、星座的对应，即人与自然的和谐。北京四合院恰如其分地体现了中国建筑文化传统深厚的美学意蕴。"和谐美"在当代绿色住宅和时尚设计等方面也得到广泛应用，突出以人为本、环境和谐、自成一体，已成为东方文明的典范。

中庸美

"中庸美"是儒家美学的突出特点，它以包含着理性内容的仁学为基础，从人的内在心理要求出发，去探讨现实生活中的审美和艺术问题。"中庸美"一方面肯定个体内在心理需求予以满足的合理性，另一方面又强调社会伦理对个性心理需要予以制约的必要性；一方面肯定审美和艺术给人以美感享受的积极意义，另一方面又强调，只有这种美感享受最终促使个人和社会二者关系协调一致，才具有社会价值。从一定意义上可以说，"中庸美"更多强调人的主体性，而"和谐美"更多突出人与自然的融洽关系。

孔子的思想中，将美学与伦理学、心理学联结一体，奠定了以情感与理智、个体与社会的和谐统一作为中国古典美学的基础。孔子将"中庸之道"运用于审美领域，就要求美和艺术把不同的或对立的因素恰当地统一起来，避免任何突出某一因素而抹杀另一些因素的片面性，这无疑是对中国美学的重大贡献。

一生二

"道生一，一生二，二生三，三生万物"，出自老子的《道德经》，本意是老子的宇宙生成论。这里老子说到"一""二""三"，表示"道"生万物，从无到有，从少到多，从简单到复杂的过程。《淮南子·天文训》对它作了最早的哲学解释："道始于一，一而不生，故分而为阴阳，阴阳合和而万物生。"照其解释，"二"是"阴阳"，三是"阴阳合和"。这句话表面上看起来与美学毫无关系，但实际上，老子的这句话包含了生成论、发展观与互补和谐等深刻的方法论，因此对中国人的审美也产生了明显的影响。

中国人从老子的生成论中，领悟到了生成之美和生命之美，高度重视生命的价值，如贵生思想；从老子的发展观中领悟到了动态之美，中国画的游观或散点透视，以及中国古典园林设计中的"一步一景"等就是典型的从动态中发现美；从老子"阴阳互补"的方法中，领悟到了事物之间的互补与和谐之美，这种美学思想几乎在所有的美学领域都可以发现，典型的莫过于书法和绘画中的虚实、浓淡、干湿、阴阳等搭配。

内在美

　　内在美是中国人特别重视的一种美，其原意是指人的内心世界的美，是人的思想、品德、情操、性格等内在素质的具体体现，所以也叫心灵美。内在美包括人生观和人生理想、思想觉悟、道德情操、行为毅力、生活情绪、文化修养等多个方面。人的审美意识是一种特殊的心理活动，因而美不能只流于形式，其内在美才是一个人成长、发展、成就事业的关键所在。因此，在中国的先秦时期，就有"内美"的说法。"纷吾既有此内美兮，又重之以修能"，大诗人屈原虽然很重视自己的外表，但认为内在美更重要。这种"内在美"就是中国传统中的"秉德无私""中正""廉洁"等热爱祖国和人民、追求真理和正义的美好品质。在魏晋时期，文人中还出现了"重神轻形"的文化思潮，内在美被抬高到更加突出的程度。

　　中国人认为，内在美对人的美具有重要作用：一是内在美在人的美中起主要的决定性作用，因为人的本质力量，人的自由、创造力、情感等，只有在内在精神美里才能得到最充分、最直接的体现。二是内在美比外在美所形成的美感更强烈、更持久、更深刻。外在美所引起的美感是变动的、不确定的、易逝的，内在美则能给人以长时间的、强烈的、深刻的感受。三是内在美具有宝贵的社会价值。一个人的思想行为越有利于社会就越高尚、越美。

意象美

　　意象美可能是中国美学思想中最具中国特色的美学概念，也是一个较难理解的概念。简单地说，意象就是寓"意"之"象"，就是用来寄托主观情思的客观物象。意象理论在中国起源很早，《周易·系辞》已有"观物取象""立象以尽意"之说。不过，《周易》之象是卦象，是符号，属于哲学范畴。

中国的诗学最早借用了"意象"概念并引申之,"立象以尽意"的原则未变,但诗中之"象"已是具体可感的物象。中国诗学一向重视"意"与"象"的关系,亦即"情"与"景"的关系,"心"与"物"的关系,"神"与"形"的关系。刘勰指出,诗的构思在于"神与物游";谢榛说"景乃诗之媒";王国维谓"一切景语皆情语也",即移情于景,存心于物,凝神于形,寓意于象,这些实际上都是中国传统诗学关于诗的意象手法的不同表述。中国画就是在这样的以表意为核心的观念下,形成了独特的审美风格。中国画重在表意、强调主体的特征,与西方绘画重在摹仿、强调客体,有明显的区别。

境界美

中国人关于境界美的讨论中,经常会引用宋代青原惟信大禅师说过的一段话:"老僧三十年前未参禅时,见山是山,见水是水;及至后来亲见知识,有个入处,见山不是山,见水不是水;而今得个休歇处,依前见山还是山,见水还是水。"由此得来人生三个境界,也被视为是审美的三个境界:一曰"看山是山,看水是水",即眼见为实,认为眼睛看到的东西就是真实的;二曰"看山不是山,看水不是水",即这个世界越来越复杂,根本不是你想象中的那么简单,经常是黑白颠倒,是非混淆,你开始逐渐了解到人生的深意,这时看山也感慨,看水也叹息,不愿意再轻易地相信什么,也就是说,山不再是单纯的山,水也不再是单纯的水;三曰"看山还是山,看水还是水",即把人生的高度提升到了第三重境界,返璞归真,看山还是山,看水还是水,这个时候,就要专心致力于自己应该做的事情,而不被外界和旁人所干扰,无求无欲,与世无争,面对世间俗事,一笑置之,不予理睬,人活的是一种心态,大智若愚,难得糊涂。

三个境界的审美理论,深受中国人的追捧。中国人认为,世间万物都是客观存在的,而人的认识是对客观存在的反映。但认识的主体是人,是跟着心走的。所谓审美境界,是很难定义的一个概念,但几乎每个有知识的中国人都能理解。不是只有现实中真实存在的景物才能和境界匹配,其实,人心所想、喜怒哀乐也是境界的重要体现。

广西桂林

浪漫美

在中国，浪漫主义有着悠久的传统，在诗歌领域最为突出。第一位浪漫主义诗人是战国末期的楚国三闾大夫屈原，其创作的《离骚》《天问》《九歌》等诗篇开了浪漫主义先河，影响了一代又一代的中国人。屈原被称为"楚辞之祖"，形成了香草美人的浪漫主义表现传统。

第二位浪漫主义诗人是李白。李白生在繁华昌盛的大唐时代，他把浪漫主义诗风推向极致。当代诗人余光中称他："绣口一吐就半个盛唐。"李白也被人称为"诗仙"。

李贺是继屈原、李白之后，又一位浪漫主义诗人，诗作想象极为丰富，被称为"诗鬼"。据说他常出去采风，随身带着纸笔，骑着毛驴，看着外面的风景，兴致来了就写几句，由此创造了许多传世名篇。

此外，以庄子的散文《逍遥游》为代表的浪漫主义文学作品也同样蕴含着丰富的美学意义，至今影响深远。

精神美

"精神美"一词在中国应用非常广泛，与"内在美"意思很相近。精神美，就是指人的精神世界的美，包括思想意识、道德情操、精神意志、智慧才能的美，集中体现了社会文明对人的要求，是行为美、语言美、仪表美的内在依据。与内在美相比，精神美更强调美的社会性和群体性，即文明水平，而内在美则突出个性和主体性。

由于精神美与社会关系密切，不同时代、民族对精神美有不同衡量标准，包括思想意识的美，如正确的立场、观点、方法，崇高的理想，爱国主义、集体主义思想等；道德情操的美，如情感、操守、格调的美等；精神意志的美，如进取精神、创造精神、顽强意志、崇高气节的美；智慧才能的美，如高度的文化素养、知识才能、聪明睿智等。精神美是真、善、美的统一，知、意、情的统一。

中国古代将精神美称作"内秀""性善""仁""诚"等。孔子提出"里仁为美"，墨子认为"务善则美"，孟子认为"充实善信"是美德之人，只有善的、诚实的人，心灵才是美的。在今天的中国，精神美强调的是社会主义精神文明建设。

高尚美

"高尚"一词出自《赠方秀才楷》《桃花源记》等文章，是一种审美取向，多指隐逸之士，后多指有意义的人或品行。对高尚的崇尚蕴含着对美好事物、美好情操、美好生活和美好理想的守望与追求，以及对丑恶、腐朽和阴暗事物的拒斥。真正高尚的人，他们不谈高尚，但行动却是高尚的，因为这已根植于他们的内心。在中国人看来，高尚与善是不可分的，自然与美也分不开。高尚不仅是对美自身的评价标准，也是对美的创造者的评价标准。也就是说，中国人认为，创造美的人自身必须也有高尚的品质和人格。

逍遥美

　　逍遥美是中国美学最具本土特色的审美追求。老子讲"无为",庄子讲"逍遥","逍遥美"正是在老庄思想影响下形成的美学思想。庄子所讲的"逍遥",就是最彻底的"无为",完全不为外物所缚,不再受任何外物所牵引,即"齐万物,一死生",也就是跟天地万物一样,不再有生死、贵贱、美丑、是非等之分。庄子所讲的"逍遥",既不是"大",也不是"小",而是超越了这些"大"或"小"的概念,也唯有超越这些人为所立的"名相",或者不住于这些"名相",才有可能达到真正的"逍遥"。所以,庄子所追求的"逍遥",其实强调的是一无所依、一无所靠的自由。2000多年来中国人对"逍遥美"的追求,极大地激发了中国人对美的创造力,丰富了美的精神内涵。

天鹅

中国与中国人

个性美

中国传统儒家思想重视家庭与社会，不主张个人主义，但儒家的道德伦理观又特别强调个人修养的重要性，对个人的品格、意志、境界都有很高的要求。反映在审美上，就是对积极的人性和个人品格的赞美和肯定，因为这样的人格和品性是最符合社会"善"的需要的。

个性美就是人们在社会进步和历史发展中表现出的一种自强不息、厚德载物的精神大美；也表现在人与人的社会交往中体现出的谦虚礼貌、诚实热情、与人为善、乐于助人的人格；在人生的境遇中显示的贫贱不能移、威武不能屈、富贵不能淫的气节以及革命的英雄主义和乐观主义精神等。个性和气质的美还表现在丰富的内心世界和深厚的知识修养。有理想有抱负是内心丰富的一个重要方面，特别是为国为民为天下的理想更是美的重要方面。人的个性与气质美看似无形，实为有形。它是通过一个人对待生活的态度、个性特征、言行举止等表现出来的，特别是表现在高雅的情趣和高尚的追求上。把美的外貌和美的气质、美的德行与美的语言结合起来，展现出人格、气质、外表的一个完整的美好形象，正是中国人审美情趣的一种追求，在人物形象塑造上有重要艺术价值。

成都杜甫草堂是唐代大诗人杜甫留寓成都时的故居，其"混合式"古典园林构造独具特色

中国人的智慧

中国与中国人

6

01
创新思维

02
青铜艺术

03
科学发现

04
科技发明

05
建筑与工程

06
教育与科举

07
中医

08
书画与艺术

01
创新思维

壹

创新思维 /

在 5000 年的文明发展史中，中国人在思想文化领域向世界贡献了无数的智慧，

也在科学技术领域为人类文明贡献了无数的发明创造，形成了灿烂的思想文化，留下了无与伦比的艺术和文化珍品，成为全人类的共同财富。这些成果的取得有赖于中国人的创造性思维和独特智慧。

辩证法

对中国人思想方法最具有影响力的是辩证法思维。在中国古代哲学中，虽然没有完整的辩证法理论论述，但已经有了非常丰富的辩证法思想。早在商周时期，人们在同自然作斗争的丰富经验的基础上，就已经提出了阴阳学说，即世界是由阴阳二气构成，一切世事的变化都与阴阳二气互补又对立的相互作用分不开。

《易经》中讲的"八卦"以及以两卦相叠演为六十四卦的学说，就是从正反两面的对立转化来说明事物的变化和发展。特别是仅有 5000 余字的《道德经》，简练地诠释了中国古代哲学的辩证法思想，留下了诸如"弱之胜强，柔之胜刚"，"祸兮，福之所倚；福兮，祸之所伏"，以及"物极必反"这样传诵千古的辩证箴言。这些关于阴阳相互依存和相互转化、阴阳相互作用引起发展变化的思想，形成了中国文化思想的独特魅力。北宋的张载提出了"一物两体"的辩证法命题，认为世界是由物质性的"气"组成的，统一的"气"中包含有阴阳两个对立面，没有对立面的存在，就没有统一体，没有统一体，对立面的作用也就消失了。明末清初的王夫之认为，"气"这个统一体内部存在着阴阳两个对立面，由于对立面的"摩荡"，即矛盾斗争，便产生了无穷的变化。

二分法

　　二分法作为一种思维方式在东西方都有广泛的应用。而中国哲学的"二分法",早在先秦时期就已非常成熟。《周易》的阴阳八卦中,其方法论就是以"二分法"为基础的。《道德经》一书中对"二分法"有清晰、系统的阐述。老子认为,"有无""阴阳"可概括世上一切,"'无',名天地之始;'有',名万物之母""万物负阴而抱阳,冲气以为和"。孔子的思想主要表现为一种伦理学的"天人合一"观,在其世界观里,"人"为主,"天"为次,二分法在此虽没有很大的本体论意义,但也有很好的应用。《易传》的方法论主要是对"阴阳二分法"的继承。

整体观

　　整体思维是中国人思维的最重要特征。中国古人形成了阴阳八卦、五行生克等整体结构模式,这些模式反映了自然界乃至人类社会的一切事物的共同性。中国古人还认为,宇宙整体和作为整体的具体事物,都具有整体特有的性质,遵从相似的演化法则,并由此导出天地一理、宇宙全息的结论。整体思维模式,有其固有的优点和缺点,它能够使人更容易从统一性、全局性上去认识和把握客体的大致轮廓与范围,并以此为基础去追求客体各组成因素间的和谐统一。

　　中医是中国人的整体观念应用最为充分的理论体系。中医的整体观念在一定程度上代表了中国人探索复杂性思维方式的先行思想,至今仍有其积极意义。

类比思维

　　与西方人在逻辑思维和实验科学上发展起来的思维方式有所不同,中国古代的类比思维得到普遍应用。类比思维,就是根据两个具有相同或相似特征的事物间的对比,从某一事物的某些已知特征去推测另一事物的相应特征的存在。类比思维是在两个特殊事物之间进行分析比较,它不需要建立在对大量特殊事物分析研究并发现它们的一般规律的基础上。因此,在归纳与演绎一些无能为力的领域中它可以发挥独特的作用。类比作为一种重要的思维方法和推理方法,在数学发展的历史长河中占有举足轻重的地位。类比推理的过程,是从特殊到特殊、由此及彼的过程,可谓"他山之石,可以攻玉"。

　　发明创造中的类比思维,不受通常的推理模式的束缚,具有很大灵活性和多样性。英国哲学家培根有一句名言:"类比联想支配发明"。中国文化包容兼蓄、厚德载物的博大品质,可能与中国人擅长类比思维有关系。

"中华道教第一山"——崆峒山

隐喻文化

隐喻本是一种修辞手法。即把一些似乎毫无关联的事物联系到一起，用彼类事物比喻和暗示此类事物，从而使人们能够体验和理解此类事物的文化行为。儒家思想影响下的"含蓄文化"强化了隐喻的文化功能。在人类早期，原始思维支配下的人们常常利用隐喻方式来命名、组构世界，使世界成为人可以理解的世界。从历史进步的角度看，人与世界的分离与对立是人类进步的结果，也是不可避免的结果，人们利用隐喻不断建构事物间的关联，从而在观念上建构出一个人与自然相统一的"一体"的世界。隐喻所具备的具象性与象征性，促使人们不断思考与探索现象背后的东西，其对现实的超越性为人们的思维创造提供了自由空间。

继承与创新

中国人把继承和创新作为不可分割的特性来对待，这可能正是中国文化几千年得到传承发展而没有中断的原因之一。中国人认为，继承不是照搬照抄，而是加以合理的取舍；创新也不是离开传统另搞一套，而是对原有事物合理部分的发扬光大。实践中，传承与创新并非泾渭分明，创新往往是传承过程中的潜移默化、水到渠成。

形象地说，继承与创新就像一棵树，继承是树的根，创新是树的枝叶，二者缺一不可，只有达到根深蒂固，才能枝繁叶茂。

历史观

中国人的历史观中最突出的特点应该是"以史为鉴"，而且具有鲜明的是非观念和善恶观念。中国人习惯站在人民的立场上，把历史是非看清楚、讲清楚，并注重历史对今日之影响，把历史看作决定民族尊严与底线的政治问题，使民族荣辱深入每一位中国人的血脉中。

从一定意义上说，学习历史不仅是为了了解历史，更是从历史中获得经验教训以及智慧。中国人向来相信"生生不已""周虽旧邦，其命维新"，这是中国人对于政治、生命、世界的一种理解。回看中华文明在历史岁月中遭受的挑战和冲击，也是这个民族文化的财富。

180多年的中华近现代史，中国精神就是以爱国主义为核心的民族精神，以改革创新为核心的时代精神。这种精神是对自己历史的尊重、爱护和保存。面对历史，当代的中国人更应学会选择，学会借鉴历史经验，深入了解自古以来中国人民创造的灿烂历史文化，在认识和处理现实问题时发挥历史经验的积极作用。

动态思维

　　动态思维是中国人辩证思维的必然结果。它是根据不断变化的环境、条件来改变自己的思维程序、思维方向，对事物进行调整、控制，从而达到优化的思维目标。中国人习惯于从有机的变化中看世界。中国人的诗词中最多的是对时节变化的感慨，中国人的宇宙观处处都是活泼的生命。有机的宇宙观与上述全面的考察又是互相联系、难以区分的。

　　中国人对于"动态"的关注，可以追溯到八卦中的生成论，以及五行相生相克的思想观念。阴阳本身就是变化而不是形态。太极图表现着进行中的变化，变化是常态。"中庸""和谐"的观念则表达了对动态变化中复杂性规律的总结和把握，具有动态平衡的原始形式，是中国人思考方式的特色。除此之外，中国人的人生态度也是随时准备面对变化调整自己的反应，这是一种乐观的人生态度。

中国象棋

实践思维

中国人历来重视实践，讲究实效。从一定意义上说，这就是实践的哲学。中国传统知识中强调的也是"知道如何做"而不是"知道是什么"。中国古人眼中的知识是"在特定的情况下知道怎么去做"；而西方人眼中的知识，与现代学校学习的知识一样，首先就是希望知道"是什么"。比如"下雨"这种现象，中国古人希望知道何时下雨，下雨的情况下我们如何去做；而西方人希望知道下雨下的是什么，雨形成的科学原理，雨量大小的计量和分类等，就是用科学研究下雨。中国依托自然而然的文化，成就了绵延5000年的中华文明，至今生机盎然。古代中国从农耕文明中学到，与自然和谐，与人和谐才是实践中最好的生存之道。

中国古人在认识知识与实践的关系上，也有一个发展的过程。中国古代思想家认为，人的外在行为是受内在意识支配，由衷向善（"知"）的人，才有外在自发的善行，即"知先行后"。明朝思想家王守仁提出了"知行合一"的哲学理论，即认识事物的道理与实行其事，是密不可分的。知是指内心的觉知，对事物的认识，行是指人的实际行为。知为行之始，行为知之成。知行合一由此成为中国古代哲学中认识论和实践论的主流思想。

从长计议与战略思维

西方人的战略思维往往是直线型,而中国人的战略思维多是曲线型。中西战略思维,就深层次比较而言,西方人以商人思维的精算式见长,要求非常精确地计算投入与产出,从而精准做出战略选择,重在利益最大化。中国人擅长以历史意识为支撑的战略思维,即中国人算大账,小账服从大账。

中国人思维中根深蒂固的忧患意识也可以说是一种深远的历史意识和战略意识,即居安思危。中国历史悠久,战略思维中体现着《春秋》《二十四史》《资治通鉴》等对于历史经验、智慧的高度总结。从西周礼乐之盛到礼崩乐坏,从汉唐盛世到南北朝分裂、五代乱世,中国的历史给人以借鉴。所以中国的战略思维可以不做最好的打算,却首先要做最坏的打算,然后才能有相对好的结果。中国战略思维重视高度理性与现实主义的同时,也具有高度的灵活性,强调权变与时中。中国人的战略思维不是不算账,而是要光明正大算大账,算长久之账。中国人的主流战略思维,从来不是强者哲学,而是以柔克刚、以弱胜强、以少胜多。中国人理解的竞争是智慧的对决,而不是西方国家理解的实力对决。

02 青铜艺术

贰　青铜艺术 /

青铜是人类历史上的一项伟大发明。青铜发明后，人类历史从此进入新的阶段——青铜时代。

中国的青铜时代从公元前 2000 年左右开始，经夏、商、西周和春秋时代，大约延续了 15 个世纪。在商晚期和西周早期，青铜冶铸业作为生产力发展的标志达到高峰。青铜艺术，是中国铜器艺术中的经典，尤其是商周时期的青铜礼器，是早期中华文明的灿烂明珠。

中国最早的铜器

1973年,陕西省临潼区城北姜寨遗址出土了一件半圆残片及一根断裂铜管,据碳-14检测显示,这两件文物距今6700年,为人工冶炼制成,是中国已出土的最古老冶炼金属。1975年甘肃马家窑文化遗址出土的单刃青铜刀是已知的中国最古老青铜器,同时也是世界上最古老的青铜刀,经碳-14鉴定距今约5000年。此刀长12.5厘米,为单范铸成,没有槽及环首等成熟的后世刀具才有的部件,但在刀具形成史上具有典型的代表意义,是中国进入青铜时代的证明。

中国最早的铜矿

瑞昌铜岭铜矿遗址最早开采于商代中期,并一直沿用至战国时期,是中国迄今发现的年代最早的大型铜矿遗存,距今约3300年。《禹贡》记载:"厥贡惟金三品",古代称铜为金。中国两大铜带,黄河以北规模小,而长江下游规模大,铜陵地区是其重点,即在铜官山设置铜官。直到当代,铜官山铜矿采冶就未中断。

青铜器的起源与发展

青铜器,在古时被称为"金"或"吉金",是红铜与其他化学元素锡、铅等的合金,新铸成的青铜器是金色的,但出土的青铜因为时间流逝产生锈蚀后变为青绿色,被称为青铜。

中国青铜器在中国仰韶文化早期和马家窑文化时期就已经出现。中国最初出现的是小型工具或饰物;夏朝开始有青铜容器和兵器;商中期青铜器品种已很丰富,并出现了铭文和精细的花纹;商晚期至西周早期,器型多种多样,浑厚凝重,铭文逐渐加长,花纹繁缛富丽,是青铜器发展的鼎盛时期;随后,青铜器胎体开始变薄,纹饰逐渐简化,铜制容器品种减少。

从出土的大量青铜器物来看,它们有深厚的政治、宗教以及文化内涵,艺术价值令人瞩目。河南安阳的殷墟遗址出土的、以后母戊大方鼎和青铜牛尊为代表的大量青铜礼器,具有独特的艺术魅力,展现出中国青铜器发展几千年来的高超技术与文化内涵。

青铜时代

　　青铜时代在考古学上就是以使用青铜器为标志的人类文化发展的一个重要阶段。中国的青铜时代为夏、商、西周和春秋战国时代,大致从 4000 多年前开始,持续了 1500 多年,这是在社会生活中普遍使用青铜器的时代,到了商代晚期和西周早期,中国的青铜冶铸业发展至高峰。

商周青铜器

　　中国商、周时代的青铜器具,不但是盛物用的容器,同时也是宗庙礼器。青铜器的数量可以显示出身份地位的高低,形制的大小也可以显示出权力的等级。远古的青铜器可以分为食器、酒器、水器、乐器四大类。食器中包括鼎、鬲等。中国古代青铜器,以其品类丰富、造型优美、纹饰华丽、制作精巧、风格独特而著称,在世界艺术史上占有独特地位。特别是商周时期的青铜器物最为精美,品种丰富、器型多、浑厚凝重,形成独特的体系,是中国艺术史的一个重要组成部分。

商凤纹方罍

青铜礼器

　　青铜礼器是古代礼器的重要种类，其工艺精美，品种繁多，数量巨大，是中国古代青铜器的典型代表。青铜礼器可分为六大类：炊器、食器、酒器、水器、乐器和杂器。西周时期，已有整套礼制，一些用于祭祀和宴饮的器物，也被赋予特殊的意义，成为礼制的体现，这就是所谓的"藏礼于器"。这类器物就被叫作"青铜礼器"。例如鼎原来是炊器，后来成为礼器中最重要的器种。据《春秋公羊传》记载，天子用九鼎，诸侯用七鼎，卿大夫用五鼎，士用三鼎或一鼎。在西周中晚期的墓葬制度中，鼎为单数而簋为双数。《尔雅》记载，"鼎款足者谓之鬲"。鬲鼎也称"分裆鼎"，是鬲和鼎的混合体。鼎从商代开始铸有各种式样的神秘纹饰，多为兽面纹，如饕餮纹、蝉纹、象纹等，纹饰变化巧妙，容器内部铸有族徽或祖先的名字。随着奴隶制度的衰微，青铜礼器也逐渐失去作用。

青铜乐器

　　青铜乐器是夏商周三代音乐文化中最重要、最具代表性的历史遗存，代表着中国古代音乐文化的一个高峰。青铜乐器种类非常丰富，在洛阳地区发现的青铜乐器就有铜铃、钲、铙、镈、编甬钟、编钮钟等，几乎包括了青铜乐器的所有种类，构成了一个基本完整的青铜乐器系统，体现了洛阳先秦三代青铜乐器的发展脉络和重大成就，显示出洛阳地区在中国古代音乐文化史上的重要地位。

青铜食器

　　青铜食器是青铜器中最早和最普遍的用具，主要用来盛黍、稷、稻、粱等熟食，约可分为鼎、鬲、簋、盂、盨、豆、簠等九种。青铜食器，器多有盖，以便保温，盖又可以翻转过来放置，以便盛食物进餐。

　　鼎，相当于当时的锅，用以煮或盛放食物。其形状大多是圆腹，两耳，三足，也有四足的方鼎和圆鼎。方鼎主要有扁足鼎、分裆鼎等形式。在商周奴隶制社会中，除了作为食器之外，鼎也被奴隶主贵族用来"别上下，明贵贱"，作为统治权力和等级的一种器物标志。鬲，指炊煮食物的器物；甗，相当于蒸锅；簋，相当于当大碗；簠，也是一种大碗，古文献说："方曰簠，圆曰簋"；盨，用来盛黍、稷、稻、粟等；敦，盛黍、稷、稻、粱之器；豆，用来盛肉酱一类食物；匕，古代取用食物的匙。

何尊

　　何尊是周成王五年一个叫"何"的贵族所做的祭器，1963 年出土于陕西省宝鸡市陈仓区贾村镇，现收藏于中国宝鸡青铜器博物院。何尊的独特价值在于，其内底铸有 122 字铭文，其中"宅兹中国"为"中国"一词最早的文字记载，大意为"我要住在天下的中央地区"，记述的是成王继承武王遗志，营建东都成周（今洛阳）之事。何尊高 38.5 厘米，口径 28.8 厘米，重 14.6 公斤；圆口棱方体，长颈，腹微鼓，高圈足；腹足有精美的高浮雕兽面纹，角端突出于器表，造型浑厚，工艺精美。

何尊

后母戊鼎

后母戊鼎，又称司母戊鼎，是商后期（约前 14 世纪至前 11 世纪）铸品，于 1939 年出土于河南省安阳市武官村，现藏于中国国家博物馆。鼎高 133 厘米、口长 112 厘米、口宽 79.2 厘米，重 832.84 公斤；器厚立耳，折沿，腹部呈长方形，下承四柱足。器腹四转角、上下缘中部、足上部均置扉棱。后母戊鼎是已知中国古代最重的青铜器，形制巨大，雄伟庄严，工艺精巧；鼎身四周铸有精巧的盘龙纹和饕餮纹；足上铸有蝉纹，图案表现蝉体，线条清晰。内壁铸有"后母戊"三字，是商王母亲的庙号。

据研究，商后母戊鼎器身与四足为整体铸造，鼎耳则是在鼎身铸成之后再装范浇铸而成。铸造此鼎，所需金属原料超过 1000 公斤。商后母戊鼎的铸造，充分说明商代后期的青铜铸造不仅规模宏大，而且组织严密、分工细致，足以代表高度发达的商代青铜文化。

编钟

编钟是古代汉族的大型打击乐器。编钟兴起于周朝，盛于春秋战国直至秦汉。编钟用青铜铸成，由大小不同的扁圆钟按照音调高低的次序排列起来，悬挂在一个巨大的钟架上，用丁字形的木槌和长形的棒分别敲打铜钟，能发出不同的乐音，因为每个钟的音调不同，按照音谱敲打，可以演奏出美妙的乐曲。编钟的发声原理大体是，编钟的钟体小，音调就高，音量也小；钟体大，音调就低，音量也大，所以铸造时的尺寸和形状对编钟有重要的影响。

中国是世界上制造和使用编钟最早的国家。早在 3500 年前的商代，中国就有了编钟，不过那时的编钟多为 3 枚一套；春秋末期到战国时期的编钟数目逐渐增多，有 9 枚一组和 13 枚一组等。古代的编钟多用于宫廷演奏，每逢征战、朝见或祭祀等活动时，都要演奏编钟。编钟的形状不尽相同，且钟身都绘有精美的图案。在古代中国，编钟是上层社会专用的乐器，是等级和权力的象征。曾侯乙编钟上还标有和乐律有关的铭文 2800 多字，记录了许多音乐术语，显示了中国古代音乐文化的先进水平。1957 年，在河南信阳城阳城址春秋战国墓中出土了中国第一套完整的青铜编钟，共 13 枚，发音准确，音色优美。中国第一颗人造卫星进入太空时播放的乐曲就是由此编钟演奏的《东方红》。

青铜器编钟

马踏飞燕

马踏飞燕，又名铜奔马，为东汉青铜器。于 1969 年出土于甘肃省武威市雷台汉墓，现藏于甘肃省博物馆。铜奔马通高 34.5 厘米，长 45 厘米，宽 13.1 厘米，重 7.3 公斤。奔马造型矫健精美，做昂首嘶鸣、疾足奔驰状，三足腾空、一足超掠飞鸟的瞬间，飞鸟回首惊顾，更增强奔马急速向前的动势，全身的着力点集中于超越飞鸟的一足之上，准确地掌握了力学的平衡原理，体现出卓越的工艺技术水平，也显示了一种勇往直前的豪情壮志，是中华民族伟大气质的象征。1983 年，马踏飞燕被中国国家旅游局确定为中国旅游标志。

金文

金文，是汉字的一种书体名称，因其铸造在商周青铜器上而得名。中国在夏代就已进入青铜时代，铜的冶炼和铜器的制造技术十分发达。周朝把铜也叫金，所以铜器上的铭文就叫作"金文"，又因这类铜器以钟鼎为主，所以又叫作"钟鼎文"。

金文是殷周古文字的一种类型。金文按时间可略分为四种，即商朝（前1600—前1046）金文、西周（前1046—前771）金文、东周（前770—前256）金文和秦汉（前221—220）金文。金文的内容大多是关于当时祀典、赐命、诏书、征战、围猎、盟约等活动或事件的记录，反映了当时的社会生活。金文作为一种汉字，字体整齐遒丽，古朴厚重，和甲骨文相比，脱去板滞，变化多样，更加丰富了。

据容庚《金文编》记载，金文的字数共计3722个，其中可以识别的字有2420个，比甲骨文可识别的字略多。金文上承甲骨文，下启秦代小篆，流传书迹多刻于钟鼎之上，所以大体较甲骨文更能保存书写原迹，其古朴风格，具有极高的书法艺术价值，至今仍受到书法家们的青睐。

文物保护

据联合国教科文组织的不完全统计，在中国本土之外世界上47个国家200多家博物馆的藏品中，有中国文物164万余件，而民间收藏的中国文物大约是馆藏数量的10倍以上。目前，中国已知的地上地下不可移动文物近77万处，已公布的全国重点文物保护单位有5058处，各地核定公布了新一批省级、市县级文物保护单位，总数近14万处。

中国已参加全部四个文物保护国际公约。1982年颁布的《中华人民共和国文物保护法》对不可移动文物、考古发掘文物、馆藏文物、民间收藏文物、文物出境入境等作了明确规定。《中华人民共和国文物保护法实施条例》《文物拍卖管理暂行规定》于2003年发布。2006年又发布了第一个针对单体文物的专项保护法规——《长城保护条例》。目前，政府有关部门已经评定出140座国家级历史文化名城。中国的文物保护已经进入法制化和制度化的阶段。

三星堆青铜立人像

03 科学发现

叁 科学发现 /

中国古代科学技术居于世界前列，给后人留下了宝贵的财富，

为人类的知识和技术进步作出了卓越的贡献。英国著名学者李约瑟的《中国科学技术史》也对此作了系统的介绍，全面地论证了中国古代科学技术的辉煌成就。

天文

中国是世界上天文学起步很早、发展很快的国家之一，天文学也是中国古代非常发达的自然科学之一。中国古代在天文学方面屡有革新的优良历法、令人惊羡的发明创造以及卓有见识的宇宙观等，在世界天文学发展史上占据重要的地位。

中国古代天文学从原始社会就开始萌芽。公元前24世纪的帝尧时代，就设立了专职的天文官从事"观象授时"。早在仰韶文化时期，人们就描绘了光芒四射的太阳形象，对太阳的变化也屡有记载，描绘出太阳边缘有大小如同弹丸、呈倾斜形状的太阳黑子。中国公元前240年对彗星的记载，被认为是世界上最早的哈雷彗星记录。1973年，中国考古工作者在湖南长沙马王堆的一座汉朝古墓内发现了一幅精致的彗星图，是迄今发现的世界上最古老的彗星图。中国古人不仅对各种形态的彗星进行了认真的观测，画出了三尾彗、四尾彗，还似乎窥视到今天用大望远镜也很难见到的彗核，足以说明中国古代的天象观测是何等的精细入微。

张衡

张衡（78—139），东汉时期杰出的天文学家、数学家、发明家、地理学家、文学家。在天文学方面著有《灵宪》《浑仪图注》等；数学著作有《算罔论》；文学作品以《二京赋》《归田赋》等为代表，与司马相如、扬雄、班固并称"汉赋四大家"。公元132年，在太史令任上发明了候风地动仪。据《后汉书·张衡传》记载：地动仪用精铜铸成，圆径八尺，有八个方位，任何一方如有地震发生，该方向龙口所含铜珠即落入蟾蜍口中，由此便可测出发生地震的方向。他还在西汉耿寿昌发明的浑天仪的基础上，根据自己的浑天说，创制了一个精确、全面得多的漏水转浑天仪。张衡为中国天文、机械技术、地震学的发展作出了杰出的贡献，后人将其誉为"木圣"。由于他的贡献突出，联合国天文组织将月球背面的一个环形山命名为"张衡环形山"，将太阳系中的1802号小行星命名为"张衡星"。

地动仪

天干地支

中国有世界上最早最完整的天象记载，是欧洲文艺复兴以前天文现象最精确的观测者和记录的最好保存者。中国最早的天象观测，可以追溯到数千年以前。中国对太阳、月亮、行星、彗星、新星、恒星，以及日食和月食、太阳黑子、日珥、流星雨等罕见天象，都有着久远而丰富的记载，观察仔细、记录精确、描述详尽，达到了让今人惊讶的程度，这些记载至今仍具有很高的科学价值。特别是在河南安阳出土的殷墟甲骨文中，已有丰富的天文现象的记载和完整的天干地支的表达。

天干地支，源自中国远古时代对天象的观测。简化后的天干地支是："甲、乙、丙、丁、戊、己、庚、辛、壬、癸"为十天干，"子、丑、寅、卯、辰、巳、午、未、申、酉、戌、亥"为十二地支。十天干和十二地支依次相配，可以组成 60 个基本单位，两者按固定的顺序相互配合，即中国古代的干支纪元法。天干地支的发明影响深远，广泛应用于历法、术数、计算、命名等各方面。今天中国农历的年份仍用干支表示，如 2024 年即为甲辰年。

天文历法

中国古人勤于观察日月星辰的位置及其变化，主要目的是通过观察这类天象，掌握其规律，用来编制历法，为生产和生活服务。中国古代观测天象的台址中，现今保存最完好的就是河南登封观星台和北京古观象台。

在原始时期，中国人的祖先就已经懂得按照大自然的作息时间表，日出而作，日落而息，产生了"天"这个最基本的时间单位。大约在商代，古人已经有了黎明、清晨、中午、午后、下午、黄昏和夜晚这种粗略划分一天的时间概念。计时仪器漏壶发明后，人们通常将一天的时间划分为一百刻。中国古代历法不仅包括节气的推算、每月日数的分配、月和闰月的安排等，还包括许多天文学的内容，如日月食发生时刻和可见情况的计算和预报，五大行星位置的推算和预报等。根据观测结果，中国古代上百次地改进了历法。郭守敬于公元 1281 年编订的《授时历》，通过测量和计算，采用 365.2425 日作为一个回归年的长度，这个数值与现今世界上通用的公历值相同，比欧洲的格列高利历早了 300 年。15 世纪，郑和率领舰队几次下西洋，船只在远洋航行中利用"牵星术"定向定位，为发展航海天文学作出了贡献。

商代末年刻"干支表"牛骨，是当时使用干支纪日法的物证

重要天文观察

中国古代有不少太阳黑子记录，最早的可以上溯到甲骨文字中有关太阳黑子的记载，距今已有3000多年。约公元前140年成书的《淮南子》记载："日中有踆乌。"公元前165年的一次记载中说："日中有王字。"战国时期的一次记录描述为"日中有立人之像"。明代以前，中国共有100多次翔实可靠的太阳黑子记录，这些记录不仅有确切日期，而且对黑子的形状、大小、位置，乃至分裂、变化等，也都有很详细的描述。这对研究太阳物理、太阳活动规律以及地球上的气候变迁等，都是极为珍贵的历史资料。

世界天文史学界公认，中国对哈雷彗星观测记录久远、详尽。《史记·秦始皇本纪》记载的秦王政七年（前240年）的彗星，是世界上最早的哈雷彗星记录。从那时起到1986年，哈雷彗星共回归了30次，中国史籍和地方志中都有记录。中国已故著名天文学家张钰哲在晚年考证了《淮南子·兵略训》中"武王伐纣，东面而迎岁，……彗星出而授殷人其柄"这段文字，计算了近4000年哈雷彗星的轨道，肯定了武王伐纣的确切年代应为公元前1056年，这样又把中国哈雷彗星的最早记录的年代往前推了800多年。

中国古代对著名的流星雨，如天琴座、英仙座、狮子座等流星雨，各有多次记录，仅天琴座流星雨至少有10次，英仙座的至少有12次。公元902至1833年，中国以及欧洲和阿拉伯等国家，总共记录了13次狮子座流星雨的出现，其中中国占7次，最早的一次是在公元931年10月21日，是世界上的第二次记录。从公元前7世纪算起，中国古代至少有180次的流星雨记录。

北京古观星台

超新星爆发记载

公元前1300年左右，中国就有了超新星爆发的记录。殷墟甲骨文中记载，"七日己巳夕，有新大星并火"。另一条卜辞中说"辛未，有毁新星"，这是世界上最早的新星记录。到汉代中期以后，新星才改称为"客星"。

中国大概是世界上唯一持续数千年对新星、超新星进行观测的国家。史书中的有关记载一般都有新星出现的日期、在天上的位置、持续时间、亮度等内容。如《后汉书》记载，中平二年（185）十月癸亥日，一颗客星出现在南门（半人马座）星座的正中，大小如半个竹席，轮流出现五种颜色，时暗时亮，其亮度渐渐减弱，到第二年的六月就消失了。宋代书籍中还有亮度更大的超新星爆发记录。据《宋史》载，客星在至和元年（1054）五月己丑出现在天关（金牛座）东南，有数寸大小，一年多才消失。关于超新星的确切记录，历史上只有不多的几次，为人们所公认的只有1054年金牛座、1572年仙后座和1604年蛇夫座的爆发。后两次第谷、开普勒也发现并记录了，中国则把这三次大爆发全部记录下来了。

《夏小正》

《夏小正》是中国古代最早记录节气和物候变化的历书，是今天研究古代天象及物候变化规律非常宝贵的资料，是中国现存最早的一部汉族农事历书。

《夏小正》内容涵盖天文、历法、星象、物候、农事、政事等诸多方面，是研究先秦时期社会发展及农业生产状况、天文历法及物候状况的重要史料，对研究中国古代天文历法、物候学、教育学以及训诂学都有价值，其内容丰富且影响深远。

今本《夏小正》全文12章，共400多字，每章标题的月份从正月到十二月，共有118条简明扼要的"条文"。体例分经、传两部分，依照各月次序，每条先列经文于前，再附传文于后。经文记载每月的天象、物候、民事等，内容涉及自然现象、生产活动和社会活动等，特别是生产方面的大事，如农耕、渔猎、蚕桑、养殖等。

天文仪

天文仪，古称"浑象"，是中国古代一种用于演示天象的仪器，可以用来直观形象地了解日、月、星辰的相互位置和运动规律，类似于现代的天球仪。

中国古代在创制天文仪器方面，创造性地设计和制造了许多精巧的观察和测量仪器。其中最古老、最简单的天文仪器是土圭，也叫"圭表"，是用来测量日影长短的。早在公元前20世纪的陶寺遗址时期，中原地区就已使用圭表测影法。到了汉代，还采用圭表日影长度确定二十四节气。先测出冬至日，因为冬至时影子最长，其相邻几天的影长变化最为明显，更利于观测记录。此外，西汉的落下闳改制了浑仪，这种中国古代测量天体位置的主要仪器，几乎历代都有改进。东汉的张衡创制了世界上第一架利用水力作为动力的浑象。元代的郭守敬先后创制和改进了十多种天文仪器，如简仪、高表、仰仪等。

河图洛书

河图洛书，是中国古代流传下来的两幅神秘图案，蕴含了深奥的宇宙星象之理，被誉为"宇宙魔方"，是中华文化、阴阳五行术数之源。河图洛书出自《周易·系辞》，"河出图，洛出书"，河即黄河，洛即洛水。河图洛书被认为是远古时代的人民按照星象排布出时间、方向和季节的辨别系统。河图中，1—10数是天地生成数；洛书中，1—9数是天地变化数。河图上，排列成数阵的黑点和白点，蕴藏着无穷的奥秘；洛书上，纵、横、斜三条线上的3个数字，其和皆等于15。河图洛书和二十八星宿、黄道十二宫对照，均有着密切联系。

河图洛书的由来，是中华文明史上的千古之谜。河图洛书最早收录在《尚书》之中，其次在《易传》之中，诸子百家多有记述。虽然从实证的角度确定河图洛书诞生的具体地点，很难找出严格的科学依据，但对于一种传统文化成果或者一种文化观念的认定比对其出处的具体位置的认定更重要。

十进位制和零的发明

十进位制记数法在中国原始社会就已经形成，在半坡文化时期（约公元前4000年）的陶器上发现的刻画符号中就包含了数目字，当时人们至少掌握了三十以内的自然数，并且是用十进位制记数的，到商代已发展为完整的十进制系统。甲骨文中有六百又五十又九（659）等数字的记载，还有十、百、千、万的记载，最大的数为"三万"。据英国著名科学史专家李约瑟博士考证，零产生于中印文化，是中国首先使用的十进位制促进了零的出现，印度可能是在中国筹算和位值制的影响下才创造的零。在《诗经》中，零的含义被解释成为"暴风雨末了的小雨滴"，计数中将零作为"没有"看待。刘徽（约225—295）在注《九章算术》时，已明确地将零作为数字了，使用过程中，开始用"口"表示，后来把方块画成圆圈。到了13世纪，南宋数学家正式开始使用"0"这个符号。

中国传统计算工具——算盘

数学

中国古代数学的成就甚大，在世界科技史上占有重要地位。《周髀算经》约成书于公元前1世纪，是中国流传至今的最古老的天文学和数学著作，对中国古代历法、算术、天体测量都有深入的研究。

二进位制思想起源于《周易》中的八卦法。德国数学家莱布尼茨（1646—1716）发明了二进制，不过他认为，中国的八卦排列顺序已经包含了原始的二进制思维。

中国人的几何思想，源于战国时期墨子的《墨经》，早于欧几里得（前330—前275）100多年。《墨经》中给出了某些几何名词的定义和命题，例如："圆，一中同长也"，"平，同高也"，等等。墨家还给出有穷和无穷等数学概念。几何中的勾股定理，发明者商高是西周人，早于毕达哥拉斯（前580—前500）550多年。

成书于约公元1世纪的《九章算术》系统总结了战国、秦汉时期的数学成就，是现存最完整的一部数学专著，也是当时世界上最简练有效的应用数学，它的出现标志着中国古代数学形成了完整的体系。在数学上，《九章算术》的独特成就包括：最早提到分数问题，首先记录了盈不足等问题，还在世界数学史上首次阐述了负数及其加减运算法则。北宋贾宪在《黄帝九章算法细草》中最先揭示杨辉三角。中国这一发现比法国数学家帕斯卡早了近600年。元朝著名数学家朱世杰有着"中世纪世界最伟大的数学家"之誉，他的代表著作《四元玉鉴》和《算学启蒙》对高次方程组解法和高阶等差级数等问题的论述详密精到，代表了当时世界上的最高水平。

此外，中国人首创了世界上第一个数学专科学校，这就是国子监所辖六学之一的算学，于长安与洛阳各置一所，专门培养数学人才，并置有算学博士等学官，还颁布有统一的教材《算经十书》等。

祖冲之

祖冲之（429—500），字文远，范阳郡遒县（今河北保定涞水县）人，南北朝时期杰出的数学家、天文学家。祖冲之一生钻研自然科学，其主要贡献在数学、天文历法和机械制造三方面。他在刘徽开创的探索圆周率的精确方法的基础上，首次将圆周率精算到小数第七位，即在3.1415926和3.1415927之间，直到16世纪，阿拉伯数学家阿尔·卡西才打破了这一纪录。祖冲之撰写的《大明历》是当时最科学最进步的历法，区分了回归年和恒星年，最早将岁差引进历法。他还著有《缀术》《述异记》《历议》等。

九九乘法表

乘法口诀（也叫"九九歌"）最早是由中国人发明的。中国九九歌起源久远，至迟于春秋鲁桓公时已有九九，成书于春秋战国年间的《管子》提到，"安戏作九九之数以应天道"。在战国时代，九九口诀已经相当流行，诸子著作如《荀子》等已把乘法口诀的文句作为科学上的论证来引用了。最初的九九歌是从"九九八十一"起到"二二如四"止，共36句口诀。在发掘出的汉朝"竹木简"以及敦煌发现的古"九九术残木简"上都是从"九九八十一"开始的。大约在宋朝，九九歌的顺序才变成和现代用的一样，即从"一一如一"起，到"九九八十一"止。元代朱世杰所著《算学启蒙》一书所载的45句口诀，已是从"一一"到"九九"，并称为九数法。常用的乘法口诀有两种，一种是45句的，通常称为小九九；还有一种是81句的，通常称为大九九。

长沙马王堆汉墓出土的《驻军图》(局部)

《齐民要术》

《齐民要术》,大约成书于北魏末年,是中国杰出农学家贾思勰的一部综合性农学著作,是中国现存最早的一部完整的农书。

《齐民要术》全书10卷92篇,11万字,其中正文约7万字,注释约4万字。书中系统地总结了6世纪以前黄河中下游地区劳动人民农牧业生产经验、食品的加工与贮藏、野生植物的利用,以及治荒的方法,详细介绍了季节、气候和不同土壤与不同农作物的关系。

书中援引古籍近200种,所引《氾胜之书》《四民月令》等是现已失传的汉晋时重要农书,后人只能从此书中了解当时的农业运作。书前有自序、杂说各一篇,其中的序广泛摘引自圣君贤相、有识之士等注重农业的事例,以及由于注重农业而取得的显著成效。

马王堆彩色地图

1973年，湖南长沙马王堆三号汉墓出土了三幅地图：《地形图》《驻军图》《城邑图》。三图所示的方位都是上南下北、左东右西。据考证，这三幅地图距今已有2100多年。

《地形图》是一幅绘在帛上的长宽各96厘米的正方形地图，它是汉初长沙国南部及南越王赵佗占据地区的地形图，范围相当于今天广西全州、灌阳以东，湖南新田、广东连州市以西，湖南新田以南，南海以北。《地形图》除了没有政区界线、土壤植被外，已经具备了现代地图的基本内容，它用统一的图例标明了当时的居民点、道路、河流、山脉等分布情况，经过量算，大致上可知该图统一的比例约为一寸折十里（1∶180000）。

《地形图》中的水系标示得详细而突出，图上绘有大小河流三十多条，主、支流关系明确，交汇口图形正确，河流与地形的关系描绘得当。图中水系的主要部分，与现代地图的河流骨架、流向及主要弯曲也都基本一致。

《驻军图》是世界上目前发现的最早的彩色军事地图，充分显示出中国汉代军事地图设计和标绘技术的高度发展。

《城邑图》是中国现存最早的实测地图。其损坏严重，图上无文字，绘有城墙，用蓝色画出城门上的亭阁，红色表示街坊和庭院，按正方形画出街道等。

三幅地图的出现，给中国地图史提供了宝贵实物资料，是中国迄今为止发现的最早制作的地图，也是世界上现存最早、科学水平相当高的实用性彩色地图，被誉为"惊人的发现"。

《梦溪笔谈》

《梦溪笔谈》，由北宋科学家沈括（1031—1095）撰写，是一部涉及古代中国自然科学、工艺技术及社会历史现象的综合性笔记体著作。

《梦溪笔谈》成书于11世纪末，一般认为是1086年至1093年间。该书包括祖本在内的宋刻本早已散佚。现所能见到的最古版本是1305年（元大德九年）东山书院刻本，现收藏于中国国家图书馆。《梦溪笔谈》一共分30卷，其中《笔谈》26卷，《补笔谈》3卷，《续笔谈》1卷。全书有17门，凡609条。内容涉及天文、数学、物理、化学、生物等多个学科门类，价值非凡。书中的自然科学部分，总结了中国古代特别是北宋时期的科学成就。社会历史方面，对北宋统治集团的腐朽有所暴露，对西北和北方的军事利害、典制礼仪的演变、旧赋役制度的弊害，都有较为翔实的记载。

《梦溪笔谈》具有世界性影响。日本早在19世纪中期就已排印这部名著，20世纪，法、德、英、美、意等国家都有学者和汉学家对《梦溪笔谈》进行系统深入的研究，且在这之前，早有英语、法语、意大利语、德语等各种语言的翻译本。《梦溪笔谈》被称为"中国科学史上的里程碑"。

04 科技发明

(肆) 科技发明 /

造纸术、指南针、火药、印刷术这四大发明，对中国古代的政治、经济、文化发展起了巨大的推动作用，

对西方世界的文明进步也产生了深远的影响。中国人高度重视科技进步，持续在技术发明领域勇攀一座又一座高峰。

火药

　　火药的发明是中国人长期炼丹、制药实践的结果。秦汉时期（公元前221—公元220），中国炼丹家就利用硫黄、硝石等物炼丹，并从偶然发生爆炸的现象中得到启示，经过多次实践发现了火药的配方。现在能看到的第一部记载火药配方的书，约成书于八九世纪。书中说"以硫黄、雄黄合硝石，并蜜烧之"，会发生"焰起，烧手面及火尽屋舍"的现象。

　　火药的配方由炼丹家转到军事家手里，就成为火药。火药是13世纪由商人经印度传入阿拉伯国家的，火药武器则是通过战争传到阿拉伯国家，之后再传入欧洲。火药和火药武器传入欧洲，不仅对作战方法，而且对统治和奴役的政治关系产生变革作用，推进了世界历史的进程。恩格斯曾说："现在已经毫无疑义地证实了，火药是从中国经过印度传给阿拉伯人，又从阿拉伯人那里同火器一道经过西班牙传入欧洲。"火药的发明大大推进了历史发展的进程，是欧洲文艺复兴、宗教改革的重要推动力。

"火箭"与人类飞行第一人

　　在火药发明之后的元明之际，中国人将用竹筒制造的原始管状火器改用铜或铁，铸成大炮，称为"火铳"。明代时在作战火器方面，已经发明了多种"多发火箭"，如能够同时发射10支箭的"火弩流星箭"，发射32支箭的"一窝蜂"，最多可发射100支箭的"百虎齐奔箭"等。"一窝蜂"是世界上最早的多发齐射火箭，堪称是现代多管火箭炮的鼻祖。据《武备志》记载，当时水战中使用了一种叫"火龙出水"的火器，可以在距离水面三四尺高处飞行，远达两三里。这种火箭用竹木制成，在龙形的外壳上缚四支大"起火"，腹内藏数支小火箭，大"起火"点燃后推动箭体飞行，"如火龙出于水面"。火药燃尽后点燃腹内小火箭，从龙口射出，击中目标将使敌方"人船俱焚"，这可以说是世界上最早的二级火箭。该书还记载了"神火飞鸦"等具有一定爆炸和燃烧性能的雏形飞弹。"神火飞鸦"用细竹篾绵纸扎糊成乌鸦形，内装火药，由四支火箭推进，它是世界上最早的多火药筒并联火箭，与今天的大型捆绑式运载火箭的工作原理很相近。

　　根据史书记载，14世纪末，明朝有一位叫万户的勇敢者，坐在装有47个当时最大火箭的椅子上，双手各持一个大风筝，试图借助火箭的推力和风筝的升力实现飞行的梦想。尽管这是一次失败的尝试，但万户被誉为人类利用火箭飞行的第一人。为了纪念万户，月球上的一个环形山以万户的名字命名。

元代火铳

活字印刷术

  活字印刷术是一种古代印刷方法，是中国古代劳动人民经过长期研究和实践而发明的。印刷术发明之前，文化的传播主要靠手抄书籍。雕版印刷术的发明不晚于隋唐时期，唐朝中后期已经普遍使用雕版印刷术。北宋庆历年间（1041—1048），中国的毕昇（约970—1051）在黏土制成的一个个小方块上刻单字，再用火烧成陶字；排版时，把陶字放在一个铁盘里，排满为一版；印完一版以后，陶字拆下来还可以再用，这就是泥活字。毕昇的泥活字发明，标志着活字印刷术的诞生，被认为是人类印刷史上的一次革命，比德国人约翰内斯·古腾堡的铅活字印刷术早约400年。元代王祯成功创制木活字，又发明了转轮排字。明代中期，铜活字在江苏南京、无锡、苏州等地得到较多应用。

造纸术

  造纸术是中国四大发明之一，发明于西汉时期、改进于东汉时期。中国是世界上最早养蚕织丝的国家，古代劳动人民用上等的蚕茧抽丝织绸，剩下的恶茧、病茧等则用漂絮法制取丝绵。漂絮完毕，篾席上会遗留一些残絮。漂絮的次数多了，篾席上的残絮会积成一层纤维薄片，经晾干之后剥离下来，可用于书写。这种漂絮的副产物数量不多，在古书上称它为"赫蹏"或"方絮"，可谓是最早的纸。东汉元兴元年（105），蔡伦改进了造纸术，他用树皮、麻头及敝布、渔网等作为原料，经过挫、捣、炒、烘等工艺制造的纸，是现代纸的直接起源。这种纸，原料容易找到，又很便宜，质量也提高了，逐渐被普遍使用，后人把这种纸叫作"蔡侯纸"。

  造纸术首先传入与中国毗邻的朝鲜和越南，随后传入日本。大约公元4世纪末，百济在中国人的帮助下学会了造纸，不久高丽、新罗也掌握了造纸术。到了唐宋时，高丽的皮纸反向中国出口。西晋时，越南人也掌握了造纸术。中国的造纸术也传播到了中亚的一些国家，接着通过贸易传播到了印度。欧洲人是通过阿拉伯人了解造纸术的。公元1150年，阿拉伯人在西班牙的萨狄瓦建立了欧洲第一个造纸场。公元1276年，意大利的第一家造纸场在蒙第法诺建成，生产麻纸。

  蔡伦改进的造纸术，是书写材料的一次革命，改变了人们在竹简、绢帛上书写的历史，使得文明的传播更加便捷，进而推动了中国、阿拉伯、欧洲乃至整个世界的文化发展。

指南针

指南针，古代叫司南，主要组成部分是一根装在轴上的磁针，磁针在天然地磁场的作用下可以自由转动并保持在磁子午线的切线方向上，磁针的南极指向地理南极（磁场北极），利用这一性能可以辨别方向。指南针常用于航海、大地测量、旅行及军事等活动。

最早的指南针是战国时期（前475—前221）的司南，用天然磁石制成，样子像一把汤勺，圆底，可以放在平滑的"地盘"上并保持平衡，且可以自由旋转。当它静止的时候，勺柄就会指向南方。据《古矿录》记载，指南针最早出现于战国时期的磁山一带。典籍记载有关指南针的事情和典籍作者，全都在古代以邯郸为中心的燕赵文化区域内；在可考典籍范围内记载的中国古代指南针，全都是用天然磁石磨制而成，产天然磁石的只有武安（今河北省邯郸市武安）磁山。在中国古代，指南针起先应用于祭祀、礼仪、军事、占卜与看风水时确定方位。

磁针问世后，先后用于堪舆和航海。为了使用方便，读数容易，加上磁偏角的发现，对指南针的使用技巧提出了更高的要求，堪舆家首先将磁针与分度盘相配合，创制了新一代指南针罗盘。中国的磁针和罗盘先后经由陆水两路西传，作为中国古代四大发明之一，对人类科学技术和文明的发展，起了不可估量的作用。

地动仪

世界上最早的地震仪是中国东汉科学家张衡发明的"地动仪"。地动仪是铜铸的，形状像一个酒樽，四周有八个龙头，龙头对着东、南、西、北、东南、西南、东北、西北八个方向。龙嘴是活动的，各自都衔着一颗小铜球，每一个龙头下面，有一个张大了嘴的铜蛤蟆，仪器的内部中央有一根铜质"悬垂摆"，柱旁有八条通道，还有巧妙的机关。经过公元134年的甘肃西南部的地震考验，证实了地动仪检测地震的准确性。它比欧洲创造的类似的地震仪早了1700多年。可惜的是东汉地动仪早已失传，今天看到的地动仪都是后人根据史籍复原的。

张衡发明的地动仪是利用惯性原理设计制成的，能探测地震波的主冲方向，在科学技术还很落后的2世纪初能做到这一点，是极其难能可贵的，它开创了人类使用科学仪器测报地震的历史。对此，中外科学家长期以来一直给予极高的评价。

丝绸

丝绸是中国古代的重大发明。中国历代制作的用桑蚕丝作原料的织物，富有光泽，手感滑爽，轻柔适体，是高级服饰用料。中国是最早用桑蚕丝织绸的国家，自古即以"丝国"闻名于世。

中国传统丝绸起源已有多个考古发现。在 6000 年前浙江余姚河姆渡文化遗存中，有雕蚕形虫文的象牙盅；山西夏县西阴村仰韶文化遗存中有半个用锐器割裂的蚕茧；4700 年前浙江吴兴钱山漾文化遗存中有平织丝织物和丝带、丝线，其线由十多根家蚕单丝捻成，织物经纬每厘米 53 : 48 根。这证明中国传统丝绸的生产不迟于新石器时代。商代卜辞中有不少桑、蚕、丝、帛等字，殷墟出土铜器常有细纹遗痕，可知夏商已有纹织。《诗经》中屡见锦字，锦属彩色织物。至春秋战国，丝绸进一步发展，绮、锦之外，纱、縠、罗等轻薄织物均已出现。三星堆、马王堆的出土文物中，均有丝绸方面的重大发现。

中国丝绸传播国外有 2000 多年的历史。据希腊史学家记载，至迟在公元前 4 世纪已有中国丝绸输往欧洲。汉建元三年（前 138 年）张骞出使西域前，已有西亚商人来中国贩运丝绸，后来这条横贯亚欧的商路被称为"丝绸之路"。海上与日本、朝鲜、越南的交通在春秋战国时即已开始，迄秦汉与南海诸国都有丝绸贸易。秦时江浙一带有人东渡日本传授丝绸技艺，西汉时织罗的技术又经朝鲜传入日本，三国时日本访华专使带回大批丝绸。

瓷器

中国是瓷器的故乡。在英文中"瓷器"与"中国"拼写一致。瓷器的前身是原始青瓷，它是在陶器向瓷器过渡阶段的产物。中国最早的原始青瓷，发现于山西夏县东下冯龙山文化遗址中，距今约 4200 年，器类有罐和钵。原始青瓷在中国分布较广，黄河流域、长江中下游及南方地区都有发现。

中国人对美的追求与塑造，在许多方面都是通过陶瓷制作来体现的，形成了各时代非常典型的技术与艺术特征。早在欧洲掌握制瓷技术之前 1000 多年，中国已能制造相当精美的瓷器。进入中世纪后，伴随着中国瓷器的外销，中国开始以"瓷国"享誉于世。从 8 世纪末开始，中国陶瓷开始向外输出。经晚唐五代到宋初，达到了一个高潮。宋人赵汝适撰写的《诸蕃志》，记录有近 20 个国家与中国交易瓷器。明代中晚期至清初的 200 余年是中国瓷器外销的黄金时期。郑和（1371—1435）开辟了横渡印度洋通往非洲东海岸的航路，中国瓷器行销更广，输出的瓷器主要是青花瓷、彩瓷等。这时期的外销瓷数量很大，17 世纪每年输出约 20 万件，18 世纪最多时每年约达百万件。中国瓷器由此成为世界性的商品，对人类历史的发展起到积极作用，也是中国人民同世界各国人民友好往来的历史见证。

品茶

拉面

茶

中国是茶树的故乡，是发现野生茶树最早、最多的国家。茶，始于神农时代，已有数千年的历史。源远流长的中国茶文化，更是融合了儒、道、佛诸派思想，独成一体。中国何时开始饮茶，《茶经》谓："茶之为饮，发乎神农氏，闻于鲁周公，齐有晏婴，汉有扬雄、司马相如，吴有韦曜，晋有刘琨、张载、远祖纳、谢安、左思之徒，皆饮焉。"但中国人普遍饮茶大体上始于汉，盛于唐。

《茶经》是中国乃至世界上现存最早、最完整、最全面介绍茶的第一部专著，分3卷10节，约7000字，被誉为"茶叶百科全书"，为唐代陆羽所著。此书是关于茶叶生产的历史、源流、现状、生产技术以及饮茶技艺、茶艺原理的综合性论著，也是阐述茶文化的书。作者陆羽，760年为避安史之乱，隐居浙江苕溪（今湖州），其间在亲自调查和实践的基础上，认真总结、悉心研究了前人和当时茶叶的生产经验，完成创始之作《茶经》，也因此被誉为"茶圣"。

中国的茶业，最初兴于巴蜀，其后向东部和南部逐次传播开来，最终遍及全国。到了唐代，又传至日本和朝鲜。欧洲人知道茶叶，始于16世纪葡萄牙东来。欧洲人最初用茶当作药品，欧洲医学深信茶的功能，一如中国人最初之饮茶。法国贵族将中国茶视作一宝，极珍贵之。

面条

面条在中国已有4000多年的制作食用历史。在中国，最早的面条被叫作"饼"或"汤饼"。1400年前的《齐民要术》首次记载了制作面条的"水引馎饦法"。面条就是用谷物或豆类的面粉加水揉成面团，压或擀制或抻成片再切或压，再或者使用搓、拉、捏等手段，制成条状（或窄或宽，或扁或圆）或小片状，最后经煮、炒、烩、炸而成的各种食品，花样繁多，品种多样。

斗拱

亦作"斗栱""枓栱",是中国传统木结构建筑中的一种支承构件,作用于柱顶、额枋与屋顶之间,主要由斗形木块和弓形肘木纵横交错层叠构成,逐层向外挑出形成上大下小的托座。由于斗拱有逐层挑出支承载荷的作用,可使屋檐出挑较大,兼有装饰效果。

斗拱的产生和发展有着非常悠久的历史。早期外廓简单,风格古拙。从2000多年前战国时代采桑猎壶上的建筑花纹图案,以及汉代保存下来的墓阙、壁画上,都可以看到早期斗拱的形象。至唐宋时期形制成熟,硕大雄健。明清时期转向纤细,彩绘考究,建筑装饰作用加强。斗拱不仅有实用价值,其强烈的秩序感和空间感在美学和结构上也形成一种独特风格。无论从艺术还是技术的角度来看,斗拱都足以象征和代表中华古典建筑的精神和气质,是中国传统建筑造型的主要特征之一。

榫卯结构

榫卯结构是中国建筑的重要发明。中国古建筑以木材、砖瓦为主要建筑材料,以木构架结构为主要的结构方式,由立柱、横梁、椽檩等主要构件建造而成,各个构件之间的结点就是以榫卯相吻合,构成富有弹性的框架。

1973年,在余姚市河姆渡镇发现的距今六七千年的新石器文化遗址,人们发现了大量榫卯结构的木质构件。这些榫卯结构主要应用在河姆渡干栏式房屋的建造上,有凸型方榫、圆榫、双层凸榫、燕尾榫以及企口榫等。榫卯结构是极为精巧的发明,使得中国传统的木结构成为超越了当代建筑排架、框架或者钢架的特殊柔性结构体,不但可以承受较大的荷载,而且允许产生一定的变形,在地震荷载下通过变形抵消一定的地震能量,减小结构的地震响应。榫卯结构广泛用于建筑,同时也广泛用于家具,体现出家具与建筑的密切关系。榫卯结构应用于房屋建筑后,虽然每个构件都比较单薄,但是整体上却能承受巨大的压力,其优势不在于个体的强大,而是互相结合、互相支撑。这种结构也成为后代建筑和中式家具的基本模式,可以看作是中华文化和哲学思维的一种具体体现。

陕西秦岭楼观台的精美斗拱

寺庙园林，为中国园林的三种基本类型之一

中国园林

  中国的园林艺术，可以说举世闻名。由于各民族、各地区人们对风景的不同理解和偏爱，也就出现了不同风格的园林。归结起来，世界上的园林可分为三个系统——欧洲园林、西亚园林和中国园林。而中国的园林艺术，以追求自然精神境界为最终和最高目的，是5000年历史文化的沉淀。

  如果从殷周时代囿的出现算起，到现在为止，中国园林已有3000多年的历史，是世界园林艺术起源极早的国家之一，在世界园林史上占有极其重要的位置，有着极其高超的艺术水平和独特的民族风格。中国园林"虽由人作，宛自天开"的艺术原则，熔传统建筑、文学、书画、雕刻和工艺等艺术于一炉，在世界园林史上独树一帜。自唐宋始，中国的造园技术便传入日本、朝鲜等国，至今日本许多园林建筑的题名都还沿用汉字书写。公元13世纪，意大利旅行家马可·波罗就把杭州称誉为"世界上最美丽华贵之城"，从而使杭州的园林艺术名扬海外。在18世纪，中国自然式山水园林由英国著名造园家威廉·康伯介绍到英国，使当时的英国一度出现"自然热"。后来英国人钱伯斯到广州，研究了中国的园林艺术，回英国后著《东方园林论述》。

  中国园林艺术是人类文明的重要遗产，被公认为世界园林之母、世界艺术之奇观。

山西票号

说起银行，人们自然会认为是西方工业文明的成果。其实中国也有自己的银行，中国山西票号，就是中国银行业的鼻祖。票号是中国商业资本转化而来的旧式信用机构。因票号多为山西人开设，又称为"山西票号"。山西票号以平遥、太谷、祁县三帮势力最大。票号产生的时间说法不一，通常认为是在道光初年由清代山西商人雷履泰的天津西裕成颜料庄演变而成。票号有合资、独资之分，股东负无限责任制，资本额较钱庄为大等。有着100余年历史的票号，象征着本土传统银行机构的信用建设水平与实力。但在清末与民初的政府监管下，票号最终没有成功转型为现代银行步入新途。在20世纪初，山西票号由于各省的独立，导致汇路中断，陷入危机，票号公会集体上北京请愿，那时正值交通银行成立和发展之际，于是请愿的人就被政府强行留下来，这也是中国最早的一批现代银行家群体。

交子纸币

交子是中国最早的纸币，也是世界上最早使用的纸币，最早出现于四川地区。北宋（960—1127）初年，四川用铁钱，较笨重，流通很不方便，于是商人发行一种纸币，将之命名为交子，代替铁钱流通。

最初的交子由商人自由发行，后来出现了专为携带巨款的商人经营现钱保管业务的"交子铺户"。约1008年，成都16户官商联合用楮树皮纸印刷凭证，上有图案、密码、画押、图章等印记，面额依领用人所交现款临时填写，作为支付凭证流通。存款人把现金交付给铺户，铺户把存款人存放现金的数额临时填写在用楮纸制作的卷面上，再交还存款人，当存款人提取现金时，每1000文收手续费30文。他们每岁在丝蚕米麦将熟之时，用同一色纸印造交子。这时的交子，只是一种存款和取款凭据，而非完全意义上的货币，但由此开了民间金融的先河。

高速铁路 —— 世界上最快的铁路系统

高铁是交通运输现代化的重要标志。自 2008 年中国第一条设计时速 350 千米的京津城际铁路建成运营以来，一大批高铁相继建成投产，拉开了中国高铁时代的序幕。2011 年建成通车的京沪高速铁路，是世界上商业运营速度最高、里程最长的高速铁路。2017 年，具有完全自主知识产权的"复兴号"开始运行。截至 2023 年底，中国高铁运营里程达到 4.5 万千米，高速铁路对百万以上人口城市的覆盖率超过 95%。

中国高铁技术拥有自己的知识产权。中国已系统掌握各种复杂地质及气候条件下高铁建造成套技术，攻克铁路工程建造领域一系列世界性技术难题；全面掌握构造时速 200 至 250 千米、300 至 350 千米动车组制造技术，构建涵盖不同速度等级、成熟完备的高铁技术体系。2010 年，"和谐号"CRH380A 电力动车组在京沪高速铁路上创下时速 496.1 千米试验速度纪录。2014 年，中国 CIT500 型高速列车在实验室内试验时速达 605 千米。

中国高速铁路在短时间内实现了从无到有、再到世界第一的跨越式发展，成功建设了世界上规模最大、现代化水平最高的高速铁路网，成为闪耀世界的亮丽名片。当前，中国高铁营业里程已占世界高铁的 2/3 以上，"四纵四横"高铁网已经形成，"八纵八横"高铁网正加密成型，中国是世界上唯一实现高铁时速 350 千米商业运营的国家，在京沪、京津、京张、成渝等高铁线路上，"复兴号"以时速 350 千米运营，以最直观的方式向世界展示了"中国速度"。

运行在百年京张铁路上的高铁动车组

05
建筑与工程

伍　建筑与工程 /

中国建筑有着悠久的历史，是中国古代科技文化的重要组成部分，也是美术鉴赏的重要对象。要鉴赏中国建筑艺术，

就要了解中国古代建筑艺术的多方面特点，这些特点使得中国古代建筑艺术在世界建筑史上独树一帜，具有很高的艺术价值和文化意义。

古代建筑的辉煌

中国建筑的历史,从陕西半坡遗址发掘的方形及圆形浅穴式房屋发展到现在,已有六七千年的历史。修建在崇山峻岭之上、蜿蜒万里的长城,是人类建筑史上的奇迹;建于隋代的河北赵县的安济桥,在科学技术同艺术的完美结合上,早已走在世界桥梁科学的前列;现存的高达 67.31 米的山西应县佛宫寺木塔,是世界现存最高的木结构建筑;北京明清两代的故宫,则是世界上现存规模最大、建筑精美、保存最完整的建筑群。至于中国的古典园林,以独特的艺术风格,成为中国文化遗产中的一颗明珠。中国建筑技术高超、艺术精湛、风格独特,在世界建筑史上自成系统、独树一帜。

中国儒家思想对建筑的影响最大。儒学提倡礼制,由此产生了建筑上的多种类型及形制,如殿堂、宗庙、坛、陵墓等;儒学主张敬天,对天地的祭祀是历朝大祀,有天坛、地坛、日坛、月坛,以及社稷、

先农诸坛等；儒学主张君权至上，以宫室为中心的都城宫殿，用来体现君权；儒学主张中正有序，故建筑平面布置得方整对称，昭穆有序，上下有别。

中国建筑因地制宜、风格多样。在北方黄土地区，过去人们利用黄土土坯、夯土筑墙、筑房或筑窑洞用来居住，后来用黄土烧制砖瓦，用以盖房，既方便又耐久。在南方，气候潮湿多雨，人们便以竹木为建筑材料构筑房屋居住。在西南民族地区，因高温多雨，则常用竹木搭成干栏式建筑。在青藏高原，少雨干旱，则多砌筑厚墙式平顶碉房。在蒙古族居住的地区，依逐水草而居的游牧习惯而搭制帐篷式住房（蒙古包）。在西部信仰伊斯兰教居民居住的地区，则喜欢采用尖拱形建筑。总之，不同民族风格的建筑，共同丰富了中国古代建筑的内容，共同为发展中华民族的古代建筑艺术作出了贡献。

北京雍和宫雪景

中国建筑的起源

大约 1 万年前，中国进入新石器时代，中国原始建筑就在许多地域留下了重要遗迹。

内蒙古赤峰敖汉旗的兴隆洼遗址，是距今约 8000 年的原始村落。这里发掘出半穴居房址 170 余座，井然有序地排列，最大的房址面积约 140 平方米，这个被称为华夏第一村的遗址显示出北方古建筑的悠久文化历史。南方古代建筑以余姚河姆渡遗址的发掘同样引人注目，这里发掘出的干栏建筑遗存，已经采用榫卯结构，并已具备多种榫卯类别，表明在 7000 年以前，长江下游地区的木结构已达到相当的技术水平。据文献记载，中国远古时代存在着构木为巢的巢居、凿穴而处的穴居两种主要构筑方式。原始建筑遗迹显示，中国早期巢居建筑，经历了由单树巢、多数巢向干栏建筑的演变；而穴居建筑，则经历了由原始横穴、深袋穴、半穴居向地面建筑的演变。

陕西半坡遗址发掘的方形或圆形浅穴式房屋，距今已有六七千年的历史。尤其半地下的浅穴较多，浅穴一般是在黄土地面上掘出 50 厘米—80 厘米深，门口有斜阶通至室内地面。半坡遗址的总建筑面积约有 5 万平方米，分居住区、陶器制作区和墓地三个区域，以居住区为主。这些遗址形态，充分反映出远古母系氏族社会中晚期的社会经济和文化特征。

建筑艺术与文化

《周易·系辞》中有一段话："上古穴居而野处，后世圣人易之以宫室，上栋下宇，以待风雨，盖取诸大壮。"说明了古人由洞穴中移居到人造宫室的发展过程。

中国南方地区因气候多雨潮湿，为防潮、防洪及防御，发展出架高的干栏式建筑，屋墙使用较薄的构造，墙体开窗也多，屋顶较高且坡度也较陡，以利排水。北方的气候干冷少雨，建筑的墙壁较厚，室内的地下常挖掘小炕道，从外面烧干物使热气流向炕内；因少雨，所以居民屋顶的坡度较缓，也有使用平顶或圆顶。外观上，北方的建筑较厚重朴拙，南方则轻巧精致，因为日照角度不同，北方的四合院天井较宽大，南方的较狭窄。在建筑材料方面，除了木材、石块及砖瓦外，在南方多用竹材。西南多森林，多使用"井干式结构"的筑墙法。福建及广东盛产石材，除了台基柱用石材外，墙垛也常用石块砌筑，甚至屋顶下的斗拱也用石雕的。黄河流域的土质多含碱，为防止腐蚀剥落，乃发明蒸馏去碱的方法，以版筑做成高台。

影响中国建筑的因素，除了气候、土质、材料和构造方法外，人文背景也很重要。中国的社会制度、伦理观念及生活习俗对建筑均有影响。中国合院式住宅就是在表达宗族组织及家族成员之尊卑次序，对称的布局也是从"天人合一"的宇宙观所衍生，建筑物要在某些程度上与生物或人类有相似性，因此一座中国建筑有头（屋顶）、有身（梁柱）、也有脚（台基）。中国人重视人与外界的共存关系，建筑不欲以人工建筑与大自然相抗相竞，而是与自然环境和谐相处。

江西上饶望仙谷

苏州园林艺术

中国历代封建帝王大都喜欢建造规模宏大的皇家园林。与之不同的是中国江南的私家园林，它们多附属于住宅的一部分或附属建筑，占地小，在有限的地段里，应用空间的变化、山水的模拟，以精巧的建筑创造出富有自然山水之美的环境。

苏州有将近 200 处古典园林，其中拙政园为著名私家园林，建于 16 世纪。拙政园具有典型江南园林的特色，园内建有楼、阁、馆、堂、轩、亭等建筑 30 余处，分布于池边、山头，组成不同景观。园林讲究自然天成，巧妙地把自然美景融入人造园林中，在布局上具有含蓄、变化的特点，花草树木高低相间、四季争艳，小桥流水、粉墙黛瓦、曲径通幽、峰回路转，形成充满自然意趣的"城市山林"。拙政园与留园、网师园等作为苏州园林的代表，被列入《世界文化遗产名录》。

干栏式建筑

干栏式建筑，即在木（竹）柱底架上建筑的高出地面的房屋。考古发现，中国最早的干栏式建筑是河姆渡干栏式建筑，中国新石器时代的河姆渡文化、马家浜文化和良渚文化的许多遗址中，都发现埋在地下的木桩以及底架上的横梁和木板，表明当时已存在干栏式建筑。

干栏式建筑，以竹木为主要建筑材料，一般是两层建筑，下层放养动物和堆放杂物，上层住人。其主要功能是使房子与地面隔离以达到防潮、防兽等效果。干栏式住房以木材作房架，竹子作檩、椽、楼面、墙、梯、栏等，各部件的连接用榫卯和竹篾绑扎，为单幢建筑，各家自成院落，各宅院有小径相通，房顶用草排或挂瓦。干栏式建筑适合那些居住于雨水多、比较潮湿地方的人，主要流行于中国广西中西部、云南东南部、贵州西南部等地。

灵渠

灵渠是中国古代西南方的一条运河，位于广西壮族自治区兴安县境内，于公元前 214 年凿成通航，是中国古代劳动人民创造的一项伟大的水利工程。

灵渠流向由东向西，将兴安县东面的海洋河（湘江源头，流向由南向北）和兴安县西面的大溶江（漓江源头，流向由北向南）相连，是世界上非常古老的运河之一，有着"世界古代水利建筑明珠"的美誉。灵渠水系由北南两渠组成，北渠俗称湘江新道，全由人工开凿而成，大致与湘江故道略成平行，其水位高过湘江故道，湘江水约七分水流入北渠，在高塘村与湘江故道相汇，全长 3.25 千米，最大引流量为每秒 12 立方米。南渠自南陡口起，流至灵河口入漓江，全长约 33.15 千米，南渠引湘江水约三分，最大引流量为每秒 6 立方米。

灵渠的凿通，沟通了湘江、漓江，连接了长江和珠江两大水系，构成了遍布华东华南的水运网，为当时的秦王朝统一岭南提供了重要的交通保证，大批粮草经水路运往岭南，有了充足的物资供应。公元前 214 年，即灵渠凿成通航的当年，秦兵就攻克岭南，随即设立桂林、象郡、南海三郡，将岭南正式纳入秦王朝的版图，对巩固国家统一，加强南北交流，密切各族人民的往来，都起到了积极作用。

灵渠至今仍发挥着重要作用。2018 年，国际灌排委员会第 69 届国际执行理事会全体会议上，灵渠项目入选第五批世界灌溉工程遗产名录。

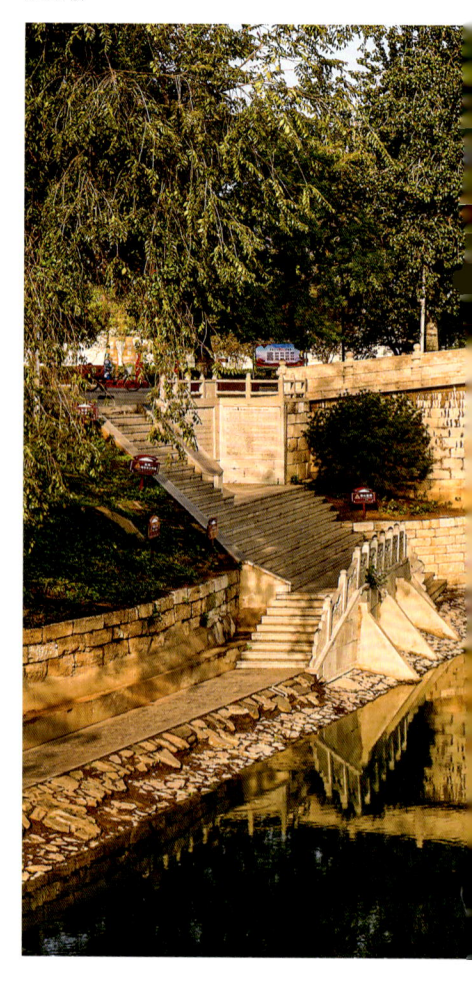

应县木塔

山西应县木塔又名佛宫寺释迦塔，位于山西省朔州市应县佛宫寺内，建于公元 1056 年，是世界上现存最古老、最高大的木塔，与意大利比萨斜塔、巴黎埃菲尔铁塔并称"世界三大奇塔"。2016 年，应县木塔获吉尼斯世界纪录认定，为世界最高的木塔。

应县木塔塔高 67.31 米，底层直径 30.27 米，呈平面八角形。全塔主体使用材料为华北落叶松，斗拱使用榆木，木料用量达上万立方米。塔内供奉着两颗释迦牟尼佛牙舍利。从 20 世纪 30 年代开始，中国许多专家学者就对木塔千年不倒之谜进行潜心研究和探索。专家认为，保证木塔千年不倒的原因首先是木塔的结构合理，卯榫结合，刚柔相济，这种刚柔结合的特点有着巨大的耗能作用。这种耗能减震作用的设计，甚至超过现代建筑学的科技水平，堪称木构建筑的奇迹。

赵州桥

赵州桥

　　赵州桥，是一座位于河北省石家庄市赵县城南洨河之上的石拱桥，因赵县古称赵州而得名。它始建于隋朝（581—618），由匠师李春设计建造，已有1400余年历史，被世人誉为"天下第一桥"。

　　赵州桥是世界上现存年代久远、跨度最大、保存最完整的单孔坦弧敞肩石拱桥，其建造工艺独特，具有较高的科学研究价值。赵州桥的特点是在世界桥梁史上首创"敞肩拱"结构形式，即在大拱两肩砌了四个并列小孔，既增大流水通道，减轻桥身重量，又增强了桥身稳定性。赵州桥设计施工符合力学原理，结构合理，选址科学。据考证，赵州桥的"敞肩拱"结构，欧洲到19世纪中期才出现，比中国晚1200多年。

　　赵州桥是一般的交通运输桥，它的桥身弧线优美，远眺犹如苍龙飞驾，又似长虹饮涧。尤其具有艺术特色的是栏板以及望柱上的浮雕，充分显示出隋朝俊逸、浑厚、严整的石雕风貌。

中国的世界桥梁之"最"（截至 2023 年底）

世界桥梁之"最"，有一半以上在中国。

世界最长跨海大桥——港珠澳大桥；

世界最长高铁桥——丹昆特大桥；

世界跨度最大公铁两用斜拉桥——沪苏通长江公铁大桥；

世界上现存最早的高原冻土百米单拱桥——囊谦扎曲河桥；

世界第一座双塔斜拉钢构组合体系桥——北京新首钢大桥；

世界跨径最大钢拱桥——重庆朝天门长江大桥；

世界第一座同桥面公路轻轨两用桥——重庆鱼洞长江大桥；

世界首座双层六线钢桁梁铁路斜拉桥——重庆新白沙沱长江特大桥；

世界上最长最宽的多塔斜拉桥——珠海金海大桥；

世界最宽的跨海大桥——浙江嘉绍大桥；

港珠澳大桥

世界第一座"三塔四跨"双层钢桁梁悬索桥——温州瓯江北口大桥；

世界第一座六线铁路大桥——南京大胜关长江大桥；

世界第一座主缆连续的三塔四跨悬索桥——武汉鹦鹉洲长江大桥；

世界第一座跨越高速公路的有轨电车桥梁——武汉开发区凤凰大桥；

世界第一座启闭式桥梁——潮州广济桥；

世界第一大跨度有推力钢箱拱桥——柳州官塘大桥；

世界第一座全钢管混凝土桁架梁桥——四川干海子特大桥；

世界第一座上承式推力转体式铁路钢管混凝土拱桥——贵州北盘江大桥；

世界第一座非对称混合式叠合梁斜拉桥——贵州红水河特大桥；

世界第一座高低矮塔公铁两用斜拉桥——芜湖长江三桥；

世界第一座高铁悬索桥——江苏五峰山长江大桥。

元大都

元大都是元朝的首都，由元代科学家刘秉忠规划建设，自元世祖忽必烈至元四年（1267）至元顺帝至正二十八年（1368）为元代京师，其城址位于今北京市市区。元大都新城规划最有特色之处是以水面为中心来确定城市的格局，这可能和蒙古游牧民族"逐水草而居"的传统习惯与深层意识有关。元大都布局设计的中轴线和左右对称，体现了皇权至高无上的思想，奠定了今日北京城市的基本格局，在中国古都史上具有重要地位。

三峡大坝

三峡大坝位于湖北省宜昌市夷陵区三斗坪镇境内，距下游葛洲坝水利枢纽工程38千米，是当今世界最大的水利枢纽工程。

三峡大坝工程包括主体建筑物及导流工程两部分，全长约3335米，坝顶高程185米，于1994年12月14日正式动工修建，2006年5月20日全线修建成功。三峡水电站2018年发电量突破1000亿千瓦时，创单座电站年发电量世界新纪录。三峡水电站正常蓄水位175米，大坝长2335米，安装32台单机容量为70万千瓦的水电机组，装机容量达到2250万千瓦，已成为全世界最大的水力发电站和清洁能源生产基地。三峡大坝综合工程规模浩大，除土石方填筑量外，其他多项指标均属世界第一：如大坝总方量居世界第一；水电站单机容量、总装机容量、年发电量均居世界第一；水电站送出工程规模居世界第一；三峡工程梯级船闸是世界总水头最高（113米）、级数量多（5级）的内河船闸；三峡升船机属世界规模最大、难度最高的升船机；等等。

三峡工程也是迄今世界上综合效益最大的水利枢纽。三峡大坝建成后，采取分期蓄水，形成长达600千米的水库，滞蓄洪水，提高了下游荆江大堤的防洪能力。

唐乾陵

陕西关中唐乾陵是唐高宗李治与中国历史上唯一的女皇武则天的合葬墓，是中国陵园中具有代表性的一座。它因山为陵，其依托的梁山海拔1047.5米，山体呈圆锥形。陵园南北主轴线长达4.9千米，陵园周长40千米，由内外两城组成。外城遗迹已难寻觅，内城遗址犹存，面积2.4平方千米，有青龙、白虎、朱雀、玄武四门，门外均有石刻。据记载，唐后期曾重建殿宇378间，初建时的规模显然更加庞大。现乾陵遗存的主要是朱雀门外的神道和其两侧的石刻。长长的神道两侧有两组残存的土阙和石刻114件，石刻有华表、翼马、朱雀、石马、石人、石狮等，多用整块巨石雕成，雕工精细、线条流畅、气势伟岸、富于质感，反映了盛唐的国威和工艺水平。

乾陵的建筑质量极高，墓道用石条密封，在缝隙中灌有铁水，极难开启，因此成为唯一没有被盗的唐代皇帝陵墓。乾陵的范围很广，周围有17座陪葬墓。乾陵不仅外观宏伟，修建坚固，内藏也十分丰富。李治生前酷爱书法，广为搜集，临终遗嘱把他所收藏的书法埋在墓内。李治和武则天均身处盛唐时期，可以想见有乾陵内部的文物一定十分丰富，极其珍贵。

永乐宫壁画

永乐宫

　　永乐宫，又称大纯阳万寿宫，是现存最大的、保存最完整的道教宫观，修建于公元 1247—1358 年，前后共 110 多年施工期，才建成这个规格宏大的道教宫殿式建筑群，原址在山西省永济市永乐镇，故得名。永乐宫是典型的元代建筑风格，粗大的斗拱层层叠叠交错，四周的雕饰不多，比起明、清两代的建筑，显得较为简洁明朗。宫内几个殿以南、北为中轴线，依次排列。20 世纪 50 年代末，因修建黄河三门峡水利枢纽工程，永乐镇处于淹没区。为了不使这些文物淹没，经过精心筹划，宫殿内 960 多平方米的壁画被完整地揭取下来，运至芮城的新址，即现今永乐宫。今天的永乐宫布局疏朗，中轴线上由南至北分别为山门、龙虎殿、三清殿、纯阳殿和重阳殿。宫内保存着举世闻名的元代壁画艺术，三清殿和纯阳殿内的壁画尤为精美。

滕王阁

滕王阁，位于江西省南昌市东湖区沿江路，地处赣江东岸、赣江与抚河故道交汇处，是南昌市地标性建筑、豫章古文明之象征。始建于唐永徽四年（653），为唐太宗李世民之弟滕王李元婴任江南洪州都督时所修，现存建筑为1985年重建景观。因初唐诗人王勃所作的《滕王阁序》而闻名于世，与湖南岳阳的岳阳楼、湖北武汉的黄鹤楼并称为"江南三大名楼"，世称"西江第一楼"。

滕王阁主体建筑高57.5米，建筑面积1.3万平方米；其下部为象征古城墙的12米高台座，分为两级；台座以上的主阁取"明三暗七"格式，为三层带回廊建筑，内部共有七层，分为三个明层、三个暗层及阁楼。

江西滕王阁

岳阳楼

岳阳楼，位于湖南省岳阳市岳阳楼区洞庭北路，地处岳阳古城西门城墙之上，紧靠洞庭湖畔，下瞰洞庭，前望君山，始建于东汉建安二十年（215），历代屡加重修，现存建筑沿袭清光绪六年（1880）重建时的形制与格局。自古有"洞庭天下水，岳阳天下楼"之美誉，为"江南三大名楼"之一，世称"天下第一楼"。

据说岳阳楼前身为东汉末年横江将军鲁肃始建的"阅军楼"。唐开元四年（716）中书令张说谪守岳州，扩建"阅军楼"，正式定名为"岳阳楼"。宋庆历五年（1045），滕子京守巴陵郡时重修，并请范仲淹撰《岳阳楼记》，此文广为流传，从此，岳阳楼更是名满天下。此后多次进行修缮。

岳阳楼主楼为长方形体，主楼高 19.42 米，进深 14.54 米，宽 17.42 米，为三层、四柱、飞檐、盔顶、纯木结构，楼中四根楠木金柱直贯楼顶，周围绕以廊、枋、椽、檩互相榫合，结为整体；顶覆琉璃黄瓦，构型庄重大方。岳阳楼内悬挂《岳阳楼记》雕屏及诗文、对联、雕刻等。山、水、楼台相映成景，是建筑艺术的精品。

黄鹤楼

黄鹤楼巍峨耸立于武昌蛇山之巅，原址在湖北武昌蛇山黄鹤矶头，为"江南三大名楼"之一。历代名士都先后到这里游乐，吟诗作赋。崔颢的《黄鹤楼》一诗："昔人已乘黄鹤去，此地空余黄鹤楼。黄鹤一去不复返，白云千载空悠悠。晴川历历汉阳树，芳草萋萋鹦鹉洲。日暮乡关何处是，烟波江上使人愁。"一直被认为是"唐诗七律压卷之作"。这首诗成就了黄鹤楼"文化名楼"的地位。黄鹤楼素有"千古名楼""天下绝景"之誉。现在看到的黄鹤楼是以清代黄鹤楼为蓝本，于1981年重建。

嵩岳寺塔

嵩岳寺塔，位于河南省郑州市登封市嵩山南麓嵩岳寺内，始建于北魏时期（386—534），原为皇帝的离宫，后改建为佛教寺院。嵩岳寺塔为 15 层的密檐式砖塔，平面呈十二边形，通高 37 米，由基台、塔身、15 层叠涩砖檐和塔刹组成。塔身分上、下两部分。塔身之上是 15 层的叠涩密檐，自下而上逐层内收，构成柔和的抛物线。塔下有地宫。嵩岳寺塔造型别致，装饰有外来风格，形态与印度佛塔十分接近。

嵩岳寺塔是中国现存最早的砖塔，也是全国古塔中的孤例。嵩岳寺塔历经 1400 多年风雨侵蚀，仍巍然屹立，充分证明中国古代建筑工艺的高超。嵩岳寺塔作为密檐式砖塔的鼻祖，在佛塔的类型上有极大的开创性，是中国建筑艺术对外交流的见证。嵩岳寺塔代表了东亚地区同类建筑的初创与典范，在世界建筑史上具有不可替代的地位。2010 年，包含嵩岳寺塔在内的登封"天地之中"历史建筑群被列入《世界文化遗产名录》。

06 教育与科举

陆 教育与科举 /

中华民族是世界上最重视教育的民族，中国也是很早开设专门教育的国家之一。中国古代最伟大的思想家孔子，

同时也是教育家，其教育思想影响至今。中国古代社会历代王朝，为了巩固政权，逐步形成了一套选拔官吏的制度。隋炀帝时，科举制度正式形成，由国家设立科目，通过考试的方法选拔官吏，可以说是人才制度的一场革命。科举制在中国历史上实行了 1300 多年，对世界上许多国家的官僚制度产生了重要影响。

古代教育

中国古代教育大多由长者通过实际活动身教与口耳相传。大约在公元前3000年，中国已有成熟的文字体系，有了文字自然会有专门传授和学习的机构，当时称其为"成均"，这就是学校的最初萌芽。到了夏代，有了正式的学校，称为"校"。《孟子·滕文公上》："夏曰校，殷曰序，周曰庠"。"序"又分"东序""西序"，前者为大学，在国都王宫之东；后者为小学，在国都西郊。商代生产力日益发展，学校又有增加，称为"学"与"瞽宗"。"学"又有"左学""右学"之别，前者专为"国老"而创，后者专为"庶老"而设。"学"以明人伦为主，"瞽宗"以习乐为宗。西周时期，学校组织比较完善，分为国学与乡学两种。国学专为贵族子弟而设，按学生入学年龄与教育程度分为大学、小学两级。乡学主要按照当时地方行政区域而定。因地方区域大小不同，亦有塾、庠、序、校之别。一般情况下，塾中优秀者，可升入乡学而学于庠、序、校；庠、序、校中的优秀者或升入国学而学于大学。国学为中央直属学校，乡学是地方学校。中国古代的私学产生于春秋时期，其中以孔子的私学规模最大、影响最深远。传说孔子拥有三千弟子，特别优秀者七十二人，培养了大批杰出人才。

孔子的教育思想

孔子是伟大的教育家、思想家，他对后世的教育活动产生了深远的影响。孔子的教育思想学说极其丰富，主要记录在《论语》一书中。

孔子最可贵的教育思想是"有教无类"，即人人都有受教育的权利。孔子办学是面向全社会的，属于开放办学，对待学生，不论贫富贵贱、门第高低，一律平等。甚至无论品行善恶，习性优劣，每个人都有平等受教育的权利。孔子主张"学而不厌，诲人不倦"，即对于教育者而言，要永不满足地学习，树立终身学习的观念；教育他人要不知疲倦，认真负责地传授知识。在孔子看来，"学"与"教"是一个长期互相熏陶的过程，即"教学相长"。在教学方面，孔子身体力行，一丝不苟地教授学生知识。孔子主张全面的教育，认为教育的目的在于全方位地塑造一个人的才能和品行。在孔子看来，要让学生广泛而全面地学习各种内容。他提出"子以四教：文、行、忠、信"，既要重视知识的学习，又要培养高尚的品德。对于知识的学习，孔子全面教授学生礼、乐、射、御、书、数，即"六艺"。孔子特别强调因材施教，即从受教育者的实际情况出发，依据他们的智力水平和个性差异，有的放矢地进行教育，对每一名弟子施以不同的教育方法。孔子还强调学思并重，即注重启发学生自我思考，培养学生举一反三的能力，从而使"学"与"思"结合起来。孔子的启发式教学是以学生为中心，让学生在学习过程中自始至终处于主动地位。

古代学校

中国古代教育始终都有官学和私学之分。官学是中央朝廷和地方官府办学，发挥着主要的教育功能。中央官学教育的最高学府是太学和国子监。

官学的产生、发展和衰落，是同中国古代社会的政治经济的发展变化相适应并为其服务的。西周虽有"学在官府"之说，但由朝廷正式设立中央官学创始于汉朝。汉武帝元朔五年（前124年）创太学，设置博士弟子50名，汉成帝时增至3000人，汉质帝时增至3万余人。汉代太学规模之宏大，世界罕见。太学和国子监是封建王朝培养人才的主要场所，在办学育人、繁荣学术、发展科举取士等方面，都积累了许多宝贵的经验，在中国和世界教育史上占有重要地位。及至唐朝，中央官学繁盛，制度完备，发展到顶峰。南宋以后官学逐渐衰败，实际上成了科举制的附庸。清末，中国古代官学被西方的学堂和学校教育所取代。

中国历史上还有许多专科学校。东汉末年创立的鸿都门学，南朝的史学、儒学、玄学，唐宋明三代分别创办的书学、算学、律学、医学、画学、武学等，都属于培养某种专门人才而设立的专门学校。此外，还有研究科学、玄学的专门学校以及各种各样的短期学校。哲学学校在中央官学系统中，既不是高等学府，又不属于专科学校，而是君王或执政大臣临时开设、时间短促、无制度系统的学校，故称为短期学校。如宋代的外学（又名辟雍）、广文馆、四门学等都属这类短期学校。

中国古代的地方官学是中国古代教育体系的重要组成部分。西汉景帝时文翁在蜀郡设学宫开始，武帝诏令天下郡国皆设学宫，汉平帝元始三年（公元3年）始建立了地方学校制度。按制度规定，郡国曰学，县、道、邑、侯国曰校，乡曰庠，聚曰序，学校名称由此而来。东汉出现了"学校如林，庠序盈门"的局面。

在古代中国社会中，私学是相对官学而存在的，在中国教育史上占有重要地位。古代私学教育产生于春秋时期，其中以孔子的私学规模最大、影响最深远。后来的书院也是实施藏书、教学与研究相结合的高等教育机构，大多是自筹经费，建造校舍。教学采取自学、共同讲习和教师指导相结合的形式进行。

稷下学宫

稷下学宫，是世界上最早的官办高等学府，也是中国最早的社会科学院、政府智库，是中华文化兴盛发展的典型代表。稷下学宫始建于齐桓公田午时期，位于齐国国都临淄（今山东省淄博市临淄区）稷门附近，故得名为"稷下学宫"。

稷下学宫是一所由官方举办、私家主持的特殊形式的高等学府。中国学术思想史上著名的"百家争鸣"，就是以齐国稷下学宫为中心的。它作为当时百家学术争鸣的中心园地，有力地促成了天下学术争鸣局面的形成。在此期间，各种学术著作相继问世。由于不少人是善于把学术和政治结合起来游说当权者的能手，故在宣王时受上大夫称号的稷下士多达76人。

稷下学宫在兴盛时期，几乎容纳了当时"诸子百家"中的各个学派，其中主要的如道、儒、法、名、兵、农、阴阳、轻重诸家，汇集天下贤士多达千人左右，其中著名的学者有孟子、淳于髡、邹衍、慎子、申子、荀子等。尤其是荀子，曾经三次担任学宫的"祭酒"（学宫之长）。

稷下学宫形成的稷下学术精神，主要表现为：关注现实、明道救世的务实精神；兼容并包、相互交融的自由精神；彰显个性、实现价值的主体精神；以人为本、重视民生的民本精神；尊道贵德、礼法并重的和谐精神等。

国子监

国子监，中国古代最高学府和教育管理机构。晋武帝司马炎始设国子学，至隋炀帝时，改为国子监。

唐宋时期，国子监作为国家教育管理机构，统辖其下设的国子学、太学、四门学等，各学皆立博士，设祭酒一人负责管理。元代初设国子监，下辖国子学，设置祭酒、司业，掌管教令等。明清两代，国子监兼有国家教育管理机构和最高学府的双重性质。明代国子监规模宏大，分南、北两监，各设在南京与北京。清沿袭明制，国子监总管全国各类官学，设置管理监事大臣一员；祭酒满、汉各一员；司业满、蒙、汉各一员。另外还设监丞、博士、典簿、典籍等学官。古代在国子监读书的学生称为"监生"。国子监不仅接纳全国各族学生，还接待外国留学生，为培养国内各民族人才、促进中外文化交流都起到积极作用。

北京国子监

古代博士

　　中国古代博士的称谓,有几种含义。作为官名,最早出现在战国时期,职能是负责保管文献档案,编撰著述,传授学问,培养人才。据《汉书·百官公卿表上》记载:"博士,秦官,掌通古今。"如秦博士伏生学问高深,尤精《尚书》;西汉贾谊,20岁博通诸子百家之言,被文帝召为博士;汉朝大儒董仲舒,由于学识渊博,被景帝举为博士。秦代至汉代,博士的职责主要是掌管图书,以备顾问。魏晋以后,常任用精于礼仪的人为太常博士;任用通晓音律的人为太乐博士;任用精通医术的人为医药博士;任用精通天文、星历、卜筮之术的人为天文博士等。

　　对于博士的选用,西汉和东汉以前采取征拜和荐举的办法,而且有一定的标准,须是"明于古今,温故知新,通达国体"的人。到了东汉,任博士还须经过考试,只有精通《易》《书》《论语》等经典的人,方能被荐为博士。

爱晚亭,清代岳麓书院山长罗典创建

书院

书院起源于唐朝，兴盛于宋朝，是中国古代教育史、学术史上具有重要地位的教育组织形式。书院教育有着千年之久的办学历史，形成了一整套独特的办学形式、管理制度、教授方法，推动了传统私学趋于成熟和完善，是一种高级形态的封建制度化的私学。

唐开元年间设立的丽正书院（后改称为集贤殿书院），虽是宫廷图书馆而不是教育机构，但它却是"书院"名称之始。继此之后出现的一些私人创办的书院，大多是士大夫个人读书治学的场所。其中有几所如皇寮书院、梧桐书院、松竹书院、东佳书院等，已有讲学活动的记载，标志着以书院命名的教育机构的初步形成。两宋时期中国书院蓬勃发展，共有书院397所，由于书院受到官方支持，几乎达到了能够补充或代替官学的地步。北宋书院最显著的标志就是出现了一批全国著名的私人创办的书院。北宋书院遍布全国各地，其中著名的有岳麓书院、白鹿洞书院、应天书院、嵩阳书院等。南宋书院的重要标志是书院与理学的结合，书院作为一种制度化的私学终于成熟和完善起来。

元朝是书院建设的繁荣时期，共有书院227所，历来有"书院之设，莫盛于元"之说。其原因有二：一是元朝政府的奖励政策；二是元统一后很多儒士不愿到朝廷任官职，而退居山林建立书院，自由讲学。但也使得大量私办书院朝着官学化方向转化。当时的书院有三大功能，即讲学、藏书、祭祀。书院有分科制度、分斋教学制度、课程规定、考课制度等一套教学管理制度。

书院不同于一般学校的特色在于：自由讲学，学术研究和教学活动相结合，注重自学、问难论疑以及读书指导，提倡学术创见，可以著述，建立学派；强调德育目标，反对为科举而学，反对死守章句陈说；开门办学，兼收各家之长。

科举制度

科举制度是古代中国以及受中国影响的日本、朝鲜、越南等国家通过考试选拔官吏的制度。中国科举制度从隋大业元年（605）开创至清光绪三十一年（1905）废除，前后经历1200余年。

科举制度的主要考试都是定期举行的。创立科举制度之初，隋朝采用设科考试的方式选拔官员，因系分科取士，故称"科举"。唐朝与宋初每年举行一次科举考试，宋太宗之后改为每一年或二年举行一次。科举考试通常分为地方上的乡试、中央的省试与殿试。唐朝科举考试有多种科目，考试内容有时务策、帖经、杂文等。宋朝科举考试有进士、明经科目，考试内容有帖经、墨义、诗赋以及论策等。明清科举改为考八股文。

科举制度是中国封建时代所能采取的最公平的人才选拔形式，它扩展了封建国家引进人才的社会层面，吸收了大量出身中下层的人士进入统治阶级。特别是唐宋时期，科举制度之初，显示出生机勃勃的进步性，形成了中国古代文化发展的一个黄金时代。

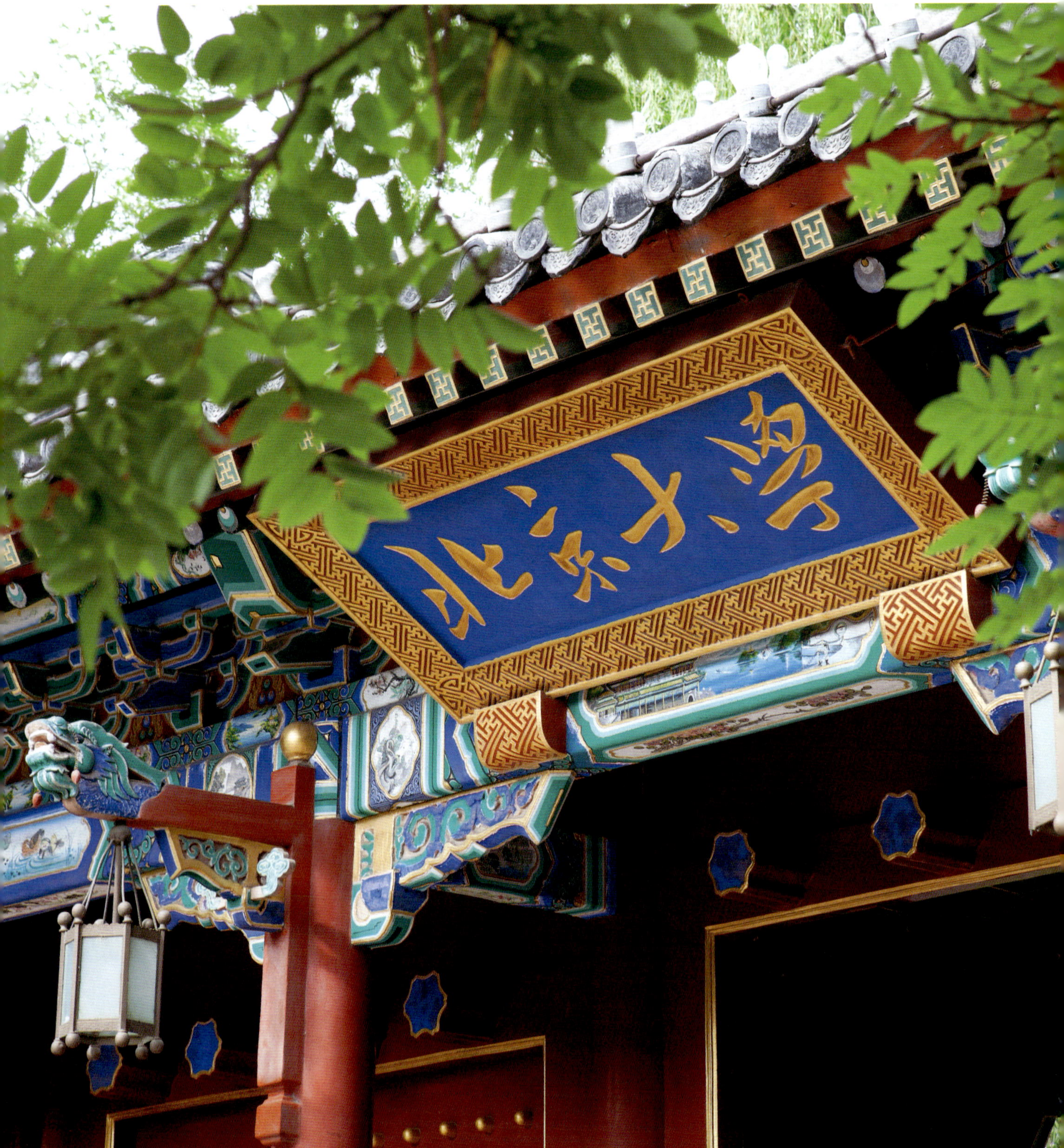
北京大学

状元

中国古代科举考试以名列第一者为"元",乡试第一称"解元",会试第一称"会元",殿试第一称"状元"。凡是习举业的读书人,不管年龄大小,在考取生员(秀才)资格之前,经过第一次童子试后都称为童生或儒童。之后以童生身份参加第二次考试——院试,通过院试的童生都被称为"生员",俗称"秀才",算是有了"功名"。秀才分三等,成绩最好的称"廪生",由公家按月发给粮食;其次称"增生",不供给粮食,"廪生"和"增生"是有一定名额的;三是"附生",即才入学的附学生员。第三次考试叫乡试,只有获得秀才资格才可以参加,所有通过乡试的叫举人。第四次考试叫会试,由有举人功名的人参加,通过会试的称为贡士,即进贡给天子的士子。由皇帝亲自主持的考试叫殿试,通过殿试的叫进士,进士里边的第三名是探花,第二名是榜眼,第一名是状元。

中国科举史上,曾经涌现了数以百万计的举人和十多万名进士,而作为这个庞大知识分子群体之巅峰的状元郎,则是屈指可数。据考证,自唐高祖武德五年(622)的第一位科举状元孙伏伽(河北故城县人)开始,到清光绪三十年(1904)最后一位状元刘春霖(河北肃宁县人)止,科考的榜数为745榜,加上其他短期政权选考的状元以及各代的武状元,中国历史上总计可考的文武状元近800人。较为年轻的状元是唐高宗显庆元年(656)的苏瓌和咸亨四年(673)的郭元振,当时年龄都不满18岁;年龄最大的状元是唐代的尹枢,他一生参考几十次,直到70多岁才中了状元。中国历史上很少出现过真正意义上的女状元,只有清朝太平天国时期,20岁的女子傅善祥,参加太平天国组织的科举考试而成为女状元。历史上的许多状元都成了杰出人才。如唐代,姓名可考的状元147人,其中就有5位宰相、8位尚书一级的官员。而清代,114名状元中,官位累至一品尚书层次的多达20人。

现代教育

现阶段,中国实行九年义务教育制度。还有幼儿园等学龄前教育,普通高中教育和中等职业教育,大专和本科以上的研究生教育,以及各种形式的继续教育。近年来,民办学校加快发展,满足了大批中国人不同的受教育需求。

从1989年起,中国启动了希望工程,通过来自国家与社会的资助,在贫困地区建设希望小学,改善办学条件。从2007年开始,国家免除了农村义务教育阶段学生的学杂费,并向农村义务教育阶段学生免费提供教科书。近年来,中国农村的中小学现代远程教育工程得以全面实施,中西部地区农村的初中普遍有了计算机教室,边远农村小学配备了卫星教学接收设备、教学光盘播放设备和成套的教学光盘。

高考,是高中毕业生进入大学校园必须经过的一次全国性考试。中国的大学分为本科学校和专科学校。近年来,中国高学历人数不断增长,硕士及硕士以上更高学位的在校生持续增多。在高等教育阶段,国家实施助学奖学金制度、勤工助学制度、特殊困难补助制度、学费减免制度、国家助学贷款制度等,有效地保证了家庭经济困难的学生顺利完成学业。

北京大学

07

中医

柒

中医 /

即使是不太了解中国的外国人,也大都听说过中医。因为,中医不仅是古代中国防病治病的医学财富,

而且一直应用到今天。中医与西医有着完全不同的理论和实践,几千年来越来越系统全面地被应用于人们的日常生活中,并不断地走向世界。

中医的奥秘

中医的奥秘，很大程度上应归功于中医理论。中医理论完全不同于西医理论，使许多外国人感到中医极其神秘，难以理解。其实，只要理解了"天人合一"的哲学思想以及中医的若干基本概念，中医理论不仅是容易理解的，还是非常实用的。

中医产生于原始社会，春秋战国时已基本形成，出现了解剖和医学分科，已经采用望闻问切四诊，治疗方法有砭石、针刺、汤药、艾灸、导引等。西汉时期，开始用阴阳五行解释人体生理，出现了"医工"等称谓。东汉著名医学家张仲景已经对"八纲"（阴阳、表里、虚实、寒热）有所认识，总结了"八法"。华佗则以精通外科手术和麻醉名闻天下。唐代孙思邈总结前人的理论和经验，收集 5000 多个药方，被人尊为"药王"。唐朝以后，中国医学理论和著作大量外传高丽、日本、中亚、西亚等地。两宋时期，整理了中国针灸穴位，出版《图经》。在明朝后期成书的李时珍的《本草纲目》是中药药理学最高成就的标志。

中医将人体看成气、形、神的统一体，通过望、闻、问、切四种诊断方法，使用中药、针灸、推拿、按摩、拔罐、气功、食疗等多种治疗手段，使人体达到阴阳调和而康复。中医理论在哲学上以天人合一的整体理念为基础，在实践中辅以辨证论治方法，再用相似论（分形观）的观点扩展其使用范围。中医理论的学说主要包括：阴阳五行学说，脏象学说，气血精津液学说，养生学说以及经络学说等。

经络

按照中医理论，经络是运行气血、联络脏腑和体表及全身各部的通道，是人体功能的调控系统。经络学也是人体针灸和按摩的基础，其在 2000 多年的医学长河中，一直是中医理论的重要组成部分。

十二经脉是经络系统的核心，具有表里经脉相合，与相应脏腑络属的主要特征。包括手三阴经（手太阴肺经、手厥阴心包经、手少阴心经）、手三阳经（手阳明大肠经、手少阳三焦经、手太阳小肠经）、足三阴经（足太阴脾经、足厥阴肝经、足少阴肾经）、足三阳经（足阳明胃经、足少阳胆经、足太阳膀胱经）。

现代经络理论认为，以经络细胞群为主体的经络，能比较自然地解释许多"简单"的经络现象，并得到了一些现代科学证明。

中药材

中医艾灸

气

在中国，"气"既是重要的哲学概念，也是重要的医学概念。王充在《论衡》中写道："天地气合，万物自生。"中医学的气学说，是研究人体之气的生成、分布、功能，及其与脏腑、精、血、津液之间关系的系统理论。气分阴阳，提示质与能的统一，以及万物由气所化的原理。对于人体，则表示生命的维持全赖于气，它是一切组织活动的营养所系，如精气、津气、水谷之气、呼吸之气等，又是一切组织器官的机能活力，如脏腑之气、经络之气等。在生理上，气为阳，强调机能方面。故在病机上，气亢指机能过盛的火热之症；气虚即为机能衰退、阴寒弥漫之症；气的障碍则为气郁、气逆或变生闭厥瘀滞诸症。

通俗地讲，气就是人体内活力运行不息的极精微物质，是构成人体和维持人体生命活动的基本物质。气的运动停止，则意味着生命的终止。气概念自然受到古代哲学气学说的渗透和影响。中医学中，气概念的形成，一方面可能源于古人对人体生命现象的观察，如呼吸时气的出入等；另一方面，源于古人在气功锻炼中体悟到的气在体内的流动。

中医的阴阳

阴阳学说是古代中国人民创造的一种哲学思想，它渗透在中医学的各个方面。阴阳学说早在夏朝就已形成，其认为阴阳两种相反的气是天地万物源泉。阴阳相合，万物生长。阴阳的内涵互相否定，阴阳的外延互相排斥，又互相补充。

中医学虽然复杂，但都可以用阴阳来概括，故《黄帝内经》说："人生有形，不离阴阳。"正常的生理活动，全依靠人体内的"阳气""阴气"保持协调，如果阴阳失调，发生阴阳偏盛偏衰现象，就会生病。因此，正确的诊断，首先要分清阴阳。"治病必求于本"，这个"本"，就是阴阳。

穴位

穴位，是中国文化和中医学特有的名词，主要指人体经络线上特殊的点区部位，中医可以通过针灸、推拿、点按、艾灸等刺激相应的经络点以治疗疾病。

早在2000多年以前，中国人就已经知道人体皮肤上有着许多特殊的感觉点。著名医典《黄帝内经》指出："气穴所发，各有处名"，并记载了160个穴位名称。晋代皇甫谧编纂了针灸专科的开山名作《针灸甲乙经》，对人体340个穴位的名称、别名、位置和主治一一论述。至宋代，王惟一重新厘定穴位，撰著《铜人腧穴针灸图经》，并且首创研铸专供针灸教学与考试用的两个针灸铜人。可见，中国很早以前就知道依据腧穴治病，并在长期实践过程中形成了腧穴学的完整理论体系。

腧穴学是研究腧穴的位置特点、主治作用及其基本理论的一门学科，是针灸专业的基础课程。腧穴是人体脏腑经络气血输注出入的特殊部位。现代中医结合腧穴的形态结构和针灸效应等进行研究，使腧穴学的内容更为丰富。

现代生理学研究表明，穴道是人类及动物共有的电位最高的皮下电场区，是神经主干和神经末梢经过的地方。这部分破坏或者坏死，以及外力破坏及阻碍，都会引起麻、胀、痒、痛、酸等症状，甚至可能导致残疾、衰竭、窒息及死亡等。

通则不痛

"通则不痛，痛则不通"的思想源自中医经典《黄帝内经·素问·举痛论》，意思是人身经脉中的气血，是周流全身、循环不息的，一旦寒气侵入经脉，经血就会凝滞不通，脉气不畅通，就会突然作痛，这是通调气机以及通调经脉的基本认识。因此，在治理方面，用药、针灸、按摩等促使局部或者全身的血气运行，疼痛处得到了新鲜血液的补充，疼痛就会减缓。若血气时常充盈，久之则病自去。

中药

　　中药，主要来源于天然药物及其加工品，包括植物中药、动物中药、矿物中药及部分化学、生物制品类药物，中国传统医药理论指导其采集、炮制、制剂，并说明作用机理，指导临床应用。由于中药以植物药居多，故有"诸药以草为本"的说法。李时珍（1518—1593）的《本草纲目》，是对16世纪以前中医药学的系统总结，被誉为"东方药物巨典"。据统计，中药目前已达8000种左右。

　　天然药物之所以能够针对病情，是由于各种药物本身具有不同的特性和作用，前人将之称为药物的偏性。药物与疗效有关的性质和性能统称为药性，它包括药物发挥疗效的物质基础和治疗过程中所体现出来的作用，是药物性质与功能的高度概括。中医研究药性形成的机制及其运用规律的理论称为药性理论，其基本内容包括四气五味、升降浮沉、归经、有毒无毒、配伍、禁忌等。

食疗

　　食疗作为一种系统的治疗方法，在各医学体系中是独一无二的。食疗的实质是在中医理论指导下利用食物的特性来调节机体功能，使其获得健康或愈疾防病。通常认为，食物是为人体提供生长发育和健康生存所需的各种营养素的可食性物质。中医认为，人体的健康就在于各种物质和功能的平衡协调。因此，中医很早就认识到，食物不仅能提供营养，还能疗疾祛病。如近代医家张锡纯在《医学衷中参西录》中曾指出食物"病人服之，不但疗病，并可充饥"。

　　唐代四大名医之一孟诜（621—713），被誉为"世界食疗学的鼻祖"。孟诜的著作《食疗本草》是现存最早的食疗专著，集古代食疗之大成，与现代营养学的原理相一致，对中国和世界医学的发展作出了巨大贡献。

针灸

针灸是中医针法和灸法的总称。针灸是一种"内病外治"的医术,即通过经络、腧穴的传导作用,以及应用一定的操作方法,来治疗全身疾病。针法是指在中医理论的指导下,把针具(通常指毫针)按照一定的角度刺入患者体内,运用捻转与提插等针刺手法来对人体特定部位进行刺激,从而达到治疗疾病的目的。刺入点称为人体腧穴,简称穴位。根据最新针灸学统计,人体约有 361 个正经穴位。灸法是以预制的灸炷或艾草在体表一定的穴位上烧灼、熏熨,利用热的刺激来防治疾病。通常以艾草最为常用,故也称为艾灸,另有隔药灸、柳条灸、灯芯灸、桑枝灸等方法。如今人们生活中经常用到的多是艾条灸。

传说针灸起源于三皇五帝时期,相传伏羲发明了针灸。《帝王世纪》记载,伏羲"尝百药而制九针"。针灸一词,出自《黄帝内经·素问·病能论》:"有病颈痈者,或石治之,或针灸治之,而皆已……"针灸疗法千百年来,始终为中国人民所信赖。针灸作为东方医学的重要组成部分,在形成、应用和发展过程中,形成鲜明的中华民族文化与地域特征,是基于中华民族文化和科学传统诞生的宝贵遗产。

20 世纪 70 年代,中国向全世界公布了针刺麻醉的研究成果,西方医学界渐渐消除了对针灸的误解,一部分外国人还成为应用、研究与推广针灸的主要力量。世界卫生组织也发挥了重要的推动和引导作用,在一些国家设立针灸研究培训合作中心,支持并创建世界针灸学联合会,制定《经络穴位名称国际标准》《针灸临床研究规范》等。如今,在世界各国,已有 140 多个国家和地区开展针灸医疗,从事针灸的人数约 20 万—30 万人。

按摩

按摩，是以中医的脏腑、经络学说为理论基础，并结合西医的解剖和病理诊断，用手法作用于人体体表的特定部位以调节机体生理、病理状况，达到理疗目的的方法。从性质上来说，按摩是一种物理治疗方法，也是以人疗人的方法。从治疗上，可分为保健按摩、运动按摩和医疗按摩。

《史记》上记载，先秦时名医扁鹊，曾用按摩疗法治疗虢太子的尸厥症，距今已 2000 多年。按摩的好处很多：容易学习，操作简便，经济实用。有些病人使用按摩后，精神振奋；也可安静下来，起到镇静作用。由于按摩有利于血液循环和新陈代谢，对于一般慢性病或身体过度虚弱的患者，是比较安全可靠的方法。

近几十年来，西医学习中医，外国人开办中医学院，对中医事业的发展起到了推动作用。一些科研机构对推拿机理进行研究，取得了初步成绩。据了解，世界上很多国家都重视推拿这一传统疗法，有来自美、英、意大利、法、德、朝鲜、日本、泰国、马来西亚、印度、瑞典、西班牙等国家的大量人士来中国学习推拿医术，还有一些国家聘请中国专家出国开办学习班，这说明中国的推拿医术已受到世界的关注。

气功

气功，是一种中国传统的保健、养生、祛病的方法。它以呼吸的调整、身体活动的调整和意识的调整为手段，以强身健体、防病治病、健身延年、开发潜能为目的的一种身心锻炼方法。气功锻炼的实质是对形、气、神的锻炼和调控，使之三位一体，做到调身、调心、调息等。调心是调控心理活动，调息是调控呼吸运动，调身是调控身体的姿势和动作。气功的功法繁多，有以练呼吸为主的吐纳功；以练静为主的静功；以练动静结合为主的动功；以练意念导引为主的导引功、站桩功等。

气功主要是以极限腹式呼吸为基础的五脏六腑锻炼法。极限腹式呼吸方法如下：微张嘴巴向外均匀缓慢地吐气，同时让肚皮向背后收到极限，最后提肛保持至少 3 秒，闭上嘴巴放松自然吸气，让肚子胀出到极限，保持至少 3 秒，再次张嘴吐气循环往复，每次 100 次，同时把注意力集中在肚皮的吸与鼓的感受上。气功若长期坚持，受益无穷。

中国古代气功文献资料浩如烟海，在儒医、医家书籍中有大量气功文献记载。据文献考证，气功最早见于晋代《净明宗教录》。有关气功的内容在古代通常被称为吐纳、行气、布气、服气、导引、炼丹、修道、坐禅等。如果从现代行为医学的角度看，气功锻炼是对一种有利于心身健康的良性行为进行学习训练，最终以条件反射方式固定下来的行为疗法。

辨证论治

辨证论治，包括辨证和论治两个过程，是中医认识疾病和治疗疾病的基本原则，是中医学对疾病的一种特殊的研究和处理方法。所谓辨证，就是根据"望闻问切"收集的资料，通过分析、综合，辨清疾病的病因、性质、部位，以及邪正之间的关系，概括、判断病症。论治是根据辨证的结果，确定相应的治疗方法。

中医认为，同一疾病在不同的发展阶段，可以出现不同的证型；而不同的疾病在其发展过程中又可能出现同样的证型。因此在治疗疾病时就可以分别采取"同病异治"或"异病同治"的原则。这种针对疾病发展过程中不同质的矛盾用不同的方法去解决的原则，正是辨证论治实质的体现。

太极拳

治未病

"圣人不治已病治未病,不治已乱治未乱。"最早源自《黄帝内经》。"治未病"即采取相应的措施,防止疾病的发生发展,体现的是未病先防和既病防变的中医思想。

未病先防,重在养生,主要包括三个方面:法于自然之道,即顺应自然规律的发展变化,起居能顺应四时的变化;调理精神情志,即保持精神上清净安闲、无欲无求、心志闲舒、心情安宁,以清净愉悦为本务,以悠然自得为目的,真气深藏顺从,精神持守而不外散;保持阴平阳秘,即阴气和平、阳气周密,精神就会旺盛,如果阴阳离决而不相交,那么精气也就随之耗竭。

既病防变,就是已经生病了就要及时治疗,要能够预测疾病可能的发展方向,以防止疾病进一步进展。在中医理论基础中,脏腑之间有阴阳五行相生相克的关系,所以在疾病的发展传变中主要包括五行传变、表里内外的传变。

亚健康

亚健康是指人体介于健康与疾病之间的一种状态,包括无临床症状或症状感觉轻微,但已有潜在病理信息。亚健康虽然是现代医学的概念,但与中医及其理论有密切的联系。亚健康不仅意味着疾病可能到来,也反映当下的身心处于某种不良状态。亚健康可以使用中医方法调理,及早预防疾病的发生。世界卫生组织报告指出,世界上每 100 个人就有 75 个人处于亚健康状态。针对亚健康,西医目前没有好的调养方法,而中国人早在几千年前就意识到并探索了解决问题的方法,如用按摩、拔罐、刮痧等方法调理身体状态,还有导引、呼吸吐纳、太极等方法。

中医认为疲劳与五脏失调密切相关,如腰腿酸软多与肾相关,气短乏力多与肺相关,不耐劳多与肝相关,神疲多与心相关,肢体疲劳多与脾相关。因而治疗亚健康应以调节五脏为关键。

望闻问切

望闻问切是中医诊察疾病的四种方法。望是观察病人的发育情况、面色、舌苔、表情等;闻是听病人的说话声音、咳嗽、喘息;问是询问病人的病程和感受,以前所患过的疾病等;切是用手诊脉或按腹部有没有痞块,合称"四诊"。"四诊"最早出现于中医古典理论书籍《难经》。"四诊"已有几千年的历史,至今仍是中医诊断普遍采用的基本方法。

扁鹊

扁鹊是战国时期的名医。他十分重视疾病的预防，主张对疾病需要预先采取措施，把疾病消灭在萌而未发时，这样可以达到事半功倍的效果。在治疗方面，他能熟练运用综合治疗的方法。扁鹊是一位能兼治各科疾病的多面手，还能根据当地的需要，随俗为变地开展医疗活动。据记载，扁鹊还精于外科手术，应用了药物麻醉来进行手术。扁鹊奠定了中国传统医学诊断法的基础。司马迁称赞他说："扁鹊言医，为方者宗。守数精明，后世修序，弗能易也。"

华佗

华佗（约 145—208），东汉末年著名的医学家。经过数十年的医疗实践，他熟练地掌握养生、方药、针灸和手术等治疗手段，临证施治，诊断精确，方法简捷，疗效神速，被誉为"神医"。

华佗医术全面，尤其擅长外科，精于手术，并精通内、外、妇、儿、针灸各科。华佗也是中国古代医疗体育的创始人，他继承和发展了前人"圣人不治已病治未病"的预防理论，为年老体弱者编排了一套模仿猿、鹿、熊、虎、鸟等五种禽兽姿态的健身操——"五禽戏"。

宋慈

宋慈（1186—1249），南宋著名法医学家，中外法医界普遍认为是宋慈开创了"法医鉴定学"，因此尊其为世界法医学鼻祖。

宋慈曾任广东、湖南等地提点刑狱官，办案时注重实地检验。"大辟之狱，自检验始"，在"慎刑"的指导思想下，以有无犯罪事实作为定罪量刑的依据成为宋朝司法实践的准则，而犯罪事实又必须以充足的证据作为根据，是所谓"旁求证左，或有伪也；直取证验，斯为实也"。在这一历史背景中，宋慈于公元 1247 年撰有《洗冤集录》五卷，这是中国历史上第一部系统的法医学专著，也是世界上最早的法医学专著，对医学的发展有重大贡献。

中西医结合

中西医结合的概念于 1960 年基本形成，即将传统的中医中药的知识和方法与西医西药的知识和方法结合起来，在提高临床疗效的基础上，阐明机理进而获得新的医学认识。中西医结合也是中西医学的交叉领域，发轫于临床实践，之后逐渐演进为有明确发展目标和独特方法论的学术体系。

中医学是传统医学，而西医学是在西方传统医学与生物科学发展的基础上建立起来的近现代医学。值得注意的是，在中西医结合的疾病诊治中，要由一个医生同时进行中西医诊断，同时开中、西药，而不是看完一个西医后，又去看另一个中医。中国现阶段提倡中西医结合，它的精髓是在坚实掌握国际先进的诊断和治疗的基础上，再结合传统医学治疗，以期达到更好的效果。

08

书画与艺术

书画与艺术 /

中国历史悠久，文化辉煌，在艺术方面更是创造了丰富多样的瑰宝。从岩画、彩陶，

到青铜、雕塑、建筑、音乐、戏剧以及绘画等，无不誉满全球。尤其是中国的书法艺术，在世界上独一无二，写意画更是展现出中国文化的精华。

中国书法

中国书法，是汉字的书写艺术，也是世界上唯一以文字书写作为一种系统的艺术形式，传承发展了几千年。

书法特指以毛笔书写汉字的艺术。毛笔一般以动物毛为原料制作而成，其用笔可以产生疾徐、顿挫、顺逆、刚柔的笔法效果，墨色的浓淡、干湿创造出多样化的章法及结构形式，借以表达书法家的文化修养、品格情操。中国书法在数千年的演化过程中，形成了篆、隶、楷、草、行等主要书体。篆书是商、周时代通行的字体，大都刻铸书写在甲骨、青铜器、简帛上；秦代，小篆成为中国推行使用的统一字体，笔画匀称，圆润优美；隶书盛行于汉代，字体宽扁，蚕头燕尾，具有浓厚的装饰意趣；楷书在唐代发展至顶峰，字形方正、结构严整；草书盛行于晋唐，唐代的大草笔线连绵不断，大起大落如风驰电掣；行书介乎草书与楷书之间，形成于汉，成熟于两晋，书写简易、流畅。

历代书法家都以书法字体创造了各自不同的风格。东晋书法家王羲之使书法艺术大放异彩；唐代有虞世南、欧阳询、褚遂良、颜真卿、柳公权等书法大家；之后中国书法更是流派纷呈，充分展现出中国文化的博大精深和无限魅力。随着时代的发展，书法艺术不断演变，进入新的境界。

毛笔

毛笔，是中国传统书写的基本工具，也是传统绘画工具。

毛笔是古代中国人在生产实践中发明的，可以说是中华民族为世界艺术宝库贡献的一件珍宝。殷墟研究表明，3000多年前的商朝，中国人主要用毛笔写字。有充分的资料表明，商朝的日常书写并非像甲骨文那样的"刀笔文字"，而是与后世书写在竹简或木片上的文字一样。可惜由于书写材料不能长久保存，唯有刻在坚硬卜骨上的甲骨文保存了下来。如今用的毛笔，相传由秦朝监督修筑万里长城的将军蒙恬改良而成，被誉为"毛笔之乡"的河北衡水侯店和浙江湖州善琏，每逢农历三月初三都要纪念蒙恬创造毛笔。自元代以来，浙江省湖州市善琏镇生产的具有"尖、齐、圆、健"特点的"湖笔"成为全国最著名的毛笔品种。几千年以来，毛笔为创造中华民族光辉灿烂的文化、促进中华民族与世界各族的文化交流，作出了卓越贡献。

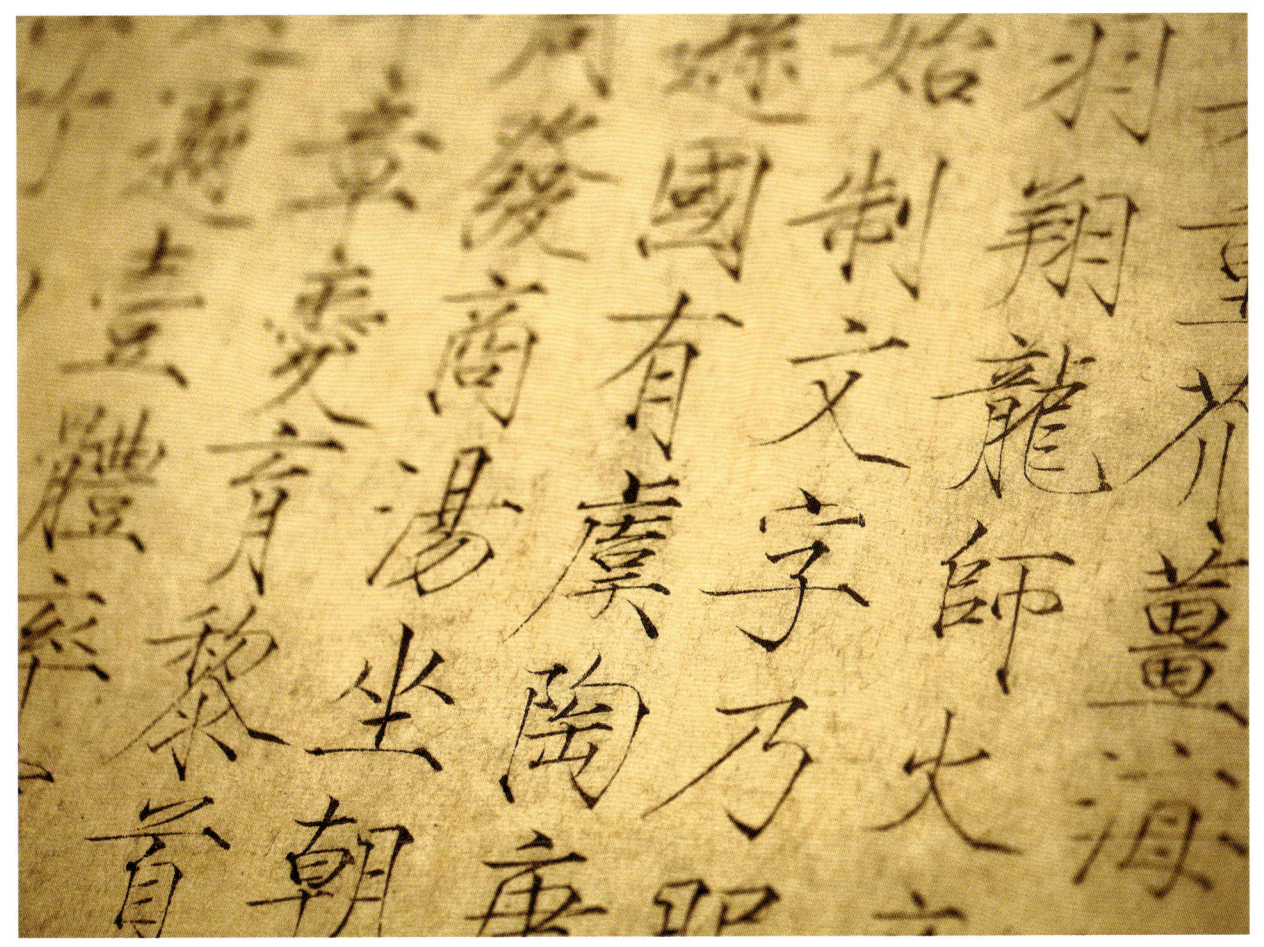

宋徽宗瘦金体书法藏品

书画同源

　　自古以来就有书画同源之说，意思是文字书写与绘画有着相同的渊源。中国的原始文字很早就出现了，新石器时代的文化艺术萌芽即已包括了语言、记号、文字、绘画、雕塑、音乐、舞蹈等项。中国已发现的成体系的文字是殷商时期的甲骨文，这是人类迈向文明历史进程中的重要标志，至今仍是书法家效法的重要书体。

　　中国文字与绘画有相通之处，二者在表现形式方面，尤其是在笔墨运用上具有许多共同的规律性，以书法融入绘画便显得十分自然。

甲骨文的书法美

甲骨文具有相对稳定的结构。具备书法的三个要素，即用笔、结字、章法。从字体的数量和结构方式来看，甲骨文已经是有严密系统的文字了。汉字的"六书"原则，在甲骨文中都有所体现。

从甲骨文字上看，线条严整瘦劲，曲直粗细均备，笔画多方折，对后世篆刻的用笔用刀有一定影响；从字体结构上看，文字有变化，虽大小不一，但比较均衡对称，还显示了稳定的格局；从章法上看，虽受骨片大小和形状的影响，仍表现出镌刻的技巧和书写的艺术特色。"甲骨书法"现今也在一些书法家和书法爱好者中流行。

书体

汉字的书体一般有篆、隶、草、行、楷五大类，每一大类中又可细分。

篆书分为大篆、小篆两类。大篆主要是指商、周时代的甲骨文、钟鼎文和六国古文字等。小篆专指秦统一中国后颁行的法定文字，流行于秦汉。因为篆书笔画复杂，写起来费事，于是把篆书笔画的圆转改为方折，逐渐演化出隶书。隶书形体时有变化和美化，结体平扁，笔画里边出现了波磔，形成了汉隶的基本形态。初期的草书，由篆书演化而来，名为"章草"，章草改变了横平竖直、笔笔间断的隶书写法，成为圆转牵连、粗细交替、形态检束的字体。草书中的狂草，刚健有力而又婉转自如，奔放流畅，一气呵成，是一种古典的浪漫艺术。行书是隶楷基础上的速写。行书兼具楷书的规矩和草书的流动，字体整饬，便于书写，应用极为广泛。楷书始于东汉，通行至今，可以认为是汉字的标准字体。

六书

六书，首见于《周礼》。汉代学者把汉字的构成和使用方式归纳成六种类型，总称"六书"。六书是最早的关于汉字构造的系统理论，有了六书系统以后，人们再造新字时，都以该系统为依据。之后学者把六书定名为指事、象形、形声、会意、转注、假借。东汉学者许慎给"六书"下的定义是：指事者，视而可识，察而见意，上下是也；象形者，画成其物，随体诘诎，日月是也；形声者，以事为名，取譬相成，江河是也；会意者，比类合谊，以见指撝，武信是也；转注者，建类一首，同意相受，考老是也；假借者，本无其字，依声托事，令长是也。

六书大约反映了战国末到汉代以及后世人们对汉字的结构和使用情况的认识，它是建立在小篆字体的基础上，是一个完善周密的条例，它对于汉字，特别是对古文字，能够予以充分说明，并对汉字的演化和发展起着重要的指导作用。因此，六书理论是中国文字学史上的一个伟大创见。

篆刻

篆刻是中国书法艺术中以篆书为主要书体，用于镌刻制作印章的一种艺术。印章在古代不仅是实用物品，更是一种重要的艺术品。印章于方寸之中、红白之间创造各种美的结构和形式，具有简约和古雅之美。篆刻最早的应用是作为代表权力和凭证的古玺印，明中叶以后发展成独立的艺术式样，并形成了各种风格流派，如明代的吴门派和徽派，清代的皖派和西泠八家的浙派等。

碑与帖

碑帖包含了碑与帖这两个不同的概念。从广义来说，碑泛指多种形制的石刻文字，是除刻帖外一切刻有文字的石刻的总称；而古人把书写在丝织品上的字迹，称之为帖。后来帖的范围逐渐扩大，一般泛指笔札，其中包括书信及其小件帛书和纸书。后世为保存和推广流传，以手札、散绢、另纸等为底本选摹上石，然后拓制成片或据片裁订本，这种整理出来的东西，统称为帖。

一般语境下的碑帖合称，是指将湿的纸张置于金石或其他质地刻物之上，经过捶拓、施墨等工序，影显出文字、图案的独特的艺术品，又称拓本或拓片。

碑帖是一种既有历史文化内涵，又具艺术品位和加工工艺的艺术品。中国的历代碑帖是一座宝库，其内容涉及政治经济、宗教哲学、风俗民情、文学艺术，可与史籍互相补证。现存于故宫的秦石鼓是中国现存最早的一组石刻文字。碑帖留下了自古至今无数名家的书迹，呈现出各种字体，各家流派的书法风格，实为中国书法之渊薮。

印章

文房四宝

文房四宝，即笔墨纸砚，是进行书法和绘画等艺术创作所必需的工具和材料。文房四宝之名，起源于南北朝时期。历史上，文房四宝的所指屡有变化。福建省福州市茶园山发现的南宋许峻墓中，曾发现了整套文房四宝用品被随葬的现象。河北张家口的辽代壁画墓群的壁画中，也有不止一幅迄今所见最早将笔、墨、纸、砚同绘于一处的文房四宝图画。

毛笔，是中国独具特色的书写、绘画工具。墨，是书写、绘画的色料。唐代制墨名匠奚超、奚廷珪父子制的"李墨"，受南唐后主李煜的赏识。宋时"李墨"的产地歙县改名徽州，"李墨"改名为"徽墨"。纸，是中国古代的四大发明之一，世界上纸的品种虽以千万计，但宣纸仍然是供毛笔书画用的独特的手工纸，有"纸寿千年"的美誉。砚，是书写、绘画时研磨色料的工具。汉代时砚已流行，宋代已普遍使用，明清出现了被人们称为"四大名砚"的洮砚、端砚、歙砚和澄泥砚。

毛笔

中国绘画艺术

中国绘画的缘起，可追溯到新石器时代。那些刻在岩壁和兽骨上的花纹、描绘在陶器上的纹样、画在地面和墙壁上的人和动物的形状等，虽然粗犷、稚拙，但已具备了在平面空间展示形象的基本能力，可视为中国最早的绘画艺术。据记载，周代已有历史人物的画像，春秋时期已有大型壁画。从出土的青铜器纹饰、漆器彩绘和楚墓帛画可以看出，在春秋战国时期以线造型的特色已初步形成。秦汉时期的绘画艺术已十分发达，既有壁画又有肖像画，既有历史画又有神怪画。魏晋南北朝时期，佛教壁画空前兴盛，其中敦煌莫高窟的壁画数量最多也最精彩。卷轴画的出现，标志着中国绘画进入了一个新的更加自觉的理性阶段。人物画趋于成熟。与此同时，出现了最早的山水画，并产生了中国最早的画论。佛教的盛行，为画家们提供了施展创作才能的物质条件和观赏群，大大提高了绘画艺术水平。五代两宋时期的绘画艺术，登上中国古代绘画的顶峰。世俗生活和山水、花鸟成为画家们更加喜欢的题材，绘画的教化功能逐渐减弱，审美、寄情和娱悦功能则被空前看重。尤其是文人画家的涌现，使绘画向诗歌汲取营养，更加注重诗情意境的表现。元代知识分子的特殊境遇和文人画思潮的扩大，使绘画产生了时代性的转折与变异。元画以卷轴为主，且多用纸，遂使笔法空前丰富，更能表现物象的多种质感和艺术家的细腻感受。

明代山水画坛画派林立，进一步发展了中国传统绘画的形式风格。明中叶以后，形成一股雅俗合流的势力。清初出现了一大批杰出画家，塑造了中国绘画史上的又一个高峰。扬州画派和清末海上画派的出现，使清代中晚期画坛大放异彩。辛亥革命以后，在西方文化的冲击与影响下，中国的绘画在观念与价值取向上都面临着多种选择，为人生而艺术、把绘画创作与现实需要紧密结合的大趋势成为主要流向，写实绘画渐居首位。

北宋宋徽宗赵佶《瑞鹤图》

明代徐渭《墨葡萄图》

似与不似

似与不似，是著名画家齐白石总结的中国写意画绘画理论。齐白石有句名言："作画妙在似与不似之间，太似为媚俗，不似为欺世。"这句话不仅道出了作画的道理，也道出了绘画艺术的真谛。其实，无论是作西画，还是作国画、作音乐、作文学，一个"似与不似"都将艺术精髓一言囊括。难怪毕加索说："真正的艺术在东方。"

"似与不似"是中国艺术中极为重要的美学对偶范畴，其理论源头可以追溯到魏晋南北朝时期顾恺之提出的"形神论"中的"以形写神"理念，在长期的历史发展中又演绎出若干关于造型方法的具体法则。其基本要义为：在从客观对象中提取艺术形象时，着眼于客观对象的内在神韵与创作主体感受间的高度契合，在追求艺术真实的同时，并不偏废客观对象的典型特征，从而形成似与不似兼而有度的意象造型。这一理论规定着中国艺术上千年的基本形态，并赋予其长久不衰的生命力。齐白石明确地将"妙在似与不似之间"作为自己的艺术主张，在创造性地延续传统写意精神的同时，丰富并发展了中国绘画的形式语言，并独抒性灵，为中国画的现代转型注入了新的文化意涵和审美意趣。

写意画

写意画，也称为水墨画，是中国绘画的典型代表。在中国写意画中，意境被视作画的灵魂。用毛笔、墨以及颜料，在宣纸或绢上，不注重形似，绘出内涵丰富的"意象世界"。写意画重在呈现画家的心灵，即意，强调体现超凡脱俗的心灵境界。因此，其造型往往不谨守透视的原则，而是追求神似，超越形似。

写意画充分体现了中国文化和审美趣味。人物画、山水画和花鸟画均为传统写意绘画的重要画种，历代均有各类画种的传世之作。尤其是 10 世纪到 14 世纪，画家进一步发展水墨技法，出现许多写意画大师。中国传统绘画作品一般都有题诗或题字，并

上：清代张熊绘山水扇面
下：清代查士标《洗砚图》

盖上印章，诗、书、印、画因而汇合成一个艺术整体，美学内涵丰厚。

中国的写意画，在文艺复兴时期通过瓷器载体大量传播到欧洲，曾形成"中国风"。当代中国绘画相当活跃，中国画每年都走出国门，到世界各地展览。除中国画外，油画、版画、水彩画等西洋绘画在中国也得到发展。部分画家将国画与西画技法糅合在一起进行创作，使画坛呈现出风格多样的艺术作品。

大写意

　　大写意是中国写意绘画发展到一定程度以后才出现的，它是相对于小写意而言的。所谓的小写意，就是指写意画中更倾向于以水墨画法写物象之实的早期传统画法；大写意，则更倾向于以水墨画法表现画家的主观感情，继承的是宋元的文人墨戏传统，也就是说具有更多表现主义的艺术趣味。正是追求画家主观情感的艺术趣味，在中国画领域中催生了粗笔水墨，也即今人所谓的大写意的技法。大写意画风在技巧上体现为用书法线条配合笔以简逸的表现手法来表现对象，作画时首重趣味，注重用线的书法味和墨色的多变性。大写意画既是高度自我的艺术，又是高度忘我的艺术。在用笔技法上，大写意画以草书入画，体现了中国人独特的造型观和境界观。早在唐代就有以泼墨著称的画家王洽，到了南宋出现了写意画大家梁楷，开了元明清写意人物画的先河，北宋山水画丰富了中国山水画的笔墨，揭开了写意山水的序幕。在水墨大写意花卉画方面，徐渭的创造性贡献尤为突出。明朝以后，这种写意的美学主张已逐渐发展成熟为绘画史上的大写意画派，使写意画进入了有意识地追求大写意画这一独特的境界，为写意画艺术的发扬光大开辟了广阔的发展空间。

文人画

　　文人画，也称"士大夫写意画"，泛指中国古代文人、士大夫的绘画，以别于民间和宫廷画院的绘画。文人画作者一般回避社会现实，多取材于山水、花木，以抒发个人性灵，间亦寓有对民族压迫或腐朽政治的愤懑之情，标榜"士气""逸品"，讲求笔墨情趣，脱略形似，强调神韵，并重视书法、文学等修养及画中意境之表达。文人画也是对传统美育思想及水墨、写意等技法的发展。近代陈师曾认为："文人画有四个要素：人品、学问、才情和思想，具此四者，乃能完善。"

　　中国文人画，始于唐代著名诗人及画家王维，兴盛于宋元。在宋元 400 多年里，文人思想的蓬勃，突破了汉唐烦琐训诂的束缚，呈现出游心物外、不拘格律的新思潮，这种思潮表现得最显著且辉煌的，莫过于绘画，因而称宋元为文人画的黄金时代。文人画与一般的画家画、院体画、禅画，甚或政教宣传画都不相同，是文人雅士们的心灵事业，借绘画以抒泄文人们胸中之逸气，并不求工整与形似，也不讲目的与价值，只是随兴所至，表之笔情墨趣，写写文人墨客的心府灵境。也就因为具有文心、诗情、画意，才得命名为文人画。由此可知，文人画不在于工整细致，不在于形似甜美，而在于画里画外的那股妙趣，达到所谓"妙不可言"之境地。陈师曾写道："画中带有文人之性质，含有文人之趣味，不在画中考究艺术上之工夫，必须于画外看出许多文人之感想，此之所谓文人画。"

北宋范宽《溪山行旅图》

水墨画

水墨画被视为中国传统绘画，也就是国画的代表。水墨画是由水和墨调配成不同深浅的墨色所作的画，是绘画的一种形式，有时也称国画。水墨是国画的起源，以笔墨运用的技法基础画成水墨画。主要技法包括：线条中锋笔，侧锋笔，顺锋和逆锋，点染，擦，破墨，泼墨等。水墨画讲究墨与水的变化，墨分五色，即浓墨、淡墨、干墨、湿墨、焦墨等，画出不同浓淡（黑、白、灰）层次，别有一番韵味，称为"墨韵"。"墨即是色"，指墨的浓淡变化就是色的层次变化。唐宋人画山水多湿笔，出现"水晕墨章"之效；元人始用干笔，墨色更多变化，有"如兼五彩"的艺术效果。最基本的水墨画，仅有水与墨，黑与白色，但进阶的水墨画，也有工笔花鸟画，可以色彩缤纷，后者有时也被称为彩墨画。

梅兰竹菊四君子

中国古代画家非常喜欢画梅、兰、竹、菊，因为这些花木被视为高洁品格的象征，其品质分别是：傲、幽、坚、淡。清代中期画家郑板桥，善画竹，他的《墨竹图》，几竿修竹，峻石少许，呈现了画家孤高潇洒的内心世界。梅、兰、竹、菊是中国人感物喻志的象征，也是咏物诗和文人画中最常见的题材，正是根源于对这种审美人格境界的神往，将它们称为"花中四君子"：

梅：探波傲雪，剪雪裁冰，一身傲骨，是为高洁志士；
兰：空谷幽放，孤芳自赏，香雅怡情，是为世上贤达；
竹：筛风弄月，潇洒一生，清雅澹泊，是为谦谦君子；
菊：凌霜飘逸，特立独行，不趋炎势，是为世外隐士。

岁寒三友

"岁寒三友"，出自宋代林景熙的《王云梅舍记》，是指松、竹、梅三种独特的冬季花木。松与竹经冬不凋，梅花耐寒开放，因此有"岁寒三友"之称。"岁寒三友"是中国许多写意绘画和诗歌的题材。过去结婚时，通常在大门左右贴上"缘竹生笋，梅结红实"的对联，是因"笋"与子孙的"孙"字音相似。还有将松、竹、梅围成团状，以简洁的线条代表松、竹、梅，构成图案，寓意吉祥。

彩陶艺术

中国是世界上最早出现彩陶文化的国家，在距今 1 万年左右就出现了世界上最早的彩陶；距今 8000 年前后分成东西两个艺术传统；距今 6000 年以后彼此交融，蔚然大观，形成以彩陶为代表的中国文化圈；距今 5000 多年以后开始与中亚地区交流，出现丝绸之路前的"彩陶之路"。

距今 7000 年左右的半坡文化时期，陶上便出现了彩绘。在公元前 5000 年的西安半坡村的仰韶文化遗址中，发现了很多精美的彩陶。彩陶的器型基本上都是日常生活用品，常见的有盆、瓶、罐、瓮、釜、鼎等。彩陶记载着人类文明初始期的经济生活、宗教文化等方面的信息，陶上作品相对纸本更具张力，彩陶艺术中融合了艺术家的各种创作思想、风格、语言，创作出风格各异而又多姿多彩的艺术珍品，是中国农业文化的象征，也是早期中国精神的重要载体。

诗词的国度

中国是一个诗歌的国度。孔子编订的中国古代文化经典中，《诗经》占有重要的位置，表明早在 3000 年前，中国就有了成熟丰富的诗歌文学形式，并且在宫廷和民间都已经广为流传。诗歌也是中国最早的文学文体。屈原是中国先秦时期著名的楚国诗人，他不仅开创了浪漫主义诗歌的"骚体"风格，而且他诗中所反映的强烈的爱国主义情操，影响至深。唐朝是中国古典诗歌的全盛时期。唐代国力强盛，文化上更加开放包容，出现了诗歌的大繁荣，既有李白这样杰出的浪漫主义诗人，也出现杜甫这位关怀现实的伟大诗人。如果说杜甫的诗歌体现了儒家"仁"的内涵，李白的诗歌则充满了道家寻求自由超脱的精神境界。到了宋朝，中国出现了词的繁荣。词的种类很多，由于可以配乐歌唱，所以也称曲子词；由于句子长短不齐，也被称为长短句。苏轼、李清照、辛弃疾等著名词人，给后人留下了无数名篇。

对联

对联，是中国特有的一种文学体裁，在形式上与诗词有较多的相似之处。对联一般写在纸、布或刻在竹子、木头、柱子上。对联的基本特点是对偶语句，上下两联要求言简意深，对仗工整，平仄协调，字数相同，结构相同，体现了汉语一字一音的独特的艺术优势，是中国传统文化瑰宝。对联的历史非常悠久，一般认为，对联起源于桃符，抑或春贴。中国古人在立春之日，多贴"宜春"二字，后渐渐发展为春联，是老百姓喜闻乐见的艺术形式，逢年过节家家户户都要贴春联，表达了中国劳动人民辟邪除灾、迎祥纳福的美好愿望。2005年，中国把楹联习俗列为第一批国家级非物质文化遗产。楹联习俗在华人乃至全球使用汉语的地区以及与汉语汉字有文化渊源的民族中传承、流播，对于弘扬中华民族文化有着重要价值。

礼乐

古代中国非常重视礼乐。礼就是指各种礼仪规范，乐则包括音乐和舞蹈。

礼乐的起源，与中国文明的演进几乎是同步的。有文字可考的礼乐始自夏商，到周朝初期周公"制礼作乐"形成了独有的礼乐文化体系，后经孔子和孟子承前启后，聚合前人的精髓，创建了以礼乐仁义为核心的儒学文化系统，从而得以传承发展，成为中国古代文明的重要组成部分。中华民族的礼乐文化，奠定了中国礼乐之邦的思想基础。中国古代的礼乐制度，还具有道德伦理上的教化作用，用以维护社会秩序上的人伦和谐。礼乐文明在数千年的中华文明发展史上产生了重大而深远的影响，至今仍有强大的生命力。

气韵生动

气韵生动，是欣赏中国画的一个核心概念，是南齐画论家谢赫提出的美学命题，也是中国古代绘画"六法"中最为重要的要素。气韵生动，意思是指绘画艺术作品应体现宇宙万物的气势和人的精神气质、风致韵度，达到自然生动，充分显示其生命力和感染力的美学境界。

气韵生动最早是谢赫在《古画品录》中提出："六法者何？一气韵生动是也……"谢赫的这一论述，在中国绘画理论的历史上具有重要地位，为后世中国画理论所普遍继承并加以发扬，反映了中国古典美学要求艺术家胸罗万有，思接千载，仰观宇宙，俯察品类，富于哲理。气韵生动直接引发了唐代美学中"境"的范畴。气韵生动也用在书法审美中，汉字以"天圆地方"为构形，"方"是汉字的外形，"圆"是文字的气韵。古人的"天动说"认为，大地不动，天在旋转。同理，气韵生动中，"气"是阳刚，"韵"为阴柔，这正是汉字阳刚与阴柔美相和谐的表现。

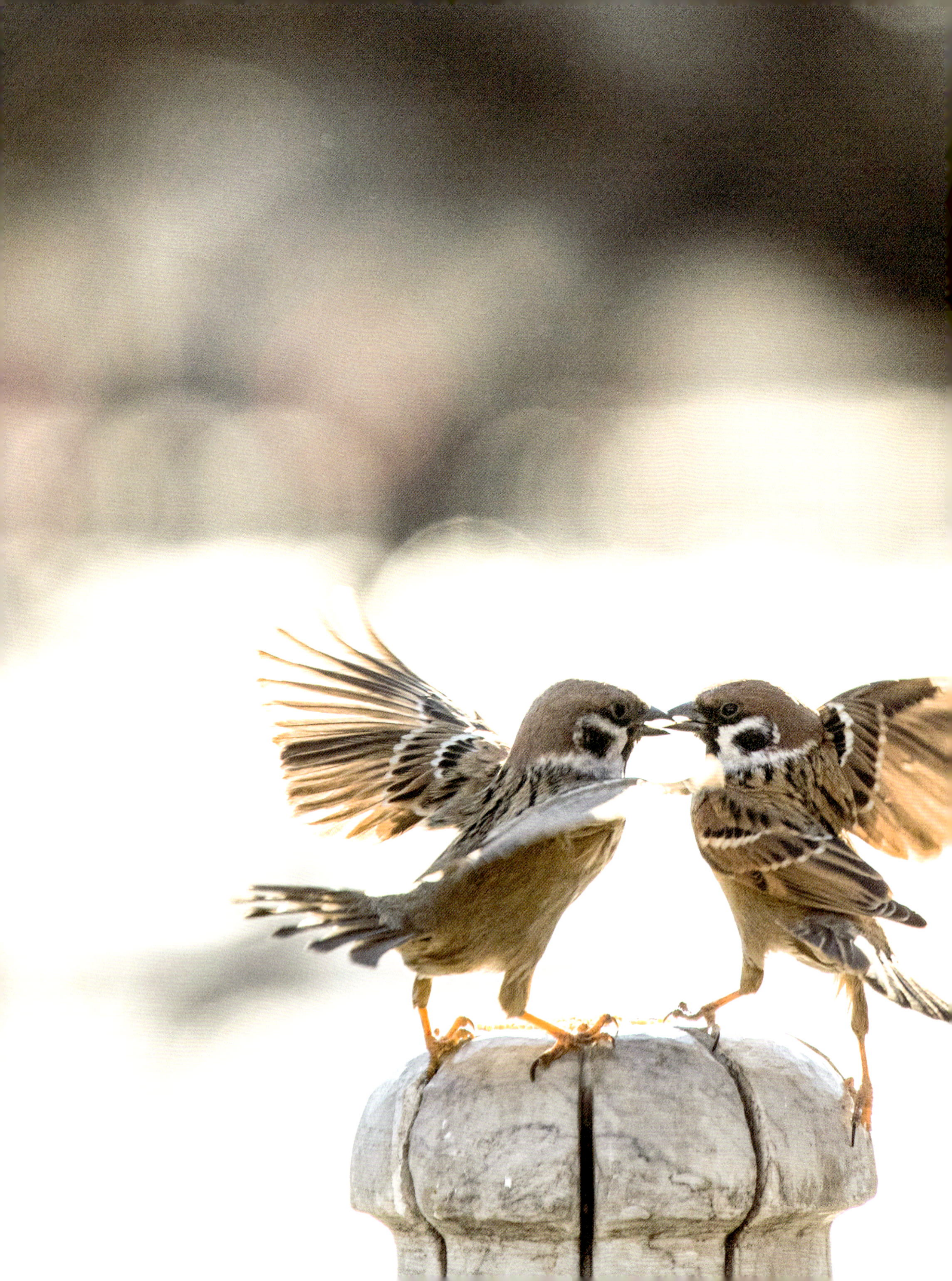

"雀"悦

漆器

中国漆器是中国古代在化学工艺及工艺美术方面的重要发明。漆器一般髹朱饰黑，或髹黑饰朱，以精美的图案在器物表面构成一个绮丽的彩色世界。

在 7000 多年以前，中国人的祖先就已经能制造漆器了。从新石器时代起，中国人就认识了漆的性能并用以制器。1978 年，在浙江余姚河姆渡文化遗址中发现了朱漆木碗和朱漆筒，经过化学方法和光谱分析，其涂料为天然漆。历经商周直至明清，中国的漆器工艺不断发展，达到了相当高的水平。

生漆是从漆树上割取的天然液汁，主要由漆酚、漆酶、树胶质及水分构成。用它作涂料，有耐潮、耐高温、耐腐蚀等特殊功能，又可以配制出不同色漆，光彩照人。中国漆器中用生漆涂在各种器物的表面上所制成的日常器具及工艺品、美术品等，不仅具有实用价值，更具有极大的美学价值。中国的戗金、描金等漆器工艺品，对日本等周边国家和地区都有深远的影响。

古琴

琴是中国古代文化地位最崇高的传统乐器，位列"琴棋书画"四艺之首。古琴，又称七弦琴，是传统拨弦乐器，有 3000 年以上的历史，属于八音中的丝。古琴音域宽广，音色深沉，余音悠远。伯牙、钟子期以"高山流水"而成知音的故事流传至今，他们相遇的地方——古琴台（位于湖北省武汉市汉阳区）被视为友谊的象征。

作为弹拨乐器的古琴，是中国民族乐器中历史最为久远的一种。古籍记载伏羲作琴，又有神农作琴、黄帝造琴、唐尧造琴等传说。舜定琴为五弦，内含五行；文王因于羑里，思念其子伯邑考，加弦一根，是为文弦；武王伐纣又增一弦，是为武弦，合称文武七弦琴。古琴有着丰富的艺术表现力，它有 100 多个泛音，大概是世界上拥有泛音最多的乐器，不论清微淡远还是刚烈粗粝，似乎不存在它不能表现的东西。中国古代文人学士对古琴有特别的偏好，与个人修身养性相联系，须臾不可离身。绝世清音的古琴成了高洁脱俗的化身，是人们陶冶情操、净化心灵的重要方式。

现存最早古琴谱是唐初手抄卷子《碣石调·幽兰》。据统计，目前现存琴曲 3360 多首、琴谱 130 多部、琴歌 300 首，主要流传于汉文化圈内的国家和地区，如中国、朝鲜、日本和东南亚地区，另外欧洲、美洲也有琴人组织的琴社。2003 年，中国的古琴艺术被列为世界非物质文化遗产代表作。

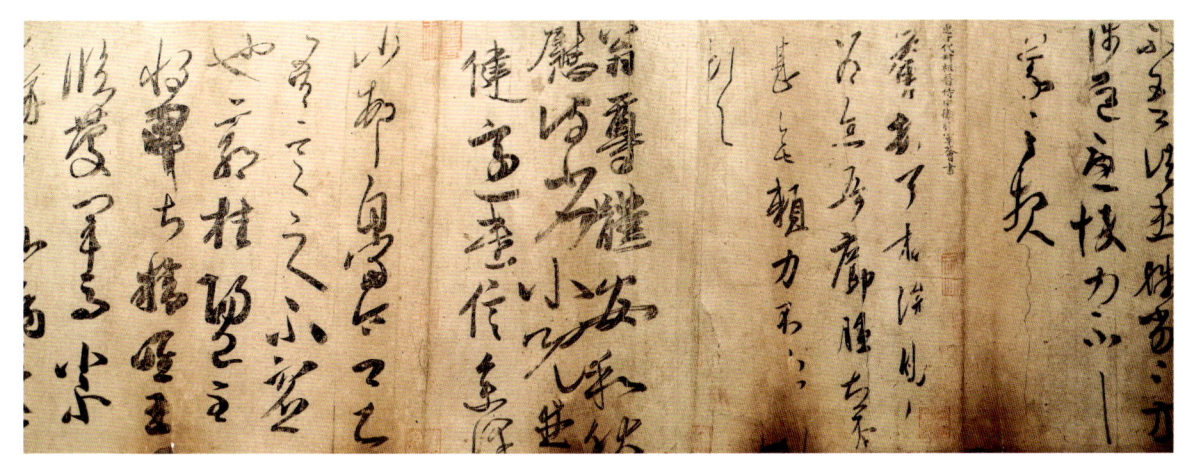

东晋王羲之书翰摹本

王羲之

王羲之（321—379 或 303—361），东晋时期著名书法家、文学家，有"书圣"之称。曾任会稽太守，累迁右军将军，人称"王右军"。王羲之善书法，擅长隶、草、楷、行各体，书法风格平和自然，笔势委婉含蓄、遒美健秀，既表现以老庄哲学为基础的简淡玄远，又表现以儒家的中庸之道为基础的冲和。王羲之撰写的《兰亭序》，被誉为"天下第一行书"。在书法史上，与钟繇并称"钟王"，与其子王献之合称"二王"。

齐白石绘昆虫图扇面

齐白石

齐白石（1864—1957），湖南湘潭人，近现代中国绘画大师，世界文化名人，曾任中央美术学院名誉教授、中国美术家协会主席。齐白石早年曾为木工，后以卖画为生，1919 年定居北京。他擅画花鸟、虫鱼、山水、人物，所作鱼虾虫蟹栩栩如生。笔墨雄浑滋润，色彩浓艳明快，造型简练生动，意境淳厚朴实。齐白石书工篆隶，取法于秦汉碑版，行书饶古拙之趣，笔力雄厚、朴拙劲正，尤其是篆刻自成一家。此外，齐白石还善写诗文。

其绘画代表作有《蛙声十里出山泉》《墨虾》等，著有《白石诗草》《白石老人自述》等书，还提出了"妙在似与不似之间"的写意画理论。

中国与世界

中国与中国人

7

01 中国人的天下观

02 古代中国对外文化交流大事件

03 新中国的外交

04 与世界的经贸文化往来

05 中国与国际组织

06 外国人在中国

07 海外华侨

08 重大国际活动

09 国际名人看中国文化

10 人类命运共同体

01 中国人的天下观

壹　　中国人的天下观 /

中国人自古以来就有博大的天下情怀和大同理想。中国传统的"和文化"，主张各国家、民族之间应该和睦相处，

主张"和而不同"的文化观。中国人善于学习和借鉴其他民族的优秀文化，兼收并蓄，同时特别重视睦邻友好，共同繁荣。

"China"的含义

在有些外语中,"中国"一词有特定的含义,具有某种象征意义。如瓷器的英文原名为"chinaware",意为"中华器皿",后来直接叫作"china"。据传,18世纪以前,欧洲人还不会制造瓷器,来自中国的精美瓷器很受欢迎,人们渴望能获得一件昌南镇(今江西景德镇)瓷器。因此,欧洲人就以"昌南"的发音作为瓷器(china)和生产瓷器的中国(China)的代称。也有人认为,波斯人称中国的瓷器为 chini,欧洲商人在波斯购买中国瓷器的同时也把这个词语带到了西方。后来,他们又把 chini 改为 china,并且把生产 china 的中国也一并称为 China。

Sino 与丝绸

在许多拉丁语系语言中,Sino- 是代表中国的词根。其来源有好几种说法,有说是来自秦(Qin),有说是来自丝绸(silk),也有说是源于印度人称呼中国的 Cina。波斯语的 Cina,拉丁语的 Sinae,法语的 Chine,都与 sino 的发音相近,都是表示中国。值得注意的是,欧洲语言里并不会直接称呼中国为 sino,Sino- 只作词根,不单独使用。

大同理想

天下大同,原是古代儒家宣扬的"天下为公"的理想社会,是中国古代社会的基本思想底框。

天下大同,就是人类最终可达到的理想世界,代表着中国人对未来世界的美好憧憬。《礼记·礼运》说:"大道之行也,天下为公。选贤与能,讲信修睦,故人不独亲其亲,不独子其子,使老有所终,壮有所用,幼有所长,矜寡孤独废疾者,皆有所养。男有分,女有归。货恶其弃于地也,不必藏于己;力恶其不出于身也,不必为己。是故谋闭而不兴,盗窃乱贼而不作,故外户而不闭。是谓大同。"

现代对于天下大同,又加入了全球化条件下政治、经济、科技、文化融合的思想。尽管大同思想为中国思想,但在许多地方也与西方的乌托邦、地球村等思想有相似之处。

清雍正青花红彩波涛云龙纹大盘

小康社会

小康社会，是中国古代思想家描绘的一种社会理想，尤其是表现了普通百姓对宽裕、殷实的理想生活的追求。"小康"一词最早出自《诗经·大雅·民劳》："民亦劳止，汔可小康。"意思是"老百姓的生活太苦了，也该稍稍得到安乐了"。它表达了身处奴隶社会中的人们，对美好安定生活的向往。从治理理念来说，"小康社会"并不完全是儒家学说的延续，也包含了法家治理思想。

今天，中国的"全面小康社会"，是在古代"小康社会"思想基础上的进一步发展，即不仅仅是解决温饱问题，而是要从政治、经济、文化、社会、生态等各方面满足人民需要。1979 年，邓小平在规划中国经济社会发展蓝图时提出了"小康"的概念，他在会见日本首相大平正芳时说："我们的四个现代化的概念，不是像你们那样的现代化的概念，而是'小康之家'。" 2012 年 11 月召开的中共十八大明确提出了"全面建成小康社会"这一重大命题和战略决策，并提出经济持续健康发展，人民民主不断扩大，文化软实力显著增强，人民生活水平全面提高，资源节约型、环境友好型社会建设取得重大进展等全面建成小康社会的新要求。2021 年 7 月 1 日，在庆祝中国共产党成立 100 周年大会上，习近平总书记宣告，经过全党全国各族人民持续奋斗，中国实现了第一个百年奋斗目标，在中华大地上全面建成了小康社会，历史性地解决了绝对贫困问题，正在意气风发向着全面建成社会主义现代化强国的第二个百年奋斗目标迈进。

家国天下

家国天下是中国传统文化的重要组成部分。儒家思想讲究修身齐家治国平天下，这个思想已经提出了近 2000 年，直至今天，仍闪耀着其思想价值的光芒。

"家国天下"出自《礼记·大学》："身修而后家齐，家齐而后国治，国治而后天下平。"从古至今，这都是对个人修养和抱负要求至高的一个词，明确指出了家国天下的关系。由于家国同构是中国的历史基因，血缘关系在中国漫长的帝国时代一直是最重要的政治资源，也是社会关系中最重要的关系，家国天下深深融入中国文化中。如果每一个家庭都和谐幸福，那么整个国家也必定一派祥和。国无忧就可以集中精力发展民生，何愁民不富国不强。家国天下也要求个人有较高的思想觉悟和理想抱负，胸怀天下。

爱好和平

中华民族是一个爱好和平的民族，形成了历史悠久、底蕴丰富的"和文化"。几千年来，中国始终倡导和实施"和而不同"的文化理念，中国 5000 多年的辉煌文明也得以不间断地传承，这在世界上是独一无二的。

近现代以来，由于饱受外国侵略之痛苦，深感和平之重要，中国从未主动挑起过冲突或战争，从未侵略过别国一寸土地。中国人爱好和平，但绝不惧怕战争。在当今国际舞台上，中国坚决反对强权政治和霸权主义，支持各国家、民族的主权与独立。中国人民爱好和平不是一句空洞口号，除了在国际上大力倡导和平与发展，在国防上也是实行防御性国防政策，坚决捍卫国家安全，坚决捍卫中国的核心利益。

大一统

"大一统"表述，始见于《春秋公羊传》："何言乎王正月？大一统也。""大一统"理念是先人对国家治理秩序的阐发，早在先秦时期，中国就逐渐形成了以炎黄华夏为凝聚核心、"五方之民"共天下的交融格局。公元前221年，秦始皇建立第一个统一的封建王朝。

"大一统"理念是贯穿中国历代政治格局和思想文化的主线，更是维系中华民族共同体意识的重要纽带。在中华儿女开发和建设美好家园的长期奋斗中，各民族共同生产生活，抵御外来侵略，反对民族分裂，维护祖国统一，形成了坚不可摧的"大一统"理念。正是在这种理念影响下，中华民族追求疆域领土统一、推崇中央政府权威、注重凝聚文化共识，反对国家四分五裂、地方各自为政、价值观虚无混乱。

"大一统"理念符合历史上中国人对整体政治稳定性的需要，也成了近代民族主义者抵抗外敌的重要思想力量。直到今天，"大一统"理念仍是中国人凝聚民族向心力和倡导爱国主义的重要理念。

福建宁德霞浦

天下一家

天下一家，顾名思义，即中华文化认为天下所有的人都是一家人或都拥有一家人的关系。出自《礼记·礼运》："故圣人耐以天下为一家，以中国为一人者，非意之也……"然而"天下"分明是"亿万家"集合体概念，且个人与个人之间、家与家之间、民族与民族之间、社会与社会之间及国与国之间均存在较大差异，甚至存在对立、冲突或各种纠纷。那么，中华文化又是依据什么提出"天下一家"这一人类整体观和大和谐思想的呢？马克斯·韦伯将传统中国视为有着统一文化的家产官僚制国家，认为家产官僚制"是个强固且持续成长的核心"，也是"（中国）这个大国形成的基础"。这也是韦伯对传统中国"家天下"政治文明论的理解。一个家庭内的因素延伸到了国家层面，便使得家成了国家构造的秩序基础。黑格尔也强调，中国的国家原则"是一种建立在家庭关系基础上的一个国家的人为组织"。

从历史上看，天下一家观是中华文化的人类整体意识与大和谐思想里的"天人合一""天下为公"与"世界大同"等思想理念结合在一起的。从更深层次上理解，天下一家观是基于人与自然统一这个本质思想阐释而来的。中华文化认为：人既然是天地相互作用的产物，那么天地自然的法则就是指引人们形成正确生活态度与行为方式的唯一真理。因此，天下一家的基本追求就是天下的和谐，就像一个大家庭一样。

全人类共同价值

随着前所未有地走近世界舞台中心,中国以大国的责任担当,为促进世界和平与发展提供中国方案,贡献中国智慧,积极推动构建人类命运共同体。

中国深度参与全球治理,提出公平、开放、全面、创新的新发展观;提出共商共建共享的全球治理观,倡导并践行新型全球治理观;推动完善全球金融治理,推动国际货币基金组织完成份额改革和治理机制改革;推动达成应对气候变化的《巴黎协定》,在推进联合国2030年可持续发展议程方面走在前列;推动世界经济向更加开放、包容、均衡、普惠的方向发展。中国不断寻求与各国利益交汇的最大公约数,一起做大共同利益的"蛋糕"。

中国提出的全人类共同价值,即"和平、发展、公平、正义、民主、自由",是凝聚了人类不同文明的价值共识,反映了世界各国人民普遍认同的价值理念的最大公约数,超越了意识形态、社会制度和发展水平差异,顺应历史潮流,契合时代需要,是习近平新时代中国特色社会主义思想的又一重大理论成果。不同于西方"普世价值","共同价值"是对世界上一切进步力量最广泛共识的凝练和概括,也是为维护人类共同和长远利益贡献中国智慧,为促进人类文明永续进步擘画价值准则,为创造人类美好未来提供精神动力。

联合国日内瓦办事处

02 古代中国对外文化交流大事件

贰　古代中国对外文化交流大事件 /

自古以来，中华文化与世界各文明之间就有着广泛的交流与互动。

中国人以海纳百川、兼容并蓄的胸襟广泛吸纳东西方各文明的优秀成果，同时，也将中华文明不断地传播到世界各地，为人类的文明与进步作出了重要贡献。

东西方的对话

中华文明与西方文明的大规模交流对话,始于汉朝。短暂的秦朝结束之后,中国进入一个非常繁盛和宽容的历史时期——汉朝。这是中国发展史上第一个黄金时期,也是最早与西方进行贸易的朝代。

当时,汉朝的西北有 36 个小国分布在沙漠绿洲和山谷盆地,统称"西域"。汉武帝于公元前 138 年,派张骞从长安出使西域,开辟了横贯欧亚大陆的丝绸之路。张骞之后,各国商人使团携中国丝绸远达地中海,西方的奇珍异宝也源源不断来到中国,东方的汉朝与西方的罗马这两个强盛的帝国就这样联系起来。

汉朝之后的唐朝,也是当时世界上的强国,对外交往活跃。唐朝不仅对外输出丝绸、青瓷,也对别国先进的技术和文化进行积极吸收。唐朝后,中国人发明的造纸术、印刷术、指南针和火药。技术渐渐传播到西方,并得到广泛应用。

明朝时,郑和七下西洋,拓展了海上丝绸之路,推动中国与南海诸国乃至更远国家的贸易与文化交流达到更高水平。

丝绸之路

丝绸之路,是世界上最古老的东西贸易通道。西汉武帝时,张骞两次出使西域,开辟了丝绸之路。东汉明帝时,班超经营西域,还派人携带大量丝织品到达中亚,最远到达地中海沿岸,使这条通道深入到欧洲腹地。后来,罗马使节通过这条道路来到东汉的都城洛阳,朝见汉朝皇帝。至此,这条从长安(今西安)经甘肃、新疆、中亚直抵地中海沿岸的道路,成为东西方经济、文化交流的大通道。由于中国的丝绸通过这条道路大量运往西方,后人将这条道路命名为丝绸之路。著名的敦煌壁画中便有张骞出使西域辞别汉武帝图。2014 年,丝绸之路被列入《世界遗产名录》。

甘肃敦煌月牙泉

张骞出使西域

张骞出使西域是丝绸之路发展史上的标志性事件。史官司马迁在《史记·大宛列传》中将张骞通西域视为开辟道路的创举，称其为"凿空"之旅。汉武帝时期国力强盛，开辟了通往西域和欧洲的丝绸之路，也把汉帝国推向鼎盛。公元前138年，张骞出使大月氏，历经12年，于公元前126年回到长安。公元前119年，张骞第二次出使西域，奉汉武帝之命前往乌孙，并派副使出使大宛、安息等地。张骞两次出使西域，加强了中原与西域地区的联系，发展了与中亚各地人民的友好关系，保障了丝绸之路的畅通。

唐朝盛世与开放交流

历时近 300 年的唐朝（618—907），把中国封建社会的繁荣昌盛推向顶峰。完备的政治体制、繁荣的社会经济、发达的文化，不仅为中国历史增添了极为光彩的一笔，在世界历史上也具有重要的地位。唐朝的繁荣还进一步深化了中国与世界的文化交往，与日本、朝鲜、印度等许多国家建立了广泛的经济和文化联系，著名的事件有玄奘印度取经，鉴真东渡日本，日本、朝鲜派遣唐使和留学生到唐朝学习等，文化交流十分繁盛。

鉴真东渡

鉴真（688—763）是唐代高僧，后东渡日本，成为日本律宗初祖，亦称"过海大师""唐大和尚"。

据《宋高僧传》等记载，鉴真自幼出家，曾游历洛阳、长安等地，究学佛教三藏，后归扬州大明寺讲律传法。天宝元年（742）应日本留学僧荣叡和普照之邀，决定赴日弘布戒律，但五次东渡因遭官府阻拦或遇飓风皆未能成功，其间双目失明。天宝十二年（753），日本遣唐使藤原清河等人到扬州向他致礼，并邀其"向日本传戒"，于是他决定第六次东渡，于 754 年抵日本萨摩秋妻屋浦（今日本九州南部鹿儿岛大字秋目浦）。次年被迎入首都奈良东大寺，自此日本始有正式的律学传承。

鉴真东渡对日本产生了深远的影响。在塑像、壁画等方面，鉴真与弟子采用唐代最先进的工艺，为日本天平时代艺术高潮的形成，增添了异彩。鉴真及其弟子大都擅长书法，去日时携带王羲之、王献之父子真迹，影响所及，至今日本人民热爱中国书法艺术仍犹不衰。鉴真对日本人民最突出的贡献，是医药学知识的传授，还被日本人民奉为医药始祖。日本豆腐业、饮食业、酿造业等也认为其行业技艺均为鉴真所授。

唐代高僧 鉴真大师坐像

日本古代文明与中国的关系

古代日本文化主要得益于对中国文化的吸收和融合。日本吸收中国文化是长期的、多方面的历史过程。汉字和汉文、儒学、律令制度以及佛教都是日本吸收中国文化的主要内容。汉朝在朝鲜半岛设置四郡，大批汉人从朝鲜移民日本，公元457—479年，在日本的中国移民达1.8万人之多。

日本文明虽与中国文明有密切的关系，但应该说，日本原初的文明还是自发生成的文明，而且经过历史的洗练和提升，形成了其自身的民族特质。

玄奘西行

玄奘（602或600—664），中国唐代的著名高僧，也是中国历史上伟大的思想家、哲学家、外交家、中外文化交流的使者。

13岁的玄奘于洛阳净土寺出家。其后游历各地、遍访名师，21岁于成都受具足戒。通过多年来在各处讲筵所闻，玄奘深感异说纷纭，无从获解，遂产生去印度求法的宏愿。贞观元年（627）（一说贞观三年）玄奘西行，最终到达印度佛教中心那烂陀寺求取真经，遍学了当时大小乘各种学说。贞观十七年（643）（一说贞观十九年），玄奘归来，共带回佛经657部。此后长期从事翻译佛经的工作。由其口述、弟子辩机整理的《大唐西域记》，记述了玄奘西游亲身历经国家的山川、地理、物产、习俗等，是研究西域地区、印度等国历史文化，以及中西交通的重要史料。玄奘被世界人民誉为中外文化交流的使者，影响远至日本、韩国乃至全世界，其思想精神如今已成为中国、亚洲乃至世界人民的共同财富。

郑和下西洋

明朝初期，宦官郑和（约1371—1433）于1405—1433年的28年间，曾7次奉命率领庞大的船队出使西洋，途经30多个国家和地区。其航行促进了中国与亚非国家的经济文化交流。

明朝造船业发展迅速。据记载，永乐三年（1405），明成祖朱棣派郑和率官兵、水手等近3万人，分乘62艘宝船出使西洋（当时称马六甲以西的洋面为西洋）。此后，郑和又6次远下西洋，足迹遍及东南亚、印度沿岸，最远到达非洲东海岸、红海海口和伊斯兰教圣地麦加。船队规模之大，航程之远，在世界航海史上都是空前的。郑和每到一地，都以瓷器、金银、丝绸、茶叶、铁器等物品，换回当地的特产，并与各国国王互赠礼品，以示友好。不少国家都派使者跟随郑和来华，建立邦交，开展贸易和文化往来，创下了航海史上的伟大壮举。

西安大雁塔前的玄奘像

利玛窦传教

利玛窦（Matteo Ricci，1552—1610），意大利天主教耶稣会传教士、学者。明万历十年（1582）奉遣来华，是天主教在中国传教的极早传教士之一。利玛窦向中国介绍了西方的几何学、地理学知识以及人文主义的观点，开了晚明士大夫西学的风气，介绍了其与徐光启等人合译的欧几里得《几何原本》（前六卷），改变了中国数学发展的方向，是中国数学史上的一件大事。利玛窦参与制作的世界地图《坤舆万国全图》是中国历史上第一幅世界地图。利玛窦所写的第一部中文著作《交友论》，收录了文艺复兴时期人文主义大师伊拉斯谟等人关于友谊的格言上百则。他还首次将中国儒学经典"四书"译为拉丁文；与郭居静神父一同编修了第一本中西文字典《平常问答词意》，首次尝试用拉丁字母为汉字注音，积极向西方传播中国文化。

利玛窦画像

马可·波罗游历中国

马可·波罗（Marco Polo，1254—1324），出生于意大利威尼斯一个富裕商人家庭，是第一个游历中国及亚洲各国的意大利旅行家，代表作品有《马可·波罗游记》。

《马可·波罗游记》记述了马可·波罗在中国多年的所见所闻，是历史上西方人感知东方的第一部著作，向整个欧洲打开了神秘的东方之门，掀起了"东方热""中国热"，对以后新航路的开辟产生了巨大影响。西方地理学家还根据书中的描述，绘制了早期的"世界地图"。

受马可·波罗的鼓舞和启发，许多伟大的航海家，如意大利的哥伦布、葡萄牙的达·伽马等，纷纷东来，寻访中国，大大促进了中西文化交流。

马可·波罗画像

中国制瓷技术西传

中国的制瓷技术在宋朝（960—1279）先传到了朝鲜半岛，在16世纪末期的明代万历年间，日本从朝鲜半岛带回一批工匠，于17世纪初成功烧制出了瓷器。从16世纪下半叶起，欧洲开始出现仿制瓷器的工场，但其产品质地停留在"软质瓷"的阶段。18世纪，德国人在萨克森州的科尔迪茨等地找到了制瓷的关键原料——高岭土，初步掌握了制瓷技术。1759年，英国人乔赛亚·韦奇伍德通过在原料中添加动物骨粉的方法研制硬质瓷器获得成功。1793年，英国使团曾把韦奇伍德瓷器作为国礼赠给清朝乾隆皇帝。

中国风

在17世纪末至18世纪末，欧洲曾长时间流行"中国风"。这场"中国风"约发端于11世纪，得到了马可·波罗、鄂多立克等曾旅行中国的冒险家、传教士的有力助推。欧洲的中国风在18世纪中叶达到顶峰，直到19世纪以后才消退。1700年，为庆祝新世纪的到来，路易十四在法国凡尔赛宫举行盛大舞会时曾身着中国式服装，坐在一顶中国式八抬大轿里出场。中国风尚还渗透到了欧洲人生活的各个层面，如日用物品、家居装饰、园林建筑等。受"中国风"影响的洛可可风格与中国式园林亦在欧洲各国王室流行。由华托、布歇、皮耶芒、齐彭代尔、钱伯斯、瑞普顿等著名的艺术家、设计大师，以及其他大大小小的设计师、工匠所创造出的众多中式建筑、艺术品和工艺品，为后人记录和保存了"中国风"席卷欧洲大陆的深刻痕迹。休·昂纳撰写的《中国风：遗失在西方800年的中国元素》即梳理了西方文化中"中国风"的兴起、兴盛及其衰落、流变的漫长而复杂的历史过程。

浙江省博物馆青瓷展品

03

新中国的外交

叁 新中国的外交 /

中国是一个负责任的大国。在国际事务中，中国始终坚持和平、发展、合作、共赢的理念，坚定维护国家的主权、安全和发展利益，

全力保障中国公民、法人在海外的合法权益。在世界格局中，中国奉行互利共赢的开放战略，在和平共处五项原则基础上全面发展同各国的友好合作，为建设持久和平、共同繁荣的和谐世界承担应尽的责任。

独立自主的外交政策

今天的中国日益走近世界舞台中央。70多年前，新中国奉行独立自主的和平外交政策，倡导和平共处五项原则，为世界所认知。随着新中国在联合国合法席位的恢复，国际地位进一步提高，对国际事务的影响力不断增强，与中国建交和发展友好关系的国家也越来越多。改革开放以来，中国更大程度地实行对外开放，综合国力不断增强，中国也在更大程度上融入世界，更深度地参与到国际事务中。当今世界正在经历百年未有之大变局，中国始终坚持独立自主的外交政策，秉持对话不对抗、结伴不结盟的原则，致力于同世界各国实现合作共赢，积极推动建设开放型世界经济、构建人类命运共同体，促进全球治理体系变革，提倡真正的多边主义，旗帜鲜明反对霸权主义和强权政治，为世界和平与发展不断贡献中国智慧、中国方案和中国力量。

中国理念：和平与发展

中国外交政策的宗旨是维护世界和平、促进共同发展，推动建设持久和平、共同繁荣的和谐世界。中国始终不渝走和平发展道路，坚持国家不分大小、强弱、贫富一律平等，尊重各国人民自主选择发展道路的权利，不干涉别国内部事务，不把自己的意志强加于人；中国致力于推动国际和地区安全合作，反对各种形式的霸权主义和强权政治，永远不称霸，永远不搞扩张；中国始终不渝奉行互利共赢的开放战略，以自己的发展促进地区和世界共同发展，扩大同各方利益的汇合点，在实现本国发展的同时，兼顾对方特别是发展中国家的正当关切，并按照通行的国际经贸规则开展经贸合作；中国坚持在和平共处五项原则的基础上同所有国家发展友好合作，继续同发达国家加强战略对话，继续加强同周边国家的睦邻友好和务实合作，继续加强同广大发展中国家的团结合作，继续维护发展中国家的正当要求和共同利益；中国积极参与多边事务，承担相应国际义务，发挥建设性作用，推动国际秩序朝着更加公正合理的方向发展。

和平共处五项原则

1953年12月31日，中国总理周恩来在接见印度政府代表团时，首次提出了和平共处五项原则，即互相尊重领土主权（在亚非会议上改为互相尊重主权和领土完整）、互不侵犯、互不干涉内政、平等互惠（在中印、中缅联合声明中改为平等互利）和和平共处，得到了印方的赞同，并写入了1954年4月29日签订的《关于中国西藏地方和印度之间的通商和交通协定》。之后，和平共处五项原则，不仅成为中国坚持独立自主外交政策的基本内容，也得到了包括广大发展中国家在内的大多数爱好和平的国家和人民的普遍认同。

北京故宫，一群鸽子在蓝天下飞翔

外交部官网

负责任的大国

  中国实施改革开放政策以来，世界形势也发生了深刻变化。中国政府准确把握时代大势，在国际关系中提出了"和平与发展"的时代主题，体现了中国担当，以及中国人民维护世界和平、反对霸权的坚定信念。

  面对全球挑战与热点问题，中国积极作为、勇于担当，成为乱局中的稳定器，变局中的正能量；为推动政治解决热点问题、维护世界和平与发展积极奔走斡旋。在朝鲜半岛问题上，中国鼓励和支持朝美双方继续开展对话并取得积极成果。中国全面履行在联合国安理会决议中承担的国际义务，在维护伊朗核问题全面协议问题、缅甸若开邦问题以及阿富汗、叙利亚、巴勒斯坦等问题上，发挥了积极重要的作用。中国还以实际行动践行维护世界和平的庄严承诺。作为联合国安理会常任理事国，中国积极参与联合国维和行动，已成为维和行动主要出兵国和出资国，为有关地区和国家恢复和平稳定作出突出贡献。在海盗猖獗的亚丁湾海域，在尼泊尔地震救援现场，在非洲抗击埃博拉疫情一线……处处可以看到中国守护和平、倾力相助的身影。

驻外机构

  中华人民共和国驻外外交机构是指中华人民共和国驻外国的使馆、领馆以及常驻联合国等政府间国际组织的代表团等代表机构。中国目前共有驻外机构近300个，其中中国共设立大使馆170余处、总领事馆90余处，中国已加入200多个国际组织和多边机制。

增进睦邻友好

中国文化讲求"以和为贵",特别是重视与邻国发展睦邻友好关系。在外交上,中国长期致力于深化同周边国家的睦邻友好关系,积极参与周边各种合作机制,推动区域合作深入发展,共同营造和平稳定、平等互信、合作共赢的地区环境。

中国的"睦邻友好政策"是指——与邻为善、以邻为伴,"睦邻、安邻、富邻"的外交政策。中国与周边的发展中国家有着共同的历史遭遇,现在又都面临着发展经济的任务。睦邻友好是中国独立自主的和平外交政策的重要组成部分,也是中华民族的优秀传统。中国人的先人早就认识到处理好邻国关系的重要性。春秋时期的《左传》中提出:"亲仁善邻,国之宝也。"中国主张,国家不论大小、强弱、贫富,都有自己的民族尊严,对中小国家,要平等相待,绝不搞任何形式的大国沙文主义。朋友可以选择,邻国却不能选择。当然,中国强调睦邻友好,并不意味着放弃原则,更不意味着可以牺牲自己的主权和权益。

内蒙古阿拉善沙漠上行走的骆驼

新型国际关系

早在 2013 年，习近平主席就明确提出："面对国际形势的深刻变化和世界各国同舟共济的客观要求，各国应该共同推动建立以合作共赢为核心的新型国际关系，各国人民应该一起来维护世界和平、促进共同发展。"这一理念在多个国际场合被习近平主席强调，并获得了国际社会的广泛认同和赞誉。

新型国际关系开辟了不同文明、不同制度国家和平共处、共同发展的世界历史新篇章。这一理念不仅为构建人类命运共同体奠定了基础，还为其提供了条件。随着新时代中国特色大国外交的深入实践，新型国际关系理念不断得到丰富和发展，展现出更加广阔的前景。

同周边国家的关系

在中国的对外工作中，周边外交始终占据重要地位。中国与周边国家山水相连、人文相通、利益相融、命运与共。在处理与周边国家的关系时，中国始终坚持与邻为善、以邻为伴，坚持睦邻、安邻、富邻，突出体现亲、诚、惠、容的理念。数十年以来，中国全面发展与周边国家的友好合作关系，双方政治互信不断增强，利益融合日益深化，共同开辟了一条睦邻友好、合作共赢的光明大道。

同发展中国家的关系

广大发展中国家是中国和平发展的同路人，始终是中国深化团结合作的重要伙伴。作为世界上最大的发展中国家，中国始终致力于加强与广大发展中国家的团结合作。习近平主席在 2023 年"金砖＋"领导人对话会上的讲话中强调："中国始终同发展中国家同呼吸、共命运，过去是、现在是、将来也永远是发展中国家的一员！"在与发展中国家的对外交往实践中，中国始终秉持真实亲诚理念和正确义利观，加强与发展中国家的团结合作，维护发展中国家的共同利益。

同世界大国的关系

构建新型国际关系，大国是关键。构建新型国际关系要秉持相互尊重、公平正义、合作共赢原则，深化拓展平等、开放、合作的全球伙伴关系。中国致力于扩大同各国利益的汇合点，促进大国协调和良性互动，推动构建和平共处、总体稳定、均衡发展的大国关系格局。

真正的多边主义

中国政府多次呼吁,国际社会应携手维护多边主义,共同应对国际安全挑战,为构建人类命运共同体,建设持久和平、普遍安全、共同繁荣、开放包容、清洁美丽的世界,共同作出努力。中国一贯坚持走多边主义道路,坚定维护现有裁军机制,积极推进全球安全治理。无论国际形势如何变幻,中国都将致力于和平发展,同各国携手努力,加强国际合作,为促进人类和平的崇高事业作出积极贡献。

中国主张真正的多边主义,就是大家的事情,大家一起商量、一起推动;大家的规则,大家一起制定、一起遵守。不能把一个或几个国家制定的规则强加于人,也不能由个别国家从所谓"实力地位"出发,给整个世界"带节奏",必须坚持真正的多边主义。2021年,习近平主席在以视频方式出席第七十六届联合国大会一般性辩论并发表重要讲话时,再次强调要践行真正的多边主义,引起国际社会高度关注。

2023年,习近平主席在"金砖+"领导人对话会上的讲话中强调:"要坚持真正的多边主义,构建全球发展伙伴关系,为共同发展营造安全稳定的国际环境。"

山东青岛海岸线

04 与世界的经贸文化往来

肆　与世界的经贸文化往来 /

改革开放以来，随着中国经济的快速发展，中国同世界各国经贸关系的规模和形式发生了重大变化。

当前，中国已经全面融入国际经济大循环，建立起开放型市场、开放型经济和开放型社会，促进商品、服务和生产要素较为自由地跨境流动，按照市场规律实现资源优化配置，实现了生产与消费国际化、贸易与投资自由化、经济体制的市场化与国际化。开放包容的中华文化也在与世界其他文化的交流中，以文载道、以文传声、以文化人，向世界展示中华民族的独特风采。

对外开放

在 1978 年进行经济体制改革的同时，中国就开始有计划、有步骤地实行对外开放。从 1980 年起，中国先后建立多个经济特区和一些经济开放区，开放 14 个沿海城市、一些边疆城市，以及内陆所有的省会、自治区首府城市。上述对外开放地区，由于实行不同的优惠政策，在发展外向型经济、出口创汇、引进先进技术等方面，起到了窗口和对内地的辐射作用，有力地推动了中国的改革开放。

2000 年，中国西部开发拉开帷幕。西部地区拥有全国 70% 的国土面积和近 30% 的人口，土地和矿产资源丰富，与 10 多个国家接壤，被认为是继东部沿海地区后的第二个对外开放黄金地带。中国政府在制定西部开发总体规划的同时，制定了一系列鼓励外商在西部地区投资的优惠政策措施。近年来，中国新一批自由贸易区正在成为外商投资的热点地区。

中国的国际贸易政策

中国政府坚持对外开放的基本国策，坚持打开国门搞建设。在国际贸易中，中国坚定支持多边贸易体制，促进自由贸易区建设，推动建设开放型世界经济。随着国内一批自由贸易试验区的成立，"一带一路"倡议的实施，以及孟中印缅经济走廊、中巴经济走廊建设等一大批重大支撑项目的开展，中国经济国际合作的新空间进一步拓展。

中国坚持引进来和走出去并重，遵循共商共建共享原则，加强创新能力开放合作，形成陆海内外联动、东西双向互济的开放格局。中国实行高水平的贸易和投资自由化便利化政策，对外商投资实行准入前国民待遇加负面清单管理制度，大幅度放宽市场准入，扩大服务业对外开放，保护外商投资合法权益。凡是在中国境内注册的企业，都一视同仁、平等对待。

驶向青岛港的集装箱货船

中国国际贸易现状

经过长达 15 年的努力，2001 年，中国正式成为世界贸易组织（WTO）成员，从此更进一步地开放和参与全球化。2004 年，中国开始实施新修订的《中华人民共和国对外贸易法》。该法将外贸权审批制改为登记制，并对货物进出口与技术进出口、国际服务贸易、对外贸易秩序、与对外贸易秩序有关的知识产权保护等作出了明确规定，以促进对外贸易的发展。

目前，与中国开展贸易往来的国家和地区共有 230 多个。2023 年中国货物进出口总额 417568 亿元，比上年增长 0.2%。其中，出口 237726 亿元，增长 0.6%；进口 179842 亿元，下降 0.3%。

利用外资

利用外资是中国改革开放的标志性举措。目前，中国利用外资的渠道和形式大致分为三类：对外借款，包括外国政府、国际金融组织贷款以及外国商业银行贷款、出口信贷、对外发行债券等；外商直接投资，包括中外合资企业、中外合作企业、外商独资企业以及合作开发项目等；外商其他投资，包括国际租赁、补偿贸易、加工装配以及对外发行股票等。

自 20 世纪 80 年代初开始，中国先后颁布了 500 多个涉外经济法律法规，为外商来中国投资提供了法律依据和保障。迄今，根据世贸组织规则，以中外合资经营企业法、中外合作经营企业法、外资企业法三大基本法律及其实施细则为主体的外商投资法律体系已基本建成。目前，已有 200 多个国家和地区的外商来中国投资，2023 年中国新设立外贸投资企业超 5 万家，国际大财团、跨国公司看好中国市场，世界排名前 500 家大型跨国公司已有 90% 以上来中国投资。中国被世界投资者、金融界评为投资环境非常好、非常具发展潜力的国家之一。

从 1979 年起，中国实际利用外资额始终保持良好态势。数据显示，2023 年中国实际使用外资金额 11339.1 亿元，规模仍处于历史高位。从引资结构看，高技术产业和服务业引资增长较快。从投资来源地看，"一带一路"沿线国家和东盟投资增长较快，高于全国引资增速。

对外投资

中国在持续引进外资的同时，对外投资在近年来迅猛发展。统计数据显示，中国正在成为新的投资大国。2023 年，中国对外投资表现亮眼，全行业对外直接投资 10418.5 亿元人民币。在中国加快构建新发展格局的背景下，近八成中国企业将维持和扩大对外投资意向，看好对外投资前景。中国企业对外投资领域也不断拓宽，从一般出口贸易、餐饮和简单加工扩大到营销网络、航运物流、资源开发、生产制造和设计研发等众多领域。2022 年末，中国境内投资者在全球 190 个国家和地区设立境外企业。跨国并购成为中国对外投资的主要方式，一批有条件的大型企业和企业集团通过进行专业化、集约化和规模化的跨国经营，在更大范围内优化资源配置，增强了参与对外经济合作的能力，已成为具有较强国际竞争力的跨国公司，如中国石油化工集团公司、国家电网公司、中国石油天然气集团公司等。

自由贸易试验区

　　中国的自由贸易试验区，是指在贸易和投资等方面比世贸组织有关规定更加优惠的贸易安排，在主权国家或地区的关境以外，划出特定的区域，准许外国商品豁免关税自由进出。从2013年9月29日中国（上海）自由贸易试验区正式挂牌成立至2023年5月，中国已设立22个自由贸易试验区及海南自由贸易港，形成了覆盖东西南北中的开放新高地，这些自由贸易试验区正在成为中国进一步扩大开放的前沿。

对外援助

　　中国对外援助是中国政府的对外经济技术援助，是中国政府对外工作不可缺少的组成部分，也是履行国际义务的重要内容。援助的目的主要是促进发展中国家自力更生地发展自己的民族经济。根据《中国的对外援助（2014）》白皮书，中国提供对外援助，坚持不附带任何政治条件，不干涉受援国内政，充分尊重受援国自主选择发展道路和发展模式的权利。相互尊重、平等相待、重信守诺、互利共赢是中国对外援助的基本原则。

　　随着中国经济的发展和国际环境的变化，中国对外援助更加强调促进贸易的援助的内容，这迎合了国际社会、WTO、联合国系统鼓励发展援助促进国际贸易的要求。中国对外援助主要集中在：基本建设工程，发展农业，花费少、见效快的工业项目，社会公共设施，医疗卫生等。特别是近年来，中国对外援助的方式出现了新的特点：一是双边援助与多边援助相结合；二是政府援助与开展承包劳务合作相结合，帮助受援国家实施发展项目；三是由中国援建的成套项目，建成后将过去单纯的技术合作发展为管理合作。

上海浦东南汇临港自贸区滴水湖

《区域全面经济伙伴关系协定》

《区域全面经济伙伴关系协定》（Regional Comprehensive Economic Partnership, RCEP）是 2012 年由东盟发起，历时 8 年，由东盟十国以及中国、日本、韩国、澳大利亚、新西兰等共 15 方成员制定的协定，于 2020 年 11 月 15 日正式签署。

2021 年 3 月，中国完成 RCEP 核准，成为率先批准协定的国家。11 月 2 日，RCEP 保管机构东盟秘书处发布通知，宣布 RCEP 达到协定生效门槛。2022 年 1 月 1 日，RCEP 正式生效。协定达成后，覆盖世界近一半人口和近三分之一贸易量，是世界上涵盖人口最多、成员构成最多元、发展最具活力的自由贸易区。

开放的文化交流

文化交流不仅促进了世界文化进步，更是推动了文化全球化和多样化。文化交流包括人员的往来，物产的交换，衣食住行、婚丧嫁娶等风俗习惯的相互影响，以及思想、宗教、文学、艺术等领域的传播。中国与世界交流的途径多种多样，如政府使节往来、留学生接纳、宗教传播、贸易交流等方面。中国从春秋战国时，已经开始了文化交流的进程，随着时代的发展，这种交流日益加深，最终成为博大精深、源远流长的中华文化的一部分。中国与各国之间文化交流的深度广度各有不同，彼此所受对方影响深浅及产生的结果，也因国家与时代而异。但中国与各国之间文化交流是历史的必然，在与各国交光互影的漫长过程中，总的来看是中外双方彼此受益。

出国留学

出国留学是中国改革开放政策的重要标志。中国从清朝中晚期已开始有留学生出国学习，但其规模远远无法与改革开放之后相比。

20世纪80年代以来，中国出国留学人员节节攀升，从最初的几百人，到2019年超过70万人。近年来，留学规模增长的同时，还出现了一些新特点。从留学年龄段来看，主要是大学本科生，占比高达60%；其次为高中生，占比18%；小留学生的数量也在不断增加。从留学目的地来看，中国留学生主要选择美国、英国、加拿大、澳大利亚等西方国家，亚洲国家主要是日本和新加坡，这与留学国家的高校质量和经济水平密切相关。从学费来源看，自费出国留学的数量和比例都在快速增长。

汉语热

随着中国经济的迅速增长和国际地位的提高，世界范围内的"汉语热"持续升温。据不完全统计，在影响世界的国际组织、国际公司、国际媒体和世界知名大学中，有上百家拥有中文网站和网页。美国的《华尔街日报》、英国的《金融时报》和美国《国家地理》杂志都开设了中文网页。《财富》杂志所评出的世界500强的跨国公司有大约2/3已经在中国开设了分支机构，并且大部分开设了中文网站。据相关数据统计，《牛津英语词典》中有200余个包含中文渊源的词汇。总部设在美国得克萨斯州的全球语言监督机构发布报告称，自1994年以来加入英语的新词汇中，"中文借用词"数量独占鳌头，以5%—20%的比例超过任何其他语言来源。

近年来，来华留学生所学的专业正在发生变化，已经从单纯学语言扩展到学习科技、经济、管理、法律等学科。持续升温的"汉语热"给全球推广汉语教学带来了良机，同时也带来了挑战。

05 中国与国际组织

伍 中国与国际组织 /

中国与国际组织的关系，是中国与世界关系的重要部分。

中国始终积极发展与各个国际组织的关系，这些组织既包括全球性组织，也包括区域性组织。中国在国际组织中始终发挥着积极的建设性作用。

中国—联合国

中国是联合国（UN）创始会员国之一，也是安理会的五个常任理事国之一。中国积极参与国际体系，大力推行以维护联合国权威为中心的多边主义，主张建立公正合理的国际政治秩序，反对单边主义和霸权主义，致力于推动国际关系的民主化与法治化。中国积极参与联合国在维和、军控、反恐、发展、人权司法等问题上的合作以及联合国各专门机构的活动。中国积极参与联合国改革，推动改革朝着最大限度地照顾发展中国家合理要求和关切的方向发展。中国坚定不移地支持以联合国为中心的国际多边体系，推动国际军控和裁军，支持包括防扩散机制建设的多边军控进程。中国支持在反恐、防核扩散、人道主义援助、环境与气候、跨国犯罪等方面的多边务实合作。中国在缴纳联合国会费上一直采取积极、负责的态度，体现了一个大国的责任与担当。

中国—上海合作组织

中国是上海合作组织（SCO）的创始国之一。1996年，中国、俄罗斯、哈萨克斯坦、吉尔吉斯斯坦、塔吉克斯坦五国元首在上海举行首次会晤，开启了"上海五国"会晤机制。2001年，"上海五国"元首和乌兹别克斯坦元首在上海举行会晤，正式成立了上海合作组织。目前，上合组织国家包括10个成员国、2个观察员国、14个对话伙伴。

《上海合作组织宪章》规定了组织的宗旨与原则、组织架构、主要活动方向。上合组织对内遵循"互信、互利、平等、协商，尊重多样文明，谋求共同发展"的"上海精神"，对外奉行不结盟、不针对其他国家和地区及开放原则。

中国始终高度重视并全面参与上海合作组织框架内的各项活动，积极开展同其他成员国、观察员国和对话伙伴的互利合作。中国国家主席、国务院总理等国家领导人每年均出席上海合作组织有关会议，先后提出一系列安全、务实、人文等领域合作倡议，得到各方积极响应与支持，为维护本地区和平、安全与稳定，促进地区国家共同发展与繁荣作出重要贡献。近年来，中方推动上合组织参与构建新型国际关系和人类命运共同体，得到各方积极响应。

中国—金砖国家

2006年，巴西、俄罗斯、印度和中国四国外长在联合国大会期间举行首次会晤，开启金砖国家合作序幕。2009年6月，金砖国家领导人在俄罗斯叶卡捷琳堡举行首次会晤，推动金砖合作升级至峰会层次。2011年，南非正式加入金砖国家，金砖国家扩为五国，英文名称定为BRICS。

金砖国家机制自成立以来，已经形成以领导人会晤为引领，以外长会晤、安全事务高级代表会议等为支撑，在经贸、财金、科技、工业、农业、文化、教育、卫生、智库、友城等数十个领域开展务实合作的全方位、多层次架构。

中国曾于2011年、2017年、2022年三次担任金砖主席国，与其他金砖国家团结协作，共同推动金砖高质量发展，为世界注入积极、稳定、建设性力量。

金砖国家领导人第十四次会晤会标

中国—世界贸易组织

2001年，中国正式加入世界贸易组织（WTO），这是中国深度参与经济全球化的里程碑，标志着中国改革开放进入历史新阶段。加入世贸组织以来，中国全面履行加入承诺，大幅开放市场，实现更广互利共赢，展现了大国担当。

中国在关税减让和取消非关税贸易壁垒等方面取得积极进展和明显成效。截至2005年1月，中国已按加入承诺全部取消了进口配额、进口许可证和特定招标等非关税措施，涉及汽车、机电产品、天然橡胶等424个税号产品。截至2010年，中国货物降税承诺全部履行完毕，关税总水平由2001年的15.3%降至9.8%。其中，农产品平均税率由23.2%降至15.2%，约为世界农产品平均关税水平的1/4，远低于发展中成员56%和发达成员39%的平均关税水平。中国全面放开外贸经营权，自2004年起，中国对企业的外贸经营权由审批制改为备案登记制。中国广泛开放服务市场，截至2007年，中国服务贸易领域开放承诺已全部履行完毕。中国还逐步降低服务领域外资准入门槛，按期取消了服务领域的地域和数量限制。2010年，中国服务业吸引外商直接投资额首次超过制造业。中国履行知识产权保护承诺，构建了完备的知识产权保护法律体系。

中国坚定支持以世贸组织为核心的多边贸易体制，全面参与世贸组织各项工作，积极推动多边贸易自由化进程，有效维护争端解决机制法律地位，妥善处理与其他成员的贸易纠纷，全力支持发展中国家融入多边贸易体制，对世界经济和贸易发展作出重要贡献。

中国—亚太经济合作组织

亚太经济合作组织（APEC）成立于1989年，是亚太地区层级最高、领域最广、最具影响力的经济合作机制。1991年11月，在一个中国和"区别主权国家和地区经济体"的原则基础上，中国、中国台北及中国香港一起正式加入亚太经合组织。此后，中国始终本着积极参与、求同存异、推动合作的精神，全面参与亚太经济合作组织的各项活动。2001年10月，中国在上海成功主办APEC第九次领导人非正式会议。时隔14年后，又于2014年11月在北京成功主办APEC第二十二次领导人非正式会议。

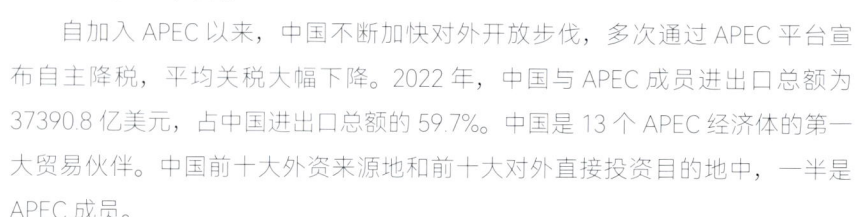

自加入APEC以来，中国不断加快对外开放步伐，多次通过APEC平台宣布自主降税，平均关税大幅下降。2022年，中国与APEC成员进出口总额为37390.8亿美元，占中国进出口总额的59.7%。中国是13个APEC经济体的第一大贸易伙伴。中国前十大外资来源地和前十大对外直接投资目的地中，一半是APEC成员。

中国—世界卫生组织

中国是世界卫生组织（WHO）创始成员国之一。1945年，在旧金山召开的联合国成立大会上通过的《联合国宪章》中只字未提卫生工作的内容，也没提及要建立一个国际卫生机构。中国代表会同巴西代表提交的"建立一个国际性卫生组织的宣言"，为创建世界卫生组织奠定了基础。1972年召开的第二十五届世界卫生大会通过决议，恢复了中华人民共和国合法席位。中国出席了此后历届大会和西太平洋区域委员会会议，多次当选执委会委员。1978年，中国和世界卫生组织在北京签署了"卫生技术合作谅解备忘录"，这是双方友好合作史上的里程碑。1981年，世界卫生组织在北京设立驻华代表处。

中国与世界卫生组织召开过18次技术合作协调规划会议，世界卫生组织向中国提供的各种援助约9600万美元。中国的世界卫生组织合作中心已达69个，其数目之多位居世界卫生组织西太平洋地区国家之首，现有合作学科30余个专业。2017年，世界卫生组织向中国政府颁发"社会健康治理杰出典范奖"，以表彰中国爱国卫生运动开展65年取得的辉煌成就。

中国—世界银行集团

世界银行集团（WBG）是联合国系统下的多边开发机构，包括5个机构：国际复兴开发银行、国际开发协会、国际金融公司、多边投资担保机构和国际投资争端解决中心，其中前3个机构是世界银行集团的主体。

世界银行通过向生产性项目提供贷款和对改革计划提供指导，帮助欠发达成员国实现经济发展，现有189个成员国。理事会是世界银行最高权力机构，由各成员国派正、副理事各一名组成，每年召开一次会议。

中国于1945年加入世界银行，是该组织的创始国之一。1980年5月15日，中国恢复了在世界银行的合法席位。其后中国代表团参加了该组织的历届年会。中国从1981年起开始向世界银行借款，此后，中国与世界银行的合作逐步展开、扩大，世界银行通过提供期限较长的项目贷款，推动了中国交通运输、行业改造、能源、农业等国家重点建设以及金融、文卫环保等事业的发展，同时还通过本身的培训机构，为中国培训了大批了解世界银行业务、熟悉专业知识的管理人才。

中国参与国际复兴开发银行情况：根据2018年世界银行年会通过的增资和股权改革方案，中国在国际复兴开发银行的股权和投票权分别提升至6.01%和5.71%，居第三位。中国参与国际开发协会情况：截至2022年5月，中国在国际开发协会的投票权为723535票表决权，占总投票权的2.42%。中国参与国际金融公司情况：自国际金融公司1985年批准第一个对华项目起，国际金融公司在中国共投资了超400个项目、总额超160亿美元的资金。国际金融公司2018年增资决议于2020年4月通过生效，增资完成后，中国在国际金融公司的股权升至2.95%，投票权升至2.82%。

中国—国际货币基金组织

中国是国际货币基金组织（IMF）的创始国之一。1971年，联合国大会恢复中国在联合国的合法席位，为中国恢复在联合国序列下各专门机构的席位创造了条件。1980年，IMF派团来华谈判，并恢复了中国在IMF的合法席位。当年9月，IMF通过决议，将中国份额从5.5亿特别提款权增加到12亿特别提款权。至2001年，中国份额增至63.692亿特别提款权，占总份额的2.98%，升至第8位，投票权也增加至2.95%，中国也由此获得了在IMF单独选区的地位，从而有权选举自己的执行董事。2008年IMF改革之后，中国份额增至80.901亿特别提款权，所占份额仅次于美、日、德、英、法五大股东国，投票权上升到3.65%。2015年，中国首次开始向IMF申报外汇储备，11月30日，IMF执董会批准人民币加入特别提款权（SDR）货币篮子。之后，中国份额占比从3.996%升至6.394%，排名从第6位跃居到第3位，仅次于美国和日本。2016年，IMF宣布，将在其"官方外汇储备货币构成"（COFER）的季度调查中单独列出人民币以反映IMF成员人民币计价储备的持有情况，人民币成为SDR五大货币之一。

中国—二十国集团

二十国集团领导人杭州峰会会标

二十国集团（G20），是由七国集团财长会议于1999年倡议成立，由阿根廷、澳大利亚、巴西、加拿大、中国、法国、德国、印度、印度尼西亚、意大利、日本、韩国、墨西哥、俄罗斯、沙特阿拉伯、南非、土耳其、英国、美国以及欧盟等二十方组成。二十国集团的GDP总量约占全球的85%，人口占全球的2/3。

国际金融危机爆发前，G20仅举行财长和央行行长会议。国际金融危机爆发后，G20提升为领导人峰会。2009年举行的匹兹堡峰会将G20确定为国际经济合作的主要论坛，标志着全球经济治理改革取得重要进展。G20机制已形成以峰会为引领、协调人和财金渠道"双轨机制"为支撑、部长级会议和工作组为辅助的架构。二十国集团的成立为国际社会齐心协力应对经济危机，推动全球治理机制改革带来了新动力和新契机，全球治理开始从"西方治理"向"西方和非西方共同治理"转变，旨在推动已工业化的发达国家和新兴市场国家之间就实质性问题进行开放及有建设性的讨论和研究，以寻求合作并促进国际金融稳定和经济的持续增长。

2016年9月，二十国集团领导人杭州峰会举行。习近平主席在峰会上发表一系列重要讲话，全面深刻阐述中国关于全球治理的政策主张，为世界经济复苏和发展贡献中国智慧、提出中国方案，勾画世界经济增长的新蓝图、新愿景。

中国—东盟

中国—东盟（"10＋1"）领导人会议是指东盟十国（文莱、印度尼西亚、马来西亚、菲律宾、新加坡、泰国、越南、老挝、缅甸、柬埔寨）与中国领导人之间举行的会议。近年来，"10＋1"合作机制以经济合作为重点，逐渐向政治、安全、文化等领域拓展，已经形成了多层次、宽领域、全方位的良好局面。"10＋1"确定了五大重点合作领域，即农业、信息通信、人力资源开发、相互投资和湄公河流域开发。在"10＋1"合作机制下，每年均召开首脑会议、部长会议、高官会议和工作层会议。

中国为"10＋1"合作机制的发展作出了重要贡献。1997年，中国与东盟领导人发表的《联合宣言》，确定了双边睦邻互信伙伴关系。2002年，中国与东盟签署了《全面经济合作框架协议》，确定了2010年建立自由贸易区的目标。2003年，中国与东盟签署了《面向和平与繁荣的战略伙伴关系联合宣言》，中国加入了《东南亚友好合作条约》。2017年是东盟成立50周年，中方坚定支持东盟共同体建设，支持东盟在区域合作中的中心地位，支持东盟在国际、地区事务中发挥更大作用。2022年，双方通过"中国—东盟应对气候变化与生态环境对话和2022年中国—东盟环境合作论坛"，将落实重要倡议和愿景与实施《中国—东盟环境合作战略及行动框架（2021—2025）》紧密结合，针对应对气候变化、生物多样性保护等全球及区域热点议题，加强立场协调，共同维护发展中国家利益，共促区域可持续发展合作，为实现绿色复苏提供新动力。

中国—中非合作论坛

中非合作论坛是中国和非洲国家之间在南南合作范畴内的集体对话机制，中非合作论坛北京2000年部长级会议于2000年10月10日至12日在北京召开，标志着中非合作论坛正式成立。论坛的宗旨是平等磋商、增进了解、扩大共识、加强友谊、促进合作。论坛的成员包括中国、与中国建交的53个非洲国家以及非洲联盟委员会。中非合作论坛部长级会议每3年举行一届。与西方国家附加政治和人权等条件的所谓"援助"不同，中国严格遵循不干涉非洲国家内政、援助不附加政治条件的原则，得到了非洲国家的高度评价。

伴随着中非各自的成长与壮大，中非合作规模也经历了巨变。20世纪50年代，中非贸易额仅为1200万美元，而2013年则达到2102亿美元。中国已连续15年保持非洲第一大贸易伙伴地位，2022年，中国对非直接投资存量超过470亿美元。2023年，中非贸易额达到历史峰值2821亿美元。中国的杂交水稻技术也在非洲进行推广，有效帮助了非洲国家提高粮食亩产量，解决其粮食安全问题。

06 外国人在中国

陆 外国人在中国 /

随着中国经济的飞速发展，以及中国与世界交往的密切深入，越来越多的外国人来中国学习、工作、生活。

在新中国成立之前和之初，有一批国际友人长期支持中国的革命和建设事业。改革开放之后，除了大批留学生来华之外，大量外企也在中国找到了自己的发展空间。

外商投资企业

外商投资企业是指依照中国法律在中国境内设立的,由中国投资者与外国投资者共同投资,或者由外国投资者单独投资的企业。依照外商在企业注册资本和资产中所占股份和份额的比例不同以及其他法律特征的不同,可将外商投资企业分为合资经营、合作经营、外资企业、外商投资合伙四种类型。

2023年,中国设立外商投资企业53766家,同比增长39.7%;实际使用外资金额11339.1亿元人民币,仍处历史高位。

上海陆家嘴

大众汽车在中国

大众汽车集团成立于 1938 年,总部位于德国沃尔夫斯堡,是欧洲最大的汽车公司,也是世界汽车行业中极具实力的跨国公司之一。大众汽车是第一批在中国开展业务的国际汽车制造厂商。大众汽车与中国政府最早的接触可追溯到 1978 年,即中国政府刚刚开始推行经济改革和开放政策,引进国外的资金和先进的科学技术。1984 年,大众汽车正式进入中国市场,1990 年又在长春签署了一汽—大众成立合资企业的协议。2003 年,大众汽车上海变速器合资企业建立投产;2004 年,签署协议将建立两家生产先进技术发动机的合资企业,分别于 2006 年和 2007 年开始投入生产。2007 年,大众汽车品牌捷达车型在成都一汽集团公司的生产基地投产。目前,大众汽车在中国全国范围内已拥有 14 家企业,除了生产轿车的两家合资企业外,还有零部件供应和客户维修服务等企业。今天,大众汽车已经成为中国市场家喻户晓的汽车品牌。

麦当劳在中国

麦当劳金色拱门形状的标志在西方有个著名的昵称——Golden Arch,直译是"金拱门"。因此,麦当劳(中国)有限公司于 2017 年正式更名为金拱门(中国)有限公司。

麦当劳 1955 年创立于美国芝加哥,是全球大型跨国连锁餐厅。在中国市场,自 2017 年中信资本与凯雷投资获得 20 年的特许经营权之后,麦当劳开启了数字化零售、开设新餐厅和自建外卖服务能力的三人战略。2020 年,麦当劳与阿里巴巴达成战略合作,成为首个使用阿里全域数据中台能力的餐饮企业。2021 年,是麦当劳在中国开店最多的一年,平均约 15 个小时就会有一家新的麦当劳餐厅开业。目前,麦当劳在中国已经拥有 5000 多家门店。

丰田汽车在中国

丰田汽车公司是日本跨国汽车制造商,2020 年,其汽车销量位列世界第一,达 952 万台,其中中国地区贡献销量约 200 万台。丰田汽车是中国改革开放之后较早进入中国市场的外国汽车品牌之一。丰田汽车(中国)投资有限公司(简称 TMCI)作为丰田在华地区总部及投资性公司,积极参与丰田在华生产、研发等方面的投资活动,并为其所投资企业提供人才培养、法律事务等支援。同时,它也是丰田在华的重要窗口,代表丰田从事与中国政府、媒体及社会团体等的联络、沟通事务。

丰田汽车(中国)投资有限公司,成立于 2001 年,注册地位于北京市。该公司除依法进行投资外,还在中国境内设立研发机构,从事新产品及高新技术的研究开发,转让其研究开发成果,并提供相应的技术服务,为出资者及关联公司以及与出资者、关联公司、本公司存在业务关系的第三方提供咨询服务等。丰田在汽车技术和相关政策领域,以及包括传授丰田生产方式(TPS)和智能交通系统(ITS)、绿化事业等诸多领域,也积极、广泛地开展与中国的交流合作。

在华留学生

留学生，是指在母国以外进行留学的学生。留学生一词起源于中国唐朝时期的中日文化交流，意指当遣唐使回国后仍然留在中国学习的日本学生，现在泛指留居外国学习或者研究的学生。为加强中外教育交流与合作，推动来华留学事业持续健康发展，提高中国教育国际化水平，教育部推动实施了"留学中国计划"。

近年来，中国留学教育的发展呈现出一些新的特点：一是中国已经成为亚洲最大留学目的国，生源层次显著提升，中国留学生教育的吸引力正在不断增强；二是"一带一路"沿线国家来华留学生的数量增长较快；三是留学生的学习专业打破了过去以汉语学习为主的格局，学科分布更加合理，包括一些工程技术与自然科学领域的留学生快速增长；四是中国教育的国际合作与交流越来越频繁，中国是世界上出国留学生最多的国家，也是亚洲最大的留学生目的地国家。

中国的永久居留审批管理

《外国人在中国永久居留审批管理办法》是为了规范外国人在中国永久居留审批管理工作而制定，外国人可以根据该《方法》申请办理永久居留。《办法》的主要内容包括：申请在中国永久居留的外国人应当遵守中国法律，身体健康，无犯罪记录，并符合下列条件之一：在中国直接投资、连续三年投资情况稳定且纳税记录良好的；在中国担任副总经理、副厂长等职务以上或者具有副教授、副研究员等副高级职称以上以及享受同等待遇，已连续任职满四年的；对中国有重大、突出贡献以及国家特别需要的，以及以上三类人员的配偶及其未满 18 周岁的未婚子女等相关人员等。受理和审批外国人在中国永久居留申请的机关是公安部门。

中科院外籍院士

对中国科学技术事业作出重要贡献，在国际上具有很高学术地位的外国籍学者、专家，可被推荐并当选为中国科学院外籍院士。中国科学院选举外籍院士，每两年进行一次。每次选举，每位院士推荐 1 名候选人，获得不少于 5 名院士的推荐为有效。外籍院士由全体院士实行无记名投票选举，其选举工作与院士增选工作同年进行。参加投票选举的院士人数，应超过院士总人数的 1/2，获得赞同票不少于投票人数 2/3 的候选人当选。截至 2023 年 11 月，中国科学院外籍院士有 154 人。

对华友好人士

中国人特别重视朋友情谊。纵观历史，有数百位国际友人被称为"中国人民的老朋友"，来自五洲四海各行各业。

在"中国人民的老朋友"中，老友之称第一次出现在1956年，获得者是加拿大人文幼章。第一批老友，大多有一个共同的特征：到过延安，特别是因为抗日战争与中国人民结缘。其中有许多是医生，除了加拿大大夫白求恩，印度、罗马尼亚、保加利亚、阿根廷、美国、英国等国均有医生来到中国的战场救死扶伤，并结下友情；还有记者群体，著名的有埃德加·斯诺、安娜·路易斯·斯特朗、艾格尼丝·史沫特莱，被称为"3S"。柬埔寨诺罗敦·西哈努克亲王、坦桑尼亚前总统朱利叶斯·坎巴拉吉·尼雷尔和赞比亚前总统肯尼思·戴维·卡翁达等也是中国人民熟悉的外国友人。

埃德加·斯诺 《红星照耀中国》作者

斯诺

埃德加·斯诺（Edgar Snow，1905—1972）生于美国密苏里州，美国著名记者，代表作《红星照耀中国》。他于1928年来华，曾任欧美几家报社的驻华记者、通讯员。1933年到1935年，同时兼任北平燕京大学新闻系讲师。1936年访问陕甘宁边区，写了大量通讯报道，成为第一个采访红区的西方记者。抗日战争全面爆发后，任《每日先驱报》和美国《星期六晚邮报》驻华战地记者。1942年离开中国，去中亚和苏联前线采访。新中国成立后曾三次来华访问，并与毛泽东主席见面。1972年因病在瑞士日内瓦逝世。后人遵照其遗愿，将其一部分骨灰葬在中国，地点在北京大学未名湖畔。

爱泼斯坦

伊斯雷尔·爱泼斯坦（Israel Epstein，1915—2005），中国共产党优秀党员，杰出的国际主义战士，国际著名记者、作家。1915年出生于波兰华沙，自幼随父母定居中国，16岁开始从事新闻工作，在抗日战争中与美国合众国际社和一些西方新闻社参与了掩护中国平民的行动。1938年的秋季在香港参加宋庆龄发起组织的保卫中国同盟，为中国的抗日战争进行宣传并募集国际援助。1951年应宋庆龄之邀，回到中国参与杂志《中国建设》（后改名为《今日中国》）的创刊工作。70岁以前都是《今日中国》的总编辑，70岁退休后成为杂志的名誉总编辑。在担任《今日中国》总编辑期间，于1957年加入了中国国籍。爱泼斯坦是为数不多的几名加入了中国共产党的外国裔人士，2019年入选"最美奋斗者"名单。

柯棣华

柯棣华（Dwarkanath S. Kotnis，1910—1942），印度人，著名医生，伟大的国际主义战士。1938年随同印度援华医疗队到中国协助抗日，先后在延安和华北抗日根据地服务，任八路军医院外科主治医生、白求恩国际和平医院第一任院长。1942年在河北唐县逝世，享年32岁。2014年被列入民政部公布的第一批300名著名抗日英烈和英雄群体名录。

白求恩

白求恩（Henry Norman Bethune，1890—1939），加拿大共产党员，国际主义战士，著名胸外科医师。1890年出生于加拿大安大略省格雷文赫斯特镇，1935年加入加拿大共产党，1938年来到中国参与抗日斗争，因手术中被细菌感染转为败血症，于1939年逝世。在中国工作的一年半时间里为中国抗日呕心沥血，救死扶伤，受到中国人民的敬仰。毛泽东主席称赞他是一个高尚的人，一个纯粹的人，一个有道德的人，一个脱离了低级趣味的人，一个有益于人民的人。

伟大的国际主义战士 柯棣华

飞虎队

"飞虎队"（Flying Tiger），全称"中国空军美国志愿援华航空队"，由美国飞行教官克莱尔·李·陈纳德创建。其主要工作区域，前期以中国云南为主，后期以湖南芷江机场为主，为中国的抗日战争建立了不朽功勋，成为中美两国人民友谊的见证。2019年是"中国空军美国志愿援华航空队"首次对日空战78周年，美中航空历史遗产基金会在加州旧金山湾区的利弗莫尔机场举行了隆重的纪念活动。2020年2月6日，美国最后一位"飞虎队"成员、美国飞虎队协会前会长弗兰克·洛桑斯基逝世，享年99岁。

美国援华航空队"飞虎队"队长陈纳德

中国政府友谊奖

中国政府友谊奖，是中国政府为表彰在中国现代化建设和改革开放事业中作出突出贡献的外国专家而设立的最高奖项，由国务院授权国家外国专家局实施。

中国政府友谊奖于1991年正式设立，前身是20世纪50年代为鼓励来华工作的苏联和东欧等国的专家而设立的奖项，周恩来总理和陈毅外长曾在国庆前夕向有特殊贡献的外国专家颁发感谢状。改革开放后，随着对外国专家引进和表彰工作的重新开展，1991年，国家外国专家局恢复设立"友谊奖"。每年的"十一"，该年度的获奖者将应邀来到北京，出席"友谊奖"颁奖仪式，接受党和国家领导人的亲切会见，并参加在京举行的国庆活动。截至2024年2月，共有来自世界80多个国家的1898名专家获此殊荣。

中国的国际学校

中国的国际学校，通常指为在中国生活的外国侨民提供母语教育的学校，部分也招收中国学生。总体来看，中国的国际学校发展态势迅猛。

广泛意义上的国际学校，要从1969年诞生的"北京巴基斯坦使馆学校"说起，紧接其后的是1973年成立的北京芳草地国际学校和1975年成立的北京第五十五中学国际学生部。这些学校是为满足当时的外籍人士子女的教育需求而建立的，基本采用的是中国的教育体系和教育方式，相比当时普通公立学校，增加了在语言教学上的比重和本民族的教学内容。中国改革开放后，越来越多的国家与中国建交，随着外交人员群体的增大，美国、英国、澳大利亚、加拿大和新西兰驻华大使馆于1980年共同建立了北京顺义国际学校（ISB），这也是中国第一所完全采用国外教学体系和管理体系的国际学校。该校刚开始只接收使馆人员子女，从2002年起开始接收除使馆以外的外籍工作人员子女。

随着经济进一步发展，大量外企进入中国，中国的经济发展也吸引了大批外籍人员进入中国就业，中国国际教育发展受到推动。中国的国际学校主要有四大课程：A-Level（General Certificate of Education Advanced Level），英国高中课程，也是英国学生的大学入学考试课程；IB（International Baccalaureate），即国际文凭组织IBO（International Baccalaureate Organization）为全球学生开设的从幼儿园到大学预科的课程；AP（Advanced Placement），即"美国大学预修课程"；IGCSE（International General Certificate of Secondary Education），是目前国外14岁至16岁全世界考试人数较多的体系之一。

2023年成都大学生运动会开幕，各国大学生向世界展示青春力量

661 中国与世界 ▶ 外国人在中国

07 海外华侨

柒 海外华侨 /

中国传统文化中的家国情怀，使许多移居国外的华人虽然寄居他乡，

却始终怀有深厚的家乡情结，长期保留着对祖国、对家乡的文化情思，他们是中国文化与世界文化进行交流的一个重要纽带和桥梁。

移居国外华人称谓演变

中国公民移居国外的历史源远流长。在唐宋以前，移居国外的华人，没有固定的称谓。《隋书·食货志》载："晋自中原丧乱，元帝寓居江左，百姓之自拔南奔者，并谓之侨人。"中国古代很早就把寄居他乡的人称为"侨人"和"侨士"。唐宋以后，由于交通的发达，移居国外的人数急剧增多，他们多被居住国的人民称为"唐人"，明清时期，仍多称"唐人"。

"华"是中国的古称，"侨"是寄居、客居之意。随着移居国外人数的激增，"华""侨"二字就被联系在一起，用来称呼在国外寄居、客居的华人。1878年，清驻美使臣陈兰彬在奏章中就把中国寓居国外的人称为"侨民"。"侨民"便成为一种专称。1883年郑观应在给李鸿章的奏章中使用了"华侨"一词。1904年，清政府外务部又在一份奏请在海外设置领事馆的折子里提到"在海外设领，经费支出无多，而华侨受益甚大"。从此以后，"华侨"一词就普遍成为寄居海外的中国人的一种专称了。

> **华人华侨的含义**
>
> 华侨是指定居在国外的中国公民。定居是指中国公民已取得住在国长期或者永久居留权，并已在住在国连续居留两年，两年内累计居留不少于18个月；中国公民虽未取得住在国长期或永久居留权的中国公民，但已取得住在国连续5年以上（含5年）合法居留资格，5年内在住在国累计居留不少于30个月，视为华侨。外籍华人是指已加入外国国籍的原中国公民及其外国籍后裔，以及中国公民的外国籍后裔。

华人华侨的数量

中国是一个海外移民较多的国家。现存文献记载的中国人最早移居国外的历史，可追溯到2000多年以前的秦汉时期。进入唐朝，有较多的中国人定居国外，这可视为华侨史的开端，到现在已有1300多年的历史。从唐朝到南宋（618—1270），是海外华侨逐渐出现的时期，有不少中国商人到东南亚各地从事贸易，成为第一代华侨，人数大约为10万多人。从元朝至清朝中叶（1271—1840），出国人数大量增加，中国周边的亚洲国家几乎到处都可见到华侨，其人口已达100万以上。从鸦片战争到新中国成立前（1840—1949），是大规模移民高潮时期，由于战争不断，百姓到世界各地寻找生路，奠定了今天华侨遍布世界各地的格局，华侨人数达1200多万人。1949年之后，国民大批出国的历史基本结束。中国海外移民主要是投资移民、技术移民和留学生。《中国国际移民报告（2023）》显示，侨居海外的华人华侨已有6000多万。

华侨的分布

华侨华人几乎分布在世界各大洲和所有国家。从 21 世纪初的大洲统计分布来看，亚洲华侨华人占 83.7%，美洲占 9.9%，欧洲占 4.9%，大洋洲占 1.2%，非洲占 0.3%。按国家和地区划分，华侨华人的 85.5% 集中在东南亚等地区，印度尼西亚（约 2000 万）、泰国（约 850 万）、马来西亚（约 640 万）。居住华侨华人 1 万—10 万人的有 32 个国家和地区；居住华侨华人 1000—10000 人的有 26 个国家和地区；居住华侨华人 100 人以上，不足 1000 人的有 29 个国家和地区；其余国家和地区的华侨华人分布较少。

按华侨华人的祖籍划分，广东籍占 54%，福建籍占 25%，海南籍占 6%，其他省区市共占 15%（其中以台湾、广西、山东、新疆、云南为主）。在东南亚，粤籍、闽籍和其他省市之比为 5：3：2；而在亚洲以外，粤籍占绝大多数。若以方言划分，使用闽南（泉州）、广府（广州）、潮州、闽东（福州）、客家五种方言的人，占海外华侨华人总数的 80% 左右。

华侨组织

中华全国归国华侨联合会（简称中国侨联）是由中国归侨、侨眷组成的全国性人民团体。1938 年，中共中央决定在华侨青年较多的陕北公学设立"华侨救国联合会"。1946 年，延安侨联在延安王家坪大礼堂召开会员大会，大会决定改"延安华侨救国联合会"为"延安华侨联合会"。1950 年，在北京成立了中华人民共和国归国华侨联谊会筹委会。1956 年，中华全国归国华侨联合会成立大会在北京召开。官网显示，目前，中华全国归国华侨联合会有下设部门 8 个、直属单位 8 个以及 12 个所属社团。

世界华侨华人社团联合总会

世界华侨华人社团联合总会（简称世侨会）成立于 2000 年，是以华人团结爱国为目标，由海内外各界社团自愿组成的非营利联合组织。世侨会以世界各国各地区的华侨华人社团组织为对象，大力发扬国际主义精神和爱国主义精神，致力于世界和平事业。它以弘扬中华民族优秀文化，促进海内外华侨华人的交流与合作，引导、团结广大侨胞爱国、爱乡、爱中华为己任。以传播中华文化，团结华侨华人，促进统一大业为目标，坚持一个中国原则，维护祖国的安全与尊严，坚定不移地促进民族的团结与合作。

夕阳余晖映照海南海口的骑楼，骑楼大多是 20 世纪初从南洋回来的华侨借鉴南洋建筑风格所建

著名华人华侨

华人华侨中有许多有影响力的人物，如闽南籍的陈嘉庚、李清泉、郑周敏、黄奕住、李光前等，广府籍的骆家辉、容闳、陈宜禧、陈启沅、陈芳等，福州籍的黄乃裳、林文镜、陈清泉等，客家籍的胡文虎、张弼士、叶亚来、李光耀、罗芳伯等，潮汕籍的陈慈黉等，广西籍的封奕敏等。他们都是华人华侨中的杰出代表，体现了海外华人华侨艰苦奋斗、自强不息的精神。

◎ 李政道

李政道，1926 年生于上海，美籍华裔物理学家。1946 年，经吴大猷教授推荐赴美进入芝加哥大学，师从诺贝尔物理学奖获得者费米教授。1956 年，和杨振宁合作，联手攻关 θ-τ 之谜，率先全面而系统地提出李–杨假说。翌年初，这一假说便得到哥伦比亚大学吴健雄小组和伽文–莱德曼小组以及芝加哥大学泰勒格第小组的完美实验验证，θ-τ 之谜很快就被成功一举破解。1957 年，和杨振宁一起获得诺贝尔物理学奖。

◎ 杨振宁

杨振宁，1922 年出生于安徽合肥，世界著名物理学家，在粒子物理学、统计力学和凝聚态物理等领域作出里程碑性的贡献。20 世纪 50 年代和 R.L. 米尔斯合作提出非阿贝尔规范场理论，1956 年和李政道合作提出弱相互作用中宇称不守恒定律。在粒子物理和统计物理方面做了大量开拓性工作，提出杨–巴克斯特方程，开辟了量子可积系统和多体问题研究的新方向等。1957 年获得诺贝尔物理学奖。

◎ 丁肇中

丁肇中，1936 年生于美国密歇根州安阿伯城，祖籍是中国山东省日照市，实验物理学家。1974 年发现第 4 种夸克的束缚态 ——J 粒子；1975 年被美国政府授予洛仑兹奖；1976 年获得诺贝尔物理学奖；1979 年发现胶子喷注；1994 年起领导 AMS 实验在空间寻找反物质和暗物质，同年当选为中国科学院外籍院士。

◎ 朱棣文

朱棣文，1948年生于美国密苏里州圣路易斯，祖籍江苏省太仓市，美国第12任能源部部长，斯坦福大学物理学教授，1997年诺贝尔物理学奖获得者。从事的是目前世界上最尖端的激光制冷捕捉技术研究，有着非常广泛的实际用途，这项研究为帮助人类了解放射线与物质之间的相互作用，特别是为深入理解气体在低温下的量子物理特性开辟了道路。

◎ 崔琦

崔琦，1939年出生于河南省平顶山市，中国科学院外籍院士，香港科学院创院院士，美籍华人科学家。1998年因解释了电子量子流体这一特殊现象，获得诺贝尔物理学奖。电子量子流体现象的发现是量子物理学领域内的重大突破，为现代物理学许多分支中新的理论发展作出了重要贡献。

◎ 钱永健

钱永健，1952年出生于美国纽约，祖籍浙江省杭州市，是"中国导弹之父"钱学森的堂侄。2008年，与美国生物学家马丁·沙尔菲、日本有机化学家兼海洋生物学家下村修一同以绿色荧光蛋白的研究获得诺贝尔化学奖。

中国与中国人

美国费城唐人街友谊拱门「费城华埠」

海外华文媒体

　　海外华文媒体是中国大陆、香港、台湾、澳门以外，以汉字为传播方式的大众传播媒介，包括报纸、杂志、网络媒体、广播、电视以及各种新兴媒体。传统上将海外华文媒体视为中国新闻事业在海外的延伸，是在海外定居（已经取得他国国籍）的华人创办的报业，其主要代表有：《联合早报》《世界日报》《星岛日报》《明报》《侨报》《欧洲时报》等。最近30年，为数众多的区域性日报周报周刊蓬勃发展，有些国家和地区的日报历史悠久，有稳定的读者群，多数在华人集中的世界各大城市发行，为丰富海外华人文化生活发挥了积极作用。近年来，海外华文网络媒体蓬勃发展，其订阅人数已经远远超过了传统报业，与广播电视、传统报业形成三足鼎立之势，并行发展。

海外华工

　　第一次世界大战期间，为了弥补战时劳动力的不足，英法两国先后招募中国劳工约14万人。其中，约10万人隶属英军中国劳工旅，4万人归法军指挥，另有数百名学生作为翻译。这些中国劳工主要来自山东省，也有部分来自辽宁、吉林、江苏、湖北、湖南、安徽和甘肃等地。他们的工作几乎都是处于最前线，在战场修建公路、战壕，维修铁路和坦克，甚至拆除未引爆的炸弹，但凡战争所需，几乎无处不往、无所不为。无论是在前线还是后方，华工从事的都是最艰苦、最繁重的工作。一战结束后，部分华工留在法国、比利时，并与当地人组建家庭，成为当时两国华人社会的核心。华侨华人始终没有忘却华工先辈。1998年，一战停战80周年，在巴黎市政府的支持下，法国华侨华人捐款在巴黎竖立了一个纪念碑，以彰显十几万华工在一战时作出的贡献。如今，距离第一次世界大战停战已逾百年，这14万中国劳工的贡献和荣耀终于被世界承认，他们的事迹正被越来越多的人知晓、传颂。

08 重大国际活动

捌 重大国际活动 /

改革开放以来，随着中国经济实力和国际影响力的不断提升，中国举办国际重大活动的数量快速增长，

且能力和水平也大幅提高。重大国际活动不仅传播了中国传统文化和现代文明，也进一步增进了中国同世界各国的友好交往。

2008 年北京奥运会

2008 年，北京成功举办了第 29 届夏季奥运会和第 13 届残奥会。中国兑现了"两个奥运，同样精彩"的承诺，受到国际社会的高度评价。2008 年 8 月 8 日，北京第 29 届奥林匹克运动会开幕式在国家体育场（鸟巢）隆重举行。北京奥运会共有参赛国家及地区 204 个，参赛运动员 11438 人，设 28 个大项 302 个小项，共有 60000 多名运动员、教练员和官员参加，共创造 43 项新世界纪录及 132 项新奥运纪录，共有 87 个国家和地区在赛事中取得奖牌，中国以 51 枚金牌居金牌榜首位，是奥运历史上首个登上金牌榜首的亚洲国家。北京奥运会口号是：同一个世界，同一个梦想（One World, One Dream）。北京奥运会提升了中国的国际声望，强化了民族认同感，增强了社会凝聚力和整合能力，增强了政府的行政能力，加速了社会发展进程。北京奥运会圆了中国的百年梦想，使中国更加自信，更加开放，更加进步。

"北京奥运会是所有奥运会中最好的一届奥运会。在未来应该是很少有人可以做到这种程度。这不光是我个人的看法，同时也是绝大部分媒体和国际奥委会的官员们的看法。"国际奥委会前主席萨马兰奇说道。

2010 年上海世博会

　　2010 年上海世界博览会，是第 41 届世界博览会，于 2010 年 5 月 1 日至 10 月 31 日期间在中国上海市举行。这是由中国举办的首届世界博览会，体现了国际社会对中国改革开放道路的支持和信任，也体现了世界人民对中国未来发展的瞩目和期盼。

　　上海世博会以"城市，让生活更美好"（Better City, Better Life）为主题，五个副主题分别是"城市多元文化的融合""城市经济的繁荣""城市科技的创新""城市社区的重塑""城市和乡村的互动"。21 世纪是城市发展的重要时期，全球总人口约有 55% 以上居住于城市。因此，对未来城市生活的憧憬与展望是一项全球性的课题，它与不同发展水平的国家和人民都休戚相关。作为首届以"城市"为主题的世界博览会，在上海世博会 184 天的展期里，世界各国政府和人民围绕"城市，让生活更美好"这一主题充分展示城市文明成果、交流城市发展经验、传播先进城市理念，从而为新世纪人类的居住、生活和工作探索崭新的模式，为生态和谐社会的缔造和人类的可持续发展提供生动的例证。

2010 年上海世博会中国馆

2022 年北京冬奥会

国际奥委会第 128 次全会决定北京为 2022 年冬季奥林匹克运动会举办城市。北京成为世界上首个既举办夏季奥运会也举办冬季奥运会的城市。第 24 届冬季奥林匹克运动会开幕式于 2022 年 2 月 4 日在国家体育场举行。北京冬奥会的主题口号是"一起向未来"。

在开幕式上,"冰雪五环"破冰而出,破冰寓意打破隔阂、互相走近、大家融为一体。北京冬奥会共设 7 个大项,15 个分项,109 个小项。男、女运动员人数分别达到 1578 人和 1314 人。女性运动员在全体运动员中的占比为 45.44%,创下冬奥会历史新高。女性运动员参加 46 个小项的比赛,同样为历届冬奥会之最。中国体育代表团总人数为 387 人,其中运动员 176 人,北京冬奥会是中国体育代表团史上参赛规模最大的一届冬奥会。北京冬奥会中国体育代表团共收获 9 金、4 银、2 铜,位列奖牌榜第三,金牌数和奖牌数均创历史新高。北京赛区承办所有的冰上项目,延庆赛区承办雪车、雪橇及高山滑雪项目,张家口赛区承办除雪车、雪橇及高山滑雪之外的所有雪上项目。国际奥委会主席托马斯·巴赫在新闻发布会上表示,北京冬奥会创造了历史,为奥运留下了一套全新的标准,将开启全球冰雪运动新篇章。巴赫还将奥林匹克奖杯授予中国人民。

亚洲运动会

亚运会，是亚洲规模最大的综合性运动会，由亚洲奥林匹克理事会的成员国轮流主办，每四年举办一届，与奥林匹克运动会相间举行，分为亚洲夏季运动会（亚运会）、亚洲冬季运动会（亚冬会）、亚洲青年运动会（亚青会）、亚洲残疾人运动会（亚残会）等。截至目前，中国已经成功举办了3届亚运会：1990年第11届北京亚运会、2010年第16届广州亚运会，以及2023年第19届杭州亚运会。

北京冰丝带速滑馆与奥运塔

博鳌亚洲论坛

博鳌亚洲论坛是一个总部设在中国的非官方、非营利性、定期、定址国际组织，由 29 个成员国共同发起，于 2001 年 2 月在海南省琼海市博鳌镇正式宣布成立。博鳌镇为论坛总部的永久所在地，每年定期举行年会。论坛成立的初衷，是促进亚洲经济一体化。论坛当今的使命，是为亚洲和世界发展凝聚正能量。博鳌亚洲论坛为政府、企业及专家学者等提供一个共商经济、社会、环境及其他相关问题的高层对话平台。20 多年来，博鳌亚洲论坛规模和影响不断扩大，为凝聚各方共识、深化区域合作、促进共同发展、解决亚洲和全球问题发挥了独特作用，成为连接中国和世界的重要桥梁，成为兼具亚洲特色和全球影响的国际交流平台。

亚洲文明对话大会

亚洲文明对话大会是继博鳌亚洲论坛之后，中国主要面向亚洲搭建的又一重要对话合作机制。2019 年，亚洲文明对话大会在北京开幕，中国国家主席习近平出席亚洲文明对话大会并发表主旨演讲。

此次亚洲文明对话大会，聚焦亚洲文明交流互鉴与命运共同体的主题，旨在传承弘扬亚洲和世界各国璀璨辉煌的文明成果，搭建文明互学互鉴、共同发展的平台，增强亚洲文化自信，促进亚洲协作互信，凝聚亚洲发展共识，激发亚洲创新活力，为亚洲命运共同体和人类命运共同体建设提供精神支撑。

围绕"亚洲文明交流互鉴与命运共同体"的主题，来自亚洲 47 个国家以及域外其他国家和国际组织的政府官员和代表共计 2000 余人齐聚北京，共商亚洲文明发展之道，共话亚洲合作共赢大计，达成广泛共识，并发表《亚洲文明对话大会 2019 北京共识》。

中国共产党与世界政党高层对话会

中国共产党与世界政党高层对话会于 2017 年在北京举行，以"构建人类命运共同体、共同建设美好世界：政党的责任"为主题。此次对话会聚集了来自 120 多个国家近 300 个政党和政治组织的领导人共 600 多名中外代表。对话会上，习近平总书记强调："我们要把自己的事情做好，这本身就是对构建人类命运共同体的贡献。"他用三个"一如既往"宣示了中国共产党对世界的庄重承诺："一如既往为世界和平安宁作贡献"，"一如既往为世界共同发展作贡献"，"一如既往为世界文明交流互鉴作贡献"。

2023 年，中国共产党与世界政党高层对话会以视频连线方式举行，习近平总书记出席高层对话会开幕式并发表主旨讲话。此次对话会的主题为"现代化道路：政党的责任"，多国政党和政治组织领导人应邀出席会议。

中国共产党与世界政党领导人峰会

中国共产党与世界政党领导人峰会，是中国共产党在成立 100 周年之际举办的重要多边外交活动，旨在同世界各国政党加强治国理政经验交流互鉴，共同应对世界百年变局和世纪疫情带来的挑战，增强为人民谋幸福的理念和能力，促进世界和平与发展，推动构建人类命运共同体。2021 年 7 月 6 日，中国共产党与世界政党领导人峰会以视频连线方式举行，中共中央总书记、国家主席习近平在北京出席会议并发表主旨讲话。来自世界上 160 多个国家 500 多个政党和组织逾 10000 名代表，围绕"为人民谋幸福：政党的责任"主题进行深入交流，达成广泛共识，会议取得圆满成功。

世界园艺博览会

2019年中国北京世界园艺博览会，是经国际园艺生产者协会批准，由中国政府主办、北京市承办的最高级别的世界园艺博览会，是继云南昆明后第二个获得国际园艺生产者协会批准及国际展览局认证授权举办的A1级国际园艺博览会。北京世界园艺博览会开幕式上，习近平主席发表了题为《共谋绿色生活，共建美丽家园》的重要讲话。北京世园会汇聚了世界园艺精华，集中展示了全球花卉园艺新理念、新品种、新技术和特色文化，诠释了绿色发展理念，加强了各国文明互鉴，在推动构建人类命运共同体方面发挥了积极作用。

中国国际进口博览会

中国国际进口博览会，简称进博会，由商务部和上海市人民政府主办。

举办中国国际进口博览会是中国着眼推进新一轮高水平对外开放作出的一项重大决策，是中国主动向世界开放市场的重大举措。首届中国国际进口博览会于2018年在上海开幕，习近平主席出席开幕式并发表题为《共建创新包容的开放型世界经济》的主旨演讲，他强调："中国推动更高水平开放的脚步不会停滞！中国推动建设开放型世界经济的脚步不会停滞！中国推动构建人类命运共同体的脚步不会停滞！"中国国际进口博览会是迄今为止世界上第一个以进口为主题的国家级展会，是国际贸易发展史上一大创举。这体现了中国支持多边贸易体制、推动发展自由贸易的一贯立场，是中国推动建设开放型世界经济、支持经济全球化的实际行动。

截至2023年11月，中国已成功举办六届进博会。

中国进出口商品交易会

中国进出口商品交易会，简称广交会，创办于1957年。此后每年春秋两季在广州举办，由商务部和广东省人民政府联合主办。广交会是中国历史最长、规模最大、商品最全、到会采购商最多且来源最广、成交效果最好、信誉最佳的综合性国际贸易盛会，被誉为"中国第一展"。其贸易方式灵活多样，除传统的看样成交外，还举办网上交易会。广交会以出口贸易为主，也做进口生意，还可以开展多种形式的经济技术合作与交流，以及商检、保险、运输、广告、咨询等业务活动。广交会展馆坐落于广州琶洲岛，总建筑面积110万平方米，室内展厅总面积33.8万平方米，室外展场面积4.36万平方米。广交会展馆四期项目于第132届广交会投入使用，展馆展览总面积达62万平方米，成为全球最大的会展综合体。

中国北京国际文化创意产业博览会

中国北京国际文化创意产业博览会，简称北京文博会，创办于 2006 年，是中国政府发挥首都作为全国文化中心、科技创新中心和国际交往中心的独特优势，搭建的国家级文化创意产业国际展示、交流与合作的特色平台。文博会秉承国际化、专业化、市场化、规范化、精品化的办会办展理念，全面展示国内文化创意产业发展的丰硕成果，交流当今世界文化创意产业发展的最新理论和观点，搭建文化产品、文化服务的交易平台，在推动文化创意产业化、促进文化创意产业国际投资合作与文化贸易方面发挥着重要的作用。每年定期在北京举办，迄今已举办多届，取得了丰硕成果。

中国国际高新技术成果交易会

中国国际高新技术成果交易会，简称高交会，由商务部、科技部、工业和信息化部等部委和深圳市人民政府共同举办，每年在深圳举行，是目前中国规模最大、最具影响力的科技类展会。高交会集成果交易、产品展示、高层论坛、项目招商、合作交流于一体，重点展示节能环保、新一代信息技术、生物、高端装备制造、新能源、新材料、新能源汽车等领域的先进技术和产品。经过多年发展，高交会已成为中国高新技术领域对外开放的重要窗口，在推动高新技术成果商品化、产业化、国际化以及促进国家、地区间的经济技术交流与合作中发挥着越来越重要的作用。

中国—东盟博览会

中国—东盟博览会，简称东博会，由中国和东盟十国经贸主管部门及东盟秘书处共同主办，广西壮族自治区人民政府承办的国家级、国际性经贸交流盛会。2003 年第七次中国—东盟（"10＋1"）领导人会议上，中国倡议从 2004 年起每年在中国南宁举办中国—东盟博览会，同期举办中国—东盟商务与投资峰会，这一倡议得到了东盟十国领导人的普遍欢迎。中国—东盟博览会，以展览为中心，同时开展多领域多层次的交流活动，搭建了中国与东盟交流合作的有效平台。

第 19 届中国—东盟博览会在南宁国际会展中心开幕

中国—阿拉伯国家博览会

中国—阿拉伯国家博览会，简称中阿博览会，是由中国商务部、中国国际贸易促进委员会、宁夏回族自治区人民政府共同主办的国际性综合博览会，以中国和阿拉伯国家为主体，面向全世界开放。自2013年以来，中阿博览会以"传承友谊、深化合作、互利共赢、促进发展"为宗旨，截至2023年9月，已在宁夏银川市成功举办了6届。中阿博览会为中阿双方企业相互合作搭建了桥梁、创造了条件，有力地促进了中国和包括阿拉伯国家在内的"一带一路"沿线国家和地区的经贸投资交流合作，已成为中阿共建"一带一路"的重要平台。

世界妇女大会

世界妇女大会，是世界妇女组织的重要会议。妇女问题一向是联合国社会和发展领域的重点之一，为促进全世界妇女事业的发展，联合国迄今已召开过4次世界妇女大会。1975年是"国际妇女年"，召开了第一次世界妇女大会。1995年，联合国第四次世界妇女大会在北京举行，大会主题为"以行动谋求平等、发展与和平"，次主题为"健康、教育、就业"，共有来自197个国家和地区的政府代表以及国际组织、非政府组织的代表参加。大会制定并通过《北京宣言》和《行动纲领》，敦促各国政府作出政治承诺，用行动消除对妇女的一切歧视，实现平等、发展与和平的崇高目标。

1995年9月4日，联合国第四次世界妇女大会在北京开幕

09 国际名人看中国文化

玖　国际名人看中国文化 /

中国文化具有独特的东方魅力，包含了人类文明的丰富成果和智慧，在几千年的历史发展中，

中国文化传播到世界各地，提供了重要的启示，并产生了重要影响。中国文化在西方世界受到广泛重视，被许多思想家、哲学家、文学家、科学家、企业家等高度肯定和赞扬。

国际名人看中国文化

巴尔扎克

"中国人都是发明家,他们比法国人还要文明、开化很多:中国人发明火药的时候,法国还在用棍棒厮杀;中国人发明印刷术的时候,法国人还不曾学会记字。"

玻尔

"我不是理论的创立者,我只是个(道家)得道者。"

杜兰特

"《道德经》出自何人的手笔,倒是次要的问题,最重要的乃是它所蕴含的思想,在思想史中,它的确可称得上是最迷人的一部奇书。"

伏尔泰

"中国人的历史书中没有任何虚构,没有任何奇迹,没有任何得到神启的自称半神的人物。这个民族从一开始写历史,便写得合情合理。"

海德格尔

"老子的'道'能解释为一种深刻意义上的道路,即'开出新的道路',它的含义要比西方人讲的'理''精神''意义'等更原本,其中隐藏着'思想着的道说'或语言的'全部秘密之所在'。"

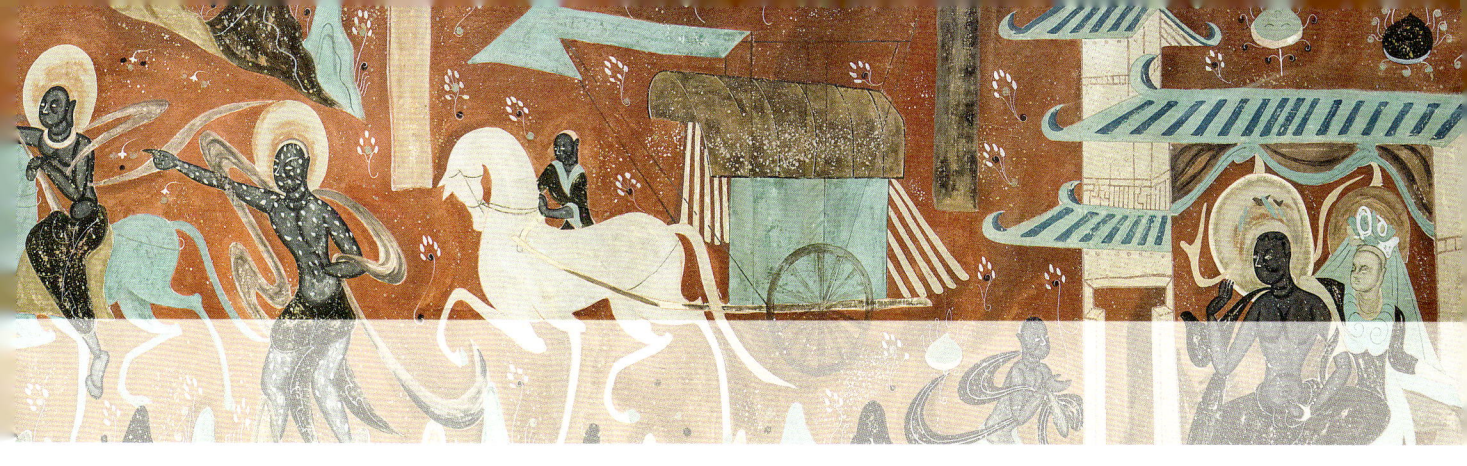

康德

"老子称道的'上善'在于'无',这种说教以'无'为'上善',也就是一种通过与神格相融合、从而通过消灭人格而取得自我感觉消融于神格深渊之中的意识。"

莱布尼茨

"人类最伟大的文明与最高雅的文化终于汇集在了我们大陆的两端,即欧洲和位于地球另一端的犹如'东方之欧洲'的中国。这是命运之神独一无二的决定,其目的就是当这两个文明程度最高和相隔最远的民族携起手来的时候,也会把它们两者之间的所有民族都带入一种更为合乎理性的生活。"

李约瑟

"也许,今天不但中国而且全世界比以往任何时候更加迫切地需要向孔子、老子和墨子学习。"

利玛窦

"柏拉图在《理想国》中作为理论叙述的理想,在中国已被付诸实践。"

罗曼·罗兰

"中国这个巨人,早晚会重新站起来屹立于世界。"

国际名人看中国文化

马克思
"火药、指南针、印刷术——这是预告资产阶级社会到来的三大发明。火药把骑士阶层炸得粉碎,指南针打开了世界市场并建立了殖民地,而印刷术则变成新教的工具,总的来说变成科学复兴的手段,变成对精神发展创造必要前提的最强大的杠杆。"

蒙田
"中国的历史告诉我们,世界该是多么辽阔而变化无穷,无论是我们的前人,还是我们自己,都没有彻底了解它。"

尼赫鲁
"世界上有一个伟大的国家,她的每个字,都是一首优美的诗,一幅美丽的画。这个国家就是中国。"

潘基文
"伟大的哲学家老子曾说过:'天之道,利而不害;圣人之道,为而不争。'让我们将这种不朽的智慧应用到今天的工作中,在百家争鸣的思想中,找到行动上的统一性。"

汤川秀树
"老子是在 2000 多年前就预见并批判今天人类文明缺陷的先知。老子似乎用惊人的洞察力看透个体的人和整体人类的最终命运。"

汤因比

"避免人类自杀之路,在这点上现在各民族中具有最充分准备的,是两千年来培育了独特思维方法的中华民族。"

托尔斯泰

"老子教导人们从肉体的生活转向灵魂的生活。顺应自然法则即生命,即智慧,即力量。我良好的精神状态,归功于阅读老子。"

韦伯

"事实上,在中国历史上,每当道家(道教)思想被认可的时期(例如唐初),经济发展是较好的,社会是丰衣足食的。道家重生,不仅体现在看重个体生命,也体现在看重社会整体的生计发展。"

桃花映雪

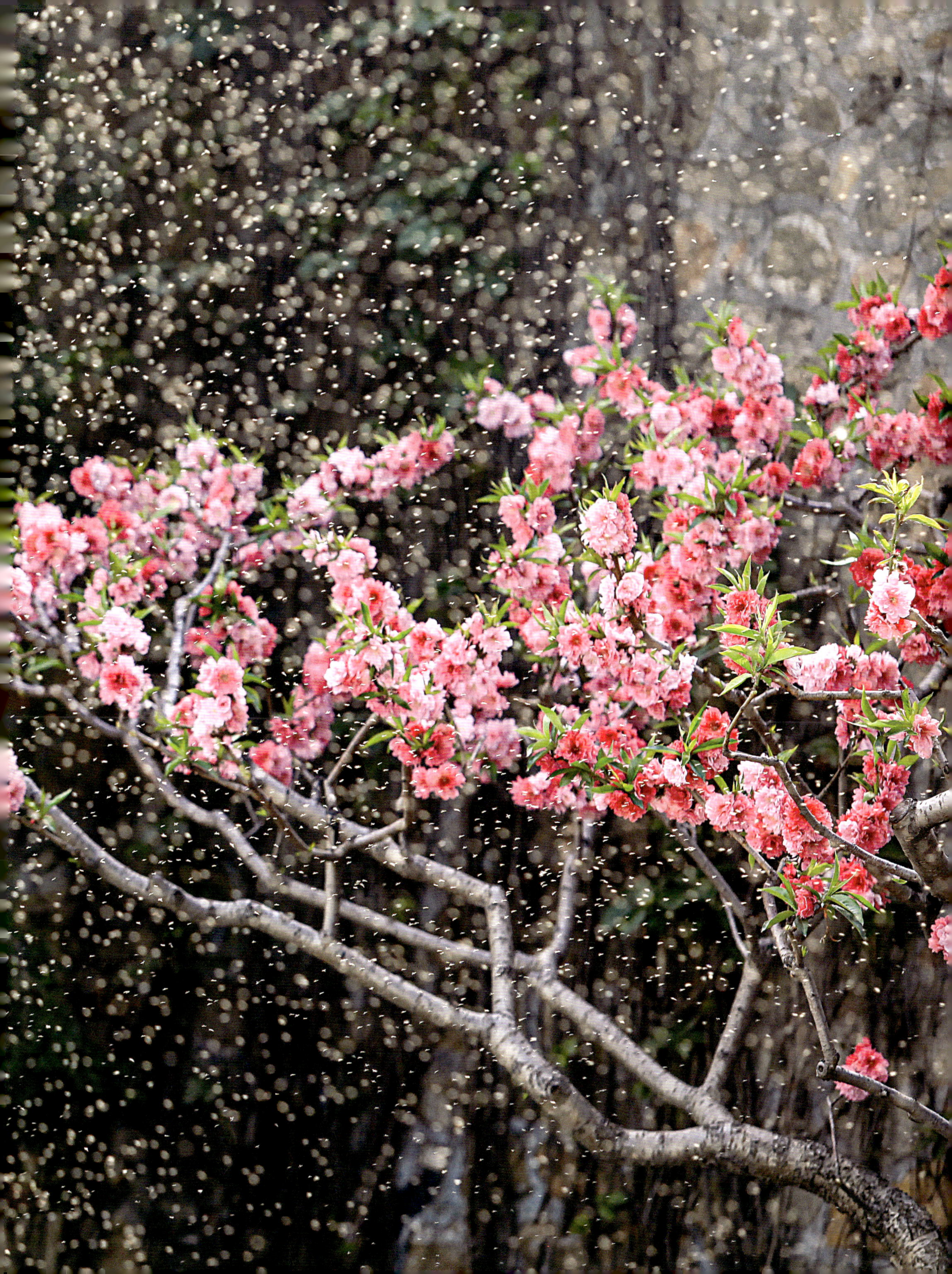

10 人类命运共同体

拾　人类命运共同体 /

中国始终是一个负责任的大国，中国不仅提出了坚持全人类共同价值和建设人类命运共同体的理念和倡议，

更是在气候变化、保护生态环境、促进经济增长、维护世界和平等方面采取了切实有效的行动，并不断取得积极成果。

"一带一路"倡议

2013年9月和10月,中国国家主席习近平在哈萨克斯坦纳扎尔巴耶夫大学和印度尼西亚国会发表演讲时先后提出共建"丝绸之路经济带"和"21世纪海上丝绸之路"倡议,即"一带一路"倡议。

共建"一带一路"倡议以共商共建共享为原则,以和平合作、开放包容、互学互鉴、互利共赢的丝绸之路精神为指引,以政策沟通、设施联通、贸易畅通、资金融通、民心相通为重点,推动各国实现互利共赢、共同发展,成为广受欢迎的全球公共产品和重要国际合作平台。

2017、2019和2023年分别在北京举办了三届"一带一路"国际合作高峰论坛,各方达成了一系列合作共识、重要举措和务实成果。在中国与共建国家的共同努力下,"一带一路"合作从亚欧大陆延伸到非洲和拉美,150多个国家、30多个国际组织签署共建"一带一路"合作文件,成立了20多个专业领域多边合作平台。

应对气候变化

2012年,中国政府首次提出"推进绿色发展、循环发展、低碳发展"和"建设美丽中国"。过去十余年间,从巴厘岛到波恩,在历届气候大会上,中国作出并切实履行了绿色发展的庄严承诺。

中国坚持《联合国气候变化框架公约》和《京都议定书》双轨谈判机制,坚持缔约方主导、公开透明、广泛参与和协商一致的规则,积极发挥联合国框架下的气候变化国际谈判的主渠道作用。2013年,在华沙气候大会上,中国《国家适应气候变化战略》正式对外发布。中国是最早制定实施《应对气候变化国家方案》的发展中国家,先后制定和修订了节约能源法、可再生能源法、循环经济促进法、清洁生产促进法、森林法、草原法、民用建筑节能条例等一系列法律法规,把法律法规作为应对气候变化的重要手段。中国是近年来节能减排力度大、新能源和可再生能源研发速度快的国家,中国还是世界人工造林面积最大的国家。中国率先发布《中国落实2030年可持续发展议程国别方案》,实施《国家应对气候变化规划(2014—2020年)》,向联合国交存《巴黎协定》批准文书。中国消耗臭氧层物质的淘汰量占发展中国家总量的50%以上,成为对全球臭氧层保护贡献最大的国家。

丝路金桥——"一带一路"上的文化桥

保护生态环境

中国环境容量有限，生态系统脆弱，污染重、损失大、风险高的生态环境状况还没有根本扭转，独特的地理环境更加剧了地区间的不平衡。中国"胡焕庸线"东南方 43% 的国土居住着中国 94% 左右的人口，以平原、水网、低山丘陵和喀斯特地貌为主，生态环境压力巨大；该线西北方 57% 的国土以草原、戈壁沙漠、绿洲和雪域高原为主，生态系统非常脆弱。

"绿水青山就是金山银山"，既要金山银山，也要绿水青山，让绿水青山变成金山银山的顶层设计，把生态优势作为可持续发展的最大本钱，护好绿水青山、做大金山银山，不断丰富发展经济和保护生态之间的辩证关系，在实践中将"绿水青山就是金山银山"转化为生动的现实，成为千万群众的自觉行动。近年来，中国政府把生态文明建设作为经济社会发展统筹推进、战略布局的重要内容，开展一系列根本性与长远性工作，污染治理力度之大，环境质量改善速度之快前所未有。

保护大气环境

中国大气污染防治工作主要从两个方面入手：一是防治新污染发展；二是对现有污染源进行治理和加强管理，使大气污染程度减轻。20 世纪 70 年代，中国进行了大气污染调查。2000 年，中国修订通过了《大气污染防治法》，这是中国在依法防治大气污染轨道上的重大进展。2010 年，国务院发布《关于推进大气污染联防联控工作改善区域空气质量的指导意见》，这是中国第一个综合性大气污染防治政策。2012 年，中国发布了新修订的《环境空气质量标准》，增加了细颗粒物（$PM_{2.5}$）和臭氧（O_3）8 小时浓度限值监测指标。从 2013 年开始，中国多地屡遭雾霾天气，北京发布气象史上首个霾橙色预警，首次启动极重污染日应急措施。2013 年出台的《大气污染防治行动计划》，被认为是中国有史以来最为严格的大气治理行动计划。2014 年，从国家到地方，密集的政策与行动，标志着"重典治霾元年"的开启。2017 年首提"打赢蓝天保卫战"，要求坚持全民共治、源头防治，持续实施大气污染防治行动。2018 年，实施《打赢蓝天保卫战三年行动计划》。中国的目标是：到 2025 年，生态环境持续改善，主要污染物排放总量持续下降，单位国内生产总值二氧化碳排放比 2020 年下降 18%，地级及以上城市细颗粒物（$PM_{2.5}$）浓度下降 10%，空气质量优良天数比率达到 87.5%。

资源保护

截至 2023 年 10 月，中国森林面积 34.65 亿亩，森林覆盖率达 24.02%。在全球森林资源总体下降的情况下，中国成为世界上森林资源增长最快的国家。中国创造了世界人工造林的奇迹，是世界上人工林面积最大的国家。在世界森林资源持续下降的趋势中，中国连续 30 多年保持森林面积和蓄积量双增长。特别是 1998 年启动的天然林资源保护工程，让许多昔日的伐木工人如今变成了护林人。塞罕坝地处内蒙古高原浑善达克沙地南缘，人们在这片曾经林木稀疏、风沙肆虐的冷僻高岭上，建起 115 万亩世界上面积最大的人工林场，森林覆盖率从最初的 11.4% 提高到如今的 82%。

江苏盐城大丰区黄海野鹿荡

湿地保护

　　湿地与森林、海洋并称为全球三大生态系统，被誉为"地球之肾"。截至 2023 年，中国湿地总面积 56.35 万平方千米，湿地类型众多，生物多样性丰富，居世界第四位、亚洲第一位。

　　为加强湿地保护，中国政府采取了一系列举措。1992 年，中国加入国际《湿地公约》，截至 2023 年，中国国际重要湿地总数达 82 处，面积达 7.647 万平方千米，面积居世界第四位。然而，由于工业和工程占地时有出现，近 30 年来，中国国家级湿地自然保护区内湿地面积总体呈现下降趋势。从 2013 年起，中国正式施行的《湿地保护管理规定》明确规定，除法律法规有特别规定的以外，在湿地内禁止从事开（围）垦湿地，放牧、捕捞；挖砂、取土、开矿；排放生活污水、工业废水等破坏湿地及其生态功能的活动。2010 年，建立完善了湿地补贴政策，标志着中国湿地保护制度建设正在逐步健全。自 2022 年 6 月 1 日起，中国正式施行《中华人民共和国湿地保护法》，并印发《全国湿地保护规划（2022—2030 年）》。

海洋环境保护

　　《中华人民共和国海洋环境保护法》对海洋环境的监督管理，海洋环境的调查、监测、监视、评价和科学研究，防治海洋污染工程建设项目和遏制海洋倾倒废弃物对海洋污染损害等方面作了具体的规定。截至 2022 年 6 月，中国依法共建立海洋自然保护区 250 余处，面积 12 万多平方千米，其中，由海洋部门主管的国家级海洋自然保护区 14 处、国家级海洋特别保护区（海洋公园）67 处。海洋自然保护区在保护海洋生态系统、维护海洋生物多样性等方面具有不可替代的作用。中国众多的海洋自然保护区也保护了具有较高科研、教学、自然历史价值的海岸、河口、岛屿等海洋生态环境，保护了中华白海豚等珍稀濒危海洋动物及其栖息地，以及红树林、珊瑚礁、滨海湿地等典型海洋生态系统。下一步，中国还将建设一批新的海洋自然保护区和海洋特别保护区。

广东肇庆鼎湖山风景区

自然保护区

中国第一个自然保护区为 1956 年划定的广东肇庆鼎湖山自然保护区。中国共建立各种类型、不同级别的自然保护区约 2750 个，其中国家级自然保护区 474 处，占国土陆地面积的 14.88%，超过世界平均水平。中国保护地总面积占国土陆地面积的 18%，管辖海域面积的 4.1%，这些保护地有效保护了中国 90% 的陆地生态系统类型、85% 的野生动物种群、65% 的高等植物群落和近 30% 的重要地质遗迹。

2000 年设立的三江源自然保护区平均海拔 4000 多米，是中国面积最大（总面积 36.6 万平方千米）、生物多样性最集中的保护区。该保护区地处青藏高原腹地，是长江、黄河和澜沧江的发源地。2005 年，国家投资 75 亿元启动三江源生态保护和建设工程，2011 年在三江源地区建立首个"国家生态保护综合试验区"，更高层次的三江源生态保护建设工程拉开序幕。三江源生态保护工程实施以来，随着一系列措施的持续推进，湿地水体与面积不断扩大。

中国自然保护区在国际上影响力日益扩大，中国四川的卧龙和九寨沟、吉林的长白山、广东的鼎湖山、甘肃的白水江等多个自然保护区，加入联合国教科文组织"人与生物圈"保护区网络。

拯救濒危动植物

中国野生动植物资源丰富，拥有世界上最多的鸟类种数，裸子植物种类也居世界首位，为生物多样性极其丰富的国家之一。但中国的生物多样性正面临着严峻形势，《中国生物多样性红色名录》评估的 34450 种高等植物中，受威胁特种共计 3767 种，占比 10.9%，其中，裸子植物受威胁比例高达 59%。4357 种脊椎动物中，受威胁特种共计 932 种，占比 21.4%，两栖动物受威胁比例更是高达 43.1%。作为《生物多样性公约》较早的缔约国之一，中国一直积极参与有关公约的国际事务，就国际履约中的重大问题发表意见。中国还是世界上率先完成公约行动计划的少数国家之一。

2024 年，中国生态环境部发布《中国生物多样性保护战略与行动计划（2023—2030）》，明确了中国新时期生物多样性保护战略，是全面提升生物多样性治理水平的科学指引，也是落实《生物多样性公约》的切实行动。中国已建立野生植物种质资源保育或基因保存中心 400 多处，使上千种野生植物建立了稳定的人工种群。中国还建立了 250 多处野生动物繁育中心，专项实施大熊猫、朱鹮等物种拯救工程。目前，中国野生动植物保护基本扭转了珍稀濒危物种种群持续下降的态势，大熊猫、朱鹮、扬子鳄等 70 多种极度濒危物种正逐步摆脱灭绝的风险，栖息地不断优化。

大熊猫不再濒危

2016 年是全球濒危物种保护里程碑式的一年，世界自然保护联盟发表声明称，大熊猫不再是濒危物种，将其受威胁等级从"濒危"降为"易危"。

中国向来就将大熊猫视为国宝，采取了一系列措施保护大熊猫，大熊猫自然保护区就是国家为了保护大熊猫而划定的特定区域。据统计，中国现有 67 处大熊猫自然保护区。1983 年，中国就成立了保护大熊猫研究中心，其主要任务是围绕大熊猫繁育、增加大熊猫数量进行应用基础研究和相关应用研究。截至 2024 年，野生大熊猫数量增至 1900 只。

四川大熊猫

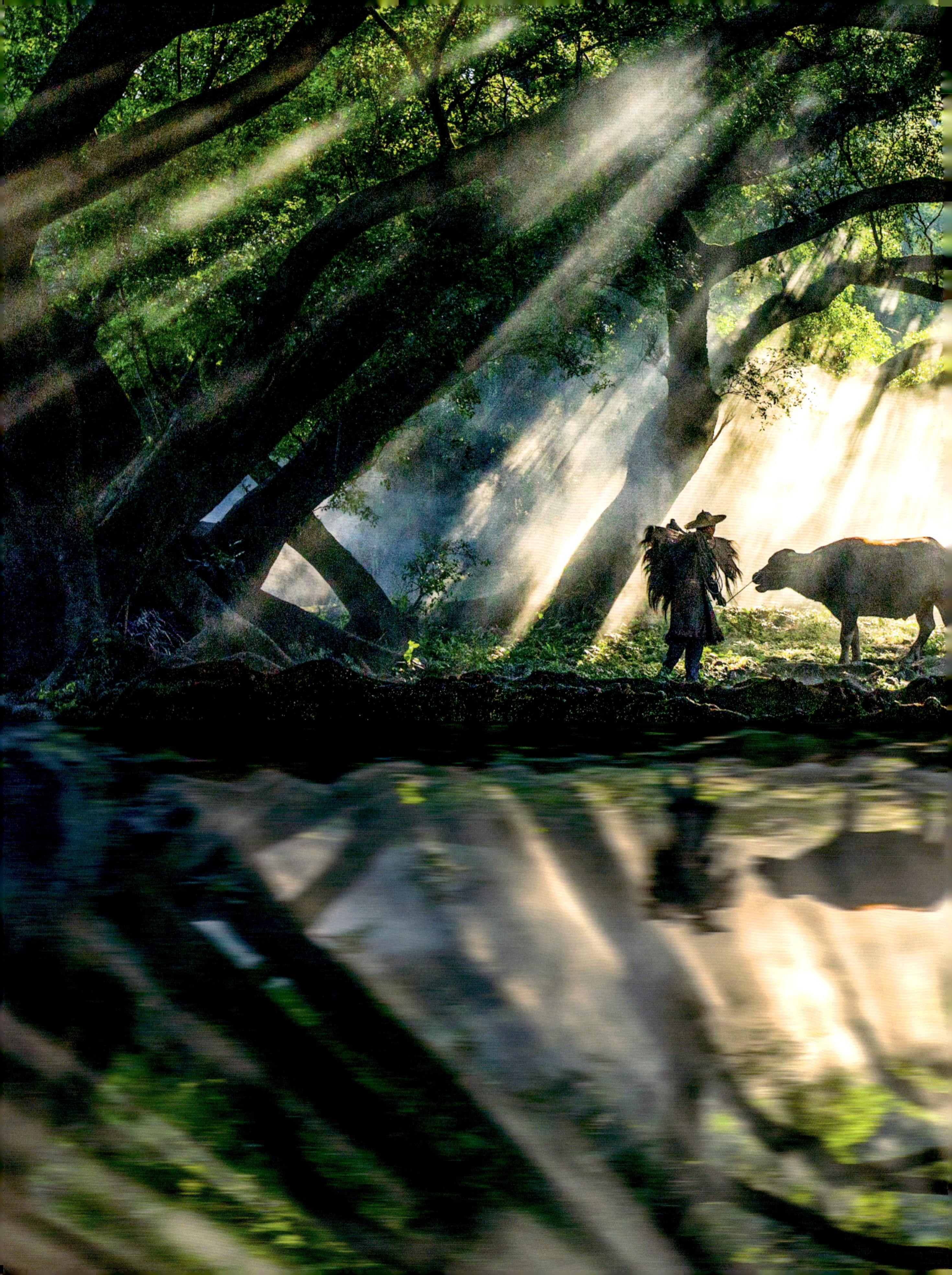

霞浦杨家溪

民间环保

民间自发组成的环保组织是环境保护一支不可忽视的社会力量。各类环保民间社团组织许多活动，如"少开一天车""26 度空调节能行动"，以及"保护母亲河行动"等。

中国环保民间组织发展的历程，最早可追溯到 1978 年由政府部门发起成立的第一家环保民间组织——中国环境科学学会。1991 年，辽宁省盘锦市黑嘴鸥保护协会注册成立。1994 年，"自然之友"在北京成立。之后，中国由民间自发组成的环保民间组织相继成立，还出现了中国大学生绿色营，带领年轻学子走上绿色之路。这些组织在环保领域的广泛参与在国际国内引起了积极反响，成为不可忽视的社会力量。

国际环境合作

作为环境大国，中国始终以积极的态度参加全球环境活动，并在国际环境事务中发挥建设性作用。中国参加了多项涉及环境保护的国际条约，并积极履行这些条约规定的义务。

中国在国际上首创了"中国环境与发展国际合作委员会"模式。该委员会作为政府的高级咨询机构，由 40 多位世界著名人士和专家组成，先后向中国政府提出了许多建设性建议，被国际社会誉为国际环境合作的典范。中国积极参与和推动区域环境合作，以周边国家为重点的区域合作框架初步形成，如中日韩三国环境部长会议、中欧环境政策部长级对话会议、亚欧环境部长会议，以及在上海合作组织框架下推行的环境合作机制等均取得积极进展。中国先后与美国、日本、俄罗斯等国家签署了双边环境保护合作协议或谅解备忘录，还与欧盟、德国、加拿大等国际组织和国家在双边无偿援助项下开展了多项环保领域的合作。

中国"双碳"目标

全球应对气候变化，越来越成为各国关注的重点。联合国从 1979 年开始推动气候变化合作，至今已有 40 多年。1992 年召开的联合国大会通过《联合国气候变化框架公约》，这是一个具有里程碑意义的国际法律文本。在 2009 年哥本哈根气候变化会议领导人会议上，中国政府向国际社会承诺，到 2020 年实现单位国内生产总值二氧化碳排放比 2005 年下降 40% 到 45%。实际上，中国在 2018 年单位国内生产总值碳排放较 2005 年累计下降了 45.8%，提前并超额完成了向国际社会作出的承诺。

2020 年，在第七十五届联合国大会期间，中方提出将提高应对气候变化国家自主贡献力度，二氧化碳排放力争于 2030 年前达到峰值，努力争取 2060 年前实现碳中和。同年，在气候雄心峰会上，中国进一步宣布，到 2030 年，中国单位国内生产总值二氧化碳排放将比 2005 年下降 65% 以上，非化石能源占一次能源消费比重将达到 25% 左右，森林蓄积量将比 2005 年增加 60 亿立方米，风电、太阳能发电总装机容量将达到 12 亿千瓦以上。这充分展现了中国担当，为更具雄心的全球气候治理注入新动力。

河北承德木兰围场草原风电厂

亚洲基础设施投资银行

亚洲基础设施投资银行（简称亚投行）是一个政府间性质的亚洲区域多边开发金融机构。2014年，包括中国、印度、新加坡等在内的21个首批意向创始成员国的财长和授权代表在北京签约，共同决定成立亚投行。2015年，亚投行正式成立，宗旨是通过在基础设施及其他生产性领域的投资，促进亚洲经济可持续发展、创造财富并改善基础设施互联互通；与其他多边和双边开发机构紧密合作，推进区域合作和伙伴关系，应对发展挑战。亚投行是首个由中国倡议设立的多边金融机构，总部设在北京，法定资本1000亿美元。亚投行现有109个成员，包括93个正式成员和16个意向成员。

中国维和行动

中国维和部队是中国根据联合国有关决议和国际法准则派出的军事部队，主要任务是制止冲突，恢复和平。应联合国秘书长请求，中国自1990年开始，每年向联合国派遣军事观察员执行维和任务。中国维和官兵的足迹遍布柬埔寨、刚果（金）、利比里亚、苏丹、黎巴嫩、塞浦路斯、南苏丹、马里、中非等20多个国家和地区，在推进和平解决争端、维护地区安全稳定、促进驻在国经济社会发展等方面作出了重要贡献。30多年来，中国军队先后参加25项联合国维和行动，累计派出官兵近5万人次，16名中国官兵为和平事业献出了宝贵生命。中国军人在圆满完成各种维和任务的同时，还积极传播友谊，为驻地建设勤奋工作。此外，积极向当地百姓传授各种技术，帮助他们脱贫致富。

防核扩散

自从核武器诞生以来，核扩散和防扩散就处于矛盾发展的并行轨道中。在国际社会的共同努力下，国际防扩散体系取得了卓越成就，至今核武器扩散被限制在一个极低的发展进程中。但是，核武器扩散问题并没有彻底解决。面对核武器扩散的风险，建立有效的核安全机制越来越重要。2014年，习近平主席在荷兰海牙举行的第三届核安全峰会上阐述了发展和安全并重、权利和义务并重、自主和协作并重、治标和治本并重的核安全观。2016年，在华盛顿举行的第四届核安全峰会上，习近平主席又提出了世界各国要努力打造核安全命运共同体，携手共进。

庆祝中华人民共和国成立70周年大会阅兵式上的维和部队方队

中国反恐

以极端组织为代表的恐怖主义势力在中东等地区日益猖獗，对各国、地区乃至国际安全与稳定构成严重威胁。

面对恐怖主义新回潮，中国认为，恐怖主义是全人类的公敌。反恐应遵循国际法和国际关系准则，坚持行之有效的做法，必须发挥联合国及其安理会的主导作用，特别是采取军事行动必须符合《联合国宪章》和安理会决议，不能采取双重标准，更不能与特定的民族或宗教挂钩。中国政府的反恐态度鲜明坚决，同大多数国家的观点一致。中国提出的反恐基本原则和共同标准是反恐行动的理念指引，这是较之于具体的反恐行动更为核心的问题。国际社会对恐怖主义的认知应达成一致，不能以双重标准和自身利益为标准。在采取行动上，应开展积极的反恐合作。以往经验也证明，《联合国宪章》是反恐的基本规则，如果超越《联合国宪章》和国际法准则，不仅容易引起争议，而且可能产生很多严重后果。

全球治理中国方案

中国作为新兴国家的代表，一直以来都致力于推动国际秩序的转型，也是全球治理的积极倡导者和参与者。面对传统安全威胁和非传统安全威胁，针对全球恐怖主义、能源与食品安全危机以及传染性疾病的蔓延等一系列难题，为世界提供公共产品以及为维护全球共同利益提出中国方案。

近年来，中国为全球治理提供了越来越多的国际公共产品，从理念层面、制度层面再到物质层面，中国正逐步成为全球治理的改革者。中国道路的成功本身就得益于经济全球化的世界进程以及全球治理体系的积极成果，在未来也将以一个大国的形象担起全球治理的责任，为创建一个容纳各方利益诉求和治理理念的新秩序作出积极贡献。中国方案加速了国际秩序的转型和全球治理体系的深度变革，将全球治理的主体扩大到世界上绝大多数国家，无论大小、贫富和强弱都以新秩序的建构主体身份参与到全球治理中来。中国提出的一系列切实可行的行动方案，理念上就是人类命运共同体，行动上就是"一带一路"倡议。2017年，中国国家主席习近平在联合国日内瓦总部发表《共同构建人类命运共同体》的演讲，向世界郑重宣布了"构建人类命运共同体，实现共赢共享"的中国方案。中国正在把人类命运共同体理念付诸行动，为创造人类的美好未来而贡献中国智慧。

人类命运共同体

人类只有一个地球，一个世界。

当今世界经历着百年未有之大变局，政治多极化、经济全球化、文化多样化和社会信息化潮流不可逆转，各国间的联系和依存日益加深，但也面临诸多共同挑战。粮食安全、资源短缺、气候变化、网络攻击、人口爆炸、环境污染、疾病流行、跨国犯罪等全球非传统安全问题层出不穷，对国际秩序和人类生存都构成了严峻挑战。2011年《中国的和平发展》白皮书提出，要以"命运共同体"的新视角，寻求人类的共同利益和共同价值的新内涵。2013年3月，习近平主席在出访俄罗斯期间提出构建人类命运共同体理念，为应对全球挑战、共创人类美好未来提供中国方案。面对世界经济的复杂形势和全球性问题，任何国家都不可能独善其身。2021年，习近平主席在中华人民共和国恢复联合国合法席位50周年纪念会议上的讲话中再次强调"人类应该和衷共济、和合共生，朝着构建人类命运共同体方向不断迈进"。"人类命运共同体"是中国政府反复强调的关于人类社会的新理念，是以应对人类共同挑战为目的的全球价值观，得到了国际社会的广泛认同。

全球发展倡议

2021年9月21日，习近平主席在第七十六届联合国大会一般性辩论上的讲话中，提出了以"坚持发展优先""坚持以人民为中心""坚持普惠包容""坚持创新驱动""坚持人与自然和谐共生""坚持行动导向"等"六个坚持"为主要内容的全球发展倡议，倡导共同推动全球发展迈向平衡协调包容新阶段。

全球安全倡议

2022年4月21日，习近平主席在博鳌亚洲论坛2022年年会开幕式上的主旨演讲中，提出了以"坚持共同、综合、合作、可持续的安全观""坚持尊重各国主权、领土完整""坚持遵守联合国宪章宗旨和原则""坚持重视各国合理安全关切""坚持通过对话协商以和平方式解决国家间的分歧和争端""坚持统筹维护传统领域和非传统领域安全"这"六个坚持"为主要内容的全球安全倡议，深刻阐释了新时代中国的全球治理安全观。

全球文明倡议

2023年3月15日，习近平总书记在中国共产党与世界政党高层对话会上的主旨讲话中，提出了以"共同倡导尊重世界文明多样性""共同倡导弘扬全人类共同价值""共同倡导重视文明传承和创新""共同倡导加强国际人文交流合作"为主要内容的全球文明倡议。

马中：《中国哲人的大思路》，陕西人民出版社，1993。

［日］平势隆郎：《从城市国家到中华：殷周 春秋战国》，周洁译，广西师范大学出版社，2014。

［日］浅野裕一：《古代中国的文明观》，高莹莹译，新星出版社，2019。

邵汉明主编《中国文化精神》，商务印书馆，2000。

沈福伟：《中西文化交流史》，上海人民出版社，2014。

［美］斯蒂芬尼·福勒：《美国人》，韩颖译，外文出版社，2001。

苏秉琦：《中国文明起源新探》，辽宁人民出版社，2009。

孙翠宝：《智者的思路——20世纪西方哲学思维方式》，复旦大学出版社，1989。

唐书彪：《世界故事：一个外宣人见证中国崛起三十年》，世界知识出版社，2017。

王麒诚：《看中国》，外文出版社，2010。

王义桅：《时代之问，中国之答：构建人类命运共同体》，湖南人民出版社，2021。

王泽应：《中华民族道德生活史·先秦卷》，东方出版中心，2014。

吾淳：《中国哲学的起源》，上海人民出版社，2015。

新日本制铁株式会社：《日本》，株式会社学生社，1982。

徐步编《中国》，外文出版社，2014。

［德］亚内特·沙扬：《德国概况》，社会科学文献出版社，2010。

杨春时：《中华美学概论》，人民出版社，2018。

杨会军编著《美国》，社会科学文献出版社，2015。

杨曾文主编《中国佛教基础知识》，宗教文化出版社，2005。

姚新中：《早期儒家与古以色列智慧传统比较》，陈默译，中国社会科学出版社，2013。

袁明主编《美国文化与社会十五讲》（第2版），北京大学出版社，2019。

张法：《中西美学与文化精神》，中国人民大学出版社，2020。

张国：《中国治国思想史》，新华出版社，2002。

［澳］张海花、杰夫·贝克：《像中国人一样思考》，胡凝、王晓波译，中华工商联合出版社，2010。

张浩、黄一飞编译《一本书读懂美国文化》，中国时代经济出版社，2012。

张振犁、陈江风等：《东方文明的曙光——中原神话论》，东方出版中心，1999。

钟欣编《中国》，外文出版社，2018。

中国与中国人 参考文献

本书编写组：《中国》，外文出版社，2019。

［英］安东尼·迈阿尔：《英国人》，彭小培译，外文出版社，2001。

［美］保罗·克鲁格曼：《美国怎么了？一个自由主义者的良知》，刘波译，中信出版社，2008。

［英］伯特兰·罗素：《中国问题》，田瑞雪译，中国画报出版社，2019。

陈敬亭：《历史自信：中华文明照亮世界》，山西人民出版社，2023。

陈宣良：《中国文明的本质》，上海人民出版社，2015。

楚渔：《中国人的思维批判》，人民出版社，2011。

［德］丹妮丝·施曼特－贝瑟拉：《文字起源》，王乐洋译，商务印书馆，2015。

［美］亚内特·沙扬：《德国概况》，北京：社会科学文献出版社，2010年。

冯友兰：《中国哲学史》，中国画报出版社，2020。

范文澜：《中国通史》，人民出版社，1996。

［日］宫本一夫：《从神话到历史——神话时代夏王朝》，吴菲译，广西师范大学出版社，2014。

葛兆光：《七世纪前中国的知识、思想与信仰世界》（中国思想史·第一卷），复旦大学出版社，1998。

高译编著：《中国画艺术美学》，天津人民美术出版社，2018。

［德］海因里希·奥古斯特·温克勒：《西方通史：从古代源头到20世纪》，丁娜译，社会科学文献出版社，2019。

韩震：《东方智慧与信仰：如何看中国人的价值观》，外文出版社，2019。

胡俊、吴山明：《中国画写意传统的世界性研究》，中国美术学院出版社，2019。

黄开国、唐赤蓉：《诸子百家兴起的前奏——春秋时期的思想文化》，巴蜀书社，2004。

季羡林：《中印文化交流史》，中国社会科学出版社，2008。

［韩］金容沃：《中庸·人类最高的智慧》，金泰成译，海南出版社，2012。

［美］理查德·尼斯贝特：《思维的版图》，李秀霞译，中信出版社，2006。

李长泰：《天地人和——儒家君子思想研究》，人民出版社，2012。

［春秋］李耳著，史靖妍编：《老子》，漓江出版社，2017。

李元洛：《诗美学》（修订版），人民文学出版社，2016。

［加］梁鹤年：《西方文明的文化基因》，生活·读书·新知三联书店，2014。

刘明翰：《世界通史》（中世纪卷），人民出版社，1997。

A

阿拉伯 536, 539, 544, 545, 679

爱国主义 6, 378, 446, 478, 510, 520, 604, 617, 665

安全观 703

安塞腰鼓 31, 369

安史之乱 149, 185, 549

奥运会 74, 91, 248, 337, 400, 672, 674

澳门 65, 66, 88, 89, 103, 108, 208, 225, 227, 233, 407, 669

澳门回归 233

B

八大菜系 319, 323

八股文 575

八卦 137, 438, 439, 518, 519, 521, 539

巴丹吉林沙漠 219

巴蜀文化 373, 376

霸权主义 616, 630, 646

白话 101, 170

白节 428

白领 488, 489

白求恩 657, 658

百家争鸣 147, 177, 332, 572

百年未有之大变局 630, 702

半坡文化 131, 538, 604

半坡遗址 131, 142, 168, 347, 390, 412, 556, 558

北斗 263, 272, 295

北京 4, 7, 8, 9, 13, 18, 22, 23, 48, 63, 67, 73, 74, 154, 158, 162, 165, 195, 196, 199, 204, 226, 233, 241, 248, 257, 264, 268, 281, 292, 309, 315, 323, 337, 340, 347, 375, 388, 391, 394, 397, 400, 404, 407, 408, 412, 413, 468, 469, 552, 556, 564, 572, 609, 648, 651, 655, 665, 672, 674, 676, 677, 678, 679, 690, 692, 698, 700

北京大学 293, 298, 657

北京烤鸭 323

北京时间 13, 29

北京四合院 347, 506

北京中轴线 7, 213

北魏 36, 206, 210, 320, 372, 384, 385, 540, 567

《本草纲目》 226, 580, 584

扁鹊 586, 589

辩证法 176, 193, 435, 518

辩证思维 344, 504, 521

濒危动植物 695

兵马俑 78, 198, 398

兵役制度 283

帛书 101, 137, 168, 169, 596

博鳌亚洲论坛 676, 703

卜骨刻辞 10

布达拉宫 81, 199

C

彩陶 10, 132, 371, 383, 390, 503, 591, 604

草原文化 128, 372

《茶经》 549

茶文化 85, 319, 327, 549

茶叶 52, 327, 549, 625

嫦娥奔月 139

嫦娥工程 272, 294

陈景润 299

成都 35, 81, 207, 264, 280, 281, 376, 552, 625

成吉思汗 153, 183

诚信 177, 449, 453, 456, 496, 501

承德避暑山庄 200, 226

出国留学 643

除夕 422, 428

《楚辞》 137

传统文化 9, 76, 213, 329, 337, 347, 361, 373, 376, 378, 391, 409, 419, 425, 426, 434, 445, 446, 455, 461, 478, 480, 487, 504, 506, 538, 605, 616, 663, 671

创新 23, 55, 83, 112, 152, 211, 236, 241, 242, 243, 252, 256, 261, 264, 272, 273, 276, 283, 285, 290, 291, 292, 305, 308, 340, 353, 442, 520, 619, 638, 673, 676, 66, 703

春节 222, 321, 323, 361, 367, 369, 388, 419, 420, 422, 425, 428

春节联欢晚会 388

春秋 83, 143, 145, 146, 147, 168, 169, 172, 176, 177, 188, 189, 190, 192, 193, 320, 323, 332, 353, 357, 375, 378, 390, 394, 409, 425, 440, 446, 448, 454, 461, 477, 499, 506, 527, 530, 539, 547, 570, 571, 580, 598, 632, 643

《春秋》 190, 523

祠堂 350, 480

瓷器 386, 394, 547, 601, 614, 625, 627

蹴鞠 401

村民委员会 110, 308

长白山 35, 46, 52, 694

长城 74, 129, 147, 182, 196, 556, 592

长江 34, 35, 27, 44, 45, 48, 53, 78, 82,

84, 98, 103, 128, 130, 132, 137, 144, 158, 165, 182, 200, 211, 214, 271, 314, 377, 526, 547, 558, 560, 562, 563, 694

长江经济带 83, 84, 241

长江文明 81, 128

长江中下游平原 46, 52

长沙 84, 168, 169, 325, 390, 534, 541

长征 165

长征系列运载火箭 272

重庆 35, 51, 63, 66, 78, 111, 160, 205, 216, 241, 264, 265, 281, 315, 340, 376, 384, 562

D

达努节 419, 428

大科学工程 292

大连 66, 90, 282

大气治理 54, 692

大数据 242, 243, 252, 257, 297

《大唐西域记》371, 625

大同理想 613, 614

大汶口文化 131, 132

大兴安岭 45, 46, 52

大熊猫 53, 54, 58, 214, 216, 314, 315, 695

大学 188, 437, 475

大一统 139, 148, 149, 153, 180, 182, 617

大禹治水 138, 464

大禹铸九鼎 139

大运河 48, 85, 90, 183, 211

大足石刻 78, 205, 384

《道德经》176, 192, 434, 435, 454, 468, 507, 518, 519, 685

道家 146, 176, 178, 192, 344, 375, 434, 435, 437, 447, 468, 490, 504, 506, 605, 684

道教 31, 176, 199, 207, 217, 227, 463, 466, 468, 470, 506, 565, 684

地动仪 148, 534, 546

地方戏 391

地方政府 19, 65, 112, 225

地球村 614

地域文化 365, 369, 372, 373, 376, 479

登封"天地之中"历史建筑群 210

电子商务 85, 243, 412

吊脚楼 78, 352

钓鱼岛 38, 45, 65, 159

东巴文 100, 226

东北平原 46, 52, 63

东北文化 371

东盟 639, 642, 651, 678

董仲舒 180, 375, 441, 574

洞庭湖 31, 48, 567

斗拱 550, 558, 560, 565

独立自主 272, 469, 630, 632

杜甫 81, 149, 184, 185, 604

度量衡 12, 147, 182

端午节 222, 419, 425

对联 567, 604, 605

对外开放 9, 22, 232, 241, 630, 638, 648, 677, 678

对外投资 639

对外援助 641

敦煌 37, 169, 197, 225, 372, 384, 385, 397, 539, 598, 622

多边主义 634, 646

多党合作 18, 106, 108, 109, 110, 306

多民族融合 3, 98

E

二分法 519

二十大 23, 235, 236, 275, 309

二十国集团 650

二十四节气 222, 366, 537

二维码 243

F

发展中国家 246, 298, 303, 305, 630, 632, 633, 641, 646, 647, 651, 690

法治 105, 113, 283, 375, 453, 456, 461

反法西斯战争 165

反腐败 309

梵净山 219

方言 14, 99, 101, 102, 103, 377, 391, 416, 665

非物质文化遗产 99, 222, 366, 367, 378, 391, 393, 426, 605, 608

风筝 392, 393, 400, 325, 544

伏羲 136, 137, 139, 358, 369, 464, 585, 608

佛教 81, 197, 199, 207, 210, 211, 221, 227, 370, 371, 373, 384, 385, 397, 434, 463, 466, 467, 470, 506, 567, 598, 624, 625

佛学 90, 159, 226, 449, 466

负责任的大国 629, 631, 689

复兴号 553

G

改革开放 17, 21, 22, 38, 63, 69, 92, 96,

107, 232, 234, 239, 242, 248, 254, 256, 261, 265, 266, 271, 285, 306, 332, 340, 388, 407, 493, 496, 498, 499, 630, 631, 637, 638, 639, 643, 647, 653, 655, 659, 660, 671, 673

赶集 367, 368

干栏式建筑 314, 343, 557, 558, 559

港口 76, 77, 90, 91, 158, 265, 271

高句丽 183, 207

高考 577

高锟 298

高尚美 510

高速铁路 265, 266, 269, 553

高新技术 289, 655, 678

高原文化 373, 374, 377

高质量发展 53, 235, 236, 239, 647

歌圩 429

革命文化 9

工人阶级 4, 5, 106

工业基地 46, 78, 82, 241

工业现代化 304

公路 38, 241, 265, 268, 269, 271, 562, 563, 669

古代建筑 210, 396, 555, 556, 557, 558, 567

古尔邦节 419, 427

古琴 222, 608

骨笛 389

鼓浪屿 213

官学 488, 571, 572, 575

光宗耀祖 488, 496

广场舞 408

广州 73, 87, 89, 158, 160, 163, 280, 281, 329, 350, 412, 551, 665, 677

桂林山水 35

国产品牌 245

国防和军队现代化 275, 283

国防政策 276, 616

国歌 6, 18

国徽 5

国际货币基金组织 12, 619, 650

国际金融中心 76

国际旅游城市 81, 92

国际贸易 340, 638, 639, 641, 677, 679

国际友人 643, 657

国际组织 286, 631, 643, 645, 676, 679, 690, 698

国家安全 113, 119, 121, 275, 276, 280, 283, 308, 616

国家长治久安 113, 305

国家公祭日 13

国家公园 54, 201, 217

国家计划单列市 66

国家监察委员会 121

国家治理现代化 303, 304, 309

国民收入 20

国内革命战争 163, 164, 165

国内生产总值 246, 263, 264, 287, 289, 650, 692, 699

国旗 5, 7, 18, 233

国庆日 5, 421

国土 27, 41, 42, 50, 53, 63, 158, 241, 279, 308, 638, 692, 694

国务院 8, 12, 20, 38, 92, 112, 117, 118, 119, 120, 240, 242, 255, 283, 286, 289, 292, 337, 405, 646, 659, 692

国有企业 241, 242, 306

国子监 539, 571, 572

H

《海国图志》 159

海军 276, 277, 279, 280, 282

海南岛 45, 51, 92

海派文化 76

海域 5, 31, 38, 42, 44, 45, 55, 66, 88, 92, 631, 694

含蓄 344, 296, 492, 520, 559, 609

韩非子 143, 147, 179

《韩非子》 179, 325

汉朝（汉代） 37, 98, 126, 147, 148, 190, 191, 193, 221, 332, 336, 347, 366, 390, 397, 401, 425, 446, 468, 487, 492, 524, 537, 539, 541, 550, 571, 574, 592, 595, 597, 622, 625

汉服 332, 336

汉武帝 148, 180, 182, 188, 375, 420, 461, 622, 623

汉语热 643

汉字 99, 101, 167, 168, 208, 223, 531, 551, 592, 594, 595, 605, 625, 626, 669

汉族 14, 19, 95, 98, 102, 126, 183, 332, 336, 366, 368, 377, 391, 426, 428, 468, 470, 488, 530, 537

杭州 48, 85, 204, 210, 213, 348, 377, 551, 667

航空 265, 272, 279, 289, 298, 299

航空母舰 279, 282

航天 272, 277, 285, 286, 289, 294, 295, 298

合作共赢 309, 630, 632, 633, 676

何尊 126, 528

中国与中国人 索引

和而不同 425，613
和平共处五项原则 629，630
和平与发展 23，616，619，630，631，676
和为贵 434，448，474，632
和文化 434，613，616
和谐理念 447
和谐美 344，506，507
河姆渡文化 130，314，347，369，547，559，608
河南许昌人 315
河图洛书 90，538
红河哈尼梯田 211
《红楼梦》172，173
红山文化 11，128，131，390
后李文化 130
后母戊鼎 530
厚德载物 190，433，441，513，519
湖北神农架 219
互利共赢 629，630，641，647，679，690
互联网 85，101，170，242，243，405，411，412，416，498
华北平原 7，44，46，52，199，375
华南妈祖文化 378
华人华侨 125，425，664，666

华夏文明 90，125，128，132，211
华佗 580
环境保护 96，246，247，693，698
荒漠治理 54
黄（渤）海候鸟栖息地 219
黄帝 128，136，137，138，139，168，180，193，327，332，336，389，464，477，608
《黄帝内经》226，321，324，367，489，583，585，588
黄河 34，35，48，98，126，128，129，130，132，137，138，144，211，271，373，375，526，538，540，547，558，565，694
黄河文明 31，128
黄鹤楼 566，567
黄金水道 92，271
黄山 31，38，205，221
黄土高原 31，35，42，46，48，137，348，370，374
活字印刷术 170，222，545
火把节 419，428
火锅 78
火箭 272，294，295，298，299，544
火星探测 263，272，295
火焰山 36

火药 35，543，544，622，683

J

基本国策 95，96，232，246，638
基层群众自治制度 106，110，306
基层组织 308
基督教 370，463，466，469，470
极地考察 292
集体主义 446，510
己所不欲，勿施于人 177，442，455
稷下学宫 487，572
家国情怀 478，663
家国天下 616
家和万事兴 473，474
家庭联产承包责任制 232，254
甲骨文 99，101，142，144，145，168，208，223，448，531，535，536，537，538，592，593，594，595
甲午战争 65，159
兼爱 177，448
剪纸 222，392，393
鉴真东渡 624
江南三大名楼 566，567
江南水乡 348，349，377
交子 422，552

饺子 321，323，369，422
节俭文化 493
结绳记事 137，168
解放思想、实事求是 22，232
金丝猴 53，60，214，219
金文 101，145，168，531
金砖国家 647
京津冀协同 241
京剧 222，367，388，390，391
经济特区 22，92，241，256，638
精神美 508，510
景德镇 152，386，614
景山 8，74
景泰蓝 394
境界美 509
九九乘法表 539
九寨沟 214，694
酒文化 327，422
旧石器时代 87，129，137，315，332，366，412，477
居民委员会 110，308
军民融合 276，283
君子 436，441，443，449，457，459，490，604
郡县制 68，147，182

K

喀斯特 36, 46, 78, 216, 692

开国大典 18

开平碉楼 208

开斋节 419, 427

抗美援朝 18

抗日战争 78, 157, 160, 162, 165, 279, 657, 658, 659

科技创新中心 7, 74, 92, 678

科技人才 286, 292

科教兴国 286, 497

科举制度 183, 276, 442, 488, 569, 575

科学实验卫星 295

科学执政 305

可持续发展 52, 213, 240, 246, 283, 447, 619, 651, 673, 691, 700

可可西里 219

可支配收入 240, 252

空间实验室 272, 294

空军 276, 277, 279, 280, 281, 659

孔子 143, 146, 147, 161, 176, 177, 179, 188, 189, 190, 200, 356, 375, 435, 436, 440, 441, 442, 443, 447, 448, 449, 454, 455, 457, 461, 480, 487, 490, 496, 499, 507, 510, 519, 569, 570, 571, 604, 605, 685

矿产资源 50, 638

昆仑山脉 31, 45, 46, 48

昆曲 222, 391

L

拉萨 19, 81, 267, 427

蓝领 498

蓝天保卫战 54, 692

浪漫美 510

浪漫主义 184, 192, 510, 604

老子 143, 146, 176, 178, 192, 435, 454, 468, 507, 511, 519, 684, 685

乐山大佛 221, 384

类比思维 519

《礼记》188, 190, 356, 478

礼仪 321, 324, 326, 327, 336, 337, 355, 356, 357, 358, 359, 360, 361, 362, 363, 366, 368, 369, 370, 389, 427, 448, 476, 477, 480, 488, 541, 546, 574, 605

礼乐之邦 389, 605

礼乐制度 145, 605

李白 149, 184, 185, 510, 604, 605

李世民 183, 566

理学 90, 152, 181, 221, 437, 438, 441, 575

历史观 520

历史文化名城 78, 81, 93, 84, 85, 91, 201, 531

丽江古城 202

利玛窦 469, 626, 683

联合国 21, 65, 89, 101, 219, 245, 254, 262, 309, 378, 416, 442, 534, 619, 630, 631, 634, 641, 646, 647, 648, 649, 650, 679, 690, 699, 700, 701, 702, 703

联合国教科文组织 35, 78, 100, 206, 222, 223, 315, 391, 435, 531, 694

良知 181, 437, 455

良渚古城遗址 213

良渚文化 85, 131, 369, 559

粮食安全 252, 254, 651

"两步走" 22, 232, 285

"两弹一星" 298

"两个一百年" 306

灵渠 182, 560

留学生 572, 624, 643, 653, 656, 664

"六书" 594, 595

六一儿童节 420

龙的传人 139

龙门石窟 90, 206, 384, 385, 397

龙虬文化 130

龙山文化 132

龙图腾 139

楼兰古城 37

鲁迅 172, 193

陆军 276, 277, 279, 280, 281

伦理 181, 188, 189, 192, 344, 347, 358, 375, 434, 437, 441, 448, 455, 464, 477, 478, 492, 504, 507, 513, 558, 605

《论语》177, 188, 440, 449, 474, 570, 574

洛阳 90, 132, 145, 148, 206, 369, 372, 384, 395, 528, 549, 622, 624, 625

落叶归根 480

M

麻将 399, 409

马家窑文化 132, 526

马可·波罗 551, 626, 627

马克思 683

马克思主义 157, 161, 234, 306

马踏飞燕 530

毛笔 592, 597, 600

梅兰竹菊 604

美丽中国 41, 55, 690

蒙古包 347, 351, 557

中国与中国人 索引

孟子 143，147，179，189，356，375，437，441，447，448，455，457，459，461，487，499，510，572，605

《孟子》179，189，437，455，456，475，570

面条 321，324，549

庙会 367，369，422

民本思想 446，447

民间艺术 87，369，374，392，393

民居 31，150，200，202，205，208，343，344，347，348，349，350，351，352，353，377，396

民俗 38，87，323，347，350，365，366，367，369，378，392，393，297，422，425，426，427，428，429

民以食为天 320，321

民营企业 242，306，498

民主党派 20，108，109，111

民主集中制 108，305

民主执政 305

民族区域自治制度 18，65，106，109，110，306

民族文化 109，120，125，212，371，373，520

民族性格 490

民族自治地方 109，120

明朝（明代）19，31，38，92，153，154，155，170，173，181，199，204，206，208，210，226，332，353，369，391，394，469，480，488，522，536，544，545，547，572，580，596，598，602，622，625，627

明清皇家陵寝 206

莫高窟 197，372，384，385，598

莫言 173

墨子 147，177，394，442，440，510，539，685

睦邻友好 613，630，632，633

N

那达慕大会 419，428

纳西东巴古籍文献 226

南海 5，31，42，44，45，87，89，92，279，281，541，547

南京大屠杀 13，225

南沙群岛 42，45，92，154

内在美 508，510

能源 50，286，564，649，690，699，702

尼克松 22，613

年画 369，393

农村社会养老保险 257

农耕文明 129，131，213，251，369，446，479，493，522

农家书屋 405

农业机械化 257

农业现代化 251，304

诺贝尔奖 173，293，298，666，667

女书 99

女娲 136，137，358，464

O

欧盟 650，698

欧亚大陆 35，622

P

盘古 136，464

裴李岗文化 130

盆地 32，35，36，42，46，48，219，622

彭头山文化 130

皮影戏 222，369，376，395

平等观 447

泼水节 419，426

普通话 14，88，99，101，416

Q

漆器 598

齐白石 600，609

齐鲁文化 375

《齐民要术》540，549

旗袍 337

气功 31，580，582，586

气韵生动 605

汽车工业 264

钱学森 298，299，667

遣唐使 624，656

侨批档案 225

桥梁 216，269，556，561，562，563

亲戚 474

秦朝（秦代）68，85，87，147，148，196，197，324，332，447，531，574，592，622

秦岭 27，31，45，46，48，78，271

秦始皇 92，143，147，170，182，197，375，617

秦始皇陵及兵马俑 78，397

勤劳为本 493

青城山—都江堰 207

青岛 66，91

青海湖 48，61

青花瓷 386，547

青铜乐器 528

青铜礼器 10，397，525，526，528

青铜器 10，126，127，168，208，377，390，477，503，526，527，528，530，531，592，598

青铜食器 528

青铜文化 377，530

青藏高原 32，34，35，42，45，46，48，60，129，215，219，351，370，373，557，694

青藏铁路 266，267，271

清朝（清代）19，87，154，158，159，160，173，183，196，200，206，221，225，226，266，323，332，350，353，390，395，401，438，467，469，552，567，577，596，598，604，627，643，664

清代澳门地方衙门档案 225

清代科举大金榜 226

清代内阁秘本档 226

清明节 369，419，425，480

《区域全面经济伙伴关系协定》642

区域协调发展战略 241

曲阜孔庙 200

屈家岭文化 131

屈原 184，425，446，508，510，604

曲艺 392

全国人民代表大会 8，20，65，106，118，120，121，232

全过程人民民主 105，112，235

全面建成小康社会 17，23，96，234，236，254，306，616

全球安全倡议 703

全球发展倡议 703

全球文明倡议 703

全球治理 305，309，619，630，654，706

全球治理中国方案 702

全人类共同价值 112，619，689，703

泉州 152，213，350，665

R

人才强国战略 356，442，497

人道主义 646

人工合成牛胰岛素 293

人口老龄化 95，96

人口普查 81，92，96，98，244

人类命运共同体 23，235，309，619，630，633，634，646，676，677，689，702

人民币 12，650

人民大会堂 7，8，23，30

人民代表大会制度 20，106，108，110，306

人民当家作主 105，113，305，496

人民调解 113，308

人民法院 113，121

人民检察院 113，121

人民民主专政 4，5，106，110，305

人民政协 109，119

人民至上 307

人学 440

人与自然和谐相处 447

仁爱 441，447，448，475，478，504

仁义 177，375，434，441，443，448，605

儒家思想 180，181，182，188，375，433，436，448，461，485，487，513，520，556，616

儒家文化 347，471，485，492

儒学 90，152，176，180，375，436，437，447，475，556，557，571，605，625，626

S

禅让制 144

萨满教 470，471

三北防护林 53

三皇五帝 136，585

三江源 34，54，219，694

三民主义 160

"三农" 255

三沙 92

三山五岳 31

三峡大坝 564

三星堆 11，81，128，132，547

三亚 92，282

《三字经》136，477

山顶洞人 313，315，371

《山海经》137，191，371

山水画 36，598，600，602

山西票号 552

陕西蓝田人 314

商朝（商代）10，11，142，144，145，168，169，208，221，223，327，329，332，374，397，456，526，527，528，530，531，535，538，547，570，592

商道 457

上海 22，35，63，66，73，76，103，111，158，161，162，241，264，271，280，293，298，337，348，367，360，388，389，400，408，412，413，640，646，648，666，673，677

上海合作组织 646，698

上海世博会 673

尚简 506

《尚书》144，189，438，538，574

少数民族 14，20，38，64，65，68，95，98，100，101，108，109，153，202，212，215，327，329，339，347，

358，377，389，390，416，419，426，427，466，468，470

畲族土堡 352

社会保障 245

社会阶层 96，131

社会团体 109，121，655

社会治理 304，308

社会主义初级阶段 232

社会主义核心价值观 447，453

社会主义现代化 22，23，96，232，234，235，236，286，306，316

社会主义制度 105，234，236，306

深海探测 296

深圳 22，66，73，88，92，241，412，678

神话 28，135，136，137，139，191，370，393，464

"神舟"系列飞船 272，294

生态环境 41，53，54，92，111，246，447，651，689，692，693

生物多样性 34，52，54，55，60，219，221，651，693，694，695

生育政策 96

圣人 136，436，456，464，487，558，588，589，618，685

《诗经》 172，184，189，234，357，412，504，538，547，604，616

十八大 17，105，107，234，254，256，265，309，616

十二生肖 367

十二时辰 367

十九大 107，234，236，255，306，308，309

十六大 234

十七大 110

十五大 113，306

石家河文化 132

实践思维 522

食疗 580，584

食器 324，527，528

《史记》 36，137，138，180，193，320，447，492，536，586，623

世界妇女大会 679

世界记忆名录 100，223

世界贸易组织 639，640，647

世界卫生组织 298，585，588，648

世界文化遗产 81，89，90，195，196，199，201，205，209，211，223，315，349，350，559，567

《世界遗产名录》 78，206，350，622

世界银行 245，261，649

世界园艺博览会 677

世界政党高层对话会 309，676

世界政党领导人峰会 309，676

世界自然遗产 38，195，214，217

世袭制 144

事业单位 121，292

书法 167，222，367，390，503，507，531，564，592，593，594，596，597，602，605，609，624

书法家 149，183，185，531，592，593，594，609

书画同源 693

书体 531，592，593，595，596

书院 84，181，210，221，541，571，575

数字化 242，263，402，655

数字经济 242，243，290

"双碳"目标 699

水墨画 600，602，603

水资源保护 247

舜 128，136，138，139，144，336，409，487，608

司法体制 105，113

司马迁 180，193，420，492，589，623

丝绸 85，152，223，331，332，339，547，614，622，625

丝绸之路 36，37，78，87，90，148，182，183，211，332，370，371，376，378，385，386，547，604，622，623，690

四川大熊猫栖息地 216

四川黄龙风景名胜区 214

四川盆地 42，46，48，52，81，373，376

四大发明 35，90，543，545，546，597

四大名著 172，173

四大文明古国 126

四个现代化 232，275，285，304，616

"四书" 188，189，626

嵩岳寺塔 567

宋朝（宋代） 92，152，188，190，332，357，378，390，394，401，425，437，438，441，468，480，509，537，539，571，575，583，589，597，604，605，627

苏轼 185，605

苏绣 392，395

苏州古典园林 201

隋朝（隋代） 211，556，561，575

岁寒三友 604

孙中山 157，160，163，337，420，446，496

孙子 143，147，178

《孙子兵法》 178，193

榫卯 314，550，558，559

T

台北 87，648

台湾 21，22，38，63，64，65，87，98，103，108，109，111，154，155，183，226，378，388，407，446，665，669

台湾岛 5，38，44，45，65

太极 136，438，521，588

太极拳 31，222，400

太行山 31，45，46

太空 272，294，530

太学 182，571，572

泰山 31，38，137，221

探月工程 272，286，294

唐朝（唐代）10，19，31，77，81，149，150，172，183，184，185，190，320，323，324，371，384，385，390，392，395，425，468，545，549，564，571，575，577，580，584，592，597，602，604，605，622，624，625，656，664

唐乾陵 564

唐三彩 10，395

唐装 336

滕王阁 566

天安门广场 4，5，7，8，09，18，74

天池 35

"天府之国" 52，81

天干地支 535

天津 63，66，77，241，281，393，413

天理 437

天命观 189，436

"天人合一" 136，190，210，344，425，434，440，480，504，519，558，580，618

天山山脉 31，45，48，217

天坛 74，204，556

天文历法 535，537，539

天下为公 160，478，496，614，618

天下一家 618

天主教 463，466，469，470，626

跳花节 419，429

屠呦呦 298

土地改革 17

土楼 208，209，350

土壤污染治理 247

土司遗址 212

吐鲁番盆地 32，36

推己及人 455，475

退耕还林 53

脱贫攻坚 251，254

W

皖南古村落 205

王羲之 592，609，624

王阳明 437

望果节 419，427

望闻问切 580，586，588

围棋 409

维和行动 631，700

为人民服务 8，307

魏源 159

文房四宝 597

文人画 185，598，602，604

文物 9，101，126，127，132，196，197，200，207，210，219，371，385，390，412，526，531，547，564，565

文言文 170

巫山人 313，315

吴越文化 369

五大战区 279，280

五湖四海 31

5G 242，273，296，411

"五经" 188，189，190

五年计划 17，20，262

五四运动 5，157，162，170

五台山 210

五味调和 320，324

五行 31，136，180，324，438，439，519，521，538，580，588，608

武当山 31，199，367

武汉 35，51，82，83，413，563，566，608

武陵源风景名胜区 38，215

戊戌变法 154，159

物极必反 176，192，504，518

X

西安 10，13，78，131，142，145，150，197，332，347，371，388，412，604，622

西安事变 165

西部文化 370

西湖 85，204，210

西双版纳 52，60，466，470

西藏 19，32，35，38，45，60，63，65，81，98，183，199，225，227，241，267，268，281，373，426，427，466，467

西藏和平解放 19

希望工程 491，577

喜马拉雅山脉 28，31，32，45，46

夏朝（夏代）132，139，142，144，145，327，526，531，570，583

夏商周断代工程 145

宪法 4，18，20，64，66，106，107，108，109，110，112，113，118，246，276，305，477，478

乡村振兴 251，255，497

香港 22, 63, 66, 88, 89, 92, 103, 108, 111, 233, 407, 408, 648, 658, 669

香港回归 233

香格里拉 327

湘楚文化 378

逍遥美 511

宵夜 329

小康社会 234, 616

孝道 356, 464, 478

写意画 591, 600, 601, 602, 609

心学 181, 437

辛亥革命 83, 154, 157, 160, 420, 558

新发展理念 55, 236, 241, 256

新华门 8

新疆文化 371

新民主主义 5, 84, 107, 157, 162

新石器时代 10, 11, 89, 129, 130, 131, 132, 137, 213, 314, 347, 389, 390, 412, 547, 558, 559, 593, 598, 608

新文化运动 161

新型城镇化 63, 256

新型工业化 263

行政机关 68, 112, 113, 117, 118, 120, 121

行政区划 64, 65, 66, 68, 69, 404

性善论 179, 455

修齐治平 492

秀才 577

玄学 90, 571

玄奘 371, 624, 625

Y

鸦片战争 66, 154, 158, 233, 469, 664

雅鲁藏布大峡谷 32

雅鲁藏布江 32, 427

亚健康 588

亚太经济合作组织 337, 648

亚洲基础设施投资银行 700

亚洲文明对话大会 676

亚洲运动会 337, 675

炎帝 136, 137, 139, 464

洋务运动 154, 159

仰韶文化 10, 11, 130, 131, 139, 427, 347, 390, 526, 534, 547, 604

养生 192, 226, 320, 321, 325, 367, 489, 580, 586, 588, 589

"样式雷"建筑图档 226

尧 128, 136, 138, 139, 144, 336, 409, 447, 487, 534, 608

窑洞 31, 348, 375, 557

药食同源 324

野生动植物保护 58, 68

"一带一路" 77, 91, 241, 271, 309, 638, 639, 656, 679, 690, 702

"一国两制" 63, 65, 66, 88, 233

一日三餐 329

一生二 507

伊斯兰教 213, 370, 427, 463, 466, 468, 470, 557, 625

依法执政 305

依法治国 105, 112, 113, 305

移动通信 263, 273, 296

移民 22, 377, 390, 625, 664

颐和园 74, 204, 226

以和为贵 632

以人民为中心 447, 703

以人为本 256, 308, 447, 506, 572

义务教育 246, 577

《易经》 153, 190, 434, 438, 443, 518

意象美 508

阴阳 136, 180, 190, 192, 344, 366, 409, 434, 437, 438, 439, 507, 518, 519, 521, 538, 572, 580, 582, 583, 588

殷墟 208, 142, 208, 223, 325, 526, 535, 537, 547, 592

饮食风俗 323, 329

饮食文化 320, 321, 323, 324, 325, 327, 426

隐喻 393, 520

印刷术 35, 90, 170, 222, 543, 545, 622, 682

应县木塔 560

永乐宫 565

禹 138, 139, 144, 464

元朝（元代）19, 64, 152, 153, 170, 179, 183, 204, 211, 225, 332, 353, 357, 390, 395, 428, 468, 469, 537, 539, 545, 564, 565, 572, 575, 592, 598, 664

元大都 564

元代西藏官方档案 225

元旦 160, 420

元谋人 129, 313, 314, 315, 377

元上都遗址 211

元宵节 367, 369, 419, 425

袁隆平 84, 301

原子弹 293, 299

圆明园 158, 226

岳阳楼 378, 478, 566, 567

阅兵式 18

粤港澳大湾区 87, 92, 241, 265

云冈石窟 207，384，385，397

云贵高原文化 377

云南三江并流保护区 215

Z

杂交水稻 84，252，301，651

藏羚羊 60，219

早茶 329

造纸术 35，90，148，168，394，543，545，622

战国 83，143，145，146，147，168，169，170，176，177，178，179，184，188，189，191，192，207，226，320，323，332，353，357，371，376，377，390，393，395，397，401，409，425，436，440，441，446，448，455，487，506，510，526，527，530，536，539，546，547，550，574，580，589，595，598，643

战略思维 523

战略支援部队 276，277，280

张衡 148，425，534，537，546

张家界 38，215

张骞 148，182，547，622，623

赵州桥 269，561

针灸 222，580，583，585，589

真正的多边主义 630，634

整体观 437，519，618

郑和 535，547，622，625

政治制度 18，66，106，108，109，110，212，306，456

支付宝 243

知识产权 266，290，296，553，639，647

知识分子 111，147，659，661，497，577，598

知行合一 181，522

直辖市 7，53，63，64，65，66，69，74，76，77，78，96，98，109，118，120

植树造林 53

指南针 35，90，543，546，622，683

智能手机 263，273

中非合作论坛 651

中国—阿拉伯国家博览会 679

中国传统音乐录音档案 227

中国丹霞 217

中国—东盟博览会 678

中国风 601，627

中国工程院 292，298，301

中国功夫 400

中国共产党 5，8，18，23，106，107，108，109，110，111，112，113，119，120，157，160，161，162，163，164，165，231，232，233，234，235，236，251，277，279，280，305，306，307，308，309，464，616，658，676，703

中国国际服装服饰博览会 340

中国国际广播电台 416

中国国际进口博览会 290，677

中国国际时装周 340

中国国家博物馆 7，9，10，11，530

中国国情 108，109，119，251，306

中国环球飞行第一人 407

中国结 366

中国进出口商品交易会 87，677

中国科学院 13，288，292，293，298，299，314，315，656，666，667

中国梦 236，245，304

中国农业科技发展 252

中国人民解放军 82，120，165，277，279，280，282，283

中国人民政治协商会议 4，8，18，106，108，109，298

《中国人民政治协商会议共同纲领》 4，18，106

中国人民志愿军 18

中国社会科学院 96

中国式现代化 23，235，275，303

中国特色社会主义 17，23，107，234，235，242，276，303，305，307

中国特色社会主义道路 232，234

中国特色社会主义法律体系 306

中国特色社会主义法治体系 105，113

中国特色社会主义民主政治 105

中国特色社会主义思想 23，619，107

中国特色社会主义政治制度 106

中国特色社会主义制度 23，107，110，304，306

中国网 405

中国文学 172，192，446

中国园林 551

中国政府友谊奖 659

中国制造 263，292

中国智慧 112，305，619，630，650，702

中华民国 19，143，160

中华民族伟大复兴 23，236，275

中华民族文化 100，

585，605
中华人民共和国 4，5，6，12，13，14，17，18，19，20，21，64，65，66，74，96，98，100，106，107，109，113，118，120，121，126，143，145，157，160，162，165，225，231，233，239，240，277，279，283，332，420，421，426，477，631，648，665，702
中华文化 125，128，129，135，168，187，371，373，378，409，422，425，538，550，572，618，621，637，643，665
中华文明 35，78，126，128，135，175，211，223，369，372，375，503，520，522，525，538，605，621，622
中南海 8
中秋节 369，419，425，429
中山装 337

中央广播电视总台 416
中央政府 19，22，65，68，98，109，112，183，212，225，233，467，617
中医 222，298，435，519，579，580，583，584，585，586，588，589
中医理论 580，584，585，588
中医学 226，320，504，582，583，586，589
中庸 188，435，436，455，456，504，507，521，609
《中庸》188，436，455，456
中庸美 507
中原文化 369，373
周朝（周代）69，142，145，146，176，189，336，358，371，374，477，478，530，531，598，605
周公 176，549，605

周口店北京人遗址 199，315
《周易》168，321，437，438，469，441，508，519，538，558
周庄 349
朱熹 181，506
朱元璋 153，154，206
珠穆朗玛峰 28，29，42，45
竹简 169，545，592
竹楼 347，352
驻外机构 631
祝寿 368，428
篆刻 222，594，596，609
庄子 147，176，178，192，489，510，511
《庄子》176，178，192，438
状元 369，577
《资治通鉴》193，523
自强不息 190，372，

375，433，441，464，513，666
自然保护区 34，35，38，55，58，60，61，214，215，216，693，694，695
自由贸易试验区 76，638，640
自治区 11，32，36，48，53，63，64，65，66，69，81，96，98，109，112，118，120，131，211，212，267，426，429，468，560，638，678，679
自治县 64，68，69，92，109，120，202，213
总体国家安全观 308
尊老爱幼 457，473
尊贤 355，440，455
尊祖 464，478
尊尊 456
左江花山岩画文化景观 212

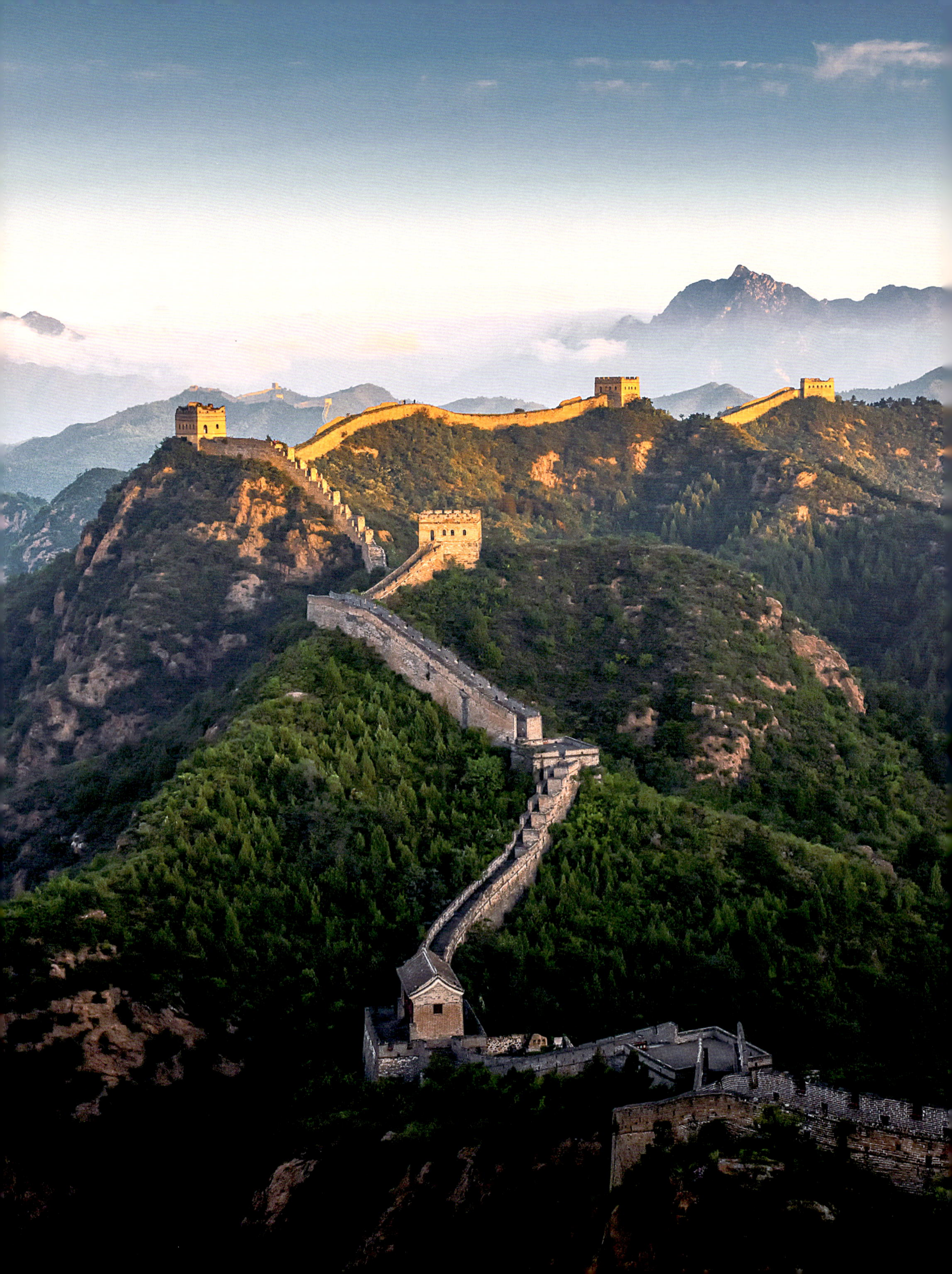

后记

　　向世界介绍中国文化，是我在中国国际传播集团的工作日常。经常会有国内外朋友提及，希望能有一本既通俗易懂又相对完整的介绍中国的图书，我也深有此感。于是，我在疫情期间，利用零散时间，终于完成了这一心愿。

　　这本《中国与中国人》由于内容较多，特地采用了扁平化的条目设计，便于阅读和选择。为了方便检索，书后附有索引，书中也放置了重要网站的二维码，以便读者做延伸阅读和查阅资料。

　　在本书编写过程中，参考了多位相关领域专家的著作以及中国政府网、大百科全书和百度百科等网站，书中所列参考文献仅为部分，未能提及的资料与图片在此一并致谢。

　　感谢本书的编辑团队，他们专业化的编排加工为本书增色不少。最后，我想对夫人林琳表示特别感谢，正是她在疫情期间的支持与陪伴，这本书才得以完成。

　　有容乃大的中国、钟灵毓秀的中国、和平发展的中国……每个读者心中都有最直观的中国形象。愿本书能让读者心目中的中国形象更丰富具体，更饱满生动，更全面真实。

2024 年 12 月　于北京

图书在版编目（CIP）数据

中国与中国人 / 杜占元编著. -- 北京：外文出版社，2025.2
ISBN 978-7-119-13792-6

Ⅰ. ①中… Ⅱ. ①杜… Ⅲ. ①中国—概况 Ⅳ. ①K92

中国国家版本馆CIP数据核字(2023)第230488号

编　　著：杜占元
出版统筹：胡开敏　　许　荣　　文　芳
责任编辑：熊冰頔　　刘婷婷　　苏佳钰
特约编辑：黄　卫　　朱杰军　　樊　挺
图片编辑：苏佳钰　　刘婷婷　　武　琨
装帧设计：北京博声国际文化交流有限公司・王国庆　　武　琨　　郭婉茹
图片来源：杜占元　　舒　勇　　视觉中国
印刷监制：秦　蒙

（本书在编写过程中参阅了多位相关领域专家的著作，参考了中国政府网和统战部、外交部、国防部、国家宗教事务局、国家文物局、国家统计局等相关机构网站的表述，以及从大百科全书、百度百科等处查阅相关知识。其他未能一一列出的，在此一并致谢。）

中国与中国人

杜占元 编著

© 2025 外文出版社有限责任公司
出 版 人：胡开敏
出版发行：外文出版社有限责任公司
地　　址：中国北京西城区百万庄大街24号
邮政编码：100037
网　　址：http://www.flp.com.cn
电子邮箱：flp@cipg.org.cn
电　　话：008610-68320579（总编室）
　　　　　008610-68996144（编辑部）
　　　　　008610-68995852（发行部）
印　　刷：北京雅昌艺术印刷有限公司
开　　本：889mm×1194mm 1/16
字　　数：650千字　印张：45.75
装　　别：平装
版　　次：2025年2月第1版第1次印刷
审 图 号：GS京（2023）2458号
书　　号：ISBN 978-7-119-13792-6
定　　价：228.00元

版权所有 侵权必究　　如有印装问题本社负责调换（电话：68995960）

中国与中国人